印度政治制度

INDIA'S POLITICAL SYSTEM

谢超 主编

中国社会科学出版社

图书在版编目（CIP）数据

印度政治制度／谢超主编．—北京：中国社会科学出版社，2021.11
（2022.10 重印）
ISBN 978－7－5203－8488－9

Ⅰ.①印… Ⅱ.①谢… Ⅲ.①政治制度—研究—印度 Ⅳ.①D735.121

中国版本图书馆 CIP 数据核字（2021）第 166568 号

出 版 人	赵剑英
责任编辑	孙砚文
责任校对	李　莉
责任印制	王　超

出　　版	中国社会科学出版社
社　　址	北京鼓楼西大街甲 158 号
邮　　编	100720
网　　址	http://www.csspw.cn
发 行 部	010－84083685
门 市 部	010－84029450
经　　销	新华书店及其他书店
印　　刷	北京明恒达印务有限公司
装　　订	廊坊市广阳区广增装订厂
版　　次	2021 年 11 月第 1 版
印　　次	2022 年 10 月第 2 次印刷
开　　本	710×1000　1/16
印　　张	30.25
字　　数	492 千字
定　　价	158.00 元

凡购买中国社会科学出版社图书，如有质量问题请与本社营销中心联系调换
电话：010－84083683
版权所有　侵权必究

本书编委会

主　　　编　谢　超
参与编写人员（按姓氏拼音排序）
　　　　　　　　陈　刚　陈金英　雷定坤
　　　　　　　　刘红良　毛　悦　随新民
　　　　　　　　谢　超　张忞煜　张书剑

序　言

印度研究领域的"水和泥"

姜景奎

摆在读者面前的是印度研究领域的一本"国别和区域问题研究"类著作，有感，欣然接受做序邀约。

近年来，国别和区域问题研究愈发重要，越来越多的学人投身于这一领域。不过，对于国别和区域问题研究归属哪个学科，学界争议不小，有人认为应该归属外国语言文学学科，有人认为应该归属国际政治学学科，还有人认为是新学科，国家应该把该学科设定为新的一级学科，真是公说公有理婆说婆有理；就国别和区域问题研究的研究内容而言，也是莫衷一是，有人认为是类国际政治和国际关系方面的问题，尤偏重于咨政类内容，也有人认为语言文学、历史文化、宗教哲学、教育艺术、政治经济、外交安全、军事国防等都属于国别和区域问题研究范畴。看样子，在相关部门没有做出最终决定之前，这类争论会一直持续下去。不过，我关注的并非学科归属和研究范畴之类的问题。依我看，国别和区域问题研究之所以近些年才受到重视，是国家发展需要所致。进入 21 世纪以来，特别是进入 21 世纪第二个十年以来，世界处于"百年未有之大变局"，中华民族伟大复兴大业与国际情势愈发密切。因此，研究国别和区域问题就显得愈加重要。纵观世界大国发展历程，英国在"日不落"时期进行国别和区域问题研究，第二次世界大战后的美国和苏联也都进行国别和区域问题研究，皆是其内部发展需要所致。进入新时代以来，中国的发展也到了需要更加精准研究国别和区域问题的阶段。然而，中国与英国、美国和苏联不同，后者的国别和区域问题研究基本上是单向的，是纯粹为本国服务的；中国的则是双向的，是建立在共商共建共享基础之上的。所以，中国的国别和区域问题研究必须有自己的特色。我认为，在众多特色之中，中国特色的国别和区域问题研究有两点是最基本和最重要的：一者，研究者的工具语言问题。英国、美国和苏联的工具语言基本上是其研究者的母语，即英语和俄语；新时代的中国特色的国别和区域问题研究者的工具语言首先不应该是汉语，其次也不应该是英语（英语国家和地区除外），而应该是被研究的对象国或对象地区的通用语言，比如研究印度，鉴于印地语是印度的联邦级官方语言，英语是其联邦级辅助官方语言，印地语和英语理应成为研究者的工具语言，比较而言，前者更为重要，两者并用则更完美。二者，研究内容问题。我更倾向于综合性的研究内容，即语言文学、历史文化、宗教哲学、教育艺术、政治经济、安全外交和军事国防等都是国别和区域问题研究的考察对象。不过，具体内容应该有所限制，打一个不恰当的比方，如果把一个国家或一个地区比作一个荷花池，池子里的存在可以分成三类，即上面的荷花和荷叶、中间的水和泥以及下面的莲藕，我认为中间的水和泥应该是国别和区域问题研究的不二内容，因为水和泥上决定荷花和荷叶的成色，下决定莲藕的大小；一句话，通过研究水和泥，我们可以探知甚至预知荷花和荷叶以及莲藕的质量，从而可以确定整个池塘的状况，也就知道了如何对池塘进行投入，如何预知该投入的成本和收成。而要研究水和泥，我们就必须潜入水中，全面探知水的深浅和泥的品质，这种时候，工具语言即如潜水用的氧气和服装等，无此装备，相关研究就不会全面和彻底。新时代中国需要的正是这样的国别和区域问题研究成果。

  读者面前的这本《印度政治制度》符合我的认知。首先，其作者我大多认识，他们进行研究的工具语言抑或印地语，抑或英语，抑或两种语言兼有；其次，"印度政治制度"是印度之所以成为印度的基础之一，是印度这个池塘中的水和泥类存在，没有政治制度，印度便成不了印度。

  再说一下该著的出版必要。我国对印度的研究可谓历史悠久，但古代多偏于宗教哲学研究，现当代多重于语言文学研究，对印度政治方面的研究少而又少，林良光主编的《印度政治制度研究》（北京大学出版社）、孙士海和葛维钧编写的《列国志·印度》（社会科学文献出版社）以及邓兵主编的《印度研究》（军事谊文出版社）是这方面少有的相关成果。

《印度政治制度研究》出版于1995年，内容比较全面，设有"宪法""立法制度""司法制度""行政机构""行政官制度""邦、中央直辖区和地方政权机构""政党制度与主要政党""种姓、宗教、部族与政治制度"等，但距今已有20余年，加之篇幅少，亟需更新丰富。《列国志·印度》和《印度研究》是对印度的全面介绍，前者出版于2003年，设有"政治"一章，内容含"宪法""联邦立法机构""联邦行政机构""司法机构""各邦政府和议会""选举制度""主要政党"等；后者出版于2009年，也设有"政治"一章，内容含"宪法""立法制度""司法制度""联邦行政机构""邦及中央直辖区的行政机关""地方自治机构""政党"等。由于全书"编制"所限，两著所含相关内容更加单薄，也同样有"过时"之嫌。因此，国内印度研究领域亟需新的高质量的印度政治制度研究类著述。这本《印度政治制度》便是这样的成果。

《印度政治制度》洋洋近50万字，分九章，含"宪法""印度议会""联邦行政机构""司法制度""总统""政党制度""央地关系""基层治理""当代印度政治发展的主要议题"，可谓厚重、全面、系统。就具体内容而言，第一章"宪法"是总纲，统领其它章节，其它各章以"宪法"为基础，抑或概述，抑或详议，均有"宪法"依据。不过，虽是纲举目张，但各章又可单篇视之，想了解印度联邦行政机构的读者可忽略前后各章，只读第三章"联邦行政机构"，想了解印度政党制度的读者也可忽略前后各章，只读第六章"政党制度"，余者亦然。限于该著性质，书中具体内容评介色彩浓郁。也就是说，该书既为印度研究者提供了"水和泥"，又对这"水和泥"进行了初步研究。值得充分肯定和鼓励。

就"水和泥"层面而言，该著全面且客观地介绍了印度政治制度领域的相关内容，比如"宪法"一章，作者对印度宪法的制定过程及其基本内容进行了梳理和介绍，给读者提供了"宪法文本"类内容及相关历史和理论依据。再如"印度议会"一章，作者不仅介绍了印度议会的组织结构和运行模式，还对其政治实践进行了动态类评述，这类评介不仅能使读者了解印度议会的表层，也给读者提供了思考和遐想的空间。就对"水和泥"进行初步研究层面而言，该著独到，作者寓介绍和研究于一体，比如"政党制度"一章，作者高屋建瓴，从与政党有关的法律规定入手，对印度政党发展简史和政党体系演变进行了考察，对印度各主要政党及其方针政策乃至社会实践进行了介绍；虽说印度政党林立，但该章内容简洁明了，条理清晰，可谓有纲有目。不仅如此，作者在进行介绍的同时，还以理论和实践为基础，从历史和现实出发，对印度政党制度进行了深度解读和议论，水平颇高。再如"央地关系"一章，作者在对印度各级地方政府进行全面介绍的同时，较为科学地界定了央地概念，随后从印度联邦制度的特点和央地财产权分配两方面出发，评介了印度中央政府和地方政府之间的关系实践和各自对社会的职责义务。实际上，"央地关系"一章是该著的创新性章节之一，这类章节和内容其它著述中不见，因此，作者必须有自己的新视角和新见解，这种新视角和新见解非深入了解印度社会者不可有。该著的另一个创新点是每章之后都设有"本章小结"，虽为小结，但并非简单重复，其中有思考有亮点，"宪法"的"本章小结"视野开阔，"印度通过宪法把这个世界上人口第二大国同时可能是内部分歧最多的国家聚拢在一起，宪法也为印度政府管理国内复杂的族群、宗教和语言群体提供了基本制度框架。"这一结论看似简单，却是作者的研究心得和学术洞见。"政党制度"的"本章小结"与印度政治现状关联密切，作者结合印度教民族主义的实际影响，分析了印度三大政党势力的实力对比及印度政党政治的发展趋势，现实性和前瞻性兼有。该著的其它章节也都各有特色，皆夹叙夹议，介绍与研究相结合，学术意义与现实价值并具。

值得一提的是，以谢超博士为主编的编写团队年轻有为。俗话说，"初生牛犊不怕虎"，他们敢想敢做，笔下生花。想来，随着时日的增加以及研究的深入，他们的笔下之花会更加美妙，该著的修订版会更加完美。印度研究，需要这样的学者。

以上，为序。

姜景奎
于北京燕尚园
2021 年 10 月 31 日

目　录

编者的话 …………………………………………………………（1）

第一章　宪法 ……………………………………………………（1）
　第一节　印度制宪挑战与应对理念 …………………………（2）
　　一　有限主权与印度制宪大会 ……………………………（3）
　　二　印度制宪面临的国内挑战 ……………………………（5）
　　三　安贝德卡尔和宪法道德理念 …………………………（8）
　第二节　印度宪法提供的社会改造方案 ……………………（10）
　　一　语言宗教问题上理想与现实的平衡 …………………（11）
　　二　社会经济问题与《国家政策指导原则》………………（15）
　　三　渐进主义制宪精神及有关评价 ………………………（17）
　第三节　基本结构原则与国家机构间关系 …………………（20）
　　一　议会民主制与政府权力集中的结合 …………………（20）
　　二　宪法基本结构概念与议会的修宪权 …………………（22）
　　三　第四十二修正案冲击印度宪法政治 …………………（26）
　　四　印度司法至上模式与印度司法制度演变 ……………（28）
　第四节　基本权利与国家和民众间的关系 …………………（31）
　　一　制宪大会讨论公民言论自由权 ………………………（31）
　　二　第一修正案与对民众言论自由权的限制 ……………（33）
　　三　反报业托拉斯法案与对出版自由权的限制 …………（36）
　　四　第十六修正案与煽动叛乱罪的滥用 …………………（40）
　本章小结 ………………………………………………………（44）

第二章 印度议会 (48)

第一节 印度政治系统中的议会 (48)
- 一 印度议会制度选择的历史和社会因素 (48)
- 二 议会在印度社会扮演的角色 (52)
- 三 议会权力的限制 (57)

第二节 印度议会的组织结构 (58)
- 一 总统在议会系统中的角色 (59)
- 二 联邦院 (60)
- 三 人民院 (65)
- 四 议员权利与资格丧失 (70)
- 五 议会各类委员会 (71)
- 六 议会秘书处 (73)

第三节 印度议会制的运行模式 (74)
- 一 印度议会的程序规则 (75)
- 二 印度大选中的选举制度 (75)
- 三 议会立法程序 (77)
- 四 财政预算案的审议和批准程序 (80)
- 五 会议制度与议员行为准则 (82)
- 六 议会党团制度 (84)

第四节 印度议会制民主政治实践:演进与思考 (85)
- 一 议会权力重心向人民院偏转 (86)
- 二 议会(人民院)议员席位"保留制" (89)
- 三 议会议员选择路径 (90)
- 四 联邦和地方邦法机构之间的立法权属关系 (91)
- 五 社会变革系统中的人民院 (93)
- 六 联邦议会与行政、司法的互动关系 (95)

本章小结 (98)

第三章 联邦行政机构 (102)

第一节 国家行政机构的基本构成 (102)
- 一 总理 (102)

二　部长及部长会议 ………………………………………… (107)
　　三　内阁 ……………………………………………………… (111)
　　四　秘书处 …………………………………………………… (115)
　　五　各部的官员设置 ………………………………………… (117)
　　六　公务员系统 ……………………………………………… (118)
　第二节　主要联邦部、委 ………………………………………… (121)
　　一　内政部 …………………………………………………… (121)
　　二　外交部 …………………………………………………… (123)
　　三　财政部 …………………………………………………… (125)
　　四　人事、督察与养老金部 ………………………………… (128)
　　五　国防部 …………………………………………………… (129)
　　六　商业与工业部 …………………………………………… (131)
　　七　计划委员会 ……………………………………………… (131)
　　八　国家安全委员会 ………………………………………… (134)
　第三节　行政机关与司法、议会的关系 ………………………… (135)
　　一　行政机关与司法机关的关系 …………………………… (135)
　　二　行政机关与立法机关的关系 …………………………… (141)
　本章小结 …………………………………………………………… (149)

第四章　司法制度 …………………………………………………… (152)

　第一节　独立前的司法制度与实践 ……………………………… (152)
　　一　英国殖民前的印度司法传统 …………………………… (152)
　　二　英国殖民时期的司法制度和实践 ……………………… (157)
　第二节　最高法院 ………………………………………………… (168)
　　一　最高法院的建立 ………………………………………… (168)
　　二　最高法院法官 …………………………………………… (170)
　　三　最高法院职权 …………………………………………… (174)
　第三节　高等法院和下级法院 …………………………………… (182)
　　一　高等法院的建立 ………………………………………… (182)
　　二　高等法院法官 …………………………………………… (184)
　　三　高等法院的职权 ………………………………………… (188)

四　下级法院 ··(190)
　第四节　印度司法制度相关问题 ···(192)
　　一　司法能动主义 ··(192)
　　二　司法独立性 ···(196)
　　三　案件积压问题 ··(199)
　本章小结 ··(204)

第五章　总统 ··(208)
　第一节　总统的产生 ··(209)
　　一　英国殖民统治的影响 ··(209)
　　二　总统选举的方式——间接选举 ·····································(211)
　　三　总统候选人的条件 ···(213)
　　四　总统选举团和选举委员会的构成 ··································(214)
　　五　总统选举及计票方法 ··(215)
　第二节　总统的权力及限制 ··(219)
　　一　立法权 ···(221)
　　二　行政权 ···(227)
　　三　咨询权 ···(230)
　　四　宪法对总统权力的限制及对总统权利的规定 ················(234)
　第三节　总统在宪法范围内扩展权力边界的实践 ···················(236)
　　一　国内政治环境的影响 ··(237)
　　二　总统个人性格特点及对总统作用的理解 ·······················(241)
　　三　总统与执政党特别是总理个人的关系 ··························(245)
　第四节　对特定地区宣布"总统管制"的权力 ························(252)
　　一　总统管制相关的宪法规定 ···(252)
　　二　施行总统管制的程序 ··(254)
　　三　关于《宪法》第356条的争议 ······································(255)
　　四　相关条款的应用实例 ··(256)
　本章小结 ··(262)

第六章　政党制度 … (268)

第一节　与政党有关法律规定 … (268)
一　印度《宪法》对自由结社权的解释 … (269)
二　《人民代表法》对政党登记、党章和收入来源的规定 … (269)
三　宪法第五十二修正案《反脱党法》 … (270)

第二节　政党分类与主要政党 … (272)
一　政党分类 … (272)
二　主要政党简介 … (275)

第三节　印度政党体系的演变 … (294)
一　联邦层面的政党体系 … (294)
二　地方邦层面的政党体系 … (300)

第四节　政党碎片化与联盟政治 … (302)
一　政党碎片化 … (302)
二　联盟政治的实践 … (305)

本章小结 … (313)

第七章　央地关系 … (317)

第一节　印度联邦制的确立 … (317)
一　殖民时期联邦制的构想与发展 … (317)
二　独立后制宪会议的讨论 … (320)
三　央地概念界定及地方政府含义 … (322)

第二节　印度联邦制度的特点 … (327)
一　印度宪法针对联邦制的制度安排 … (327)
二　权力的分配——中央集权 … (332)
三　对称性与非对称性联邦主义 … (334)

第三节　央地财政权分配 … (338)
一　殖民时期的财政联邦主义 … (338)
二　宪法对央地税收权的界定 … (340)
三　经济自由化改革后的财政分权 … (343)
四　GST法案对印度财政联邦主义的影响 … (345)

第四节　不同视角下的央地关系 … (346)

一　中央视角：联邦政府的绝对主导 …………………………（347）
　　二　省邦视角：地方自主性与权利诉求 ……………………（353）
　本章小结 ……………………………………………………………（360）

第八章　基层治理 ………………………………………………（365）
　第一节　村社与潘查亚特制度的历史演变 ……………………（366）
　　一　印度村社制和潘查亚特制度的起源 ……………………（366）
　　二　莫卧儿王朝时期潘查亚特制度受到的冲击 ……………（368）
　　三　英国统治时期潘查亚特制度的逐渐瓦解 ………………（370）
　　四　印度独立后潘查亚特制度的重建和再度衰落 …………（371）
　第二节　现行宪法对潘查亚特制度的相关规定 ………………（373）
　　一　潘查亚特的设立和层级 …………………………………（374）
　　二　潘查亚特的组成和任期 …………………………………（376）
　　三　潘查亚特中的席位保留 …………………………………（378）
　　四　潘查亚特的权力、权威和职责 …………………………（381）
　　五　潘查亚特的选举 …………………………………………（383）
　第三节　潘查亚特制度的实际运作及其与政党政治的关系 …（385）
　　一　1992年后新潘查亚特制度的实施概况 ………………（385）
　　二　潘查亚特在基层治理中扮演的角色 ……………………（387）
　　三　潘查亚特对民主参与的促进作用 ………………………（390）
　　四　潘查亚特制度与政党政治的紧密联系 …………………（393）
　第四节　潘查亚特制度在实践中遇到的问题 …………………（396）
　　一　潘查亚特可支配的资金非常有限 ………………………（396）
　　二　邦政府推进权力下放的动力不足 ………………………（398）
　　三　潘查亚特成员的素质和参与意愿不高 …………………（400）
　　四　保留席位的实践有诸多弊端 ……………………………（401）
　本章小结 ……………………………………………………………（403）

第九章　当代印度政治发展的主要议题 ………………………（407）
　第一节　印度政治制度发展的成就 ……………………………（408）
　　一　民族国家建设基本完成，政治制度稳定 ………………（409）

二　民主制度不断巩固,政治参与扩大 …………………………(412)
　　三　政治制度具有韧性,不断调整以适应社会发展 ……………(416)
　第二节　印度政治中的腐败及其改革 …………………………………(418)
　　一　官僚机构的腐败 ………………………………………………(418)
　　二　选举政治的腐败 ………………………………………………(421)
　　三　政党政治的改革 ………………………………………………(425)
　第三节　种姓与政治 ……………………………………………………(427)
　　一　种姓与种姓政治的形成 ………………………………………(427)
　　二　种姓政治与民主 ………………………………………………(431)
　　三　种姓政治的争议及走向 ………………………………………(435)
　第四节　印度教民族主义与印度的"世俗"国家 ………………………(438)
　　一　宪法中的国家与宗教关系及其悖论 …………………………(438)
　　二　印度教民族主义的"世俗"国家 ………………………………(441)
　　三　当前印度国家与宗教关系的发展 ……………………………(444)
　本章小结 …………………………………………………………………(447)

附　录 ………………………………………………………………………(451)
　附录1　人名中英文对照 ………………………………………………(451)
　附录2　印度政党协会中英文对照 ……………………………………(454)
　附录3　其他专有名词中英文对照 ……………………………………(456)
　附录4　印度独立至今历任总统 ………………………………………(461)
　附录5　印度独立至今历任总理 ………………………………………(463)

编者的话

当前加强区域和国别研究，特别是加强有助于对区域和对象国知识积累的基础研究，是服务我国新时期改革开放、服务中国特色社会主义现代化事业的必然要求，全面深入研究特定区域或国家的政治、经济、社会、军事和文化，有助于丰富我们对重点区域、重点国家的细节认知，有助于我们全面认识和科学判断国际合作发展的形势和条件。印度是南亚地区的大国，是世界上最大的发展中国家之一，中印两国有着漫长的边界线和复杂丰富的互动交流历史，是中国对外关系中需要重点关注和研究的国家之一。当前我国有关印度外交和中印关系的政策和理论研究成果不断涌现，我国的印度研究正处于快速发展期，但是也应当清醒地认识到，当前学界对印度基本国情，特别是其政治制度的基本情况仍有待进一步了解，对于印度国内政治研究的前沿掌握较少。

我们发现，国内印度政治制度类可用作教学参考的书籍仍停留在林良光老师等人于1995年编辑出版的《印度政治制度研究》，该书产生了深远的影响，为印度研究专业的老师和学生提供了了解印度政治制度的宝贵材料。国内的印度研究事业后继者众，前辈学者开创的路径光照如火炬，引导后生晚辈们砥砺前行。不过如今距该书付梓已二十余年，印度的政治制度仍在不停演变，印度国情和国内政治正在发生巨大变化，相关知识亟待更新。因此我们集合了国内相关领域的一批中青年学者，共同研讨和开发一门印度政治制度类课程，并完成相关教辅材料的编写工作。

本书主要是以宪法为主线介绍印度政治制度的基本知识。政治制度具有丰富的含义，是社会科学的核心议题之一。20世纪50年代，帕森斯（Talcott Parsons）在社会学范畴给出了制度的经典定义之一，他认为制度是"社会结构要求人们按照脚本饰演角色时，规定其合理预期行为的深层模式"。斯科特（W. Richard Scott）则进一步界定了制度的范畴，它包括认知性、规范性和规制性的结构与活动。相比之下，政治学仍缺乏关于制度概念的系统研究，制度概念仍有待澄清。广义的制度概念包含规则和习惯性的制度综合，而狭义的政治制度往往与政权同时使用，主要指国家政权的组织形式，包括国家结构、政党制度及选举制度等规则性内容。本书关于政治制度的定义相对松散，是广义和狭义制度概念的结合，既包括构成国家和政府的机构，例如司法、立法和行政等国家机构间关系，也包括关于国家与民众间关系的组织框架和形式。

本书编著的主线是印度宪法，各章的论述框架都是从宪法本身出发，围绕相关领域的主要议题、各方观点和达成的制度安排、解决方案等，审视印度政治制度的产生和演变过程。本书包括九章内容，第一章"宪法"，主要概述印度宪法的主要内容，详细回顾和总结有关宪法在印度政治制度发展过程中的主要争论和观点，帮助了解印度宪法及其演变是如何深刻影响印度政治制度的发展的。第二章"印度议会"，主要概述印度联邦立法机构联邦院和人民院所享的权力内容，议会制度的主要内容及其对选举政治的影响，并详细分析和讨论议会与最高法院和联邦政府对于各自权力界限的争论。第三章"联邦行政机构"，主要概述联邦政府所享的宪法权力内容，特别是以总理为首的部长会议及其领导建立的官僚机构是如何在印度政治体系中发挥主导作用的。第四章"司法制度"，主要概述印度宪法对于司法权力的主要内容，特别是最高法院及其判决对于印度议会和政府所享宪法权力的影响，以及对于印度日常政治生活的影响和意义。第五章"总统"，主要概述印度总统的权力内容及其在印度政治体系中的作用是如何不断演变的，除了在国家处于动乱或危机时发挥宪法赋予的重要作用，印度总统在日常政治生活中的作用也不断延伸。第六章"政党制度"，主要概述在宪法确定的政治体系中印度政党制度的发展和演变过程，特别是印度是如何由一党主导的多党制，发展成为当前以竞争性政党联盟的多党联合执政体系，以及由此导致的印度政党制度碎片化及其影响。第七章"央地关系"，主要关注印度宪法确定的联邦制度在实际政治中的演变过程，特别是联邦政府和各邦政府对于宪法确定的权力范围的竞争性解释和实践。第八章"基层治理"，主要关注潘查亚特制度在印度基层治理和促进民主参与的重要作用，以及在印度政治体系下面临的制约和干预。第九章"当代印度政治发展的主要议题",主要关注印度政治中的庇护主义和裙带主义乱象,涉及阶级、宗教、种姓等身份政治带来的影响。

本书关注的是印度政治制度方面,呈现的最终成果是一部专业类编著。参与本书编写的各位学者秉承共同的目标,即为促进当前国内区域与国别基础研究和深度研究提供公共产品,合力将本书打造为一本可用以开启印度政治研究的入门类研究参考书,本书还可作为印度政治制度类高年级本科和研究生课程的参考书。本书的适用对象既包括印度研究专业的本科生和研究生,也包括计划进入印度内政研究领域的学者。希望本书能帮助大家理解印度国内政治运行规则和相关制度的演变过程,研究和掌握当前印度国内政治制度的主要特点,在此基础上把握主要议题的既有成果,发掘值得深入研究的前沿问题。

本研究项目得到清华大学国际与地区研究院的全额资助。清华大学国际与地区研究院谢超作为项目负责人统筹项目的策划和执行。项目主要参与人员和写作分工情况如下:第一章,负责人清华大学谢超;第二章,负责人中原工学院随新民;第三章,负责人赣南师范大学刘红良;第四章,负责人北京大学张忞煜;第五章,负责人中国社会科学院毛悦;第六章,负责人中国现代国际关系研究院张书剑;第七章,负责人清华大学雷定坤;第八章,负责人武汉大学陈刚;第九章,负责人上海外国语大学陈金英。

本书是集体工作的成果,为了启动相关编写工作,项目组前期进行了大量的资料收集和意见征询工作,随后全体成员进行了长时间的阅读和资料整理。我们是以初学者的心态和合力撰写人生第二本博士学位论文的决心投入编写工作的,尽管如此,编写本书的难度依然超出预想,整个编写过程持续两年,写作大纲历经多次讨论才定型,各章书稿也经历了多次讨论和修改才最终交付。本书的编写过程得到学界众多专家和老师的无私帮助,他们的宝贵建议帮助我们提高了初稿质量,我们再次深表谢意。当然限于编者水平,书中难免存在疏漏甚至谬误的地方,恳请读者朋友不吝指正,我们将力争在修订版改进和提高。

第 一 章

宪　　法

1947年8月15日是值得印度人民纪念的日子，大英帝国对印度的殖民统治在这一天宣告结束，印度正式走向独立。但是直到1950年1月宪法正式生效之前，印度在宪法形制上并没有完全摆脱殖民统治，当时印度机构的管治授权是来自英国议会审议通过的《1947年印度独立法》（the Indian Independence Act, 1947），可以说实质上仍接受英国国王的统治。到1949年，对于印度联邦法院判决的案子，印度检察官仍要向英国枢密院提起上诉。[1] 印度宪法的实施，正式宣告《1947年印度独立法》和《印度政府法案（1935）》（the Government of India Act, 1935）失效。安贝德卡尔（Bhimrao Ramji Ambedkar）在制宪大会总结陈词时指出了印度宪法的重大意义，"1950年1月26日，印度将成为真正的独立国家"。[2] 从此印度无须再仰仗伦敦获取授权和合法性，不再接受英国国王和议会的统治，标志着印度真正成为一个独立的共和国。

回顾整个制宪历程，印度制宪大会（the Indian Constituent Assembly）第一次会议于1946年12月召开，到1949年11月，大会总共举行了十一次会议。其间于1948年1月发布了印度宪法草案征求意见稿，并于1949年11月26日第十一次会议（11月24—26日）正式通过印度宪法草案。[3] 1950年1月24

---

[1] Abhinav Chandrachud, *Republic of Rhetoric: Free Speech and the Constitution of India* (New Delhi: Penguin, 2017), p. 1.

[2] *Constituent Assembly Debate*, Vol. 11 (Lok Sabha Secretariat, 1986), p. 977, November 25, 1949.

[3] 1949年1月26日生效的宪法条款主要是第五、六、八、九、六十、三百二十四、三百六十六、三百七十二、三百九十一、三百九十二和三百九十三条，是关于国籍、选举、临时议会和过渡办法等条款，以满足国家机构过渡的需求和应对当时印巴分治带来的难民问题。

日，制宪代表正式签署发布宪法全文文本，1月26日，印度宪法正式生效，同一天制宪大会宣告解散并转为临时议会，行使议会职能至1952年印度举行第一次大选产生新的议会。在总计2年11个月又17天的时间里，印度制宪大会战胜了新生共和国面临的内外危机和挑战，历史性地完成了制宪任务，开启了印度应对自身政治和社会挑战的进程，帮助"印度重新发现了自己"。[①] 可以说，印度制宪大会历史性地承担并完成了制定印度宪法的任务。

既有印度政治制度研究强调印度是如何在一个古老宗教和文化传统的社会体系上发展进行国家建设（Nation Building）。从历史过程来看，印度所拥有的经济、技术和组织资源相对匮乏，一个正在"发展中的"（Developing）制度需要调和如此庞大人口之间的政治、经济、社会和文化复杂关系，面临的挑战可想而知，即使是"发达"（Developed）的政治制度也是不敢轻言应对如此复杂的任务。[②] 尽管历史实践还证明印度政治制度的发展过程并不总是持续向前的，中间也经历过紧急状态对印度宪法制度带来的冲击，但总体而言印度展现了令人瞩目的政治稳定性，印度制宪大会的历史功绩值得印度人民铭记。

第一节　印度制宪挑战与应对理念

印度宪法的起草过程经历了印巴分治和印度独立等重大历史事件，制宪大会不仅需要应对种姓、语言、宗教和阶级等因素导致的国家内部分歧等，还需要帮助新生的国家应对紧迫的经济发展要求。与很多后殖民时期的国家一样，印度在独立之初享有的仍是有限主权，在这种情况下如何制定一部体现印度人民意愿和符合印度国情的宪法，关系到新生共和国建设事业的成败。由于历史、文化和宗教等原因，印度存在丰富的族群和文化多样性，由此引发的各种分歧也是常见现象，有的分歧是语言文化差异导致的，有的是宗教习俗和历史原因导致的，有的则纯粹是因为对国家愿景

[①] 转引自林良光等《印度政治制度研究》，北京大学出版社1995年版，第38—42页。

[②] 这里的"发展中"和"发达"概念指的是时间，是印度政治制度相对于其他国家宪法政治的短暂历史而言的。——编者注

的不同设想方面的，当然也有经济发展路径方面的。最终，印度制宪大会克服了各种困难，为这个新生的共和国奠定了制度基础，开启了印度的国家建设进程。

一 有限主权与印度制宪大会

从近现代历史进程来看，18世纪末出现了第一波制定现代宪法的国家，主要包括美国（1787年）、法国和波兰（1791年），即所谓"革命"宪法，主要特征是追求代议政府（Representative Government）和有限政府（Limited Government）。[①] 19世纪以后，更多的国家开始制宪进程，特别是1848年之后，一些欧洲国家和拉丁美洲新独立的国家也开始制定自己的宪法。20世纪之后，又出现了几波制定宪法的热潮。"一战"结束之后，欧洲出现了一些新的国家，也有一些国家重新划分组合（如波兰和捷克），战败国德国也实行了新的《1919年魏玛宪法》（*Weimer Constitution of 1919*）。第二次世界大战前后，包括日本、奥地利、意大利和德国实行了新的宪法，一些殖民地半殖民地国家摆脱殖民统治开始了自己的制宪进程以建立新的民族国家。

不过与所谓革命宪法不同的是，"一战"后的很多国家是在有限主权的情况下开启制宪历程的。在有限主权的情况下，宪法是殖民者和民族主义运动之间协商的产物，很多时候殖民统治者仍保有强大的影响力，通常会干预制宪大会的人员组成，甚至直接指派人员，有时还会影响宪法草案的表决。[②] 例如1945年印度尼西亚独立时，当时的日本殖民统治者任命组建了起草委员会，1947年斯里兰卡和1957年马来西亚独立时，英国殖民统治宪法委员会审核并修改了宪法草案。因此后殖民时期，很多新独立的民族国家的宪法，并不是由人民自由选举组成的制宪委员会起草完成的，而是接受殖民统治者的直接干预，最后通过并实行的宪法都会被烙上前殖民者的深刻印记。

[①] Claude Klein and Andras Sajo, "Constitution-Making: Process and Substance", in Michel Rosenfeld and Andra Sajo eds., *Oxford Handbook of Comparative Constitution Law* (Oxford University Press, 2012), pp. 419–441.

[②] Sunil Khilnani, Vikram Raghavan and Arun K. Thiruvengadam eds., *Comparative Constitutionalism in South Asia* (Oxford University Press, 2013).

印度的制宪进程也具备有限主权的特征。当时的印度民族独立运动普遍接受以制宪大会的形式来制定印度宪法，国大党和甘地本人也认为各独立力量可以沟通国家制度设计的不同意见，制宪大会可以是一个对话的平台。1946年，印度制宪大会在当时的大英帝国内阁特使团的指导下成立，并且制定了委员会的工作流程和决策方式等。① 因此制宪委员会开始运转之后，遭到了当时印度各界的广泛批评，认为这就是"别人许可的革命"（Revolution by Consent），甘地也直截了当地指出，"把别人提供的宪法宣称是主权机构制定的，这毫无意义"。② 总体来看，印度的制宪经历是属于后殖民时期。自1946年12月开始起草直到1950年1月通过实行，印度宪法的起草过程历经多个阶段，制宪进程开启之时印度尚处于英国殖民统治的末期，印度政治精英们最为关注的问题是在有限主权的情况下如何确保新宪法的民主特性。

从制宪大会的人员构成来看，它的代表性并不强。严格来讲，制宪大会的组成并不代表人民主权（Popular Sovereignty），并不具备完全的主权特征，是典型的有限主权。制宪大会代表选举是根据殖民政府时期通过的《印度政府法案（1935）》组建的，该法案第六篇详细规定了制宪大会代表选举方案，其中投票权是根据个人缴税、教育背景和财产情况制定的，因此最终参加选举的人数占当时印度总人口数不到30%，投票率并不高。③ 选举方案本身的局限性是导致总体投票率不高的重要原因，一部分人被有意识地排除在新生共和国制宪进程之外。

但是与当时其他国家相比，印度宪法也有其特点。尽管印度宪法是在有限主权的情况下开始制定的，但是最终通过的宪法体现了高度的对内和对外主权特征。随着1947年6月英国开始移交政权和印度政府正式独立运转，制宪大会面临的一些限制程序被取消，在随后的两年多时间里，印度制宪大会得以在更加自主和自信的情况下开展工作。最终生效的印度宪

---

① Shibani Kinkar Chaube, *Constituent Assembly of India: Springboard for Revolution* (2nd edition) (New Delhi: Manohar Publishers, 2000), p. 45.

② Granville Austin, *The Indian Constitution: Cornerstone of a Nation* (Oxford University Press, 2000), p. 7.

③ Bidyut Chakrabarty, *Constitutionalizing India: An Ideational Project* (Oxford University Press, 2018), pp. 225–226.

法文本包含了《印度政府法案（1935）》的很多内容，这导致了外界的一些批评。对此安贝德卡尔是这样回应的，"有人指责宪法草案里有相当部分是来自《印度政府法案（1935）》的内容，我觉得这并无不妥，借鉴法案并不羞耻，这也不是抄袭，因为没人专享宪法基本理念的知识产权"。[①]

客观地说，制宪大会的选择受到了印度殖民经历的影响，但也反映了他们自身对于民主制度的设想。长期的殖民经历已经使得印度民众习惯了英国传统法，印度精英也认为英国的政治制度和模式适合当时印度的国情，因此新的印度宪法不太可能偏离这个方向太远。印度政治制度的产生和发展与其殖民经历密切相关，但是印度的议会民主制并不是照搬原宗主国英国的政治制度，而是来自殖民地本身的民主经历和想象。在反殖民运动的早期，印度民族主义者提出的诉求之一就是英国应该让印度人民享有英国民众在英国本土享有的同等权利，这可以认为是议会民主制在印度的萌芽。

二 印度制宪面临的国内挑战

印度制宪大会不仅面临外部力量带来的主权挑战，它面临的内部挑战也是显而易见的。首先，是紧迫的内部分裂问题，印度除了要面对印巴分治带来的混乱局面，其国内还有大约600个土邦，这些土邦在殖民时期接受英国政府的管制，承认大英帝国的宗主权（suzerainty），同时在自己的领土范围内享受最高管辖权（paramountcy）。当时这些土邦可以选择加入印度或巴基斯坦，甚至可以宣布独立。这使得印度随时面临巴尔干化的风险。到1947年8月15日，在帕特尔（Sardar Patel）的努力下，大部分土邦先后签下加入印度共和国的协议，印度基本得以摆脱内部分裂的风险。剩下的朱纳加尔（Junagarh）、海德拉巴（Hyderabad）和查谟－克什米尔（J&K）等土邦的态度并不明确，但最终这些地方在武力或武力威胁下被纳入印度版图。武力可以解决领土主权问题，但是面对这些治理经历各不相同的人民，如何通过宪法建立一个能赢得最广泛国家认同的政治制度，始终是制宪大会面临的巨大挑战。

[①] *Constituent Assembly Debates*, Vol. 7 (Lok Sabha Secretariat, 1986), pp. 36-37, November 4, 1948.

其次，印度还面临着紧迫的语言认同问题。虽然多语言国家在面临语言认同问题的同时建立民主制度早有先例，但它们的情况都远不如印度复杂。印度的语言种类丰富。印地语是南亚次大陆普遍使用的语言，但当时在印度的使用人口也不超过总人口的40%。① 在独立之初的印度，使用人数至少在100万或以上的语言种类就达到20种，其他语言和方言数量更是在1600种以上，而且南印度的德拉维语系和北印度的印欧（雅利安）语系相互之间的差异很大，书写方式也不相同。当时印度政府和教育体系普遍使用的还是英语，但面临民众对于殖民语言的强烈抵触情绪，而且无论是政治上还是感情上，制宪大会都无法选择英语作为印度的主导语言，尼赫鲁就宣称"一个基于外来语言的国家无法成为伟大的国家"。② 宪法关于国家语言问题的条款可能直接影响不同语言群体的国家认同。

再次，如果语言问题关系到国家认同，那么宗教问题不仅关系到国家认同，还直接关系到国家统一乃至国家生存。在制宪大会内部，关于宗教问题的争论主要有两个，一是宗教间关系，主要涉及印度教与穆斯林等少数宗教群体之间的关系；二是宗教内部问题，主要涉及国家是否以及如何干预宗教习俗。制宪大会对相关问题的讨论十分激烈，《属人法》(Personal Law) 同时成为宗教间关系和宗教内部问题的焦点。关于宗教内部问题，制宪大会关注国家是应该采取措施促进印度教家庭法的世俗化还是保持他们的传统（很多时候并不平等）习俗。尼赫鲁本人认为应该改革印度教家庭法，这是关系到印度的发展和现代化的根本问题，但是国大党内部的印度教保守派反对实行类似改革。③ 这也成为日后印度国内关于建立世俗社会与发展印度教特性（Hindutva）两种文化发展路径讨论的预演，前者主导了印度独立后大部分时间内的政治实践，后者则在21世纪之后全面崛起，到莫迪任内的印度人民党时期，印度教保守派思想在国内政治思潮中占据优势地位。

---

① Census of India, *Paper No. 1: Language 1951 Census* (India Census Commissioner, 1954), pp. 6 - 7.

② *Constituent Assembly Debates*, Vol. 9 (Lok Sabha Secretariat, 1986), p. 1433, September 14, 1949.

③ Reba Som, "Jawaharlal Nehru and the Hindu Code: A Victory of Symbol over Substance?" *Modern Asian Studies*, Vol. 28 No. 1 (1994), p. 165.

按宗教划分的话，印巴分治之前的英属印度中，印度教人口占大多数，然后是穆斯林占20%，但是除此之外还有其他少数族群，其中基督教人口占2.5%，锡克教人口占2%，其他包括佛教、耆那教和拜火教等占2.5%。印巴分治之后，印度穆斯林的人口比例为12%，但也是世界第三大穆斯林聚集地（当时仅次于印度尼西亚和巴基斯坦）。如何防止印度教徒和穆斯林之间的紧张关系影响国家稳定和实现各族群和平相处，是制宪大会面临的重大挑战。早在独立运动期间，国大党和穆斯林联盟之间的关系就非常复杂，到制宪大会选举期间，真纳领导的穆斯林联盟在"两个民族论"（Two Nations Theory）的基础上抵制了制宪大会，认为制宪大会的目标违背了自己建立独立的穆斯林国家的理想。[①] 穆斯林联盟（Muslim League）的退出，使当时制宪大会也被戏称为"印度教组织"（a Hindu Body）。

国大党在制宪大会代表选举中大获全胜，国大党赢得208个邦代表议席（总计292个），另外各土邦提名代表93席。1946年12月9日，制宪大会召开了第一次会议，出席代表207人，到1947年12月，随着印巴分治的展开，最终出席制宪大会的代表为299人，其中229名各邦代表（共计12个邦），土邦推举代表70人（共计29个土邦）。[②] 直到1949年11月26日印度宪法草案通过，在不到三年的时间里制宪大会完成了制宪任务，国大党实现了孜孜以求的自由独立梦想。

最后，制宪大会除了需要面对棘手的语言和宗教问题，当时的印度还面临很多其他社会经济问题，例如阶级问题，包括社会贫富差距巨大，主要是不同经济阶层之间在社会地位、公共设施和就业机会方面的不平等；男女平等问题，主要涉及男女同工同酬和妇女儿童权益保护，以及种姓问题，包括落后种姓面临的教育平等、社会福利、营养卫生等。对于贫困人口和落后种姓人口占多数的印度来说，如何应对以上社会经济问题，如何增强这部分民众的国家认同，是关系到新生共和国国家存续和长远发展的

---

① 按照当时的统计，虽然穆斯林联盟宣布抵制选举，但是这种抵制并不彻底，当时穆斯林联盟的70名候选人最终仍有23人参加选举。参见 Reba Som, "Jawaharlal Nehru and the Hindu Code: A Victory of Symbol over Substance?", *Modern Asian Studies*, Vol. 28 No. 1 (1994), p. 165.

② *Some Facts of the Constituent Assembly*, The Lok Sabha, Retrieved on November 19, 2019, https://www.constitutionofindia.net/constituent_assembly_members.

大事。制宪大会面临的困难是可想而知的：印度作为一个新独立的国家，如何团结所有人是首要问题，如何减少强制手段并且通过有吸引力制度的方式回应少数族群对于自身权利和福祉的关心，建立他们对于新生共和国的认同，这是制宪大会面临的巨大挑战。

三 安贝德卡尔和宪法道德理念

大多数印度制宪精英有着长期的独立运动经历，这些经历深刻影响了他们在宪法制定时的选择。第一个重大选择就是印度宪法应选择什么样的立宪制度（Constitutionalism）。独立前的印度民族主义运动在制度诉求上非常激进，但仍可以认为是一场立宪运动。在运动的早期阶段，他们表达的是英国法的精神，因此他们所进行的民众动员本质上并不会导向一场革命运动，这也是甘地强调采用非暴力手段实现社会秩序轮替的社会基础。当然印度独立运动也有主张暴力的组织，但总体来说并没有发展，不是主流。从这个角度来说，即使制宪代表们并没有通过法律语言在宪法中明确表述非暴力、非革命原则，但也可以认为是印度主流精英的共同选择。

非暴力理念被认为是甘地思想的遗产之一，但实践非暴力理念的最大群体是印度最边缘化的贱民群体。从社会运动的起因来看，他们是受压迫最严重的社会群体，有着充分的理由反对印度社会和经济秩序下的结构暴力，但是贱民群体的非暴力理念使它成为立宪文化的首要特点之一。这应该首先归功于安贝德卡尔，他被认为是印度宪法之父，其本人也来自贱民阶层，是公认的贱民阶层领袖。

1948年，安贝德卡尔在一次公开演讲中援引了"宪法道德"（Constitutional Morality）的概念，为宪法涉及的行政体系辩护。宪法道德不仅包括宪法本身应具备实质性的道德，还包括宪法赋予自由裁量权（Discretionary Power）或宪法规定未竟时能约束政府决策的约定和协议。考虑到贱民阶层遭受的社会暴力的范围和程度，这个群体对于宪法的认同程度之高是令人惊讶的。因此政治宽容是印度立宪主义体现的核心思想之一，也是安贝德卡尔在制宪过程中反复提及的理念之一。

在安贝德卡尔看来，宪法道德的核心理念还包括自我约束。缺少自我约束的政治行为中，最激烈的表达就是革命，确立宪法道德的主要目的之一就是避免暴力革命，引导人们采用宪法方式解决分歧。因此在安贝德卡尔看来，那些独立前盛行的民族主义运动斗争方式，包括非暴力的消极抵抗和不合作主义（Satyagraha）、非暴力不合作（Non-cooperation）、非暴力不服从（Civil Disobedience）等，都是与宪法道德理念相悖的。安贝德卡尔认为无论是血腥暴力的革命还是独立运动期间的非暴力不合作，都会阻碍印度实现真正民主精神，这些方法本质上都是无政府主义，应该尽早抛弃。① 实际上，安贝德卡尔对于非暴力理念的信仰丝毫不亚于甘地本人，只是他更加强调尊重宪法形制，建立非暴力政治行动理念的唯一途径是宪政。

安贝德卡尔关于宪法道德理念的思考，反映的是非暴力理念在独立后的印度面临的主要挑战：如何处理不同意见，当然这里指的不是身份认同的不同，而是意见的不同。② 政治社会本身就是不同意见表达的集合，只有一致同意的宪法过程才可能尊重政治代理人的多元观点，因此安贝德卡尔认为革命和非暴力不合作超越了自由对话的范围，实质上与宪法本质是抵触的，他从来不认为这些手段是在他设想的宪法民主范畴之内。③ 从安贝德卡尔对宪法道德理念的前后认识中，我们不难发现他主张的制宪原则不再接受抽象理论的指导，而是贯彻了实实在在的实用主义，即宪法的构造应能有利于解决当时印度面临的实际问题。

在前期辩论的基础上，制宪大会通过了第一份文件，即《关于制宪目标的决议》（the Objective Resolution）（以下简称《决议》）。《决议》的内容可分为四部分。第一，制宪大会的目标是为独立后的印度制定一部宪法，为印度成为一个主权共和国打下坚实基础。制宪代表们选择共和制。第二，阐明人民拥有主权，所有的治理体系都来源于印度宪法民主制度。

---

① *Constituent Assembly Debate*, Vol. 11 (Lok Sabha Secretariat, 1986), p. 978, November 25, 1949.

② *Constituent Assembly Debates*, Vol. 11 (Lok Sabha Secretariat, 1986), pp. 975 – 976, November 25, 1949.

③ 当然对于安贝德卡尔的观点，甘地认为"赞同安贝德卡尔的观点会带来危险，因为从他跟我那么多的对话可以看出，他并不区分事实与非事实、暴力与非暴力。他遵从的唯一原则就是，为实现他的目的不择手段。因此，如果你面对的那个人随时可以成为基督教、穆斯林或锡克教徒，然后还随时根据自身意愿切换身份，那你得小心"。参见 *Collected Works of Mahatma Gandhi*, Vol. 85, July 16, October 20, 1946 (Publication Division, Ministry of Broadcasting and Information, Government of India, 1982), p. 102.

制宪代表们致力于民主，人民是民主权力的源泉。第三，指出了印度民主政体将具备的几大要素，民主制度把不同阶级的民众团结在一起。制宪代表们认为这是实现最纯粹民主制度的根本所在。第四，保护少数族群权利的机制，是保持宪法生命力的关键，如果宪法无法有效保护少数群体的权利，那么印度的民主制度就是虚假的。制宪大会更加关注少数族群的权利问题，这是应对穆斯林联盟决议推行"两个民族论"的必要举措，而穆斯林联盟宣布抵制制宪大会之后，面对外界担心制宪大会是否将推出一部印度教宪法的关切，制宪大会需要作出回应。尼赫鲁在评价这份文件时认为，"（它）展示了制宪者们将如何引导印度实现《决议》文件中列出的目标……向印度和世界人民传递我们选择自己制定宪法的决心"。[1] 可以说，《决议》文件向外传输的是一个理念，即制宪大会及其代表们郑重地接受了任务，决心制定一部为印度人民所接受的宪法。

第二节　印度宪法提供的社会改造方案

印度宪法在政治制度设计上既吸取了别国的历史经验和教训，也考虑了自身独特的政治历史和发展需求。横向对比来看，一些新独立的国家在面临巨大内部分歧时选择限制公开自由讨论，或者是在制宪过程中抵制共识决策机制，例如在印度尼西亚，民主选举组成的制宪委员会花了两年多的时间讨论制定一部新的宪法，但最终于1959年被解散，国家重新回归1945年宪法并建立了独裁政府。[2] 革命是以一种制度取代另一种制度，以带来深刻的社会变化，这并不符合印度文化的精神。正如种姓等级制度的地位比任何政治制度都要高这一点所证明的，印度文化强调的是忠于社会秩序而不是忠于国家。对于印度这个次大陆的新生国家来说，没有什么比社会秩序的稳定更加重要，它甚至要高于国家这个存在。在特定范围里，印度文化增进了统一，但在另一范围里又成为增进统一需要面对的挑战。

---

[1] *Constituent Assembly Debate*, Vol. 1 (Lok Sabha Secretariat, 1986), pp. 58–59, December 13, 1946.

[2] MC Ricklefs, A History of Modern Indonesia Since 1200 (4th edition) (Stanford University Press, 2008).

制宪大会对此有着充分的认识，在制宪工作中以保持社会秩序稳定为首要目标，并在参考他国经验和教训的基础上进行了借鉴和创新。

一　语言宗教问题上理想与现实的平衡

正如前面提到的，印度面临着紧迫的语言认同问题，宪法关于国家语言问题的条款可能直接影响不同语言群体的国家认同。制宪大会在语言问题上主要存在两种不同的观点。一种观点是来自中部和北部印度印地语地区的代表，他们强烈要求宪法规定宣布印地语为官方语言，并立即取缔英语。[1] 他们强调多语言不利于国家统一，例如一位代表宣称，"我们需要统一语言，一个国家只能有一种文字。我们不希望别人说我们这里存在两种文化"。[2] 另一种观点是来自南部印度非印地语地区的代表，他们认为没有必要建立统一的国家语言，宪法关注的问题不应该是"语言的一致性，而应该是不同语言的团结一致"。[3] 此外，国大党的部分高层还持温和的中立观点，特别是尼赫鲁本人，他已经认识到将印地语定为唯一官方语言面临很多现实困难。[4] 当时的情况是大部分印度人并不讲印地语，而且大部分人还是文盲，将印地语定为唯一官方语言基本是行不通的。有的代表还指出，印地语缺乏足够的现代词汇，不足以用来治理现代国家。[5] 这又突出了英语作为现代语言的优势和在印度政府体系中的现实地位，早在殖民时期英语就已经成为法律和政府文件的主导语言。

关于语言问题，最终温和派提倡的务实主张占据上风。1949年9月14日，经过长达三年的辩论，制宪大会通过了一项妥协方案，即芒什-阿杨加尔（Munshi-Ayyangar）方案，这最终成为宪法第三百四十三条至

---

[1]　*Constituent Assembly Debates*, Vol. 9 (Lok Sabha Secretariat, 1986), p. 1328, September 14, 1949.

[2]　*Constituent Assembly Debates*, Vol. 9 (Lok Sabha Secretariat, 1986), p. 1328, September 14, 1949.

[3]　*Constituent Assembly Debates*, Vol. 9 (Lok Sabha Secretariat, 1986), p. 1433, September 14, 1949.

[4]　关于尼赫鲁在印度独立前后在语言问题上的立场和处理方式，可参见 Robert D. King, *Nehru and the Language Politics in India* (Oxford University Press, 1997).

[5]　*Constituent Assembly Debates*, Vol. 9 (Lok Sabha Secretariat, 1986), p. 1433, September 14, 1949.

第三百五十一条的核心文本。根据该方案,印度宪法并没有宣布国家语言(National Language),而是宣布以"天城文书"字母书写的印地语为联邦官方语言,同时在宪法实施前和实施后的十五年以内,英语在"所有官方场合"继续使用。[1] 在此期间,宪法第三百五十一条提出,联邦政府有责任促进印地语的推广和发展,使其成为传播印度综合文化因素的媒介,并在不影响其特点的前提下,吸收其他印度语言的形式、风格及词语,汲取必要的和适当词汇,以保证印地语不断丰富起来。[2] 同时,印度宪法还在第八附表里,规定了十四种(后逐渐扩充至二十二种)可以用于官方场合的语言。[3] 地方政府也被允许在不违背第三百四十六条和第三百四十七条规定的前提下,各邦议会可以通过法律,规定该邦现用的一种或多种语言,或采用印地语作为该邦官方场合使用的语言。[4] 制宪大会未能就语言问题达成更广泛一致的意见,但是通过推迟在语言问题上做出激起更大争议的决定,得以在民族主义者的期望和务实主义者的认知之间保持平衡。[5] 制宪大会发现在当时的情况下,无法指望通过宪法的几个条款就能解决这个涉及国家认同的根本问题,最终印度宪法在某种程度上表达了对统一国家语言的正式期望,也通过最终的务实妥协承认这种期望现阶段无法实现。这种折中之举在当时来说是明智的,有望依靠以后的渐进立法逐步解决这个问题。

当然在宪法最初规定的十五年期限之后,印地语也未能成为统一的国家语言,1965年印度政府宣布宪法规定的过渡期之后,英语仍将是印度事实上的官方用语。[6] 制宪者希望能在过渡期之后解决国家语言问题,只是就目前来看相关进展缓慢。对于因为语言诉求而导致的语言建邦运动,印度宪法也在第三条中做了规定,允许议会通过法律,将任何一邦分出之领土,或合并两个或两个以上的邦或其部分领土,或合并任何领土和任何

---

[1] 印度宪法第三百四十三条。
[2] 印度宪法第三百五十一条。
[3] 印度宪法第八附表。
[4] 印度宪法第三百四十五条。
[5] Sunil Khilnani, *The Idea of India* (Farra, Straus and Biroux, 1999), p. 175.
[6] Paul R. Brass, *Language, Religion and Politics in North India* (Cambridge University Press, 1974), p. 123.

一邦的部分领土，组成一新邦；和变更已有各邦的面积、边界和名称。①1955年，印度议会正式组建了邦改组委员会（the States Reorganization Commission），并根据语言重组各邦边界和新增邦的数量。1956年8月31日，根据邦改组委员会的报告，印度议会通过了《1956年邦改组法案》（the States Reorganisation Act，1956），开启了第一波邦重组浪潮，并将全国按主要语言重新划分为14个邦和6个中央直辖区。②这也实现了宪法规定的掌握重新划分各邦边界的权力，但语言建邦运动取得的部分成功则进一步固化了特定区域和特定语言的地方认同，由此导致的地方与国家认同之间的紧张关系也是印度政治制度演变中的重要问题。本书第七章在央地关系部分进一步详细讲述了语言建邦问题及其对印度政治的深远影响。

制宪大会关于宗教间关系的分歧集中在统一民法典问题上，重点在于属人法是否适用于所有公民，能否实现不因宗教信仰而区别对待公民，③制宪大会对此的意见分为两个阵营。一派观点希望通过宪法的法律权力，改进宗教习俗，促进国家的世俗化，实现各宗教群体之间的法律一致性。④持这派观点的代表呼吁将宗教限制在私人领域，提倡国家统一和社会融合。⑤另一派观点则认为宪法应该反映国家现阶段应具备的精神，不应强制推行激进的社会和文化变革。来自西孟加拉的穆斯林代表阿赫迈德（Naziruddin Ahmad）表达了他对激进宪法条款的担忧：

> 我毫不怀疑统一民法典到来的那一天。但是目前还不是时候。我们坚信国家当前实行统一民法典过于领先于时代……试想一下，英国统治者在过去175年间未能实现或未敢尝试的，穆斯林信徒们在过去500年里克制未做的，我们是否应该赋予权力让政府一次就解决问

---

① 印度宪法第三条。
② Paul R. Brass, *Language, Religion and Politics in North India* (Cambridge University Press, 1974).
③ *Constituent Assembly Debate*, Vol. 7 (Lok Sabha Secretariat, 1986), pp. 540–552, November 23, 1948.
④ *Constituent Assembly Debate*, Vol. 7 (Lok Sabha Secretariat, 1986), pp. 548–549, November 23, 1948.
⑤ *Constituent Assembly Debate*, Vol. 7 (Lok Sabha Secretariat, 1986), p. 548, November 23, 1948.

题。先生们，我提议我们不要过于急躁，而是要谨慎行事，积累经验和政治才能，满怀同情心（去推进这项事业）。①

从他的发言可以看出，阿赫迈德主张务实平衡，一方面认可统一民法典的原则；另一方面强调谨慎的国家干预，认为过于急躁的行动"将在不同族群之间导致很多误解和反感""目标是实现统一民法典，但是应该逐步推进，争取民众的认可和支持"。② 如何审慎地推进统一民法典考验制宪代表们的智慧。

最终，制宪大会并没有在宗教间关系和宗教内部问题上做出明确规定，特别是对于宗教间关系，制宪大会回避了印度教法典（the Hindu Code）的宪法化，而是将有关问题留给立法机构。③ 在统一民法典问题方面，为了消除穆斯林群体的担忧，制宪大会选择使用模糊的语言，将其纳入宪法第四篇《国家政策指导原则》部分，在第四十四条规定"国家应努力保证对全国公民实施统一的民法典"。④ 制宪者采取渐进而不是激进的手段，留待以后协商实现基于世俗身份认同治理国家的目标，交由未来的议会和议员们去决定是否以及如何实现第四十四条确定的统一民法典原则。事实上，宪法颁布之后，印度议会继续就印度教法典问题进行辩论，并最终将有关决议分别体现在1955年到1961年先后通过的四项立法中，通过立法的形势规范了结婚、离婚、继承和收养等行为，但是这些并没有实质触及实行统一民法典问题。⑤ 在这个过程中，有关穆斯林和基督教的属人法只进行了十分微小的调整，印度各宗教基本上维持了独立的《属人法》，这也成为后期印度教民族主义运动关注的主要问题之一。

---

① *Constituent Assembly Debate*, Vol. 7 (Lok Sabha Secretariat, 1986), pp. 542 – 543, November 23, 1948.

② *Constituent Assembly Debate*, Vol. 7 (Lok Sabha Secretariat, 1986), pp. 542 – 543, November 23, 1948.

③ Reba Som, "Jawaharlal Nehru and the Hindu Code: A Victory of Symbol over Substance?", *Modern Asian Studies*, Vol. 28 No. 1 (1994), p. 165.

④ 印度宪法第四十四条。

⑤ Narendra Subramanian, "Making Family and Nation: Hindu Marriage Law in Early Postcolonial India", *Journal of Asian Studies*, Vol. 69 No. 3 (2010), pp. 771 – 798.

二 社会经济问题与《国家政策指导原则》

印度制宪大会高度关注独立后印度面临的社会经济问题,因为仅仅实现政治民主并不足以完成印度的国家建设,没有社会经济基础的政治制度无异于空中楼阁。相比较于"一人一票"(One Man, One Vote),安贝德卡尔提出民主的真正要义是"同一个人、同一价值"(One Man, One Value)的主张。在制宪大会的辩论中,安贝德卡尔提出"政治架构上的一人一票并不必然实现一人一价值,经济架构的成型最终取决于掌握权力位置的人……宪法律师们认为打造一部宪法,确保政府向人民负责,防止政府对人民的暴政,才是一部完美的宪法,因此宪法民主并不仅限于成人普选权和基本权利。换句话说,老式宪法律师相信宪法的范围和功能决定社会的政治结构。他们没能认识到,如果民主制度真正实现一人一价值的要义的话,那么宪法的范围和功能还需要确定社会的经济结构"。[①] 在安贝德卡尔看来,只有民主的形式并不够,宪法必须确立实现社会和经济目标的制度,才能帮助印度带来事实民主。

印度宪法第四篇《国家政策指导原则》(*the Directive Principles of State Policy*)(以下简称《指导原则》)部分是制宪大会的创新举措之一。该篇共包含十六条(第三十六条至第五十一条),其中大部分是回应民众关心的社会经济问题,主要是积极权利(positive rights)主张,即个人要求国家采取积极行为解决问题的权利。[②] 印度制宪大会在宪法中加入《国家政策指导原则》也是受到爱尔兰1937年宪法(以下简称爱尔兰宪法)类似条款启发,但是又有所区别。区别之一在于内容详尽程度,印度版本更加详尽,总共有十六条,爱尔兰版本只有一条;区别之二在于地位不同,印度宪法《指导原则》明确"本篇所述原则,系治理全国家之根本"(fundamental in the governance of the country),[③] 爱尔兰宪法只是称"原则"为爱尔兰议会提供通用指导(general guidance);区别之三在于是否指明执

[①] Bidyut Chakrabarty, *Constitutionalizing India: An Ideational Project* (Oxford University Press, 2018), pp. 237-238.

[②] 与此相对应的是消极权利(negative rights),是公民依照个人自由法则获得的权力,是不需要国家或社会的干预就可享有财产权、自由权等,具体参见印度宪法第三篇《基本权利》。

[③] 印度宪法第三十七条。

行机构，对于国家如何干预和实现民众的积极权利主张，印度制宪大会提出的指导意见是国家有义务，但并没有指定具体执行机构，统指"国家"有义务贯彻指导原则的义务，爱尔兰宪法则是指定其议会为执行指导原则的机构。① 这种借鉴和创新运用他国经验并使之适合印度国情的做法贯穿了印度宪法的始终。

不出意外，制宪大会出台《指导原则》经历了激烈的辩论过程，批评者认为《指导原则》被明确"不通过任何法院实施"，措辞都是抽象模糊的权利表达，在现实中的操作性很弱。② 在这种不具备操作性的原则条款下，"各邦政府可以完全无视《指导原则》，宪法也明确不提供任何补救条款。总统也无法确保国家遵守《指导原则》，联邦立法机构也无法对那些无视《指导原则》的各级政府提起任何动议，也没办法提出替代方案"。③ 在批评者看来《指导原则》的象征意义大于实际意义，支持者则注意到尽管这些原则条款缺乏执行力，但代表的是"宪法的根本"。作为宪法起草委员会的主席，安贝德卡尔强烈支持《指导原则》，在几次有关辩论中，他都强调宪法的作用在于推动印度社会、经济和宗教改革，首先当然是制度意义，明确印度采取议会民主制；其次还有教育意义，表达和传递国家发展的愿景，坚持的核心原则和价值观，即"向即将进入政府的人陈述这个国家的理想"。④ 安贝德卡尔提出：

> 对于处于不断变化过程的问题，设立固定不变的规定是没有用的，因为这些问题基本上一直在变化，与当时当地的情形有关。因此不应该说《指导原则》毫无价值，在我看来，《指导原则》价值巨大，因为它们确定了我们经济民主的理想。我们不仅是希望借助宪法

---

① Hanner Lerner, "The Indian Founding: A Comparative Perspective", in Sujit Choudhry, Madhav Khosla and Pratap Bhanu Mehta eds., *The Oxford Handbook of the Indian Constitution* (New Delhi: Oxford University Press, 2016), p. 67.

② *Constituent Assembly Debate*, Vol. 7 (Lok Sabha Secretariat, 1986), pp. 244-251, November 5, 1948.

③ *Constituent Assembly Debate*, Vol. 7 (Lok Sabha Secretariat, 1986), p. 491, November 19, 1948.

④ *Constituent Assembly Debate*, Vol. 7 (Lok Sabha Secretariat, 1986), p. 494, November 19, 1948.

确定各种制度和机构和确立政府的议会组织形式,我们还希望明确我们经济理想的方向,即我们希望怎样的社会秩序,我们把这些(理想)都放进了宪法确立的指导原则中。①

因此,在应对印度面临的各种社会经济问题时,《指导原则》再次体现了制宪大会坚持的渐进处理方式,既指明这是国家应该奋斗实现的理想,同时又明确不通过任何法院实施这些原则,从而为未来的立法机构保留灵活处理的空间。

三 渐进主义制宪精神及有关评价

在当时的条件和情况下,印度制宪者们在当代社会主流的宪法精神和政治理论之外,努力寻找切实可行的替代方案。这种替代方案主要是通过三种方式实现的。第一,推迟在语言问题上做出决策,在达成一致意见之前做出决议可能引起更大争议;第二,在统一民法典问题上使用模糊措辞,避免国家在成立之初就陷入分裂;第三,宪法在处理社会经济问题时,加入《国家政策指导原则》,这些指导原则不通过法院实施,却被明确为治理全国家的根本原则,国家在制定法律时有贯彻此等原则之义务。总体来说,渐进处理的方式,避免了新独立国家因为迎合多数民主的需求而忽略少数群体的诉求,帮助避免了独立之初的国家分裂风险。

宪法的渐进主义使得制宪大会可以绕开那些严重分歧,将立刻解决问题的压力转入即将创立的新制度,这就要求建立的新制度应具备更大的弹性,将一些分歧严重的问题,例如统一民法典和语言等问题,留待后续解决。当然此处提及的宪法弹性,并不是指修正案规则或是僵化的宪法文本,而是指宪法应该如何制定普通立法解决上述问题的路径,从而在宗教、语言或国家认同等方面推迟可能引起争议的决定,以避免即时的激烈分歧甚至是暴力冲突。② 印度宪法关于争议问题,特别是宗教与国家之间

---

① *Constituent Assembly Debate*, Vol. 7 (Lok Sabha Secretariat, 1986), p. 494, November 19, 1948.

② Hanner Lerner, "The Indian Founding: A Comparative Perspective", in Sujit Choudhry, Madhav Khosla and Pratap Bhanu Mehta eds., *The Oxford Handbook of the Indian Constitution* (New Delhi: Oxford University Press, 2016), p. 61.

的关系采取模糊措辞的做法,得到了一些学者的肯定,认为它成功地解决了多价值观社会体系的构建问题,这种政治世俗主义(Political Secularism)或者说具体情境下的世俗主义(Contextual Secularism),更符合印度社会的迫切需要。① 在这种情况下,制宪代表们希望国家可以与所有宗教保持适当距离,为所有宗教提供同等保护和支持,同时还可以选择性地介入那些与国家改革和社会发展目标相悖的宗教实践。②

印度宪法的妥协主张反映的是制宪大会对当时印度社会和政治现状的深刻理解。据当时制宪大会的一位法律顾问所述,"我们应该记住印度的国情是快速变化的,国家的政治和经济情况是不断变化的,因此初期阶段的宪法不应该过于教条"。③ 制宪大会的选择表明,国家面临的首要任务不是马上建立一个极强凝聚力的价值体系,在印度这样一个在语言、宗教、社会和经济领域都存在多样群体和多元主张的地方,急于通过宪法建立一个统一的或共同的国家认同的做法,只会疏远少数群体,让这个新生的国家快速走向分裂。通过渐进的方式或模糊的措辞,推迟类似任务或让后来者以更大的智慧去完成这个伟大的任务。实际上,很多宗教多元的新生国家选择类似的模糊条款,例如印度尼西亚1945年宪法,在关于宗教的表述就使用了模糊的措辞,只是强调"信仰"(belief in God),但没有明确是哪个特定宗教。大约同时期的以色列,其制宪大会最终拒绝拟定正式的宪法文本,而是代之以几项关于政府安排和民众权利的基本法。④ 以色列的做法也可以认为是一种模糊态度,将定义国家身份认同的任务留待以后的立法者解决。印度立宪者也希望通过上述创造性的方式,为在一个在国家认同、宗教身份和文化愿景等方面高度分裂的社会提供一个潜在解决办法。

不过印度宪法虽然总体坚持了模糊立场以避免国家分裂,但这种渐进

---

① Marc Galanter, "Secularism, East and West", in Rajeev Bhargava ed., *Secularism and Its Critics* (Oxford University Press, 1998), pp. 234 – 267; Gary Jacobson, *The Wheel of Law: India's Secularism in Comparative Perspective* (New Jersey: Princeton University Press, 2006).

② Rajeev Bhargava, "What is Indian Secularism and What Is It for?", India Review, Vol. 1 No. 1 (2002), pp. 1 – 32.

③ BN Rau, *India's Constitution in the Making* (Orient Longman, 1960), pp. 360 – 366.

④ Orit Rozin, "Forming a Collective Identity: The Debate over the Proposed Constitution, 1948 – 1950", *Journal of Israeli History*, Vol. 26 No. 2, 2007, pp. 251 – 271.

主义的处理方式也并不是全无缺点。一些观察家就指出，渐进主义推行的是意识形态妥协，无法帮助印度制定一个更具自由主义精神的宪法。[①] 印度宪法在宗教问题上的立场也饱受外界批评，例如宪法第二十五条至第二十八条关于宗教自由权的规定，允许国家以推进社会改革的名义深入干预宗教事务，这与宗教机构自治制度相背，而推进宗教机构自治制度是实现世俗主义的根本。再例如印度宪法第十七条规定，"废除'贱民制'（Untouchability）并禁止以任何形式实行'贱民制'，凭借'贱民制'而剥夺他人权利的行为属于犯罪行为，应依法惩处"，[②] 但印度社会贱民制的影响仍根深蒂固，印度央地各级政府仍在带头实践基于贱民制的配额制度。在宗教问题上的模糊甚至自相矛盾的立场还体现在印度宪法第四十八条，以保护和促进农业发展为名，禁止宰杀"牛、牛犊，其他乳畜和幼畜"等牲畜，而这是属于最纯粹的印度教法范畴的规定。[③] 这些安排不仅无助于缓解宗教与世俗主义目标之间的分歧，反而给了很多保守的、不平等的政策得以延续的空间和时间，有关分歧更加固化，最终这些争议问题消耗了过多的政治资源和司法资源。本书第四章将详细讲述当前印度出现的司法至上和司法过度扩张现象。总体来看，这种渐进方式和模糊措辞满足了制宪者的现实需求，却也导致印度公共领域等方面的持续争论。

印度政治和印度国家组成的很多矛盾之处，其实已经反映在宪法及其确立的制度体系中。例如权力制衡，印度议会有权修宪，同时宪法可以对议会通过的法律进行司法审查，意味着宪法同时认可成文法的制宪思想和议会独立思想。关于权利的规定亦是如此，权利也伴随着资格，而《国家指导原则》更是这种矛盾思想的集中体现，里面列明的权利无法通过司法实行，但另一些基本权利却可以通过司法得以实现和保障；同样地，确认财产权的同时，又明确国家有责任重新分配土地。印度宪法的很多内容，例如现代化与传统主义、社会变革要求和社会保守主义、政教分离与国家干预宗教事务、自由主义与个人权利和族群冲突与特定群体权利等，

[①] Anuradha Dingwaney Needham and Rajeswari Sunder Rajan eds., *The Crisis of Secularism in India* (Duke University Press, 2007).

[②] 印度宪法第十七条。

[③] 印度宪法第四十八条。

无不构成宪法条款之间的矛盾。同时倡导可能存在对立的原则和观点，这些做法被批评者指责为缺少一致的价值观和信仰，不利于国家认同的形成。印度政治的演变也的确表明制宪大会确定的无论是自由、渐进抑或宽容原则都不能解决实质问题，宪法条款的模糊措辞更是抵消了各版本宪法原本具备的教育作用，给司法实践和社会实践带来巨大的不确定性，这些情况是包括安贝德卡尔等在内的印度制宪者们所未曾预料到的。

第三节　基本结构原则与国家机构间关系

印度独立后，国大党不仅控制了制宪会议，同时还控制了中央政府和绝大多数的地方政府，强大的执政地位使它有机会将党的纲领精神融入即将制定的印度宪法。尼赫鲁认为，国家统一和民主是国大党的建党基础和执政基石。[1] 早在独立之前就被印度精英们反复提起的宪法草案和建议中已经反映了这两大原则，例如1928年尼赫鲁报告等，主张通过建立民主制度，以全民普选和扩展民众权利等方式，逐渐实现印度的国家统一。[2] 在早期实践中，尼赫鲁和英迪拉都为印度选择了国家经济主导、公私营经济混合发展的经济体制，即所谓"第三条道路"。[3] 最终，印度宪法确立的制度既看到欧洲民主制度的经验，也融入了美国民主制度的三权分立模式，在这套制度的基础上，印度宪法试图探寻关于国家机构间关系的基本原则，而这些基本原则与宪法本身的关系也成为有关释宪权和修宪权讨论的核心内容。

一　议会民主制与政府权力集中的结合

印度制宪大会面临各种挑战，但基本目标是确定的，即建立一个适合当时印度国情且能为大多数民众所接受的政治制度。当时世界各国主要有

---

[1] Jawaharlal Nehru, *The Discovery of India* (Oxford University Press, 1989), p. 384.

[2] "Report of the Committee appointed by the All India Conference to Determine the Principles of the Constitution for India, 1928", in Ravinder Kumar and Hari Dev Sharma eds., *Selected Works of Motilal Nehru*, Vol. 6 (New Delhi: Vikas Publishing, 1995), p. 27.

[3] 谭融、王子涵：《论印度政治发展道路的探寻》，《比较政治学研究》2018年第1辑（总第14辑），第126页。

两种典型的自由主义民主方式可供参考，一种是英国威斯特敏斯特体系的议会民主制，议会是最高立法机关，政府从议会中产生并对议会负责。另一种是美国的总统共和制，宪法规定司法、立法和行政之间的权力分工，三权之间相互制衡。印度宪法最终融合了英国和美国的权力分配经验，可以说是第三种形式的议会民主。

制宪大会代表中的主流声音是印度需要建立强大的政府，以应对国家建设面临的巨大挑战。多数代表赞成应该按照印度的实际情况而不是抽象的理论来选择国家制度。制宪大会副主席阿亚尔（Alladi Krishnaswami Ayyar）认为，"我们的宪法设计应符合国家的特殊情况，根据国家特点，而不是追求符合一个先验的结论或抽象的理论"。[1] 不难发现，印度制宪的原则不受抽象理论的指导，而是贯彻了实实在在的实用主义，即宪法的构造应能有利于解决当时印度面临的实际问题。在向联邦权力委员会（Union Powers Committee）提交草案时，尼赫鲁也支持建立强大的国家政府，"我们（委员会）一致认为，一个孱弱的中央政府会损害国家利益，无法确保和平，无法协调民众关切的普遍问题，无法在国际上代表整个国家发出强有力的声音"。[2] 制宪大会关于行政权力集中的理念也引导形成了印度强政府弱议会的治理模式。

在制宪讨论中，支持权力集中的观点主要包括社会安全的考量，以及地方主义可能威胁现代公民意识的发展。国家需要解放个人，更需要把个人从狭隘利益思想中解放出来。最终宪法确定印度选择的是紧密型联邦（Union）而不是松散型联邦（Federation）时，安贝德卡尔认为印度的联邦不是各邦和附属小王国基于协议建立的，他们是基于宪法成为印度的组成部分，宪法是他们的最高法，这是不可退出的，地域的划分只是出于管理的方便。[3] 在联邦制度方面的创新选择，制宪大会也表现出对"社会动乱"的普遍担忧，促使他们重新审视其他国家既有联邦制度实践的局限

---

[1] *Constituent Assembly Debate*, Vol. 5（Lok Sabha Secretariat, 1986），p. 839, November 23, 1949.

[2] Jawaharlal Nehru, Report of the Union Powers Committee, July 5, 1947. 转引自 Bidyut Chakrabarty, *Constitutionalizing India: An Ideational Project* (Oxford University Press, 2018), pp. 232–233。

[3] K. H. Cheluva Raju, "Dr. B. R. Ambedkar and Making of the Constitution: A Case Study of Indian Federalism", *The Indian Journal of Political Science*, Vol. 52, No. 2 (1991), p. 156.

性。例如安贝德卡尔在1939年之前明确支持联邦制度,认为它适合印度的社会和文化多样性,但是到了1946年他的观念发生了巨大转变,"我更喜欢一个强大的中央政府,这个政府应该比按照《印度政府法案(1935)》所设计的政府拥有更大的权力"。[1]

宪法确立了印度司法至上的议会民主制度,宪法代表最高权力,任何权力机关都不能超越宪法行事。印度确立相对单一的司法体系,区别与美国设立的联邦和州两套法律体系,印度各邦没有自己独立的宪法,设在各邦的高等法院承担的是联邦责任,且这些法官的任命权属于印度总统。在印度,由人民院(下议院)选举中获胜的政党或政党联盟组建政府,政府对议会负责,在行政权和立法权高度绑定的情况下,制宪大会希望执政党和政府能够协调一致应对新生共和国面临的各种挑战。在制度设计上,两个部门共享立法权,双方都可以提出立法草案,最终的批准过程由议会负责。这些制度的确立与制宪大会的关于强政府的基本理念是分不开的。但是在实际的制度演变过程中,随着中央政府的集权趋势日益明显,一些宪法规定的手段,包括地方应急权力和央地共享管辖权属清单(Concurrent List),在实际执行中也面临相互冲突的地方,不同级别政府(中央与各邦,各邦与地方)之间权力分工问题一直是印度政治的主要议题。[2] 本书第七章将专门论述印度联邦制度下的央地权力分工及其演变过程。

二 宪法基本结构概念与议会的修宪权

一般来说,宪法的基本结构是与价值观、核心原则等相关,是一部宪法的核心,奠定了宪法的实质,因此一旦修宪改变了宪法的基本结构,宪法也就失去了本质特征。印度国内关于修宪条款讨论主要是针对如何对待宪法的政治和意识形态核心,相关讨论在其他国家也并不鲜见。举个或许

---

[1] *Constituent Assembly Debate*, Vol. 1 (Lok Sabha Secretariat, 1986), p. 102, December 17, 1946.

[2] 当代印度关于宪法道德理念的讨论开始转向。随着强势政府的确立,人们更在意政府在面对民众诉求时的麻木反应,当前印度政党面对在宪法道德理念下的责任和义务,其执政时和在野时的态度是不同的,执政以后选择性的忘却政治宽容和自我约束,因此有观点指出如今印度政治体系是非道德的,应当重新建立宪法道德理念对政府和民众的同等道德约束 [参见 Andre Béteille, "Constitutional Morality", *Economic and Political Weekly*, Vol. 43, No. 40 (Oct. 4 – 10, 2008), pp. 35 – 42]。

并不恰当的例子，20世纪30年代初德国魏玛宪法规定了德国联邦共和制的核心内容。在纳粹通过选举上台后，德国宪法学家舒伯（Ernst Rudolf Huber）选择支持纳粹，并在学术研究中试图为纳粹统治寻找法律基础，即便如此他在纳粹修改宪法的问题上表达了反对态度，坚持认为宪法基本结构不能改变，"任何宪法都包含类似原则，这些原则决定了宪法原则的具体性，构成了宪法精神的核心。宪法条款众多，但是它们的重要性绝对是不同的。那些奠定国家基本秩序的主要原则明显更加重要，剩下的法律概念都来源于此……只要这些核心内容仍在，那么我们就可以认为宪法仍在发挥作用。如果宪法的核心被摧毁了，即使那些零碎的宪法概念仍具备法律效力，但是整部宪法已经不复存在了"。[1] 这番话并不代表舒伯放弃维护纳粹统治的立场，但他维护基本结构的态度体现了他对宪法和宪法精神的认知。

印度宪法第三百六十八条中提出了关于修宪权的规定，规定议会有权根据宪法，"通过增补、变更、撤销等方式修改本宪法的任何条款"，但是制宪者们似乎并没有为议会修改宪法的权力施加特别的限制。尼赫鲁在谈到这个问题时表示，"虽然我们也希望宪法及其结构能保持稳定不变，但事实是宪法不可能一成不变。任何规定都应该有特定灵活性。如果规定僵硬刻板，国家发展也就无从谈起。所以在宪法实行的前些年里……我们会希望有一些能够修改宪法的便捷程序……我们不希望像其他国家一样，宪法制定以后就十分难以修改，从而无法适应不断变化的环境……所以我们希望宪法尽可能保持稳定，同时也希望在特定时间里保持修改的相对灵活性"。[2] 尼赫鲁赞成保持修宪的灵活性，以适应不断变化的环境需要，同时也强调保持其基本结构（Basic Structure），这意味着宪法的某些部分，特别是关于印度制度的政治和意识形态特点部分是不应该修改的。安贝德卡尔对此也有明确观点，他反对"只有国民代表大会或全民公决的形式才能修改宪法"，宪法必须具备一定的灵活性，这意味着立法部门，中央或地方政府有权根据便捷的程序提起修宪要求，关于印度宪法解释和修改

---

[1] Bidyut Chakrabarty, *Constitutionalizing India: An Ideational Project* (Oxford University Press, 2018), p. 253.

[2] *Constituent Assembly Debate*, Vol. 2 (Lok Sabha Secretariat, 1986), pp. 322 – 323, November 8, 1948.

的权力之争也成为印度政治制度发展的重要议题。

对于当时印度的制宪者来说，宪法基本结构也是一项司法发明。印度宪法自生效以来经历了很多次修改，一些只是涉及微小的修改，例如2011年通过的宪法第九十六修正案，只是涉及宪法第八附表中语言名称的修改，当然也有如英迪拉时期的第四十二修正案那样的对宪法进行大规模改动的例子。对于宪法文本来说，一些文本至今未被改动过，例如第一、二和十七篇等，一些文本例如关于基本权利部分则被频繁改动。[1] 这其中涉及处理议会修宪权力的宪法第三百六十八条是人们关注和争论的焦点。实际上宪法第三百六十八条本身就经历过多次改动。现行的第三百六十八条在议会修宪权上有着双重多数的要求，首先是要求获得人民院和联邦院的多数票，其次是要求各院出席和投票的人数不少于议员总数的2/3。同时对于修改特定条款包括修改第三百六十八条本身（但是其中并不包括基本权利部分），在修改法案提交给总统签署之前，还应获得至少一半的地方邦议会赞成通过。一些修正案的目标很明确，就是直接或间接取消最高法院和高级法院判决推翻特定法案，而这些法案大部分与基本权利部分有关，因为被最高法院判定违宪而被推翻。[2] 这些判决的出台无不伴随着宪法学者们的激烈争论。

往前追溯，1964年辛格诉拉贾斯坦邦（Sajjan Singh v. State of Rajastan）的判决中，主审法官之一摩多卡尔（J. R. Mudholkar）给出自己的看法，"如果改动宪法基本结构，那么应该如何定义这种改动，这是在修改宪法还是实际重新书写宪法呢，这是值得思考的问题。如果是后者情况的话，那是否超过了宪法第三百六十八条的范围"。[3] 古拉科纳特诉旁遮普邦（Golaknath v. State of Punjab）一案中的原告辩护律师，1967年最高法院在判决中明确了议会无权对印度宪法的基本权利部分做出任何修改。[4] 这一判决无疑对议会修改宪法第三章基本权利部分的权力施加了限制，但

---

[1] 当然有观点认为相关改动是出于狭隘的政治目的和取悦于自身票仓的行为，参见 Madhav Godbole, *The Judiciary and Governance in India* (New Delhi: Rupa, 2009), p. 32.

[2] 类似修正案至少包括四个，即宪法第一修正案（1951年）、第四修正案（1955年）、第十七修正案（1964年）和第二十四修正案（1971年），其中一些修正案推翻了最高法院的多个判决。

[3] 1965 AIR 845.

[4] 1967 AIR 1643.

是英迪拉·甘地上台之后，在执行大规模改革措施时认为遭遇到司法部门的掣肘，英迪拉寻求修宪的努力也导致了激烈的修宪权之争。

1971年，英迪拉政府推动通过了宪法第二十四修正案（即《1971年第二十四修正案法》），该修正案推翻了最高法院古拉科纳特诉旁遮普邦一案中的判决，明确赋予议会通过宪法修正案修改基本权利部分的权力，还进一步修改了宪法第三百六十八条，重新明确议会有权就宪法的任何部分提起修正案，并进一步明确总统在收到议会通过的修正案后，有义务同意并签署法案。① 这大大拓展了议会相对于司法部门的修宪权力，英迪拉政府开始大规模干预司法权力。1973年4月23日，最高法院对巴拉提诉喀拉拉邦（Kesavananda Bharati v. State of Kerala）一案②做出判决，明确提出了宪法基本结构原则。最高法院成立了13位大法官的审判庭，该案从1972年10月31日开始审理，到1973年3月23日正式判决，中间涉及大量辩论和学术讨论，最终的判决书有703页，引用数百个判例，专门用来回答一个核心问题：议会的修宪权是否无限制。③ 最终判决是7∶6的多数通过，提出宪法第三百六十八条并没有赋权议会可以修改宪法的基本结构，是对英迪拉政府强行通过的宪法第二十四修正案的强有力反击。

这项判决的意义不言而明，时至今日，人们还经常纪念这个对于印度民主来说具有里程碑意义的判决。判决书并没有明确给出基本结构的定义和内容，因为合议庭认为无此必要，"一个特定法律概念，即使没有一个刻板明确的定义，它也是存在的"④，"宪法的终极目标是保持国家的统一和团结，同时保证个人的尊严。只有提倡友爱（Fraternity）才能确保以上目标……如果从宪法中去除特定法律原则会有损互助友爱，有损国家的统一和团结，有损个人的尊严，那么类似法律原则就构成宪法的基本结构"。⑤ 因此，议会的修宪权是有条件限制的，不能损害宪法的基本结构或基

---

① *The Constitution（Twenty-fourth Amendment）Act*，1971，https：//www.india.gov.in/my-government/constitution-india/amendments/constitution-india-twenty-fourth-amendment-act-1971.

② AIR 1973 SC 1461.

③ "The Case that Saved Indian Democracy"，*The Hindu*，April 24，2014，https：//www.thehindu.com/opinion/op-ed/the-case-that-saved-indian-democracy/article4647800.ece.

④ AIR 1973 SC 1461.

⑤ AIR 1973 SC 1461.

本框架，司法机构将审查该修正案是否影响了宪法的基本结构。首席大法官S. M. Sikri 代表赞成判决的七位大法官总结道："我们的宪法并不仅仅是政治文件，也是一份基本的社会文件……宪法包含的一些特点是极其重要的，不能被修改或去除。"① 显然，最高法院希望通过这份判例能够阻止此前英迪拉政府对司法权力的渗透，为立法和司法部门的修宪权之争划定边界。

三 第四十二修正案冲击印度宪法政治

在巴拉提诉喀拉拉邦案件的历史性判决之后，英迪拉领导的国大党政府在1976年通过宪法第四十二修正案，当时正值紧急状态期间（1975年6月25日—1977年3月21日）。宪法第四十二修正案被认为是印度宪法史上最具争议的修正案之一，该修正案不仅限制最高法院和高级法院的释宪权，还进一步稀释宪法基本结构原则，同时还列出了印度公民对国家的基本义务，可以说该修正案对印度宪法的修改范围是空前的，甚至被人们戏称为"迷你宪法"（mini-Constitution）或者"英迪拉宪法"（Constitution of Indira）。② 该修正案对于宪法的修改是全方位的，包括序言和修宪条款都未能幸免，③ 增加了一些新的条款，很多既有条款也被加入了新的内容，全方位地限制最高法院的权力范围，也限制了民众的民主权力，总理办公室的职权大大拓展。第四十二修正案还修改了央地两级政府之间的权力分工，联邦政府被赋予更多权力，印度的联邦制已经名存实亡，当然最主要的是重新确立了印度议会的无限修宪权，推动印度政治制度走向议会主权制（Parliamentary Sovereignty）。

宪法第四十二修正案服务于英迪拉政府宣布紧急状态后的中央集权措施，这引发了一场严重的宪法政治危机。紧急状态结束之后，上台执政的人民同盟政府承诺废除包括宪法第四十二修正案等在内的英迪拉政府措施，

---

① AIR 1973 SC 1461.

② G. G. Mirchandani, *Subverting the Constitution* (Delhi: Abhinav Publications, 1977), especially chapter 4, "A Mini-Constitution", pp. 98 – 114.

③ 序言中原先提出"将印度建成为主权的非宗教性的民主共和国"，修改后被加入了"社会主义的"新定语，变更为如今仍在使用的"将印度建成为主权的、社会主义的、非宗教性的民主共和国"；同时序言中提到的"在人民中间提倡友爱以维护个人尊严和国家的统一"，也被加入了"领土完整"，变更为"在人民中间提倡友爱以维护个人尊严、国家统一和领土完整"。

尽快恢复印度民主秩序。新政府分别于 1977 年和 1978 年通过宪法第四十三和第四十四修正案，在一定程度上重新帮助宪法回归到 1976 年之前的状态，但是新政府并没有完成全部工作就解散下台了。最终，在 1980 年 7 月 31 日，在米尔斯诉印度联邦（Minerva Mills v. Union of India）一案中，[1] 最高法院判定宪法第四十二修正案中的两项内容违宪，其中一项是"任何法院都无权以任何理由质疑宪法修正案"条款，该条款已经改变了印度宪法的根本属性（identity），因此最高法院驳回了印度议会的无限修宪权；另一项是其个人基本义务条款，最高法院确认，不应该对民众根据《国家政策指导原则》享有的基本权利施加任何先决条件，从而再次维护和确认了宪法规定的个人基本权利。正如大法官钱德拉楚德（Y. V. Chandrachud）所说的，"米尔斯诉印度联邦一案的主题就是……你可以修改这份神圣的文件，因为开国元勋们把宪法交给你们照看，而你们最能了解时代的需要。但是宪法是一份宝贵的遗产，你们不能毁坏它的根本属性"。[2] 如今议会的有限修宪权等理念已经为印度人民所广泛接受和认同，这也成为印度政治制度发展和演变的基础。在印度宪法发展的历史上，基础结构原则已经成为释宪权的基石。[3] 当然司法和行政部门之间的互动仍保留了竞争与合作模式，在情况有利的时候都会尽力维护和扩大自己的权力。

当然人们对于印度宪法确立基本结构原则还存在另一派观点，前文也提到过巴拉提诉喀拉拉邦案件中，在全部十三位大法官中，有六位法官持反方观点，其中以雷（A. N. Ray）大法官为代表，反方观点主要强调基本结构原则侵占了原属议会的权力。雷指出，印度议会是全民选出来的，代表的是人民的声音，因此议会应该是印度宪法治理的最高权力机关，也就是说议会的当选代表们有权依据他们代表的政治和意识形态使命，通过立法的形式修改宪法，而最高法院有权根据是否改变宪法基本结构的理由推翻议会立法，意味着最高法院获得了"对修正案的否决权"。[4] 反方观

---

[1] AIR 1980 SC 1789.

[2] AIR 1980 SC 1789.

[3] Granville Austin, *Working A Democratic Constitution: A History of the Indian Experience* (Oxford University Press, 2019), p.258.

[4] Subhas C. Kashyap, *Indian Constitution: Conflicts and Controversies* (New Delhi: Vistara Publications, 2010), p.246.

点认为，基本结构原则导致"民选代表的宪法授权从议会转移到了最高法院，这是对宪法民主的严重损害"。① 最高法院实际上已经不是在解释宪法，而是成为仲裁者，它决定了立法机构是否可以修宪。印度首任首席大法官卡尼亚（Harilal J. Kania）也认为，"对于民主国家来说，人民是通过议会制定法律。监督或纠正议会立法并不是司法机构的职责"，以保护宪法的民意，司法部门通过"自己发明的基本结构原则"，"正在侵害印度整体的基石，人民民主的要义就是政府是民治、民享、民有的"。② 从反方的主要观点来看，他们更加看重民主制度下民选代表的作用，民选代表是民众意愿的反映，他们要对人民负责，而司法机构既不是民选的，也不对民众负责，司法机构的制度设计并不能充分体现民众的呼声，因此基本结构原则导致司法结构这个非民选机构拥有了凌驾于其他机构之上的无上权力，这违反了印度议会民主制度的精神。

四 印度司法至上模式与印度司法制度演变

关于司法和立法部门之间的权力关系主要有两种，第一种是立法至上。例如澳大利亚和新西兰就是采取立法至上的权力安排。即议会作为最高的立法权力机关，而法院不能忽视或拒绝立法机构以宪法规定程序通过的法案，侧重点在于议会是代表人民的民选机构。政党代表民众的不同利益，并且通过民主选举程序来确保民众权利。如果政府通过立法损害民众权利，制裁政府的也不是法院，而是后面的民众通过选举施加政治惩罚。第二种是司法至上（Judiciary Primacy）或者称为强势司法审查权（Strong-form Judiciary Review），主要是通过一部权威的成文宪法来保证司法机构的权力。在此权力结构安排之下，立法权受到宪法的限制，司法机构可以对立法机构通过的法案进行合宪性司法审查，在涉及个人权利和权力制度方面拥有最终决定权。换句话说就是，虽然代表性不及民选的议员，但是法官们被赋予监督立法机构的权力。

---

① Subhas C. Kashyap, *Indian Constitution: Conflicts and Controversies* (New Delhi: Vistara Publications, 2010), p. 247.
② Subhas C. Kashyap, *Indian Constitution: Conflicts and Controversies* (New Delhi: Vistara Publications, 2010), pp. 247–248.

上述两种传统的权力安排模式在实际操作中还有着不同的变化，例如对于立法至上的权力安排来说，议会可以通过立法限定未来立法的方式来自我施加限制；① 对于司法至上的权力安排来说，释宪权可以集中在专门的宪法法院或最高法院，或者是各级法院。② 当然上述两种传统模式也有着各自的局限性，对于立法至上模式来说，尽管有着民主选举施加的合法性优势，但是也有可能使少数族群和少数派观点无法在民主过程中得到应有的话语权；对于司法至上模式来说，释宪权归入独立的法院，也会带来民主合法性方面的担忧，让少数法官有权推翻代表公共意志的法案，即"反多数困境"（Counter-majoritarian difficulty）。③ 此时，代表多数观点的法案可能被代表少数观点的法官推翻。

印度的司法实践接近司法至上模式，司法部门不仅守护印度的宪法民主，而且通过创造性的释宪，演变形成了印度的"正当法律程序"（due process of law）的法律体系，当然这个释宪遵从的并不完全是宪法第二十一条所述的"既有法律程序"，而是遵从社会契约所反映的价值观，这里的社会契约概括的是新的政治和意识形态关切。④ 作为印度宪法民主的维护者，最高法院不仅给自己创立了新的功能领域，还通过把宪法置于行政和立法部门之上，催生了大量的程序变革。如今司法部门不仅仅是立法和行政部门行为的解释者，还通过释宪为决策者提供了权力来源，可以说已经确立宪法的至高地位。议会作为立法部门，虽然仍反映民众呼声和疾苦，但必须接受宪法确定的对议会职能范围的约束。也就是说，议会必须在宪法确定的界限内行使职权。当然议会并没有完全接受这种权力分工，这也就是为何司法与立法部门之间的竞争仍时不时见诸报端。⑤ 很多时候最高法

---

① Ivor Jennings, *The Law and the Constitution 3rd Edition* (London University Press, 1943), p. 146.

② Paul Craig, "Constitutional and Non-Constitutional Review", *Current Legal Problem*, Issue 147, 2001, pp. 148 - 150.

③ Alexander M. Bickel, *The Least Dangerous Branch: The Supreme Court at the Bar of Politics 2nd Edition* (Vail-Ballou, 1986), p. 16.

④ Bidyut Chakrabarty, *Constitutionalizing India: An Ideational Project* (Oxford University Press, 2018), p. 248.

⑤ "All-party Meet Vows to Uphold Parliament Supremacy", *The New Indian Express*, August 2, 2013, https://www.newindianexpress.com/nation/2013/aug/02/All-party-meet-vows-to-uphold-Parliament-supremacy - 502835.html.

院仍需要提醒议会遵守宪法确定的权力基本架构。

在印度，随着民众对于议会和政府的不满日益加深，以最高法院为代表的司法部门已经开始成为民众眼中的宪法民主守护者。印度最高法院体系与其他国家不同。传统来讲，法官任命与个人政治意识形态关系不大，而且法官流动率高。印度最高法院并不实行法院全体法官共同审理（en banc）制度，而是采取出庭法官或合议庭制度。因此合议庭法官人数成为法官们行使宪法权力的表现之一，法官人数更多的审议庭推动印度宪法政治的演变。正因为如此，虽然一致性一直是法治经典思想的核心之一，但印度司法体系缺少一致性，例如严格地遵循先例（stare decisis）。

印度宪法创新动力的来源很多，例如公共利益诉讼运动，法院关于诉讼当事人的规定相对较松，经常干预涉及公共利益的案件审理，而这些案件很可能在行政职能范围内就可以处理。这是印度宪法的创新之一。例如印度的侵权行为法（Tort Law）体系并不健全，侵权行为法不仅要求全面的立法体系，还要求完备的索赔裁决机构。通常情况下侵权行为法就可以处理的案件，但是由于印度不具备侵权行为救助手段，法院不得不动用宪法救助手段。在行政部门严重失职的案例中，法院还得启动宪法程序才能实现救济。如果说西方宪法理论中，司法化（judicialisation）是最近才出现的课题的话，那么这在印度宪法体系中已经是司空见惯的事情了。

印度最高法院和下级法院之间的关系也比较独特。外界一直担心印度司法体系对于日常案件的审理能力，为了减少案件的误判，最高法院选择扩大审理范围，同时在接受下级法院上诉案件时持开放态度，这无形之中削弱了最高法院的宪法角色。得益于宪法文本的规定，最高法院可以在很多领域的案件审理中做出类似处理。印度政治制度的可靠性和宪法的合法性更多地依靠最高法院，而不是其他下级法院。这种依赖宪法制度弥补国家能力不足的做法也是有代价的，主要表现就是印度最高法院已经不堪重负，大法官数量有限，但由此导致待审案件数量飙升，这让民众的疑虑上升。首先，人们怀疑宪法和其他法律之间的界限不清，谁来解释有关的界限和范围，其次，人们需要讨论宪法救济能在多大程度上弥补国家失灵（State failure）。最高法院在处理民众诉求方面的效率并不高，宪法原则覆盖宏观问题，与有限的救济范围之间并不匹配。从长远来看，这种对国家失灵的补救措施，在实践中反而可能加剧失灵趋势。

第四节 基本权利与国家和民众间的关系

印度宪法第三编"基本权利"包括第十二条到第三十五条,是关于公民权和公民权利的基本条款,界定了国家与民众的基本关系。当然印度宪法全文中关于基本权利体系的规定并不仅限于此,更确切的说法应该是宪法所有规定都影响基本权利的界定和实践,其中序言、国家政策指导原则、基本义务,以及第四编、第四-A编和第十六编有关特定阶层的特别规定对公民基本权利有着直接影响。从这个角度看,第三编"基本权利"是从宪法整体部分获取灵感和内涵的综合体现。从形式上看,第三编"基本权利"、第四编"国家政策之指导原则"与第四-A编"基本义务"是相互独立的章节,但分别涉及国家不得干涉个人自由的消极义务、国家采取措施保障个人福利的积极义务以及个人对社会和他人的义务,因此都涉及人权和义务以及《宪法》序言所确立的"国家统一和完整"的共同主题。[①] 回顾这些文本的出台过程和实质精神,有助于理解制宪者对于国家与个人关系之间的理解和安排,相关判例带来的制度演变是能反映印度人民当前的基本权利与理想状态的差距。

一 制宪大会讨论公民言论自由权

制宪大会的目标是在印度实现前所未有的社会和政治变革,建立一个适合印度国情的政治体制,规划和管理国家机构间的关系以及国家与民众间的关系。从政府与民众关系来说,言论自由权体现了民众可以通过怎样的渠道以怎样的方式自由地表达对国家和个人事务的关切和观点。对于民众的言论自由权,制宪大会关注两个问题:第一,是否需要明确出版自由权?第二,是否需要对权利施加特定限制?对于第一个问题,制宪大会讨论的结果是既然规定了言论自由权,就可以延伸出相应的出版自由权,但是第二个问题在制宪大会的讨论更加激烈。基本权利顾问委员会(The Advisory Committee on Fundamental Rights)考虑的版本主要有两个,芒什

---

① Mahendra Pal Singh:《印度宪法上基本权利的体系、范畴及其实现》,柳建龙译,《公法研究》2010年第1期,第443页。

（K. M. Munshi）的版本①确认并列举了自由权的类型，这些被最终通过的宪法采纳沿用至今，但芒什版本只是指出自由表达的权利应"在联邦法律许可的范围内"，比较宽泛地回应了这个问题。② 安贝德卡尔的版本则明确了言论自由权应符合"公共秩序和礼仪道德"（Public Order and Morality），借用的是1928年尼赫鲁报告，③ 爱尔兰1937年宪法版本中也有类似措辞。

实际上，顾问委员会提交的最终版本参考爱尔兰宪法的例子，列出了言论自由权的例外情况，例如公共秩序、礼仪道德、煽动叛乱、猥亵言语、亵渎神明和诽谤中伤等。1947年4月30日，这些言论自由权的例外情况提交制宪大会讨论之后，引起制宪大会成员的普遍担忧。沙阿（K. T. Shah）就认为，"右手给予的权利，左手又拿走，这些条款毫无价值"；④ 沙胡（Lakshimi Naarayan Sahu）则引用一句谚语"房子高大雄伟，但进出的门却如此窄，不碰头是无法进到里面去的"。⑤ 实际上，很多制宪大会成员在独立运动期间被殖民政府以类似指控迫害过，人们很难理解为何在赢得独立之后他们又迫不及待地重拾英国殖民政府的做法。

不过制宪大会中也有一些人极力维护这些例外情况，其中就包括安贝德卡尔。1948年11月4日的讨论中，安贝德卡尔发表演讲指出即使是美国宪法也没有给公民绝对的言论自由权，"言论和出版自由，并不是关于表达和出版的不负责任的绝对权力"。⑥ 安贝德卡尔的发言得到很多人的支持，例如阿尔吉·拉伊·夏斯特里（Algu Rai Shatri）表示"合格的公民意味着克制"；⑦ 克里希纳马查里（T. T. Krishnamachari）也附议道"从政治上来讲，不存在绝对的权利，任何权利都受到节制或一定条件的限

---

① B. Shiva Rao ed., *The Framing of India's Constitution: Select Documents Vol.*2（New Delhi: Universal Law Publishing, 2012）, p. 75.

② B. Shiva Rao ed., *The Framing of India's Constitution: Select Documents Vol.*2（New Delhi: Universal Law Publishing, 2012）, p. 75.

③ B. Shiva Rao ed., *The Framing of India's Constitution: Select Documents Vol.*1（New Delhi: Universal Law Publishing, 2012）, p. 59.

④ *Constituent Assembly Debates*, Vol. 7（Lok Sabha Secretariat, 1986）, p. 714, December 1, 1948.

⑤ *Constituent Assembly Debates*, Vol. 7（Lok Sabha Secretariat, 1986）, p. 775, December 1, 1948.

⑥ *Constituent Assembly Debates*, Vol. 7（Lok Sabha Secretariat, 1986）, p. 40, December 1, 1948.

⑦ *Constituent Assembly Debates*, Vol. 7（Lok Sabha Secretariat, 1986）, p. 763, December 1, 1948.

制"。① 最终通过的印度宪法第十九条第一款第（一）项列明了公民享有的言论和表达自由权，宪法第十九条第二款则针对第一款第（一）项列出例外情况，不过最终列明的例外情况并没有包括煽动叛乱（sedition），但包含了公共秩序、礼仪道德，或有由于涉及藐视法庭、诽谤或煽动犯罪等例外情况。

在英国殖民时期，虽然没有明文规定民众的言论自由，但印度民众还是享受习惯法体系下的一些言论自由权利，只是时刻面临英国殖民政府施加的种种限制，其中的四大限制理由主要包括煽动叛乱（散播仇恨的言论）、言语猥亵、藐视法庭和恶意诽谤等。在独立之后，历届印度政府也娴熟地利用类似理由限制民众的言论自由权利。② 从言论自由权在印度的实践来看，不难发现自宪法实行以来，印度民众享受的言论自由权被越来越多的附加条件所限制。

二 第一修正案与对民众言论自由权的限制

印度制宪大会经过讨论采纳了对言论自由权施加特定限制的做法，实践证明这只是开了个头，但印度人自己的政府真正接过治理责任之后，很快发现仅在宪法条文中施加的那些限制远满足不了现实的需要。例如当时印度国内提倡对巴宣战的言论不少，尤其是印度工业部长慕克吉（Syama Prasad Mukherjee）及其所在的印度教大会（Baratiya Hindu Mahasabha）正在提倡"统一印度"，宣称鉴于印巴分治后印度教徒在巴基斯坦的遭遇表明分治协议已经失效，印度政府有必要采取武力统一次大陆，显然这是直接挑起印巴冲突的言论。1950 年 4 月 8 日，印度总理尼赫鲁和巴基斯坦总理利雅卡特·阿里·汗（Liaquat Ali Khan）达成协议，双方致力于建立信任并实现印巴和平，同时为了防止印巴分治带来的族群冲突，双方都承诺妥善保护各自国内的少数族群权利。③ 其中协定的第 C 条第八项规定两

---

① *Constituent Assembly Debates*, Vol. 7 (Lok Sabha Secretariat, 1986), p. 771, December 1, 1948.
② Ramachandra Guha, *Democrats and Dissents* (New Delhi: Penguin Random House, 2016), p. 25.
③ Ramachandra Guha, *India After Gandhi: The History of the World's Largest Democracy* (New York: Ecco, 2007), p. 174.

国政府承诺禁止各自国内煽动战争的言论。① 但是考虑到印度刚刚实行的宪法限制印度政府随意限制民众自由言论权之规定，印度政府实际很难严格遵守协定的相关内容。

尼赫鲁一直担心并反对印度国内公开提倡印巴开战的言论，早在协定签署之前的 1950 年 3 月，尼赫鲁就提醒时任内政部部长帕特尔要关注慕克吉的言论，但是帕特尔提醒尼赫鲁印度政府在有关问题上的行动权限受到宪法规定的限制，"我们的宪法确保民众的基本权利——结社、在印度领土内自由迁徙、言论和表达自由和个人自由等——这限制了我们可以采取的行动。政府采取任何行动（限制慕克吉的言论），都可能违法和面临司法审查"。② 1950 年 4 月，慕克吉辞去在尼赫鲁内阁的部长职位，以抗议对尼赫鲁达成的印巴协议。没有了行政职位牵绊，慕克吉开始公开批评巴基斯坦对待印度教徒的政策，认为印度教徒在巴基斯坦已经无法生存，而印度政府不能对此视而不见。巴基斯坦方面随即抗议慕克吉的言论，认为尼赫鲁政府没有遵守双方达成的管控各自国内的煽动战争言论的协定。

1950 年 6 月，尼赫鲁给帕特尔的信中认为，阻碍协定顺利执行的罪魁祸首就是印度教大会的煽动言论、加尔各答报业和慕克吉；帕特尔则认为制宪大会的想法过于理想主义，并没有考虑到实际政治中的极端人物和极端言论。③ 事情的演变也的确如此，印度政府无法控制慕克吉的言论，慕克吉仍到处发表演讲，号召发动对巴战争，结束印巴分治重新实现印度统一。1950 年 8 月，慕克吉在议会发表演讲，认为巴基斯坦没有保护印度教少数族群，印巴分治协议已然失效，他要求印度政府必须对巴宣战，以保护巴境内的印度教徒。④ 1951 年 10 月，在印度人民同盟（Bharatiya Jana Sangh）成立大会上，慕克吉发表演讲，"我们已然知道印度分治是愚

---

① 协定全文请参见 http：//www.commonlii.org/in/other/treaties/INTSer/1950/9.html.

② Vallabhbhai Patel and Shankar Prasada eds., *Sardar Patel's correspondence*, 1945 – 1950, Vol. 10（New Deohi：Navajivan Publishing House, 1974）, pp. 10 – 13.

③ Vallabhbhai Patel and Shankar Prasada eds., *Sardar Patel's Correspondence*, 1945 – 1950, Vol. 10（New Deohi：Navajivan Publishing House, 1974）, pp. 356 – 357.

④ Tathagata Roy, *The Life and Times of Dr Syama Prasad Mookerjee：A Complete Biography*（New Delhi：Prabhat Prakashan, 2012）, p. 81.

蠢的悲剧，既没有实现任何目标，也没能解决任何问题。我们认为自己的目标就是重新统一印度"。① 尼赫鲁在管控反对派言论的时候感受到宪法条文带来的限制，适时修宪加强政府管治言论方面的权力提上议事日程。

尼赫鲁向时任司法部部长安贝德卡尔提出自由言论权力的宪法条款需要修正，后者在制宪大会时期以来就支持对言论自由权施加限制，最终在双方的共同推动下很快提出了修正案。1951年5月12日，印度议会开始审议印度宪法第一修正案草案，其中就包括修正宪法第十九条第二款之对言论自由权例外情况之规定。② 1950年5月26日，最高法院在塔帕尔诉马德拉斯邦案（Romesh Thappar vs The State of Madras）中的判例更是极大地限制了政府限制言论自由的权力，这加快了议会审议第一修正案的步伐。③ 1951年6月18日，第一修正案法案通过，其中就包括对宪法第十九条第二款之修正，明确了政府"为……同外国的友好关系……或有由于涉及……煽动犯罪等问题而对上述第一款第（一）项施加合理限制"（见表1.1）。尽管没有明确的官方表态，但是加入因为"外国的友好关系"而限制言论自由权，所指涉的对象在当时的情形下是非常明确的。尼赫鲁在就第一修正案对议会发表演讲时也表示，"如果个人行为可能引发战争，那事态就非常严峻。没有哪个国家可以因为自由的民意，就采取可能引发全面战争和国家毁灭的行为"。④ 第一修正案也开启了印度政府在宪法框架内不断削弱民众言论自由权的进程。

---

① Tathagata Roy, *The Life and Times of Dr Syama Prasad Mookerjee: A Complete Biography* (New Delhi: Prabhat Prakashan, 2012), p. 296.

② Granville Austin, *Working A Democratic Constitution: A History of the Indian Experience* (Oxford University Press, 2019), pp. 42–45.

③ 1950 AIR 124。原告负责出版发行《十字路口》（*Cross Roads*）杂志，该杂志主要宣扬左翼观点，因此马德拉斯邦政府援引该法第9（1-A）款之规定原因禁止《十字路口》的出版和发行，原告诉称该法案过度扩展了"公共秩序"的范围，限制了自己的出版自由权，侵犯了宪法第十九条赋予自己的公民言论自由权。马德拉斯邦政府则辩称政府基于公共安全和公共秩序的原因限制该杂志的出版发行，这符合宪法第十九条第二款规定的基于国家安全原因合理限制言论自由权的情形。印度最高法院于1950年5月26日裁定《马德拉斯邦公共秩序法》（*the Madras Maintenance of Public Order Act, 1949*）违宪。

④ Abhinav Chandrachud, *Republic of Rhetoric: Free Speech and the Constitution of India* (New Delhi: Penguin, 2017), p. 83.

表1.1　印度宪法第十九条第二款修改前后的文本对比

修改前文本	修改后文本
第一款 一切公民均享有下列权利：	第一款 一切公民均享有下列权利：
（一）言论和表达自由；	（一）言论和表达自由；
（二）和平而无武装之集合；	（二）和平而无武装之集合；
（三）结社或建立工会；	（三）结社或建立工会；
（四）在印度领土内自由迁徙；	（四）在印度领土内自由迁徙；
（五）在印度领土内的任何地方居住与定居；	（五）在印度领土内的任何地方居住与定居；
（六）取得、保有与处理财产；	（六）取得、保有与处理财产；*
（七）从事任何专业、职业、商业或事业。	（七）从事任何专业、职业、商业或事业。
第二款 第一款第（一）项规定不影响现行法律的实施，也不妨碍国家制定法律限制书面毁谤（libel）、口头毁谤（slander）、毁誉（defamation），藐视法庭或涉及礼仪道德，或危害国家安全、或颠覆国家等问题。	第二款 第一款第（一）项规定不影响现行法律的实施。为维护印度的主权完整、国家安全、同外国的友好关系、公共秩序、礼仪道德，或有由于涉及藐视法庭、毁谤（defamation）*或煽动犯罪等问题而对上述第一款第（一）项施加合理限制，也不妨碍国家为此制定法律施加此类限制。

编者注：印度宪法第十九条第一款第（六）项赋予印度公民取得、保有与处理财产的权利，但第十九条第五款规定国家基于公众利益或保护表列部落对此项权利施加合理限制。自1979年6月20日起，该项在宪法文本中省略。

*编者注：第一修正案中不再区分毁谤（libel）、口头毁谤（slander）、毁誉（defamation），所以此处统一译成毁谤（defamation）。

三　反报业托拉斯法案与对出版自由权的限制

前文提及虽然印度宪法具体界定了对政府与民众的关系，但印度民众依据宪法享受的言论自由权开始不断受到政府的侵蚀，这些限制很快就拓展至出版自由权方面。在1958年快报集团及其他诉印度联邦案［Express Paper（Private）Ltd. & another vs. The Union of India］中[1]，最高法院审查《1955年记者工作条件法》［*Working Journalists（Conditions of Service）and*

---

[1] 1958 AIR SC 578. Supreme Court of India, Express Paper（Private）Ltd. & another vs. The Union of India, August 1, 1958, https：//www.sci.gov.in/jonew/judis/570.pdf.

Miscellaneous Provisions Act, 1955］，这是一项旨在改善记者工作环境的法律。该法律规定记者每四周内工作的总时长不得超过 170 小时，赋予记者申请事假和病假的自由，并且建议成立专门工资委员会（Wage Board）确定记者的工作标准。工资委员会成立后，根据年度总收入将印度报纸分为五类（A、B、C、D、E），并且将记者按照资历分类（如 I、II、III、IV 类等），在此基础上确立了工资范围。例如 E 类报纸（年度总收入在 25 万卢比或以下）的 IV 类雇员（如校对员），工资委员会确定的最低收入是每月工资 90 卢比，A 类报纸（年度总收入在 250 万卢比以上）的 I 类雇员（如主编）可以获得的最高收入是每月工资 1000 卢比。

在本案中，原告之一的公司负责运营知名的《印度快报》，他们认为在《记者工作条件法》生效之前，公司每年付给记者的工资总额是 97.7 万卢比，如今根据工资委员会的规定，每年的工资总额将超过 152.1 万卢比，该公司无力承担如此高昂的工资。最高法院审理认为，印度宪法规定的言论自由包括了出版自由权，因此报业不能独立于普通法之外，但是一些普通法可能会失效或者因为妨碍言论自由而被宣布违宪。判词指出，核心问题在于这项法律是否单独针对报业且施加了"超额且强制性的负担"，类似负担直接且不可避免地限制发行量，限制报业选择"行使言论自由工具"或"寻求替代媒体"的权利，阻止创办新报纸，或促使报业公司寻求政府资助，如果是这样的话，那么应该宣布该法律违宪。最终，最高法院确认了该法的合宪性，认为它的立意是改善记者工作条件；该法律专门针对报业这一事实也无不可，因为这是政府的权宜之策，是政府管理各个行业的开始；同时该法律没有不可告人的目的，业界抱怨纯粹是因为加大报业经营者的经济负担。不过最高法院否决了工资委员会的决定，理由是它的工资标准没有考虑到报业公司的经济承受能力。

在沙格尔报业及其他诉印度联邦案［Sakal Papers（P）Ltd.，And Others vs The Union of India］中，① 最高法院审查《1956 年保值价格和页码法》［Newspaper（Price and Page）Act, 1956］，这是一项旨在授权政府

---

① 1962 AIR SC 305. Supreme Court of India, Sakal Papers（P）Ltd., And Others vs The Union Of India, September 25, 1961. https：//www.sci.gov.in/jonew/judis/4110.pdf.

管理报业的法律。① 该法规定，政府有权在认为必要的情况下，规定报纸的价格、页数和广告版面等，从而防止报业公司之间的不公平竞争。1960年，印度政府发布一项政令，即《1960年日报价格和页码令》[(*Daily Newspaper Price and Page*) *Order*, *1960*]，一些报业公司被迫根据该法令选择减少报纸页数至每周24页或提高报纸售价至每期7—8派索。② 该法令同时还限制报纸刊登广告的版面。原告在普纳经营一份马拉地语报纸《沙格尔》(*Sagal*)，按照一周六期计算，每周的版面数量为34页。根据该法律，沙格尔要么选择提价至7—8派索，要么减少报纸页面至每周24页，而此前《沙格尔》40%的版面是用来刊登广告的。原告认为如果提价，报纸发行量将下降，因为顾客们不愿意在同一份报纸上花更多的钱；如果减少版面，将影响刊登新闻的能力。而印度政府则辩称，出台该规定是为了有效防止垄断和报业之间不公平竞争。

最高法院审查认为，宪法规定的言论自由不仅与内容相关，还与发行量有关，也就是说"公民有权根据符合宪法第十九条第二款之规定的法律，向所有阶层和选定的读者群传播自己的观点"。因此最高法院认为该法限制售价的目的，将使人们无力购买从而降低报纸发行量，要求一份报纸减少版面将限制报纸刊登报道和消息的能力，与宪法第十九条第一款（a）之规定相抵触。最高法院认为，宪法第十九条第二款禁止政府以公共利益的名义剥夺民众的言论自由权，而此次审查的反托拉斯法有剥夺民众言论自由权之嫌，"应该谴责不公平竞争，但是没有必要因此限制发行权"，据此判定该法违宪。③ 总体来看，印度最高法院在维护民众言论自由权利和保持政府管治报业垄断方面的能力之间小心地维系着平衡。

在科尔曼报业公司诉印度联邦案（Bennett Coleman & Co. & Ors. Vs The Union of India）中④，最高法院审查一项旨在限制报业公司进口新闻

---

① 法案全文可参见 http://the indian lawyer.in/statutesnbareacts/acts/n32.html.
② (Daily Newspaper Price and Page) Order, 1960. 印度币值单位，一卢比等于一百新派索，英文缩写为 n.p.，后简化为 p。2011年币制改革后，派索被废止。
③ 1962 AIR SC 305. Supreme Court of India, Sakal Papers (P) Ltd., And Others vs The Union Of India, September 25, 1961. https://www.sci.gov.in/jonew/judis/4110.pdf.
④ 1973 AIR 106. Supreme Court of India, Bennett Coleman & Co. & Ors. Vs The Union of India, October 30, 1972, https://www.sci.gov.in/jonew/judis/6674.pdf.

纸的法律。根据《1955 年基础商品法》（the Essential Commodities Act, 1955）第三节，印度政府通过《1962 年新闻纸控制令》（the Newsprint Control Order, 1962）和 1972 年至 1973 年出台的系列管控政策。该法规定政府主管机构有权给每个报业公司制定新闻纸进口配额，报业公司不能用该配额发行新报纸或在既有报纸之中开设新版面，同时该法还规定每期报纸不能超过 10 页，也不能通过增加页数的方法减少发行量。该法还限定配额交换，例如报业公司有两份报纸共获得每份每期不超过 10 页的配额，不能一份使用 5 页而另一份使用 15 页。政府辩称每份报纸不超 10 页的规定，目的是帮助小报成长和与大报竞争，这些政策已经帮助像孟加拉语报纸《欢喜市场报》（Anandabazar Patrika）和卡纳塔克邦地方英文小报《德干先驱报》（Deccan Herald）等顺利成长。[1] 但是这种管治思路遭遇了像类似科尔曼报业的报业巨头的抵制。

印度最高法院审查认为，限制页数、限制使用既有配额创办新报或新版面，产生的直接后果是限制了报纸发行量和刊登广告，使报业公司遭受经济损失和限制了自由言论权。最高法院也不支持这些政策的反托拉斯目标，"帮助新生报纸成长的目的"不能"限制大报自由言论权"。不过大法官马修（Kuttyil Kurien Matthew）提交了自己的不同意见。马修支持这些政策防止报业垄断的目标，认为少数几家公司掌控更多报纸意味着对这些报纸掌控人的不同意见无法得到传播，这些人将决定"哪些人、哪些事实、哪些版本的事实可以抵达大众"。政府限制新闻纸进口的政策，目的是防止市场垄断，这有助于言论自由，宪法第十九条第一款第（一）项之规定并不支持无限制的饶舌（unlimited talkativeness）。[2] 事后观点证明了马修大法官的担心不无道理。

时至今日马修大法官的少数派判词仍有高度的现实意义，大财团大公司对媒体的控制和垄断成为妨碍民众言论自由的强力阻碍。当前社交媒体日益发展，已经极大地改变了新闻和新闻记者的定义，同时一些大财团大公司掌控了大量的新闻和媒体。印度信实集团所有人阿巴尼（Mukesh

---

[1] 1973 AIR 106.

[2] 1973 AIR 106. Supreme Court of India, Bennett Coleman & Co. & Ors. Vs The Union of India, October 30, 1972, https://www.sci.gov.in/jonew/judis/6674.pdf.

Ambani）是印度首富，2014年阿巴尼宣布并购大型媒体集团Network18。Network18拥有CNBC、TV18和CNN-IBN等频道，引发外界对并购将导致媒体独立性受损的质疑。① 观察人士指出，阿巴尼此次并购是为了确保信实集团得到更多正面报道，当时平民党（Aam Aadmi Party，AAP）的凯杰里瓦尔（Arvind Kejriwal）对阿巴尼展开大规模声讨。② 有人指出，如今至少有五家媒体公司或直接或间接被阿巴尼控制。③ 更糟糕的是，如今有很多印度正常直接控制各类媒体公司，一些大型媒体也直接或间接地支持那些特定意识形态的政党，民众表达不同意见的渠道受到了极大的限制。

四 第十六修正案与煽动叛乱罪的滥用

前文提到制宪大会集中辩论了煽动叛乱与言论自由权的关系，特别是后者可能对前者权力的侵害，鉴于独立运动期间的遭遇，很多人希望停用煽动叛乱的罪名。尽管印度法院在初期也宣布煽动叛乱罪名违宪，但是1951年通过的第一修正案也没有实质性地限制政府使用煽动叛乱的罪名来限制民众的言论自由权。尼赫鲁的担心在于有人可能会利用言论自由权利散播暴力犯罪思想，当时的印度也的确面临严重的族群暴力问题。在历史上，英属印度时期的穆斯林联盟（Muslim League）就一直利用选举程序散播印巴分治思想。印度独立后，印度政府担心一些地方政党可能以分离主义纲领赢得选举。

印度宪法第十六修正案，又被称为《反分裂法》（Anti-secession Bill），目的是防止地方政党及其成员通过选举程序以非暴力手段传播分离主义思想，当时针对的对象之一就是马德拉斯邦的德拉维达进步联盟（Dravida

---

① "Why Mukesh Ambani acquired Network18", rediff.com, June 11, 2014, https://www.rediff.com/business/slide-show/slide-show-1-special-why-mukesh-ambani-acquired-network18/20140610.htm.

② Ashish K. Mishra, "Inside the Network18 Takeover", *LiveMint*, June 25, 2014, https://www.livemint.com/Companies/rqT2Oi8fwv4XVjJcHzlcVN/Inside-the-Network18-takeover.html.

③ Krishn Kaushik, "The Big Five: The Media Companies That the Modi Government Must Scrutinise To Fulfill its Promise of Ending Crony Capitalism", *The Cravan*, January 19, 2016, https://caravanmagazine.in/vantage/the-big-five-the-media-companies-that-the-modi-government-must-scrutinise-to-fulfill-its-promise-of-ending-crony-capitalism.

Munnetra Kazhagam，DMK），该党号召印度南部独立，从而成立一个德拉维达国（Dravida Nadu）或泰米尔国（Tamiland）。① 德拉维达进步联盟是1949 年 9 月成立的，创始成员主要是"伟人"纳伊科（E. V. Ramaswami Naicker）的追随者。② 德拉维达进步联盟成立后，通过民主选举程序传播分离主义思想并逐渐发展壮大，在 1957 年的马德拉斯邦议会选举中赢得了不少席位，印度政府对德拉维达进步联盟的主张和发展势头不无担忧。③ 1961 年 1 月，国大党要求成立国家统一委员会（National Integration Committee），专门探讨促进国家统一的方法步骤。④ 1961 年 8 月，尼赫鲁召集各邦首席开会，会议建议将散播分离主义思想按刑事犯罪控告。⑤ 11 月 5 日，国家统一委员会向印度总理提交报告，建议修改宪法第十九条，禁止印度公民主张领土分离或独立，当然这些讨论没有让德拉维达进步联盟参与，委员会也没有征求后者的意见。⑥ 印度议会的讨论结果也是非常明确的，要求修改宪法以应对德拉维达进步联盟分离主张。时任司法部长森（Raren Sen）博士指出修宪是必要步骤，"分离主义活动是非法的，我们要吸取独立之前穆斯林联盟造成的分裂教训，修宪是为了应对在印度南部成立'德拉维达国'的分离运动"。⑦ 德拉维达联盟的代表一方面承认自己的政党在呼吁"成立德拉维达国"，但另一方面表示反对修宪。尽管外界认为修正案有针对德拉维达进步联盟之嫌，但是当时在旁遮普邦和那

---

① Ramachandra Guha, *India After Gandhi: The History of the World's Largest Democracy* (New York: Ecco, 2007), p. 285.

② https://www.dmk.in/history.

③ Ramachandra Guha, *India After Gandhi: The History of the World's Largest Democracy* (New York: Ecco, 2007), p. 285.

④ "National Integration Council reconstituted", *The Hindu*, April 13, 2012, https://www.thehindu.com/news/national/National-Integration-Council-reconstituted/article16365938.ece.

⑤ Granville Austin, *Working A Democratic Constitution: A History of the Indian Experience* (Oxford University Press, 2019), p. 51.

⑥ 马德拉斯邦北部选区代表 Shri K. Manoharan 在当时议会辩论中的发言全文参见 Lok Sabha, Lok Sabha Debates, Vol. 18, No. 11 – 20 Series 5 Session 5, https://archive.org/stream/in.ernet.dli.2015.98930/2015.98930.Lok-Sabha-Debates-Vol18 – No – 11 – 20 – Series5 – Session5_djvu.txt.

⑦ 森在议会辩论中的发言全文可参见 Lok Sabha, Lok Sabha Debates, Vol. 18, No. 11 – 20 Series 5 Session 5, https://archive.org/stream/in.ernet.dli.2015.98930/2015.98930.Lok-Sabha-Debates-Vol18 – No – 11 – 20 – Series5 – Session5_djvu.txt.

加兰邦都有类似分离主义现象，印度政府希望能在法律层面为政府应对此起彼伏的分离主义运动提供制度安排。

由于人们普遍认为宪法第十九条第二款中有关由于"国家安全"需要而限制个人或政党通过选举程序宣扬分离主义思想。修正案也仅仅寻求在言论自由权之外再添加一项例外情况，即为"印度的主权和领土完整"的需要，修改宪法第八十四条、第一百七十三条，要求选举候选人和当选者应按照宪法第三附表所列誓词宣誓，同时在第三附表所列誓词中加入"维护印度的主权和领土完整"的内容。[1] 毫无疑问，宪法第十六修正案带来的国家建设意义是明显的，此后在联邦和地方议会选举中，不仅是当选者，包括候选人在内都必须宣誓，而且誓词的内容都包含了维护印度的主权和领土完整。有趣的是，修正案通过以后，最高法官大法官和高级法院法官就任时也都要求宣誓维护印度的主权和领土完整，这就意味着在以后的审判中，他们有责任防止法官个人在司法工作中主张和宣扬分离主义思想的行为。

修正案的效力是立竿见影的，德拉维达进步联盟暂时放弃了分离主义主张。如今根据宪法第十九条第二款之规定，印度政府可以基于印度的主权完整、国家安全，制定法律限制言论。例如《1967年非法活动（预防）法》[Unlawful Activities (Prevention) Act, UAPA, 1967][2]，该法赋予中央政府有权根据法院判决宣布特定组织"非法"，[3] 任何个人参与、施行、呼吁、煽动、教唆或鼓动"非法活动"将受到刑事制裁。[4] "非法活动"

---

[1] 据研究，誓词草案是由后来担任印度总理的夏斯特里（Lal Bahadur Shastri）所写，Granville Austin, *Working A Democratic Constitution: A History of the Indian Experience* (Oxford University Press, 2019), p.52.

[2] 《非法活动（预防）法》历经两次修改，2004年在废除《防止恐怖主义法》(the Prevention of Terrorism Act, POTA) 的同时，《非法活动（预防）法》加入反恐内容，明确了对恐怖主义的界定，明确该法适用于对付煽动恐怖主义的行为和言论，禁止对恐怖主义提供资助等内容。2008年，孟买恐怖袭击之后，印度议会通过《非法活动（预防）法》（修正案），扩大了惩罚恐怖活动的范围和提高了政府处理恐怖主义袭击的权限，不仅授权成立国家调查局，还明确恐怖主义袭击嫌疑人的拘押期限从90天增加为180天，同时允许设立特别法庭，为通过司法手段应对恐怖主义提供了保障。

[3] Section 3, 4, 10, *Unlawful Activities (Prevention) Act, 1967*, Ministry of Home Affairs, https://mha.gov.in/sites/default/files/A1967-37_0.pdf.

[4] Section 13, *Unlawful Activities (Prevention) Act, 1967*, Ministry of Home Affairs, https://mha.gov.in/sites/default/files/A1967-37_0.pdf.

包括导致"印度部分领土脱离或分离"的任何行为或任何言语支持。① 同时，宣称、质疑或破坏领土和主权完整的行为都是非法的。

2011 年，英国《经济学家》（*Economists*）杂志指责印度政府审查其杂志刊登的印度地图。② 印度政府认为当时该杂志的一篇文章涉及的克什米尔地图损害了印度主权和领土完整，因此必须用贴纸遮盖，整个事件涉及共约 3 万本进口的当期杂志，依据的就是现行印度宪法第十九条第二款之规定。③ 但是该地区被国际公认为有主权争议，仅仅因为根据事实情况描绘特定土地的控制权现状，就构成损害"印度主权和领土完整"，因而指责《经济学家》杂志在从事分裂活动，类似德拉维达进步联盟在 20 世纪 60 年代所主张的泰米尔独立活动那样？难道这就构成可以援引《非法活动（预防）法》进行处置的"非法活动"吗？回到事件的本质，如果一个人仅仅因为针对印度领土问题发问，是不是就像当年的马德拉斯邦、那加兰邦和旁遮普邦的分离主义运动议案呢？这一现象引发外界的持续普遍关注。

时至今日，煽动叛乱仍属刑法管辖，印度政府也不断引用这一罪名来限制所谓的反国家行为。例如仅在 2016 年，尼赫鲁大学学生联合会主席坎海亚·库马尔（Kanhaiya Kumar）就被指控煽动叛乱，理由是在校园里呼喊反印度口号；大赦国际针对克什米尔的反人权行为在班加罗尔组织游行，也被控呼喊了反印度口号。④ 最近的案例是 2019 年印度大选，国大党领导人拉胡尔·甘地在最高法院就阵风战斗机丑闻驳回莫迪政府诉状之际，趁势提出"监者自盗"（Chowkidar chor hai，英文为 Watchman is thief）的竞选口号，印度人民党方面向最高法院提交抗议，指责拉胡尔藐

---

① Section 2 (1) (o), Unlawful Activities (Prevention) Act, 1967, Ministry of Home Affairs, https://mha.gov.in/sites/default/files/A1967-37_0.pdf.

② "Map of Kashmir lands Economist in censor trouble", *Hindustan Times*, May 24, 2011, https://www.hindustantimes.com/delhi-news/map-of-kashmir-lands-economist-zin-zcensor-ztrouble/story-0Dk3GPzysf2UhtI69cTS3K.html.

③ "Economist accuses India of censorship over Kashmir map", *BBC*, May 24, 2011, https://www.bbc.com/news/world-south-asia-13529512.

④ "Delhi Police charges Kanhaiya Kumar, others in JNU sedition case", rediff.com, January 14, 2019, https://www.rediff.com/news/report/delhi-police-charges-kanhaiya-kumar-others-in-jnu-sedition-case/20190114.htm.

视法庭。① 拉胡尔被迫就相关言论道歉。

本章小结

　　1947年印度独立前后，印度这个词带给人们的更多是一种地理概念和文化想象，对于生活在那里的人们而言，附着于其上的国家认同仍是十分新鲜的事物。独立之初印度的政治发展，强调的主题词是政治融合（Political Integration），有效的国家治理必须与激烈变革可能导致的分裂保持微妙的平衡，以契合当时印度所面临的各种紧迫问题。对于制宪者来说，民众已经适应了殖民者带来的民主制度，独立后的印度保留了文化上的这种惯性，他们要做的是在这个制度基础上融入其对于社会秩序和未来国家的想象，去进一步改良英式民主制度。当时以尼赫鲁为首的印度领导层认为社会和经济现代化离不开国家统一和法律一致性，即新生共和国的现代化、工业化和社会重构离不开一个强大的中央政府，从而推动必要的国家改革。尼赫鲁认为，"只有通过国家计划体系，才能免受既有利益集团干扰"，推动解决印度封建土地体系、社会治理和教育等方面面临的问题。② 不过这并不意味着牺牲民主精神，尼赫鲁领导的国大党政府始终认为基于西方民族国家模式和普选制的民主制度，才是印度宪法的模板。

　　奥斯汀（Granville Austin）研读了制宪大会的会议记录和各位代表的辩论发言后提出，印度宪法是共识决策和相互妥协的范例。③ 但是他也注意到其他学者的不同意见，例如一些学者认为由于国大党在制宪大会的主导地位，非国大党代表几乎是被恐吓着投下赞成票的。乔布（S. K. Chaube）认为至少在少数族群和语言政治两个问题上，共识决策和相互妥协的原则就没有得到贯彻执行，少数族群问题上没有妥协，语言政治上的妥协并不

---

① "'Chowkidar chor hai': Rahul expresses 'regret' in affidavit against contempt plea", *The Hindu*, April 29, 2019, https://www.thehindu.com/news/national/chowkidar-chor-hai-rahuls-affidavit-against-contempt-plea-expresses-regret/article26978958.ece.

② Jawaharlal Nehru, *The Unity of India: Collected Writings 1937-1940*（L. Drummond, 1948）.

③ Granville Austin, *The Indian Constitution: Cornerstone of a Nation*,（Oxford University Press, 2000）, pp. 311-320.

真诚。① 安贝德卡尔也认为制宪大会的重要性被人们高估了,对于很多问题,"他们不得不去另外一个地方请示意见,然后再回到会场";很明显"国大党政府事业部的工作人员代表国大党"做了大量辛勤工作,他们辛苦往来于国大党党部和制宪大会会场。② 安贝德卡尔承认国大党的主导地位为制宪大会的顺利工作带来了保证,"混乱的可能性被降到最低,国大党在制宪大会的存在确保了秩序和纪律……宪法草案能顺利出炉,国大党是功不可没的"。③ 对于很多争议性问题,制宪大会上的国大党成员通过小规模的非正式内部会议,起到了消除或将分歧降到最低的作用。④ 事实也的确如此,在有分歧的方式或者争论不决的时候,不强行推动表决,而是休会让大家有时间寻找共识。⑤ 对于那些争论不决的问题,制宪大会并没有试着强行表决,因为人们明白多数原则并不会总是适用于所有问题,为着印度未来的发展,努力弥合分歧是大家的共识。

印度通过宪法把这个世界上人口第二大国同时可能是内部分歧最多的国家聚拢在一起,宪法也为印度政府管理国内复杂的族群、宗教和语言群体提供了基本制度框架。在讨论和评价印度宪法及其确立的制度时,人们需要平衡宪法的传统意识和前瞻意识。传统意识指的是宪法文本、制宪者思想和宪法目标;前瞻性指的是关于社会契约和社会公平的讨论,宪法总归是要应对变化的环境和社会价值观所带来的挑战的。⑥ 任何宪法传统都需要平衡历史权威和未来效用,印度宪法也不例外,传统意识意味着在相关讨论中要忠于宪法文本,引用判例或是援引制宪者思想,对传统意识的创新解释有助于应对新的挑战,在这个过程中,历史的权威和未来的挑战相互碰撞,构成一场关于民主的持续对话。从这个意义来讲,印度宪法体

---

① Granville Austin, *The Indian Constitution: Cornerstone of a Nation*, (Oxford University Press, 2000), p. 264.

② *Hindustan Times*, November 27, 1949.

③ *Constituent Assembly Debate*, Vol. 11 (Lok Sabha Secretariat, 1986), p. 974, November 25, 1949.

④ B. Shiva Rao ed., *The Framing of India's Constitution: Select Documents* Vol. 1 (New Delhi: Universal Publishing House, 2004), p. 835.

⑤ Rajni Kothari, *Politics in India* (New Delhi: Orient Longman, 2005), p. 107.

⑥ Lawrence Sager, "The Domain of Constitutional Justice", in Larry Alexander ed., *Constitutionalism: Philosophical Foundations* (Cambridge University Press, 1998), p. 235.

系不仅是一套原则,也是不同思想和价值观辩论的平台。

印度宪法生效的时候,人们指责它距印度社会现实太远。还有人指责它是非印度的(un-Indian),在制宪大会的结束陈词部分,很多批评意见指出这部宪法违背了当时印度盛行的法律,与印度独立民族主义运动权威的来源之一甘地的政治理论有着明显区别。这些批评声的来源不同,反映的是不同习惯和传统。印度宪法借鉴了在本土制度化很长时间的英国普通法思想,有着《印度政府法案(1935)》的深刻印记,印度宪法还借鉴了爱尔兰宪法在自己的宪法中设立了《国家政策指导原则》,同时深受美国关于程序争议辩论的影响。这些都成为制宪大会借鉴外来经验处理印度面临独特挑战的案例。在宪法草案通过的当天,普拉萨德(Rajendra Prasad)作为制宪大会主席,在总结陈词中表示,"今天的印度需要的是为了国家利益的需要诚实工作的人……我们面临巨大挑战,族群差异、种姓差异、语言差异、邦际差异……这些都要求我们拥有长远的眼光,不惧为着国家整体的利益而牺牲狭隘的小团体利益,要求我们超越偏见"。[①]

时至今日,政治学家们还在争论印度宪法是否应该作为印度政治文化讨论的参照点。[②] 托克维尔在《论美国的民主》中反复提及在美国,政治问题总是能成为司法问题。在印度,人们把可以纳入司法的问题领域大大拓宽,包括政治、行政和司法领域的大量争论,最终都成为法院和法官们需要辩论和处理的问题。在主张权利、争论管辖权或限制政府权力时,民众和法官都引用宪法价值观和原则。引用宪法价值观和原则可以主张很多权力,从保护人文地理环境到分配自然资源,从响应民众疾苦到普通的侵权索赔,等等。印度宪法体系的有趣之处也在于此,它已经将印度民众生活的方方面面都宪法化了。印度宪法管辖的广度和深度是十分少见的,最高法院主要处理联邦性的事务,但是通过建立高院体系,司法系统的管辖权得以拓宽。这使得在印度,民众对抗国家权力的法律诉讼已经体现了相

[①] *Constituent Assembly Debate*, Vol. 11 (Lok Sabha Secretariat, 1986), p. 993, November 26, 1949.

[②] Sunil Khilnani, "The Indian Constitution and Democracy", in Zoya Hasan, E Sridharan and R Sudarshan, eds., *India's Living Constitution: Ideas, Practices, Controversies* (Permanent Black, 2002), p. 64.

当程度的制度化。① 印度政治制度的演变历史表明印度宪法体系并不是关于狭隘思想的集合，其政治传统是多元的，在文本方面有着诸多创新之处，是一场关于法律、规范、价值观和制度选择与世界的持续对话。

---

① 参见 Ramachandra Guha, *India after Gandhi: The History of World's Largest Democracy* (New Delhi: Picador, 2007); Ashutaosh Varshney, *Battles Half Won: India's Improbable Democracy* (New Delhi: Penguin, 2013).

第 二 章

印度议会

1946年12月6日至1949年11月26日，印度制宪会议在"宪法目标决议"的基础上经过近3年的反复磋商最终完成所有程序并通过了宪法草案，该宪法草案1950年1月26日在印度首任总统拉·普拉萨德（Rajendra Prasad）签署颁布后正式生效。独立后印度共和国的政治制度也因此固定下来，联邦制和议会民主制成为印度共和国民主政治的两大支柱，其制度设计和运作机制既是吸收借鉴西方资本主义国家的政治制度模式的结果，也反映了印度多元社会环境下维护国家统一的基本要求。本章就印度政治系统中的议会制涉及的几个方面做简要介绍分析。

第一节 印度政治系统中的议会

英国的殖民遗产并未随大英帝国殖民统治在南亚次大陆的终结而销声匿迹，其影响在独立后印度的政治经济社会生活等各领域无处不在。印度联邦议会制度的蓝本就是"威斯敏斯特制"[①]（Westminster System，又称"西敏寺制"），它是随着印度人民民族主义和爱国主义思想的觉醒而逐渐发展，经制宪会议最终定型的。

一 印度议会制度选择的历史和社会因素

印度民主政治体系滥觞于英国殖民统治时期，其基本理念和原则深受

---

① Harshan Kumarasingham, *A Political Legacy of the British Empire: Power and the Parliamentary System in Post-Colonial India and Sri Lanka*, New Delhi: I. B Tauris & Co. Ltd., 2013, pp. 1–8.

英国政治治理模式的影响。[1] 自 18 世纪末 19 世纪初起，英式宪政制度模式被逐渐引入印度殖民地。英属印度时期英国议会也先后通过了诸如《1773 年东印度公司管理法》（*The East India Company Act*, 1773）、《1784 年皮特印度政府法》（*Pitt's India Act*, 1784）、《1833 年东印度公司特许法》（*Charter Act*, 1833）[2]、两个《印度委员会法》（*the Indian Councils Acts*, 1861 and 1892）[3]、两个《印度政府法案》（*the Government of India Act*, 1919 and 1935）。《1773 年东印度公司管理法》除规定政府有权控制东印度公司在印度占领的土地外，还初步规范了在印度设立总督、参议会和最高法院（对英王负责）的相关条款，显然是英国政治模式在印度的移植。[4] 1919 年和 1935 年两个《印度政府法案》给予总督立法委员（the

---

[1] Mahendra Prasad Singh, "The Parliament", in M. P. Singh and Himanshu Roy, eds., *Indian Political System*, New Delhi: Manak Publication PVT. Ltd., 2005, pp. 111 – 112.

[2] 《1833 年东印度公司特许法》一方面取消了东印度公司的全部贸易特权，撤销其所属贸易机构，使东印度公司完全演变为一个对印度实施殖民统治的行政机构；另一方面，立法职能（the Legislative）从行政机构（the Executive）中分离出来，印度总督失去了此前享有的立法垄断权。该法案被视为现代印度议会制度的早期萌芽。参见 Sundar Ram, "Whither the Parliamentary Institutions in India", in D. Sundar Ram, ed., *Parliamentary Institutions in India: Development or Decay*, New Delhi: National Publishing House, 1998, p. 1.

[3] 《印度委员会法》（1861 年版，又称"印度参事会法"，下同）把印度总督行政委员会（Viceroy's Executive Council）转变成为一个"迷你版英式内阁"（a miniature cabinet run on the portfolio system），即委员会 6 名成员分别负责内政（home）、税收（revenue）、军事（military）、金融（finance）、法律（law）和公共事务（public works, 1874 年增设）。为满足总督行政委员会立法功能的需要，该委员会依据《1861 年委员会法》做了扩员，可根据需要设 6—12 名委员，其中来自包括印度贵族和地主的非官方成员不得低于委员会委员总数的 1/2。尽管总督任命委员，并有权否决委员会通过的议案，但议案审议讨论过程需对一定范围的公众（a limited public audience）开放。对印度政府而言，立法委员会议实际上扮演着社会安全阀（an advisory safety valve）的角色。这既是 1857 年至 1859 年民族大起义（the Mutiny 1857—1859）的教训使然，也是英式政治制度在印度演进中的重要阶段。1892 年版《印度委员会法》进一步把委员会成员扩充到 16 名，其中 10 名为非官方人士，并且增加了委员会对政府政策的质询权和财政预算的批评建议权。1909 年英国议会再次修订《印度委员会法》，规定分设立法会议和行政会议。立法会议部分成员由选举产生，参事会议改称行政会议，其中须有 1 名印度成员。参见 *India-Government of India Act of 1858* at Britannica https://www.britannica.com/place/India/Government-of-India-Act-of – 1858.

[4] 英国议会通过的《东印度公司管理法》旨在由政府管理东印度公司在伦敦和印度的事务，使政府取得对英属印度公司的政治指导权。为克服《1773 年东印度公司管理法》的不足，1784 年英国议会又通过一项修正法案，即《1784 年改善东印度公司和不列颠领地行政法》（*The East India Company Act, 1784*），又称《皮特印度政府法案》，该法案把英国东印度公司完全置于英国政府的管理控制下，自此确立起"双重管理制度模式"。随着新兴资产阶级在议会中强势地位的确立，自由贸易派占了上风，1833 年英国议会通过《1833 年东印度公司特许法》取消了东印度公司全部贸易特权，撤销其所属的贸易机构；东印度公司完全演变为一个对印殖民统治的行政机构，同时立法机构从行政部门分离出来，印度总督失去了立法垄断权。

Legislative Councillors）更大的权力，立法委员也逐渐由提名制演变为严格限制条件下的选举制。① 在印度国大党首次正式提出建立制宪会议要求背景下，英国议会通过的 1935 年《印度政府法案》更是近乎成为印度制宪会议拟定独立后印度政治制度的实践蓝本，尽管立法委员会尚未独立运行，选举和投票依然受到非常严格的限制。②

在制宪会议大辩论（Constituent Assembly Debates，CAD 9th Dec. 1946 through 24th Jan. 1950）③ 的基础上，印度民族主义者最终就独立后印度的政治模式和机构组成达成了广泛的共识，即英国式议会制非常适合多元性的印度社会现状，议会将是印度最重要的组织机构，并据此组织构建独立后印度的公共社会生活。④

独立后印度之所以确立起基于现代英国国家治理模式的政治体系除了长期殖民统治诱发的政治治理惯性外，另一个不可忽视的因素，即英国的长期殖民统治使印度社会精英同英国教育文化和社会治理模式有着一种内生性的且无可割舍的联系，这也是制宪会议大辩论最终能取得广泛共识的重要原因。其中一个重要表现就是印度社会精英中相当比例的人曾经在英

---

① 印度独立前立法委员选举受到非常严苛的限制，投票权也必须是基于拥有财产、良好教育、纳税证明。1919 年英国议会通过《印度政府法案》，规定中央一级立法机关实行两院制，即国务会议（上院）和立法会议（下院）；两院多数成员由直接选举产生。英国议会 1935 年通过的新《印度政府法案》规定由英属印度和土邦组成全印联邦，联邦立法机关由总督、国务会议和联邦大会组成。D. Sundar Ram, "Whither the Parliamentary Institutions in India", in D. Sundar Ram, ed., *Parliamentary Institutions in India: Development or Decay*, pp. 1 – 16.

② 1935 年的《印度政府法案》在 1950 年 1 月 26 日《印度宪法》正式生效后终止使用。

③ 从 1946 年 12 月 9 日至 1950 年 1 月 24 日，印度制宪会议就独立后印度的政治制度进行了持续的辩论，先后形成 12 卷辩论集（Constituent Assembly Debates）。CAD of India, https://www.constitutionofindia.net/constitution_assembly_debates.

④ 制宪会议期间，印度民族主义者当时就独立后的印度是采取总统制还是议会制，抑或是二者的混合模式展开激烈的辩论，最后议会制取得绝对优势，确立起印度议会民主政治模式。显然，印度议会制民主制同时也吸纳了总统制和联邦主义的理念，这在很大程度上也是主张议会制（议会制派）和总统制（反对派）双方折中的结果。议会制派代表人物主要有贾·尼赫鲁、比姆拉奥·安贝德卡尔、希利·芒什，反对派代表人物则主要有卡兹·赛德·卡里姆顶（Kazi Syed Karimuddin）、阿里·拜戈（Mehboob Ali Baig）、哈兹·艾萨克·沙布（Hazi Ishaq Shahib）、侯赛因·伊曼（Hussain Imman）和 K. T. 沙赫（K. T. Shah）。参见 B. L. Shankar, Valerian Rodrigues, *The Indian Parliament: A Democracy at Work*, Oxford: Oxford University Press, 2011. p. 3; D. Sundar Ram, "Whither the Parliamentary Institutions in India", in D. Sundar Ram, ed., *Parliamentary Institutions in India: Development or Decay*, pp. 1 – 2.

国接受良好的教育或在印度本土接受英式教育，或有在英国工作生活的经历，出自这些社会精英之手的、独立印度的政治制度设计和运作机制不可避免地被深深打上了英国相关制度的烙印。例如圣雄莫罕达斯·甘地（Mohandas Karamchand Gandhi）、首任总理贾瓦哈拉尔·尼赫鲁（Jawaharlal Nehru）、有"印度铁人"之称的萨达尔·帕特尔（Sardar V. Patel）、有印度"宪法之父"之称的宪法起草委员会主席比姆拉奥·安贝德卡尔（Bhimrao Ramji Ambedkar）、宪法主要起草人希利·芒什（Shri K. M. Munshi）和 N. M. 加吉尔（Narhar. Vishnu Gadgil）、第二任总统萨瓦帕利·拉达克里希南（Sarvepalli Radhakrishnan）等。在制宪会议的辩论中，多数与会者主张印度采用议会制政体，认为几代印度人浸淫于英式治理的实践，这种集体经历应该引起足够的重视。①

从很大程度上讲，独立后印度的政治制度近乎复制了英国代议制民主政治模式，在联邦制设计上也根据印度的国情实际吸纳借鉴了美国、加拿大和澳大利亚的实践经验。② 这也体现出有别于英式议会制蓝本的印度特色，如用成文宪法明确界定立法、行政、司法三者间的关系，在设计建立中央和地方分权明晰的联邦制时，又在各邦的政策制定之"基本权利和指导原则"条款里对联邦议会的权力做了许多限制；印度宪法虽未明确司法机构（the Judiciary）的司法审查权（the power of judicial review），但在司法实践中联邦司法机构已经成功实现了这一目标，并拓展了司法审查的范围。所以说，印度的宪政体系是一个混合体，是借鉴多国宪法理念和实践经验上的印度式创新。③

1950年1月26日颁布的《印度共和国宪法》从法律上规范了印度的民主政治模式。从组织架构上看，总统、行政内阁（即以总理为首的部长会议）、立法机构（两院制议会）、联邦司法机构（最高法院）共同构成印度联邦制共和国国家权力的运作系统。④

---

① Sudha Pai and Avinansh Kumar, eds., Introduction to the Book of *Indian Parliament*: *A Critical Appraisal*, New Delhi: Orient Blackswan Pvt. Ltd., 2014, p. 9.

② P. B. Rathod, *Indian Constitution*, *Government and Political System*, Jaipur India: ABD Publishers, 2004, p. 99.

③ Sudha Pai and Avinansh Kumar, eds., *Indian Parliament*: *A Critical Appraisal*, 2014, p. 9.

④ Sudha Pai and Avinansh Kumar, eds., *Indian Parliament*: *A Critical Appraisal*, 2014, pp. 7–10.

对于独立后印度政治制度模式的选择，虽有少数研究者提出不同的看法，譬如马克斯·吉斯（Max Zins）在分析研究"制宪会议大辩论"文本的基础上认为，议会制选择不过是印度精英的"最初的折中妥协"（initial compromise），宪法原始文本并未就"总理建议产生总统"——从而使总统成为一种摆设做出明确的界定，这种模糊性为印度总统从法理上质疑联邦议会和总理权力提供了空间，1947年6月6—11日关于总统选举方式和权力的激烈辩论清晰地印证了这一点，这也是把总统经由部长会议提名而避免直接选举产生的原因。但这种模糊性始终存在，旧题再议的可能性也不能完全排除。①

二　议会在印度社会扮演的角色

印度《宪法》明确规定了议会的权力和功能。仿英国议会制模式而建的印度议会并非完全独立的立法机关，也远不像自然演变而来的英国议会那样享有无限制的和绝对的权力。这是印度宪法的人为创新。印度《宪法》遵循联邦制原则，界定了中央联邦政府和地方邦政府各自享有的权力，二者在各自管辖的事务范畴内享有最高权威。当中央和地方在管辖上产生冲突时，联邦最高法院具有最终裁决权。②

印度《宪法》规范的联邦议会享有的权力和功能主要表现在立法权、修宪权、财政权、行政和司法监督权、疏通调节社会不满（ventilation of public grievances），以及其他功能等方面。③

立法权（Law-making Power）是印度联邦议会最核心的权力所在，议会是印度最具权威的立法机构。

印度《宪法》附件七（the Seventh Schedule）规定了三类立法权属清单，即联邦议会管辖权属清单（97项）、地方邦立法机构（立法院）管辖权属清单（66项）、央地共享管辖权属清单（47项）。其中联邦立法权属清单主要包括国防、外交、铁路及海上运输等领域；地方各邦立法权属

---

① Max Zins, *Strains on Indian Democracy: Reflections on India's Political and Institutional Crisis*, New Delhi: ABC Publishing House, 1988, p. 109.
② M. V. Pylee, *India's Constitution*, New Delhi: S. Chand & Company, 2014, p. 255.
③ *Parliament of India*, http://164.100.47.194/our%20parliament/Our%20Parliament.pdf.

清单主要包括公共秩序、警察、教育、卫生、农业等方面；联邦和地方各邦共享的立法权属清单主要涉及制定刑法与刑事诉讼法、处理耕地以外的财产转移、结婚与离婚、劳资纠纷、社会保险等。据1977年《宪法》修正案，警务方面的立法权专属联邦立法权属清单，关于教育和农业领域的立法权则属联邦和各邦或中央直辖区共享立法权属清单。

财政权（Financial Powers）。在财政预算领域，议会享有最高权威。印度联邦行政当局的任何支出必须经过议会的批准，中央联邦政府的年度预算必须提交议会批准，中央政府的任何征税提议也必须议会批准通过。关于金融法案（Money Bills），议会两院的权力是不平衡的，联邦院的权力有限，或者说通常只是名义上的。金融法案只能由人民院提出，人民院审议通过之后再交联邦院在14天内批准通过。

此外，议会为监督联邦行政当局的财政支出，还设立两个常设委员会，即公共账目委员会（Public Accounts Committee）和资产评估委员会（Estimates Committee），以便对联邦行政当局实施立法监督甚至控制。中央政府财政预算中的某些项目，如总统、最高法院法官、联邦公共事务委员会委员等的薪金，则无须议会批准。这些费用则从印度统一基金（Consolidated Fund of India）中列支。[①]

监督联邦行政权（Overseeing over Administration）。议会内阁制度下，议会对联邦行政（下同）当局的政策和行为进行日常性的监管控制，行政当局则须对议会负责。议会可通过对政府的不信任表决剥夺政府的权力，并可撤销内阁的某项议案或预算建议；议员有权质询任何一位内阁部长；政府的任何不当行为或失误都会被议会揭露，也可通过休会动议（adjournment motions）讨论严重的行政失误，或引起行政当局对重要公共事务的高度重视；议会还设立一个部长承诺委员会，以监管审查各部长的履职情况；议会可通过审议联邦政府的年度预算实施监督权[②]。就对政府的监控而言，人民院拥有远大于联邦院的权力。

人民院可对联邦政府提出不信任案，并有权弹劾总统。

---

① Prakash Chandra, *Indian Government and Politics*（ebook, 12th edn.）, New Delhi: Cosmos Bookhive Ltd., p. 173. https://www.kopykitab.com/Indian-Government-And-Politics-by-Prakash-Chander.

② *Parliament of India*, http://164.100.47.194/our%20parliament/Our%20Parliament.pdf.

内阁部长会议对人民院负责，联邦议会人民院可对联邦政府行政当局行使宪法赋予的监督权。议会人民院可通过会期内每次会议的首个环节——"问题/质询1小时"（an hour of questions）对所有的政府政策和行为进行监督。依照惯例，每次联邦议会会议的首个环节是议员质询时间，即所谓的"问题1小时"，议员可向内阁部长提出包括附加星号和未附加星号在内的各种各样的问题，星号问题（starred questions）需现场口头回答，并可追加相关问题；非星号问题（unstarred questions）则可书面应答。议会的各类常设委员会还可全程跟踪审查除立法议案以外的相关行政事务；此外，议会公共项目委员会（Committee of Public Undertakings）还有权监督公共事务领域相关企业（public sector enterprises）的业务行为。①

修宪权（Amending Power）。印度《宪法》第368条"关于议会修宪的权力和程序"规定，联邦议会有权通过增补、变更、撤销等方式修订宪法的任何条款。人民院和联邦院在修宪方面享有同等权力。除非获得人民院和联邦院两院所需法定多数通过，议会两院任何一方提出的宪法修订案都不具法律效力。印度《宪法》第368条的修宪条款主要涉及以下两种情形。

一是由议会两院中的任何一院提出的修宪议案，该议案在各院审议时，如有议员总数的2/3以上出席并参与表决，并获得全体议员半数以上的赞成票，经总统签署同意后，《宪法》则依此议案进行修正。这是最主要的修宪方式。按照印度《宪法》第368条的最初规定，总统有权批准或不予批准议会通过的修宪议案。但是，1971年议会通过第24条宪法修正案，规定总统负有批准宪法修正案的"义务"。

二是对于宪法某些条款的修正，在依照上述程序呈送总统批准前，还须获得不少于印度半数邦立法院通过决议表示赞同。这些条款主要包括《宪法》第54条、第55条、第73条、第162条、第241条，《宪法》第五篇第四章、第六篇第五章、第十一篇第一章，第七表之各"职权划分

---

① M. R. Madhavan and Harsimran Kalra, "Measuring the Effectiveness of the Indian Parliament", in Sudha Pai and Avinash Kumar, eds., *The Indian Parliament: A Critical Appraisal*, pp. 43–44.

表"以及各邦在联邦议会中的代表权。①

此外,也存在由议会以简单多数对宪法进行修改的情况。不过,这种简单多数修宪法只适用于诸如《宪法》第2条、第169条和第240条等少数条款,宪法其他条款则不适用此方式。譬如,按照《宪法》第2条的规定,议会可以通过立法设立新的邦,而设立新邦则须对宪法第一附表(即列举了各邦的名称和管辖区域)进行修改。这样的修改只需议会以简单多数通过即可,并不适用修宪程序。这恐怕也是印度《宪法》之修宪程序没有把此类修改纳入"修宪"程序的原因所在。

截至2019年8月6日,印度议会先后通过了"宪法修正案"125个,② 相比其他联邦制国家,印度的"修宪"程序表现出较强的柔性,③ 这也折射出印度"宪法之父们"的设计初衷,使更具柔性的《宪法》更好地适用于多元、多变的印度社会。宪法起草委员会主席安贝德卡尔特别强调,印度《宪法》要避免像美国和澳大利亚那样烦琐的修宪程序,要"提供一个便宜的宪法修改程序"。④ 尼赫鲁在制宪会议上宣称:"尽管我们希望这部宪法坚固而且其结构能够持久,但世上没有一劳永逸的宪法。应赋予宪法一定的柔性。持久不变的宪法会阻碍民族的成长和一个朝气蓬

---

① 印度《宪法》第54条、第55条、第73条、第162条、第241条分别是关于总统选举、总统选举方式、联邦行政权限、各邦行政权限、中央直辖区高等法院、修宪程序的规定;《宪法》第五篇第四章、第六篇第五章和第十一篇第一章则分别是关于联邦司法、各邦高等法院、联邦与各邦的立法关系的规定。详见http://max.book118.com/html/2017/0501/103647940.shtm.

② 最近一次修宪是2019年8月6日废止"宪法370条",即查谟-克什米尔邦享有拥有除国防、外交和通信等领域外的高度自治权。《宪法》第370条规定,印度总统有权宣布查谟-克什米尔邦的具体立法权,据此,时任印度总统于1954年颁布总统令,在印度宪法中增补了第35A条,允许查谟-克什米尔邦议会制定地方性立法,且该邦永久居民拥有与印度其他公民不同的公民权、财产权和其他基本权利。同时,印度总统也有权宣布废除第370条,设定该条款的例外条款或对该条款进行修改。正是基于此规定,现任印度总统拉姆·纳特·科温德(Ram Nath Kovind)2019年8月5日颁布总统令,宣布废止宪法第370条;次日,印度议会两院通过相关决议,科温德颁发正式总统令,宣布第370条彻底失效。这也是印度《宪法》的第一百二十五修正案。

③ G. C. V. Subbarao, *Fundamental Rights in India Versus Power to Amend the Constitution*, 4 Text. Int'l L. F. 291, 1968, p. 292. 另见杜强强《修宪权之"基本架构限制"》,《法商研究》2006年第3期,第152页。

④ Ranjana Arora, *Amending Process in the Indian Constitution: Trends in Political System in India*, Vol. 10, in Verinder G rovered., Deep & Deep Publications, 1989, pp. 630, 626.

勃的民族的成长。在任何情况下,我们不能效仿某些大国的宪法,它们由于太过刚性而难以适应变化的环境。我们正处于变动不居的时代,今天的做法明天或许不再适用。"①

司法功能(Judicial Functions)。印度宪法赋予议会弹劾总统、副总统以及其他诸如最高法院和高等法院法官、审计长(Auditor General)、公共事务委员会委员等联邦高级官僚。弹劾是立法机关剥夺联邦高级官员权力的司法路径。议会两院中的任何一方提出某项弹劾决议后,另一方则承担审理角色。弹劾动议必须经过人民院和联邦院两院的法定多数批准通过后方能生效。

若总统违宪,议会有权弹劾。对总统的弹劾需要由任何一院至少1/4的议员联署后提出,并须得到该院2/3以上议员同意。如果有一院通过对总统的弹劾,另一院也应启动弹劾程序。如果另一院2/3以上议员也表决同意,议会对总统的弹劾就获通过,总统应在另一院通过弹劾之日起辞职。

联邦院以该院出席议员总数过半数通过决议,经人民院同意可解除副总统的职务。在印度政治实践中,这种情况并未出现。

尽管议会无权罢免或弹劾司法官员,但联邦议会有权提议要求总统解除某法官的职务。换句话说,除非联邦议会提议要求总统解除某法官的职务,否则议会无权讨论最高法院或高等法院的判决。如果议会认为最高法院内某法官不称职,两院在以特别多数票(即半数以上议员与会并参与表决、其中2/3议员赞成,下同)通过决议后向总统提出建议,总统须解除其职务。

此外,议会还有权惩治违反议会免责规定的议员或非议会成员,该惩治权力通常不属于法院。② 在议会制政府体系内,立法特权(legislative privilege)享有司法豁免权,即立法言论豁免权。

人事权或选举功能(Electoral Function)。印度总统由联邦议会人民院和联邦院以及各邦立法会议员共同组成的选举团选出;议会除了选举印度

---

① Ranjana Arora, *Amending Process in the Indian Constitution*: Trends in Political System in India, Vol. 10, in Verinder Grover ed., Deep & Deep Publications, 1989, p.626.

② M. V. Pylee, *India's Constitution*, New Delhi: S. Chand & Company Ltd., 2014, p.182.

总统和副总统外，还选出议会内各个委员会成员。宪法规定，总统由选举团成员选举产生。选举团成员由议会两院中当选的议员和各邦立法议会议员的当选议员组成。副总统应由议会两院议员组成的选举团按比例代表制，以单记名可转让投票法秘密投票选举。在遵从宪法规定的前提下，议会可以通过法律对与总统、副总统选举有关的任何规定事项作出适宜性调整。

协商功能（Deliberative Function），议会是一个问题协商平台，也担负着表达公共不满和意见的角色。"印度议会是国家状态的一面镜子。发生在国家各个角落的任何时态均可在议会里讨论，堪称'微缩国家'。"[1]议会经过一定时间的协商后通过某项决议可具有法律效力，因为议会往往代表公共舆论取得了某种一致。正如温斯顿·丘吉尔把英国议会描绘成为自由的堡垒（the Citadel of Liberty）一样，印度宪法设计者也深信印度议会能够捍卫人民的权利和自由。[2]

三 议会权力的限制

虽然仿效英国的议会制度，但印度议会不像英国议会那样享有绝对的权力。首先，在印度宪法所规范的所有领域，议会均不是最高权威。英国实行的是非成文宪法，议会的权力也未以法典的形式加以规定，因而在很大意义上是无限制的权力。其次，议会制是印度宪法的一大创新，宪法对其权力作了明文限制和规定。最后，印度是联邦制国家，议会的立法权被严格地限定在联邦、联邦和地方共同管辖的事务清单内。只有在紧急或意外状态下，联邦议会才能就地方各邦管辖清单内的事务通过具有阶段性效力的法条，而且要经受相关的司法审查。在与宪法条文不符的名义下，印度最高法院可宣布议会通过的某项立法"越权无效"（ultra-virus）或违宪（unconstitutional）。

印度议会权力的限制还体现在议会讨论通过的所有法案必须经总统批

---

[1] P. B. Rathod, *Indian Constitution, Government and Political System*, Jaipur India: ABD Publishers, 2004, p. 157.

[2] P. B. Rathod, *Indian Constitution, Government and Political System*, Jaipur India: ABD Publishers, 2004, p. 157.

准才能成为法律。总统有权驳回除财政预算案外任何一项议会审议通过的法案，并要求议会重新考虑审议。而对于总统批准议会通过的法案的时限，印度宪法则没有明确规定。如果愿意，总统可以无限期推迟批准某项法案，直至总统认可的某个适当时机。印度宪法赋予总统的紧急状态权（emergency power）也是对议会最高立法权威的限制。在紧急状态下，议会可以停摆（ignore）2个月；若联邦院也批准同意紧急状态，则可停摆更长的时间。至于作为议会三大组成部分之一的总统对议会的其他约束，另见本书第五章"总统"部分。

印度议会的非最高权威属性也为其在修宪方面的限制所验证，即若没有获得半数以上（含半数）地方各邦立法机构的同意，印度议会无权修订任何涉及实质性事务的宪法条款。在联邦制度下，联邦议会没有被赋予最高的立法权威，印度议会自然也非绝对的最高权力机构。这恐怕也是印度议会同英国议会最大的差异，即不能像英国议会那样为所欲为地行使立法权。

此外，根据《宪法》第121条之规定，对最高法院或高等法院法官执行职务时的行为，联邦议会不得讨论，但可按规定提出向总统呈送咨文的动议，要求解除该法官职务者不在此限。

总之，印度议会一方面保障联邦中央政府法律意义上和社会意义上的双重合法性，即通过定期选举和更迭，议会制政府的社会治理政策和行为能够持续地获得社会多数的认可支持，适时呈现出印度经济政治社会发展的状况，并对相关政策及时加以纠偏修正，使之更具适用性。另一方面，印度议会在实践中又表现出明显的双重功效，包容性的印度议会孕育了两种社会现象：它既促成印度社会非政府主流元素甚至是消极力量的凝聚并通过选举进入议会渠道表达不同声音，从而使联邦政府适时反思调整相关政策，规范行政行为，避免社会动荡；同时也能够通过有效的功能机制促成社会积极因素的稳固，在确保社会公正下增进公民对民主政治的信心，成为构建市民社会文化的有效途径。

第二节　印度议会的组织结构

印度《宪法》（1949年11月26日版，下同）之第二章"议会"（第

79—122条）对印度联邦议会的组织架构、议员资格与选举、议会权力与功能等作了明确的规范界定。

效仿英国议会模式——国王是议会的组成部分，印度总统也是其议会不可分割的一部分。这样，总统既是国家元首，又是联邦议会的重要组成部分，这是印度议会制区别于美国议会制的显著特征之一。印度《宪法》第79条规定，印度联邦议会（Parliament of India）由总统及两院组成，两院分别为联邦院（Rajya Sabha）和人民院（Lok Sabha），即总统、联邦院、人民院三部分共同构成印度议会的组织架构（见图2.1）。下面对印度议会组织结构各部分作简要分析介绍。

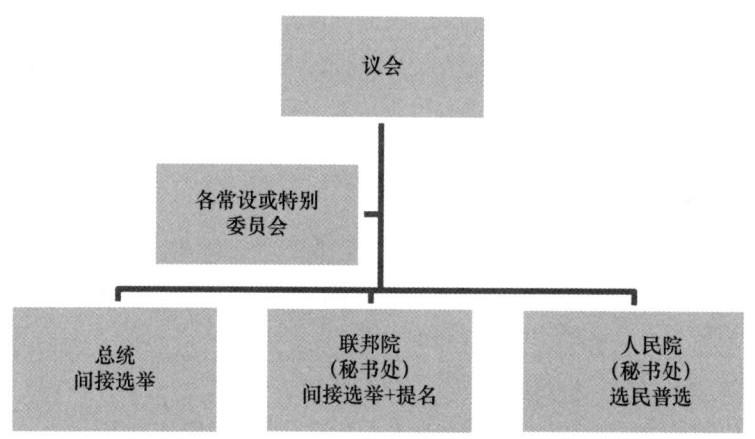

图2.1　印度议会的组织结构

一　总统在议会系统中的角色

如上所述，总统是印度议会的组成部分，在议会扮演的各类角色（尤其是在立法方面）中无疑也发挥着无可替代的作用。作为国家元首，总统虽非议会两院议员，但宪法设计又使印度总统在议会立法活动中发挥着不可替代的作用。

关于总统的立法权限。第一，总统依据宪法有权召集议会两院开会或宣布休会，但不参加两院会期的讨论。总统可以任命两院的临时议长，在两院对某议案意见不统一时召集两院联席会议。第二，任何经人民院和联邦院审议通过的法案须经总统同意批准后方能生效，甚至有些议案必须听取总统意见后才能提出。第三，当两院休会期间，如总统认为有必要，可颁布与法律有同等效力的总统令，但必须在议会复会后提交议会两院，并应于议会复会6周届满时失效。如果议会两院于上述期限届满以前即通过否决此项法令的决议，则该项法令自该议案通过二读之日起即行失效。第四，总统有权提名2名英裔印度人为人民院议员[①]，12名在文学、科学和社会服务领域的精英为联邦院议员；根据印度选举委员会的建议，总统有权裁定当选议员是否合法。第五，在内阁总理请求下，印度总统有权提前解散人民院；在实施紧急状态时，总统可依《议会法》延长人民院议员任期1年，但必须在紧急状态结束后的6个月内解散；此外，副总统还是议会联邦院的当然主席。

印度总统的产生。印度总统由议会两院以及各邦立法院议员共同组成的选举团选举产生，这也是反映出宪法设计者谋求权力制衡的良苦用心。

关于印度共和国总统的其他职能功能，另见本书第五章"总统"。

二　联邦院

两院制是联邦制国家普遍采用的代议制形式。联邦院是印度议会的上院，又称为"元老院"（The House of Elders）。如果说人民院（又称"下院"）是代表印度普通民众的权利的话，那么联邦院的设立在宪法设计上则是基于各邦和中央直辖区一级行政区的代表性问题，以反映和维护印度联邦体系内各邦或中央直辖区的权益。

（一）联邦院的组成

印度《宪法》第80条规定，联邦院议员总数不超过250名，其中12

[①] 纳伦德拉·莫迪（Narendra Modi）第二个任期开始后，2019年12月4日印度联邦内阁在同意将2020年1月25日到期的给予表列种姓和表列部落人民院议员保留席位条款延长10年的同时，取消了给予英裔印度人2个议会人民院提名议员名额的规定。随后，议会人民院（The Lok Sabha）于2019年12月10日（星期二）一致通过了相关的宪法修正案，即宪法第一百二十六修正案。取消了2个总统提名议员席位后，议会人民院的席位就由原来的545席变为543席，其中的84席和47席分别保留给表列种姓和表列部落。参见 https：//www.hindustantimes.com/india-news/cabinet-nod-for-scrapping-anglo-indian-lok-sabha-quota/story-gaoqVXNWfLpq6MbO7vbOOI.html；and "Lok Sabha okays bill to extend SC-ST quota in Parliament, Assemblies", *The Economic Times*, Dec 11, 2019. https：//economictimes.indiatimes.com/news/politics-and-nation/lok-sabha-passes-bill-to-extend-sc-st-quota-in-legislatures/articleshow/72459685.cms？from＝mdr；https：//www.bigyack.com/cabinet-nod-for-scrapping-anglo-indian-lok-sabha-quota-india-news.

名由总统直接从在科学、文学、艺术、社会服务方面有专门学识和实际经验的人员中指定,来自各邦和中央直辖区的议员代表不得超过238名。自1952年第一届议会组成以来,印度联邦院的这一基本架构一直保持不变。

截至目前,议会联邦院现有议员245名,其中233个席位大致依据各邦和中央直辖区(又称"联邦属地")的人口占比分配,但各邦或中央直辖区至少有1个联邦院议员名额,12名由总统直接提名任命的相关领域的人士[1](各邦和中央直辖区代表名额的具体分配,见表2.1)。

表2.1 议会联邦院议员席位在各邦和中央直辖区代表名额分配

邦或中央直辖区	席位数(个)	备注[2]
安德拉邦(Andhra Pradesh)	18	
阿萨姆邦(Assam)	7	
比哈尔(Bihar)	16	
查提斯加尔邦(Chhatisgarh)	5	
果阿邦(Goa)	1	
古吉拉特邦(Gujarat)	11	
哈里亚纳邦(Haryana)	5	
喜马偕尔邦(Himachal Pradesh)	3	
查谟-克什米尔邦(Jammu & Kashmir)	4	印度一直认为该地区包括印巴争议的克什米尔地区全境
贾坎德邦(Jharkhand)	6	
卡纳塔克邦(Karnataka)	12	
喀拉拉邦(Kerala)	9	
中央邦(Madhya Pradesh)	11	
马哈拉施特拉邦(Maharashtra)	19	
曼尼普尔邦(Manipur)	1	
梅加拉亚邦(Meghalaya)	1	

---

[1] *Parliament of India*, http://164.100.47.194/our%20parliament/Our%20Parliament.pdf. 在印方的相关统计资料中,议会联邦院议员席位在各邦和中央直辖区的名额分配中的1席是给予中印东段边境传统习惯线以北和非法"麦克马洪线"以南传统上一直由中国西藏地方政府管辖但被印度渐进侵占之中国领土(中国媒体和社会舆论普遍称之为"藏南")的所谓"阿鲁纳恰尔邦"(Arunachal Pradesh)。

[2] 备注内容系本章作者所加,表2.2同此。

续表

邦或中央直辖区	席位数（个）	备注
米佐拉姆邦（Mizoram）	1	
那加兰邦（Nagaland）	1	
奥迪沙邦（Odisha）	10	
旁遮普邦（Punjab）	7	
拉贾斯坦邦（Rajasthan）	10	
锡金邦（Sikkim）	1	
泰米尔纳德邦（Tamil Nadu）	18	
特里普拉邦（Tripura）	1	
北阿坎德邦（Uttarakhand）;	3	
北方邦（Uttar Pradesh）	31	
西孟加拉邦（West Bengal）	16	
德里直辖区（Dehli）	3	
本地治理直辖区（Puducherry）①	1	
总计	232+1②	

资料来源：*Parliament of India*，http://164.100.47.194/our%20parliament/Our%20Parliament.pdf.

印度联邦院的议员通过比例代表制间接选举产生。印度《宪法》根据人口比例已经确定了各邦和中央直辖区在联邦院的代表数额（见表2.1），各邦在联邦院的代表由各邦立法院的当选议员按照比例代表制、以单记名可转让投票法选举产生；各中央直辖区在联邦院的代表则按照议会相关法律规定的程序遴选产生。

各邦或中央直辖区的议员代表人数依据其人口总量确定，体量规模小的邦或直辖区在联邦院的代表自然也就少，但各邦或直辖区至少要确保有

---

① 本地治理（Puducherry）原称Pondicherry，2006年9月20日正式更名为puducherry，首府为本地治理市（Pondicherry City）。
② 在印方的相关统计资料中，议会联邦院议员席位在各邦和中央直辖区的名额分配中的1席是给予中印东段边境传统习惯线以北和非法"麦克马洪线"以南传统上一直由中国西藏地方政府管辖但被印度渐进侵占之中国领土（中国媒体和社会舆论普遍称之为"藏南"）的所谓"阿鲁纳恰尔邦"（Arunachal Pradesh）。

1 名联邦院议员席位。实践中,各邦或直辖区联邦院议员少则 1 名(如锡金邦、曼尼普尔邦、果阿邦等和除德里外的中央直辖区),多则达 31 名(如北方邦),其他的如马哈拉施特拉邦 19 名、泰米尔纳德邦和安得拉邦各 18 名、比哈尔邦和西孟加拉邦各 16 名。[①] 不像美国参议院给予各州相同的代表名额,印度联邦院则给予人口规模大的邦或直辖区更大的权重,这似乎又有违联邦制上院的初衷。

(二)联邦院议员的资格与选举

首先是联邦院议员资格。印度《宪法》第 84 条规定,联邦院议员的候选人必须具备如下条件:第一,必须为印度公民;第二,年龄必须不低于 30 岁;第三,必须具有议会所规定的、履行议员职责所需的其他资质。

联邦院议员是各邦和中央直辖区的代表,各邦的联邦院议员由各邦立法会选出,中央直辖区的联邦院议员由选举团选出。具备联邦院议员资格者只能在本邦或本中央直辖区竞选联邦院议员。单记移让(转让)比例投票法(the single transferable vote)能够较好地保证力量相对较弱势的党派或少数群体的候选人也有机会当选。一般情况下,在为数 1/3 议员的任期届满前三个月内,总统根据选举委员会的提议发布通告,确定选举日期。经选举委员会同意后,选举监察官确定各邦或中央直辖区的选举地点。在实践中,各邦或中央直辖区推选的联邦院议员是按各党派在该邦或中央直辖区的实力达成席位分配共识后再推举候选人的,故候选人当选率很高。同美国的参议院一样,印度联邦院议员的任期为 6 年,每 2 年更换其中的 1/3,以确保联邦国家政治的稳定。印度政坛的老政治家通常会被选为联邦院议员,任职时间没有限制,可连选连任。

(三)联邦院主席

联邦院设主席和副主席各 1 名,印度副总统是议会联邦院当然的主席(Chairman),副主席(Deputy Chairman)则由联邦院议员选举产生。在主席职位空缺或副总统代行总统权力时,由副主席代行主席职责。

在联邦院主席和副主席因故缺席或不能履行职责时,联邦院主席可以提名一个由议员组成的专家小组主持联邦院的工作。像人民院一样,联邦院设立一个秘书处处理日常事务并对议长负责。担任联邦院主席的印度副

---

① *Parliament of India*,http://164.100.47.194/our%20parliament/Our%20Parliament.pdf.

总统并非议会议员；除非出现平局，联邦院主席没有投票权。但和人民院议长一样，联邦院主席职位享有很高的尊严和权威，任职期限和人民院议长相同；作为联邦院的主持人，和主席一样有权决定发言人选、发言时间、维护联邦院的秩序和组织纪律、提出问题和宣布结果。当然，作为联邦院的主事官，副总统必须秉持公道，不能偏袒任何一方。联邦院副主席在主席不能履行职责时，可补缺履行主席职责；也可向主席递交辞呈，或可为联邦院议员多数表决决议免职。

（四）联邦院的权力与限制

印度联邦院既不像美国参议院那样大权在握，也不像英国上院那样没有任何实权而无足轻重。在除了财政（金融）法案外的其他所有法案中，联邦院和人民院享有同等权力。① 普通法案可以由联邦院提出审议，除非经过联邦院的批准通过，任何议案均不得提交总统批准。当人民院和联邦院在某个议案上出现分歧时，印度宪法赋予总统有权召集两院联席会议讨论审议，由参加联席会议的两院议员投票决定法案的命运，简单多数即可通过该法案。对于财政（金融）预算案，联邦院有权推迟14天；对于弹劾案，联邦院拥有同人民院相同的权力；联邦院参与总统和副总统的选举；对于是否批准总统提出的紧急状态，联邦院享有同人民院一样的权力。②

议会联邦院享有两项特殊的权力。印度《宪法》第249条赋予联邦院如下特权，即如果联邦院2/3以上议员与会并投票通过某项决议，认为基于国家利益而必要或应急之需议会应该就邦省管辖目录下的事务进行立法的话，那么议会在该决议有效期内制定适用于印度全境或任何地区的相关法律都是合法的。联邦院独享的第二项特权就是可以发起罢免副总统的

---

① 印度《宪法》第109条"有关财政法案的特别程序"之第1款明确规定，财政法案不得由联邦院提出。财政法案经人民院通过后送联邦院征求意见，联邦院应于接受该法案14日内将法案连同其意见返回人民院。人民院可以接受或拒绝联邦院的全部意见或任一部分意见；若人民院接受联邦院所提意见，则视为两院共同通过该法案；若人民院拒绝接受联邦院的全部意见，则该财政法案被视为联邦院通过的条文；若人民院通过并提交联邦院征求意见的财政法案未在规定的14日期限内返还人民院，则该财政法案应自14日期限届满之日起被视为以人民院通过之条文为两院通过。详见 https://max.book118.com/html/2017/0722/123574345.shtm.

② Nani A. Palkhiwala, *We, the People: India, the Largest Democracy*, Bombay: Strand Book Stall, 2019, pp. 244 – 246.

程序和决议，但在印度议会制度实践中，这种情况并未发生过。

联邦院权力最大的限制在于，依据宪法之规定，在财政金融立法和政府年度预算审议中无足轻重。

三　人民院

人民院是印度议会的下院，通过普通民众直接选举产生，议会人民院的选举又称为"印度大选"（General Elections of India）。具备选民资格的印度公民通过参与其所属选举区人民院议员的选举来表达自身诉求。人民院议员的任期为5年，从新一届人民院召开首次会议算起直至最后一次会议结束。人民院的5年任期制是印度制宪会议基于有效性考虑而精心设计出来的。联邦宪法起草委员会最早提出人民院4年任期的设想，后来调整为5年。这一制度安排主要是考虑到议会制度下，联邦政府各部长任期的第一年通常把精力主要用于熟悉行政业务管理常识，最后一年又要准备下一次大选，而真正的有效工作时间只剩下短短的2年，这显然不利于完成行政系统的行政计划。所以，人民院议员的任期最终确定为5年，任职时间没有限制，可连选连任。

（一）人民院的构成

关于议员席位及来源。印度《宪法》第81条（"关于人民院的组成"）规定，印度人民院议员最多不超过545名，分别来自各邦和中央直辖区。其中，由各邦选民直接选举的议员不超过525名[1]，按议会法律规定产生、代表中央直辖区的议员总数不超过20名。基于大选的实际选情，若总统认为人民院内来自英裔印籍社区（Anglo-Indians）的代表性不充分，可直接提名2位来自该群体的人士为人民院议员。之所以限定人民院议员数量是基于议会工作效率的考量，议员总量若不加以限制必然影响效率。

印度议会人民院现有包括总统直接提名的议员543名，议员代表最多

---

[1] 这里特别说明的是：传统上隶属于中国西藏地方管辖的喜马拉雅山南麓部落地区，即非法的"麦马克马洪线"以南和传统习惯线以北约9万平方公里的印度侵占地区（中国媒体和社会舆论普遍称为"藏南"），即被印度视为所谓"阿鲁纳恰尔邦"的大部分地域，人民院545名议员中包括来自该地区的2名所谓"议员"代表。

的是北方邦，达 80 名，而最少的仅 1 名（包括那加兰、米佐拉姆、锡金 3 个邦和除德里外的其他 6 个中央直辖区）。① 依据 2011 年人口普查，各邦人民院议员名额分配见表 2.2。

表 2.2　议会人民院议员席位在各邦和中央直辖区代表名额分配

邦或中央直辖区	席位数	备注②
安德拉邦（Andhra Pradesh）	42	
阿萨姆邦（Assam）	14	
比哈尔邦（Bihar）	40	
查提斯加尔邦（Chhatisgarh）	11	
果阿邦（Goa）	2	
古吉拉特邦（Gujarat）	26	
哈里亚纳邦（Haryana）	10	
喜马偕尔邦（Himachal Pradesh）	4	
查谟-克什米尔邦（Jammu & Kashmir）	6	印度一直认为该地区包括印巴争议的克什米尔地区全境
贾坎德邦（Jharkhand）	14	
卡纳塔克邦（Karnataka）	28	
喀拉拉邦（Kerala）	20	
中央邦（Madhya Pradesh）	29	
马哈拉施特拉邦（Maharashtra）	48	
曼尼普尔邦（Manipur）	2	
梅加拉亚邦（Meghalaya）	2	
米佐拉姆邦（Mizoram）	1	
那加兰邦（Nagaland）	1	
奥迪沙邦（Odisha）	21	
旁遮普邦（Punjab）	13	
拉贾斯坦邦（Rajasthan）	25	
锡金邦（Sikkim）	1	
泰米尔纳德邦（Tamil Nadu）	39	

① *Parliament of India*，http：//164.100.47.194/our%20parliament/Our%20Parliament.pdf.
② 备注栏内容为本章作者所加。

续表

邦或中央直辖区	席位数	备注
特里普拉邦（Tripura）	2	
北阿坎德邦（Uttarakhand）；	5	
北方邦（Uttar Pradesh）	80	
西孟加拉邦（West Bengal）	42	
安达曼—尼科巴群岛（Andaman & Nicobar Islands）	1	
昌迪加尔（Chandigarh）	1	
达德拉—纳加尔哈维利（Dadra & Nagar Haveli）	1	
达曼—第乌（Daman & Diu）	1	
德里（Dehli）	7	
拉克沙群岛（Lakshadweep）	1	
本地治理直辖区（Puducherry）①	1	
总计	541+2②	

资料来源：Parliament of India，http：//164.100.47.194/our% 20parliament/Our% 20Parliament.pdf.

（二）人民院议员资格

关于人民院的任职资格，印度《宪法》第84条规定，人民院议员候选人必须具备3个基本条件：第一，必须是印度公民，而且在选举委员会专门指定的监誓人面前按照第三表规定的格式宣誓并在誓词上签名；③ 第二，必须年满25岁；第三，必须具有议会所规定的、履行议员职责所需

---

① 本地治理（Puducherry）原称Pondicherry，2006年9月20日正式更名为puducherry，首府为本地治理市（Pondicherry City）。

② 在印方的相关统计资料中，议会人民院议员席位在各邦和中央直辖区的名额分配中有2个席给予中印东段边境传统习惯线以北和非法"麦克马洪线"以南传统上一直由中国西藏地方政府管辖但被印度渐进侵占之中国领土（中国媒体和社会舆论普遍称之为"藏南"）的所谓"阿鲁纳恰尔邦"。

③ 印度《宪法》第三表之三是关于"议会议员选举候选人的誓词或保证词"，即"我，×××，已被提名作为竞选联邦院（或人民院）议席的候选人，谨经上帝的名义宣誓（或谨此庄严保证）：我将真诚信仰并矢志效忠由法律确立的《印度宪法》，捍卫印度的主权与领土完整"。

的其他资格。

(三) 人民院议长 (Speaker) 及其职能

大选后的首要任务就是选举产生人民院的议长和副议长各1名。人民院议长从本院议员中选举产生。只要有半数以上议员参加投票,其中半数以上同意即可当选。印度人民院议长的礼宾地位仅次于总统、副总统和总理,排名第四,任期通常为其当选时开始,至下一届议会召开第一次会议前结束。

除上述权力外,人民院议长可以决定哪些议案属于财政议案,由人民院负责。两院召开联席会议时,由人民院议长主持会议,会议程序按其指示确定。

人民院议长是印度议会组织的当然主席,该组织是各国议会联盟和英联邦议会协会在印度的分支机构。印度议会派团出访时,代表团成员由其与联邦院议长协商后指定。人民院议长经常率议会代表团出访。①

议长是人民院的主持人,在印度议会制体系下享有很高的尊严、声誉和权利。议长的基本要求是:公正和无党派背景。《宪法》第112条第3款规定,议长的待遇(薪金和各类津贴)从联邦统一基金(Consolidated Fund)中列支。简单地讲,人民院议长具有同英国下院议长相似的功能,主要表现为:主持人民院的各类会议和议事程序,决定在人民院演讲发言的人选,有权在与会议员未达到法定最低人数时休会或推迟会议;负责维持人民院的正常秩序和纪律,可以审核确认人民院的无秩序状况并制止议员使用不适宜在议会表达的语言(irrelevant and unparliamentary language)。如果某议员不服从议长指令,议长可将其逐出人民院或停止其参与本届人民院余下的会议,这实际上等于剥夺了该议员在本届议会余下会期内的权力。议长有权删除人民院公报中任何贬损性或违反议会行为准则的评论;经同人民院党团领袖协商,议长有权确定议事顺序、关于总统演讲的辩论时间、普通议案(Private Member's Bills)讨论的时长;对是否接受某项问题决议和动议具有最终决断权;依据国家利益需要,只有议长才有权决

---

① 《印度议会》,中国人大网,http://www.npc.gov.cn/zgrdw/npc/xinwen/2011-06/13/content_1658582.htm.

定是否给予某一议题以优先讨论；无须就其决定做任何解释，任何议员不得挑战议长的决定；议长决定某项议案是否属于预算拨款范畴，而且是最终决定。在某议案提交联邦院讨论或总统批准前，必须先有议长的背书。若有必要，人民院议长和联邦院主席要共同接受总统的质询，此时的两院联合会议则由议长主持召开。

依据《印度宪法》第94条之规定，当人民院议长职位出缺时，其职权由副议长行使。如果副议长也同时缺位，可由总统专门指定一名人民院议员行使此项职权。议长未出席人民院会议时，应由副议长代理议长；副议长也缺席时，由人民院议事规则规定代理人选；此人也同时缺席时，人民院可指定他人代理。

总之，议长的功能各种各样，在人民院内对立双方出现平局的情况下，议长拥有决定性的一票；议员辞职，必须向议长提交正式的辞职函；议长是议会各类委员会的最高领袖；议长还是议员法案的监护人和代言者；议长承担所有议会和总统之间共同的中间人；等等。即使在解散议会的情况下，议长仍要坚守岗位，直至产生新一届人民院和新议长。人民院设有秘书处并对议长负责。

当然，人民院议长也受到必要的限制。根据《宪法》第96条第1款之规定，人民院议长、副议长不得主持有关免除其职务的议案的讨论。人民院开会讨论罢免议长职务的议案时，议长即使出席，也不得主持会议；人民院开会讨论免除副议长职务的议案时，副议长即使出席会议，也不得主持会议。《宪法》第96条第2款规定，人民院开会讨论罢免议长职务的议案时，议长有发言权或以其他方式参加活动，议长仅在该议案或对此项讨论的其他事项进行第一次表决中有表决权，但在双方票数相等时则没有表决权。

在很大程度上，议会制民主国家的议会议长担负着近乎相同的功能。议长的裁决不受法院的审查监督；作为议员代表和权利的守护者，议长有权惩治任何人（议员和非议员）的侵权行为。作为印度议会制的蓝本，英国下院议长的职能、权力、威严、公正等被完整地引入印度人民院。1951年召开的议长职能协商会一致决定：“为促进印度自由民主制度之发展，遵循英国议会下院的长期实践，印度致力于形成一种惯例，即议长竞选下届议员席位时不应受到任何挑战，并逐渐形成一种超越党派政治、连选连任的议长模式。"① 从印度前 4 届人民院议长享有的声誉威望和秉持公正履职的实践看，虽非做到议长连选连任，但议长职位上的职业操守已大致确立起来。②

四 议员权利与资格丧失

印度《宪法》第 101 条界定了议会两院议席空缺的条件，任何人既不得兼任联邦议会两院之议员，也不得兼任联邦议会和邦议会的议员，出现上述任何一种情形时，除非先行辞去邦议会议员之职否则即为议会议席之空缺。当现任议会议员丧失议员资格时，也会出现议会议席空缺情形。③

（一）议会两院议员资格丧失

《宪法》第 102 条界定了议会议员资格丧失的具体情形：一是议会任何一院的议员，未经所在议院许可在 60 天的时间内未出席本院的任何会议活动④；二是在联邦政府或各邦政府担任任何有收入之职务者（但经议会以法律宣布不影响其议员资格的职务除外）⑤；三是经管辖法院宣告精神不健全者；四是未清偿债务之破产者；五是非印度公民、自愿取得外国国籍者或承诺对某国效忠者。

关于人民院议员资格问题，包括 K. T. 沙教授（Prof. K. T. Shah）和拉金德拉·普拉萨德博士（Dr. Rajendra Prasad，印度共和国首任总统）

---

① P. B. Rathod, *Indian Constitution, Government and Political System*, Jaipur India：ABD Publishers, 2004, p. 162.

② P. B. Rathod, *Indian Constitution, Government and Political System*, p. 162.

③ 关于同时担任或当选两个以上议会（联邦议会和邦议会）、选区、联邦和邦议员职务或席位者，必须择其一而从之。具体而言，凡当选议会一院议员又当选邦议员者，必须自当选 14 日内在官方公报刊登辞去邦议席的声明，否则将丧失在议会一院的议员资格；凡当选议会两院议员者，必须在就职前且自当选 10 日内在官方公报刊登择其一的声明，否则其在联邦院之议员资格自动丧失；如在 10 日内其在一院就职，在另一院议席即自动丧失；凡一院议员当选另一院议员者，其在前一院议席自动丧失，凡在一个以上选区当选者，须自当选 10 日内在官方公报刊登辞去除在一个选区以外的议席，否则将失去所有当选议席之资格。

④ 关于缺失所在议院会议活动的 60 日时限的计算，凡议会闭会时间或连续 4 日以上之休会时间不予计入。

⑤ 该条第 2 款又明确说明，凡在中央政府担任阁员或在邦政府任部长者，不视为在印度政府或邦政府内担任有收入之职务。

在内的一些制宪会议成员曾主张对候选人的受教育程度提出某种限制性要求，这也合乎情理。但是，考虑到两方面的困难，制宪会议最终没有接受对人民院议员候选人的受教育程度做出强制性要求的建议。一是当时印度国民接受教育的比例很低；二是如此强制性要求会剥夺很多印度女性公民参与人民院议员竞选的机会。此外，这一限定也同印度《宪法》第14条"确保权利平等"之规定不符。

人民院议员的候选人，大致分为政党候选人和独立候选人。政党候选人通常由该党领导层推举，每个选区一名。独立候选人多是当地名流或在本选区有影响，在竞争党内本选区候选人提名失利后退党另起炉灶。每位候选人需缴纳一笔担保金，如果其在选举中没有赢得一定比例的选票，担保金将不再返还。候选人必须口头或书面保证诚实并忠于《宪法》，无犯罪前科，同时要报告受教育、财产及负债等情况。选举监察官对候选人审查后，公布合格候选人名单。

（二）议员的权利

联邦议会议员（邦议会议员同此）享有的主要权利与豁免主要有如下5项。一是议会议员除宪法条文及议会议事程序及通则规定之限制外，在议会内有发言和质询权，不得因其在议会或议会任何委员会的发言或投票而受任何法院的任何审讯，不得因其受议会之授权而发表之报告、文件、表决情况或议事情况而受任何法院的任何审讯。二是议会议员在议会开会期间及开会前后各40天内，免予按民事程序条例受拘留或被逮捕之权利。三是除非事前得到议长同意，议员在议会工作区域内不得被捕。反观之，如议员自知与某些案件有牵连而受警方通缉，不得在议会区域内藏匿。四是未经议会许可，议员不得被迫就有关议会议事进程在法庭上作证或提供文件。五是未经议会许可和本人同意，议员不得被迫在另一院及有关委员会充当见证人。

五 议会各类委员会

印度议会的工作涉及领域广、数量大，大量的日常性业务工作是由议会所属的各个委员会来承担的。议会各类委员会大致分为特别委员会（Ad hoc Committees）和常设委员会（Standing Committees）两类。特别委员会为完成某项特殊任务而设立，并在完成预定的任务（通常提交一份专项报告）后解散；最主要的特别委员会是那些为审议立法提案或政府政策而设立的特别委员会（Select Committees）或联合委员会（Joint Committees），其他为特殊目的而设立的专门委员会还有铁路委员会（Railway Convention Committee，1949）①、印地语对应委员会、贫困阶层福利委员会（Committee on the Welfare of Other Backward Classes）、表列种姓及表列部落福利委员会（Committee on the Welfare of Scheduled Castes and Scheduled Tribes）、女权委员会（Committee on Empowerment of Women）、违约委员会（Committee on Violation of Protocol）等。

除特别委员会外，议会两院分别设立自己的常设委员，比如事务顾问委员会（Business Advisory Committee）、申诉委员会（the Committee of Petition）、议员权利委员会（the Committee of Privileges）、规则委员会（the Rule Committee）等。

人民院的常设委员会主要有3个财经委员会、14个其他专项事务委员会、24个政府部门对应事务委员会。此外，根据需要可召集专门委员会处理特殊问题。3个财经委员会享有最高权威，来自人民院的委员会成员根据代表性比例原则选举产生，任期不超过1年；来自联邦院的委员会成员则通过提名产生。

此外，还有一些功能性的委员会，议会还设有一些扮演着议会看守人（Watchdog）的角色——监督政府和守护公民权利的委员会，也是议会重要的常设机构。比如，议会附属法律法规委员会（Committee on Subordinate Legislation）②、政府承诺委员会（Committee on Assurances）③、评估委员会（Committee on Estimate）④、公共账目清算委员会（Committee on

---

① 铁路委员会于1949年设立，是独立后印度的第一个特别委员会，主要负责审查铁路营利和公共财政收入关系，现由18名委员组成，其中12名来自人民院，6名来自联邦院。

② 人民院附属法律法规委员会委员由议长提名，由不包含内阁部长的15人组成，任期1年。该委员职责是审查宪法或议会赋予给行政机构制定规章制度、次级法规的权力是否得到正确贯彻实施，并向人民院提交报告。见 Lok Sabha Secretariat, *Parliamentary Committees of India*, May 2014, http: //164.100.47.194/our%20parliament/Parliamentary%20Committees.pdf.

③ 该委员会由人民院议长提名、非政府部长的15名委员组成，负责审查内阁部长们的保证和承诺等是否或在多大程度上得以兑现，以及兑现承诺的效率，并就此向人民院提交审查报告。

④ 该委员会由人民院选出的30名议员组成，任期1年，内阁部长不具备入选资格。委员会的主要功能是就经济发展、机构改革、效率或行政改革等做出评估报告，并提出提高效率和改善经济发展的政策建议。

Public Accounts)①、公共项目委员会（Committee on Public Undertakings）、政府部门对应事务委员会（Departmentally Related Standing Committees，DRSCs)②等。其中，评估委员会、公共账目委员会和政府部门委员会在监督政府支出和政策制定中发挥着重要作用。

联邦议会两院联合委员会（Joint Committee of the Two Houses）。在两院联合委员中，人民院和联邦院的委员比例大致为2∶1，如铁路委员会、公共账目委员会、公共项目委员会、政府部门对应事务委员会等，而且在实践中人民院担当主导角色。而非常重要的议会常设委员会——评估委员会则只有来自人民院的议员。作为一种通则，各委员会成员分别由人民院议长和联邦院主席提名产生，名额分配则依据各党派在议会的力量构成比例进行，任期均为1年。

六 议会秘书处

印度《宪法》第98条规定，联邦议会设立处理日常事务的秘书处（Secretariat），且议会两院需分设各自的秘书处。秘书处分别在两院主席或议长领导下开展工作，其主要职能是组织协调本院内部各机构之间的工作、文献档案管理、信息服务、对外提供联系对接等日常性事务。实际上，秘书处扮演着总务部的角色，又称"议会服务局"（Parliamentary Services）。具体地讲，秘书处的工作内容有：为议会立法准备会议所需有

---

① 该委员会由来自人民院选出的15人组成，联邦院的7名议员也可加入其中，任期1年。内阁部长不具备入选资格。该委员会的主要职责是审查议会政府的财政支出是否做到了因需供给和物尽其用。

② 政府部门关系委员会成立于1993年4月，覆盖当时中央政府所有的17个行政部门。2004年7月该委员会因政府部门增加而重组，同中央政府部门对应的委员会也由17个增加至24个，每个委员会成员则由45个减少至31个。每个常设委员会均不超过31名委员组成，其中21名由人民院议长从人民院议员中提名产生，10名由联邦院主席从联邦院议员中提名产生，任期1年。内阁部长不具备入选资格。在24个委员会中，联邦院秘书处负责联系服务其中的8个，即商务委员会、内政事务委员会、人力资源发展委员会、工业委员会、科技环境林业委员会、交通旅游文化委员会、卫生家庭福利委员会、人事公共舆情法律司法事务委员会；人民院秘书处负责联系服务另外16个，即农业委员会、信息技术委员会、国防委员会、能源委员会、外交事务委员会、财政委员会、劳工委员会、油气委员会、铁路委员会、城市发展委员会、水资源委员会、农村发展委员会、化学肥料委员会、煤钢委员会、社会公平和权利委员会。见Lok Sabha Secretariat, *Indian Parliamentary Committees* (May 2014), http://164.100.47.194/our%20parliament/Parliamentary%20Committees.pdf.

关立法、咨询、议程等方面的材料；为审议环节提供服务，协助议员在全会和委员会审议各类报告、议案和文件；提供行政服务。处理诸如发放议员和工作人员工资、补助及其他福利等事宜；提供信息和调研服务，为议员提供图书、资料、研究报告、档案及信息服务，收集整理国内外最新资讯，跟踪议会立法进展并提出参考意见，保证议员能了解所有可能在会议上提出的问题；提供会务文书服务，如整理大会和委员会的会议记录，提供同声传译服务；等等。①

秘书处人员大致分为三类，一是政务类人员，即行政领导，主要职位包括秘书长、秘书、辅秘、联秘、处长、联处、副秘等；二是业务类人员，包括各种助理、秘书、速记人员及研究人员；三是后勤保障类人员，包括司机、会场服务人员等。

像大多数议会一样，印度议会也有自己的诸如预算计划、立法、委员会、研究、培训、档案、媒体、图书馆、博物馆等众多附属机构，需要大量人力资源提供各种相关的服务。议会秘书处有 3350 多名雇员。其中，印度议会图书馆和资料、专业研究、文献归档和信息服务（LARDIS = Library and Reference, Research, Documentation and Information Service）是一个非常发达的服务机构，主要为议员提供各种信息咨询服务。图书馆拥有 120 多万册藏书和现代化的互联网设施，为所有议员提供免费服务，是全国最好的图书馆。② 然而，遗憾的是只有不到 10% 的议员使用这些设施，议员们更关注其所在选区的动态和选民的好恶，很少把精力花费在枯燥的读书和查阅资料上。

第三节　印度议会制的运行模式

以"西敏寺制"为蓝本设立的印度议会，在运行模式上既体现出议会制度运行的共性，也在一定程度上折射出印度特性。本节主要就印度议

---

① 《印度议会》，http://www.npc.gov.cn/zgrdw/npc/xinwen/2011 - 06/13/content_1658582.htm。

② Lok Sabha Secretariat, *Indian Parliamentary Committees*（May 2014），http://164.100.47.194/our%20parliament/Parliamentary%20Committees.pdf。

会的运行机制做简要的探讨。

一 印度议会的程序规则

《宪法》第 118 条规定，议会两院应在宪法约束范围内制定规则，以规定该院议事程序及事务处理办法（第 1 款）；总统在同联邦院议长和人民院议长协商后，可以对两院联席会议及两院间联系的程序问题制定规则（第 3 款）；两院联席会议由人民院议长主持，人民院议长缺席时，则由根据第 3 款规定制定的程序规则所确定的人员主持。

除财政预算或议案外，印度宪法规定的议会议事规则赋予两院议长许多相同的权力，以保证议会全会、委员会会议及其他议会活动能够顺利进行。会议期间，议长或会议主持人控制着会议程序和进展。议长有权选择发言人，决定发言时间长短及其发言是否记录在案，可以让某些议员暂时退席，在本院表决不分胜负时投票。议员提出议案需得到其同意。如有必要，议长可以在总统宣布休会前随时召集会议，并根据会场情况随时提出临时休会。

二 印度大选中的选举制度

所谓"大选"就是联邦议会人民院议员的换届选举，因人民院议员系直接普选产生，又称为"印度大选"。

（一）选民资格

根据 1990 年印度《宪法》第 326 条（"公民投票权"）的规定，凡年满 18 周岁的印度公民均具有投票资格，即获得投票权。[①] 鉴于印度庞大的人口基数，人民院议员选举可谓迄今为止世上规模最大的普选，这也是印度引以为豪的所谓"世界上最大的民主国家"的由来。人民院议员选举采取无记名投票方式产生。

在不分种族和宗教信仰原则下，对所有具有投票权的印度公民登记造册。根据《宪法》第 81 条第 2 款之规定，依据人口占比确定各邦在人民院议员席位的分配。各邦需将本邦划分为若干个选区，每个选区选出 1 名

[①] 印度《宪法》第 326 条（"公民投票权"）最初规定：凡年满 21 周岁的印度公民不分宗教信仰、种族、性别、居住地域均享有投票权。

议员，获得该选区最多选票的候选人当选为该选区的议会人民院议员。①

（二）选区划分与选举

人民院选举为直接选举，各选区的人口大致相同。依据 2011 年印度人口普查，目前印度全国划分为 543 个选区，每个选区选出 1 名议员。1 个候选人最多可以在 2 个选区竞选。选举结束后，选举监察官确定计票的具体时间，并向选举委员会和人民院秘书长汇报结果。如果对某位候选人的资格有争议，总统将在听取选举委员会的意见后作出裁定。

人民院选举制度采用英式的单一选区制，每个选区赢得相对多数票者即算获胜，这客观上为各类小党进入议会创造了条件。每当人民院选举时，地方势力和小党会把力量集中在某个选区力争获胜，这是印议会内党派众多，许多政党只有几席甚至 1 席的主要原因。

（三）选举委员会

议会人民院议员选举时间由独立的印度联邦中央选举委员会（下称"选举委员会"）向总统提出，由总统宣布。随后，选举委员会确定各选区提交、审查、退回候选人名单时间和选举时间。

目前的独立选举委员会由总统任命的 1 名首席选举委员（Chief Election Commissioner）和 2 名委员（Election Commissioners）组成。② 为保证他们能够在组织选举中更好地履行职责，委员会主任一旦被任命，就如同最高法院法官，需要通过一定程序才能被解职。委员需要在主任的建议下才能被解职。各邦均有 1 名由独立选举委员会任命的邦选举事务主任，监督本邦选区选民登记的准备、审查和修改等工作。邦内各选区也都有 1 名区选举事务官员，在邦选举事务主任指导下，协调和监督本区的选举事务。区选举事务官员任命本区投票站的主任和工作人员。投票站主任在选举时负责投票站秩序和监督投票是否公正。

选举委员会在与邦政府协商后，在各选区指定 1 名选举监察官，保证

---

① 印度《宪法》第 81 条第 2 款规定，各邦应划分为若干个选区，同一邦内各选区人口与分配给该选区的人民院议员数额之比例在可行情况下应尽量保持一致。但如一邦人口不足 600 万人，上述规定则不适用于该邦在人民院的议席分配。

② 印度联邦中央选举委员现任首席委员苏尼尔·阿罗拉（Sunil Arora）于 2019 年 3 月 10 日在新德里正式公布第 17 届人民院议员换届大选的日程，即大选投票在 2019 年 4 月 11 日至 5 月 19 日完成，共分七个阶段进行，5 月 23 日宣布选举计票结果。

选举按选举法进行。在选举中如发现有不当行为，候选人或选民可以向高等法院提出申诉，并可向最高法院上诉。

截至印度第 17 届人民院选举（2019 年 4 月 11 日至 5 月 19 日投票），印度人民院议会换届选举已经成为世上规模最大、投票持续时间最长、成本最高昂的大选。在第 17 届人民院议员选举中在任总理纳伦德拉·莫迪（Narendra D. Modi）领导的印度人民党（Bharatiya Janata Party，BJP）赢得 542 个席位中的 303 席[1]，比上届胜选的优势更加明显[2]，以印度人民党为首的执政联盟——全国民主联盟共计赢得 352 个人民院议员席位，再次获得组阁权；而主要的反对党国大党（Indian National Congress，INC）在本次大选中仅赢得人民院议员 52 个席位。根据德里媒体研究中心（CMS）的调查统计数据，印度各政党、候选人和监管机构在 2019 年选举中的总支出高达 86 亿美元[3]，远远超出美国 2016 年总统大选支出的 65 亿美元。在第 15—17 届人民院议员选举期间，仅参加联邦、邦、县、选区四级选举机构的监管服务工作人员分别达 600 多万人、700 多万人和 1000 多万人；三届大选登记选民（投票选民）分别达 7.14（5.9）亿人、8.16（5.5）亿人、9（6）亿人；全国设投票站分别达 82 万多个、93 万多个和 100 多万个。号称世上最大规模的民主选举的印度大选其成本可想而知。

三　议会立法程序

议会的核心功能就是立法，立法权属涉及联邦中央管辖和央地共同管辖两类 144 个领域。故而分析联邦议会的立法程序有利于更好地理解印度议会的功能和运作过程。在印度，议员和政府均可提出议案，但大部分议案由政府提出。议案通常被分为三类：普通议案、财政议案和宪法修

---

[1] 第 17 届人民院议员选举共有 543 个议员席位，其中 1 席未能如期产生，故为统计总数 542 席。

[2] 在 2014 年第 16 届人民院议员换届选举中，纳伦德拉·莫迪领导的印度人民党单独赢得 428 个席位中的 282 席，以印度人民党为首的全国民主联盟共计赢得 334 个席位并上台执政，而国大党仅赢得 44 席。

[3] 据 BBC 报道，印度媒体研究中心的估计是 2014 年第 16 届议会（人民院）选举的花费共计 3050 亿卢比，约合 50 亿美元，是 2009 年第 15 届议会选举花费总额（1000 多亿卢比）的 3 倍多。在第 15 届大选中，国大党单独赢得 205 席，其领导的团结进步联盟赢得 261 席，继续组阁执政。

正案。

印度《宪法》第107—119条对联邦议会立法事宜和程序作了明确规定。关于"提出和通过议案"规定,除财政法案与其他有关财政之法案外,其他法案可由议会两院任何一院首次提出。议案的起草是任何一项立法的第一步,当一项立法建议提出后,政府有关部门要负责研究相关内容。如果该议案还涉及其他部门或邦一级政府,也要听取他们的建议,并从法律角度与法务部和总监察长磋商。如有必要,还需同专业人士及工业、农业、商业、劳务等各类利益集团磋商。在对所有的建议充分研究后写出方案,提交内阁批准。内阁批准方案后,政府部门在专家和官员协助下起草好议案,并与相关权威部门逐条研究后定稿。

议案起草好后,由有关部门送交两院中的任何一院审议。该部部长需提前7天通知议会,要求在议会介绍该议案,并将两份议案文本送交该院秘局。秘书局认为议案各方面条件都具备后,根据议长决定的日期列入议程。通常议案文本最晚应在提交审议前2天发给议员。[①]

一项立法议案(或称"草案")在成为议会法案前要经过多个程序,概括起来就是议会制立法模式的三读程序。[②]

(一)"一读"——议案发起

除财政议案以外的任何一项议案(bill)既可由内阁部长发起,也可由议会议员提出动议。前者即为所谓的"政府议案"(Government Bill),后者则称为"普通议案"(Private Member's Bill)。对于"议员议案",提案者需首先征得所属院批准其提案动议,并就所提议案的名称、宗旨目的、主要内容等说明;在提案动议获准后,议会官方《公报》会刊发该议案,这就是众所周知的一读阶段(Stage of First Reading of a Bill)。[③] 若提案动议遭遇反对意见,议长会要求反对方和提案者分别做简要的解释性

---

① 《印度议会》,中国人大网,http://www.npc.gov.cn/zgrdw/npc/xinwen/2011-06/13/content_1658582.htm.

② "三读"(Reading)是立法机关的一种立法程序,因进行该程序时,议案的草案之标题会被三度宣读,故而该程序被称为"三读"。其中,以英国议会为首的"威斯敏斯特制"(Westminster System)议会的三读程序最为典型。"三读"多为"全会中心制"议会所采用,而"委员会中心制"议会则可能不采用或者采用其变体。

③ How a Bill Becomes an Act?, http://164.100.47.194/our%20parliament/How%20a%20bill%20become%20an%20act.pdf.

陈述；若反对意见是基于该提案动议超越了立法机构的能力或权限之由而提出的，议长则会就此进行一场全面的讨论，之后再行表决是否接受该动议；若争议提案动议属于财政或专项拨款范畴，则立刻启动人民院表决程序。

提案动议被接受之后，人民院或联邦院主持官员（presiding officer）可将该提案提交常设委员会审查并征询建议。常设委员会应就提案的原则和条款出具一份审查评估报告，委员会也可就此征询专家或公众的意见建议[①]，该审查评估报告应视为常设委员的权威建议。

（二）"二读"——议案讨论与修正

二读（Second Reading）包括两个阶段。第一阶段是就提案的总体原则进行一般性辩论。在这一阶段，议会广泛且公开地征询各方意见建议，可将提案提交给本院专门委员会或两院联合委员会，也可广泛散发提案征询社会意见，当然也可直接进入下一个程序。

议案一经提交给专门委员会或两院联合委员会（a Select Committee of the House or a Joint Committee of the two Houses），委员会会逐条审议，并在必要时提出修正议案。委员会还可征询社会团体、专门机构或业内专家的意见建议。在此基础上，委员会会向议案发起议院提交其审查报告，作为议院再次审议该提案的权威参考。

第二阶段是就提案或经专门委员/两院联合委员会（a Select/Joint Committee）审查提出修正建议的提案逐条审议。在删除原提案的某条款前，相关修正条款必须经过提案议院的有效表决程序。若相关修正案被与会并参与表决议员的多数接受认可，修正案则成为议案的一部分。在议案所有条款、列表（若有的话）、通过程序和议案名称等被议案议院接受认可后，二读程序才告完成。

（三）"三读"（Third Reading）——议案表决

"二读"结束后，提案议员可提议就该议案进行表决，自此议案进入

[①] 对提案的社会公众意见建议通过各邦和中央直辖区政府征集，收集的公众意见建议需纳入提案院的相关列表，并提交给专门委员会或两院联合委员会以供再议时参考。在征询社会公众意见建议阶段，提案通常会暂时冻结。*How a Bill Becomes an Act*?，http：//164.100.47.194/our%20parliament/How%20a%20bill%20become%20an%20act.pdf.

"三读"阶段。在三读阶段，辩论仅限于支持或反对该议案，不涉及议案的具体细节；该阶段也只接受正式的、文字上的或影响重大的修改，之后进入表决环节。一般议案的表决只需与会并参与表决议员的简单多数即可通过；但宪法修正案的表决通过则必须同时满足"两个多数"条件：一是获得议会两院各自议员总数的半数以上议员的表决同意；二是有不少于两院各自 2/3 议员与会并参与议案表决。①

（四）两院联席会议

议案一经发起院通过即被提交给另一院审议表决，并经历除提案发起环节外相同的表决程序。

如果议案被另一议院拒绝，或者自受到议案之日起超过 6 个月而未被通过，或者两院就议案修正存在分歧，印度联邦总统可召集两院联席会议商讨解决。如果议案（含修正案）获得出席两院联席议会并参与表决的议员的多数支持，可视为两院通过。两院联席议会投票表决法不适用于宪法修正案。

（五）总统批准同意

任何议案非经总统批准签署均不能成为法案。议案经两院通过后，由议案最后阶段持有的议院秘书处提交总统批准签署，金融议案和经两院联席议会通过的议案则由人民院秘书处呈送总统批准签署。

对于呈送的议案，总统有批准或拒绝的权力，也就金融议案以外的议案并附带修正建议发回议会再次审议。若议会再次通过总统发回的议案（无论是否附有修正案），总统无权再次拒绝该议案。然而，对于议会经合法程序、获特定多数通过并经各邦批准的宪法修正议案，总统无权加以拒绝。

四 财政预算案的审议和批准程序

印度《宪法》规定，人民院负责审议联邦政府的财政预算议案的审查批准。财政议案主要涉及税收、政府信贷担保、政府统一基金收支、公

---

① Parliament of India, *How a Bill Becomes an Act?*, http://164.100.47.194/our%20parliament/How%20a%20bill%20become%20an%20act.pdf.

共账目收支、涉财法案的修订等领域。① 财政法案的审议程序比较特殊：尽管财政议案不得由联邦院提出，但财政议案经人民院通过后，应送联邦院征求意见，联邦院应于接获该议案14日内将该法案连同其意见送回人民院，人民院可以接受或者拒绝联邦院的全部意见或者部分意见。如果人民院接受联邦院所提部分意见，则该财政法案应视为经两院共同通过，并附有联邦院提交的为人民院接受的修正文本。如果人民院拒绝接受联邦院的全部意见，则该财政法案为人民院通过的文本，并视为两院通过。人民院通过后送交联邦院征求意见的财政法案如未于上述14日的期限内退还人民院，则该法案应自上述期限届满之日起，视为按人民院通过的文本为两院通过。

宪法规定：总统应于每个财政年度向议会两院提交印度政府当年的年度财政报告。其中的支出预算应分别列出以下事项：（1）为支付宪法规定由印度统一基金支付的开支总额；（2）拟由印度统一基金项下支付的其他开支总额，并应将税收账目的支出与其他项支出分开。总统的薪俸、津贴及与其职务有关的其他费用；联邦院议长、副议长及人民院议长、副议长的薪俸与津贴，最高法院法官的薪俸、津贴及年薪；联邦法院法官的年薪；在印度领土的任何地区行使司法权限的高等法院以及宪法实施前在印度自治领总督辖下行省的任何地区行使过司法权限的高等法院法官的年薪；印度审计长与总检察长的薪俸、津贴及年薪。印度政府支付的债务：包括利息偿债基金费用、贴现费用以及其他有关举债、偿债的开支。任何法院或仲裁法庭用以进行审判、判决或裁决所需要的款项，以及宪法或议会法律规定由印度统一基金支付的任何其他开支，都应由印度统一基金

---

① 《印度宪法》第110条对财政议案的范畴包括：任何税收的课征、废止、豁免、变更或者调整；印度政府进行信贷或者提供财政担保的有关规定，或者涉及印度政府已经承担或者即将承担的财政义务的法律的修正案等；印度统一基金或者印度非常基金的保管及该项基金的收支；由印度统一基金拨付的款项；任何由印度统一基金支付的开支的宣布，或者任何此类支出数额的增加等；印度统一基金账目和印度公款账目款项的收入，或者此类款项的保管和拨付，联邦或邦账目的查核；其他与上述事项有关的偶发事项。宪法还规定：除财政法案外，其他法案都不得规定罚款和课征罚金，或者规定缴纳执照费、服务费等。所有涉及地方机构或团体，为地方用途征收、废止、减免、变更或者调整税收的法案，均被视为财政法案。如果对某一法案是否财政法案发生疑问，人民院议长的裁决为最终决定。当财政法案送致联邦院和送达总统批准时，人民院议长应出具证明，证明它为财政法案。

支付。

　　预算的审批程序如下。第一，除印度统一基金拨付的支出预算不必提交议会表决外，其他支出的预算应以要求拨款的形式提交人民院，人民院对任何拨款要求有权批准或者拒绝批准，或在削减拨款金额的条件下予以批准。拨款要求，未经总统建议不得提出。第二，关于拨款法案。人民院同意拨款后，应尽快提出法案。由印度统一基金支付的开支，在任何情形下均不得超过原先提交议会的年度报告中的规定数字。对拨款法案，议会两院不得提出修正案，改变已获批准的拨款总额和款项用途，或者改变自统一基金拨付的任何开支的总额。第三，关于补充、追加或超支拨款。如果发现依法批准的用于该财政年度某一项目的经费不敷该年度所用，或发现该财政年度出现了当年年度财政报告中未曾提及的新的使用项目，需要补充或追加经费。如果某财政年度内用于某一使用项目的经费超过当年拨付该项的款项时，总统应另外向议会提出一份财政报告，说明该项开支的预算总额，或者要求人民院追加经费。第四，关于预支和额外拨款的表决。在按照宪法规定完成对拨款的表决程序以前，以及通过拨款法案以前，人民院有权提前批准该财政年度某一阶段的开支预算。因项目的规模庞大或者性质不确定，因而难以在年度财政报告中对经费需求如常加以详细说明时，人民院有权准予拨款以应付非常需求。人民院有权批准未列入财政年度经常项目的额外开支，同时有权以法律授权由印度统一基金提取款项，以应付议会批准的使用项目需要。宪法还对财政法案作出特别规定：涉及宪法第110条第1款第（一）至（六）项所述事项的法案或修正案未经总统推荐不得提出或动议；此类法案不得在联邦院中提出；但关于减税或者取消某种税收的修正案无须总统建议也可动议。① 宪法还规定，议会为及时完成对财政事务的审议，议会可以制定处理财政事项或者涉及印度统一基金的拨款法案的议事程序和工作程序。

五　会议制度与议员行为准则

　　议会会期。通常情况下，联邦议会年度会期分三个阶段：第一阶段为

---

① 张宏编：《世界各国议会·印度议会》，http：//www.360doc.com/content/12/1221/13/481379_255471973.shtml。

预算季（Budget Session），每年2—5月；第二阶段为雨季（Monsoon Session），每年7月；第三阶段为冬季（Winter Session），每年11—12月。

会议类别。联邦议会的会议分为院全体会议和两院联席会议。

召集与休会。总统可随时在其认为合适的时间和地点，召集议会任何一院开会。但议会上次例会的最后一次会距下次例会的首次会的规定日期，间隔不得超过6个月。总统可以随时宣布议会两院或任何一院闭会。

会议主持。两院联席会议由人民院议长主持；人民院议长缺席时，则依宪法有关规定和程序来确定主持者。

工作语言。《宪法》规定，议会日常事务的处理和官方语言是印地语或英语，但对那些不能使用印地语或英语充分表达意见的议员、联邦院主席、人民院议长或者代理议长，主持人应允许他们用母语在议会发言。

表决与法定人数。印度《宪法》第100条（"议会两院的表决议席缺额时的行动权和法定人数"）规定，除非宪法另有规定，联邦议会任何一院的会议或两院联席议会上审议的所有问题，必须以出席及投票议员（议长与代理议长不包括在内）之多数票决定，两院议长与代理议长在第一次表决时不应投票，但双方票数相等时应享有并行使其决定性一票的权利。

除非议会法律另有规定，议会两院开会的法定人数为不低于该院议员总数的1/10。否则，议长或主席必须延期或中止会议，直至达到法定人数为止。①

议员纪律和行为规范。和绝大多数议会一样，印度议会也有自己的规则和程序（rules and procedures），设有一个规则委员会以指导立法和审查程序规则（Steering or Rules Committee to legislation and to review the rules of procedure）。尽管印度人民院议员很多是具有西方教育背景的律师出身或社会精英，但人民院大有日渐"草根化"趋势。人民院的辩论往往很激烈，为防止某些议员使用不适当的行为方式打断正在进行的辩论，2011年11月人民院通过了议会"议员纪律和行为规范"。

---

① M. R. Madhavan and Harsimran Kalra, "Measuring the Effectiveness of the Indian Parliament", in Sudha Pai and Avinash Kumar, eds., *The Indian Parliament: A Critical Appraisal*, p.40.

六 议会党团制度

(一) 议会党团 (Parliamentary Party Groups) 规则

印度联邦议会议员除了要遵循议员行为规范外,还不得不受议会党团纪律的约束。同绝大多数西方立法机构一样,印度议会也有自己的党团纪律,制定相应的党派转换规章制度。为了防止议会内叛党变节,印度制定了最为严苛的议员"反脱党法"(Anti-defection Law)条款。1985年通过的《宪法》第五十二修正案,附表十详细规定了基于党派变节行为而丧失议员资格条款,即任何一名议员如果背弃其竞选时所依托的党团成员身份而在会议中投票支持或弃权本党团不赞成的议案,都将失去议员资格。这就意味着议会议员丧失依照个人判断而自由投票的权利,他们只能依照其所在党团的议会组织秘书的指示行事,而不能依据个人好恶和判断投票。否则,就会面临失去议员席位的风险。尽管这一规定同宪法保障的自由权利相违背,但截至目前还没有哪一位议员敢去挑战这一违宪原则的规定。

在落实党团纪律、规范议员行为方面,印度议会政党"党鞭"(party whip)发挥着非常重要的作用。印度议会政党"党鞭"的职能主要是协调、联系和督促,为本党议员介绍事务进展,通报该党团对具体问题的态度,并维护党纪;在投票表决时,敦促本党议员出席会议,确保本党议员的团结并依党团的决定投票;执政党两院党鞭直接向议会领袖负责,是议会各院同政府各部之间沟通者;会议期间与总统保持密切联系;在执政党(联盟)和反对党(联盟)之间保持沟通协商,保障议会正常运转。

(二) 议会党团现状

印度议会并不像英国议会或美国国会那样已经发展成为稳定的两党政治模式。在议会人民院选举中,有诸如以种姓、阶层、部落、语言、信仰、地区等为特征的诸多政党或个人参选,多元化趋势日渐明显,但有持续影响力的、地位稳定的政党不多。1985年,议会对议会党团作了规定,如在人民院,议会政党必须至少拥有1/10的议席,议会团组或联邦必须至少拥有30个议席。有资质的政党或团组能享受相关待遇,包括集中安排议员座区、提供党务办公室和相关报告出版物、享有大会发言时间和协商议会重大事项等权利。

目前，印度联邦议会有以印度人民党（BJP）为首的执政联盟——全国民主联盟（National Democratic Alliance，NDA）和以国大党（INC）为首的反对党联盟——团结进步联盟（the United Progressive Alliance，UPA），以及以印共（马）为首的左派阵线。人民院符合条件的议会政党只有国大党和印度人民党。

印度议会内党团大致分为议会领袖（执政党或执政联盟的领导人）和反对党领袖。人民院的多数党领袖被称为人民院领袖，通常会出任政府总理。若总理为非人民院议员担任，则人民院内最资深的部长会被任命为人民院领袖；联邦院最资深的部长也会被任命为联邦院领袖。两院领袖可直接与议长协商，也可通过议会事务部部长与议长协商，安排议会会议日程和内容，讨论议会内的其他重大问题。反对党团领袖则分别由两院最大的反对党领导人担任，但该党在两院的席位均须达到1/10。[1]

第四节　印度议会制民主政治实践：演进与思考

印度议会民主制度无论在设计还是在实践上，都试图在人民院和联邦院之间维持一种微妙的平衡，70多年的议会民主制度尽管历经曲折甚至危机，但总体上运作平稳；议会制的基本理念和原则得到了贯彻，大体上实现达到制度设计要求，多元化的印度社会虽偶遇问题甚至危机，但没有出现大的社会动荡，总体上保持长期稳定。周期性的人民院议员选举（又称"印度大选"）一方面在不断地调整整合人口大国印度的社会资本[2]，提升其同议会民主总体制度架构的契合度；另一方面也扮演着调整印度社会关系和释放压力的安全阀角色。这或许就是印度议会民主制度最大的成就，当然，议会民主制的实践也遭遇一些新的现象甚至被视为偏离

---

[1] 《印度议会》，参见 http：//www.npc.gov.cn/zgrdw/npc/xinwen/2011 - 06/13/content_1658582.htm。

[2] 这里所谓"社会资本"是依世界银行社会资本倡议报告（the World Bank's Social Capital Initiative）的界定而论的，广义的社会资本是指政府和市民社会为了一个组织的相互利益而采取的集体行动及相关规则，该组织小至一个家庭，中则一个社区或族群，大至一个国家。社会资本也对社区治理、公民社会和国家福利、经济增长有重要意义。社会资本的特点在于它塑造了一个社会交往质量和数量的制度、关系和规范，它不仅是支撑一个社会的制度总和，更是一种黏合剂，是维持经济增长、公民社会和有效政府的前提条件。

其主体功能和常规行为方式的"负面现象"①。本节就印度议会演进中的相关问题做一探讨。

一 议会权力重心向人民院偏转

依据《宪法》第 61 条（Article 61）之规定，有权启动总统弹劾程序。若总统因违宪而遭遇弹劾，议会联邦院和人民院均可启动指控程序。在议会两院任何一方启动弹劾指控前，应该提出一项包括解决方案在内的建议草案，该方案需要获得联邦院或人民院议员总数的 1/4 签名同意，并至少要提前 14 天提交草案。14 天期满后，建议草案才可在启动弹劾程序的联邦院或人民院进行讨论；若获得本院 2/3 多数同意，则批准通过并送交议会另一院审议；议会另一院可以成立专门机构对弹劾指控进行独立调查，总统有权出席或参与该调查过程；如果调查认为针对总统的指控成立，决议同样获得该院 2/3 多数议员的同意，总统则被弹劾并自决议通过之日起终止总统职责。

效仿英国议会模式——国王是议会的组成部分，印度总统也是其议会不可分割的一部分。就作为议会体系构成部分的总统权力而言，总统在立法环节拥有非常重要的权力。首先，印度《宪法》第 79 条（Article 79）规定：总统本身就是立法过程中不可或缺的一环，没有总统的同意，议会通过的任何法案均不能成为法律。其次，总统召集议会和宣布休会，也可解散人民院。再次，总统可以召集两院联席会议，在每年议会两院首次会议上分别致辞或在联席会议上讲话是总统的惯例。最后，总统可以任命 12 位在科学、文学艺术、社会服务等领域有杰出成就者和 2 名来自英裔印度人社区的成员分别担任联邦院议员和人民院议员。

总统在享有特殊情况下的立法权。《宪法》第 123 条规定，总统有在议会闭会期间颁布法令的权力，即如总统认为有立即采取行动之必要即可根据形势需要颁布必要的法令。但是，此项总统法令应提交议会两院，并应于议会复会六星期届满时失效；如果议会两院于上述期限届满以前即通过否决此项法令的决议，则该项法令自该议案通过二读之日起即行失效；也可由总统随时撤销。

关于联邦议会院内部权力不平衡问题的争论，实质是围绕如何评价联

---

① Sudha Pai and Avinash Kumar, eds., *The Indian Parliament: A Critical Appraisal*, p. 14.

邦院的功能这一问题展开的。这涉及两个相互关联的层面：一是关于联邦议会架构的争议，是一院制还是两院制在印度一直存在不同的声音；二是联邦议会现行结构——总统、联盟院和人民院三驾马车之间的权力关系，尤其是人民院和联邦院之间权力失衡的问题。

现代印度的议会制民主政治体系是以"西敏寺制"为蓝本，同时借鉴吸纳联邦制和总统制的某些属性而构建的，是颇具印度特色的宪政混合体。效仿英国开创的议会民主制而没有像英国那样虚位国家元首（国王）和上院，一方面使印度总统成为联邦议会架构中的重要一环；另一方面使印度议会联邦院享有除财政立法和政府年度预算审议外和人民院同样的权力。借鉴吸纳总统制的同时，总统权力运行又在实践中受制于内阁部长会议（实为总理）；虽强调联邦制，但印度议会联邦院议员席位的分配又不像美国把参议院席位均分给各州那样，而是以各邦人口多少为依据分割议席配额。这些就是印度议会民治制最突出的特征。

关于议会两院权力的非对称性，印度宪法规定，联邦议会是立法机构，联邦院和人民院享有除个别领域外平等的立法权。但在议会制度的实践中，人民院成了有涉联邦立法权属清单和央地共享权属清单领域内核心的立法部门，其权力要远大于联邦院，具体体现在如下几个方面。一是印度联邦政府由人民院多数党或党团组阁，印度部长会议集体只对人民院负责。二是议会人民院可提出和通过对联邦政府的不信任案，并有权弹劾总统，而联邦院则无此等权力。三是内阁财政部长以总统的名义只在人民院做年度预算报告，财政法案由人民院提出并通过后只需征求联邦院的意见，至于是否采纳后者的建议则悉由人民院裁断。即联邦院对财政法案只有建议权，而没有决定权。四是议会某院提出的议案被另一院否决时，总统会要求人民院议长主持召开两院联席会议，只需简单多数同意即可通过争议议案。鉴于人民院议员人数远多于联邦院，争议议案能否通过两院联席会议在很大程度上取决于人民院的意志。[①] 当然，这种情况也有例外，

---

① 宪法规定召集议会两院联席会议的权力属于总统，但在实践中这一权力实质上为内阁所掌控，而组成内阁的执政党或党团联盟在人民院拥有多数席位，立法权的天平无疑已向人民院一端倾斜。如果联邦院通过的议案被人民院否决，内阁通常不会要求举行两院联席会议；反之，如果人民院表决通过议案被联邦院否决，内阁通常则会请求总统立即召集联席会议，总统无权拒绝这个要求。故而在非金融案方面，人民院的立法权、优先权同样显而易见。

由于联邦院不能被解散,当总统在总理建议下解散人民院后,联邦院可代表整个议会行使权力。① 五是从议会各类常设委员或特别委员会的构成来看,多数委员会由两院联合组建,来自人民院的议员往往占委员会总人数的2/3,人民院的优势地位也尽显无余。

总之,在财政案和非财政案所有领域,人民院的立法权、优先权同样显而易见。联邦议会两院权力上的失衡在某种程度上也是引发质疑两院制议会必要性与合理性的原因。

一院制倡导者对印度联邦院提出尖锐的批评,认为联邦院和人民院的功能很多是不必要的重叠,也无任何区别于人民院的特殊功能。这种高成本的重叠是对社会资源的巨大浪费。而人民院是通过公众直接参与选举产生的,其职能不应该受到一个非直接选举产生的联邦院的审查和控制;在联邦院,由于依照各邦人口比例分配代表名额,各邦在联邦院内因人口多寡差异而没有获得公平对待;联邦院议员是由各政治派别提名产生的,他们并非各邦的代言者。难怪有人讽刺说:联邦院委员会会议并不像中央和地方(各邦或中央直辖区)政府之间的战场,也非地方政府捍卫自身权利和表达诉求的平台,而只是人民院模式的简单复制,没有发展出联邦院的特性,自然就失去了其存在的合理性。联邦院很快就会沦为退休或二线政客的俱乐部。一院制议会制度的大力倡导者阿比·西耶斯(Abbe Sieyes)批评联邦院时指出:如果联邦院对人民院的议案存有异议,那是恶作剧;反之(即表示赞同支持),则是多余之举。西耶斯之所以反对另设联邦院,是因为坚信这样的理念,即法律是人民意志的表达,而人民就某一主题在同一时段不可能有两种意志。②

两院制的支持者则从不同角度和层次为联邦院存在之必要性做辩护,认为联邦院是预防匆忙或不良立法的屏障。联邦院通过审查和修订人民院通过的法案避免立法中的失误,当然也可能绕过人民院犯错或出现其他失误;两院制(即设立议会第二院 Chamber)也是民主国家的基本属性之

---

① 孙戈:《印度联邦议会组成及其运作特点》,《中国人大》2015年第7期。
② It was stated "If a Second Chamber Dissents From the First It Is Mischievous, If It Agrees With It, It Is superfluous". See P. B. Rathod, *Indian Constitution, Government and Political System*, Jaipur India: ABD Publishers, 2004, pp. 165 – 166.

一，世界上所有的民主国家概莫能外。

总之，印度议会民主制度无论是在设计还是在实践上，都试图在人民院和联邦院之间维持一种微妙的平衡。除了联邦财政（金融）预算案和相关立法外，人民院无法绕开联邦院通过任何一项法案；同样，联邦院无权对人民院主导的财政预算和相关法案进行干预，因为只有民选的人民院才有权决定只需对其负责的内阁完成行政管理事务所需的经费。但是，在预算执行过程中，联邦院则可通过其在公共账目委员会里的代表发声表达其关切。无论是常态还是紧急状态下，要高效且平稳地达到行政治理之目标，人民院同联邦院之间的协同配合都是基本条件。

二　议会（人民院）议员席位"保留制"

以世俗主义立国的现代印度社会有着极为浓厚的宗教色彩，尤以印度教的影响为甚。根植于印度教传统的种姓，作为一种制度在现代印度社会已经失去了其法理意义上的合法性；但在社会学意义上种姓制度依然根深蒂固，影响广泛且深远，印度社会各个领域无不留有种姓制度的痕迹。四大种姓之外的贱民（即不可接触者或表列种姓）、包括低种姓在内的其他落后群体、偏远的落后部落成为印度社会的最底层，被称为表列种姓（scheduled castes）、表列部落（scheduled tribes）和其他落后阶层（other backward classes），属于最贫困、受教育程度最低、最遭受歧视的群体。[①]依据2011年印度人口普查（即自1872年以来的第15次人口普查）结果，印度教徒约占人口总数的80%[②]，处于种姓制度最底层的贱民人口和居住在经济发展落后、生存环境恶劣的边远地区的表列部落人口分别占印度总

---

① 根据印度国家抽样调查组织（The National Sample Survey Organisation）1999—2000年度调查报告，无论是农村还是城市，表列种姓和表列部落的成员均占贫困人口的大多数。农村地区表列种姓和表列部落成员中的贫困人口比例高出全国平均水平，分别是9.16%和18.77%，城市地区的这个差额比例分别是14.58%和11.13%。尤其是表列种姓的成员，他们只占农村人口的20%，而其贫困人口却几乎多于所占人口比例的1倍。数据来源：http://www.censusindia.gov.in/2011-common/censusdata2011.Html。转引自仵琼《印度保留制度的实证分析——以实施原因和实施效果为对象》，《黑龙江省政法管理干部学院学报》2015年第5期。

② 2011年印度第15次人口普查数据显示：在信奉其他宗教的印度人口中，穆斯林人口约为13%，基督徒占比为2.3%，锡克教徒占比为1.9%，佛教徒约占0.8%，耆那教徒约占0.4%。另有0.9%的印度人选择了"无宗教信仰"。参见 https://www.zswxy.cn/articles/19246.html。

人口的 16.8% 和 8.6%，①两者合计超过印度总人口的 1/4。

出于社会公平和社会稳定考虑，印度《宪法》设计者也给予该群体必要的法律和政策上的特殊保护，为表列种姓和表列部落在各级各类教育、各政府机构中就业、行使政治权利的机构和过程等方面保留一定比例名额或位置，这就是所谓的"保留制度"（Reservation）。

从保障表列种姓和表列部落的政治权利层面看保留制，印度联邦议会除设立"表列种姓和表列部落福利委员会"（Committee of the Welfare of Scheduled Castes and Scheduled Tribes）和"贫困阶层福利委员会"（Committee on the Welfare of Other Backward Classes）外，还通过"保留制度"加以扶持，在人民院议员席位分配时专门为表列种姓和表列部落留有一定的配额。

印度宪法规定，议会代表名额为表列种姓和表列部落群体成员保留的数量比例应当同该群体之人口数量在全国总人口中占比大致相同。因此，依据 2013 年《调整表列种姓和表列部落之议会及选区代表法案》（*The Readjustment of Representation of Scheduled Castes and Scheduled Tribes in Parliamentary and Assembly Constituencies Bill*）之规定，在印度联邦议会人民院 543 个议席中，为表列种姓和表列部落保留了 131 个席位，表列种姓和表列部落群体的配额分别为 84 席和 47 席。这些"保留席位"在主客观上均为保障表列群体的政治权利提供了条件。

此外，在表列种姓和表列部落人数较多的邦，邦议会或立法机构也为它们保留一定比例的席位。虽然"保留制"并不能从根本上改变表列种姓和表列部落的地位，但它在一定程度上缓和了社会矛盾。从印度政治经济社会综合发展状况来看，"保留制度"将是一种长期持续的特殊制度安排，尽管这并非制度设计者的初衷，相关的保留政策也引发一些诟病和新的社会问题②。

三　议会议员选择路径

印度宪法规定了民主选举产生议会的精神和基本原则，即基于普遍、

---

① 数据来源：hppt：//www.censusindia.gov.in/2011census/hlo/pca/PCA_Data_India.html.

② 保留制度最初计划的执行期限为 10 年，鉴于印度经济社会的发展和表列种姓和表列部落群体的坚持，该制度不得不延续至今，由此引发的新的社会不公现象业已显现。

平等、直接参与的精神原则。鉴于宪法规定的选举往往只是原则性的，故而议会据此又制定了相应的议员或代表选举法，而选举法则在赋予选举系统可操作性的同时也使选举过程面临异化为"最具控制性的政治工具"之风险。[1] 民主选举产生联邦议会和各邦立法机构，并决定议会的内部构成。尽管议会制度设计者事先考虑到了议会议员代表的普遍性和社会公平问题，但议会实践依然不容乐观。统计数据显示：在前五届议会里，高种姓、受过良好教育、操流利英语的议会议员占绝大多数，1971年前的五届议会（人民院）仅从种姓看来自婆罗门和其他高种姓的议员人数一直保持在50%左右（第5届议会为47.6%），人民代表来源体现出的社会不公现象由此可见一斑。[2] 议会代表选择路径多元化就显得尤为必要。

选举制度设计的包容性。在以英国的议会民主为蓝本的基础上，考虑到印度社会的多元性，印度议会的选举制度表现出刚性和灵活性的统一，在人民院形成了建立于选区基础上的直接普选制、"保留制"、提名任命制（2名英裔印度人议员）混合制度，在联邦院则是"比例代表制+提名任命制"（12名各科学、艺术、社会活动领域的代表）的分配和遴选制度模式。这样设计的目的是使所有的社会阶层都有一定的代表进入议会，一方面彰显了印度议会民主的代表性和公平性；另一方面又在阶层固化的同时避免社会动荡。

根据宪法规定的"保留制度"和印度人口比例关系的变化，为表列种姓（即贱民）和表列部落民的保留席位也有调整，目前为这两个群体的保留席位是131席，其中表列种姓群体为84席，表列部落民群体为47席。[3]

四 联邦和地方邦法机构之间的立法权属关系

《宪法》第245条规定，联邦议会可就印度领土范围内全域或任何一部分进行立法，而地方各邦立法机构则可就其管辖范围内全域或任何一部

---

[1] Giovanni Sartori, *Comparative Constitutional Engineering-An Inquiry into Structures, Incentives and Outcomes*, London: MacMillan, 1994, p. ix.

[2] B. L. Shankar and Valerian Rodrigues, *The Indian Parliament: A Democracy at Work*, New Delhi: Oxford University Press, 2011, pp. 85 – 86.

[3] 1973年宪法第13次修正案，为表列种姓（即贱民）及表列部落民的保留席位共116席；2013年"调整表列种姓和表列部落之议会和选区代表法"出台之前，表列种姓和表列部落群体在人民院的保留席位共119席，前者为79席，后者为40席。

分立法。《宪法》第246条规定，印度联邦议会和地方各邦立法机构在各自管辖的范围内均享有排他性的立法权，而在共享管辖权属清单下印度联邦议会和地方立法机构享有同等权力。而《宪法》第245条第2款则又明确地排除了印度议会在立法领域的任何限制，印度议会可以制定并通过超越其管辖范围的任何法律。印度《宪法》第245条和第246条就联邦议会和地方各邦立法机构的立法权限所作的看似清晰而又明显矛盾的规定，或许更能真实地折射出印度"宪法之父们"在坚定捍卫联邦主义的建国价值取向和适当关照印度社会多元属性之间维持某种平衡的良苦用心，一旦两者产生冲突，联邦议会在任何情形下都享有绝对的优先权。

在立法权方面，印度议会有权就《宪法》联邦管辖权属清单（Union List）和央地共享管辖权属清单（Concurrent List）内所列举的所有事务进行立法。在共享清单下，议会和邦立法机构有共同的管辖权（Joint Jurisdiction）。当共享清单下涉及共同管辖权的任何一项法律同联邦管辖清单下的法律相冲突时，联邦法优先于邦立法机构通过的地方法律（即以联邦法为准），因为后者没有经过总统批准。在下列情况下，联邦议会还有权制定各邦管辖权属清单内的相关法律。

第一，在紧急状态下，印度联邦议会可以就邦管辖清单下的任何事务立法。依据《宪法》第356条之规定，在实施"总统治理"（President's Rule，即中央政府直接管理，通常是总统委托邦长代行治理权）的任何邦或中央直辖区，在国家利益名义下，联邦议会有权在该邦或直辖区就邦管辖清单内的任何事务进行立法。第二，在常态下，依据《宪法》第249条之规定，当联邦院2/3多数通过决议，认为为了维护国家利益议会应该就邦管辖清单内的事务通过立法，那么议会有权就该问题制定适用于印度全境或任何一个特定地区的相关法律。第三，为履行国际条约或协定的义务，如有必要，议会有权可就邦或中央直辖区管辖清单内的任何一项事务进行立法。第四，如果两个或两个以上的邦或中央直辖区（下同）立法机构通过一项决议，认为有必要就邦管辖清单下的任何事务制定联邦法律，那么议会即可制定适用于这些邦的相关法律。

同时印度《宪法》有规定：除了上述情况外，印度议会无权制定任何隶属于邦管辖清单内的法律条文。若出现任何联邦议会越权侵犯原本隶属于邦管辖范围内的情况，印度最高法院可通过其享有的司法审查权（Power of Judicial Review）加以制止。印度议会必须依据《宪法》履行立法职责。

此外，总统作为印度联邦议会的重要组成部分，在特殊情况下还享有立法权。印度《宪法》第 123 条规定，总统在议会闭会期间有颁布法令的权力，即议会两院闭会期间，总统如认为有立即采取行动之必要即可根据形势需要颁布必要的法令，并具有与议会法令同等效力。但是，总统颁布的法令应提交议会两院，并应于议会复会 6 星期届满时失效。如果议会两院在上述期限届满以前即通过否决总统法令的决议，则总统法令自该议案通过二读之日起即告失效；当然，也可由总统随时撤销。

五　社会变革系统中的人民院

印度议会系统中的核心组织机构是人民院，人民院构成了独立后印度民主政治的载体，其构成成分的变化和演进特征是印度民主政治的晴雨表和风向标。那么，如何理解印度议会制民主近 70 年的发展演变呢？

考察印度民主政治的运作机制和效力（率），议会人民院是很好的参考点。

独立后印度议会（人民院，下同）演进：从（基于反殖民的）国家认同到（基于不同社会背景的）多元身份认同。

20 世纪 80 年代见证了印度议会制度的颠覆性变迁。尽管经历了英迪拉·甘地（Indira Gandhi）遇刺身亡危机，但国大党因甘地夫人遇刺事件获得广泛的社会同情，并以绝对优势赢得 1984 年大选（赢得 415 个席位），在 80 年代的大部分时间里印度议会民主治理机制总体运行平稳。鉴于国大党在印度政治和社会演进中的地位和影响，其在议会角色地位的变化在很大程度上能够反映出印度议会制度的发展状况。自印度独立以来，国大党在议会体系内一党独大的支配性地位并长期组阁执政的局面自 20 世纪 60 年代中期起日渐受到挑战，其社会基础受到侵蚀，组织分裂并日渐衰落[1]，其间还一度出现由各主要反对派临时组建的人民党短期上台

---

[1] 1967 年印度总理、国大党领袖英迪拉·甘地针对第 4 次大选后国大党声望下降的局面，着手推行旨在争取民心的激进的社会经济改革。但是，这些政策遭到了党内保守派的反对，双方矛盾不断激化导致国大党分裂，出现以英迪拉·甘地为首的国大党（执政派）和以莫拉尔吉·兰乔吉·德赛（Morarji Ranchhodji Desai）等党内元老为首的国大党（组织派）。

执政（1977年3月—1979年7月）的情况①。1989年国大党（英）在人民院大选中的惨败标志着印度议会一党独大局面的终结②，从而开启了在诸多方面不同于早期议会运作的新阶段。

如果说从印度独立之初的国家认同在前五届议会中得以延续并强化的话，那么20世纪70年代则是一个相对的灰色区（a twilight zone）。从80年代起，很多联邦议会议员的言行就越来越突出其宗教信仰、族群或文化归属甚至性别身份。③ 90年代议会（人民院）构成平民化（plebianization）趋势更加明显④，"从一党独大到碎片化的多党制转换意味着基于地区、种姓、阶级、群体的身份认同成为影响印度议会的重要因素"。这种平民化和碎片化转变既影响议会人民院的构成，又改变了人民院的辩论过程和结果。基于自由主义的影响、保留制的持续存在、印度教民族主义（Hindutva）思潮和势力的扩散等重塑了印度的社会地图（the social map of India），削弱了既有政治制度效力。⑤ 议会人民院秘书处的一项研究显示，议会的构成已经发生很大变化，如第一届议会中律师出身的议员占到35.1%，1991年第十届议会这一比例降至16.34%；同样地，工商从业者、新闻记者、作家出身的议员比例也在同期由58%降至21.66%；而农民身份的议会议员占比则呈逐步增加之势，从第一届议会的22.5%增至第九届的最高纪录44.14%。尽管这一发展被指责为改变了议会的行为模式，也降低了议会辩论的水准和效率，但这仍是基于印度多元社会特性的

---

① 1977年印度人民院举行第6次大选，以莫拉尔吉·德赛为首的国大党（组织派）、以瓦杰帕伊为首的印度人民同盟（今印度人民党的前身）、以查兰·辛格为首的印度民众党、社会主义党以及其他一些从国大党分裂出来的党派（如以贾格吉凡·拉姆为首的民主国大党）等联合组成反对派联盟，挑战以英迪拉·甘地为首的国大党（执政派）。人民党在大选中获得43%的选票和270个席位，并获得组阁权。而执政的国大党则遭遇惨败，只获得了35%的选票和153席。人民党推举原国大党元老拉尔吉·德赛出任总理，成为独立后印度的第4任总理。

② 在印度第9届人民院大选中，原执政的国大党（英）遭遇了1977年以来的一次惨败，在525个议席中仅获得193席，尚不及上届大选所获席位（415席）的1/2。因未获过半数以上的席位，国大党（英）失去了单独组阁的资格，但又不愿与反对党联合执政，无奈只得下野。

③ B. L. Shankar and Valerian Rodrigues, *The Indian Parliament: A Democracy at Work*, New Delhi: Oxford Univerity Press, 2011, pp. 211–218.

④ B. L. Shankar and Valerian Rodrigues, *The Indian Parliament: A Democracy at Work*, New Delhi: Oxford Univerity Press, 2011, p. 101.

⑤ Sudha Pai and Avinansh Kumar eds., *Indian Parliament: A Critical Appraisal*, pp. 11–13.

民主政治演变的正常轨迹。20世纪90年代和21世纪第一个10年见证了多元性成为印度议会主旋律（driver's seat）的全过程。①

20世纪90年代以来，联邦议会内出现的以印度人民党为首的全国民主联盟和以国大党为首的团结进步联盟（United Progressive Alliance, UPA）两大对立阵营，由于人民院议员背景、代表的群体、政治诉求等差异的影响，这种二元制结构并不稳定，进而导致内阁政府的随意性和不稳定性增大。责任内阁制原则和根基不可避免地受到冲击和削弱，相应地出现了从内阁制（a cabinet system）向总理行政制（a prime ministerial executive）转变的动向。中央行政机构拥有更大的公共资源支配权，尤其是随着总理首席经济顾问职位的设立，总理办公室（Prime Minister's Office）成了权力中心，这就必然导致议会立法权的稀释、弱化。此外，另外两个因素也进一步限制了议会在政策辩论和立法上的空间，即国家顾问委员会（National Advisory Council）和内阁部长小组（the Group of ministers）这两个机构在政策制定上均发挥着重要作用，也进一步侵蚀了议会的权力。

六 联邦议会与行政、司法的互动关系

议会民主模式下的联邦行政（the Executive）机构包括总统、部长会议（the Council of Ministers）和总理（the Prime Minister），总统是联邦行政的名义首脑，部长会议掌握真正的行政实权，而在实践中行政权力又集中在总理领导的、由负责各联邦行政机构部长组成的内阁（the Cabinet），总理和总理办公室是联邦行政真正的核心。②

在议会和行政的关系上，鉴于印度总统既是行政首脑又是议会系统构成要素的双重身份，总理和内阁成员通常也是议会议员，加之议会制下的组阁原则和运行机制，印度议会制度的发展同早期议会民主制度设计者的初衷、学习对象英国的议会制和美国的联邦分权制运行模式似乎渐行渐远，国家权力逐渐向行政系统倾斜，议会面临着被边缘化、民主政治政党化的风险。

---

① B. L. Shankar and Valerian Rodrigues, *The Indian Parliament: A Democracy at Work*, pp. 210 – 245.

② 参见 P. B. Rathod, *Indian Constitution, Government and Political System*, Jaipur India: ABD Publishers, 2004, pp. 123 – 145.

总之，随着社会保障系统和发展议题日渐渗透印度社会公共领域的各个角落，加之行政系统和官僚体制之间固有的权力冲突，较之于议会系统，行政系统已经处于优势地位，议会的功能和影响力也因此被削弱。有研究者指出："印度总理不同于其他国家的对等职位，殖民遗产及其后续的发展使国家权力无论在事实上还是法律意义上都大量地集中在总理手中。"① 印度联邦议会和行政之间权力天平逐渐向行政机构倾斜已是不争的事实，这里不再赘述。

联邦议会权力空间被部分侵蚀在某种程度上也是引发20世纪70年代关于议会和司法谁更具权威、印度是继续坚持议会制还是改行总统制争论的主要原因，② 20世纪和21世纪之交司法激进主义则把议会和司法之间原本的权威之争推向一个新的阶段。③

议会与司法（最高法院）的最高权威之争——模糊演绎中的明朗清晰？

印度"宪法之父们"虽模仿英美分权模式设计政治制度，但不同于英美三权分立的运作机制，在议会和司法系统关系上体现出鲜明的印度特色。那么，印度联邦议会和司法（最高法院）究竟谁更具权威呢？

二者的竞争主要是围绕谁应担起宪法和法治的守护者（custody of the Constitution and the rule of law）角色展开，焦点就是关于议会修宪权问题。尽管印度《宪法》第122条界定的议会立法和司法间关系并不清晰④，即使在制宪会议期间也存在"议会最高权威"和"司法最高权威"两种不同取向⑤，

---

① B. L. Shankar, Valerian Rodrigues, *The Indian Parliament: A Democracy at Work*, pp. 4-5.
② B. L. Shankar, Valerian Rodrigues, *The Indian Parliament: A Democracy at Work*, p. 4.
③ 参见 Rajeev Dhavan and Fali S. Nariman, "The Supreme Court and Group Life: Religious Freedom, Minority Groups and Disadvantaged Communities", in B. N. Kirpal, Ashok H. Desai, Gopal Subramaniam, Rajeev Dhavan, Raju Ramchandran (eds.), *Supreme But Not Infallible: Essay in Honour of Supreme Court of India*, New Delhi: Oxford University Press, 2000, pp. 256-287.
④ 印度《宪法》第122条（关于"法院不得对议会程序提出质疑"）规定，第1款对议会任何议事的效力，不得以程序不正规为由提出质疑；第2款根据本宪法授权在议会负责掌握议会程序、事务处理或维持秩序的议会议员或职员在行使此项权力时不受任何法院的管辖。
⑤ 尼赫鲁坚持"议会优先权"，认为议会是社会革命的先锋，应该载入国家政策和基本权利的指导原则之中；另有人则主张分权，即议会享有修宪权，而最高法院则有权裁决修宪是否符合基本结构准则。对此，印度"宪法之父"安贝德卡尔也不得不模糊处理。参见 B. L. Shankar, Valerian Rodrigues, *The Indian Parliament: A Democracy at Work*, pp. 246-248.

但依照"西敏寺模式"（Westminster Model），在印度独立后的前20年的实践中，议会优先权被普遍认同和接受。当然，这跟印度首任总理并长期主政的尼赫鲁的支持密不可分，尼赫鲁虽主张司法独立，但"反对最高法院拥有裁决高级政治、社会、经济或其他问题，只有议会有权决定我们的法律"。[1] 20世纪70年代的"克沙瓦南德·巴拉提案"（Keshavanand Bharati case）、英迪拉·甘地政府对制度和政见差异日益增加的宽容、其他权力中心的出现等因素使固有的议会和司法谁最具权威的争论再次浮出水面并成为舆论焦点。

由阿拉哈巴德高院（the Allahabad High Court）指控英迪拉·甘地采用不公正手段参与选举案被搁置而引发第五届议会讨论"《选举法》修正案"（Election Law Amendment Bill），该修正案提议"选举是否有效由总统依据选举委员的建议裁决"，其目的显然是旨在免除阿拉哈巴德高院对总理甘地夫人的指控。议会（人民院）执政党国大党在盟友印度共产党的支持下通过选举法修正案重申议会的最高权威。1976年10月的第四十二修正案成为再次确认议会较之于最高法院享有最高权威的标志性文献。议案由时任司法部长戈科黑尔（H. R. Gokhale）提出，指出"修正案旨在引发一场全国性社会经济变革"，司法系统已经成为变革的主要障碍，并抨击最高法院在"克沙瓦南德·巴拉提案"中体现旨在限制议会修宪权力"基本特征基准"（doctrine of basic features）[2]。

1977年议会大选之后人民党（Janata Party）上台执政，联邦议会和最高法院之间最高权威的摆钟开始向后者回摆。自此至21世纪第一个10年成为印度司法激进主义阶段，司法独立时不时地成为印度主流媒体的热

---

[1] Lok Sabha Debates (LDS), 1955, Vol. 3, No. 16, Columns 1948, 1953, 1956. See also, B. L. Shankar, Valerian Rodrigues, *The Indian Parliament: A Democracy at Work*, p. 248.

[2] 基本特征基准是印度最高法院用于判断议会和议会与邦立法机关根据宪法第368条所通过的宪法修正案的合宪性、限制修宪权行使的重要标准。但印度最高法院所使用的语词相当混乱，除"基本特征"外，最高法院还使用过"宪法的基本因素""架构""宪法的特性与性质"等多种表达，相应地，最高法院对于这一基准的内涵界定也有欠精确。但是，自 Kesavanand Bharati 案判决以来，印度最高法院一直试图为"基本特征"定标。在 Kesavananda Bharati 案判决中已经初步提出了"特征"基准（Identity test or Doctrine of constitutional identity）和"宽度"基准（Width test）两个判断标准。这两个标准被逐步发展为宪法基本特征认定的孪生基准。此后，在 Indira Gandhi 案中，Chandrachud 大法官又发展出了"运行"基准（Working test），从而形成了相对立体的判断标准。参见柳建龙等《宪法修正案的合宪性审查：以印度为中心》，《法学家》2009年第1期。

98　/　印度政治制度

门话题。① 时任印度代总统的贾蒂（B. D. Jatti）宣布"一项修宪综合措施以人民与议会、议会与司法、司法与行政、各邦与中央、公民与政府之间的平衡关系"②。在随后的"马尼卡·甘地案"（Maneka Gandhi case）和"米纳瓦·密尔案"（Minerva Mills case）审理中，法院都沿循了"克沙瓦南德·巴拉提案"的"基本特征基准"，重申了议会修宪权的权限。20世纪90年代印度最高法院（the Supreme Court）一直试图为限制各机构的权限找到一个持续的、政治哲学意义上基础依据。③ 所以，有多位研究者认为，印度最高法院在其黄金期曾经是世上强势的司法机构。④

当然，联邦议会和最高法院也并不总是在为最高权威而争夺，在通常情况下二者之间维持着良好的工作关系。尽管议会和最高法院之间的关系依然并将持续模糊难辨，也不论司法机构如何努力通过司法审查去争取较之议会更大的话语权，但在议会民主制模式下联邦议会（人民院）在立法和释法领域的实质上的权威仍是印度民主政治运作的基本事实。

本章小结

议会制政治模式是英国殖民统治的遗产，早在殖民时期就部分地被引入英属印度，建立起有限的议会制治理。印度独立运动的主要领导人不同程度地亲历了"西敏寺制"模式治理实践并对代议制政府的代表性有一定感悟，这是制宪会议最终选择议会制的重要原因之一。

议会是印度议会制民主政体的中枢，也就自然成为评估印度民主政治发展效用的核心参考点。1967年第4届议会（人民院）选举后政治生态的新发展，议会（人民院）构成的多元化和议员行为的某些变化，20世纪90年代悬浮议会的常态化等政治现象引发了印度议会民主制度是否衰落（institutional decay/decline），或是否应为另一种制度模

---

① D. J. Jagannadba Raju, "Independence of the Judiciary", in D. Sundar Ram, ed., *Parliamentary Institutions in India*, p. 73.

② Granville Austin, "The Supreme Court and the Struggle for Custody of the Constitution", in B. N. Kirpal, et al., eds., *Supreme but Not Infallible*, New Delhi: Oxford University Press, 2004, p. 9.

③ B. L. Shankar, Valerian Rodrigues, *The Indian Parliament: A Democracy at Work*, p. 257.

④ 见 B. N. Kirpal, et al., eds., *Supreme but Not Infallible*, 2004.

式取代的讨论①。"衰落论"的共性是把印度前三届议会作为参照物，认为在独立后初期议会作为各项事务的中枢和最高的立法决策机构发挥了关键性作用，议会和议会制度也因一批曾经受独立自由斗争洗礼的、机智勤勉且守规尽责的议员卓有成效的工作而广受赞誉。然而，其后的发展——尤其是1967年大选以来出现的诸如总统的角色、联合政府、内阁解散、总理同总统及内阁部长的关系等新变化使议会制度功效的发挥遭受困难甚至质疑。② 随着议会（人民院）构成多元化和碎片化，议会实际工作时间的绝对减少③，工作效率和质量因某些议员非专业化的质询提问或只专注于选区诉求等而明显降低④，这些议会系统内功能性的退变无疑部分地对冲了议会制的吸引力；另外，一些外部因素如被称为"国家政治舞台非法化"（criminalization of the national political arena）现象——议会某些议员的腐败或受贿丑闻也使议会甚至议会制度广受诟病⑤，时任议会执政党

---

① 关于印度议会民主制发展和实践效用之争论的代表性文献包括：D. Sundar Ram, ed., *Parliamentary Institutions in India*, New Delhi: National Publishing House, 1998; Arthur G. Rubinoff, "The decline of India's parliament", *The Journal of Legislative Studies*, Vol. 4 (4): 13 – 33, 1998; B. L. Shankar, Valerian Rodrigues, *The Indian Parliament: A Democracy at Work*, New Delhi: Oxford University Press, 2011; Sudha Pai and Avinash Kumar, eds., *The Indian Parliament: a Critical Appraisal*, New Delhi: Orient Blackswan Private Ltd., 2014; Mahendra Prasad Singh, "The Decline of the Indian Parliament", *India Review* vol. 14 (3): 352 – 376, 2015.

② D. Sundar Ram, "Whither the Parliamentary Institutions in India", in D. Sundar Ram, ed., *Parliamentary Institutions in India*, p. 2.

③ 统计数据显示，人民院议员出席会议的时间成线性下降趋势（sharp decline），第14届人民院议员平均签到出席会议率仅70%，至于实际与会时间则无法统计；这一数字在第15届人民院时略有提高，为77%。至2014年第16届议会，议会的实际开会时间（actual hours of Sitting）和有效时间（productive hours）都呈下降趋势。参见 M. R. Madhavan and Harsimran Kalra, "Measuring the Effectiveness of the Indian Parliament", in Sudha Pai and Avinansh Kumar, eds., *The Indian Parliament: A Critical Appraisal*, pp. 34 – 36.

④ 参见 Carole Spary, "Disrupting Rituals of Debates in the Indian Parliament", *The Journal of Legislative Studies*, Vol. 16 (3): 338 – 351, 2010; M. R. Madhavan and Harsimran Kalra, "Measuring the Effectiveness of Indian Parliament", in Sudha Pai and Avinash Kumar, eds., *The Indian Parliament: a Critical Appraisal*, pp. 33 – 45.

⑤ 2005年11—12月，先后有两起议员丑闻曝光：一是印度国大党核心成员之一、时任外长的纳特瓦尔·辛格因涉嫌卷入联合国"石油换食品案"（Oil-for-Food case）被迫辞职，随后以人民党为首的反对派还将矛头指向当时国大党主席索尼娅·甘地；二是11名议员所谓"中计受贿事件"或称"现金换问题丑闻"（Cash-for-Question Scandal），涉案的11名议员（其中包括1名联邦院议员，另外10名人民院议员中6名为人民党议员）因受贿（最少金额为110美元）被集体开除。"石油换食品案"，http://www.ce.cn/xwzx/gjss/gdxw/200511/09/t20051109_5163820.shtml；"现金换问题丑闻"（Cash-for-Question Scandal），https://indianexpress.com/article/india/india-others-do-not-use/bjp-final-list-out-cashforquestion-scam-accused-exmp-gets-ticket/.

团领袖、后来的总统普拉纳布·慕克吉（Pranab Mukherjee）谴责道："这些议员的受贿行为使印度议会乃至整个印度民主制度蒙羞，不开除不足以挽回印度民主的声誉。"桑达尔·拉姆（Sundar Ram）将此归纳为政治和公共领域中道德标准和公共责任的持续衰退，并渗透到民选代表、行政、立法和司法各机构，其对代议制政府系统的负面影响将会是长期的，我们也正在见证"西敏寺式"议会民主在印度的快速衰落（rapid erosion）并代之以专制主义模式。①

诚然，印度议会民主政治实践的确遭遇到上述内生的功能性特质或缺陷和源于外部压力的消极因素，但因此就得出印度议会甚至议会民主制度衰落的判断未免仓促武断。其主要原因在于以下几点。

一是持议会衰落论者关于"衰落"的内涵并没有形成共识，多是在非严谨意义上使用"衰落"措辞的，有的仅凭某种现象而推断。所以，所谓的"衰落"则各有各的"衰落"，以此评估印度议会制的功效有失客观。

二是议会不只是立法和行政监督机构，而且是以选区或群体为基本单元的民意载体，是民意的拼图。周期性的议会选举和议员的议会行为可以释放社会压力，缓和社会矛盾，避免印度多元社会动荡，印度议会的实践总体上实现了制度设计的目标。

三是印度议会（人民院）的多元化和碎片化不能简单地被理解为是对"西敏寺"议会模式的异化否定，把它说成基于印度多元社会背景的一种制度设计（如"保留制"等）与实践上的创新也不无道理，甚至更加客观。至于如何保持议员道德水准、增强社会责任、避免行为准则和程序遭受破坏，以及提高议会的功效和效率，则可通过制度建设逐步加以解决，而且在实践上1985年通过《反脱党法》和2005年12月开除11名受贿议员的案例就起到了很好的震慑作用。

四是即使从政党政治层面审视，议会政党的多元化看似是对独立后初期印度议会运行模式（国大党一党长期执政）的背离，而在某种意义上这恰是"西敏寺"议会制内生属性的回归。虽然悬浮议会可能导致联合

---

① D. Sundar Ram, "Whither the Parliamentary Institutions in India", in D. Sundar Ram, ed., *Parliamentary Institutions in India: Development or Decay*, p. 3.

政府松散和政局不稳，从而增加社会成本，但从20世纪90年代以来印度议会制的实践来看，一种"非标"的两党政治模式已现雏形，即以印人党（BJP）为首的全国民主联盟（NDA）和以国大党（INC）为首的团结进步联盟（UPA）轮流执政的局面。

总而言之，议会既是印度民主政治系统的中枢，又是维系印度民主政治模式和政治秩序的载体，处于印度市民社会最显著地位的议会系统的良性运转是印度社会可持续发展的前提保障。近70年的议会制民主政治的实践和印度社会总体上的长期稳定也印证了议会制在印度的合理性和适用性，很难用简单的"衰落"来评判印度的议会制度。

尽管议会的固有权力被侵蚀，甚至面临不可逆的、被进一步侵蚀的风险，但其基本角色和社会功能仍然是无可替代的。议会最基本的权力、维护社会秩序的功能、限制约束行政系统扩张的职责等始终在正常运行。议会制民主总体上适应印度社会的需要，社会多元化本身也是议会政治模式最坚实的社会基础。总统制在可预期的将来不是印度民主政治的选项。

人民院是印度议会系统的核心，是国家层面上同印度基层社会建立直接联系的纽带。尽管其法律意义上的权力格局长期不变，但在议会体系内的实践中议会权力严重地向人民院端倾斜是不争的事实。

从议会民主制确立至今，印度议会的社会构成已经历巨大的变革——包容性和多样性进一步凸显，多样性和包容性的限度是包括极端主义和地区主义在内的任何极端势力不至于危及社会秩序的稳定和国家认同。

第 三 章

联邦行政机构

根据宪法赋权，印度行政机构职责主要由联邦政府行使，总理作为政府首脑掌握着实际行政权力。以总理为首的部长会议，名义上协助总统履行职责，总统实则要根据其建议行事。内阁是行政等级制中的最高机构，进行重大决策的制定及不同部门间的协调，监督政策执行。总理、部长会议、内阁构成印度行政权力的核心圈层，在其领导之下，各功能性部门在其职能范围内履行职责、统筹运转，其中尤以内政、财政、国防最具代表性。在行政机构权力行使过程中，与立法机关及司法机关形成分工协调及相互制衡的关系。随着行政权力的逐步扩张，行政权与立法权及司法权的博弈渐趋激烈。

第一节 国家行政机构的基本构成

一 总理

印度总理（Prime Minister）权力由宪法授予，并规定其权力的界限，在印度政治制度施行过程中，总理权力有日益扩大的趋势。

印度《宪法》第75条规定：总理由总统任命。总理是联邦政府的首脑，总理承担印度政府的日常功能。总理在部长会议的协助下履行职能。

（一）总理职责

《宪法》第78条规定：总理有特别职责告知总统所有和政府及立法机构有关的决策，当总统需要时，需提供给总统相关信息。总理对总统应承担的职责如下：（1）向总统通报部长会议所有关于联邦事务管理和立法的建议；（2）提供总统所要求的与联邦事务管理和立法建议有关的资料；（3）如总统有要求，应提交部长会议有关任何事项的考虑。这些事项已由部长作出决定但尚未由部长会议审议。

（二）总理任职资格及权限

总理可以是两院任何一院的议员，通常但不必然是其所属议院的领袖。按照英帝国的传统，总理通常是下院成员，本来这一约定会在印度保留，但英迪拉·甘地（Indira Gandhi）作为联邦院成员为总理任职开了一个先例。拉奥（Narasimha Rao）在1991年6月被任命为总理时，不是议会两院的成员。后来，他通过南迪亚尔（Nandyal）选区人民院的补选成为议会成员。[1]总理传统上还是空间与原子能部、人事、督察和养老金部的部长。总理还兼任计划委员会主席，相关文件需要呈送总理办公室供其评判和澄清，包括事务如下：（1）防务有关的重要事务；（2）公民及国防奖章核准，需经总统的批准；（3）所有重要政治事项；（4）建议任命印度驻国外使团的首脑，以及外国驻印度使团批准协议的请求；（5）和内阁秘书处有关的所有重要决定；（6）任命各邦法院及中央法院、选举委员会、宪法委员会、隶属于各部的委员会；（7）和公务员事务及机构改革有关的所有政策事务；（8）总理宣布的国家特别一揽子计划，需要总理办公室监控，定期呈送给总理的报告；（9）总统已经批准的所有司法任命。[2]

议会体制的政府，是最有权力的功能机构，总理作为政府首脑，具有独一无二的地位，控制着议会和行政。他既是部长会议的首脑、政府首脑，通常也是其所在党派或政党联盟的领导。部长都需在总理推荐下得以任命，总理有权监管所有部长的工作，需要时也可解除部长职务。总理也是部长会议和总统之间沟通的渠道。

（三）总理办公室

总理主持内阁会议通常在总理办公室的内阁室。总理办公室（PMO）给总理提供文秘工作的支持，它以首席秘书为首，通常分配一个国务部长

---

[1] R. N. Pal, *The Office of the Prime Minister in India* (New Delhi: Ghanshyam, 1983); James Manor, ed., *Nehru to the Nineties: The Changing Office of Prime Minister in India* (Vancouver: UBC Press, 1994).

[2] Subhash C. Kashyap, *Our Political System*, National Book, India 2013, pp. 94-95.

协助总理。总理办公室还包括反腐败机构以及处理公众投诉的公共部门。

随着总理行政事务的扩张,总理权力的扩大必然带来总理办公室权力的集中。从其发展演变来看,以尼赫鲁(Jawaharlal Nehru)、夏斯特里(Bahadur Shastri)、英迪拉·甘地、莫迪(Narendra Modi)时期较具有代表性。尼赫鲁1946年9月设立了总理秘书处,是一个中等机构,1977年该机构正式更名为总理办公室。根据1954年总理秘书处备忘录,其最初的职能是在办公室事务上,负责协助总理与印度各部部长、总统、各邦邦长及首席部长、外国政府代表进行联络。另外,负责处理一般公众的各种要求及申诉。尼赫鲁最初有一个首席私人秘书,后来发展到两个秘书和一个特别助理。1954年,总理秘书处由一名首席秘书、两名助理私人秘书和31名文书构成。尼赫鲁更愿意通过内阁秘书处及部长处理事务,因为他对强有力的总理办公室不太信任。

总理办公室功能的强化始于第二任总理夏斯特里。夏斯特里最初并不以强有力的领导著称,面临尼赫鲁之后的艰巨任务,尤其是严重的经济困境需要强化决策权,夏斯特里迫切需要一个强有力的机构支持。L. K. 杰哈(Jha)开始掌管总理办公室,总理赋予他很高的地位并强化该机构。因其经济知识及资深经历,杰哈在夏斯特里时代起到关键作用,总理办公室也因此逐渐成为最高层次的政策制定机构。杰哈敏感地意识到机构强化可能对印度政府传统权力的影响,因此他小心不去打破已经建立起来的默契。其采取的做法是,上级机构——内阁秘书处的文件,按照常规直接送给总理然后返回,杰哈并不检查。①

英迪拉·甘地任职之初,保留了总理秘书处的班底。1969年,她发起了反对辛迪加派的斗争从而导致议会分裂,总理秘书处也进行了重组。英迪拉·甘地集大权于一身,她把所有的政府机构变为没有决策权的机构,她的秘书处因而成为真正的权力所在。同时,哈克斯(P. N. Haksar)取代杰哈负责秘书处。哈克斯真正赋予了总理办公室独一无二的作用和地位,引起了政府的警觉和担心。他发起了消灭贫困运动,使社会主义成为流行的口号,俨然实行着政府职能。

1974年,哈克斯的职务被达哈(P. N. Dhar)取代,总理秘书处策划

---

① S. R. Maheshwari, *Indian Administration*. Orient BlackSwan, NewDelhi. 2013, pp. 51–52.

对内及对外政策,讨论政治甚至政党战略并最终形成方案。至此,总理秘书处作为政府的超级秘书处出现。到1977年德赛（Morarji Ranchhodji Desai）人民党政府时期,德赛决心控制该机构的权力和功能。机构及人员受到控制,名称改为总理办公室。

随着英迪拉·甘地1980年重回政坛,总理办公室强化的趋向再次出现,并任命一批资深政治家作为总理办公室成员。而拉吉夫·甘地（Rajiv Gandhi）时期,进一步强化总理办公室的职能。其成员构成包括三个全职秘书、两个辅助秘书、五个联合秘书和一组特殊职责官员（Officer of Special Duty, OSD）以及主任级别的官员,其中包括大批顾问。总理办公室因协助总理处理政府、议会及公共事务,有着强大的权力,被看作印度政府中的政府,实际在某种程度上是总理权力的反映。而在联合政府时期,因总理无法拥有单一党派的忠诚和认同,各部部长可能由不同党派选派,总理办公室的权限及影响涉及的领域大为缩小。同时在最高层级设立指导委员会也成为联合政府时期的通常特色,委员会经常定期碰面,监督政府功能,起到超级内阁的作用。① 这些做法起到了削弱、限制总理办公室的职能和权限的作用。

莫迪执政后,在行政管理上加强了公共行政机构的纪律性,通过一种个人主义、集中化和技术官僚的统治风格进行管理,并以此限制政治透明度、议会制政府和社会异议,从而增强行政权力。② 在总理办公室职能上,一方面,集中总理办公室的权力使其能够约束政府的日常工作。总理办公室对内阁部长和资深官员实行严格的着装规定,并要求他们守时,鼓励更强烈的专业精神。更重要的是,总理办公室还指示内阁部长在办公室会见公司领导人,不要雇用家庭成员作为工作人员,以减少客户关系和裙带关系的机会和非议。总理的支持者们宣称,总理"已经把一个功能失调的政府部门变成了独立以来印度所看到的最有活力的行政机构"。③ 这

---

① S. R. Maheshwari, *Indian Administration*. Orient BlackSwan, NewDelhi. 2013, p. 54.

② Sanjay Ruparelia, "'Minimum Government, Maximum Governance': The Restructuring of Power in Modi's India", *South Asia: Journal of South Asian Studies*, Vol. 38, No. 4, Jan 2016, p. 755.

③ Arvind Panagariya, "Fixing the Economy: What All PM Modi Needs to Do to Fix the Economy", *India Today* (June 26, 2014).

些新的做法深刻反映了莫迪的风格，在其担任古吉拉特邦首席部长时已然如此，对任务要求明确并规定严格的最后期限。

另一方面，权力集中于总理办公室破坏了合议责任，正是合议责任赋予了内阁政府合法化。高级部长们抱怨说，他们在开会之前收到的重要文件没有充分的说明；未经总理办公室批准，无法任命主要工作人员。后者往往直接聘用高级行政官员，使部长会议沦为橡皮图章。因而时常有官员抱怨即便有秘书和顾问的建议，他们最终毫无决策权。① 莫迪强烈的个人授权风格、权力的高度垄断引发争议，2014 年 6 月，总理办公室取消了对苏布拉曼乌姆（Gopal Subramanium）到最高法院任职的建议，理由是情报局的一份报告对他在 2G 调查和所谓 Radia 磁带案中的行为提出了怀疑，这份报告暴露了游说者如何试图影响内阁部长、工业巨头和高级记者之间的黑暗政治关系。然而，评论家们怀疑真正的动机更多是政治性的。索拉布丁（Sohrabuddin）案中，苏布拉曼乌姆是法官顾问，这起案件牵涉许多现在执政的印度人民党高级领导人，包括当时的印度人民党主席沙阿（Amit Shah）。②

（四）总理与总统、总理与部长关系相关实例

自宪法诞生以来，总理与总统、总理与部长关系一直是争议问题，与此相关的实例有：第一任总统拉金德拉·普拉萨德（Rajendra Prasad）和尼赫鲁的分歧（详情参见本书第五章第三节）；拉吉夫·甘地和总统宰尔·辛格（Giani Zail Singh）的分歧（详情参见本书第五章第三节）；萨达尔·帕特尔（Sardar Patel）作为内政部长与总理尼赫鲁的分歧。在 20 世纪 50 年代前期一次内阁会议上，帕特尔坚持对孟加拉与巴基斯坦问题采取深思熟虑、坚决而果断的措施，激怒了尼赫鲁，批评这种态度不过是想与巴基斯坦发生冲突的托词。尼赫鲁对内政部采取的旨在控制形势的举措非常不满，指责帕特尔："我认为我们对鼓吹公开暴力和仇恨的人太过于宽容……很多人认为报复是对巴基斯坦及其发生事件的应对方法，而实

---

① Rana Ayyub, "So Who's Inside the Sanctum Sanctorum?", *Outlook*, Sept. 1, 2014, http://www.outlookindia.com/article/so-whos-inside-the-sanctum-sanctorum/291737.

② Sanjay Hegde, "Borking Gopal Subramanium", *The Hindu*, 26 June 26, 2014. https://www.thehindu.com/opinion/op-ed/borking-gopal-subramanium/article6148766.ece.

质上这是毁掉我们与巴基斯坦关系的最有效的方法。"帕特尔回应说,"我们的行动仅受经法律顾问和高等法院解释的法律条款的限制,我们将数千人投入监狱,只有在我们不断受到维护公民自由的批评和攻击之后,我们才采取了释放政策"。他冷冰冰地提醒总理:我们面对宪法,该宪法保障基本权利,包括结社权、自由流动权、自由表达权和人身自由权,这进一步限制了我们可以采取的行动。这意味着,对于每一个行政行为,都必须有法律依据。如果您认为在这些限制内,我们对社区组织的政策相对宽松,则可以按照您建议的方式采取措施。① 帕特尔和尼赫鲁无论是在公开场合还是私下在很多事务上存在巨大分歧,因而被认为是典型的对手关系,但两人作为独立运动及创建国家的功臣,在共享管理国家这一繁重任务的过程中,在众多领域对立却又相互依存,致使感情和影响逐渐增加,相互尊重。

《宪法》第73条规定,联邦执行权力覆盖所有事务,包括议会制定法律及法律的执行,同时其执行权力必须与宪法相一致。而对总统来说,即便宪法清晰阐明其根据部长会议的建议行事,但总有些不明确的问题和领域需要依据总统的判断和智慧,包括:(1)《宪法》第75条第1款之规定,当没有一个政党或政党联盟获得人民院大多数的明确支持,总统有权任命总理。当然他不能按即将离任的总理的建议任命新总理,因为前者可能失去选举或者议会的信任;(2)在总理突然死亡的情况下(如英地拉·甘地被刺杀),合法的执政党很难立刻选出一位领导人,内阁部长中没有人有确定的资历而内阁之外也没有合适的提名;(3)根据《宪法》第85条第2款b之规定,在部长会议建议下解散人民院,可能会失去人民院的多数支持或通过对其不信任投票;(4)根据《宪法》第75条第2款之规定,解雇部长们以免其失去议会信任,但部长们拒绝辞职。②

二 部长及部长会议

《宪法》第73条之规定,部长会议在履行其职责、功能时,总统必

---

① Tripurdaman Singh, "Sardar Patel's one Comment Proved All Was Not Well Between Nehru and Constitution in 1950", *The Print*, January 26, 2020, https://theprint.in/pageturner/excerpt/sardar-patel-comment-proved-all-wasnt-well-between-nehru-and-constitution-1950/354602/.

② Subhash C. Kashyap, *Our Political System*, p. 76.

须与部长会议的建议一致。执行大赦的职能，也仅能在部长会议建议之下才能行使。

《宪法》第74条之规定，应当设立部长会议并以总理为首脑帮助总统、提出建议，总统履行其职能也应与这些建议保持一致。总统也可以要求部长会议重新考虑其建议，总统依照重新提出的建议行事。

宪法的相关规定意味着部长会议作为常设机构而存在。宪法没有考虑总理缺位及部长会议失灵的情形，《宪法》第356条仅规定了宪法机制在邦失灵的例外条款，而没有条款说明在联邦层次上宪法机制失灵的状况。部长会议由内阁部长、独立负责的国务部长、和内阁部长一同工作的国务部长以及副部长构成。

总统在紧急状态及平时权力受到部长会议的制约，要与其保持一致。《宪法》第四十四修正案规定，总统只有在收到内阁的书面通知建议他宣布进入紧急状态时才能这样行事。在人民院解散时，总统的执行权力也要受部长会议帮助和建议的约束。在1971年拉奥诉英迪拉·甘地的案件中，最高法院判定总统的任何行政权力没有部长会议的建议为违宪，即违反《宪法》第74条第1款之规定。①

《宪法》第75条规定，部长是在总理建议下由总统任命，部长行使职权以总统名义行事，但部长会议集体对人民院负责。如失去人民院信任，必须集体辞职。同时部长会议作为执行机构与议会的职能有明确的区分。

考虑到党派及不同区域、群体的代表性，部长会议的规模有扩大的趋势。试图控制部长会议在中央和各邦的规模，2003年议会通过《宪法》第九十一修正案在第75条下，补充新的条款：1A部长的总数，包括总理，部长会议不能超过议会成员数量的15%；1B两院中任何一名成员如被取消员资格也不可能被任命为部长。

有关看守政府的规定，适用于部长会议已失去人民院或其他院信任（宪法中并无看守政府的规定），但被总统要求继续留任直到做出新的安排。如果新的政府未能立刻组成或大选未能举行，即将离任的部长会议要继续其职责。同时大选要尽早举行，在此期间，政府不得推出新的方案或

---

① https：//india.lawi.asia/u-n-r-rao-v-smt-indira-gandhi/.

重大决策，除非出于国家安全的需求。[1]

（一）部长任职资格

部长由总理选择并由总统任命，部长来自两院，对议会负责并作为议会的组成部分。非议会成员也可以成为部长，但如果不能在六个月内被选举为两院议员，则必须辞职。

尽管部长是由总统任命并以其名义行事，实际上是由总理选择的，而总统不可能任命任何总理没有推荐的人选。总理如果对部长不满，可以建议他辞职或建议总统罢免他，或者提出部长会议辞职，把有问题的部长除名后进行重组。因为印度宪法强调集体责任，意味着往往没有对单个部长提出不信任。集体责任也意味着部长在公众面前也不能发出不同的声音，如果他不同意内阁的决策，或者辞职，或者承担平等、共同的责任。

分配部长行政任务时，每个部长负责一个或多个政府部门。总理可能会保留某些关键职位，如外交部长。从理论上讲，部长们对政府的所有决定负有集体责任，任何部长都不得公开反对政府决策。部长会议要求每一位部长对决策承担集体责任，这一原则意味着如出现个人履职责任，将会被追究，部长会议不得袒护、干涉。当出现对某位特殊部长的严厉批评和指责时，他面临的结果通常是被撤职。如1962年中印边界危机时的国防部长克里希纳·梅农（Krishna Menon）。[2]

（二）部长职级类别：内阁部长、国务部长及副部长

宪法没有提及内阁部长（Cabinet Ministers）、国务部长（Ministers of State）和副部长（Deputy Ministers）等不同级别的部长，但第352条除外，该条将内阁定义为由内阁级别部长组成的理事会。

内阁部长不仅是所负责的部的首脑，其责任还包含中央政府的各领域和各项活动。国务部长可能是他所在部的首脑，也可能附属于内阁部长。如果他独立负责某个部，他和内阁部长具有同样的职能，拥有同样的权力，但不属于内阁成员，仅在受到邀请时才能参加内阁会议。因附属于内阁部长，其责任可能采取两种形式。（1）负责一个部门，构成内阁部长

---

[1] Subhash C. Kashyap, *Our Political System*, National Book, India 2013. p. 107.
[2] Robert L. Hardgrave Jr., Emeritus, Stanley A. Kochanek, Emeritus, *India Government and Politics in a Developing Nation*, Boston：Thomson Learning, 2008, p. 94.

职能的一部分。在这种状况下，他履行着和其部门有关的内阁部长的所有功能、行使其所有权力，承担内阁部长的责任，并处于内阁部长的监管和指导下。（2）协助内阁部长，负责后者工作中的一个特殊项目。和这个特殊项目有关的工作，他行使内阁部长的权力，承担首要责任。内阁部长和国务部长及副部长的主要区别在于，内阁部长通常掌握政府的要害部门，如外交、内政、国防、财政等部，并参与政府的各种活动，而国务部长和副部长只负责本部的工作。①

政府改革委员会（1966—1970）认为没有内阁部长总体负责的情况下国务部长不能独立负责一个部门，而政府不接受这一建议。副部长则不能单独负责一个部，他隶属于内阁部长，仅能履行内阁部长指派给他的职能。政府改革委员会指出：副部长可以负责一项职能以减轻内阁部长的负担，职能包括：重要的计划或者监督重要政策、计划的执行情况；负责一个分支或部门，有权采取较小的政策决定或议会工作。副部长的功能如下：代表部长回答议会的质询，协助条例草案的制定；向公众介绍政策计划，与内阁成员、政党、新闻媒体保持联络；负责部长委托的对特别问题的特殊研究或调查。副部长本质上是具有培训性质的岗位，他对其执行事务的部门没有明确的责任。

（三）总统与部长会议关系的争议

根据宪法，总统是国家元首，但不是行政首长，代表国家但不统治国家。首任总统普拉萨德在宪法草案刚公布两个月及其随后的总统任期内提出，"《宪法》草案中没有任何条款规定总统必须按照其部长的建议行事"，他经常就政策问题发表意见，并承担酌处权，后来逐渐被说服接受更有限的作用，并按照惯例行使权力。②

宪法不允许宪法机制崩溃的可能性，也不允许像各邦那样由总统直接进行统治。必须要有部长会议的存在，即使对部长会议的不信任投票获得通过，部长会议也辞职了，总统还是会要求继续投票，直到新的部长会议就位。

---

① 林良光主编：《印度政治制度研究》，北京大学出版社1995年版，第138页。
② Robert L. Hardgrave Jr., Emeritus, Stanley A. Kochanek, Emeritus, *India*: *Government and Politics in a Developing Nation*, Thomson Learning, p. 75.

1. 宪法争议

人民党领导的政府于 1999 年 4 月 17 日被投票下台,拒绝按照惯例本着看守政府的精神行事。尽管反对党提出了抗议,但政府以"宪法"中没有这样的规定为由,拒绝了任何看守地位的提议,有评论说这种立场忽视了既定的做法,是自私的。首席选举事务专员向政府提出建议,认为政府应采取行动,因为该国已进入选举模式,即使法定的限制期尚未开始,但这个建议未被采纳。

1999 年 5 月 3 日,议会解散后,政府一下子调任了 8 名秘书级(官僚机构中最高级别)的官员,其中包括负责法律和秩序的内政部长。尽管为确保公平选举而形成的最重要的公约之一是,一旦宣布选举,官员就不会被调任。但令人遗憾的是,"宪法"的文字被用来蔑视宪法惯例。[①]

2. 宪法相关条款的意义评析

宪法的相关条款代表了最高行政和立法权威的融合。二者的关系是亲密的,并非对抗或分裂的,也不是对权力中心的竞争,而是政府事务中不可或缺的伙伴及合作者。严格意义上,政府的议会系统意味着由议会进行统治,但是议会作为体量较大的实体,不可能进行统治。部长会议在某种程度上就是议会的大执行委员会,代表议会负责执行的责任,说明部长会议不是独立的、外在的机构。[②]

三 内阁

在印度的议会民主制度中,内阁是行政等级制度中的最高机构。它涉及政府的总体政策,保证不同政府部门间的合作与协调,执行对整个政府部门的综合控制。按 1966—1970 年印度改革委员会的话说,内阁负责政策的最后决定和总体指导,以及政府事务和行政组织的协调、监管。[③] 内阁主要职能可概括为:批准所有关于制定政府政策的立法提案,推荐所有重大任命,解决部门间争端,协调政府的各项活动,并监督其政策的

---

① Bipine Chandra, Mridula Mukherjee, Aditya Mukherjee, *India After Independence 1947 - 2000* (New Delhi: Penguin Group, 2013), p. 82.

② Subhash C. Kashyap, *Our Political System*, National Book, India, 2013, p. 68.

③ S. R. Maheshwari, *Indian Administration*. Orient BlackSwan, NewDelhi, 2013, p. 25.

执行。

(一) 内阁规模及争议

虽然出现内阁规模比较大的情况，但人们往往倾向于接受小规模的内阁，基于两个原则：一是内阁规模按议会规模的比例而定，二是根据政府的实际需要。理想的安排是基于政治考虑和政府的需求，依照部长会议的规模，组成小规模的内阁。政府改革委员会建议：一方面，数量较少的个人组成紧密结合的实体，能迅速而有效地处理事务，并使机构协调的需求最小化；另一方面，新功能的出现会要求部长们的关注，导致他们数量的增加。相应的解决办法是保持部长会议足够的规模而内阁较小规模。

艾默里（L. S. Amery）建议小内阁组成人数控制在 5 人左右。英国的战时内阁是最理想的类型，但其数量从来不是只有 5 个人，丘吉尔时就有 8 个成员。有些人则认为内阁人员的最大数量应在 10—20 个，艾德礼与丘吉尔内阁维持这个规模。赫伯特·莫里森（Herbert Morrison）认为内阁维持在 16—18 人，以部长不需要讨论太多事项为宜，如果内阁组成超过 20 人，集中以及事务讨论会变得很困难，很难保持事务委员会的精神和气氛。

小内阁的优势在于：(1) 公共开支的负担较小；(2) 减少了需要协调的问题数量；(3) 对于培养团队精神具有建设性；(4) 大的内阁对于公共生活和政党的健康增长不具有建设性，因为这种增长会要求政府议员面对很多非政府事务，同时需要协调和组织议员们；(5) 为民主的健康发展，紧凑的内阁是值得推荐的。艾扬格尔（Gopalaswami Ayyangar）认为应设立常设机构如内阁委员会，再就是联合各部形成数量较少的稳定团体，以便于政府机构间的协调，其原则是中心化加分权。

另一种观点倾向于大的内阁，内阁规模应该和政府的工作任务保持相关比例，应该和总理作为一个团队的管理相适应。在战时和紧急状态，会有各种应急之举。

(二) 内阁的职权及日常活动

内阁决定着国家政策，具有对行政机构的最高控制权，并持续协调不同行政部门的活动。内阁通常一周举行一次会议，根据事态要求也可能更多。会议由总理主持，当总理外出时，由其指派的资深部长主持。会议结束时，内阁秘书准备和传达达成的决策概要。为减轻内阁的工作负担，设立了内阁委员会。

艾扬格尔在1949年的报告中建议在一些领域设立内阁常设委员会，适当强化秘书和委员会等其他组织的工作。这是非集权化基础上机构协调的手段，其成员也可以包括非内阁部长。理由如下：(1) 成员的灵活性使得感兴趣的部长也可以在不涉入内阁的情况下交流观点、达成一致，减轻内阁的工作压力，使其集中进行更重要的工作；(2) 因内阁委员会包括非内阁部长，可以就直接相关的事务表达、分享自己的观点；(3) 一些需要呈交内阁决策的事务在内阁委员会就可以得到解决。

但政府改革委员会的报告指出，有些委员会并不经常碰面，有些重要事务并没有包含其中。他们仅仅处理部长提交的工作或者内阁关心的事项。有必要消除他们工作中的不足，其工作应该涵盖政府行动的所有重要领域。内阁委员会应该经常集会，对复杂的问题、实施重要政策及计划的进展保持持续的关注，并进行不断评估。从中反映出政府的功能往往并非制度化的而更多是个人色彩。如内阁委员会的数量和名称都在不断变化。

（三）内阁委员会

需要内阁决策的事务或者直接提交给相应的委员会，或者在内阁决策前经过内阁的深度审视然后提交内阁委员会。虽然内阁是政府的最高决策实体，有些内阁委员会往往拥有真正的行政权力，内阁仅仅是支持已经做出的决定。

内阁委员会的成员往往是三个到四个，主席由总理和内政部长分享。所有内阁委员会中最有权力的是政治事务委员会，其成员或者是政治地位最资深的部长或是职位非常重要的部长，委员会行使内阁的职能给政府提供最高指导。另一个是任命委员会，包括：秘书处及副秘书以上职级的任命；任命国有公司和实体的主席、管理董事、一般管理者，薪水以及其他事项，印度储蓄银行的主管、副主管和金融顾问；国有公司、实体其他高级职务的任命；由政府做出的或要求政府批准的其他任命。

（四）内阁与内阁部长

内阁无论在行政或立法上都是政府的指导和控制工具，虽然作为实体宪法上没有提及。内阁是相对较小的实体，由控制重要部的部长组成，内阁塑造着政府在不同事务上的政策，执行着集体负责的原则。内阁至少一周开一次会，部长有能力对其领域范围内的大多数事务发挥作用。

内阁部长职责主要包括：（1）涉及立法的实例，包括条例；（2）总统向议会的致辞和信息；（3）召集和推迟议会的建议，或解散人民院；（4）涉及和外国谈判达成条约、协议的案例；（5）在宪法第352—360条款下有关宣布紧急状态的实例；（6）有关开始和停止战争状态及所涉事项的案例；（7）有关设立新的国营公司的建议；（8）有关派出具备能力的外交使团中的个人建议；（9）任命公共调查委员会的建议以及考虑这类委员会报告；（10）涉及财政申请的案例，财政部长要求内阁做出决定；（11）部长在内阁提出要求指导或决定的案例；（12）不同部之间分歧的案例；（13）改变或推翻内阁之前做出的决定的建议；（14）总统或总理要求在内阁提出的案例；（15）撤回政府做出的起诉的建议。①

（五）内阁功能的演化

内阁构成印度政治体系有效的行政分支，依赖集体负责的原则行事，但在政党和政府权力日益集中于总理的趋势下，内阁作用呈现弱化的趋向。自1969年英迪拉·甘地政府时期，内阁作为政策和决策体制的作用和重要性逐渐下降。在决策方面，内阁经常被绕过或忽视。而内阁部长，通常由总理挑选，工作内容也依赖于总理的赋权，多数情况下必须接受这种位置，仅仅在一些无关痛痒的问题上表达不同的看法。英迪拉·甘地之后的几届政府，对内阁的支配相对没有那么强势，这使得一些内阁部长可以有效发挥自己的影响力，这取决于部长的个人能力、政治支持基础的程度以及他们向执政党提供民众支持的程度。对内阁权威构成侵蚀的另一个因素则是总理办公室的出现及职能强化。作为一个独立和几乎平行的行政机构，它分享和削弱了各部委和内阁的权力、职能。总理收集信息、提供建议，发起经济和外交政策、监督这些政策的执行，并参与决定高级行政官员的任命和晋升。从夏斯特里和英迪拉·甘地开始，总理办公室的强势作用一直延续到以瓦杰帕伊为首的人民党（BJP）领导的政府，而莫迪任职之后，总理办公室功能的强化则最为显著。权力过度集中于总理对政策制定和总体治理产生了不利影响。国家和政府强有力的领导虽然是必需的，但强有力的领导不同于权力向个人的集中。内阁的有效运转可以动员

---

① S. R. Maheshwari, *Indian Administration*. Orient BlackSwan, NewDelhi. 2013, p. 29.

利益、地区和文化区域的权力分享，有效参与决策。①

四 秘书处

秘书作为部长的主要建议者，需配备办公室以帮助部长履行职能，秘书处也就意味着秘书办公室。因政府各部基本都要配备一个秘书处，从而构成政府的整个秘书处系统。从职能上看，秘书处作为一个办公室，是协助政府各部履行职能的组织。其主要职责描述：首先，提供足够信息，以满足部长决策所需。其次，准备法律草案，协助应对法律事务；对过去经历的事务进行备案、提供咨询；对一些问题的详细审视；作为沟通政府部门间的主要渠道；保证决策执行的高效率、低成本。

整个秘书体系在印度的存在依赖于两种行政理念：（1）政策制定必须与执行截然分开；（2）临时官员在人员配备的任期体系内行事，控制长期官员的数量，是行政系统作为整体保持活力的前提。② 从概念上来说，秘书处是国家公共行政的基本机构，是不可或缺也是值得配备的。秘书处作为政府最高办公室，也是政府的神经中枢。

内阁秘书处最初是服务于战争资源协调和重建委员会及总督执行委员会的一个小的秘书处，形成于1945年10月。1947年8月15日，执行委员会秘书处正式成为内阁秘书处。尼赫鲁想让总理秘书处的权力大于内阁秘书处，受到帕特尔及其他同僚的反对。达拉姆·维拉（Dharam Viral）将内阁秘书处的工作内容概括为：呈送报告给内阁及其委员会，呈送前需保证其有序、包含所有必要信息。记录做出的决策和决策时间是内阁秘书处的工作。内阁秘书处另一个重要功能是协调政府功能，为达成此目的，存在一个秘书委员会，秘书委员会对不断出现的特殊和紧迫问题提出建议。③

内阁秘书为内阁秘书处的行政领导，需要参加内阁及内阁委员会的会议，并编纂会议纪要。内阁秘书属于国家公务员中级别最高的，因而成为

---

① Bipine Chandra, Mridula Mukherjee, Aditya Mukherjee, *India After Independence 1947-2000* (New Delhi: Penguin Group, 2013), pp. 647-648.

② S. R. Maheshwari, *Indian Administration*. Orient BlackSwan, NewDelhi. 2013, pp. 55-57.

③ S. R. Maheshwari, *Indian Administration*. Orient BlackSwan, NewDelhi. 2013, p. 40.

公务员的梦想。

有关内阁秘书的角色、功能的最早设想由艾扬格尔在 1949 年的"重组政府机构报告"中提出。内阁秘书成为国家资深的最主要公务员，从 1937 年该职位一直是作为技术性职位存在的，履行职能较为有限，仅仅是内阁的记录官，因而需要在承担事务的量和质上都有所增强，其陈述观点如下：对内阁秘书的位置与功能都要有清晰理解。他应当是最高级别的行政职员，因其特殊的机敏、能量、主动性和效率而被选拔。受委托在印度政府各部门之间就内阁整体或总理感兴趣的所有事务进行积极协调、及时采取有效的行动。内阁秘书理应值得所有级别的长期公务员的尊重和信任。艾扬格尔在报告中阐明，内阁秘书应寻求更大程度的协调，不仅是通过高度集中化的倡议和涉及任何职员的计划或实施，而且通过在组织结构中做适当的改变以实现在非集权基础上适度层次的协调。在实施这个目标过程中，需要有一个富有经验的资深官员担任内阁秘书处的首脑。①

艾扬格尔的建议被接受，从 1950 年开始内阁秘书成为国家资深的最主要公务员，由国家改革委员会推荐，任期三年。三年内如果能够履行职能对公务员进行有效领导可以获得再次推荐。主要职能可描述为：(1) 作为总理的主要建议者；(2) 是内阁和内阁委员会的主要建议者；(3) 是公务员的首脑——良心守护者；(4) 协调和监控不同部长和部门的行动；(5) 作为总理办公室和不同行政部长间的沟通桥梁；(6) 是内阁秘书处的领导，控制着内阁秘书处的所有活动，包括为不同的新机构提供影子组织；(7) 最重要的，他是政治系统和公务员系统沟通的纽带。②

在 1950—1977 年国大党持续主政期间，没有出现内阁秘书轮换的问题，人员任命往往到最终任期。1977 年德赛掌握权力，人民党取代国大党。内阁秘书轮换的原有惯例被延续，只有在任秘书退休之后继任者才需要被任命，内阁秘书被允许继续其全部任期，即便在 1980 年政府更迭之后。1981 年英迪拉·甘地执政一年后，任命新的秘书以取代三位公务员

---

① *Report on Reorganisation of the Machinery of Government* (Chairman: N. Gopalaswami Ayyangar), New Delhi, Goverment of India, 1949, p. 30.

② B. G. Deshmukh: "Role Cabinet Secreatary: Post Must Not Be Politicised", *The Times of India*, October 7, 1991.

的设置。1986年拉吉夫·甘地时期，历史上首次在内阁秘书还有一年任期时即被撤换掉。而德什穆赫（B. G. Deshmukh）1986年被任命为内阁秘书，本应在1989年退休，延期了半年。在半年即将期满时，成为总理秘书，进入总理办公室。这一时期围绕内阁秘书职位替换的政治化特性明显，职位的延长较为常见，而且具有高度选择性。①

五　各部的官员设置

通常部下设局或司，部与局的区别一般体现在主管官员及机构稳定性上。部往往是由部长主管，而局由秘书主管。局是比较稳定的行政单位，而部则会经常变动。一些部可能会被撤销，组建新的部。而局更为持久恒定，即便它会从一个部转到另一个部。"部"一词的最初含义是含混不清的，1947年当作出决策以局取代部时这一词语开始风行。虽然部由部长主管，其行政构成无法进行整齐划一的界定，一些重要部里可能设置多个局，而且是正式的，彼此完全分离。也有的部，下面不设局这一机构。在部一级行政机构，内阁部长是部的首脑，也有内阁部长兼管几个部的工作。国务部长隶属于内阁部长，主管内阁部长指派给他的工作。副部长则协助内阁部长和国务部长工作，不能独立负责一个部。在职级上遵循着内阁部长、国务部长、副部长的排序，他们都属于政务官员，负责各部方针政策的制定，对内阁与议会负责，与内阁同进退。②

秘书等级：秘书（Secretary）、辅助秘书（Additional Secretary）、联合秘书（Joint Secretary）、主任（Director）、副秘书（Deputy Secretary）、下秘书（Under Secretary）。前三类属于高级管理岗位，后三类则属于中等管理岗位。不同等级的功能以"过滤"为主要原则，每个等级的官员尽其所能处理好本职工作，重要的事务则交给上级官员处理。秘书岗位属于印度行政系统中的公务员序列。

秘书的功能如前所述，是所在部的行政领导，其级别相当于中国常务副部长，主持日常工作，是部长的主要建议者，在议会委员会代表部。秘书在面对政府分配给其的主要领域时能提出问题，做出思考和预先计划。

---

① S. R. Maheshwari, *Indian Administration* (NewDelhi: Orient BlackSwan, 2013), p. 47.
② 林良光主编：《印度政治制度研究》，北京大学出版社1995年版，第142页。

秘书需要对直接提交上来的一般事务或具体事务提出一般或明确的指导，同时通过阅读下属提交的每周总结充分了解其部门事务。

联合秘书通常负责局（司）的工作，级别相当于中国的局（司）长。有些部在秘书和联合秘书之间设有辅助秘书，辅助秘书等同于高级联合秘书，在部或局里负责其指定部门的事务，其职责在于减轻秘书工作的压力，需要时可以直接和部长接洽。为了与秘书完全负责一个部或司的职责相对应，联合秘书或辅助秘书的设置遵循审慎的原则。

主任这一岗位设置于20世纪60年代。主任和副秘书的责任差异并不显著，往往也不会在主任之下设置一个副秘书。

副秘书正像其职位所指，代表秘书行事，级别相当于中国处长。其可以按其意志，处理尽可能多的事务，而更重要的事务则寻求秘书的指导或者呈送给秘书、与秘书讨论。副秘书决策的功能是受到限制的，处于决策机构的外层。

下秘书则处理较小的事务，级别等同于中国的科长。通常，下秘书负责内部交流的事务，其应当把更重要的事务呈送给副秘书，以使后者能尽快处理。"下秘书也应当尽量减少正式呈交给副秘书的文件数量，在适当的事务上采取后者的口头指令。"①

需要特别指出的是，原则上，因其隶属于公务员系统，这些不同层级的秘书履行其功能应以印度整体利益为先，而不能仅考虑部门利益。但在实践中，秘书们的思考往往仅局限于其供职的部门。

六　公务员系统

公务员制度是除议会民主制之外，英国殖民政府留给印度的最大遗产。自东印度公司统治印度之始，即开始聘用合同制公务员。1773年的管理法（Regulating Act）对东印度公司的民事和商业职能做了严格区分，法案阻止地区收税员和其他参与税收和司法的官员参与东印度公司的商业交易。东印度公司的职能特征从交易转变为治理，其公务员制度的特征也随之转变。在印度行将独立之际，为保障过渡时期行政管理的连续性，

---

① *Report on Reorganisation of the Machinery of Government*（Chairman: N. Gopalaswami Ayyangar）, New Delhi, Goverment of India, 1949, p. 23.

1946年10月在省级首席部长会议上，决定重组印度公务员和帝国警察机构，这两个机构在1947年8月的行政命令下改组。1951年通过了全印文官法，1956年通过中央文官法用来规范公务员的录用、提拔、申诉等行为。

印度独立后，宪法第310条、第311条对公务员的定义涵盖范围是比较宽泛的，包括国防机构成员、联邦公务员系统的成员、全印公务员系统的成员，或者在总统任职期间在联邦与国防及民用机构担任职务人员以及邦公务员系统成员或者邦长任职期间担任职务者。而后通过具体司法判例，最高法院界定公务员为，"政府和人民之间存在主雇关系"和"政府有权力指挥其履行职责和支付薪水的"即存在公务员关系。[1] 历经改组、调整，现今印度公务员系统基本划分为三大结构。第一类为全印公务员（All India Service），为联邦和各邦通用的公务员，联邦公职委员会进行统一招收，分配给中央政府各部门和各邦任用。全印公务员中又分四个类别：印度行政公务员（Indian Administrative Service，IAS）、印度警务公务员（Indian Police Service，IPS）、印度林业公务员（Indian Forest Service）、全印司法公务员（All Indian Judicial Service）。在这四个类别中，尤以印度行政公务员地位最为尊崇。第二类是中央公务员（Union Public Service），包括中央秘书人员、部分非科技性官员、外交官、经济官员、审计官员等技术官员。第三类为邦公务员（State Public Service），由各邦或几个邦联合招收、使用和管理。主要担任区一级的税收和行政职务，邦公务员工作成绩优秀者可提拔任用为全印公务员和中央公务员。[2]

印度行政公务员制度建立在殖民制度基础上，依据原有的公务员制度挑选出能够行使适当酌处权的高度胜任的个人，以应对印度次大陆的规模和多样性。[3] 印度独立后首任内政部长帕特尔决定建立一种统一的行政系

---

[1] AIR 1965 SC360，转引自周小明《印度宪法及其晚近变迁》，华东政法大学博士论文，2013年，第156页。

[2] 吴永年：《论印度特色的公务员制度》，《深圳大学学报》（人文社会科学版）2008年第5期，第16页。

[3] Beryl A. Radin, "The Indian Administrative Service (IAS) in the 21st Century: Living in an Intergovernmental Environment", *Intl Journal of Public Administration*, Vol. 30, Issue 12 – 14, 2007, p. 1526.

统，使公务员能够成为中央和地方的联系人。这种观点建立在英国殖民者称为"钢架"的现代官僚统治体系之上，依据公务员个人能力把其分配在不同的邦，这样形成了国家一体化的机制。公务员可以给国家提供一种全印度的视角，其本身也被看作通才，他们可以在职业生涯中承担各种各样的责任，既可以在各邦担任职务，也可以在首都任职。印度行政公务员建立在几个假设之上，首先，被设置为一种全印度公务员，作为发展民族愿景的一种方式；其次，旨在搜罗最优秀的人才；最后，在于创造一种独立和公正感。印度创立公务员的模式以中立的公共服务为前提，该系统旨在将政治与行政分开，以培养高技能的工作人员，并强调效率的价值高于所有其他价值。

在印度公共行政由层级式的行政机构及行政骨干组成，行政公务员一直是这一架构的顶层。年轻时就已加入行政公务员系统的青年才俊，注定要晋升到常设官僚机构中的最高职位，无论在首都还是在各邦首府，通常都是如此。最高公务员职位都由行政公务员担任，还有其他中央和全印度服务部门，其中许多服务部门的招聘是在竞争行政公务员的同一批申请人中进行的。只有极少数例外，是在一些专业服务部门，由警方官员、税务官员、铁路官员和被招募到邮政和电信服务的人填补专业职务的空缺，而且他们都接受了专门任务的培训。行政公务员不需要经过专门培训，就可以被委任到议院或政府秘书处。在电信或农业等专业性较强的部委，人们更期待遇到专业的上司，而身份属于行政公务员的官员通常负责事务性工作。如果是中层政府官员，有很大的可能会遇到行政公务员身份的上司。[①]

在行政公务员之下，则有邦公务员，每个邦对其称谓不尽相同。邦公务员的招募方式和行政公务员基本相似，旨在组成第二层级的通才行政机构，在邦公务员之下又分很多层级，既包括通才也有专业骨干，比如区块开发人员、主题专家、土地记录持有官员以及冗长的文员、打字员、文件携带员、服务员队伍。邦有数层行政层级，这些层级之间分隔严密。

自沿用英国的文官制度以来，印度公务员之间严格的层级关系、公务

[①] Anirudh Krishna, "Continuity and Change: the Indian Administrative Service 30 Years Ago and Today", *Commonwealth & Comparative Politics*, Vol. 48, No. 4, 2010. p. 436.

员的晋升机制以及调任的频率变化不大，变化主要体现在以下几点。（1）压力以及决策来源的变化，之前国家方案往往得到广泛认可，政府决策的目标由上层决定，这使较低层次的行政机构的任务界定相对容易。随着民主化的深入，即便在低层的行政机构，公共行政的目标、方向经常遭受质疑。在区及分区，行政公务员将不得不面对越来越多的善辩者及自信的政治家。在上下层级压力增大的同时，媒体的关注将最偏远地区的行政也纳入其中。全天候电视频道竞相揭露官方的玩忽职守和错误做法的报道，使行政公务员不得不随时盯着电视机，这在政府办公室已无处不在。（2）行政公务员内部平等主义的上升。行政公务员出身发生了变化，招募的范围逐渐扩大，延伸至精英大学及大城市之外。招募的新公务员绝大多数不再是来源于公务员阶层，也不是源自更好的学院和大学。2009年行政公务员族群的调查表明，直接征聘（不包括其他部门晋升）的公务员来自小城镇和农村的占比85%。[1]（3）随着公众受教育程度的提高，政治参与的显著提升，行政公务员与公众关系的本质发生变化。印度议会于2005年颁布了《信息权法案》（Right to Information Act，PTI），规定政府官员有义务在公众提出书面要求时披露信息，任何公民都可以向公共行政机关索要信息，机构必须在三日内做出回应。[2] 殖民时代通过《国家机密法案》（Official Secrets Act）及其他法令使行政机构与公众隔绝的状态已然变化，电视网络迅速发展，官方不当行为及丑闻会很快曝光。

第二节 主要联邦部、委

一 内政部

内政部（Ministry of Home Affairs）的历史可追溯到1843年，当时最高政府秘书处从孟加拉政府中脱离出来，命名为内政部，有一个秘书及六个分支：常规分支、财政分支、海运分支、司法分支、法律分支、宗教分支。

---

[1] Anirudh Krishna, "Continuity and Change: the Indian Administrative Service 30 Years Ago and Today", *Commonwealth & Comparative Politics*, Vol. 48, No. 4, 2010. p. 439.

[2] See http://right to information. gov. in/.

内政部肩负的职能相当繁杂，呈现出高度的异质性特征，包括：人事、国内法律和秩序、政治事务、监狱、警察、工厂、爆炸、教育、公共事务、公共卫生、市政与当地委员会等。由于涉及主题越来越重要，开始形成一些新的部门，有些事务开始从内务部脱离、分立。1970年人事职能从内务部剥离，建立了新的人事部。1964年建立的行政改革部，在1973年从内务部分离出来与内阁秘书处的人事部合并。内政部本质上相当于印度政府的"母"部。由于印度的国内安全问题，尤其是恐怖主义困扰，内政部的重要性不言而喻。不同国家对这一部门的命名会有不同，如有的国家称之为国内安全部。[1]

（一）内政部功能

内政部在印度非常重要，尤其是随着国内安全压力的上升，其重要性与日俱增。在印度宪法之下，它是一个法律和秩序的"中枢"部，维护法律和秩序的基本责任在于各邦，内政部发挥建议者和协调机构的作用。内政部通过多种渠道从国家各处获取信息，进行信息的汇集，在事关所有印度人利益的安全问题上不断向各邦政府提出建议。内政部不断监控着各地法律和秩序状况，注意影响法律和秩序各构成部分的趋向和发展，在联邦范围内，内政部直接负责法律和秩序。内政部的其他很多功能也和维持国内安全有关，如对全国公共状况的密切关注，对产业工人及学生的纷乱尤为关切，其他还包括有关外国人、外国公民的事务，对民防的审视。它还负责人口普查、维持邦与中央立法机构的选举。中央与邦关系一直是困扰印度的深层隐忧，这也构成内政部亟须处置的问题，内政部关注中央与邦关系，负责把总统法令传达给各邦。

（二）内政部管理的下属机构

印度警察机构，内政部对其拥有管理控制权，涉及人员任命、在中央代表该机构、训练、高级职位的确定、薪酬等。内政部管理的准军事组织有印藏边界警察、边界安全部队、中央工业安全部队、阿萨姆步枪队和中央后备警察部队。内政部控制的附属组织有知识产权局、国家警察学院、政策研究和发展局、犯罪与法医学院。

最初有关弱势人群的事务也在内政部的负责之列，包括表列种姓、表

---

[1] S. R. Maheshwari, *Indian Administration* (New Delhi: Orient Black Swan, 2013), p. 96.

列部族、弱势阶级及社区和谐等事项。1985年9月，这些事项开始交由新成立的福利部管理。2000年，内政部下属五个司：国内安全局、邦事务局、内政局、官方语言局、查谟-克什米尔局。国内安全局处理事务涉及警察、法律和秩序、康复与安置。邦事务局负责处置中央与邦、邦之间关系以及联邦领土的管理。内政部负责人口普查、外国人登记、流离失所人群的安置。官方语言局负责实施官方语言条例，落实将印地语作为联邦的官方语言。查谟-克什米尔局主要负责该地区事务，在1994年11月创立，国务秘书兼任该局秘书。

内政部拥有多达32万个岗位，作为政府主要部门，内政部由内阁级别的资深部长领导，通常由一个或两个国务部长辅助，辅助的级别及数量作为政治决策由总理直接确定。内政部的行政领导由作为部资深成员的秘书担任。内政部还有辅助秘书、联合秘书、主任、副秘书长、下秘书的设置。部内资深岗位主要由印度政府成员担任，中等岗位隶属于中央秘书处。这并不意味着其他公务员在内政部完全没有代表，印度警务机构及其他机构在内政部也有一定的岗位，只是数量非常少。[1]

作为议会成员的咨询委员会也隶属于内政部。同时，内政部在很多方面享受着独有的尊敬。比如内政部处理经济事务的权力令人羡慕，公务员也积极寻求这种职务的任命。内政部被授予处置广泛的事务，因其承担的事项如此之多，最初被称为真正的印度政府。印度政府的很多部开始是隶属于内政部的，如人事部、公共投诉和退休金部、福利部等。

二 外交部

外交部（Ministry of External Affairs）是一个既古老又年轻的政府机构。东印度公司时期，外事关系是由最高政府的机密部处理的，1793年外事部首次设立并开始从事这项事务。印度独立成为完全的主权国家后，1947年，外交部开始出现。在此之前，有两个独立的部门处理与外国关系，分别是外事部和英联邦关系部，后合并成外事与英联邦关系部，1949年，英联邦这一附加词被取消，成为外交部，自此名称再没有改变。1972年之前，外交部有一个独特之处是还负责那加兰邦（Nagaland）事务，这

---

[1] S. R. Maheshwari, *Indian Administration* (New Delhi: Orient Black Swan, 2013), pp. 97-98.

一点很少被提及，而1972年5月之后，该邦事务由内政部负责。

外交部首任部长由尼赫鲁兼任，而其继任者没有再兼任外交部部长。外交部此后由内阁级别的部长主管，有一个国务部长辅助。外交部的行政首脑是外交秘书长，还有两个秘书（EA-Ⅰ和EA-Ⅱ）。直到1964年（1952年有短暂中断）有一个官员被指定为秘书长，作为行政领导，在政府其他部并不存在类似的官员。外交秘书长在其职权和责任之外，还负责协调部内工作，包括两个秘书的职能，其他方面他和两个秘书在地位上是平等的。根据印度外交委员会（1965—1966）外交秘书长履行的职能包括：在外交事务上是部长的主要建议者；负责协调外交部活动；负有最终责任，保证与其他部建立适当的协调安排及令人满意的运作；他是政策规划与审查委员会主席，负责外交部政策规划的方向；他是驻外事务处的首脑，负责有效行政。

外交部下设20个司，有些司依据地域划分，如非洲司、美洲司、孟加拉司、东亚司、东欧司、巴基斯坦司、南亚司、西亚司、西欧司、印太司。其中，印太司是在2019年4月新设立的，主要负责处理环印度洋联盟、东盟和美日印澳四边机制问题。其余则是按功能、服务、专门业务划分为的：如行政司、礼仪司、护照、移民与领事司、联合国与会议司、外宣司、经济事务与科技援助司、历史研究司、法律事项与条约司、政策规划与审查司、个人、安全、通信与民防司。

外交部负责的事务主要有：对外事务；与外国及共同体国家关系（指与英联邦国家）；和外国驻印外交官、领事以及联合国官员、特别机构有关的事务；护照、签证事务；引渡罪犯及被指控者；涉及外交与共同体事务的预防性拘留；遣返及驱逐出境；移民事务；领事功能；因贸易、运输、朝圣在中国藏区和印度之间的旅行安排；和文化教育相关的签证工作；外交宣传；保护印度及巴基斯坦少数群体利益；非穆斯林从巴基斯坦迁入及穆斯林从印度迁出；外国司法；给予尼泊尔的经济与科技援助；等等。[①]

---

① S. R. Maheshwari, *Indian Administration* (New Delhi: Orient Black Swan, 2013), pp. 116-117.

三　财政部

财政部起源于1810年，在当时的印度最高政府里建立了独立的财政局，但一直到1864年，没有全职秘书在机构供职。1843年，最高政府和孟加拉政府的联合秘书被取消后，最高政府的财政局开始由单独的秘书负责。1947年，财政局重组为财政部（Ministry of Finance），由三部分构成，即支出局、经济事务局和税收局。1949年，财政部由两个局构成，税收、支出局和经济事务局。2000年，重新划分为三个局：经济事务局、税务局、支出局，每个局有一个单独的全职秘书负责。其中有一个秘书负责协调和行政，可称为第一秘书，由经济事务局秘书担任这个角色。现在财政部下属五个局，除上述三个局之外，还有金融事务局、投资与公共资产管理局。

财政部负责中央政府的财政行政，处理的经济与金融事务影响着国家整体。为发展及其他目标调动资源，调控中央政府开支，包括对邦的资源转移。控制公共开支是财政部的重要责任，唯其如此，才能有效维护纳税人的利益。财政部下属部门及负责事项如下。

1. 经济事务局

经济事务局（Department of Economic Affairs）监管国家经济趋向，对涉及内外经济管理有影响的事务向政府提供建议，包括央行工作、定期贷款机构、投资调控、对外援助、中央政府的预算准备以及邦在总统管理下的预算。

经济事务局最初下属六个主要部门：经济部门、银行部门、保险部门、预算部门、投资部门、对外金融部门。

经济部门是财政部的枢纽部门，负责影响整个国家的经济政策事务。虽然其基本功能是建议，也包含在一定的经济背景下对预见经济表现负有功能性责任。经济部门监控经济运行状况，向政府建议改变政策以加速经济发展、控制通胀。同时向经济政策领域的其他部、部门提供技术支持。经济部门负责准备年度经济调查呈交给议会，作为中央预算的背景资料，调查对经济领域的重大发展进行全面评估，分析经济走势、为不同部门提供经济前瞻以及政策评价。经济部门还负责监控邦经济状况，就重要事项提供背景文件，对政府规划经济政策提供帮助。因其工作性质，经济部门与印度储备银行、计划委员会、中央统计组织以及其他部的经济和统计分支机构有着紧密的联系。①

经济事务局银行部门的业务涉及政策处理，会影响商业银行、短期借贷机构、印度人寿保险公司、一般保险公司和印度信托公司。

保险部门控制和监督保险产业的活动。其职能包括对保险业的政策构建和行政管理，评估和监控保险公司的表现，决定保险公司雇员的服务条件

预算部门有责任准备呈交给议会的中央预算，获得后者的批准。同时在总统治理下履行所有与邦有关职能。对外金融部门处理有关印度获取国外援助事务，如从国际货币基金组织、世界银行、国际发展联合会、亚洲开发银行等国际组织得到的援助。

随着印度经济的发展，经济事务局下设的部门越来越多，目前主要部门包括：援助、账目和审计部门，负责安排从信贷部门与各种多边和双边机构签订的贷款和赠款协议中提取资金；负责确保及时偿还各捐助方的债务，核算外部援助，对出口促进进行审计，并向信贷司提供管理信息。②行政与协调部门，负责所有与部门官员和雇员有关的行政和养恤金事项，官员与机构的福利措施。与印度大使馆经济部有关的行政事项以及印度驻华盛顿、东京和北京大使馆经济部有关的行政事项，对经济研究机构的资助档案和国内培训方案。③双边合作部门、预算部门、金融市场部门、货币部门、基础设施政策和金融部门、投资部门、综合财务部门、公共债务管理小组等。

2. 支出局

支出局（Department of Expenditure）是监督中央政府公共财政管理系统及与国家财政有关的事务的中心部门。它负责执行财务委员会和中央薪金委员会的建议，监测审计评估和意见，编制中央政府账目。它还协助中央各部、部门控制公共服务的成本和价格，审查系统和程序，以优化公共

---

① S. R. Maheshwari, *Indian Administration* (New Delhi: Orient Black Swan, 2013), p. 108.
② 参见印度经济事务局网站，https://dea.gov.in/divisionbranch/aid-accounts-audit-division.
③ 参见印度经济事务局网站，https://dea.gov.in/divisionbranch/administration-coordination-division.

支出的产出和成果。该局的主要活动包括通过与财务顾问的联系和财务细则、条例、命令的管理，监督中央各部、部门的支出管理，对主要计划、项目进行预制裁评估，处理移交给国家的大部分中央预算资源。

分配给支出部的业务通过人事和编制局、公共财政（州）和公共财政（中央）局、总审计长办公室、首席顾问费用办公室和中央养恤金会计处进行。支出局还控制位于法里达巴德（Faridabad）的国家财务管理研究所，这是一个自治机构。

支出局下属主要部门有：人事和人事编制部门、公共财政（中央）、公共财政（邦）、综合财务部门、执行部门、附属办公室、自治机构。[1]

3. 金融事务局

金融事务局（Department of Financial Services）授权管理银行、金融机构、保险公司和国家养恤金制度的运作，该局有1名金融秘书负责，3名辅助秘书、6名联合秘书和2名顾问提供协助。金融事务部负责监督印度政府有关银行业、保险部门和养恤金部门的若干关键方案、倡议和改革。与金融普惠、社会保障和保险作为风险转移机制有关的倡议和改革；向经济关键部门、农民、普通人提供信贷是局处理的关键重点领域。

金融事务局向公共部门银行、公共部门保险公司和国家农业和农村发展银行、印度小工业发展银行、印度基础设施金融有限公司等发展金融机构提供政策支助。它还监测临时附属机构、私营部门和发展筹资机构的业绩，并就印度的银行和保险部门制定政策。该局处理有关监管机构的立法和政策问题，即印度储备银行（RBI）、印度保险监管和发展局（IRDAI）和养恤基金管理和发展局（PFRDA）。外勤部还处理与收回债务有关的立法框架，与国际银行有关的事项也由该局处理。[2]

4. 投资与公共资产管理局

该局最初名为撤资局，1999年12月10日成为一个独立局，2001年9月6日起改名为撤资部。从2004年5月27日起，该局成为财政部下属的部门之一。自2016年4月14日起，撤资部更名为投资与公共资产管理局（Department of Investment and Public Asset Management）。

---

[1] 参见印度财政部网站，https://financialservices.gov.in/.
[2] 参见印度财政部网站，https://financialservices.gov.in/.

根据业务分配规则，该局负责事务包括：与中央政府股权投资管理有关的所有事项，包括对中央公共部门企业的股权转让。所有与出售中央政府股权有关的事宜，出售私人配售或以往中央公营机构的任何其他形式出售中央政府股权的事宜。有关行政各部门撤资建议的决定，包括战略撤资。所有与独立外部监管有关的事项，以便进行撤资和公共资产管理。（1）与中央公共部门企业有关的事项，如资本结构调整、奖金、股息、政府股权的撤资和其他相关问题，涉及政府对股本的投资。（2）就中央公营企业的财务重组及透过资本市场吸引投资事宜，向政府提出建议。[1]

5. 税收局

税收局（Department of Revenue）在部秘书的总体指导和控制下履行职能。它通过两个法定董事会：中央直接税委员会（CBDT）和中央海关与海关委员会（CBEC）对所有有关直接和间接联邦税的事宜进行控制。每个董事会由一名主席担任，他同时也是印度政府的特别秘书。与征税和收取直接税有关的事项由中央直接税委员会负责处理，而海关、中央关税和其他间接税有关的事项则属于中央海关与海关委员会的范围。这两个董事会是根据1963年《中央税收法案》成立的。目前，中央直接税委员会有6名成员，中央海关与海关委员会有5名成员。成员也是印度政府的辅助秘书。[2]

四 人事、督察与养老金部

印度独立后随着公务员队伍的迅速扩大，中央政府感觉有必要设立专门的中央人事机构负责人事职能。第三届人民院评估委员会认为，政府在福利国家中不断扩大的作用与大量公务员的自然共存，需要有一个单独机构有效处理人事控制。按评估委员会的观点，有关公共服务行政的目前状态涉及双重管理：内政部依据对总体服务有效运作产生影响这一观点，而财政部依据财政影响对有效管理并不具有建设性意义，[3] 二者不免产生抵

---

[1] 参见印度投资与公共资产管理局网站，https://dipam.gov.in/mandate.
[2] 参见印度税收局网站，https://dor.gov.in/.
[3] Ninety-third Report of the Estimates Committee (Third Lok Sabha), New Delhi, Lok Sabha Secretariat, 1966, p. 18.

悟。行政改革委员会也督促政府在总理领导下建立独立的人事部，作为政府人事职能的中心机构。1970年8月，人事部门设立，属于内阁秘书处。1985年，设立人事、公共投诉和养恤金部，下设三个局：人事和培训局（Department of Personnel and Training），行政改革和公共督察局（Department of Administrative Reforms and Public Grievances），养老金和退休人员福利局（Department of Pension & Pensioner's Welfare）。

人事、督察与养老金部（Ministry of Personnel, Public Grievances and Pensions）是中央政府在人事事务方面的协调机构，特别是在招聘、培训、职业发展、工作人员福利以及退休后分配等问题上。该部还关注以人为本的现代化管理进程。"业务分配规则"界定了分配给该部的工作。

人事部由总理总体负责，一名国务部长和副部长辅助。该部的行政领导是秘书，由职业公务员担任，通常是印度公务员机构成员。部内的初级和中等职位从公务员中选拔，但大多数高等决策岗位由印度公务员机构成员担任。

人事和培训局是印度人事和管理改革的中心机构，在人事管理上，负责制定政策进行人员的招募、训练、提升、雇主与雇员关系、服务条件等。在公务员队伍上，负责公务员的机构福利、纪律和道德以及忠诚。

行政改革和公共督察局是印度政府负责行政改革的中心机构，也是纠正与各邦，特别是中央政府机构有关的公众申诉的中心机构。新闻部门努力通过视听媒体和出版物记录和传播成功的善政做法。该局还在国际交流与合作领域开展活动，以促进公共服务改革。

养老金与退休人员福利局是中央政府制定有关退休金及其他退休福利政策的中心机构。领取者涵盖1972年养恤金规则涉及的雇员，除了制定中央政府的养老金政策外。它还寻求促进养老金领取者的福利，并提供论坛以安抚养老金领取者的不满情绪。

五　国防部

国防部（Ministry of Defence）的历史可追溯到1776年，当时东印度公司在加尔各答成立了一个军事部门，主要职能是筛选和记录政府各部门发布的与军队有关的命令。军事部门最初作为公共部门的一个分支机构运作，并保留一份陆军人员名单。根据《1833年东印度公司特许法》

(*Charter Act*, 1833),东印度公司秘书处改组为四个部门,包括一个军事部门,每个部门由政府秘书领导。孟加拉国、孟买及马德拉斯的军队,1895年4月之前作为独立的部队存在,之后被编为统一的印度军。为了便于管理,设置四个司令部,即旁遮普(包括西北边境)、孟加拉国、马德拉斯(包括缅甸)和孟买(包括信德、奎达和亚丁)。1947年8月,印度独立后,国防部成为内阁部长领导下的国防部。

印度政府负责确保印度及其组成部分的安全。武装部队最高指挥部属于总统。国防的责任由内阁负责,并通过国防部执行,国防部为武装部队提供政策框架和资源,以履行其在保卫国家方面的责任。国防部的主要任务是就所有与国防和安全有关的事项征求政府的政策指示,并将其传达给服务总部、部门间组织、生产机构和研究与发展组织执行。它还必须确保在分配的资源范围内有效执行政府的政策指示和已核准的方案。国防部由四个部门组成,即国防局(Department of Defence)、国防生产局(Department of Defence Production)、国防研究与发展局(Department of Defence Research & Development)、退役人员福利局(Department of Ex-Servicemen Welfare)。

国防局负责处理综合防御机构(IDS)、三军以及不同的服务间组织事务。它还负责国防预算、编制事项、国防政策、与议会有关的事务、与外国的国防合作以及所有国防相关活动的协调。国防生产局负责与国防生产、进口物资、设备和备件的本土化、军械工厂委员会部门生产单位的规划和控制以及国防公共部门企业有关的事项。国防研究与发展局由一位秘书领导,它的职能是就军事装备和后勤的科学方面以及拟订该处所需设备的研究、设计和发展计划向政府提供咨询意见。退役人员福利局处理退伍军人的所有安置、福利和养老金方面事务。

概言之,国防部履行职能包括:印度总体及其组成部分的防务,包含防务准备、有助于战争的各种准备、战争终结后的解除动员;联邦军队事项,包含陆军、海军及空军;陆海空后备役;地方自卫队与空军附属部队;国家学生军训队;军事农场组织;由国防服务估计机构数支付的文职服务费用;用于航海图的水文测量和准备;海军营地的建成、营地区域的定界、区域内的自治、构成及权威;用于防务目的的土地和财产的取得、要求、保管和放弃；对防务土地和财产非法占有人的驱逐；等等。①

六 商业与工业部

商业与工业部（Ministry of Commerce and Industry）下属有两个局：商业局及工业和内部贸易促进局。商业局负责制定和执行与多边和双边商业关系、国家贸易、出口促进措施以及某些出口导向型工业和商品的开发和监管有关的对外贸易政策和职责。下属有八个部门：行政及总务司、金融司、经济司、贸易政策司、外贸区域司、邦贸易与基础设施司、供应司、种植业司。该局行政管辖所涉主题主要为：国际贸易、外贸、邦贸易、印度贸易服务管理、经济特区。

工业和内部贸易促进局，成立于1995年，2000年工业发展部与之合并。该部负责制定和执行促进工业部门增长的促进和发展措施，同时考虑国家优先事项和社会经济目标。各个行政部门负责分配给工贸局特定行业的生产、分销、发展和计划，而工贸局则负责整体工业政策。它还负责促进和增加流入该国的外国直接投资、计算总体价格指数。同时负责与专利、设计、商标和商品地理标志相关的知识产权，并监督与促进、保护有关的倡议。

商业与工业部部长是其首脑，也是内阁部部长之一。独立后第一任部长是穆克吉（Syama Prasad Mukherjee），现任部长是人民党的戈亚尔（Piyush Goyal），2019年3月接任。②

七 计划委员会

为实现国家政策指导原则设定的提高人民生活水平的目标，印度开始采取计划经济的方式，1950年3月，计划委员会（Planning Commisisson）诞生并推出第一个五年计划。国家的计划方式通常有两种，一种类似于法国和日本的指示性计划的方式，在十年甚至二十年内，计划者制定出精确的社会经济需求，在制订特定的计划和方案时给予指导而不是指令。而印

---

① S. R. Maheshwari, *Indian Administration* (New Delhi: Orient Black Swan, 2013), p. 113.
② "Ministry of Commerce and Industry (India)", https://en.wikipedia.org/wiki/Ministry_of_Commerce_and_Industry_ (India).

度属于指令性的计划方式。印度计划委员会自产生以来，就具有两个特征：其一，计划委员会的设置是在传统的部、局之外的，以防止其陷入陈规俗套，同时也是便于发展跨部门的视角和观点；其二，机构采用委员会这种类型，也是有意识地在需要国内组织回应新需求时赋予其必要的灵活性，同时建立智库。

计划委员会是根据中央政府决议建立的，其职能描述如下：为有效、平衡地使用国家资源编制五年计划；确定计划的优先事项；评估国家资源，设计增加国家资源的方式方法；确定最佳的国家机制以保证计划的成功执行；周期性评估计划进展，如果需要，进行调整。如果用更明确的术语进行描述，其职能可以简述为：评估资源；资源的优先分配；计划问题；为中央和各邦编制发展计划；产业发展计划；确定必要的国家机器的性质以保证计划各个方面的实施；在计划执行的各个阶段评价计划的进展；计划视角；国家发展中的公共合作等。[①]

计划委员会成立后，其组织和构成经历了影响深远的变化。因为委员会承担的工作类别，从开始就进行了重组，其内部组织也和中央政府的部、局有明显不同，建议认为计划委员会应通过部门进行组织，需要三类部门：总体计划部门、特别计划部门、项目管理部门。究其根本，计划委员会的组织设置反映了其专家特征。其内部组织围绕两个等级建立，即行政和技术等级。行政等级由计划委员会秘书领导，下面设有联合秘书、副秘书长、下秘书及其他机构，执行组织必要的一般行政事务。技术等级，由一名顾问负责，直接向进行了工作分配的相应成员进行报告。比如远景规划顾问直接在处理这一事项的成员之下工作。顾问的级别或者是辅助秘书或者是联合秘书，承担组织协调的功能。顾问之下是主管，其主要任务是在工作范围内对项目和计划进行详尽的技术检验和分析。主管有主任、联合主任及其他机构辅助。

计划委员会主要的功能单位是部门，划分为 25 个部门，每个部门处理计划的一个重要部分。其部门划分依据来源于 1971 年 9 月建立的一个委员会制定的原则，主要原则有：更具有内在一致性的部门分组，清晰的

---

① *Subject for Which Ministries and Department of Goverment of India are Responsible*, New Delhi, Lok Sabha Secretariat, 1966, p.179.

描述为：(a) 处理不同部门和内部关系的分界线；(b) 计划的编制和协调部门；(c) 服务部门。部门界线应加以强化，使之能够承担长期部门计划、参与工程与项目的准备及评价、监控计划的表现、依据工作的内容信息进行改进；服务部门提升必备的专业知识给方案的评价、监管、信息提供后备支持。

计划委员会下设的部门有：农业与合作；落后阶层；沟通、信息与广播；教育；健康与家庭福利；工业与矿业；灌溉与开发区发展；劳工、雇员与人力资源；计划信息与宣传；电力与能源；农村发展；科学、技术与环境；社会福利与营养；运输；村庄与小产业；农村能源；国际经济；财政资源；监控；远景规划；计划协调；项目评价；邦计划；发展政策；行政机关。除此之外，计划委员会内部还设有方案评价组织以及计算机服务部门。

2015年1月，莫迪政府内阁决定成立国家转型委员会（Niti Aayog），代替计划委员会职能的实施，国家转型委员会是印度政府的首要政策"智库"，提供方向和政策。在为印度政府制定战略和长期政策和方案的同时，国家转型委员会还向中央和各邦提供相关的技术咨询。

设立该机构的主要目标包括：在各邦积极参与下，形成国家和部门发展优先事项、战略，创造共同愿景；通过结构化支持倡议和机制，在邦长期努力的基础上，培育合作型联邦主义，认识到强大的邦造就强大的国家；发展机制，在村一级制订可信计划，并在更高级别的政府逐步汇总这些计划；确保将国家安全利益纳入经济战略和政策；对社会中有可能无法充分受益于经济进步的阶层给予特别关注；设计战略和长期政策及方案框架和举措，并监测其进展情况和成效；通过监测和反馈吸取的经验教训将用于作出创新改进，包括进行必要的中期修正等。

该机构的全部活动可分为四个主要部分：设计政策和方案框架；促进合作联邦制；监测与评估；智库和知识创新中心。

机构组成包括：主席，由莫迪担任；副主席，库马尔（Rajiv Kumar）；全职成员，萨拉斯瓦特（Shri V. K. Saraswat）、钱德（Ramesh Chand）、保罗（V. K. Paul）；兼职成员，国防部部长辛格（Raj Nath Singh）、内政部部长沙阿（Amit Shah）、财政部部长西塔拉曼（Nirmala Sitharaman）、农业和农民福利部、农村发展部部长托马尔（Singh Tomar）；其他还包括特邀成员，主要由四个具体职能部的部长组成；主要执行官员。①

八　国家安全委员会

印度独立后的国家安全决策体系经历了长期的演化和调整，最初，内阁国防委员会（Defence Committee of the Cabinet，DCC）为最高层级的安全管理机构，1962年中印边界冲突暴露出印度安全决策的盲目与短视，内阁国防委员会更名为内阁紧急情况委员会（Emergency Committee of the Cabinet，ECC）。英迪拉·甘地执政后，废除内阁外交事务委员会及紧急情况委员会，以内阁政治事务委员会（Cabinet Committee of Political Affairs，CCPA）取而代之。内阁政治事务委员会事实上左右着最高国家安全决策，既拥有国防战略制定权，又负责战略实施所需的人力、物力调配，同时其职责范围不限于国家对外安全事务，在一定程度上整合了内部委员会的职能。政治事务委员会自1970年成立后，机构延续至今。②

1990年辛格总理（V. P. Singh）执政后宣布建立印度国家安全委员会（National Security Concil），最初由战略核心小组、秘书处及国家安全咨询委员会构成。但在辛格卸任后，拉奥政府认为该机构并不适应印度政治体制，作用难以发挥，直到瓦杰帕伊执政后，1998年印度再度设立国家安全委员会，机构的延续性才得以保证。

逐渐稳定的国家安全委员会由战略政策小组、秘书处、国家安全咨询委员会及国家安全顾问组成。其主要职能可概括为：政策评估，对国家所处的安全环境及安全威胁进行评估；威胁界定，关注国家面临的严重安全威胁；统筹协调，协调政府不同部门职能，确保战略资源的充分保障。③因印度国家安全委员会并非法律实体，实际上是行政命令的产物，其政治地位及实际效力也受到很大影响，在印度的国家安全决策体系中，内阁政治事务委员会人员构成广泛，职能范围更大，内阁安全事务委员会的人员

---

① Details on the NITI Aayog Mission Statement can be found at NITI Aayog "National Institution for Transforming India", NITI Aayog, http://niti.gov.in/.

② 参见张骥主编《世界主要国家国家安全委员会》，时事出版社2014年版，第八章"印度国家安全委员会"。

③ 参见张骥主编《世界主要国家国家安全委员会》，时事出版社2014年版，第八章"印度国家安全委员会"，第292页。

构成与前者类似,但其具有法律实体地位,关注的往往是具体的安全问题。事务的交叉和重叠也凸显出国家安全委员会面临的窘境,从功能分异来看,其职能主要集中于战略咨询。从国家安全委员会的人员构成上也可以体现出这一特点,包括退役的参谋长及外交部秘书以及专家学者。

虽然国家安全委员会在国家安全决策中并非处于中心位置,但国家安全顾问的能量不可小觑。作为内阁制的国家,实际决策权往往由总理独揽,在强势政府时更是如此,则作为个体和总理私人代表的安全顾问发挥的作用极为重要。如作为首任安全顾问的米什拉(Brajesh Mishra),任职期间展示了高超的政治技巧与外交艺术,对于印度外交政策制定及其转变发挥了重要影响。卡吉尔冲突调查委员即为米什拉影响下建立,在该委员会建议下产生了四个工作组,对国家安全进行全面评估。中印关系中的具有里程碑意义的事件也都发生在米什拉任职期间,在中印边界问题上,瓦杰帕伊任命米什拉为印方特别代表,建立了边界问题特别代表会晤机制。米什拉提出的"有取有予"原则代表了印度务实灵活的开放态度,也为中方所认可和赞同,从而为中印边界磋商奠定了良好基础。① 梅农(Shiv Shankar Menon)任国家安全顾问期间,中印在2005年达成中印边界问题政治指导原则协定。现任安全顾问多瓦尔(Ajit Kumar Doval)在中印洞朗对峙前后,为两国和平解决争端、恢复平稳关系发挥重要作用。

第三节 行政机关与司法、议会的关系

一 行政机关与司法机关的关系

司法机关应看作一个被赋予了司法行政职责的政府部门,它与行政部门的关系是独立运作、相互制衡的,其中司法机构负有监督和纠正行政机关违宪行为的职责。印度《宪法》第50条规定,为公共服务的目的,政府需要采取步骤将司法机关与行政机关分离,这也是国家政策指导原则之一。

印度司法中对司法侵犯行政权作出了一些限制。司法机关无权以任何理由弹劾行政部门的任何人,只有存在争议的情况下,它才能发出指示。

---

① 戴秉国:《战略对话:戴秉国回忆录》,人民出版社、世界知识出版社2016年版,第275页。

只要行政部门不侵犯任何人的宪法权利，法院也无权干涉行政职能的履行。只要一个公共管理机构在其法定权力和管辖权范围内行事，其判决权和自由裁量权行使就不受公民或纳税人等私人诉讼当事人要求的法院审查或控制，因为没有授权进行这种审查或控制的法规。

另外，行政机关亦不得干预司法机构的工作。行政官员不能行使司法权力或职能，例如通过立法的合宪性。他们无权决定原告或潜在原告是否有资格在法院维持一项诉讼，以便对某一机构的诉讼进行司法审查。他们不能修改或更动法院命令。[1] 如果行政行为受到法院的质疑，司法机关可以对其进行司法审查，比如地方政府履行其职责提供一些福利的政策，为需要的儿童提供特殊教育；移民局和移民上诉局的某些决定；监管机构的某些决定；与囚犯权利有关的一些决定。《宪法》第 32 条赋予最高法院执行公民基本权利方面广泛的原始管辖权。它有权发布指令、命令或令状，包括人身保护令、书面训令、禁令、移送令等。印度的公共利益诉讼（PILS）在公众诉诸司法、控制行政机关方面可成为一项有效的武器。但这种诉讼机制受到批评，称其被滥用，因为对公共机构提起诉讼的程序相对容易，甚至有一些人希望通过这一诉讼过程获得一定知名度。

同时，行政机关对司法机构也有一定程度的控制。尤其体现在法官的任命上，法院的工作人员由总统提名的法官组成，他们分别是国家和邦的行政首长。司法机构也必须依靠行政部门执行其决定，法院法官是根据行政首长的提名任命的。此外，对严重罪行的赦免权在于总统，因其是名义上的行政首脑，即便最高法院是国家最高上诉机构。

除了相对静态意义上的权利规定及权力边界，在实际施行过程中，行政权与司法权难免会发生碰撞，关系的紧张甚至冲突也在所难免。独立之初，法院利用有关人权的文字解读，与有产者形成某种联盟，妨碍政府土地改革的立法，显现出与行政权的对立。同一时期，法院在保护基本权利上采取矛盾的立场，发誓忠诚于公认的基本法律原则，而实际上拒绝了印度宪法中许多预先程序性要求，赞同各邦的预防拘留权。

在印度行政权与司法权的互动、博弈中，行政机构权力（通常以总理

---

[1] Tarumoy Chaudhuri, "Relations of Judiciary and Executive in India", https：//ssrn.com/abstract = 1672222.

为代表）得以强化时，通常会导致与司法机关权力的交叠与碰撞，因而产生更多的纠纷甚而冲突。20世纪50年代初，尼赫鲁推行改革，废除柴明达尔（Zamindar system）制度，招致地方群体控告政府此举违反公民财产权。《宪法》第31条规定除非给予补偿，否则不得以公共利益为由占有或取得任何财产，《宪法》第32条则给予个人对法院赔偿判决提出异议及提出起诉的权力。尼赫鲁政府在议会提议、通过第一号宪法修正案，保证废除柴明达尔制度合乎宪法要求，明确不能以破坏基本权利为由阻碍政府的土地改革。最高法院还质疑政府对公共机构权力的规定，干预了地方工商业者的权利，驳回政府对宗教基金的控制。总体上在尼赫鲁时期，行政官员与司法官员的冲突虽时有出现，其烈度及频次并不显著，司法官员往往放低姿态，在涉及政府政策时有意回避与政府冲突。① 尼赫鲁虽尖锐地批评印度司法盗窃了宪法为己所用，而由于在议会中占据多数，以及对议程的自信，经常采取寻求宪法修正案的方式绕过最高法院对宪法的司法解释。

英迪拉·甘地执政时，政府与司法机关的碰撞和交锋最为激烈而典型，二者的冲突和交锋集中在两个方面。其一是围绕宪法修正案的斗争。宪法修正程序虽出于适时调整、应对变化的正当动机，但频繁使用该程序则有通过议会多数政党强加意愿给国民之嫌，容易产生混乱。在有关果拉克·特纳（Gorak Turner）诉讼案的判决中，最高法院裁定议会无权修改宪法第三部分关于根本权利的规定。1970年2月最高法院的裁决中，认为《1969年银行公司（征用和移交企业）法》侵犯了宪法规定的基本权利。甘地政府不满最高法院的判决，提出《宪法》第24条修正案予以应对。强调议会有权根据《宪法》第13条和第368条规定的程序进行增补、变更、撤销宪法的任何条款。对宪法必要的修正，无须法院审查，司法部门也不得提出质疑，修正案最终在8月获得通过。② 针对阿拉哈巴德高等法院对英迪拉·甘地选举舞弊罪的判决，议会通过《宪法》第39条修正案（第329A条），该修正案不仅确认了总理的选举，而且将某些选举法置于司法审查之外。最高法院在1975年11月7日根据追溯性修改的选举法，支持英迪拉·甘地的选举。然而，它推翻了《宪法》第329A

---

① 王红生：《论印度的民主》，社会科学文献出版社2011年版，第115—116页。
② 王红生：《论印度的民主》，第118页。

(4)条,因为它违反了作为宪法基本结构一部分的法治,等于法院完成了一项非常困难的任务:它为英迪拉·甘地提供了一种受欢迎的救济,同时,通过主张司法审查的权力,保留了自己的合法功能。司法机构在紧急状态时期实质上已屈服于行政权,机构威望和凝聚力大打折扣。法官和律师往往被划分为亲政权或反政权阵营,这事实上造成了法官和律师的分裂,各地的审判室也成了党派冲突的场所。①

其二是围绕法官的任命方式。英迪拉·甘地在 1966 年至 1977 年初次执政时,谴责法官及其做出的判决,试图使司法机构屈从于总理权力。1973 年克沙瓦南达(Keshavananda)诉喀拉拉邦案件裁决后,甘地政府以任命雷(A. N. Ray)为首席大法官而不是三名敢于对案件作出大胆解释的资深法官作出回应,且三名法官受到政府公开的威胁。政府的这种任命虽然遭到全国抗议,但政府拒绝承认其破坏司法独立性。英迪拉·甘地重新执政后,1981 年 3 月,提出人民党执政时对法官任命的司法完整性问题:前人民党政权任命大量司法官员的依据何在。英迪拉·甘地质疑道:司法服务中以政治基础进行人员的任命是否应该继续;如果他们继续,我们如何才能指望他们的正义?他们的可信度是什么?当时最高法院只能以取悦政府、给政府想要的结果的方式予以应对。在法官调任案件中,七名法官组成的宪法法庭的大多数赞同在没有首席大法官同意的前提下赋予政府自由选择、解雇和调任法官(大规模调任除外)的权力,意味着英迪拉·甘地可以自己喜欢的方式来管理司法机构。有观点认为印度司法机构威望和自豪感在英迪拉·甘地执政期间遭受了巨大挫折和损害。② 根源于政府的强势地位,在英迪拉·甘地刚刚入驻总理办公室时,最高法院的巴格瓦蒂(P. N. Bhagwati)法官就迫不及待地送去信件,表达对其的赞美和忠诚。另一位法官则批评巴格瓦蒂以极度奉承的方式称颂英迪拉·甘地担任总理职位,致使民众对司法机构的信心产生动摇。③ 根本

---

① Bhagwan D. Dua, "A Study in Executive-Judicial Conflict: The Indian Case", *Asian Survey*, Vol. 23, No. 4 (Apr., 1983), pp. 466 – 468.
② Bhagwan D. Dua, "A Study in Executive-Judicial Conflict: The Indian Case", *Asian Survey*, Vol. 23, No. 4 (Apr., 1983), p. 464.
③ Bhagwan D. Dua, "A Study in Executive-Judicial Conflict: The Indian Case", *Asian Survey*, Vol. 23, No. 4 (Apr., 1983), p. 463.

原因在于英迪拉·甘地执政以来，司法系统不得不在司法独立和生存之间进行选择，生存成为其最终选择。

人民党德赛执政后，开始尝试恢复司法机关的威望和信任度，改善行政机构与司法机关的关系。德赛在就职广播讲话中，表达了对司法机构独立性的热情，认为自由是人民的基本权力，并决心恢复两年前被侵蚀的宪法中这一基本权力。① 联邦法律部长尚蒂·布桑（Chanty Busan）开始恢复久已失去的宪法平衡，在人民院引入了《第 43 修正案》（1978 年 4 月颁布），以废除《第 42 修正案》条款。1978 年 5 月，政府推出了《第 45 号修正法案》（重新编号为《第 44 号修正法案》），不仅消除了《第 42 号修正案》残留的压制特征，而且建立了自由的民主制度。但最终该法案在国大党主导的联邦院中经历了一段艰难的过程，仅通过其中五条关键条款，其中包括：（a）基本权利在国家政策指导原则之上的优先性；（b）强制使用全民公投来修正"宪法"的基本结构（这一规定被政府取消）。尽管修正案对政府部门的紧急状态权力作出了相当大的限制，以防止今后对规则的随意操纵，但并不能保证国家的自由民主制度。

在相对有利的政治气氛下，最高法院的信心和活力得以恢复。在 1977 年至 1979 年的大多数裁决中，法院对其在政治系统中的功能展现出新的社会觉悟。除了在法律援助、监狱改革和刑事司法方面采取一些重要举措外，还将宪法解释定位于服务公共利益的需要。在 1977 年解散案，法院维持了人民党撤销 9 个国大党邦政府的动议（根据这一决定，英迪拉·甘地于 1980 年撤销了同样数量的人民党邦政府的动议）。②

英迪拉·甘地 1980 年重新执政后，恢复了紧急状态时期与司法强硬的对抗。国大党有些政治家坚持认为宪法需要大修，因其被人民党污染了。最高法院于 1981 年年初开始接受对"预防性拘留法"和 1981 年"特别担保书法"的有效性提出质疑时，甘地政府再次试图缩小法院的规模。当时很多法官认为行政部门和司法部门对抗的界线划分得很清楚，指出政府的用心就在于惩处那些判决和政府部门不一致的法官。政府坚持在任命、确认和移交高等法院法官方面拥有自由，这是一种宪法上值得质疑

---

① G. Mirchandani, *Subverting the Constitution* (New Delhi: Abhinav Publications, 1978), p. 191.
② Bhagwan D. Dua, "A Study in Executive-Judicial Conflict: The Indian Case", p. 470.

的权力,但政府在紧急情况下使用这一权力来羞辱不听话的法官,这也迫使首席大法官钱德拉·库德(Chandra Kudad)呼吁团结的必要性。

在整个1980年,首席大法官拒绝屈服于压力,并要求政府任命8名高等法院首席法官(最高法院的5名法官),以符合既定的宪法惯例。然而,政府不仅迫切希望任命自己的忠实支持者担任法官,还希望调任或"淘汰"由人民党政府任命的约115名高等法院法官。因此,当法律部长宣布他的"任命和调任政策",即每个高等法院应有1/3的法官和邦以外的首席法官,并且应通过将法官从一个高等法院调到另一个高等法院予以执行,钱德拉·库德迅速做出反应,认为此举涉及最高原则问题,作出决定前应审慎思考。最高法院根据《宪法》第222(1)条规定,没有有效的真正协商,即便是个人调任也不能由政府进行。在1981年调任政策仍在热议之时,政府即采取了改变人民党任命的法官权力的做法,要么在任期的最后一刻延长任期,要么草草撤职,这些削弱司法作用的策略引起了钱德拉·库德的愤怒回击,指出政府的做法有违《宪法》第222条和第224条。

自20世纪80年代以来,根源于对政府维护权利及改革预期收益的失望,民众对司法机关的权威性和独立性寄予厚望,导致司法部门功能的强化。(1)公共利益诉讼法便利了普通民众寻求快速司法介入以实现社会公正。(2)让司法真正成为社会公正的保卫者,寻求律师、新闻从业者等积极参与对政府的监督。根源于利益群体的积极支持和民众期待,印度司法部门的角色、地位发生了重大变化。在与行政机关的关系上,从原来被期待追随行政部门,为行政当局推行社会改革服务,到独立于行政部门意志,维护宪法原则,直至对行政官员及事务实行积极法律监督和干预。①

对于行政权与司法权的关系,一些学者认为,如果一个政府凌驾于自己的法律之上,这可能是对民主的欺骗性解释,但在执政党成员中,似乎并不缺少这种政府概念的狂热拥护者。悲剧的是,一些决意让自己不受伤害的法官,正破坏着作为其力量源泉的机制。②

---

① 王红生:《论印度的民主》,第124页。

② "Judges at Loggerheads", *Times of India*, January 1, 1982, In Bhagwan D. Dua, "A Study in Executive-Judicial Conflict: The Indian Case", p. 479.

概言之，政府各机构之间是分工与协作的关系，各机构在其领域之内拥有相当程度的权威，同时对其他机构的事务有一定的发言权，可施加一定的限制和影响。出于制衡的需要，通常不允许一个机构拥有太多的权力，而现代政府的功能及活动领域都在不断扩展，势必带来权力的蔓延、浸入或危及其他机构的权力空间。作为民主制度的核心要素，不同机构的权力分享和制衡是标志性特征。权力行使的领域时有重叠，边界并不容易清晰划定，致使不同机构间往往产生碰撞与交锋，这也是行政机构与司法机构关系紧张的由来。

二 行政机关与立法机关的关系

由宪法的文本意义而定，在印度，议会居于联邦制的首要地位。按照印度国父们的意愿，议会与联邦制政府原则之间属于一种"包办婚姻"，关系紧张自然在所难免。印度建国后国大党一党独大的局面下，印度政治以议会为主导的基调基本保持，只有在人民党执政时期会有变化。[①]

尼赫鲁任职期间，政府与议会的关系相对稳定。源于对议会制度的尊重并确保议会以体面和负责任的方式运作，尼赫鲁在事务繁忙的时候也经常参加议会活动，充分注意反对党的意见，尊重他们作为民主进程的组成部分，反对党行事也相对负责，遵守议会的运作规则。然而，自20世纪60年代后期议会的作用开始减弱，决策权力逐渐萎缩，导致议会程序经常被忽视。议会和州议会往往充斥着喊叫、辱骂和吵闹，频繁离场、不守规矩、议员在议会和立法机构内的示威以及其他破坏性的策略，包括利用各种手段（静坐），逐步取代了理性的辩论和议会协商。特别是有的政党扰乱了议会的会议，导致议会经常几天都无法处理任何事务。

尼赫鲁之后，逐渐出现的一个现象是议会中政党制度的政治化。一旦执政党在立法机构中获得多数席位，政策的制定及实施完全依据执政党的意志，而不会听取在野党的意见，后者则不管政府方案如何，照例会反对政府的政策和行动。议会和州立法机构很少看到精心设计的备选方案之间的相互比较和辩论。批评、谴责大量存在，却鲜有有意义的辩论。政府决

---

① M. P. Singh, "Towards a More Federalized Parliamentary System in India: Explaining Functional Change", *Pacific Affairs*, Vol. 74, No. 4 (Winter, 2001 – 2002), pp. 553 – 568.

定的价值和效率不是在议会或州立法机构，而是在街头和媒体上受到考验。一度被看作体现议会自豪感的"质询时刻"退化为一场大喊大叫的政治诽谤，而且常常被叫停。[1]

1967年之后，个人利益导致改变政党、颠覆政府的现象，在邦政府成为常态。1975年英迪拉·甘地宣布进入紧急状态，很多政治分析家认为是个人权力强化的结果，这种失败的症状就是1975年后，作为议会事务根本的程序性规范遭受侵蚀。[2] 在中央，这种弊端也反映在1977年人民党政府的倒台上，整个议会制度似乎变成一种笑柄，少数改变立场的议员可以组成或推翻政府。1985年反背叛法的推出挽救了这种局面，政府得以保持更大的稳定和持久。但随后，背叛和分裂联盟事件时有出现。由于邦立法机构和议会自20世纪60年代末以来运作效率低下，议会机构名声受损，在人民中的权威下降，在政策制定和治理方面的作用越来越小。即使如此，他们继续发挥"宪法"赋予的作用，尽管不够充分；他们仍然给予舆论一些发言权，并反映出民众的情绪。政府仍然害怕议会或集会的开幕，最重要的是，只有保持议会的信任，一个政府才能继续掌权。[3]

通常，议会拥有的最重要职权集中于立法和对政府的监督，对政府的监督采用的方式包括质询、建议、弹劾、不信任与建立常设委员会等。在印度议会的多种职能中，制定法律的权力因政府对法律制定过程的控制而变得有名无实；外交事务方面，政府的重大决定根本不通过议会；财政监督方面，对政府财政预算开支的拒绝或削减，须征得政府的同意，致使政府的议案成为决定性的；倒阁权，在执政党拥有人民院多数席位的情况下，不信任投票难以通过。[4]

随着印度政治制度及其施行过程中行政权力的逐渐扩大，议会对行政权力的监督变得越发困难，印度议会体制中委员会制度的兴起成为立法机

---

[1] Bipine Chandra, Mridula Mukherjee, Aditya Mukherjee, *India After Independence 1947－2000* (New Delhi: Penguin Group, 2013), p. 646.

[2] Devesh Kapur, Pratap Bhanu Mehta, *Public Insititions in India: Performance and Design*, (Oxford University Press, 2017), p. 78.

[3] Bipine Chandra, Mridula Mukherjee, Aditya Mukherjee, *India After Independence 1947－2000* (New Delhi: Penguin Group, 2013), p.747.

[4] 林良光：《印度政治制度研究》，北京大学出版社1995年版，第97—98页。

关与行政机关博弈与碰撞的主要领域。常设委员会的权力本就是议会监督政府的一种方式，印度政治中部长负责制的原则使无论是内阁还是官僚机构都会侵蚀议会体制中立法机构的权限，立法机关为纠正权力减小和重新控制政府行政部门而采用的"主要手段"是加强和扩大其委员会制度。立法委员会"旨在在体制中提供一个平衡因素，否则可能面临行政霸权主义的态势"。① 因而从常设委员会的历史演变及其形态与弊端的角度审视，更易于清晰地透视印度立法机关与行政机关关系的新态势及其特点。

（一）立法机关与行政机构博弈的体现与领域：常设委员会的设立及演变

印度议会在独立前就开始尝试设立委员会，以提高其效力。1947年权力移交后，委员会的性质没有真正改变。1950年印度共和国宪法通过后，议会秘书处的雇员开始担任立法支持人员。1952年选举后，选区议会被新议会取代，常设立法委员会的活动受到限制。尼赫鲁认为独立后行政机构已然对立法机构负责，没有设立常设委员会的必要。根据《宪法》第105条规定设立了立法委员会，在其领导下，1954年成立了协商委员会，以使议会成员更接近政府。这些机构是为每个部设立的，是非正式的，在功能上可以说是教育性的，而不是咨询性的。② 为澄清其机构目标，协商委员会通常每届议会举行两次会议。成员平均有30—40人，在处理诸如社区发展、农业和工业等关注更为广泛的问题时，委员会吸引了100名议员，而处理原子能等更深奥问题的委员会吸引的议员数量很少，新闻界批评新成立的委员会只是一种进一步限制人民院会议次数的手段。③

对于委员会最初运作状况及其效应，无论是议会还是政府都不满意。议会对协商委员会的功能普遍不满，认为其往往沦为简报会。政府对协商委员会不满，源于本意是希望借此减少议会对政府的质询，议会质询的次

---

① *Parliamentary Committees in India* (New Delhi: Institute of Constitutional and Parliamentary Studies, 1973), preface.

② R. K. Khadilkar, "Parliamentary Committees: Case for Wider Powers", *Parliamentary Committees in India*, p. 13.

③ G. Rubinoff, "India's New Subject-Based Parliamentary Standing Committees", *Asian Survey*, Vol. 36, No. 7 (Jul, 1996), p. 725.

数在委员会建立后反而大为增加。反对党对协商委员会的表现尤其不满，则根源于部长们对议员的不信任。以人民院设立的财务委员会为例，当时的财务委员会包括预算委员会、公共账户委员会和公共事业委员会，以监测支出和业绩。人民院成员获准与后两个机构以及其他常设委员会保持联系。两院还设立了各种调查和审查委员会，以保证部长们履行承诺。其他机构，例如商业咨询委员会和规则委员会，则处理两院的日常事务和程序。除了常设委员会外，还时常设立一些临时委员会，以审议和报告诸如丑闻等特定问题。尽管委员会不断增加，权力也在扩大，但议员们仍然对现有的结构感到不满。印度议员们认为，与行政部门现有的资源相比，他们拥有的执行任务的资源不足。尤其是英迪拉·甘地的紧急状态，严重阻碍了议会正常运作。紧急状态突出显示了民主体制的非法化，而行政权力得以强化。许多议员被关进监狱，立法机关明显衰落。英迪拉·甘地及其继任者对立法机关表现出不屑，政府对立法机关参与行政事务的反应也日益减弱。议员们了解国家事务的发展是通过媒体，对议会议程的决定，更多的是对媒体的反应。议员们也尝试聚焦丑闻而不是实质性问题使政府难堪。

20世纪80年代议会议员越来越多的抵制会议和议会外活动，进一步限制了议会事务的开展。议会的通常职能如立法活动、预算监督、部委审查显著减少甚至缺失，为矫正偏废，重振立法机构，对各部活动提供持续的审查，议会开始考虑恢复以主题为基础的常设委员会。1989年，印度议会设立了三个新的常设委员会：农业、环境和森林以及科学和技术委员会。[1] 支持者认为这将使议员能够在更透明的环境下监督政府的运作，委员会旨在提供一种机制，为政府和议会成员之间有意义的对话开启路径。随着议会审查的不断进行，立法部门的监督职能也将得到加强，人们预计，随着议员专业知识的培育和发展，政府将逐渐变得更加负责。然而，由于这些会议是为了使立法者能够在无党派背景下与行政官员互动进行的，新闻界批评新成立的委员会是为了增强立法程序的机密性，减少部长问责制，并进一步限制议会会议的次数。

1989年至1991年，由V. P. 辛格和钱德拉·谢卡尔（Chandra Shek-

---

[1] Rubinoff, "India's New Subject-Based Parliamentary Standing Committees", *Asian Survey*, Vol. 36, No. 7 (Jul, 1996), p. 726.

har）领导的少数政府为议会提供了扩大其特权的机会，但无法在以往进展的基础上继续获得推进。非国大党政府的软弱助长了议会的权力，考虑到政府在前三届议会中的脆弱地位，印度领导人无法拒绝增加委员会数目或允许人民院参与的要求，导致立法委员会数量激增。[1]

由于政府的混乱及种种缺陷，阻碍了行政和立法部门的有效运作，新的委员会并没有发挥预想的效力。1991年拉奥政府时期，在委员会设立方面取得了一些进展。拉奥一直忧虑的是除了危机时期，缺乏体制性安排使得议会能在国家事务中发挥积极的作用。在拉吉夫·甘地政府担任过内阁职务的帕蒂尔（Shivraj Patil）开始致力于加强议会的作用，扩展与各部门有关的常设委员会，赋予其改变议会与政府政治关系的功能。1993年3月31日由议长帕蒂尔主持了17个与部门有关的常设委员会，并在随后的时间开始工作，他们负责按职能划分的42个部/局，最终印度新的以主题为基础的议会常设委员会制度正式启动（见表3.1）。

表3.1　　　　　　印度人民院常设委员会及所涉部/局

常设委员会	部/局
农业委员会	（1）农业 （2）水资源 （3）食品加工品
商业委员会	（1）商业 （2）纺织品
通信委员会	（1）信息与广播 （2）通信
国防委员会	国防
能源委员会	（1）煤炭 （2）非传统能源—资源 （3）电力 （4）原子能

---

[1] Rubinoff, "India's New Subject-Based Parliamentary Standing Committees", *Asian Survey*, Vol. 36, No. 7 (Jul, 1996), p. 727.

续表

常设委员会	部/局
外交委员会	外交
财政委员会	（1）财政 （2）计划 （3）项目执行
食品、民用品供应及公共分配委员会	（1）食品 （2）民用品供应、消费者事务及公共分配
内政委员会	（1）内政 （2）法律、正义及公司事务 （3）个人、公共投诉与养老金
人力资源开发委员会	（1）人力资源开发 （2）卫生与家庭福利
工业委员会	（1）工业 （2）钢铁 （3）矿业
劳工和福利委员会	（1）劳工 （2）福利
石油和化工委员会	（1）石油和天然气 （2）化工和石化
铁路委员会	铁道
科学技术与环境森林委员会	（1）科学、技术 （2）电子 （3）空间 （4）海洋开发 （5）生物科技 （6）环境、森林
运输与旅游委员会	（1）民用航空 （2）地面运输 （3）旅游
城市和农村开发委员会	（1）城市开发 （2）农村开发

资料来源：*Departmentally Related Standing Committees*, *Rules* (New Dehli: Lok Sabha Secretariat, April 1993), pp. 5–6.

新委员会的设立提供了一个机制，使议会的所有成员在有倾向和意愿的情况下可以参与立法事务。除了 17 个常设委员会，印度议会现在有 30 多个协商委员会和 18 个议会委员会。这为议员提供了机会，让他们有机会担任辅助议员，例如对外事务常务委员会及国防咨询委员会，但也会造成法律意见重叠、设施短缺，以及占用议员时间过多等弊端。[1] 另一个弊端在于印度议会中过多的委员会产生了会议庸叠，容易造成日程冲突、人员短缺、司法纠纷，导致对该系统的表现普遍不满。政党核心小组会议通常是在短时间内排定，优先于委员会会议。此外，担任党派重要职务及负有行政责任者往往不重视常委会的工作。这些弊端的存在，致使新成立的委员会没有足够的时间准备深入的研究，其报告敷衍、难以得到政府重视，也没有被媒体所阅读。对于部长们来说，只要不需要在他们面前作证，部长们就不会认真对待这些新的常设议员。虽然印度议会委员会的建议不具法律约束力，但印度政府在历史上接受了其中的大部分建议。

就常设委员会的评价来说，与部门相关的常设机构的有效性取决于议员的质量和政府提供及时、事实和完整信息的意愿，以及委员会工作人员提供客观、独立的研究和专业知识的能力。在印度，政府是议会的一部分，并对其负责，同时政府还控制议会，它不允许立法委员会成为一个平行的权力机构或竞争的权力中心。议会系统中的政府通常不会主动通知成员，也不会赞赏立法部门为行政部门提供指导的努力。拉奥政府认识到，委员会的想法是好的，但它也可能是分裂的根源。在这种情况下，行政人员并不过分热衷于确保其成功。和其他国家一样，政府普遍担心过于激进的立法机构最终会越线决策，试图管理官僚机构的日常事务。人民院前秘书长苏巴什·卡西亚普（Subash Kashyap）的说法可能更有见地，"只有强大的政府才有能力建立强有力的议会委员会制度"，一个强大的行政机构与同样有效的立法机构相抗衡的体制并置将决定印度的未来。[2]

（二）立法机关与行政机构博弈的典型案例：印美民用核协议的表决

议会与行政机关博弈的另一个典型案例围绕印美民用核协议展开。尽

---

[1] Rubinoff, "India's New Subject-Based Parliamentary Standing Committees", *Asian Survey*, Vol. 36, No. 7 (Jul, 1996), p. 731.

[2] Rubinoff, "India's New Subject-Based Parliamentary Standing Committees", *Asian Survey*, Vol. 36, No. 7 (Jul, 1996), pp. 735 – 738.

管政府明确表示协议的签署不会损害印度独立的核武器发展计划,该协议将为印度在核能源领域的飞跃提供巨大机遇。① 但在印度国内,对协议的达成一度充满指责和非议。虽然印度宪法条款授权行政机构可以达成国际协议、签署国际条约而无须议会的明确监督。但 2005—2008 年,围绕民用核协议的争论非常激烈,有人呼吁修改宪法条款,使行政机构拟议中的国际协议需经公投和议会批准。

在围绕民用核协议的投票中,构成团结进步联盟的地方政党及左翼政党激烈反对国大党的立场,印度共产党中央秘书处感叹美国既没有支持印度要求其成为联合国安理会理事国,也没有承认它是核武器大国,而只是一个拥有先进核技术的"国家"。声明还批评了开放印度民用设施供国际原子能机构检查的举动,称这是"印度先前的核政策的单方面逆转,而没有在议会、团结进步联盟(UPA)或与左派之间进行任何事先讨论……"② 在 2004 年的人民院选举中,团结进步联盟获得 226 个席位,其中两个左翼政党共占据 59 个席位,对执政的国大党采取外部支持的方式,即只在具有共同立场的案例上提供支持,因而会产生随时撤回支持导致政府垮台的威胁。左翼阵线认为国大党在核协议问题上,继续其原有权力中心化的传统,认为无须交议会讨论,违背了"联合法",即顾及较小伙伴意见的义务,并促使左翼联盟伙伴反对核协议,撤回对国大党的支持。而最终在议会信任投票中,276 票赞成,256 票反对,在 2005 年签署该协议三年后在议会获得通过。

虽然民用核协议通过,但围绕该问题的博弈彰显了印度地方政党权力与影响力的扩展,并对政府的国际协议行为产生越来越多的制约,也说明了议会利用执政联盟的嫌隙和裂痕质询行政权力的策略实际发挥的效能。有评论认为,国大党拒绝将核协议问题提交议会,尽管在法律上是合理的,但这与立法机构日益增长的权力和期望是不一致的,在立法机构中,人数较少的政党开始拥有了巨大的讨价还价权力,是因为他们增加了联盟

---

① Afzaal Mahmood, "Indo-US Pact-a Gamble?", *Dawn*, 30 Jul., 2005, https://www.dawn.com/news/1068140.

② Karthika Sasikumar and Gilles Verniers, "The India-U. S. Nuclear Cooperation Agreement: Explaining the Contentious Indian Debate", *Asian Survey*, Vol. 53, No. 4 (July/August 2013), pp. 679 – 702.

的数量。而国大党的拒绝激起了所有政党的不满。① 可以较为公允地认为，这一说法准确概括了当时的政党生态及政府与议会博弈的空间。

本章小结

本章主要内容是对印度除总统以外的联邦行政机构进行概括介绍，以期读者能够基本了解和把握印度中央行政系统结构、运行状况。印度作为议会制国家，由议会（人民院）选举中获得多数席位的政党或政党联盟获得授权组成政府，总理为政府首脑，在总统任命下由人民院多数党领袖担任。议会体制下，政府是最具权力的功能机构，总理作为政府首脑和多数党领袖，实际控制着政府和议会。联邦各部部长由总理推荐并在总理监管下工作，总理也成为部长与总统沟通的桥梁与渠道。

部长会议，由总理和内阁部长、国务部长及副部长组成。履行其职责、功能时，总统必须与部长会议的建议一致。总统也可以要求部长会议重新考虑其建议，总统依照重新提出的建议行事。总统提出大赦，也仅能在部长会议建议之下才能行使。部长会议以总统名义行事，集体对人民院负责，如失去人民院信任，必须集体辞职。

印度内阁是行政等级制度中的最高机构。它涉及政府的总体政策，保证不同政府部门间的合作与协调，执行对整个政府部门的综合控制。为减轻工作压力、保持内阁效率，以设立内阁委员会的方式应对，使得内阁委员会拥有着真正的行政权力，内阁仅仅是支持已经采取的决定。

在中央行政架构中，除总理、部长会议及内阁这些掌握最高权力的行政机构，联邦各部为负责具体事务的功能性部门。在印度联邦政府各部的官职设置中，内阁部长最为重要，为部的首脑。同时也有内阁部长兼任几个部首脑的情形。国务部长可以单独负责一部事务，也有隶属于内阁部长的情形存在。副部长则协助内阁部部长、国务部部长，不能单独负责部的工作。各个部通常下设局（司）一级部门，根据其职能、范围，所属局

---

① "'Automatic' Withdrawal of Support if Govt Talks to I. A. E. A.", *Business Standard*, August 22, 2007, http: https://www.business-standard.com/article/economy-policy/govt-talks-to-iaea-and-left-withdraws-support-107082200043_1.html.

的数目不等。为帮助部长履行职能，各部通常配备秘书处，由秘书主管，作为协助各部履行职责的组织。秘书作为部长的主要建议者，主持部日常工作。

公务员制度是英国留给印度的重要政治遗产之一，公务员作为执行政治决策的工作人员，对政治系统的运行发挥着重要作用。印度公务员队伍庞大，类别和层级较为复杂，尤以行政公务员地位最为重要。随着印度行政制度的发展演变，公务员制度本身在保持原有特征的同时，也在发生明显变化。

联邦各部中以内政、财政、国防三部最具代表性，机构人员众多、层级复杂。内政部历史悠久，基本职能可概括为维护法律和秩序，与此相联系的各类事务皆在内政部管辖范围之列，因而其下属机构众多。联邦很多部是在制度演变过程中由内政部分立而成的，内政部又称"母"部。财政部负责中央政府的财政行政，处理经济与金融事务。为发展及其他目标调动资源，调控中央政府开支，包括对邦的资源转移。控制公共开支是财政部的重要责任，财政部下属经济事务局、支出局、金融事务局、投资与公共资产管理局、税收局。国防部负有确保印度及其组成部分安全的责任，主要任务是就所有与国防和安全有关的事项征求政府的政策指示，并将其传达给服务总部、部门间组织、生产机构和研究与发展组织执行。同时确保在分配的资源范围内有效执行政府的政策指示和执行已核准的方案。国防部由四个部门组成，即国防局、国防生产局、国防研究与发展局、退役人员福利局。另外，印度外交部、人事、督察与养老金部、商业与工业部及计划委员会、国家安全委员会也在具体职能领域发挥重要作用，影响值得关注。

在政府与议会关系上，由于政府由议会多数党组阁构成，实质上制约了议会权力的施展。议会的主要职权如制定法律，事实上法案大多由政府提出，使得议会的立法权限被削弱。在财政权及监督权上，议会所能动用的手段在执政党拥有的多数席位面前，很难起到真正的财政监督和权力监督作用。在议会监督政府所能采用的方式上，除却质询、查究、建议、不信任等，常设委员会制度成为纠正权力削弱和重新控制政府行政部门而采用的"主要手段"，自20世纪90年代开始，议会委员会体制逐渐酝酿成形，被赋予改变议会与政府政治关系的期待。在其发展过程中，逐渐出现了 17 个常设委员会、30 多个协商委员会和 18 个议会委员会。委员会的增多，导致机构重叠、人员短缺等弊端，并对印度行政机构与立法机关相互抗衡的过程及未来发展产生影响。

行政权与司法权的关系上，最高法院的司法审查主要围绕违宪及涉及侵犯公民权利展开，对政府决策及执行的干扰主要体现在对政府滥用权力的指控。政府时常会以宪法修正案的方式逃避最高法院作出的不利司法解释，强势政府更是运用手段干扰法官的任命，并利用司法系统内部的裂痕形成相对于司法系统的权力优势，这在英迪拉·甘地时期较为典型，也成为司法权与行政权博弈的代表性案例。

第 四 章

司法制度

印度曾长期处于英国殖民统治之下。在建立并维持在印度的殖民统治过程中，英国通过吸纳本土司法传统、移植英国司法实践并根据殖民统治的需要不断调整，在印度建立起了一套带有鲜明英国司法制度色彩的英印司法制度。独立后，印度在继承既有制度的同时也从保障国家主权、维护司法独立、确保公民基本权利、促进国家发展等角度出发对司法制度进行了调整。独立后的印度建立起了一个统一、完整的金字塔式的司法制度。这个司法金字塔总体分为三层，位于顶端的是拥有覆盖印度全境的最高司法机关的最高法院，其下依次为各邦的高等法院和地区法院等下级法院。[1] 本章将首先简要回顾独立前印度司法制度和实践的历史沿革，然后重点介绍最高法院、高等法院和下级法院的基本制度和职权范围，最后将介绍分析与印度司法制度相关的三个问题：司法能动主义、司法独立和案件积压问题。

第一节 独立前的司法制度与实践

一 英国殖民前的印度司法传统

公元前3世纪，孔雀王朝的君主阿育王下令在帝国境内竖立起了一系列宣扬被他称作"正法"（dhamma）的统治理念的石柱，并向各地派遣正法官，以贯彻自己的统治理念、管理各派宗教事务。这是截至目前有史

---

[1] 林良光主编：《印度政治制度研究》，北京大学出版社1995年版，第103页。

可考的有关印度司法实践的最早记录。① 此后的历史中，印度次大陆先后出现了婆罗门教法（印度教教法）和伊斯兰教法两大法学体系，并发展出了一套带有宗教色彩，以君王为最高权威，以法律人士为核心队伍，尊重基层社群私法自治权的司法制度与实践传统。

（一）婆罗门教法及其实践

婆罗门教语境中的"法"即"达摩"dharma。这个词可以追溯到《梨俱吠陀》中的 dharman，表示"支持""事物的固定秩序""密特罗、伐楼那的神旨""法律""规章""风习"等。② 随着古代印度宗教的发展，以注解吠陀以及后续典籍为目的发展出了一类名为"法经"（*Dharmasūtra*）的文献，其关注点从祭祀仪式流程转向更广义的"流程"——秩序、伦理、法律。尽管"法经"出自"礼仪学"，但随着其自身不断发展，逐渐形成了一个相对独立的法学知识体系，其关注的核心概念"达磨"也逐渐在宗教伦理、世界秩序、君王的指令之外被赋予行为规范、政治法律的含义。

历史上的婆罗门学者撰写了大量不同的"法经"，如《极裕法经》、《乔答摩法经》、《跋蹉衍那法经》和《阿帕斯檀跋法经》以及《毗湿奴法经》等。法经之后出现的韵文体"法论"（dharmaśāstra）文献《摩奴传承》（*Manusmṛti*）[即《摩奴法论》（*Mānavadharmaśāstra*），亦译作"摩奴法典"]是婆罗门教法学史上的一个里程碑。它影响了古代印度后续法论著作的发展，《祭言法论》《那罗陀法论》《毗诃跋提法论》等均以《摩奴法论》为权威。③

《摩奴法论》认为"始终为脱离爱与恨的有智识的善人们所衷心赞成

---

① 有关阿育王及其"正法"参见 Romila Thapar, *Aśoka and the Decline of the Mauryas*, New Delhi: Oxford University Press, 2005 [1997], pp. 137 – 181；崔连仲：《从佛陀到阿育王》，辽宁大学出版社 1991 年版，第 319—328 页。
② 季羡林：《〈摩奴法论〉汉译本序》，蒋忠新译《摩奴法论》，中国社会科学出版社 2007 年版，第 1 页。
③ 蒋忠新译：《摩奴法论·译者前言》，中国社会科学出版社 2007 年版，第 3—4 页。有关婆罗门教法的发展、内涵与沿革参见 Timothy Lubin, D. R. Davis Jr and J. K. Krishnan, *Hinduism and Law: An Introduction* (Cambridge: Cambridge University Press, 2010); Patrick Olivelle and Donald Richard Davis, eds., *Hindu Law: a New History of Dharmaśāstra* (Oxford: Oxford University Press, 2018).

和奉行的就是法"。① 从具体内容来看,《摩奴法论》包括了从创世说、社会秩序、礼仪规范、行为准则、国家司法、种姓法等内容。婆罗门教法将天启经典视为"法"的知识源头和神圣性的来源,dharma 既指"教",也指"法"。婆罗门教的"瓦尔纳行期"制构成了婆罗门教个人法的核心内容,其对社会成员的等级划分也直接影响了社会成员在其他公共领域的权利和义务。在婆罗门教设计的理想社会中,所有社会成员依据出身分为婆罗门、刹帝利、吠舍、首陀罗四个瓦尔纳(varṇa),每个瓦尔纳的成员各安其命,完成属于各自的"业"。四瓦尔纳中的上三瓦尔纳(婆罗门、刹帝利、吠舍)的理想人生应该包括梵行、家居、林栖、遁世四个"行期"(人生阶段),每个行期分别有不同的义务和职责。此外,"国王的法"(rājadharma),即国家的政治和司法制度以及相关律法,与《摩奴法论》成书年代相近的《利论》(Arthaśāstra)的第三篇"律法"、第四篇"去刺"同样讨论了国家治理所需的民法、刑法及相关制度。②

(二)伊斯兰教法及其实践

伊斯兰教法(阿拉伯语 Sharia 意译,音译"沙里亚",原意为"道路""通往水泉之路",后引申为"安拉指明之路")是有关穆斯林宗教、政治、社会、家庭和个人生活法规的总称,涉及信仰、礼仪、民法、刑法等多个领域。随着印度穆斯林社群出现和穆斯林王朝的建立,伊斯兰教法逐渐传入印度,并被整合进印度的政治司法实践之中。北印度受由中亚传入的哈乃斐学派影响较大,南印度沿海地区受由阿拉伯半岛传入的沙斐仪学派影响较大,什叶派穆斯林有自身教法学体系。③ 在创制、解释教法学说时,哈乃斐学派对类比和公议的运用较为灵活,重视教法学家和执法者个人的意见;相比之下,沙斐仪学派比哈乃斐学派更严谨地运用类比,更重视教法学的实践性。④

---

① 蒋忠新译:《摩奴法论》,第 17 页。
② 有关《利论》中的司法制度参见 R. P. Kangle, *The Kauṭilīya Arthaśāstra: Part Ⅲ A Study* (Delhi: Motilal Banarsidass, 1988), pp. 215–231;朱成明:《〈利论〉译疏》,商务印书馆 2020 年版。
③ 参见张忞煜《伊斯兰文化的印度化与近代早期印度民族建构》,《新世界史(第四辑):新时代的南亚史研究》,社会科学文献出版社 2020 年版,第 32—33 页。
④ 有关哈乃斐学派和沙斐仪学派的发展历史、基本特征和影响范围,参见金宜久主编《伊斯兰教》,中国社会科学出版社 2009 年版,第 103—105 页。

17世纪，在莫卧儿王朝皇帝奥朗则布（号"阿拉姆吉尔"）支持下，众多伊斯兰教法学家合作编写了《阿拉姆吉尔教法汇编》（*Fatwa-e-Alamgiri*），亦称《印度教法汇编》（*Fatwa-e-Hindiyya*）。尽管亦被译作《阿拉姆吉尔法典》，但《阿拉姆吉尔教法汇编》并非现代意义上的成文法典，而是一部对哈乃斐教法学的综述，目的是帮助法官以符合沙里亚的方式作出司法裁决，其适用范围除民法、刑法外，还包括土地税征收等帝国行政事务。[1]

（三）殖民前司法制度的特征

尽管婆罗门教和伊斯兰教的教法源头、具体内容各异，但从长期的历史实践来看，殖民前的印度司法制度有以下相对稳定的特征。

第一，法律与宗教的边界模糊。婆罗门教和伊斯兰教都重视"法"，与之相应的是无论在婆罗门教法还是伊斯兰教法体系内，法律与宗教的边界都并不清晰。从神圣性根源来说，婆罗门教和伊斯兰教都将各自的天启经典，即"四吠陀"和《古兰经》视为一切法律的源头。释法和立法的依据也多出自宗教圣典。从内容上来说，印度语境中的"法"中固然有相当一部分是完全世俗的事务，但也有相当部分涉及个人行为规范的内容与宗教生活有关，包括但不限于婚姻制度、财产继承等。并且，即便在处理世俗事务时，受宗教影响形成的社会制度，如种姓制度和穆斯林与非穆斯林的身份识别都直接影响当事人在案件中的权利。从法律从业人员的训练来看，无论是婆罗门法学家还是穆斯林法学家都是接受良好宗教教育的学者。君王也有义务通过捐赠等形式支持由教法学家主导的教育事业。

第二，君主为国家最高司法机关。无论对印度教徒还是印度穆斯林来说，君主均有义务护持"法"（dharma 或 sharia），同时也是国家最高的司法机关。审理诉讼案件是国王的重要职责之一，君王的命令和裁决既是

---

[1] 有关《阿拉姆吉尔教法汇编》的成书过程、基本内容及其在莫卧儿帝国治理中的作用参见 Mouez Khalfaoui, "al-Fatāwā l-'Ālamgīriyya', in *Encyclopaedia of Islam*, THREE, Kate Fleet, Gudrun Krämer, Denis Matringe, John Nawas, Everett Rowson, eds., http://dx.doi.org/10.1163/1573-3912_ei3_COM_27028; Alan Guenther", Hanafi fiqh in Mughal India'in Richard Eaton ed., *India's Islamic Traditions*, 711-1750 (New Delhi: Oxford University Press, 2006 [2003]), 209-230. 莫卧儿王朝解体后，《阿拉姆吉尔教法汇编》依然影响了印度穆斯林社群的法律实践以及英国殖民者的立法与司法。参见金宜久主编《伊斯兰教》，第123—124页。

法律，也拥有王国境内最高的司法管辖权。但是，不同历史时期，不同的君主和法学家对"王法"和"教法"的关系理解不同。① 德里苏丹国时期的政治学著作《治世法则》认可"王法治国"的前提是王法"不可否定沙里亚，干涉宗教（伊斯兰教）事务，或破坏宗教事业"。② 但是，莫卧儿王朝第三任皇帝阿克巴一直努力提升王权权威。他不仅把握对负责司法、宗教事务的恩典官的人事任免权，并于1579年宣布自己拥有宗教事务的最高仲裁权，并强令恩典官和法官在诏书上签字。③

第三，由专业法律人士构成司法队伍。经过专业法学训练的法学家（婆罗门班智达或者穆斯林乌莱玛）是辅佐君王运行国家司法机器的核心人员。根据婆罗门教法的规定，仅有出身婆罗门种姓的学者可以学习和传授有关"法"的知识，并辅佐君王司法。《摩奴法论》甚至明确规定"对于国王来说，宁可让一个光靠种姓生存的徒有其名的婆罗门的［当］解释者，也绝不可让一个首陀罗去当"。④ 伊斯兰教理论上允许不同出身的穆斯林学习教法学进而成为乌莱玛，但在现实生活中，出身低种姓的印度穆斯林成为法官的情况并不多见。古代和中世纪印度的司法和行政边界并不清晰。除亲自审理案件之外，君王也可以委派婆罗门法官代为审理。德里苏丹国时期，苏丹向各地派遣法官，兼理地方行政和司法事务。如图格鲁克苏丹对即将赴任的两位信德法官的叮嘱："我把当地的事务和百姓交给你二人了，随同你二人的长官要照你二人的吩咐行事。"⑤ 至莫卧儿王朝中后期，随着帝国治理能力的提升，莫卧儿国家机器中逐渐形成了一个相对独立的、层次分明的司法系统。帝国在中央设帝国恩典官"萨德尔"

---

① 参见张忞煜《多元帝国下的"王法—教法"博弈——以印度锡克教—莫卧儿政权关系演变为例》，《世界宗教文化》2019年第1期，第33—39页。

② Mohammad Habib and Afsar Umar Salim Khan, *The Political Theory of the Delhi Sultanate* (Allahabad: Kitab Mahal, 1960), p. 3.

③ 皇帝与教法学家围绕世俗和宗教事务爆发的冲突为同样不满君主集权的贵族提供了机会，后者在东部发动叛乱，并要求江布尔法官发布教令宣布穆斯林应当起义反抗皇帝。阿克巴镇压了叛乱，并流放了起事的恩典官阿卜杜拉·纳比（Abdul Nabi）。参见［美］约翰·F. 理查兹《新编剑桥印度史·莫卧儿帝国》，王立新译，云南人民出版社2014年版，第40—42页。

④ 蒋忠新译：《摩奴法论》，第141页。

⑤ ［摩洛哥］伊本·白图泰：《伊本·白图泰游记（校订本）》，马金鹏译，宁夏人民出版社2000年版，第400页。

(Sadr）一职。帝国恩典官除了是负责司法事务的最高长官，还负责宗教、教育事务。协助恩典官开展工作的还有负责监管公共道德、维护市场秩序的监察官"穆哈泰希卜"（Muhtasib）、负责审理案件的法官"卡迪"（Qazi）、负责执行司法判决的公正官"米尔阿德尔"（Mir-i-'adl）。帝国在省、地区两级也设置了相应的下级司法官员职位。

第四，国家司法尊重各类基层社群的司法自治权。印度的司法实践有很强的属人原则，国家司法充分尊重不同社群（种姓、教派）的司法自治权。日常纠纷主要由当事人所属的基层社群自治机构（村落、种姓、行会）内部依照习惯解决。国王固然有责任和义务处理诉讼事务，但也"不应该教人起诉"[①]。穆斯林王朝统治时期，伊斯兰教法同样仅适用于涉及穆斯林的司法事务。莫卧儿皇帝阿克巴曾于1580年下旨确认各社群议事会履行传统职责自由的权利不被侵犯。帝国各级法官虽均为接受过教法学教育的伊斯兰教法学家，但在具体开展司法业务，尤其是涉及非穆斯林的事务时，法官也会征求包括婆罗门法学家在内的非穆斯林的意见，并结合教法原则作出判决。

二 英国殖民时期的司法制度和实践

从1600年英国东印度公司建立到1947年印度独立，英国从一个在次大陆上并不起眼的玩家成为庞大印度帝国的统治者，并最终见证这一帝国分裂为印度和巴基斯坦两个国家。在这三百余年历史中，英国从最初的零散摸索到后来的统一规划，在印度建立起了一套带有鲜明英国普通法系色彩的印度司法制度。一如英国在其他领域为印度留下的诸多历史遗产一样，英国殖民时期建立的司法制度直到今天依然深刻影响着独立后的印度司法制度和实践。

（一）分散的地方实践：1600—1726

英国东印度公司自建立以来，便在英国和印度两方的许可下，在其势力范围内获得了一定的司法特权。根据1600年英王特许状，英国东印度公司可以制定适用于东印度公司雇员的地方法（bye law）、指令（order）和条例（ordinance），并有权对损害其利益者处以罚款或监禁，但是东印

---

① 蒋忠新译：《摩奴法论》，第143页。

度公司的立法和司法实践应与英国法规和习俗保持一致。① 1623 年，英王詹姆士一世扩大了对东印度公司的司法授权，英国东印度公司基本具备了对其雇员完全的司法管辖权。② 另外，依照印度历史传统，包括英国人在内印外商均可以独立处理内部司法事务。17 世纪初，在英国东印度公司代表奥德沃思（Thomas Aldworth）和罗（Thomas Roe）等人的游说下，莫卧儿皇帝贾汉吉尔允许英国东印度公司在印度各地开展贸易、建设仓库（factory）。③ 此后英国东印度公司获得的柴明达尔权更是连带赋予了东印度公司在其领地范围内的司法权。④ 随着英国人逐渐在苏拉特、马德拉斯、孟买、加尔各答等地建立起定居点，由东印度公司管理的司法实践也被带到了各地，并在吸纳本地司法实践的同时不断拓展其影响范围。

　　英国东印度公司在印度最初的据点位于古吉拉特的苏拉特。苏拉特仓库率先建立起了英印行政—司法制度雏形。在仓库中，东印度公司任命的主席会同行政会议（President and Council）拥有行政和司法权。与日后拥有否决权的总督不同，主席和其他行政会议成员一样仅有一票，所有重要决定都需获得主席会同行政会议的多数成员同意。主席会同行政会议对英国人内部事务拥有司法管辖权，实行英国法律。当案件涉及印度人时，英国东印度公司雇员同样受印度地方司法系统管辖。⑤ 此后，东印度公司先后于 1611 年和 1640 年在东部科罗曼德尔海岸的默苏利珀德姆（Masulipatam）和马德拉斯（Madras）建立据点。其中，在马德拉斯建立的圣乔治堡（Fort St. George）逐渐发展成为英国在印度东南沿海地区的重要据点，由英国东印度公司任命的代理人会同行政会议（Agent and Council）受理居住在白城⑥（White Town）的英国人的刑事和民事案件。居住在黑城

---

① Abdul Hamid, *A Chronicle of British Indian Legal History* (Jaipur: R B S A Publishers, 1991), p. 4.

② Hamid, *A Chronicle of British Indian Legal History*, p. 6.

③ 当时在印度的东印度公司商业代理人被称作 factor，用于储存商贸品的仓库被称作 factory。参见［美］芭芭拉·D. 梅特卡夫、托马斯·R. 梅特卡夫《剑桥现代印度史》，李亚兰、周袁、任筱可译，新星出版社 2019 年版，第 296 页。

④ 有关莫卧儿帝国的柴明达尔制，参见黄思骏《印度土地制度研究》，中国社会科学出版社 1998 年版，第 172—188 页。

⑤ Hamid, *A Chronicle of British Indian Legal History*, p. 7.

⑥ 白城（White Town）即欧洲人聚居区，与之相应的，黑城（Black Town）为印度人聚居区。

(Black Town）的本地人的案件则由地方王公任命的福舍法院（Choultry Court）本地法官（Adigar）处理。① 总体而言，此时的东印度公司的司法管辖权较为有限，在处理凶杀等重大刑事案件时常常需征求本地统治者的意见。例如，1632 年，一名英国士兵被葡萄牙人杀死后，当地的代理人会同行政会议不愿处理涉及另一个欧洲国家臣民的案件，之后还是当地王公下令处死杀人者。此外，对于发生在东印度公司管辖范围内的案件，即便当事人不是欧洲人，当地统治者也会在被征求意见后要求代理人会同行政会议依照英国法律审判并执行判决。

1661 年，英王查尔斯二世颁布特许状，要求东印度公司的代理人会同行政会议及总督会同行政会议（Governor and Council）将英国法律适用于其管辖下的所有人——包括英国人和印度人的刑事及民事案件。② 但是，该特许状的执行面临司法体系不健全、司法行政不分、专业法律人士匮乏等现实问题。1677 年，马斯特（Streynsham Master）就任马德拉斯的总督，着手推动对马德拉斯的行政、司法体系改革。1678 年 3 月，总督会同行政会议决定每周有两天时间受理各类民事和刑事案件，在陪审团的帮助下实行英国法律。1678 年 3 月 27 日，高等法院（High Court of Judicature）正式开庭。与此同时，总督还改革了福舍法院，由本地法官主持改为由三名英国东印度公司雇员主持，每周有两天时间受理各类案件。高案值案件须由高等法院受理，高等法院对福舍法院的案件有上诉管辖权。由此，英国首次在印度建立起了法院阶序。③

1686 年 10 月，根据英王查尔斯二世于 1683 年颁布的特许状，英国东印度公司在马德拉斯设立海事法院（Admiralty Court），受理与商贸、航海相关案件。④ 根据特许状，东印度公司应为海事法院任命一名通晓民法的法官和两名商人法官。海事法院的首席法官称作军法官（Judge Advocate），起初由总督担任。1687 年，东印度公司任命一名专业的民事律师

---

① Hamid, *A Chronicle of British Indian Legal History*, p. 9.
② *The Madras High Court 1862 - 1962 centenary volume*, Madras, 1962, p. 2. 转引自 P. Balagurusamy, "The Early Judicial System in Madras under British East India Company", *Shanlax International Journal of Arts, Science & Humanities*, Vol. 2, No. 3, 2015, p. 93.
③ Hamid, *A Chronicle of British Indian Legal History*, p. 12.
④ M. P. Jain, *Outlines of Indian Legal History* (Nagpur: Wardhwa & Company, 2003), p. 15.

比格斯（John Biggs）出任军法官。这是首次由法律专业人士出任英印法官，在印度法制史上有重要意义。与此同时，总督会同行政会议不再承担司法职责，海事法院成为马德拉斯的常设法院，其受理的案件也不再仅限于商贸、航海事务，而是拓展到了所有民事和刑事案件。1688 年，在圣乔治堡与周边地区合并为一个市之后，东印度公司在当地设立市长法院（Mayor's Court），处理市内诉讼。如民事案件案值超过 3 金币或刑事案件出现高于砍手砍脚的判决，则海事法院对案件有上诉管辖权，否则市长法院的判决即为终审判决。1689 年，约翰·比格斯过世后，由总督接任海事法院军法官。1698 年，根据东印度公司的指示，总督会同行政会议对海事法院的案件拥有上诉管辖权。1704 年，海事法院停止工作。

在西印度，英国东印度公司也开展了类似的司法制度改革，以适应其不断扩大的政治版图。1668 年，英王查尔斯二世将孟买租借给英国东印度公司。1669 年，奥恩吉尔（Gerald Aungier）出任苏拉特仓库主席以及孟买总督后于 1670 年、1672 年两次改革司法制度，建立起主要由英国人主持，同时吸纳本地士绅的司法体系，并在这个过程中推动将所有人置于同一套司法体系管辖之下。① 1687 年，东印度公司将原本位于苏拉特的主席会同行政会议迁往孟买，由此，孟买成为英国在西印度的统治中心。与马德拉斯海事法院相似，东印度公司也在孟买根据 1683 年的特许状设立了海事法院。1690 年，孟买遭莫卧儿军队攻击后法院停止活动，直到 1716 年，东印度公司才在孟买重建法院。新的法院主要由东印度公司雇员主持，但法官中包括了四名印度人，分别代表印度教徒、穆斯林、葡萄牙天主教徒和帕西人。总督会同行政会议对法院案件拥有上诉管辖权。

相比马德拉斯，英国人于 1690 年才在孟加拉建立起自己的据点威廉堡（Fort William），并以此为基地不断蚕食领土，发展成为日后的孟加拉管区。孟加拉管区的司法实践相比在莫卧儿帝国核心区之外的孟买和马德拉斯管区受莫卧儿帝国司法传统影响更深。1698 年，东印度公司以每年 1195 卢比的税收为条件从莫卧儿帝国皇帝奥朗则布之孙、孟加拉省督阿齐姆·尚（Azim-ush-Shan）处获得了苏达那提（Sutanati）、加尔各答（Calcutta）和戈宾德布尔（Gobindpur）三地的柴明达尔权（Zamindari）。

---

① Hamid, *A Chronicle of British Indian Legal History*, p. 21.

总督理事会的三名成员分别被任命为三地的税务官（Collector），行使柴明达尔权，其中包括组织原本由本地卡迪（Qadi）主持的法庭受理本地居民的刑事和民事案件。1699 年，孟加拉脱离马德拉斯成为独立管区之后，威廉堡总督会同行政会议拥有了完整的行政司法权。至此，孟买、马德拉斯、孟加拉三大管区的格局形成。

（二）集中的制度建设：1726—1857

由于印度各地情况以及东印度公司在各地的扩张进程各不相同，因此各地的司法实践在一个多世纪里也不尽相同。到 18 世纪，分散、低效的司法体系的弊端日益显现。基于此前在各地，尤其是马德拉斯管区的司法实践，1726 年，英王乔治一世应东印度公司请求颁布特许状，为建立相对统一、专业的法院制度奠定了基础。

根据 1726 年特许状，英国正式在印度的马德拉斯、孟买、加尔各答三地建立市长法院（Mayor's Court）。市长法院由市长和 9 名市议员（Alderman）组成，其中市长和 7 名市议员为英国人，其余 2 人为印度人，法定开庭人数为 3 人。市长法院仅受理民事案件，刑事案件由管区总督会同行政会议受理。总督会同行政会议对市长法院受理的、案值不超过 1000 金币的案件拥有上诉管辖权，枢密院（Privy Council）对案值超过 1000 金币的案件拥有上诉管辖权。不同于此前东印度公司建立的司法机构（包括同名的市长法院），1726 年特许状建立的市长法院以及由总督会同行政会议主持的刑事法院均属于刑事法院（Crown's Court），其司法权威和英国其他法院一样均来源于英王。经过此番改革，英印法院系统正式确立了市长法院—（管区）总督会同行政会议—枢密院三级机制。截至《废止枢密院司法管辖权法案，1949》（*The Abolition of Privy Council Jurisdiction Act, 1949*）生效之前，英国枢密院一直履行印度终审法院的职能。由此，英国东印度公司的司法制度在日益正规化的同时也开始被直接置于英国司法制度的管辖之下，英国司法制度对印度的影响进一步加深。1726 年特许状也因其对司法制度的深远影响而被称作"司法特许状"。[1] 1753 年，英王乔治二世颁发的特许状在 1726 年特许状所设计的制度基础上增设了

---

[1] Hamid, *A Chronicle of British Indian Legal History*, p. 30.

由总督会同行政会议任命专员主持的请求法院（Court of Requests）①，并试图强化法院系统的独立性。但是，由于总督会同行政会议既掌握了对各级法院的人事任命权，又兼具刑事法院的职能，加之对民事案件拥有上诉管辖权，且法官均非法律专业人士，所以司法的独立性有限。②

1756—1765 年，东印度公司在普拉希战役、伯格萨尔战役（Battle of Buxar）等一系列军事行动中击败了孟加拉省督、奥德纳瓦布和莫卧儿皇帝的军队。根据战后签署的《安拉哈巴德条约》，东印度公司获得了孟加拉地区（包括孟加拉、比哈尔、奥里萨）的迪万权，加上此前东印度公司从孟加拉纳瓦布处获得的尼扎姆权，东印度公司获得了孟加拉地区的民事和刑事司法权。1772 年，新任威廉堡总督黑斯廷斯（Warren Hastings）着手改革东印度公司，以更好地治理威廉堡管区。在司法制度方面，设置了地区—管区两级的民事、刑事法院制度。在各地区，东印度公司建立了由税务官主持的地区税收法院（Mufussil Diwani Adalat）以审理案值较低的民事案件，以及由印度籍穆斯林法官主持的地区刑事法院（Mufussil Faujdari Adalat）。在加尔各答，则相应地建立了对地区法院案件拥有上诉管辖权的高等税收法院（Sadr Diwani Adalat）和高等刑事法院（Sadr Nizamat Adalat）。高等税收法院由总督和两名总督行政会议成员组成。高等刑事法院则由印度穆斯林法官主持，相关人员由孟加拉纳瓦布在总督的建议下任命，死刑判决须由纳瓦布签字，总督会同行政会议监督高等刑事法院的工作。

1780 年，沃伦·黑斯廷斯进一步改革东印度公司民事法院体系，将其与行政职能剥离。根据新的法院制度方案，东印度公司在加尔各答、穆尔希达巴德（Murshidabad）、布德万（Burdwan）、达卡、迪纳杰布尔（Dinajpur）、巴特那六地设置的民事法院（Diwani Adalat）不再由税务官，而由新设的民事法院院长（Superintendent of the Diwani Adalat）主持。③ 1790 年之后，总督康沃利斯（Charles Cornwallis）改革了刑事法院制度。

---

① 在英国，请求法院受理最高 5 英镑的小额债务纠纷的小额债务诉讼索赔法院，1864 年被郡法院取代。根据 1753 年特许状，英国在印度设立的请求法院仅受理案值不超过 5 金币或 15 卢比的民事案件。Hamid, *A Chronicle of British Indian Legal History*, p. 32.

② Hamid, *A Chronicle of British Indian Legal History*, p. 33.

③ Hamid, *A Chronicle of British Indian Legal History*, p. 52.

在地区层面，由穆斯林法官主持的地区刑事法院（Mufussil Faujdari Adalat）被四个位于巴特那、加尔各答、穆尔希达巴德和达卡、由英国东印度公司雇员主持的巡回法院（Circuit Court）取代。巡回法院每年至少前往辖区各地两次，审理相关案件。在管区层面，高等刑事法院（Sadr Nizamat Adalat）从纳瓦布所在的穆尔希达巴德迁往总督所在的加尔各答，纳瓦布的刑事司法权被废止，改由总督及行政会议成员作为法官主持高等刑事法院。① 1793 年，康沃利斯进一步改革了法院制度。第一，税务官就税收事务的司法权也并入民事法院；第二，包括税务官在内的行政官员同样须接受民事法院的司法判决；第三，改革现有的地区民事法院体系，在各地区以及巴特那、穆尔希达巴德和达卡三地设置民事法院；② 第四，在巴特那、达卡、加尔各答、穆尔希达巴德四地设立省级上诉法院（Court of Appeal），监督地区民事法院的工作。这一系列及之后的改革提升了司法独立性、司法权威和司法效率，并逐渐在印度培育起了一个新的、包括法官和律师在内的、熟悉英国司法制度的法律专业人士群体。

与此同时，伦敦也加强了对印度事务的介入。1772 年，由于内部腐败横行、军事行动失利等原因，东印度公司破产并被迫向英国政府举债。1773 年，英国通过《东印度公司管理法，1773》（*The East India Company Act*, *1773*），以加强对东印度公司的管理和约束。根据该法案，马德拉斯和孟买被置于孟加拉的管理之下。在加尔各答威廉堡设立最高法院（Supreme Court of Judicature at Fort William），任命首席法官 1 人、陪席推事（Puisne judge）3 人，首席法官和陪席推事须在英格兰和爱尔兰拥有五年以上出庭律师（barrister）的经历。最高法院不仅取代了原有的市长法院，而且对孟加拉地区所有英国臣民和东印度公司雇员的民事、刑事和神职案件均有管辖权。③ 此后的《印度政府法（1800）》要求参照加尔各答威廉堡的情况，在马德拉斯、孟买各设一个最高法院。进入 19 世纪，英国东

---

① 与获得英国议会《整理法，1781》（*Settlement Act*, *1781*）承认的高等税收法院不同，高等刑事法院并未获得议会承认。所以，管区实际上只有一个高等法院，在受理民事诉讼时被称作高等民事法院，受理刑事诉讼时被称作高等刑事法院。Jain, *Outlines of Indian Legal History*, pp. 276 – 277.

② Hamid, *A Chronicle of British Indian Legal History*, p. 95.

③ Hamid, *A Chronicle of British Indian Legal History*, pp. 60 – 61.

印度公司已由最初的贸易公司发展成为一个功能完备、统治广袤地域和大量人口的殖民地政府，司法机关也作为重要组成部分被纳入了英印殖民统治机器之中。为了协调英王直接授权建立的刑事法院与东印度公司法院两套司法体系之间的冲突，英国在印度建立了对印度各法院均有约束力的全印立法会（All-India Legislature）并开始考虑合并两套法院体系。①

（三）现代司法制度成型：1857—1947

1857 年，印度爆发反英民族大起义。英国在镇压起义之后，通过了《印度政府法（1858）》（Government of India Act, 1858），结束了东印度公司在印度的统治，对印度政治制度做出了许多重大调整，标志着英国在印度的殖民统治进入了一个新的历史时期。从 1857 年到 1947 年，英国逐渐在印度建立起一套统一的现代化司法制度。至 1937 年，印度形成了由英国枢密院、印度联邦法院、各省高等法院和基层法院组成的法院制度。在民族主义运动的发展过程中，印度司法制度也从完全由英国人掌控逐渐"印度人化"②。这一切都为独立后的印度共和国建立自己的司法制度奠定了重要基础。

1. 建立高等法院

大起义刺激英国加速司法改革，制定了《民事诉讼法典（1858）》（Civil Procedure Code, 1858）、《印度刑法典（1860）》（Indian Penal Code, 1860）、《刑事诉讼法典（1861）》（Criminal Procedure Code, 1861），确定了共同的法律体系。③《印度高等法院法（1861）》（Indian High Courts Act, 1861，以下简称《高等法院法》）及其后续改革将英王直接授权建立的刑事法院和东印度公司法院两套并行的司法机关逐渐并入一套统一的、以高等法院为核心的英印司法制度之中。根据《高等法院法》，英王有权通过特许状（letters patent）④ 在加尔各答、马德拉斯和孟买设立高等法

---

① Jain, *Outlines of Indian Legal History*, p. 282.

② 有关包括司法部门在内的印度文官的"印度人化"及其与英国殖民统治、印度民族独立运动的关系，参见周红江《殖民统治时期印度文官招录制度研究》，社会科学文献出版社 2019 年版。

③ Jain, *Outlines of Indian Legal History*, p. 282.

④ 特许状（letters patent），一种用于授权、设立及确认某组织，授予某人特殊权利以至职位、地位或头衔的公开信，亦称作"君主制诰"或"皇室制诰"。

院。1862年5月14日，颁布建立加尔各答高等法院的特许状。1826年6月26日，英王颁布了建立孟买高等法院和马德拉斯高等法院的特许状。严格来说，三大管区的高等法院并非新建，而是由各管区已有的英国东印度公司设立的高等法院（Sadar Adalat）和管区最高法院（Supreme Court）合并而来。《高等法院法》详细规定了新的高等法院法官构成、资质要求、任期要求，明确了其对各类案件均有初审管辖权和上诉管辖权并有权监督下属法院。此后，英属印度各省和迈索尔、克什米尔土邦根据不同法案建立起了多个高等法院（见表4.1）。

表4.1　　　　　　　　殖民时期建立的各高等法院

法院	建立年份	法案	所在地
加尔各答高等法院	1862	《印度高等法院法，1861》及英王特许状	加尔各答
孟买高等法院	同上	同上	孟买
马德拉斯高等法院	同上	同上	马德拉斯（后更名为金奈）
安拉哈巴德高等法院	1866	同上	安拉哈巴德
卡纳塔克高等法院	1884	《迈索尔首席法院条例》	班加罗尔
拉合尔高等法院	1919	英王特许状	拉合尔
巴特那高等法院	1916	英王特许状	巴特那
查谟-克什米尔高等法院	1928	克什米尔大君令	斯利那加
中央邦高等法院	1936	《印度政府法（1915）》及英王特许状	那格浦尔（后迁往贾巴尔布尔）

资料来源：各高等法院官方网站。

设立新的高等法院简化了司法制度、提升了司法效率，在印度法制史上具有重要意义。此后的《印度高等法院法（1911）》《印度政府法案（1915）》《印度政府法案（1935）》在高等法院法官人数、部分案件初审管辖权、高等法院法官退休制度、防止立法机构干预司法等方面作出了一定调整，提升了高等法院的工作效率和司法独立性。独立后的印度大体继承了英印时期的高等法院制度。

2. 司法部门的印度人化

自 17 世纪以来,英国在印度新建的司法制度逐渐取代了本土司法制度,欧洲法官也取代了印度法官在其中扮演的角色。① 随着印度在大起义后被英王接管,《印度政府法(1858)》建立的新的帝国文官制度(Imperial Civil Service)取代了东印度公司的合约制雇员(Covenanted Servants)制度。此前均为东印度公司雇员的各级法院法官也相应地被纳入了新的文官系统之中。要成为一名帝国文官,候选人需要前往伦敦参加专门的选拔性考试,并前往牛津大学、剑桥大学、伦敦大学学习印度法律、政治、历史等内容。虽然原则上包括印度人在内的所有帝国臣民均可参加文官考试,但受限于各方面条件,最初的帝国文官全是英国人。1863 年,出身孟加拉望族的泰戈尔(Satyendranath Tagore)成为第一名通过帝国文官考试的印度人。此后,不断有接受良好西方教育的印度知识精英进入帝国文官体系,并开始在包括地区政府、法院在内的各级机构任职。

但是,由印度人出任的地区治安官(magistrate)无权审理涉及欧洲人的案件,涉及致人死亡等案件更是只能由高等法院审理。1884 年 1 月 25 日,印度立法委员会(Indian Legislative Council)通过了由总督行政会议法律委员伊尔伯特(Courtenay Ilbert)提出的法案,允许地区治安官和地区法院的印度法官审理涉及欧洲人的刑事案件。然而,许多欧洲人以 1857 年反英大起义期间发生过印度起义军强奸白人妇女的案件等为由,强烈反对由印度法官审理涉及英国人的案件。这场被称作"白人叛乱"(White Munity)的政治风波令形成中的印度中产阶级感受到了自己所遭受的歧视,并促成了 1885 年印度国大党的成立。② 此后,出身法律专业的印度民族主义者在印度民族独立运动中扮演了至关重要的角色。国大党元老拉纳德(Mahadev Govind Ranade)、班纳吉(Surendranath Banerjee)、尼赫鲁(Motilal Nehru)、马尔维亚(Madan Mohan Malviya)以及印度国父圣雄甘地(Mohandas Karamchand Gandhi)和巴基斯坦国父真纳(Mu-

---

① 英国任命的欧洲法官中还出现了琼斯(William Jones)这样深刻钻研伊斯兰教和印度教法律的东方学家。

② 参见 Edwin Hirschmann, "*White Mutiny*": *The Ilbert Bill Crisis in India and the Genesis of the Indian National Congress* (Columbia: South Asia Books, 1980).

hammad Ali Jinnah）等众多民族独立运动领袖均曾任法官或律师。

3. 建立联邦法院

第一次世界大战结束后，印度国内民族主义运动愈演愈烈。迫于压力，英国议会于1919年通过了《印度政府法（1919）》（Government of India Act, 1919）。该法案将在印度建立责任政府（responsible government）确立为目标，并在中央设立由下院中央立法会议（Central Legislative Assembly）和上院联邦院（Council of States）组成的两院制立法机构，在主要省份确立了邦长和民选政府的"双头制"（diarchy）。印度的联邦制初露端倪。但是，这次改革并未触及司法，印度司法制度的顶层设计依然存在以下问题：第一，中央政府与地方政府（英属印度省或土邦）之间的争议由作为当事一方的中央政府裁决；第二，印度各高等法院相互独立，且没有共同的上诉法院，导致远在伦敦的英国枢密院成为唯一的低效地部分履行终审法院职能的机构。[①] 这些固有缺陷在反殖民情绪愈演愈烈的情况下日益凸显。自1921年以来，中央立法会议委员、法学家古尔（Hari Singh Gour）多次向印度议会提出在印度建立最高法院的议案尽管一直未能通过，但日益得到立法委员和民族主义者的支持。[②] 1930年第一次圆桌会议之后，各方均同意建立协调中央与地方及地方各省/邦之间关系的联邦法院，但受多方面因素影响，在接下来的数年中，各方未能就建立对高等法院所审理案件拥有上诉管辖权的最高法院达成一致，最终《印度政府法案（1935）》仅确定建立权限相对有限的联邦法院（federal court）。[③]

根据该法案，在德里设立一个由首席法官和若干其他法官组成的联邦法院。联邦法院有以下主要职权：第一，联邦法院对涉及联邦、英属印度各省、各土邦之间争议（该法案规定的特殊情况除外）拥有初审管辖权；第二，联邦法院对高等法院认为涉及重要法律的实质问题的判决、宣告或最终命令拥有上诉管辖权；第三，联邦法院可批准向枢密院提出上诉；第四，咨询职权；总督可以就法律问题咨询联邦法院。[④] 1937年10月1日，

[①] George H. Gadbois, "Evolution of the Federal Court of India: An Historical Footnote", *Journal of the Indian Law Institute*, 1963, 5 (1): 19.

[②] Gadbois, "Evolution of the Federal Court of India: An Historical Footnote", 20-29.

[③] Gadbois, "Evolution of the Federal Court of India: An Historical Footnote", 30-42.

[④] Chapter I, Part IX, The Government of India Act, 1935.

印度联邦法院法官在德里宣誓就职。第一任首席法官为英国人格怀尔（Maurice Gwyer），两名陪席推事为苏莱曼（Shah Muhammad Sulaiman）和贾亚卡尔（Mukund Ramrao Jayakar）。英国统治期间，印度联邦法院维持了一名英国首席法官、一名穆斯林陪席推事和一名印度教徒陪席推事的配置。①

第二节　最高法院

一　最高法院的建立

自 1726 年英王乔治一世颁布特许状确定英国枢密院对印度法院审理的案件拥有终审权以来，伦敦的英国枢密院便一直扮演着印度最高司法机关的角色。19 世纪末，民族主义者呼吁在印度本土建立最高司法机构。印度国大党人提出的《印度宪法法案（1895）》[The Constitution of India Bill, 1895, 也被称作"自治法案"（Swaraj Bill）]② 首次明确提出了这一主张，并设计了一个类似英国枢密院的印度枢密院。根据这一法案，印度成为以英王为皇帝的君主立宪帝国，印度帝国议会下设印度枢密院，由具备相应法官资质的议员组成。③ 印度枢密院作为印度最高司法机构拥有初审管辖权、特别上诉管辖权、修正权及对印度所有法院的监督权。④

如前文所述，1921 年，中央立法会议委员古尔向印度议会两院提出在印度建立最高法院的议案。尽管英印当局没有接受古尔的提议，但是民族主义者并没有放弃尝试建立最高法院。1925 年，由许多立法委员组成的国民大会（National Convention）提出了《印度联邦法案》（The Commonwealth of India Bill）。相比《印度宪法法案（1895）》，《印度联邦法案》要求建立的最高法院尽管在司法管辖权方面依然受制于议会立法，但已经不

---

①　George H. Gadbois, "The Federal Court of India: 1937 - 1950", Journal of the Indian Law Institute, Vol. 6, No. 2/3, 1964, p. 254.

②　《印度宪法法案，1895》作者不明，根据国大党领袖贝桑特的说法，这份法案是在国大党领袖提拉克的启发下起草的。参见 https://www.constitutionofindia.net/historical_constitutions/the_constitution_of_india_bill__unknown__1895__1st%20January%201895.

③　Clauses 55, 56, 59, The Constitution of India Bill.

④　Clause 62, The Constitution of India Bill.

是从属于议会的枢密院。在联邦制框架下，最高法院将根据议会立法拥有与条约和省际争端等联邦事务的初审管辖权，与宪法解释、海事和涉及不同省份法律的额外初审管辖权、对高等法院案件的上诉管辖权以及批准向英王枢密院上诉的权力。① 这一方案影响了1928年《尼赫鲁报告》（Nehru Report）以及之后的《印度政府法案（1935）》，在一定程度上促成了印度联邦法院的建立。但是，联邦法院既不具备对高院审理的大多数案件的上诉管辖权，也没有改变英国枢密院作为印度最高司法机关的现状。

1947年2月27日，印度制宪会议负责基本权利的分委员会确定将由法院，尤其是最高法院来确保基本权利得以保障。5月21日，负责最高法院的特别委员会向制宪会议提交了有关最高法院司法管辖权的草案，除了将联邦法院和枢密院的司法管辖权移交最高法院，还明确指出最高法院将对"为了实施宪法确保的基本权利拥有司法管辖权（最高法院将拥有上诉管辖权，包括在其他法院实施这些权利的情况下的纠正权）"②。7月28日至29日，制宪会议对司法机构的草案内容举行了辩论，重点讨论了最高法院法官任命和工资等内容。8月14日，在印度独立的前夜，联邦法院的印度法官卡尼亚（Harilal Jekisundas Kania）接替最后一位英国籍印度首席法官斯潘塞（William Patrick Spens）出任首席法官。与此同时，分治后的巴基斯坦也在卡拉奇建立了新的联邦法院。

1947年10月，宪法起草顾问拉乌（Benegal Narsing Rau）根据各委员会提交的报告起草草案并提交宪法起草委员会。在此基础上，宪法起草委员会于1948年2月提交了宪法草案。根据宪法草案，最高法院的职权包括：（1）通过发布指令、命令和令状实施宪法赋予的基本权利（第25条、第115条）；（2）对涉及联邦与地方关系、各邦之间事务案件的初审管辖权（第109条）；（3）对高等法院审理的民事、刑事等诉讼的上诉管辖权（第110条、第111条）；（4）就法律问题向总统提供咨询意见（第119条）；（5）制定法院规程（第121条）。③ 此后，制宪会议再此基础上

---

① Clauses 50 – 53, The Commonwealth of India Bill.
② Rajeev Dhavan, *The Supreme Court Under Strain: The Challenge of Arrears* (Bombay: N. M. Tripathi Private Ltd, 1978), p. 7.
③ Draft Constitution of India.

进一步就具体条款展开辩论，修改了部分条款内容，如增加了总统在法官任命方面的职能，扩大了最高法院的上诉管辖权，增加了对判决和命令的复查权等，确定了最终的宪法条款。在此期间，制宪会议还先后通过了《联邦法院（扩大司法管辖权）法案（1947）》[Federal Court (Enlargement of Jurisdiction) Act, 1947] 和《废止枢密院司法管辖权法案（1949）》(The Abolition of Privy Council Jurisdiction Act, 1949)，印度在两百余年（1726—1949）之后正式从英国枢密院手中收回了终审权，司法管辖权受殖民地国家制约的印度联邦法院也被改造为一个独立的民族国家的最高司法机关。

1950年1月26日，印度共和国成立，印度联邦法院为新的印度最高法院所取代。1月28日，印度总统、总理、内阁部长各高等法院首席法官、印度总检察长、各省检察长等各界人士共同见证了印度最高法院的成立。印度总统普拉萨德（Rajendra Prasad）主持了首席法官卡尼亚的宣誓仪式。一同就任最高法院法官的还有阿里（Saiyid Fazl Ali）、夏斯特里（Mandakolathur Patanjali Sastri）、马哈詹（Mehr Chand Mahajan）、穆克吉（Bijan Kumar Mukherjea）和达斯（Sudhi Ranjan Das）五人。根据《宪法》第130条规定，最高法院在德里开庭，它沿用了联邦法院的办公地点，直至1958年搬入新址。

印度最高法院不仅完全继承了联邦法院和枢密院的原有职能，更得到了宪法的充分赋权，诚如印度总检察长塞塔尔瓦德（Motilal Chimanlal Setalvad）在最高法院成立仪式上的致辞中所说："可以如此确切地说，这个法院的司法管辖权和权力，就其本质和程度而言，比英联邦任何一个成员国的最高法院或美国最高法院都要广泛。……这个法院将承担这样一个需要小心处理的艰巨的任务，即确保公民享有他被赋予的权利，并与社会和国家的权利相一致。另一项不那么显眼，但同样繁重的任务便是裁决公民的私权并解释和执行这片土地上的法律。"[①]

二　最高法院法官

在殖民时期，英国在印度建立起了一套相对完备的专业化司法制度和

---

① 转引自 Jain, *Outlines of Indian Legal History*, p. 348.

法律人才培养体系，这为印度独立后迅速建立起稳定高效的最高法院法官队伍打下了重要基础。根据1950年《宪法》第124条第1款，最高法院由1名印度首席法官和不超过7名其他法官组成。印度首席法官职位出缺时，或因缺席与其他原因不能履行职务时，总统应在其他法官中指派一人代行其职权。①

8人的数字比总人数为3人的联邦法院多了不少。但是，被宪法赋予广泛司法管辖权的最高法院的职能远多于联邦法院。制宪会议部分预计到了这种情况，因此在第127条和第128条允许的特殊情况下任命临时法官（ad hoc judge）或邀请退休法官出庭。1956年，议会通过《最高法院（法官人数）法，1956》[The Supreme Court (Number of Judges) Act, 1956]，将首席法官之外的法官人数由7人提高到10人。此后，议会先后多次通过该法案的修正案，增加最高法院法官人数。经过1960年、1977年、1986年、2009年修正案修正，最高法院法官总人数已经先后提高到了14人、18人、26人和30人。但是，人手不足的问题依然困扰着最高法院。截至2019年6月1日，最高法院等候判决的案件总数达58669件，法官人手紧张甚至已经妨碍首席法官定期组织由五名最高法院法官组成的宪法审判庭。② 2019年，印度议会通过修正案将最高法院法官总人数提高至34人（含首席法官）。

（一）法官任免

根据印度《宪法》第124条第2款规定，具备以下条件中的一项的印度公民可以成为最高法院法官：（1）在任一高等法院，或两个以上高等法院连续担任法官至少五年；（2）在任一高等法院，或两个以上高等法院连续担任律师至少十年者；（3）被总统认为是卓越的法学家。最高法院法官"应由总统在同总统认为有必要征询其意见的最高法院法官及邦高等法院法官磋商后，签署盖印颁发委任状任命""但首席法官以外的其他法官的任命，必须征询印度首席法官的意见"。③ 获得任命的最高法

---

① Article 126, Constitution of India.
② Ravi Shankar Prasad, "Statement of Objects and Reasons", The Supreme Court (Number of Judges) Amendment Bill, 2019.
③ Article 124 (2), Constitution of India.

院法官应在总统或总统指定的代表的主持下宣誓就职，并且不得在印度境内任何法庭或机关执行律师业务。①

印度宪法在最高法院法官提名权方面赋予了印度司法系统较大的权力。② 但是，自行宪以来，政府通过人事权侵蚀司法独立的现象依然经常出现，并在紧急状态时期发展至高峰。面对这种情况，在 1993 年最高法院律师协会诉印度联邦案（Supreme Court Advocates-on-Record Association v. Union of India，即"第二法官案"）之后，最高法院开始由首席法官和资深法官组成咨询委员会向总统提供法官任命人选建议。在 1998 年给总统提供的答复（即"第三法官案"）中，最高法院重申了这一模式，并进一步明确任命最高法院法官的咨询委员会由包括首席法官在内的五名最资深的法官组成，任命高等法院法官的咨询委员会由包括首席法官在内的三名最资深的法官组成。③

为了保护司法独立性，《印度政府法案（1935）》首次在印度引入了法定退休年龄概念。④ 该法案规定联邦法院法官 65 岁退休，高等法院法官 60 岁退休。⑤ 1950 年宪法规定最高法院法官的退休年龄为 65 岁。⑥ 1965 年通过的宪法第 15 号修正案规定议会有权通过立法，或通过立法指定的机构规定最高法官的退休年龄。⑦ 在退休之前，最高法院法官也可以书面形式向总统提出辞职。⑧

除了这两种情况，《宪法》第 124 条第 4 款、第 5 款就因"行为失检或不适任"免除最高法院法官职务作出如下规定："最高法院法官不得免职，除非两院于同一会期中以该法官行为失检或不适任为由向总统同时提出咨文由总统下令免除其职务，上述咨文须由各院分别以全体议员的过半数及出席投票议员的三分之二多数通过方可提出"；"第四款所述咨文的

---

① Article 124（6），124（7），Constitution of India.
② 相比之下，加拿大最高法院法官由加拿大总理推荐后被加拿大总督委任；美国联邦法院法官须由总统提名，参议院批准。
③ AIR 1999 SC 1.
④ Hamid, *A Chronicle of British Indian Legal History*, p. 165.
⑤ Article 200（2），220（2），Government of India Act, 1935.
⑥ Article 124（2），Constitution of India.
⑦ Article 124（2A），Constitution of India.
⑧ Article 124（2），Constitution of India.

送呈程序及最高法院法官行为失检或不适任的调查与证实程序，由议会以法律作出规定。"① 这两条规定与《印度政府法案（1935）》的联邦法院法官免职条款相似，不同之处在于根据《印度政府法案（1935）》，由作为最高司法机构的枢密院向英王提出免除法官职务的意见。② 1968 年，印度议会通过了《法官（调查）法（1968）》［The Judges（Inquiry）Act, 1968］，以规范对高等法院和最高法院法官的调查程序。根据该法案，可以在人民院或联邦院发起动议启动对法官行为失检或不适任的调查程序。若议长接受动议，便组织由三人组织的委员会开展调查。委员会中一人须为印度首席法官或最高院法官，一人须为高等法院首席法官，一人须为议长认为的杰出法学家。③ 委员会调查报告若认为法官有罪，则将根据《宪法》第 124 条第 4 款提交议会。

拉姆斯瓦米（Veeraswami Ramaswami）是第一位触发免职程序的高等法院法官。1990 年，媒体曝光拉姆斯瓦米在任旁遮普和哈里亚纳高等法院首席法官期间以远高于市场价的价格用法院公款购置官邸家具等。1991 年，人民院议长拉伊（Rabi Ray）接受印度人民党和左翼政党提出的免职动议，任命由最高法院法官萨万特（P. B. Sawant）、孟买高院首席法官德赛（Prabodh Dinkarrao Desai）和最高院退休法官雷迪（O. Chinnappa Reddy）组成的委员会调查此案。委员会最终认定对拉姆斯瓦米提出的 14 项指控中的 11 项有罪。1993 年 5 月 10 日，人民院就免职动议展开辩论并组织投票。最终，出席的 401 名人民院议员中 196 人同意免职动议，无人反对，国大党及其盟友投出了 205 张弃权票，免职动议未获通过。2019 年又发生了首席法官戈戈伊（Ranjan Gogoi）被控性骚扰最高法院雇员的事件。④ 尽管这一事件以最高法院内部调查证明戈戈伊无罪告终，并未触发免职程序，但也引发了舆论对最高法的批评。法官腐败难以受到有效监管、法官免职的政治化等问题也浮出水面。

---

① Article 124（4），124（5），Constitution of India.
② Article 200（2）（b），Government of India Act, 1935.
③ Article 3, The Judges（Inquiry）Act, 1968.
④ Ajoy Ashirwad Mahaprashasta, "Former Supreme Court Employee Alleges Sexual Harassment by Chief Justice Gogoi", *The Wire*, 2019.4.22, https：//thewire. in/women/former-supreme-court-employee-alleges-sexual-harassment-by-chief-justice-gogoi.

（二）法官待遇

和法定退休年龄相似，在殖民统治后期，以法律形式确保法官获得稳定的薪酬待遇也被视为确保司法独立性的重要举措。[①] 宪法规定最高法院法官领收附表二规定的薪俸，每个法官享有的特权、津贴以及在休假与年金方面的权利，由议会随时制定法律加以规定，在议会制定有关法律以前，暂按附表二的规定执行。法官就任后，其所享有之特权、津贴以及休假与年金方面的权利，不得作对其不利的变更。[②]

根据第二附表第 4 部分第 9 条第 1 款，首席法官月薪为 5000 卢比，其他法官月薪为 4000 卢比，并对退休金、官邸、津贴等事项作了规定。此后，《最高法院法官（薪酬与待遇）法案，1958》[Supreme Court Judges (Salaries and Conditions of Service) Act, 1958] 及其后续修正案，以及 1986 年印度《宪法》第五十四号修正案进一步完善了最高法院法官的待遇体系，并提升工资标准。根据《高等法院和最高法院法官（薪酬与待遇）修正法案，2018》[The High Court and Supreme Court Judges (Salaries and Conditions of Service) Amendment Bill, 2018]，最高法院首席法官月薪为 20.8 万卢比，其他法官月薪为 20.5 万卢比。[③]

三 最高法院职权

（一）初审管辖权

1. 邦际及央地争执

在联邦法院基础上建立起来的最高法院继承了联邦法院对邦际以及央地争执的专属初审管辖权。《宪法》第 131 条规定最高法院对以下三类争执拥有专属初审管辖权：（1）印度政府与一邦或数邦间之争执；（2）争执一方为印度政府及任何一邦或数邦，另一方为其他一邦或数邦；（3）两邦或数邦间之争执，但问题（法律问题或实际问题）涉及法律权力的存废和范围。但是，这不适用于宪法实施以前已经缔结或生效，且于宪法

[①] Hamid, *A Chronicle of British Indian Legal History*, p. 166.

[②] Article 125 (1), 125 (2), Constitution of India.

[③] Article 6, The High Court and Supreme Court Judges (Salaries and Conditions of Service) Amendment Bill, 2018.

实施后继续有效之条约、协定、契约、协约或其他类似文件所引起的争执，也不适用于宪法中明确规定有关争议不属于上述司法管辖权范围的上述文件引起的争议。除此之外，宪法规定了下述例外情况。第一，联邦可以指示各邦建设、维护具有战略意义的交通线，或保护铁路，如果联邦和各邦就应向各邦支付的款项数目无法达成协议，则由印度最高法院首席法官指派仲裁决定。① 第二，因邦际河流或邦际河谷内水的利用、分配及管制产生的纠纷与起诉的裁决，可由议会法律做出规定，并且司法系统对此无管辖权。② 由于宪法已经对央地关系做出了较为妥善的安排，加之印度联邦制赋予了中央政府较大的以行政手段解决央地争议的权力，所以印度最高法院单独受理此类案件的情况并不多。③ 但是，依然有一些判决深刻影响了印度的联邦制，其中最重要的是最高法院围绕"总统管制"（President's Rule）条款的一系列判决。④

根据《宪法》第356条第1款，总统接获邦长报告或通过其他途径了解情况后，认为某邦政府已不能依照本宪法继续工作时，可以发布公告宣告总统管制。⑤ 该条款所赋予的权力与《印度政府法案（1935）》赋予各省总督发布通告，解散各机构的权力相似。历史上，这一宪法条款多次被滥用。1977年，人民党在紧急状态结束后的大选中胜选执政。4月18日，内政部长辛格（Charan Singh）致信国大党执政邦的首席部长，要求解散邦议会，重新寻求邦选民授权。4月22日，司法部长布尚（Shanti Bhushan）在采访中公开威胁对这些国大党执政邦实行总统管制。⑥ 于是，六个受威胁的邦政府根据《宪法》第131条上诉至最高法院，是为被称作"解散案"（Dissolution case）的拉贾斯坦邦诉印度联邦案（State of Rajasthan v. Union of India）。尽管最高法院驳回了这一上诉，但是明确表明了其有权对总统宣告进行司法审查，为最高法院干预这一带有政治色彩的问题打

---

① Article 257, Constitution of India.
② Article 262, Constitution of India.
③ 林良光主编：《印度政治制度研究》，第108—109页。
④ 有关总统管制的具体内容参见本书第五章第四节。
⑤ Article 356 (1), Constitution of India.
⑥ Rajeev Dhavan, *President's Rule in the States* (Bombay: N. M. Tripathi Private Ltd., 1978), p. 155.

下了基础。① 此后，在1994年对博迈诉印度联邦案（S. R. Bommai v. Union of India）的判决中，法官潘迪安（S. Ratnavel Pandian）指出对《宪法》第356条第1款的滥用会导致邦政府"依赖于中央政府的青睐，进而使得中央政府得以从根本上削弱议会民主制"，因此，判决重申了《萨尔卡利亚委员会报告》（Sarkaria Commission Report）中限制滥用《宪法》第356条第1款的内容。② 该案判决之后，中央政府滥用总统管制条款的现象大大减少，最高法院的干预对稳定印度民主政治、巩固联邦制起到了重要作用。

2. 基本权利事务

印度宪法赋予最高法院保障宪法赋予的基本权利的权力，这是印度最高法院与联邦法院的一个显著差别。《宪法》第13条第2款规定"国家不得制定任何法律剥夺或侵削本篇给予之权利；任何与本款抵触之法律，在其抵触之范围内为无效"。③ 如前文所述，尽管宪法顾问拉乌提出了不同意见，但制宪会议最终确定由最高法院来确保基本权利不被侵害，最终有了《宪法》第32条的规定，即为了"实施本篇所赋予的任何权利，最高法院有权发布指令、命令或令状，包括人身保护状、命令状、禁令、追究权力令与移送复审令等令状，视何者为适当而定"。④ 最高法院主要通过以下四种不同的方式履行其保护性职责。⑤

第一，在法律与宪法中基本权利条款相抵触时宣布该法违宪。在塔帕尔诉马德拉斯邦案（Romesh Thappar v. State of Madras）判决中，最高法院首次明确表示"基于宪法，最高法院是基本权利的保护者和保证人"，并且还强调了最高法院"不能拒绝考虑寻求这些权利不受侵犯的保护的申请，尽管这些申请一审便向该院提出，并没有诉诸同时对此事务拥有司法管辖权的高等法院"。⑥ 在该案审判中，最高法院裁定马德拉斯邦颁布的《马德拉斯维护公共秩序法案，1949》（Madras Maintenance of Public Order Act,

---

① AIR 1977 SC 1361.
② AIR 1994 SC 1918.
③ Article 13 (2), Constitution of India.
④ Article 32 (2), Constitution of India.
⑤ M. P. Jain, "The Supreme Court and Fundamental Rights", in S. K. Verma and Kusum, eds., *Fifty Years of the Supreme Court of India* (New Delhi: Oxford University Press, 2000), p. 4.
⑥ 1950 AIR SC 124.

1949）中允许政府基于"维护公共秩序"的目的禁止报纸发行流通的第九部分第一条 A 款"违宪且无效"。① 此后，最高法院多次对法律实行合宪性审查，并将自身称为"警惕的哨兵"（sentinel on the qui vive）②。

第二，禁止个体以其基本权利作交易。在 1958 年的巴谢沙尔纳特诉所得税专员案（Basheshar Nath v. Commissioner of Income Tax）判决中，最高法院推翻了此前在佩斯卡卡诉孟买邦案（Behram Khurshed Pesikaka v. The State Of Bombay）中将基本权利分为有利于个体的基本权利和有利于公众两种情况，并考察个体是否可以放弃基本权利的做法，明确指出没有人可以放弃基本权利。③ 判决特别指出，"由于我们的大多数人民经济贫困，所受教育落后，在政治上也尚未意识到自己的权利……在这种情况下，本法院有责任保护他们的权利免受他们自己侵害"④。

第三，确保宪法中的基本权利条款不被修正。1951 年，最高法院受理了请求判定第一号宪法修正案违宪且无效的普拉萨德诉印度联邦案（Sankari Prasad v. Union of India，以下简称"普拉萨德案"），实际上对宪法修正案进行了合宪性审查。⑤ 在判决中，最高法院表示《宪法》第 13 条所说的"法律"不包括宪法修正案。⑥ 然而，到了 1967 年的戈拉克纳特诉旁遮普邦案（Golaknath v. State of Punjab，以下简称"戈拉克纳特案"）案判决中，最高法院推翻了之前的判决，认为基本权利作为"人性发展必需的自然权利……在宪法中具有超越地位（transcendental position），并在议会的权力之外"，并以此为由裁定议会无权就宪法第三篇的基本权利进行修正。⑦

第四，保护最高法院自身的权力不被宪法修正案或法律克俭。戈拉克纳特案判决大大限制了议会的修宪权，引发了政府和司法系统之间的巨大矛盾。在此后的巴拉蒂诉喀拉拉邦案（Kesavananda Bharati v. State of Ker-

---

① 1950 AIR SC 124.
② State of Madras v V. G. Row, 1952 AIR SC 196.
③ Jain, "The Supreme Court and Fundamental Rights", pp. 6 – 7.
④ 1959 AIR 149.
⑤ 柳建龙：《宪法修正案的合宪性审查——以印度为中心》，法律出版社 2010 年版，第 17 页。
⑥ 1951 AIR 458.
⑦ 1967 AIR 1643.

ala，以下简称"巴拉蒂案"）和英迪拉·尼赫鲁·甘地诉室利·拉杰·纳拉因案（Indira Nehru Gandhi vs Shri Raj Narain）中，最高法院一方面推翻了戈拉克纳特案将宪法修正案等同于"法律"的判决；另一方面也顶着英迪拉·甘地政府的巨大压力维护了最高法对宪法修正案的合宪性审查权力。最高法院确立了宪法的基本结构原则，认为宪法修正案不能损害宪法的基本结构，限制了议会的修宪权。

（二）上诉管辖权

印度独立后迅速废止了殖民时期英国枢密院拥有的终审权，并将之移交给印度联邦法院以及在联邦法院基础上成立的最高法院。最高法院拥有广泛的上诉管辖权，除了涉及解释宪法的实质法律问题的诉讼（《宪法》第132条）、民事诉讼（《宪法》第133条）和刑事诉讼（《宪法》第134条），《宪法》第136条还规定最高法院可以酌情特别提审"印度境内任何法院或法庭对任何诉讼或案件所作之判决、宣告、决定、定罪或命令提出的上诉"。这充分体现了印度最高法院覆盖印度全境的司法权威。贾因（M. P. Jain）认为在现代社会"各类准司法机构和法庭日益扩散"，正是因为《宪法》第136条的规定，最高法院可以"对所有这些机构所作的不当司法实践进行最终核查"，进而"确保司法裁判的一致性"。[①]

1. 解释宪法

《宪法》第132条第1款规定，若高等法院证明其所作的各类诉讼的判决、宣告或最终命令涉及解释宪法的实质法律问题，则该案之上诉应向最高法院提出。1950年《宪法》第132条第2款规定若高等法院拒绝提供该证明，最高法院可以在确信案件涉及解释宪法的实质法律问题的情况下特准受理上诉。1978年第44次修正案删去了这一条款，但是由于《宪法》第136条的存在，并没有削弱最高法院的管辖权。第44号修正案加入的第134A条进一步要求高等法院可以主动，或者在受害一方在通过或作出判决、宣告、最终命令或决定令后立即亲自或委托他人代为提出上诉的口头申请后，应尽快决定是否给予允许上诉最高法院的证明书，以免拖延，从而更好地履行最高法院的维护基本权利的职责。[②]

[①] Jain, *Outlines of Indian Legal History*, p. 351.

[②] Constitution (Forty-fourth Amendment) Act, 1978.

2. 民事诉讼

1950 年的《宪法》第 133 条规定以下两种情况下，对民事诉讼的判决、宣告或最终命令的上诉应向最高法院提出：（1）高等法院证明案值超过 20000 卢比，且高等法院在所作判决、宣告或最终命令确认了下级法院所作的决定的情况下证明上诉涉及法律的本质问题；（2）高等法院证明诉讼适合向最高法院上诉（a fit one for appeal to the Supreme Court）。殖民时期，枢密院对案值超过 10000 卢比的民事诉讼拥有上诉管辖权，宪法将这一数值提高到了 20000 卢比。受理民事上诉对最高法院工作造成了很大负担，并且随着币值下降，上诉至最高法院的门槛不断降低。在这种情况下，联邦院在 1970 年通过了《最高法院（提高民事上诉管辖权案值）法案（1969）》[*The Supreme Court（Enhancement of Valuation for Civil Appellate Jurisdiction）Bill, 1969*]。但该法案由于人民院解散未能通过。1971 年，印度司法委员会就最高法院对民事案件的上诉管辖权提交了第 44 号报告，指出仅仅基于诉讼标的确定是否可以向最高法院提出上诉并不合适。① 基于这一建议，1972 年通过的印度宪法第 30 号修正案，对《宪法》第 133 条作出修正，规定在"案件涉及重要法律的实质问题；而且，高等法院认为必须由最高法院对上述问题作出裁决"的情况下可以向最高法院提出上诉。1978 年第 44 次修正案进一步要求高等法院根据第 134A 条规定给予允许上诉最高法院的证明。

3. 刑事诉讼

《宪法》第 134 条第 1 款规定，高等法院对刑事诉讼所作出的判决处刑或最终命令或处刑有下列情形者，其上诉应向最高法院提出：（1）高等法院接到上诉时将原判开释之被告改判死刑；（2）高等法院提审下级法院案件，在审理中判定被告有罪并判处死刑；（3）高等法院根据第 134A 条规定证明该案件适于上诉至最高法院。尽管宪法对向最高法院上诉作出了限制，但是相比殖民时期鲜少受理刑事诉讼上诉的英国枢密院，印度最高法院依然受理了大量刑事诉讼上诉，其中许多并非判处死刑的诉讼。第 134 条第 2 款规定"议会可以通过法律授予最高法院以进一步之权

---

① Law Commission of India, *Forty-Fourth Report*, *The Appellate Jurisdication of the Supreme Court in Civil Matters*.

力",议会在1970年通过了《最高法院(扩大刑事上诉管辖权)法》[Supreme Court (Enlargement of Criminal Appellate Jurisdiction) Act, 1970],将受理范围从仅涉及死刑判决的案件扩大到判处10年以上监禁以及终身监禁的诉讼。1972年,该法案被进一步修正以将"查谟-克什米尔"也包括在内。

(三)咨询司法权①

历史上,枢密院和联邦法院均曾履行咨询司法权。《宪法》第143条第1款规定,总统可以就对公众而言有重要意义的法律或事实问题咨询最高法院,在总统提交问题后,最高法院可以进行其认为合适的聆讯,并可以(may)将其意见报告总统。该条款基本沿袭了《印度政府法案(1935)》第213条中有关总督咨询联邦法院的规定。此外,第143条还增加了一款,授权总统可以就规定最高法院对邦际以及央地争执的专属初审管辖权的《宪法》第131条但书第一款中规定最高法院没有初审管辖权的、涉及B类邦(即前土邦)在行宪之前签订且在行宪之后依然有效的条约的争议征求最高法院的意见,最高法院必须(shall)就此类咨询进行聆讯并向总统报告意见。立宪时增加该条款旨在安抚前土邦统治者,确保他们有司法救济手段。② 1956年,为了着手推进组建语言邦的工作,印度议会通过了宪法第7号修正案,删除了第131条但书中的第1款,并修改了第143条第2款的表述。根据修正后的宪法,总统可以就行宪之前签订且在行宪之后依然有效的条约的争议征求最高法院的意见,最高法院必须就此类咨询进行聆讯并向总统报告意见。尽管从宪法条文的文字表述来看,最高法院"可以"(may)在第1款所说的情况下向总统报告意见,而"必须"(shall)在第2款所说的情况下向总统报告意见。但是在实际操作中,最高法院未曾拒绝总统的咨询要求。③ 另外,尽管按照宪法的规定,最高法院的意见仅仅是建议性的,总统有权采纳或不采纳,但实际上最高法院的咨询意见长期以来都得到了尊重。根据《宪法》第145条有

---

① 有关最高法院的咨询司法权涉及总统部分参见本书第五章第二节相关部分。
② George H. Gadbois, *Supreme Court of India: The Beginnings*, New Delhi: Oxford University Press, 2018, p. 134, note 112.
③ 也有法学家主张第1款中的may和第2款中的shall并没有本质上的差别。参见Gadbois, *Supreme Court of India*, p. 134, note 113.

关法院规程的规定，为向总统提供咨询意见组织聆讯的基本要求与裁定涉及诸如解释宪法之类的重大法律问题的案件时组织开庭的规程基本相同，出庭法官不得少于5人，除非根据公开开庭中宣布的意见，不得拟订给总统的咨询报告，持不同意见的法官同样可以表达不同意见。

1951年，总统首次就《德里法律法（1912）》（*Delhi Laws Act, 1912*）等法案中涉及委任立法（delegated legislation）的条款是否越权向最高法院征询意见。最高法院以7名法官组成的裁判庭出具了咨询意见，多数法官认为相关立法并未违宪，并确立了立法机关不应放弃其核心立法功能的原则。[1] 1958年，最高法院再次应总统的请求就《喀拉拉邦教育法案（1957）》（*Kerala Education Bill, 1957*）提供咨询意见。[2] 相比1951年的首次咨询，这次咨询被认为更加重要。[3] 1957年，印度共产党首次在喀拉拉邦执政，由邦政府提出的这部旨在规范教育机构的法案被反对者视为侵犯了宪法赋予少数群体建立和管理初等教育机构的权利。喀拉拉邦长依据《宪法》第200条，将这部面临政治争议的法案送呈总统考虑，总统进而要求最高法院提供咨询意见。最高法院发布认为法案部分条款侵犯了少数群体建立教育机构的基本权利的意见后，喀拉拉邦议会根据该意见修改了法案。《喀拉拉邦教育法案（1957）》被认为确定了这样的惯例，即在邦长将保留有争议法案送呈总统考虑，且总统认为法案涉及合宪性问题的情况下，应当征求最高法院的意见。[4] 此后，印度总统还就涉及印巴交换飞地的贝鲁巴里飞地问题、[5] 涉及央地关系的《海关法（1871）》问题、[6] 邦议会权力、特权的免除问题[7]、总统选举问题[8]、涉及组建特别法院审

---

[1] 但是在日后的判决中，最高法院越来越倾向于认可咨询意见中的第二种主张，即只要议会依然保留收回、销毁（destroy）、校正或修改其委任事务，它可以自身所有立法权授权给行政机构。参见 B. Mohandoss, "Towards And Away From 'Delhi Laws Act Case'", *Journal of the Indian Law Institute*, Vol. 26, No. 1/2, 1984, pp. 100 – 109.

[2] In re the Kerala Education Bill, 1957, (1959) S. C. R. 996, 1038.

[3] Gadbois, *Supreme Court of India*, p. 138.

[4] Lily Isabel Thomas, "Advisory Jurisdiction Of The Supreme Court Of India", *Journal of the Indian Law Institute*, Vol. 5, No. 4, 1963, pp. 475 – 497.

[5] In re The Berubari Union and Exchange of Enclaves, 1960, S. C. R. III 250.

[6] In re Sea Customs Act, 1871, AIR 1963 SC 1760.

[7] In re Powers, Privileges and Immunities of State Legislatures, AIR 1965 SC 745.

[8] In re Presidential Poll, (1974) 2 SCC 33.

理紧急状态相关案件的《特别法院法案（1978）》①、高韦里河仲裁法庭事务，②最高法院和高等法院法官任命的原则和程序③、古吉拉特邦议会选举④等问题征求了最高法院的意见。

第三节　高等法院和下级法院

一　高等法院的建立

高等法院是各邦最高级的司法机构。根据《宪法》第214条，各邦均设立高等法院，但同时《宪法》第231条又规定议会可制定法律，为两个或两个以上邦，或为两个或两个以上的邦和中央直辖区建立联合高等法院。各高等法院和最高法院一样均为存卷法院（court of record）⑤，享有包括处罚藐视法庭罪等在内的相应权力。⑥

与印度共和国行宪之后在原有的联邦法院基础上新设的最高法院不同，许多高等法院均为行宪之前所建。其中位于建立于1862年的加尔各答、孟买、马德拉斯三个管区首府（presidency town）的高等法院历史最为悠久，其前身可以追溯到18世纪英国在这三个管区建立的市长法院。⑦截至1947年印度独立，英属印度共有加尔各答、孟买、马德拉斯、安拉哈巴德、拉合尔、巴特那、那格浦尔7个高等法院。此外，迈索尔和查谟－克什米尔两大土邦也建立了职能与英属印度高等法院相近的迈索尔首席法院和"查谟－克什米尔"高等法院。印巴分治后，印度政府先后发布《高等法院（旁遮普）令（1947）》〔High Court（Punjab）Order,

---

① In re The Special Courts Bill 1978, (1979) 1 SCC 380.
② In re The Matter of Cauvery Water Disputes Tribunal, AIR 1992 SC 522.
③ Reference on the Principles and Procedure Regarding the Appointment of Supreme and High Court Judges in 1998, AIR 1999 SC 1.
④ Gujarat Assembly Election Case, (2002) 8 S. C. 237.
⑤ 最初存卷法庭是指那些其行为及程序被记录在羊皮纸上的法庭。依此，咨议会（council）、星室法庭（Star Chamber）、衡平法庭、海事法庭及教会法庭都不是存卷法庭。17世纪普通法法庭发展出这样的原则，即只有存卷法庭方能对藐视法庭的行为处以罚金或监禁。这随后便成为现代定义存卷法庭的一般原则，即存卷法庭是能对藐视该法庭自己的那些行为处以罚金或监禁的法庭。
⑥ Article 251, Constitution of India.
⑦ 有关殖民时期建立高等法院的情况参考本章第一节第二部分。

1947］、《阿萨姆高等法院令（1948）》（Assam High Court Order，1948）和《奥里萨高等法院令（1948）》（Orissa High Court Order，1948），分别建立了对东旁遮普和德里、阿萨姆和奥里萨享有司法管辖权的旁遮普高等法院、阿萨姆高等法院和奥萨里高等法院。1950 年印度行宪后，伴随着邦级行政区划的调整，陆续通过立法、法令等新建了一批高等法院，已有高等法院的辖区、名称等也有变化。截至 2019 年末，印度共和国共有 25 个高等法院，其中有 7 个高等法院为管辖两个或两个以上邦或中央直辖区的联合高等法院。具体情况如表 4.2 所示。

表 4.2　　　　　　　　印度各高等法院、辖区及所在地

高等法院	辖区	所在地
安拉哈巴德高等法院	北方邦	安拉哈巴德
安得拉邦高等法院	安得拉邦	阿默拉沃蒂
孟买高等法院	果阿邦、达德拉和纳加尔·哈维利中央直辖区、马哈拉施特拉邦	孟买
加尔各答高等法院	安达曼和尼科巴群岛中央直辖区、西孟加拉邦	加尔各答
切蒂斯格尔高等法院	切蒂斯格尔邦	比拉斯布尔
德里高等法院	德里中央直辖区	新德里
高哈蒂高等法院	"阿鲁纳恰尔邦"[①]、阿萨姆邦、米佐拉姆邦、那加兰邦	高哈蒂
古吉拉特高等法院	古吉拉特邦	艾哈迈达巴德
喜马偕尔邦高等法院	喜马偕尔邦	西姆拉
"查谟－克什米尔"高等法院[②]	查谟－克什米尔中央直辖区、拉达克中央直辖区	斯利那加/查谟
恰尔肯德高等法院	恰尔肯德邦	兰契

[①] 在印方的相关统计资料中，包含了中印东段边境传统习惯线以北和非法"麦克马洪线"以南传统上一直由中国西藏地方政府管辖但被印度渐进侵占中国之领土（中国媒体和社会舆论普遍称之为"藏南"）的所谓"阿鲁纳恰尔邦"。

[②] 克什米尔是印度和巴基斯坦的领土争端地区，而中国一直希望印巴双方能以和平方式解决此争议。2019 年 8 月初，印度取消此前宪法赋予印控克什米尔地区的"特殊地位"，将印控克什米尔重组为"查谟－克什米尔联邦直辖区"，使印巴紧张局势进一步升级。

续表

高等法院	辖区	所在地
卡纳塔克高等法院	卡纳塔克邦	班加罗尔
喀拉拉高等法院	喀拉拉邦、拉克沙德维普群岛中央直辖区	科钦
中央邦高等法院	中央邦	贾巴尔布尔
马德拉斯高等法院	泰米尔纳德邦、本地治里中央直辖区	金奈
曼尼普尔高等法院	曼尼普尔邦	因帕尔
梅加拉亚高等法院	梅加拉亚邦	西隆
奥里萨高等法院	奥里萨邦	克塔克
巴特那高等法院	比哈尔邦	巴特那
旁遮普和哈里亚纳高等法院	昌迪加尔中央直辖区、旁遮普邦、哈里亚纳邦	昌迪加尔
拉贾斯坦高等法院	拉贾斯坦邦	焦特普尔
锡金高等法院	锡金邦	甘托克
泰伦加纳高等法院	泰伦加纳邦	海德拉巴
特里普拉高等法院	特里普拉邦	阿加尔塔拉
乌塔拉坎德邦高等法院	乌塔拉坎德邦	奈尼达尔

资料来源：各高等法院官方网站。

二　高等法院法官

《印度高等法院法（1861）》规定每个高等法院由包括一名首席法官在内的、不超过15名法官组成。《印度高等法院法（1911）》将这一人数上限增加到20人。《印度政府法案（1935）》取消了对高等法院法官人数的统一规定，改为由国王会同枢密院不时修订。印度《宪法》第216条规定，高等法院由首席法官一人和法官若干人组成，总统认为必要时任命高等法院法官。由于各高院的辖区、历史不尽相同，所以法官人数差别较大。截至2020年4月30日，辖区面积最大、管辖人口最多的安拉哈巴德高等法院共有103名法官，[①] 辖区面积小、管辖人口少、成立时间短的锡

---

① High Court of Judicature At Allahabad, "Chief Justice/Judges of the High Court Allahabad & its Bench at Lucknow", http：//www.allahabadhighcourt.in/service/.

金高等法院仅有3名法官。①

(一) 法官任免

1. 法官就职

在建立高等法院之前,"二元法院制"下的最高法院法官均在英格兰和爱尔兰拥有五年以上出庭律师(barrister)的经历,公司法院法官则为公司雇员。在此基础上,《印度高等法院法(1861)》规定高等法院的法官中至少1/3的法官须为拥有五年以上出庭律师的经历,1/3法官须为任职10年以上,且至少担任过三年以上地区法院法官的文官。此外,符合条件的基层司法官员和律师也有资格出任高等法院法官。该规定有助于高等法院的专业化,并促进接受过正规法律教育的出庭律师能和了解印度实际情况的印度文官合作,但是比例限制,尤其是对出庭律师的比例限制却被认为是歧视印度律师,在《印度政府法案(1935)》中被取消。

《宪法》第217条规定,高等法院首席法官由总统征求印度最高法院首席法官与该邦邦长意见之后任命。任命高等法院其他法官时除需征求最高法院首席法官和该邦邦长意见外,还须征求该邦高等法院首席法官的意见。高等法院法官的任职资格条件包括:(1)须为印度公民;(2)在印度国内担任司法职务至少满十年;(3)在某高等法院或两个以上此类法院连续担任律师至少满十年。出任高等法院法官者,应于就职前在本邦邦长或邦长指定的监督人面前按第三表的誓词宣誓或宣读证词。誓词与证词须经本人签字。②

和最高法院相似,高等法院同样面临人手不足、案件积压的情况。《宪法》第224条规定高等法院首席法官可以在征得总统同意的情况下邀请该高等法院或其他高等法院的退休法官出庭。③ 但是,这并不足以缓解高等法院的工作压力,于是宪法第七修正案将此条修改为任命额外法官和代理法官的条款:(1)由于高等法院业务临时增多或出现案件积压,总统认为应该临时为该法院增加法官时,总统可以任命具备资格的人员担任该法院的额外法官,其任职时间可由总统确定,但最长不得超过两年;

---

① High Court of Sikkim, "Judges", https://highcourtofsikkim.nic.in/hcs/JudgesProfile.
② Article 219, Constitution of India.
③ Article 224, Constitution of India.

(2) 高等法院一般法官因缺席或其他原因不能履行职务，或受命临时代理首席法官时，总统可以在该法官重新履职前任命一名具备资格的人员担任高等法院代理法官；(3) 任何人员年满 62 岁后不得出任高等法院额外法官或代理法官。1963 年的第 15 号修正案在此基础上又增加了第 224A 条，允许高等法院首席法官在征得总统同意的情况下随时邀请曾任任何一个已退休的高等法院法官或代理法官出庭与履职。受邀的退休法官在出庭工作期间享有总统命令规定的津贴，并享有该高等法院法官全部司法权限、权利和特权。但在其他方面不得被视为该高等法院的法官。和最高法院的情况相似，即便如此，高等法院依然面临法官人手不足、案件积压的情况。截至 2020 年 8 月 1 日，印度 25 个高等法院共有常任法官（permanent judge）职位 771 个，额外法官（additional judge）职位 308 个，总计 1079 个。其中，211 个常任法官职位空缺，183 个额外法官职位空缺。满员运行的高等法院仅有规模较小的曼尼普尔高院（5 人）、梅加拉亚高院（4 人）、特里普拉高院（4 人）和锡金高院（3 人）4 个高等法院。规模最大的安拉哈巴德高院共有 61 个法官职位空缺。[①]

2. 法官离职

如前文所述，为了保护司法独立性，《印度政府法案（1935）》首次确定了联邦法院和高等法院法官的任期，规定高等法院法官 60 岁退休。[②] 印度宪法沿袭了这一规定。[③] 1963 年的宪法第 15 号修正案将第 217 条第一款规定的退休年龄由 60 岁延迟至 62 岁，[④] 并增加了第三款"如果对高等法院法官的年龄发生疑问，将由总统与最高法院首席最高法官磋商后作出决定。总统的决定是最后决定"。和最高法院法官相似，在到达退休年龄之前，高等法院法官也可以向总统提交本人签名的书面辞呈辞职。[⑤] 最近一位向总统提出辞职申请的是孟买高等法院的资深法官达尔马迪卡利（Satyaranjan Dharmadhikari），他于 2020 年 2 月 13 日向总统提交辞呈。达

---

① Department of Justice, Ministry of Law & Justice, Government of India, "Vacancy (as on 01.08.2020)" https：//doj. gov. in/sites/default/files/Vacancy%201.08.2020.pdf.

② Article 200 (2), Government of India Act, 1935.

③ Article 217, Constitution of India.

④ Constitution (Fifteenth Amendment) Act, 1963.

⑤ Article 217, Constitution of India.

尔马迪卡利在孟买高等法院的资历仅次于首席法官南德拉约格（Pradeep Nandrajog，已于 2020 年 2 月 23 日退休），原本有希望出任孟买高等法院首席法官一职。但是根据达尔马迪卡利的说法，有人不愿意擢升他为孟买高院首席法官，欲将他调往其他邦的高等法院任职，但是他和家人不愿意离开孟买任职，故而辞职。①

除了这两种情况之外，根据《宪法》第 218 条和《宪法》第 124 条第 4 款、第 5 款就因"行为失检或不适任"免除最高法院法官职务的规定同样适用于高等法院法官，即需要由议会两院于同一会期中以高等法院法官行为失检或不适任为由向总统同时提出咨文且该咨文须由各院分别以全体议员的过半数及出席投票议员的 2/3 多数通过，方可由总统下令免除其职务。相应地，印度议会依照《宪法》第 124 条第 5 款通过的《法官（调查）法（1968）》[The Judges (Inquiry) Act, 1968] 的规定同样适用于高等法院法官的免职程序。在这种情况之外，根据《宪法》第 121 条之规定，对最高法院或高等法院法官执行职务时的行为议会不得讨论。

对曾在高等法院任职的法官是否可以进行辩护或代理的问题，1950 年颁行的宪法全面禁止离任的高等法院法官进行辩护或代理。1956 年的宪法第七修正案放宽了这一限制，允许其在退休后在最高法院和非曾任职的其他高等法院进行辩护或代理。

（二）法官调动

根据《宪法》第 222 条第一款，"总统经与最高法院首席法官磋商后，可以将高等法院法官从某高等法院调往印度国内另一高等法院"。邦改组委员会（States Reorganisation Commission）提交的报告建议每个高等法院中至少有 1/3 的法官招募自另一个邦，以遏制狭隘的地方主义倾向。② 法律委员会认可高等法院法官来源多样化的主张，但是认为应当通过首次任命，而非调动来实现这种多样化，并且指出法官调动的条款可能会被滥用并妨碍司法独立。③

---

① PTI, "Senior Bombay HC judge S C Dharmadhikari resigns", *The Economic Times*, https：//economictimes. indiatimes. com/news/politics-and-nation/senior-bombay-hc-judge-s-c-dharmadhikari-resigns/articleshow/74132019. cms? from = mdr.

② *Report of the States Reorganisation Commission*, 1955, p. 233.

③ Jain, *Outlines of Indian Legal History*, p. 313.

在行宪后的相当长一段时间内，高等法院法官调动的条款并未被启用。但是，在紧急状态期间的1975年至1976年，英迪拉·甘地政府破天荒地在未获得当事人同意的情况下调动了16名高等法院法官。其中，被认为作出不利于政府判决的德里高等法院法官伊斯梅尔（M. M. Ismail）于1976年从德里被调往马德拉斯高等法院。1979年人民党执政时期，伊斯梅尔升任马德拉斯高院首席法官。1980年英迪拉·甘地再次执政后，政府急于任命亲政府的法官，并大规模调动高等法院法官和解聘人民党执政期间（1977—1979）任命的临时法官。① 1981年，伊斯梅尔拒绝被调往喀拉拉高等法院，选择辞职。②

三　高等法院的职权

（一）司法管辖权

相比对最高院司法管辖权的详细规定，宪法对高等法院的司法管辖权并没有做出详细规定，各高院在独立时均正常运行，每一个高院，尤其是历史最为悠久的三个管区首府高院，有关其司法管辖权的规定可以追溯到年代更早的特许状。以加尔各答高等法院为例，根据建立高院的特许状，加尔各答高院拥有以下司法权：（1）对加尔各答市内民事诉讼的初审管辖权；（2）移送并审理下级法院未决案件的非常民事初审管辖权（extraordinary original civil jurisdiction）；（3）民事上诉管辖权，包括受理下级法院审理诉讼的上诉和高等法院初审管辖权受理的民事案件的上诉；（4）普通刑事初审管辖权；（5）非常刑事初审管辖权；（6）刑事上诉管辖权。

《宪法》第225条规定，"除本宪法及有关邦议会根据本宪法授权制定的法律规定外，现有高等法院的司法权限，所遵循的法律，以及该院法官在该法院的司法权力，包括制定法院或法庭开庭事项的权力，均与本宪法实施前相同。但是，本宪法实施前夕，高等法院对税收或收税等事项行使

---

① Bhagwan D. Dua, "A Study in Executive-Judicial Conflict: The Indian Case", *Asian Survey*, Vol. 23, No. 4, 1983, p. 475.

② 有关行政部门对司法部门的政治性干预导致的法官调动与司法独立性问题参见本章第四节。

初审管辖权时所受的限制，今后不再适用"。与最高法院相比，除了最高法院对联邦与邦、邦与邦之间的争执所享有的初审管辖权外，其他权力高等法院均享有。

高等法院的司法管辖权几乎涉及整个印度的成文法体系。所有高等法院均有依据《宪法》第226条规定的、发布各类令状的权力以履行其非常初审管辖权，并依据《人民代表法（1951）》（Representation of People Act, 1951）等法令享有选举、公司、银行等相关诉讼的初审管辖权。在上诉管辖权方面，《民事诉讼法典》（Civil Procedure Code）、《刑事诉讼法典》（Code of Criminal Procedure）、《商标法》（Trade Marks Act）、《版权法》（Copyright Act, 1957）、《工人补偿法》（Workmen's Compensation Act, 1923）、《外汇法》（Foreign Exchange Act, 1973）、《印度教徒婚姻法》（Hindu Marriage Act, 1955）等法律均赋予了高等法院在相关事务上的上诉管辖权。

民事案件方面，向高等法院提出的上诉分为第一上诉和第二上诉。对地区法院和下属法院关于重要事实和法律问题的判决，其上诉应直接向高等法院提出。当任何从属于高等法院的法院决定对下级法院的判决提出起诉时，对下级受理上诉法院的判决的第二上诉应向高等法院提出，但这只限于法律和程序问题。高等法院的刑事受理上诉管辖权延伸至对季节法官或额外季节法官所作的7年以上监禁的判决和对助理季节法官、城市法官或其他法官对某些特定案件的判决提出的上诉。[1]

（二）发布令状的权力

由于历史原因，在殖民时期，最初仅有从三个管区首府最高法院发展而来的高等法院拥有发布令状的权力。[2] 此后，经过调整，三个管区首府高等法院有权发布各类令状，而其他高等法院仅可以发布人身保护状，这种历史原因导致的差别对管区首府的居民更加有力。[3] 印度共和国宪法消除了各高等法院在发布令状方面的权力差别，并且发布的令状覆盖了高等法院的整个司法辖区。

---

[1] 林良光主编：《印度政治制度研究》，第120页。
[2] Jain, *Outlines of Indian Legal History*, p. 303.
[3] Jain, *Outlines of Indian Legal History*, pp. 306–307.

《宪法》第 226 条规定："高等法院有权在其司法辖区内对任何人员、机关、政府在适当情形下发布指令、命令或令状，包括人身保护状、命令状、禁令追究权利以及移送复审令等性质的令状，以执行第三篇赋予它的一切权力或其他目的。"最高法院在选举专员诉拉奥案（Election Commissioner v. Saka Venkata Rao）判决中赋予高等法院该权力旨在使其履行类似英格兰各王座法院的职能。[①] 不同于最高法院发布令状主要以实施宪法第三篇的基本权利为目的，高等法院发布令状的权力适用范围更广，包括"其他目的"。在其司法辖区内，高等法院可以出于实施基本权利的目的发布令状，可以审查邦法律、规定和命令是否违反宪法。一如最高法院的法律对全印所有法律皆有约束力，高等法院宣布的法律对所有辖区内下级法院皆有约束力。

（三）监督管理权

《宪法》第 227 条规定高等法院对辖区内所有除军事法庭外的下级法院及法庭均有监督权。一般情况下，高等法院可以：（1）要求这些法院进行汇报；（2）制定并发布统一此类法院诉讼手续的一般规则，并制定有关表格；（3）制定此类法院官员保管图书、记录及账目的格式。高等法院还可以为下级法院的执行官、书记、职员以及在此类法院开业的代理人、辩护人、申诉人等制定收费标准。如果高等法院认为某下级法院的未决案件涉及解释宪法的重大法律问题，而处理该案件又必须首先解决这一问题，高等法院可将该案件撤回，自行处理该案件或裁决上述法律问题后将该案件连同对该问题的裁决副本发还原法院，该法院收到后应依照高等法院的裁决继续处理该案。[②]

四　下级法院

在高院之下，各邦还设有不同等级的法院，在宪法统称为"下级法院"。这些法院接受各高等法院的监督和管理。每一个邦分为多个司法区（judicial district），每一个司法区的地区法院（district court）由地区法官主持。根据《宪法》第 233 条规定，各地区法官的任命、委派及提升，

[①] 1953 AIR SC 215.

[②] Article 227, Constitution of India.

应由该邦邦长与在该邦行使司法权力的高等法院协商后进行,非联邦(或该邦)公务部门人员须具备至少七年的律师资格,并经高等法院举荐,才能被任命为地区法官。①《民事诉讼法典》和《刑事诉讼法典》分别对地区法院的司法管辖权作出了规定,地区法院对民事和刑事诉讼拥有广泛的初审管辖权,还对下级法院的判决拥有上诉管辖权。地区法官包括市民事法庭法官、地区额外法官、地区联合法官、地区助理法官、简易法庭首席法官、首席治安法官、额外首席治安法官、季节法官、额外季节法官及助理季节法官。②对地区法官之外的司法人员的任用,应由邦长依照所定规则,经与邦公务人员委员会和有关高等法院协商后进行。③

地区法院下设民事法庭、刑事法庭、简易法庭(Small Causes Court)以及家庭法庭(Family Court)。其中,各级民事法庭自上而下依次为高级民事法官法庭(Senior Civil Judge Court)、首席初级民事法官法庭(Principal Junior Civil Judge Court)和初级民事法官法庭(Junior Civil Judge Court);各级刑事法庭自上而下依次为首席司法治安法官法庭(Chief Judicial Magistrate Court)、一等司法治安法官法庭(First Class Judicial Magistrate Court)和二等司法治安法官法庭(Second Class Judicial Magistrate Court)。

此外,还有一些不属于司法部门的相关机构。第一,属于政府行政部门的司法机构,包括由各级行政治安法官(Executive Magistrate)或警察总监(Commissioner of Police)主持的行政法庭(Executive Court)和各级税务官员主持的税收法庭(Revenue Court)。第二,属于非诉讼争端解决机制的人民法庭(Lok Adalat)和潘查亚特法院(Nyaya panchayat),后者带有印度传统村社自治的特点。④印度各级司法机关结构如图4.1所示。

---

① Article 233, Constitution of India.
② Article 235, Constitution of India.
③ Article 234, Constitution of India.
④ 林良光主编:《印度政治制度研究》,第121页。有关潘查亚特制度参见本书第八章。

192 / 印度政治制度

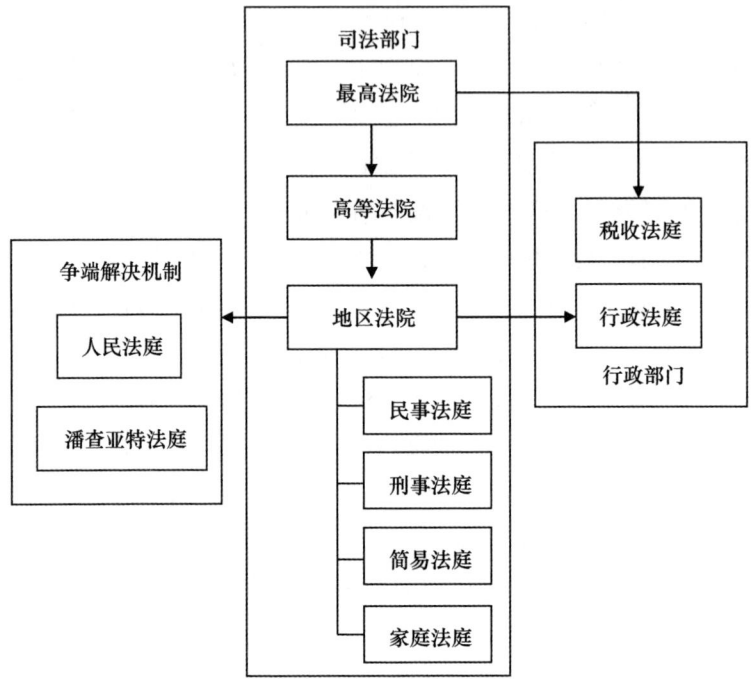

图 4.1　印度各级司法机关结构

第四节　印度司法制度相关问题

一　司法能动主义

根据分权原则，由立法机关、行政机关、司法机关分享立法权、行政权和司法权，彼此独立又相互制衡。但是在今天的现实生活中，被称作"世界上权力最大的司法机关"的印度司法机关不仅可以审查立法机构通过的宪法修正案和各类法律法规，还通过拓展"人身自由"（personal liberty）、"正当法律程序"（due process of law）、"言论和表达自由"（freedom of speech and expression）的含义实际上具备了立法能力；[1] 另外，司法部门可以发布命令状（mandamus）禁止政府采取违法的行为，[2] 或发布

---

[1] P. Sathe, "Judicial Activism: The Indian Experience", *Washington University Journal of Law & Policy*, No. 6, 2001, p. 88.

[2] Paramjit Kaur v. Punjab 1996 (7) SCC 20.

要求政府采取措施的指令（directions）介入政府施政。① 梅赫塔（Pratap Bhanu Mehta）认为，印度的司法机构已经成了"治理机构"（institution of governance）。② 印度司法部门的能动主义（judicial activism）不仅是印度国内法学界、政界和媒体时常讨论的话题，也引发了国际学术界的关注。

在行宪之初，印度最高法院保持了司法克制。到20世纪六七十年代，司法部门和立法部门围绕修宪权展开权力争夺，并形成了宪法修正案合宪性的"基本特征基准"。③ 紧急状态时期（1975—1977），最高法院艰难地在确保自身生存与维持民众对最高法院的信任之间保持平衡。最高法院在审判涉及英迪拉·甘地是否有资格继续担任总理以及第39号修正案合宪性的英迪拉·尼赫鲁·甘地诉室利·拉杰·纳拉因案（Indira Nehru Gandhi vs Shri Raj Narain）时采取了折中的态度，在裁定宪法第三十九修正案违宪的同时维持了英迪拉·甘地胜选的结果。④ 对1976年的"人身保护令状案"（Habeas Corpus Case）即贾巴尔普尔额外地区治安官诉舒克拉案（A. D. M Jabalpur v. Shivakant Shukla），由首席法官拉伊（Ajit Nath Ray）等五名法官组成的合议庭以4∶1作出了完全有利于政府的判决（仅康纳法官持异议），钱德拉楚德和贝格法官的判词甚至不乏对紧急状态的溢美之词，⑤ 这让最高法院饱受批评。萨特（S. P. Sathe）认为，紧急状态时期的可怕经历使司法部门意识到仅凭自身无力对抗强势的行政部门，传统上精英主义的法院必须让普通民众意识到法院是自身权利的守护者方可获得民众的尊重，并在未来再次出现强势政党时获得足够的政治支持以保障自己的生存。⑥ 巴克奇（Upendra Baxi）也认为在"后紧急状态"时期，最高法院转向"司法民粹主义"（judicial populism）以消除其在紧急状态时期所作出一些亲政府判决的负面影响，并为司法权力的合法性寻找新的

---

① Vishal Jeet v. India, AIR 1990 SC 1412.

② Pratap Bhanu Mehta, "India's Judiciary: The Promise of Uncertainty", in Devesh Kapur and Pratap Bhanu Mehta, eds., *Public Institutions in India: Performance and Design*（New Delhi: Oxford University Press, 2005）, p. 159.

③ 参见本书第一章第三节相关内容。

④ AIR 1975 SC 2299.

⑤ AIR 1976 SC 1207.

⑥ Sathe, "Judicial Activism", p. 50.

历史基础。①

20世纪七八十年代，司法部门开始受理有关社会边缘群体基本权利的公共利益诉讼（Public Interest Litigation）②，并通过程序自由化以提高普通公众参与司法程序的可能性，进而起到制约政府部门的效果。考虑到许多印度穷人和弱势群体对自己的基本权利认识不足，在巴谢沙尔纳特诉所得税专员案（Basheshar Nath v. Commissioner of Income Tax）中，最高法院不再严格遵守提前规则（rule of prematurity），认为有必要在侵害基本权利的行为发生之前就相关问题作出决定。③ 对苏尼尔·巴特拉诉德里政府案（Sunil Batra v. Delhi Administration）的审判放宽了出庭资格规则（rule of locus standi），回应了囚犯巴特拉（Sunil Batra）写给最高法院法官耶尔（Krishna Iyer）指责监狱酷刑的信件。④ 随着法院允许热心公益的公民、机构、非政府组织发起公共利益诉讼，许多贫困、未受教育的被侵权人得以向法院寻求宪法补救，如巴格瓦蒂（Prafullachandra Natwarlal Bhagwati）法官在人民民主权利联盟诉印度联邦（People's Union for Democratic Rights v. Union of India）的判决中所说："向法院提出公共利益诉讼并非如普通诉讼那样旨在针对另一个体实施某个个体的权利，而是要求对大量贫穷、无知或处于社会经济边缘地位人的宪法或法律权利侵害不能忽视或不予补偿，从而促进和维护公共利益。"⑤ 自20世纪70年代末以来，人民公民权利联盟（People's Union for Civil Rights）、人民民主权利联盟等社会组织以及梅赫塔（Mahesh Chandra Mehta）、巴斯（Sheela Barse）等社会活动家推动法院关注审前被羁押人、囚犯、无组织劳工、抵债劳工、露宿街头者、妓女子女等弱势群体基本权利被侵害的情况。最高法院对《宪法》第21条有关作为基本权利的"生命和人生自由"的自由主义解释使长期

---

① Upendra Baxi, *Taking Suffering Seriously: Social Action Litigation in the Supreme Court of India*, in Rajeev Dhavan, et al. eds., *Judges and the Judicial Power* (London: Sweet and Maxwell, 1985), p. 294.

② 与美国由政府和私人基金会资助的公共利益诉讼不同，印度的公共利益诉讼更关注政府压制（state repression）以及公众参与政府决策，因此也有法学家认为印度的公共利益诉讼更应被称作社会行动诉讼（social action litigation）。

③ Sathe, "Judicial Activism", p. 66.

④ AIR 1978 SC 1675.

⑤ AIR 1982 SC 1473.

被忽视的受害者的权利得到了保障。①

在立法司法能动主义（legislative judicial activism）方面，最高法院于1988年在威尼特·纳拉因诉印度联邦案（Vineet Narain v. Union of India）的判决中宣称其有权"在没有合适立法的情况下填补真空"。② 1984年博帕尔毒气泄漏事件后，民众对执法机关的低效、腐败不满。最高法院创造性地将《宪法》第21条"不得剥夺任何人的生命和人身自由"拓展到了保护环境和自然资源，促使环保人士、非政府组织和受影响的公民向法院寻求救济。③ 积极能动的司法发展出了一种新的"环境法理学"，最高法院在1996年的印度环境法律行动委员会诉印度联邦案（Indian Council for Enviro-Legal Action v. Union of India）判决中指出："当处理与环境相关的问题时，法院的主要工作是让执法机关（无论是国家机关还是其他权力机关）采取有效措施来执行法律……尽管如此，监督日常之法也不是法院的职能，而是行政机关的职能。但由于行政机关的不作为，法院有必要通过发布指令或法令的方式来督促行政机关执行那些保护人民基本权利的法律。"④ 此后，公共利益诉讼的范围进一步拓展到反腐败、国家治理等领域。在抗击新冠肺炎疫情的过程中，最高法院同样十分活跃：例如，2020年4月，最高法院要求所有实验室提供免费检测服务；⑤ 2020年6月，最高法院要求中央政府统一各地的核酸检测价格。⑥

司法能动主义的支持者认为法院在履行其合法职能，并认为司法能动

---

① Sathe, "Judicial Activism", p. 79. 相关案件包括 Hussainara Khatoon v. Bihar, AIR 1979 SC 1360; Sunil Batra, AIR 1978 SC 1675; P. U. DR, AIR 1982 SC 1473; Bandhua Mukti Morcha, AIR 1984 SC 803; Olga Tellis v. Bombay Municipal Corporation, AIR 1986 SC 180; Gourav Jain v. India, AIR 1997 SC 3021.

② 1988 (1) SCC 226.

③ ［英］吉檀迦利·纳因·吉尔：《印度环境司法：国家绿色法庭》，李华琪等译，中国社会科学出版社2019年版，第47页。

④ 1996 (5) SCC 281，译文转引自吉尔《印度环境司法：国家绿色法庭》，第48页。

⑤ Legal Correspondent, "Coronavirus ｜ COVID - 19 tests must be done free, orders Supreme Court", The Hindu, April 8, 2020. https：//www.thehindu.com/news/national/coronavirus-covid-19-tests-must-be-done-free-orders-supreme-court/article31291873.ece.

⑥ HT Correspondent, "Supreme Court asks Centre to fix Covid - 19 test rates across country", Hindustan Times, June 19, 2020. https：//www.hindustantimes.com/india-news/supreme-court-asks-centre-to-fix-covid-19-test-rates-across-country-install-cameras-in-wards/story-YkdovlN5GzQMjzTuNBWTrN.html.

主义对维护公共利益、保护人权是必要的。许多时候，人们认为法院比政客在处理争议问题时更加权威。例如，涉及曾引发大规模印穆冲突的阿约提亚巴布里清真寺土地归属的西迪克以书面报告诉苏雷什达斯长老案[Siddiq（D）Thr Lrs v. Mahant Suresh Das]便由最高法院于2019年11月作出判决。但是，批评者认为印度司法部门已经打破了权力分立原则设定的边界，承担了属于立法和行政部门的职能。大量公共利益诉讼让原本就不堪重负的法院案件积压的情况愈加严重。① 从实际效果来看，阿难特和辛格（Anant and Singh）认为"立法司法能动主义"和更常见的"行政司法能动主义"（executive judicial activism）从社会成本来说弊大于利。② 萨特指出，受限于司法部门的能力，法院在教育、就业、环境保护领域的行动限于象征意义。③ 维尔马（Arvind Verma）也认为政府在很多情况下不会忠实地执行法院发布的指示和指令，弱势情况的实际生活改善有限。④

二　司法独立性

印度共和国的议会民主制以英国的"西敏寺制"为蓝本，议会相较行政和立法更为强势。因此，司法独立，尤其是避免行政对司法的政治性干预对于维持权力分立具有重要意义。印度宪法的下列规定均有助于避免立法和行政权侵蚀司法独立性：第一，最高法院和高等法院法官均由总统任命，规定总统在任命最高法院和高等法院法官时必须征询最高法院首席法官和高等法院首席法官的意见，并设置了严格复杂的法官免职程序；⑤ 第二，除按照宪法规定启动免职程序外，议会不得讨论最高法院或高等法院法官执行职务时的行为；⑥ 第三，法官薪俸由印度统一基金支付，且法官就任后，其所享有之特权、津贴以及休假与年金方面的权利，不得作对

---

① Arvind Verma, "Taking Justice Outside the Courts: Judicial Activism in India", *The Howard Journal of Criminal Justice*, Vol. 40, No. 2, 2001, p. 162.

② T. C. A. Anant and S. Jaivir, "An Economic Analysis of Judicial Activism", *Economic and Political Weekly*, Vol. 37, No. 43, 2002, pp. 4433–4439.

③ Sathe, "Judicial Activism", p. 89.

④ Verma, "Taking Justice Outside the Courts: Judicial Activism in India", p. 161.

⑤ Articles 124, 217, 218, Constitution of India.

⑥ Article 121, Constitution of India.

其不利的变更;① 第四，固定法官退休年龄并限制退休法官进行辩护或代理。

为了避免出现个人拥有不受制约的权力的情况，宪法没有赋予首席法官一票否决权。② 制宪会议希望借由不同部门在法官任命程序上的制衡确保司法独立。尽管康沃利斯改革、《印度高等法院法（1861）》和《印度政府法案（1935）》等后续立法均就司法—行政权力分立有所调整，但制宪会议辩论时安倍德卡尔认为分权改革仍有待落实，③ 故制宪会议在《国家政策指导原则》部分增加司法与行政分立条款，要求"国家应采取步骤使国家公务部门中，司法与行政分立"。④ 但在实际操作中，从 1950 年行宪至 1993 年咨询委员会（collegium）制度确立的 43 年间，政府掌握了法官任命、晋升、调动的权力，这成了行政干预司法的重要手段之一。早在 1958 年，法律委员会报告便指出由于行政干预，高等法院最优秀的法官并不总能进入最高法院任职，这已经影响到最高法院在下级法院和公众中所受到的尊重。⑤ 1973 年最高法院首席法官西克里（Sarv Mittra Sikri）届满退休后，英迪拉·甘地政府打破了此前形成的资历选任制传统，绕过资历更深的谢拉特（Jaishanker Manilal Shelat）、赫格德（Kowdoor Sadananda Hegde）和格罗弗（A. N. Grover）三位法官，选任在此前的凯沙瓦南达·巴拉蒂（Kesavananda Bharati）案中持异议的拉伊（Ajit Nath Ray）为首席法官。在这次打破常规的选任中扮演重要角色的内阁部长库马拉曼加兰（Mohan Kumaramangalam）宣称法官个人的"政治哲学"是法官任命的重要标准。⑥ 这项任命以及政府方面对法官任命程序的重新解读引发了巨大不满。谢拉特等多名法官辞职，一些高等法院停庭抗议，印度律师协会和法学界也批评政府破坏司法独立。⑦ 1978 年，强势的英迪拉·甘地政府又一次绕过更加资深的康纳（Hans Raj Khanna）法官，任命贝格

---

① Article 125 (1), 125 (2), Constitution of India.
② CAD, Vol Ⅷ (24th May 1949).
③ CAD, Vol Ⅶ (11th November 1948).
④ Article 50, Constitution of India.
⑤ Law Commission of India, *Reform of Judicial Administration* (14th Report), 1958, p. 34.
⑥ Mohan Kumaramangalam, *Judicial Appointments: An Analysis of the Recent Controversy over the Appointment of the Chief Justice of India* (New Delhi: Oxford & IBH Pub Co, 1973), p. 83.
⑦ 柳建龙：《宪法修正案的合宪性审查——以印度为中心》，第 27 页。

（Mirza Hameedullah Beg）为首席法官，最高法院的威信再次受损。1980年国大党（英）再次执政后，中央政府与人民党执政时期任命的首席法官钱德拉楚德（Yeshwant Vishnu Chandrachud）就法官任命、调动等问题上的分歧越来越大。政府不顾钱德拉楚德法官的反对意见，急于任命亲政府的法官，并大规模调动高等法院法官和解聘人民党执政期间（1977—1979）任命的临时法官。① 1981年12月30日，最高法院七名法官组成的宪法审判庭就古普塔诉印度总统案（S. P. Gupta v. President of India，即"第一法官案"）作出判决，明确中央政府有权在与首席法官意见不一致的情况下任命各级法官、开除临时法官、调动高等法院法官，向行政部门作出重大让步。②

不过，在"第一法官案"的判决中，巴格瓦蒂法官提出需要"由一个咨询委员会（collegium）就最高法院或高等法院法官任命问题提供咨询意见"。③ 在此基础上，最高法院在1993年"第二法官案"之后确立了由最高法院主导的最高法院和高等法院法官任命的咨询委员会（collegium）制度。④ 在最高法院和高等法院法官任命的程序上，最高法院在"第二法官案"推翻了英迪拉·甘地第二次执政时期作出的、有利于行政权的"第一法官案"的判决，走向了另一个极端，即由最高法院，尤其是首席法官主导的咨询委员会决定法官任命，总统的任命权沦为橡皮图章。⑤ 为解决法官任命程序存在的问题，有一种主张建立单独的国家司法任命委员会法。⑥ 2014年，印度议会通过《宪法（第99号修正案）法案（2014）》［Constitution (Ninety-Ninth Amendment) Act, 2014］和《国家司法任命委员会法（2014）》（The National Judicial Appointments Commission Act, 2014），组建国家司法任命委员会并进一步规范最高法院法官、高等法院法官任命

---

① Bhagwan D. Dua, "A Study in Executive-Judicial Conflict: The Indian Case", *Asian Survey*, Vol. 23, No. 4, 1983, p. 475.
② Dua, "A Study in Executive-Judicial Conflict: The Indian Case", p. 464.
③ AIR 1982 SC 149.
④ 参见本章第二节有关最高法院法官任免的部分。
⑤ Subhash C. Kashyap, *Our Political System* (New Delhi: National Book Trust, India, 2008), p. 189.
⑥ Kashyap, *Our Political System*, p. 190.

等事务在内的程序。① 然而，2015 年 10 月 16 日，由五名最高法院法官组成的宪法审判庭判定第九十九号宪法修正案和《国家司法任命委员会法(2014)》违宪无效，坚持维护完全由最高法院主导的咨询委员会制度。

印度宪法规定了最高法院和高等法院法官的退休年龄，与美国等国实行的最高法院法官终生制不同。印度宪法没有限制退休法官获得行政任命，这也使得对在任时作出有利于政府判决的法官作"退休后补偿"（post retirement *quid pro quo*）成为可能。《消费者保护法（1986）》（*The Consumer Protection Act, 1986*）、《人权保护法（1993）》（*Protection of Human Rights Act, 1993*）明确规定全国委员中需包括原最高法院法官。第一任总检察长塞塔尔瓦德曾对最高法院法官试图寻求退休后出任行政职务的现象持批评态度，并认为宪法应当对法官退休后从政的情况作出限制。然而，他的主张一直未能落实。20 世纪 80 年代的法官伊斯兰（Baharul Islam）以及近年两任首席法官萨塔西瓦姆（Palanisamy Gounder Sathasivam）和戈戈伊（Ranjan Gogoi）退休后出任邦长和联邦院议员的职务被批评为"退休后补偿"，有损司法独立。②

三 案件积压问题

"迟来的正义非正义"，虽然印度没有像美国、日本那样将快速审判

---

① 根据第九十九修正案，国家司法任命委员会（National Judicial Appointments Commission）主席由印度首席法官担任，委员会成员包括：（1）除首席法官外两名最资深的最高法院法官；（2）中央政府负责法律和司法事务的部长；（3）两名获由总理、首席法官、人民院反对党领袖（或人民院最大反对党领袖）组成的委员会提名的杰出人士。Constitution（Ninety-Ninth Amendment）Act, 2014.

② 伊斯兰曾于 1962—1972 年以国大党人身份出任联邦院议员。1972 年辞去议员职务后先后被任命为阿萨姆和那加兰高等法院（今高哈蒂高等法院）法官、首席法官、印度最高法院法官。1983 年辞职后再次投身政坛，1984 年获国大党提名当选联邦院议员。2014 年 9 月，退休 5 个月的印度首席法官萨塔西瓦姆（Palanisamy Gounder Sathasivam）被印度人民党政府任命为喀拉拉邦邦长。2020 年 3 月，印度前首席法官戈戈伊在退休 4 个月后便由印度人民党提名出任联邦院议员。参见 Rajeev Dhavan, "The Revolving Door for Ranjan Gogoi Does the Supreme Court and Parliament No Credit", The Wire, March 25, 2020. https：//thewire. in/law/the-revolving-door-for-ranjan-gogoi-does-the-supreme-court-and-parliament-no-credit；Shiju Mazhuvanchery, " OPINION：Pre-retirement judgments and post-retirement posts-Judges and their politics ", The Week, March 17, 2020. https：//www. theweek. in/news/india/2020/03/17/pre-retirement-judgments-and-post-retirement-posts-judges-and-their-politics. html.

权直接写入宪法，但是根据印度宪法"基本权利"篇第 14 条有关自由权的规定以及"国家政策之指导原则"篇第 39A 条有关司法平等与免费给予法律帮助的规定，最高法院认为快速审判权是受宪法保护的基本权利。① 印度议会在建立法律委员会的决议中也强调了国家有义务确保司法高效、简单。然而，在现实生活中，司法效率低下、案件积压从殖民时期便一直困扰着印度司法部门。印度独立后，法律委员会也在第 14 号报告中提出需要有效地应对案件积压问题。此后，印度政府多次组建专门委员会研究该问题并给出有针对性的改革建议。

尽管如此，案件积压今天依然困扰着印度司法部门。最高法院的未决案件 1960 年为 2319 件，1976 年为 14109 件，1986 年增加到 140402 件，1989 年增加到 199138 件。② 此后，最高法院案件积压的情况有所好转，但截至 2020 年 7 月 1 日，印度最高法院未决案件总计 60444 件。③ 高等法院和下级法院的案件积压情况更加严重。根据国家司法数据网（National Judicial Data Grid）统计，截至 2020 年 8 月 27 日，印度各高等法院未决案件总计 4645851 件，其中 10 年以上未决案件为 889743 件，超过 30 年的未决案件 77929 件；④ 案件积压最严重的安拉哈巴德高等法院未决案件总计 745297 件，其中 10 年以上未决案件为 276375 件，超过 30 年的未决案件 40215 件。⑤ 印度下级法院未决案件总计 33906321 件，其中 10 年以上未决案件为 2810340 件，超过 30 年的未决案件 85891 件。⑥ 许多犯罪嫌疑人在羁押中等待审判，由于案件迟迟未能判决，他们被羁押的时间甚至远远超过了量刑上限。反观另一些有权有势的犯罪嫌疑人的案件则一再延期审判，致使罪犯逍遥法外。这些情况已经影响了公众对司法体系的信任。⑦

---

① Hussainara Khatoon vs Home Secretary, 1979 AIR 1369.
② 林良光主编：《印度政治制度研究》，第 126 页。
③ Supreme Court of India, "Monthly Pending Cases-Types of matters pending in Supreme Court of India [As on 01.07.2020]". https://main.sci.gov.in/statistics.
④ 国家司法数据网暂未收录孟买高等法院数据。
⑤ National Judicial Data Grid (High Courts of India), "Drill Down". https://njdg.ecourts.gov.in/hcnjdgnew/?p=main/index.
⑥ National Judicial Data Grid (District and Taluka Courts of India), "Drill Down". https://njdg.ecourts.gov.in/njdgnew/?p=main/index.
⑦ Kashyap, *Our Political System*, p. 193.

导致法院案件积压情况日益严重的原因是复杂的，主要因素如下。

第一，法院司法管辖权过大。独立后，实施宪法基本权利的要求以及《人民代表法，1951》、《印度教徒婚姻法，1955》（Hindu Marriage Act, 1955）、《中央销售税法，1956》（Central Sales Tax Act, 1956）、《版权法，1957》（Copyright Act, 1957）、《所得税法，1961》（Income Tax Act, 1961）、《外汇法，1973》（Foreign Exchange Act, 1973）等新增立法不断扩大最高法院和高等法院的司法管辖权。此外，部分高等法院根据《宪法》第225条规定还保留了已经过时的普通初审管辖权。

第二，独立后诉讼不断增加。随着独立后印度社会经济的发展，新的立法层出不穷，各类民事、刑事纠纷增多。上文提到的印度司法部门积极的能动主义在通过公共利益诉讼让更多普通民众可以通过法院获得宪法救济的同时也大大增加了法院系统的工作量。印度司法部门面临的诉讼量远远大于其他国家，如1985年，向印度最高法院提起诉讼共计42000件，而同期美国向最高法院提起的诉讼不到3000件。[1] 即便考虑到美印两国人口差距，印度最高法院的工作负担也远大于美国最高法院。

第三，法院人手严重不足。尽管各级法院的法官人数在独立后均有所增加，但与人口和诉讼的增加速度不成比例。法律委员会曾建议每百万人应配备50名法官。[2] 2017年，印度最高法院有法官编制31人，高等法院1065人，下级法院20502人，总计21598人。实际上鲜有法院满员，同期最高法院法官职位空缺3人，高等法院空缺437人，下级法院空缺4432人，实际在岗法官16726人，约合13名法官/百万人，远低于法律委员会的建议标准。[3] 下级法院法官空缺情况尤为严重，其中空缺人数最多的北方邦3204个下级法院法官职位有1344个空缺，空缺比例最高的梅加拉亚邦97个职位有58个空缺，空缺比例近60%。[4] 不仅法官人数不

---

[1] 林良光主编：《印度政治制度研究》，第127页。
[2] 林良光主编：《印度政治制度研究》，第127页。
[3] Yashomati Ghosh, "Indian Judiciary: An Analysis of the Cyclic Syndrome of Delay, Arrears and Pendency", *Asian Journal of Legal Education*, Vol. 5, No. 1, 2017, p. 26.
[4] Pradeep Thakur, "Vacancies in Lower Courts at All-time High", Times of India, January 1, 2018. https://timesofindia.indiatimes.com/india/vacancies-in-lower-courts-at-all-time-high/articleshow/62320296.cms.

足,各级法院的行政办公人员也存在空缺,这也影响了法院工作效率。[1]

第四,立法质量不佳。随着社会经济的发展,立法数量大大增加。但是部分法案仓促立法,立法前未能充分征求专业人士、法学专家的意见,导致法律条文存在模糊,甚至矛盾之处,给司法机关审理案件带来不便,也额外增加了许多要求司法机构对有争议条款作出司法解释的诉讼。

第五,司法程序陈旧。许多法官认为印度的司法程序过于烦琐、复杂,已经过时,妨碍快速、高效审理和裁决案件。案件材料的获取、传递、漫长的口头辩论等、不必要的休庭都延长了案件审理时间。此外,滥用令状和特许状上诉,允许同一案件多次上诉也导致了上诉案件积压。

针对上述情况,印度法学界一直呼吁改革司法体制,以提高司法效率,减少案件积压。2009 年,印度政府启动国家司法实施和法律改革计划(National Mission for Justice Delivery Legal Reforms)并发布了宣言和行动计划。[2] 针对案件积压的情况,具体建议和措施包括以下几点。

第一,建立国家上诉法院(National Court of Appeal)。受理各类上诉挤占了最高法院大量的人力、物力资源,这已经影响了最高法院履行其作为宪法法院的核心职能。法律委员会于 1982 年首次提出这个建议并征求最高院、高院和社会各界的意见。[3] 1986 年,最高法院首席法官巴格瓦蒂在比哈尔法律支持协会诉印度首席法官案(Bihar Legal Support Society v. The Chief Justice of India)判决中支持建立国家上诉法院。[4] 但巴格瓦蒂之后的首席法官并不赞同这一主张,印度政府也在 2014 年表示设立国家上诉法院从宪法角度并不可行。[5] 不过,2016 年,最高法院态度逆转,

---

[1] Ghosh, "Indian Judiciary: An Analysis of the Cyclic Syndrome of Delay, Arrears and Pendency", p. 25.

[2] Department of Justice, Ministry of Law and Justice, "National Mission of Justice Delivery and Legal Reforms", Government of India. https://doj.gov.in/national-mission-justice-delivery-and-legal-reforms.

[3] 林良光主编:《印度政治制度研究》,第 129 页。

[4] 1987 AIR 38.

[5] Internet Desk, "All you need to know about National Court of Appeal", The Hindu, April 28, 2016. https://www.thehindu.com/news/national/national-court-of-appeal-the-hindu-explains/article8532094.ece.

不仅受理了律师瓦森特库马尔（V. Vasanthakumar）提起的要求建立国家上诉法院的公共利益诉讼，并已将该案提交宪法审判庭审议。①

第二，增加各级法院的法官和相关工作人员数量，加强遴选、培训工作。2014—2017年，政府任命了17名最高法院法官和232名高等法院法官，高院法官的编制人数从906名增加至1079名，下级法院法官编制人数增加了2770名。②

第三，加强法院建设。政府加大了对法院基础设施建设的拨款，并提出了电子法院计划（eCourts Mission），计划实现下级法院全面计算机化，同时升级高等法院和最高法院的通信基础设施。③ 数据化有助于政府全面掌握包括未决案件在内的法院运行情况，从而更好地制定政策。此外，政府建议在全国建立1734个快轨法庭（Fast Track Court）以处理下级法院长期积压的案件，④ 并着手建立1023个特别快轨法庭（Fast Track Special Court）以处理强奸和保护儿童免受性侵。⑤

第四，修订司法程序，清理过时立法。修订陈旧的司法程序，吸收更加有效的法规和做法，具体建议包括适当限制上诉，分类管理，简化烦琐的审理程序，减少口头辩护，简化判决书等。⑥ 近年来，印度议会先后修订了《民事诉讼法典》和《刑事诉讼法典》，对上诉作出了一定限制。从2006年开始，印度也借鉴美国等同样面临案件积压问题的普通法系国家

---

① V. Vasanthakumar vs H. C. Bhatia, Writ Petition (C) No. 36 of 2016.

② Department of Justice, Ministry of Law and Justice, "Justice for All—Three Year's Achievements", Government of India. http：//doj. gov. in/sites/default/files/Justice%20for%20All_High. pdf.

③ Department of Justice, Ministry of Law and Justice, "Brief on eCourts Project (Phase I & Phase II) - December 2016", Government of India. https：//doj. gov. in/sites/default/files/Brief%20on%20eCourts%20Project%20%28Phase-I%20%26amp%3B%20Phase-II%29%20Dec%202016. pdf.

④ Department of Justice, Ministry of Law and Justice, "Brief Note on the Scheme of Fast Track Courts (Non-Plan)", Government of India. https：//doj. gov. in/sites/default/files/FTC%20for%20DoJ%20website. pdf.

⑤ Department of Justice, Ministry of Law and Justice, "A Scheme on Setting up 1023 Fast Track Special Courts For Expeditious Disposal of Cases of Rape and POSCO Act," Government of India. https：//doj. gov. in/sites/default/files/Fast%20Track%20Special%20Courts%20Scheme%20guidelines%202019_0. pdf.

⑥ 林良光主编：《印度政治制度研究》，第129页。

的经验，引入了辩诉交易（plea bargaining）制度。① 2014 年印度人民党执政后加大了清理立法的力度。2014—2019 年，印度会议废止了 1428 部法案。2019 年印度人民党再次执政后，印度会议又多次通过《废止和修正法案》（Repealing and Amending Act）废止、修正过时立法。

本章小结

殖民统治下的印度是英国在美国独立后重建"第二帝国"的重要根基，被誉为"大英帝国王冠上的明珠"。② 自 18 世纪以来，建立一套带有强烈英国色彩的英印司法制度是第二大英帝国"将殖民地事务置于英国议会和英国政府的直接控制之下，将殖民地统治由公司行为转为政府行为"③ 的重要组成部分。英国吸收了东印度公司早年在各殖民管区分散的具体实践，并在此基础上逐步合并法院制度、统一法律体系，最终建立起了一套统一的、现代化的、普通法（common law）司法制度。无论从制度设计、人员构成，还是具体法律规范和司法实践，印度的司法制度无疑深受英国司法制度影响。通过上文的历史梳理可以看出，独立后的印度共和国在很大程度上继承了这份殖民遗产。

今天印度拥有一个以普通法为主，但也充分融合了印度本土特色的司法制度。除了普通法系，印度次大陆还曾孕育了同样位列重要法系之一的印度法系（Indic law），并曾深受另一重要法系伊斯兰法系（Islamic law）影响。在印度现代司法制度的形成过程中，无论是英国殖民当局还是独立后的印度共和国都需要面对印度司法实践的多元主义遗产，尤其是属人法（personal law）的问题。④ 在一个几乎全民信教、宗教多样且氛围浓厚的

---

① K. Venkataramanan, "The Hindu Explains | What is plea bargaining and how does it work?", *The Hindu*, July 19, 2020. https://www.thehindu.com/news/national/the-hindu-explains-what-is-plea-bargaining-and-how-does-it-work/article32126364.ece.

② 有关英印殖民地国家的建立和发展在英帝国史中的地位和意义，参见钱乘旦主编《英帝国史》（江苏人民出版社 2019 年版）相关内容。

③ 郭家宏：《英帝国史（第四卷）：英帝国的转型》，江苏人民出版社 2019 年版，第 348 页。

④ 参见邱永辉《印度宗教与统一民法问题》，《世界宗教研究》2005 年第 3 期，第 14—24 页。

国家，世俗国家的司法机关如何处理与宗教的关系也对印度人，尤其是政治家和法学家的智慧提出了挑战。① 此外，独立后的印度也对继承自殖民地国家的司法制度做出了众多调整和创新，这既包括显而易见的、对殖民司法制度和法院人员构成的"去殖民化"，也包括在此后的印度历史中司法机关自身的创制，尤其是富有印度特色的司法能动主义更为观察普通法系在新的时代背景下如何应对环境污染、政教关系等问题的挑战提供了一个重要案例。

从权力结构的角度来看，1858年之后，英国在印度建立了一个现代化的单一制殖民地国家。这之后由印度的双语知识分子阶层主导的民族独立运动同时包括了两个并行的进程：第一，对包括司法机关在内的殖民地国家机器的"印度人化"；第二，由印度政治精英主导的"地方自治"进程推动殖民当局不断下放权力。1947年后，英国枢密院不再行使印度最高司法机关的职权，印度建立起自己的最高法院，英国法官也完全退出印度司法机关。可以说，印度司法机关的"印度人化"的进程已经彻底完成。

然而，第二个进程，即司法制度的"地方自治"却没有全部完成。独立后的印度虽然确立了联邦制政体，立法和行政机关也相应地建立起了"联邦—各邦"两级体制，却在央地权力分配方面明显有利于中央集权。② 印度共和国的单一制国家色彩在司法制度方面体现得最为明显，印度共和国宪法强化了英殖时期建立起来的单一的、金字塔式的司法制度。这套司法制度大体上可以分为三层，位于顶端的是拥有覆盖印度全境的最高司法机关的最高法院，其下依次为各邦的高等法院和地区法院等下级法院。不仅如此，《宪法》第136条还规定最高法院可以酌情特别提审"印度境内任何法院或法庭对任何诉讼或案件所作之判决、宣告、决定、定罪或命令提出的上诉"。这些制度设计充分体现了印度司法制度的单一制色彩，而非像美国等联邦制国家那样同时拥有"联邦—各州"两套并行的司法制度。这样的制度设计对确保司法裁判的一致性，维护印度多民族国家的统

---

① Ronojoy Sen, "The Indian Supreme Court and the Quest for a 'Rational' Hinduism", *South Asian History and Culture*, Vol. 1, No. 1, 2009, pp. 86 – 104.

② 详见本书第七章"央地关系"。

一性有重要意义，但也在客观上削弱了印度各邦的自治权，从而更有利于在中央执政的政党推行自己的主张。

印度共和国的议会民主制以英国的"西敏寺制"为蓝本，议会相较行政和立法更为强势。因此，维护司法独立对于维持权力分立原则具有重要意义。尽管宪法和其他法律都对保护司法独立做出了相近的规定，印度最高法院也充分利用自己的违宪审查权尽力捍卫自身独立性，但是从20世纪70年代以来，强势的政治力量——包括英迪拉·甘地执政时期的国大党和2014年以来纳伦德拉·莫迪领衔的印度人民党——都在想方设法"驯服"司法机关，以使这套被誉为"世界上权力最大的司法机关"能够成为自身施政的助力，而非阻力。从立法、行政、司法三方的权力博弈角度来看，印度司法机关在"后紧急状态"时期一改殖民时代以来的精英主义倾向，转向"司法能动主义"，乃至"司法民粹主义"，不断扩充自身权力，也是为了在与强势的立法和行政机关的博弈中维护自身的独立性。

但是，对司法独立性的过分强调和司法机关的不断扩权也在客观上导致了法官腐败、案件积压严重、司法效率低下等现实问题。尽管印度宪法对免除行为不检的法官职务做出了规定，日后印度议会也通过了《法官（调查）法（1968）》[The Judges (Inquiry) Act, 1968]以专门应对法官腐败的问题，但是在现实政治实践中，掌握立法和行政权的政党往往更倾向于通过暗箱操作与面临指控的法官达成有违宪法精神的政治性妥协。这类妥协不仅有损司法廉洁，更往往以牺牲司法独立性为代价换取腐败法官的个人安全和"退休后补偿"（post retirement quid pro quo）。最近的一个例子便是上文提到的印度前首席法官戈戈伊。2018年1月，当时任最高法院法官的戈戈伊和其他三名最高法院法官公开批评时任印度首席法官迪帕克·米斯拉（Dipak Misra）在安排法官审理案件过程中偏袒执政的印度人民党。[①] 他也因此一度被视为在印人党强势执政之下坚定捍卫司法独立性的代表人物。然而，如前文所述，2019年，已经出任首席法官的戈

---

① ET Online, "Stunning mutiny in Supreme Court ranks, 4 judges taken on Chief Justice of India", https://economictimes.indiatimes.com/news/politics-and-nation/in-extraordinary-development-4-supreme-court-judges-come-out-against-chief-justice-of-india/articleshow/62470464.cms.

戈伊被指控性骚扰最高法院女性雇员，陷入窘境。之后，戈戈伊在涉及印人党的问题上发生重大变化，他领衔的最高法院合议庭先后就阿约提亚寺庙之争和《公民身份法修正案》等在印度社会争议巨大的案件作出了有利于执政的印人党的判决。① 此后，性骚扰案淡出了公众的视野。2020年3月，印度前首席法官戈戈伊在退休不过4个月之后便由印度人民党提名出任联邦院议员。类似这样的情况并非个案，这种乱象从长远来看伤害的是印度司法机关的权威和公信力。

另外，印度司法机关的不断扩权加剧了本就严重的案件积压问题。尽管美国等普通法系国家都存在大量案件积压的问题，案件在各级法院排期往往很长，但是印度的案件积压情况确实格外严重。为此，印度政界和法学界也提出了各种改革主张，具体包括：第一，建立单独的国家上诉法院，避免受理各类上诉的工作影响到最高法院履行其作为宪法法院的核心职能；第二，增加各级法院的法官和相关工作人员数量，加强遴选、培训工作；第三，加强法院硬件和软件两方面的基础设施建设；第四，修订陈旧的司法程序，吸收更加有效的法规和做法。尽管采取了上述改革措施，但是在过去几年中，各级法院案件积压的情况非但没有好转，未决案件的数量反而依然在增加。"冰冻三尺非一日之寒"，印度司法机关案件积压严重的问题是长期积累导致的，在未来这个问题将继续考验印度司法界和政治界。

---

① 张忞煜：《罗摩神庙奠基，冲击印度世俗主义传统》，《世界知识》2020年第17期，第34—35页。

第 五 章

总　　统

　　印度宪法规定印度是联邦制国家，实行议会民主制。总统是国家元首和武装部队的统帅，与议会两院共同构成立法机构，国家的行政权属于总统，一切行政行为均应以总统的名义进行。而以总理为首的部长会议是国家最高行政机关，握有实权。尽管总理由总统任命，然而总理与总统并不是同一权力体系之下垂直的服从与被服从关系。总统与总理的关系，以及总理领导的部长会议对总统的约束力多年来一直存在争议，在近来新的政治生活背景下也引发了新的讨论。宪法赋予了总统在宪政危机时使国家政治生活重新走上正轨的特殊权力，印度独立后不断有总统在宪法规定的范围内寻求扩展权力的边界，也有强势的总理利用宪法赋予总统的权力为己所用。例如在央地关系上，总统管制在某种程度上就成为执政党打击在地方政府执政的反对党的工具。

　　本章第一节主要讨论与总统选举相关的内容，值得注意的是总统选举的方式——全国范围内的间接选举——也是解读总统地位的切入点。第二节主要讨论总统的权力，包括立法权、行政权和咨询权，其中，总统在立法中的特殊权力使总统主动或被动地拓展权力边界成为可能，而部长会议的意见对总统的制约与印度政治生活中诸多重大问题的讨论相关，值得关注。第三节主要讨论影响总统扩展权力边界的因素，即在什么样的条件下，总统更有可能寻求扩展权力边界。本章认为，国内政治环境的影响、总统个人经历及性格特点、总统与执政党特别是总理的关系是重要的影响因素。第四节主要讨论宪法赋予总统的特殊权力在中央与地方关系中的实践，即总统管制的程序、争议及应用实例。

第一节　总统的产生

一　英国殖民统治的影响

总统这一职位与英国殖民统治时期英属印度的最高领导者总督有密切的渊源。总统作为名义上的国家元首与英国殖民统治印度时期总督的地位相似。总统的权力在很大程度上沿袭了英国殖民统治时期总督的权力，甚至在印度宪法中对总统权力的规定在很大程度上与《印度政府法案（1935）》中对总督权力的规定相似甚至完全一致（见表5.1）。在1950年宪法中总统的待遇和特权都与独立前总督的待遇和特权相同。

表 5.1　《印度政府法案（1935）》中对总督权力的规定与 1950 年印度宪法中对总统权力规定的对比

	《印度政府法案（1935）》中对总督权力的规定	1950年印度宪法中对总统权力的规定
行政权	联邦行政权由总督代表英王行使，或者直接行使或者通过总督属下官员行使。（第7条第1款）	联邦行政权属于总统，并由总统依照本宪法规定直接行使或通过其属下官员行使。（第53条第1款）
立法权	联邦立法机构包括英王（由总督代表）以及两院。（第18条第1款）	联邦议会由总统及两院组成。（第79条）
立法权（召集/解散立法机构的权力）	根据本法规定，总督可以随时自行决定：（1）召集两院或任何一院在他认为合适的时间和地点开会；（2）休会；（3）解散下院。（第19条第2款）	总统可随时在他认为合适的时间和地点，召集议会任何一院开会。（第85条第1款）总统可以随时：（1）宣布议会两院或任何一院闭会；（2）解散人民院。（第85条第2款）

续表

	《印度政府法案（1935）》中对总督权力的规定	1950年印度宪法中对总统权力的规定
立法权（总督/总统批准或不批准法案的权力）	两院通过后，法案将呈交给总督，总督可以宣布代表英王批准法案，也可以保留意见，或者可将法案保留给英王。总督也可以将法案返给两院，附上咨文要求两院重新考虑这一法案或其他具体的规定。（第32条第1款）	任何法案一经议会两院通过，应立即送达总统，总统应表明批准或不批准。但总统接到上述法案后，若该法案为非财政法案时，得尽速将该法案连同咨文送还两院，请其对该法案或其中某些条款重加考虑，并请其考虑咨文中所提修正意见是否合宜。（第111条）
立法权（议会休会期间总督/总统颁布法令的权力）	联邦立法机构休会期间总督如认为有立即采取行动的必要即可根据形势需要颁布法令。根据本条规定颁布的法令与总督通过的联邦立法机构法令的效力相同，但是此项法令应提交联邦立法机构，并应在议会复会六周届满时失效，或者如果两院在上述期限届满前即通过否决此项法令的决议，则该项法令自该议案通过二读之日起即行失效。此项法令与联邦立法机构递交给总督的法令一样受限于英王否决法案的权力的相关规定。此项法令可由总督随时撤销。（第42条第1款、第2款）	议会两院闭会期间，总统如认为有立即采取行动之必要即可根据形势需要颁布必要的法令。根据本条规定颁布的法令具有如同议会法令的效力，但是此项法令应提交议会两院，并应于议会复会六周届满时失效，如果议会两院于上述期限届满以前即通过否决此项法令的决议，则该项法令自该议案通过二读之日起即行失效。此项法令可由总统随时撤销。（第123条）

续表

	《印度政府法案（1935）》中对总督权力的规定	1950年印度宪法中对总统权力的规定
咨询权	设有部长会议，不超过10人，在总督履行职权时提供帮助和建议。本规定的任何内容都不应理解为阻止总督在任何情况下进行个人的判断。总督可随意出席部长会议举行的会议。如果出现任何问题需要总督根据此项规定进行个人的判断，总督个人判断所做出的决定是最终决定，总督所做的任何行为的有效性都不应基于他是否应该自主行事或是否应该自行判断而遭到质疑。（第9条）	联邦设部长会议，部长会议以总理为首，协助总理并向其提出建议；总统在行使其职权时根据部长会议的建议行事。但总统可要求部长会议重新考虑其建议，然后根据重新考虑后的建议行使其职权。总理与部长对总统是否提出建议，以及提出何种建议，任何法院不得加以干预。（第74条）

但不同之处在于殖民统治时期的总督是英属印度的最高领导者，在英属印度总督握有实权，但是英王的代表，需要对英王负责；而总统并不握有日常管理国家的实际权力，总统代表人民，对人民负责，并且捍卫宪法的尊严。总统拥有的权力与总督相比明显弱化，仅仅保留了总督的"最高领导者"的象征意义，但宪法赋予总统的权力使其成为在掌握实权的总理之外的一种隐性的权力存在，是某种制约、平衡的力量，也是在总理、议会这一显性的权力体系失灵时的备用权力体系。因此《印度政府法案（1935）》对总督权力的界定在关键之处更为明确，而印度宪法对总统权力的规定却有语焉不详之处，在实际执行过程中为不同的解读留有空间。

二 总统选举的方式——间接选举

印度宪法规定，印度总统任期五年，[①] 现任总统或连任总统如满足宪法的其他相关规定，可以再次当选为总统。[②] 总统选举采用间接选举的方

---

① Article 56, *Constitution of India*.
② Article 57, *Constitution of India*.

式，由总统选举团（electoral college）的成员选出，这个选举团的成员包括联邦议会两院中之当选议员和各邦议会（邦立法院）议员中之当选议员。① 副总统由联邦议会两院议员组成的选举团按比例代表制（the system of proportional representation）以单记名可转让投票法（single transferable vote）选举出来。选举以秘密投票方式进行。②

印度宪法制定时，制宪委员会中包括尼赫鲁和安倍德卡尔在内的大多数成员赞成间接选举，但也有成员认为应该采用直接选举，由人民直接选出总统。沙阿（K. T. Shah）提出了一个修正案，强调总统应直选产生以体现人民意志至上，但被制宪委员会否决。最终间接选举的方案胜出，主要的原因如下。

在当时来看，制宪委员会一方面想要尽快实施新宪法，要考虑当时的情况，比如直接选举需要的时间成本和经济成本；另一方面更要考虑未来的岁月里在印度这样的大国周期性地进行总统直选需要面对的问题。因此出于以下几方面原因的考虑，最终决定放弃直接选举产生总统。第一，印度选民规模太大，很难设计出合适的选举机制，难以进行直接选举。第二，直接选举的时间成本和经济成本太高，对行政机构的压力太大，举行总统直接选举甚至可能要耗费数月的时间来操作。第三，直选总统可能会使群众亢奋，进而引发社会动荡和政党之间的敌意。经过这样的程序选举出来的总统很难撇清自己与所属政党的联系而谨遵宪法。第四，总统毕竟是象征性的国家元首，并没有实际的行政权力，不必要采用直接选举。通过人民直接选举产生的总统会意识到人民的支持，可能不满足于仅仅起到名义上的首脑的作用。他可能会期待获取更多的权力，并与内阁或总理发生争执。其实间接选举的方式也体现了权力属于内阁与立法机构，而不属于总统。③ 前两个原因是客观条件不具备，而后两个原因则是制宪委员会的担心，也反映出制宪委员会对总统这一职位的定位，即总统需要超脱于

---

① Article 54, *Constitution of India*.

② Article 66 (1), *Constitution of India*.

③ P. B. Rathod, *Indian Constitution, Government and Political System* (Jaipur, ABD Publishers, 2004), pp. 124 – 125; Veena Sharma, *President in Indian Political System* (Jaipur and New Delhi: Rawat Publications), pp. 138 – 140; V. N. Srivastava, "The President of India: Election and Office", *The Indian Journal of Political Science*, Vol. 39, No. 2, April-June 1978, pp. 252 – 254.

党派政治，同时不能在政治实践中干扰内阁和总理职能的正常运转。

另外，制宪委员会强调，总统虽然不是由人民选出，却是由人民选出的议员选出，仍然具有群众代表性，而且间接选举产生总统也并不是决定国家政治制度为议会制的原因。[1] 在制宪委员会看来，间接选举总统不影响印度的政治制度，而且更适合印度复杂的国情。

三　总统候选人的条件

根据印度《宪法》规定，参选总统必须具备以下几个条件：第一，必须是印度公民；第二，年满35周岁；第三，具有人民院议员当选资格；第四，不在印度政府、各邦政府或上述政府管辖之下的任何地方机关或其他机关担任有收入的职务（但总统、副总统、邦长或部长除外）；[2] 第五，不得担任联邦议会任何一院或邦议会的议员，如议会两院或各邦议会的议员当选为总统，应认为该议员占据之议席自其就任总统之日起出缺。[3] 此外，《人民代表法，1951》（*Representation of People Act, 1951*）还对总统的任职资格做出了规定，有以下情况者不能成为总统候选人：破产、无力偿付（insolvency）、精神不健全（unsoundness of mind）、被法庭定罪刑期超过两年、因选举中的违法行为而受到惩罚。[4]

值得注意的是，第一，总统候选人必须是印度公民，但并没有像美国宪法那样强调总统的公民资格是通过出生而天然获得。也就是说，虽然迄今印度历任总统都是出生在印度的印度公民，但并非只能出生在印度，通过其他合法方式成为印度公民的人如果想成为总统候选人也并没有来自宪法的障碍。第二，总统不能在各级政府机关占据有收益的职位，也不能是议会或邦立法机构的成员。这两条规定试图确保总统不代表任何机构与党派的利益，认为只有这样才能在最大限度上，至少在制度上保障总统作为国家元首的尊严与公正。但是，在实际的政治生活中，其他政治力量仍然

---

[1] Veena Sharma, *President in Indian Political System* (Jaipur and New Delhi: Rawat Publications), pp. 138–139.

[2] Article 58, *Constitution of India*.

[3] Article 59, *Constitution of India*.

[4] Veena Sharma, *President in Indian Political System* (Jaipur and New Delhi: Rawat Publications), p. 37.

可以通过各种方法来影响总统有限权力的执行,总统个人在宪法没有明确规定、自己有可操作空间的决策时也会受到各种因素的影响。

四 总统选举团和选举委员会的构成

(一)总统选举团的构成

印度《宪法》规定,印度的总统由总统选举团成员选举产生,总统选举团包括议会两院的当选议员和各邦(包括德里和本地治理)立法机构的当选议员。[1] 值得注意的是,邦立法机构(上院)的议员并没有被包含在选举团内。尼赫鲁对此的解释是,有些邦的立法机构中有上院,有的并没有,而且即使有上院,其构成的原则也各不相同。但也有观点认为这种解释并不具有说服力。[2] 因为,总统选举的计票方法只涉及总统选举团的人数以及各邦的人口数量,与上院和下院的划分其实并无关系。

一些批评家认为,总统选举团的构成有三个缺陷:一是将各邦议会的上院排除在外;二是存在在选举前解散敌对的立法机构(hostile legislature)的可能性;三是存在由因快到期而无实权的选举团(lame duck college)进行总统选举的可能性。[3] 第一个缺陷,将各邦议会的上院排除在外使各邦意见的代表性受到了影响,总统是代表民意所向的国家元首,不能直选,选举团的成员的代表性又打了折扣,因此引发了不满。第二个缺陷,主要是指在各邦议会占优势的党与中央政府的执政党不一致的情况下,执政党会利用权力解散邦议会,打击与自己敌对的政治力量,确保自己认可的候选人担任总统。第三个缺陷,议会快到期因此并无实权,也很难对今后的政治生活产生影响,这种情况下也会使选举总统的基础和代表性受到影响。

(二)选举委员会的构成

印度的选举由全印选举组织系统组织,这个系统的最高机关是选举委员会。印度《宪法》规定,选举总统时,对选民名册的编制和选举本身的监督、指导、管理等权力授予选举委员会。选举委员会由首席选举专员

---

[1] Article 54, *Constitution of India*.

[2] Veena Sharma, *President in Indian Political System* (Jaipur and New Delhi: Rawat Publications), p. 41.

[3] Veena Sharma, *President in Indian Political System* (Jaipur and New Delhi: Rawat Publications), p. 42.

和选举委员组成。其中首席选举专员和选举委员由总统任命，选举委员人数由总统随时确定，但须遵守议会有关法律规定。在选举委员会委员任命后，首席选举专员即行使选举委员会主席职权。[1] 选举副总统以及议会两院和邦议会时，也是由选举委员会来进行组织工作。

选举委员会有一定程度的独立性，对首席选举专员的罢免必须遵照罢免最高法院法官的程序和理由进行，而且当局不能对其享受的待遇做对其不利的变动。选举委员和地区选举专员未经首席选举专员建议，不得予以免职。[2] 由于选举委员会由总统任命，这种独立性有限。邦以下设完整的选举机关，但这套机关独立性更弱。[3] 宪法第327条、第328条规定联邦议会和邦议会可以在不与其他现行法律抵触的前提下对有关选举事项做出规定。

五　总统选举及计票方法

总统选举在选举委员会的监督和控制下进行。选举委员会任命一位选举监察官和几位助理选举监察官。作为惯例，人民院和联邦院的秘书（secretaries）交替任命选举监察官。提名时间和审查时间相隔三天，候选人在这段时间内可以决定是否要撤回。两周后进行投票。提名期限的最后一天十五时之前，选举监察官收集齐材料。候选人、提议者和附议者都可以提交资料。但是，选举人作为提议者或附议者只能提交一份提名文件，而选举人可以被多份提名文件提名。选举监察官会审查提名文件，如有以下情况则会驳回：候选人不具备提名资格、提议者或附议者不具备资格、候选人的签名不真实或是依靠欺骗获得的、文件没有恰当地填写完整（duly complete）、提议者或附议者已经同意此前收到的另一份文件。选举在新德里和各邦的首府进行。[4]

根据印度宪法，在总统选举的过程中，要体现出双重的平等：联邦和作为整体的各邦之间的平等，以及邦与邦之间的平等。因此在选举办法的设计中也充分体现了这两个原则。

---

[1] Article 324 (1) (2) (3), *Constitution of India*.
[2] Article 324 (5), *Constitution of India*.
[3] 林承节主编：《印度现代化的发展道路》，北京大学出版社2001年版，第260页。
[4] Veena Sharma, *President in Indian Political System* (Jaipur and New Delhi: Rawat Publications), pp. 47–48.

有资格参加总统选举投票的有联邦议会议员和邦立法机构的议员。让邦议会的议员也加入，是因为这样能体现联邦与作为一个整体的各邦之间的平等，而且对于印度这样幅员辽阔而地区差异大的国家而言，让各邦的立法机构参与总统的选举，当选的总统也就能在更大程度上代表整个国家。此外，总统选举团的成员的广泛化可以在制度设计上避免被某个单一大党操控选举结果，最大限度地保证选举的公平公正。

而且，宪法放弃了一人一票的原则，设置了权重来体现联邦议会议员（MPs）和邦立法机构议员（MLAs）之间的平等。印度的各邦人口数量不等，各邦立法机构的力量也不一致。在总统选举过程中，联邦议会议员和各邦立法院成员所投的票在票值上有所区别。印度宪法规定了非常严格的计算方法，来保证各邦代表的选票票数与该邦总人口成正比。① 邦立法会议每一名当选议员所投票数（即票值）为该邦人口除以该邦立法会议当选议员总数之商，再除以 1000。② 而联邦议会两院的每位议员所投票数（即票值）的计算方法是所有邦议会议员的总票数除以两院当选议员总数所得之商。③ 两种计算方法结果均需四舍五入到整数位，各邦总票数需要用票值再乘以该邦总议员数。以下以 2017 年总统选举数据为例试算。

2017 年总统选举中，印度在各邦共有 32 个投票站，共有 4896 名具备投票资格的投票人，其中包括邦议会议员 4120 人，联邦议会当选议员 776 人。④ 在此次有投票权的 776 名联邦议会议员中，有 400 多名来自以印度人民党为首的全国民主联盟，因此他们提名的候选人科温德（Ram Nath Kovind）在此次竞选中的优势较为明显，并最终当选。以表 5.2 中安得拉邦的数据为例，安得拉邦的选票票值计算方法为：

人口数 27800586 ÷ 立法机构席位数 175 ÷ 1000 = 158.86 ≈ 159

而安得拉邦总的票数计算为：

---

① "Frequently Asked Question-Presidential Election", Election Commission of India, April 3, 2018, https://eci.gov.in/faqs/elections/presidential-election/faqs-presidential-election-19/.

② Article 55 (2a), Constitution of India.

③ Article 55 (2c), Constitution of India.

④ "Presidential Election 2017 results: Ram Nath Kovind heavy favourite as counting of votes begins", Firstpost, July 20, 2017, https://www.firstpost.com/india/presidential-election-2017-ram-nath-kovind-heavy-favourite-as-counting-of-votes-resultsbegins-3833385.html.

每票的票值 159 × 该邦议会总席位数 175 = 该邦总票数 27825

再根据表 5.2 中提供的各邦议员的总票数来计算联邦议会两院议员的票值，计算方法为：

各邦议员的总票数 549495 ÷ 联邦议员总人数 776 = 708.11 ≈ 708

用以上方法可得出每一位联邦议会议员的选票票值为 708，各邦立法院成员选票票值要低很多，例如，各邦中票值最高的北方邦立法院成员的选票票值只为 208，而锡金邦立法机构成员的票值仅为 7（见表 5.2）。

表 5.2　2017 年总统选举中各邦以及联邦立法机构成员投票票值及总票数

序号	邦名	立法机构席位数	人口（1971 年人口普查数据）	各邦议员投票票值	该邦总票数
1	安得拉邦（Andhra Pradesh）	175	27800586	159	159 × 175 = 27825
2	"阿鲁纳恰尔邦"（Arunachal Pradesh）①	60	467511	8	8 × 60 = 480
3	阿萨姆邦（Assam）	126	14625152	116	116 × 126 = 14616
4	比哈尔邦（Bihar）	243	42126236	173	173 × 243 = 42039
5	恰蒂斯加尔邦（Chhattisgarh）	90	11637494	129	129 × 90 = 11610
6	果阿邦（Goa）	40	795120	20	20 × 40 = 800
7	古吉拉特邦（Gujarat）	182	26697475	147	147 × 182 = 26754
8	哈里亚纳邦（Haryana）	90	10036808	112	112 × 90 = 10080
9	喜马偕尔邦（Himachal Pradesh）	68	3460434	51	51 × 68 = 3468
10	"查谟—克什米尔" Jammu & Kashmir②	87	6300000	72	72 × 87 = 6264
11	贾坎德邦（Jharkhand）	81	14227133	176	176 × 81 = 14256
12	卡纳塔克邦（Karnataka）	224	29299014	131	131 × 224 = 29344

① 在印方的相关统计资料中，包含了中印东段边境传统习惯线以北和非法"麦克马洪线"以南传统上一直由中国西藏地方政府管辖但被印度渐进侵占中国之领土（中国媒体和社会舆论普遍称之为"藏南"）的所谓"阿鲁纳恰尔邦"。

② 克什米尔是印度和巴基斯坦的领土争端地区，而中国一直希望印巴双方能以和平方式解决此争议。2019 年 8 月初，印度取消此前宪法赋予印控克什米尔地区的"特殊地位"，将印控克什米尔重组为"查谟—克什米尔联邦直辖区"，使印巴紧张局势进一步升级。

续表

序号	邦名	立法机构席位数	人口（1971年人口普查数据）	各邦议员投票票值	该邦总票数
13	喀拉拉邦（Kerala）	140	21347375	152	152×140=21280
14	中央邦（Madhya Pradesh）	230	30016625	131	131×230=30130
15	马哈拉施特拉邦（Maharashtra）	288	50412235	175	175×288=50400
16	曼尼普尔邦（Manipur）	60	1072753	18	18×60=1080
17	梅加拉亚邦（Meghalaya）	60	1011699	17	17×60=1020
18	米佐拉姆邦（Mizoram）	40	332390	8	8×40=320
19	那加兰邦（Nagaland）	60	516449	9	9×60=540
20	奥里萨邦（Odisha）	147	21944615	149	149×147=21903
21	旁遮普邦（Punjab）	117	13551060	116	116×117=13572
22	拉贾斯坦邦（Rajasthan）	200	25765806	129	129×200=25800
23	锡金邦（Sikkim）	32	209843	7	7×32=224
24	泰米尔纳杜邦（Tamil Nadu）	234	41199168	176	176×234=41184
25	特伦甘纳邦（Telangana）	119	15702122	132	132×119=15708
26	特里普拉邦（Tripura）	60	1556342	26	26×60=1560
27	北阿坎德邦（Uttarakhand）	70	4491239	64	64×70=4480
28	北方邦（Uttar Pradesh）	403	83849905	208	208×403=83824
29	西孟加拉邦（West Bengal）	294	44312011	151	151×294=44394
30	德里中央直辖区（NCT of Delhi）	70	4065698	58	58×70=4060
31	本地治理（Puducherry）	30	471707	16	16×30=480
合计		4120	549302005		549495

资料来源："Frequently Asked Question-Presidential Election", Election Commission of India, April 3, 2018, https://eci.gov.in/faqs/elections/presidential-election/faqs-presidential-election-r9/.

印度《宪法》第55条规定总统选举应按照比例代表制，通过单记可让渡投票选出，应为秘密投票。[①] 采用这种方法是为了确保总统选举的绝对多数。总统候选人需要获得半数以上的选票（至少要比半数多一票），

———

① Article 55 (3), *Constitution of India*.

才能宣布其当选。①

而且与一般的选举不同，在选票上会要求投票人对候选人进行优先排序，最优先的候选人标记"1"，第二优先的候选人标记"2"，依次类推。在计票时，首先统计每张选票上标记"1"的候选人，如果没有人能获得半数以上的选票，就不能宣布任何人胜选。在这种情况下，得票最少的候选人就退出竞争，再将投票人的第二优先选择加入第一轮的计算结果中。继续用这种方式剔除得票最少的候选人，并不断加入余下的优先等级的票数，直到有某位候选人获得半数以上选票。这种选举方法被称为通过单记可让渡投票的比例代表制。② 印度总统就是通过这样的具体选举方法在候选人之间通过间接选举产生的。

第二节　总统的权力及限制

根据宪法规定，印度的总统既是联邦行政机构的组成部分，又是联邦最高立法机构的组成部分，还享有部分司法权力。特别应该指出的是，在国家遭遇宪政危机时，在其他政治机制无法正常运转时，总统的作用就会凸显，将使用宪法赋予的权力来稳定局面。印度政治制度的设计不需要总统在日常的政治生活中有过多的存在感，总统不能干扰总理和内阁的运转，但总统也绝不是只具有象征意义的国家元首，总统职位的设置其实是平行于总理为首的权力体系之外的权力储备，只有在特定的危机时刻才需要启用宪法赋予总统的特殊权力。

概括来讲，总统的权力包括以下几个方面。

（1）联邦政府的行政权属于总统，③ 一切行政行为均应以总统的名义

---

① 根据印度《宪法》第60条规定，总统、代理总统或代行总统职权者应于就职之前，由印度最高法院首席法官监誓，首席法官缺席时由年资最深的最高法院法官监誓，按下述誓词宣誓，并在誓词上签名。誓词为：本人（名字），以上帝的名义宣誓：我将忠实执行印度总统之职务（或代行总统之职权），并将竭尽全力遵守、保护、捍卫宪法与法律，我将献身为印度人民服务，献身印度人民的幸福。

② P. B. Rathod, Indian Constitution, Government and Political System (Jaipur, ABD Publishers, 2004), pp. 126 – 127; V. N. Srivastava, "The President of India: Election and Office", *The Indian Journal of Political Science*, Vol. 39, No. 2, April-June 1978, pp. 257 – 263.

③ Article 53 (1), *Constitution of India*.

进行。①

（2）联邦国防军之最高统帅权属于总统。②

（3）任命部分议员，③ 批准议会通过的法案，④ 在议会休会期间颁布法令，⑤ 召集议会会议，必要时解散人民院重新举行大选。⑥

（4）任命总理，并根据总理的提名任免部长会议成员，⑦ 任免最高法院和高等法院的法官以及代理首席法官，⑧ 任免总检察长、⑨ 审计长、⑩ 任免各邦邦长⑪和各中央直辖区行政专员等。⑫

（5）宣布紧急状态。宪法规定，当总统认为存在以下三种情况中的任何一种情况时，有权在全国或部分地区宣布紧急状态：第一，发生战争、外敌入侵或内部叛乱，以致威胁到印度全部或部分领土的安全；⑬ 第二，某邦政府已不能按宪法规定进行工作，总统可接管邦政府的全部职权，实行"总统管制"（也译为总统治理，President's Rule）；⑭ 第三，印度或其部分地区的财政稳定与信用受到了威胁。⑮

（6）总统对下列案件有赦免、缓刑、减刑或停止或减缓对于任何罪犯的判决权：一切由军事法庭处罚或判决的案件；触犯涉及联邦行政权限范围以内事项的任何法律而被处罚或判刑的一切案件；一切判处死刑的案件。⑯

以下将从立法权、行政权以及咨询权三个方面来详细讨论宪法赋予总统的权力。

---

① Article 77 (1), *Constitution of India*.
② Article 53 (2), *Constitution of India*.
③ Article 80 (1) (3), *Constitution of India*.
④ Article 111, *Constitution of India*.
⑤ Article 123, *Constitution of India*.
⑥ Article 85, *Constitution of India*.
⑦ Article 75 (1) (2), *Constitution of India*.
⑧ Article 124 (2), *Constitution of India*.
⑨ Article 76, *Constitution of India*.
⑩ Article 148 (1), *Constitution of India*.
⑪ Article 155, 156 (1) (2), *Constitution of India*.
⑫ Article 239, *Constitution of India*.
⑬ Article 352, *Constitution of India*.
⑭ Article 356, *Constitution of India*.
⑮ Article 360, *Constitution of India*.
⑯ Article 72, *Constitution of India*.

一 立法权

印度《宪法》第79条规定：印度联邦议会由总统加联邦院与人民院构成。① 总统由此成为立法机构中不可或缺的部分。

总统在立法中的作用主要体现为以下几点。第一，议会通过的所有法案必须经过总统批准才能生效。在批准法案还是将其送回议会重新考虑的问题上，总统可以自主决定。第二，在总理建议解散议会时，总统的选择发挥着重要的作用。第三，在特殊情况下，总统有直接颁布法令的权力。第四，总统有向议会两院递交报告的中介作用。第五，总统在邦立法层面上发挥的作用。下文将从这五个方面详细讨论。

（一）总统对议案的处理与其否决权

总统是立法过程中不可或缺的重要环节，议会两院通过的所有法案必须得到总统的批准才能生效。印度《宪法》规定，任何法案一经议会两院通过，应立即送达总统，总统应表明批准或不批准。但总统接到上述法案后，若该法案为非财政法案时，得尽快将该法案连同咨文送还两院，请其对该法案或其中某些条款重加考虑，并请其考虑咨文中所提修正意见是否合宜，法案退还两院后，两院应据此重议；倘该法案经两院再度通过后送呈总统批准，则不管该法案是否采纳修正意见，总统均不得拒绝批准。② 这就是说，在两院将通过的法案递交给总统后，总统可以有三种选择：批准、不批准、将法案返回给议会让其重新考虑。返回给议会时可以附加咨文要议会重新考虑其中的部分内容、全部内容或者撤销法案，也可不附咨文。但是如果议会再次通过同一法案，总统只有一个选择：批准。

总统的否决权是其捍卫宪法尊严的重要工具。有学者认为，印度总统的否决权融合了绝对否决权、暂时否决权（suspensive veto）和搁置否决权（pocket veto）。③ 绝对否决权是指总统在面对不赞成的议案时可以直接否决，即不批准。暂时否决权是指总统可以将议案返回给议会让其重新考

---

① Article 79, *Constitution of India*.
② Article 111, *Constitution of India*.
③ D. D. Basu, *Commentary on the Constitution of India*, Vol. II, p. 675. Quoted from Veena Sharma, *President in Indian Political System* (Jaipur and New Delhi: Rawat Publications), p. 110.

虑。尽管根据宪法规定,总统必须批准再次通过的议案。搁置否决权是指总统可以推迟签署同意的时间,搁置议案。宪法并没有对总统对议案的处理时限给出规定,① 即使总统无限期拖延给出对议案的处理结果,也不违宪。这在实践中,也给总统在宪法范围内扩展自己的权力边界,对立法产生影响提供了运作空间。

总统事实上有否决任何法案的权力,包括财政法案,② 但总统不能否决宪法修正案。1971 年的《宪法》第二十四修正案修订了《宪法》第 368 条,总统必须同意修订案。因此总统也就失去了此前所拥有的阻止宪法修正案获得通过的权力。

关于总统对宪法修正案的批准权力存在两种意见。一种认为总统对于修正案有批准的义务,批准只是形式。因为无论是就制宪者的意图还是就宪法文本本身的规定而言,印度总统并没有实质权力,故不能对有权机关所批准之宪法修正案行使否决权或搁置权。另一种则认为这一规定不仅是修宪程序的必要组成部分,同时还赋予总统实体性的否决权,即总统如果认为宪法修正案可能侵害人民基本权利或者侵害既有的宪政秩序,可以行使否决权或搁置权。这符合印度《宪法》第 368 条的规定以及第 60 条总统誓词中表明的总统维护宪法完整性和统一性的义务。③ 这种分歧体现了

---

① 宪法草案中最初其实有六周的时限。安倍德卡尔去掉了这个时间限制。这种做法也被一些人批评。参见 Veena Sharma, *President in Indian Political System* (Jaipur and New Delhi: Rawat Publications), p. 111.

② 印度《宪法》第 110 条对于财政法案 (Money Bill) 给出了明确的界定。第 1 款:凡仅仅设计处理下述全部或任一事项的法案应视为本章所说的财政法案:(一)任何税收的课征、废止、豁免、变更或调整;(二)印度政府进行信贷或提供财政担保的有关规定,或者涉及印度政府已经承担或即将承担的财政义务的法律的修正案等;(三)印度统一基金或印度非常基金的保管,及该项基金的收支;(四)由印度统一基金拨付的款项;(五)任何由印度统一基金支付的开支之宣布,或任何此类支出数额的增加等;(六)印度统一基金账目和印度公款账目项之收入,或此类款项之保管和拨发,联邦或邦账目之查核;(七)其他与(一)项至(六)项事项有关之偶发事项。第 2 款:任何法案不得仅因其规定罚款和课征罚金,或规定缴纳执照费、服务费,或因其规定任何地方机关或团体,为地方用途征收、废止、豁免、变更或调整任何税收,即认为是财政法案。第 3 款:如果对某一法案是否是财政法案发生疑问,人民院议长之裁决为最终决定。第 4 款:当财政法案依第一百零九条送致联邦院及依第一百一十一条送达总统批准时,人民院议长应就该法案出具证明,证明其为财政法案。Article 110, *Constitution of India*.

③ 柳建龙:《宪法修正案的合宪性审查:以印度为中心》,法律出版社 2010 年版,第 106 页。

对总统这一职位及其权力的不同理解，在对总统的各项权力的解读中都体现着类似的观点差异。

（二）总理建议解散议会期间总统的作用

总统与两院的关系也体现了总统的立法权力。印度宪法规定，总统可随时在他认为合适的时间和地点，召集议会任何一院开会，也可随时宣布议会两院或任何一院闭会，并可随时解散人民院。[①] 在总理建议解散议会期间，总统主要的作用就是判断是否接受总理的建议解散议会人民院，是否能违背总理的意愿是核心。总统作为最高元首所采取的行动很有可能使其被卷入党派政治。在各邦，邦长对于首席部长提出的解散邦议会的建议可以自行决断。即使邦长个人判断失误，议会解散而新政府还没有组建的这段时间内，还可以施行总统管制或采取其他方法维持运转。但在中央一级，却不可能这样做。因此总统在遇到类似情况时的决定责任重大。

印度议会人民院解散的几个引起争议的例子有以下几个。（1）第五届人民院于1977年1月18日解散。当时英迪拉通过施行紧急状态延长第五届人民院一年之后，决定重新进行大选，而当时的总统艾哈迈德（Fakhruddin Ali Ahmed）没有严守宪法规定，听从了总理的建议，提前解散议会。（2）第六届人民院于1979年8月22日解散。当时执政的人民党内部发生纠纷，总统雷迪（Neelam Sanjiva Reddy）巧妙地利用了当时的局势，在有可能形成另一个多数政府的情况下解散议会，并未违宪，但引发了争议（详见本章第三节）。（3）第12届人民院于1999年4月26日解散。因全印安纳德拉维达进步联盟（AIADMK）退出执政联盟，执政的印度人民党失去在议会的多数，总统纳拉亚南（K. R. Narayanan）寻求重组新政府的方案失败，只好解散议会。但总统要求寻求组阁的政党领导人向自己提交能获得议会多数的证据，这被认为是在宪法许可的范围内扩展了总统权力的边界、树立了新的先例（详见本章第三节）。

总体而言，宪法在总统解散议会的规定上给予了总统较大的主观判断空间，总统有条件在不违宪的前提下创造性地扩展权力范围。

（三）总统直接颁布法令的权力

印度宪法规定，在议会两院闭会期间，总统如认为有立即采取行动之

[①] Article 85, *Constitution of India*.

必要即可根据形势需要颁布必要的法令（ordinances）。根据本条宪法规定颁布的法令具有如同议会法令的效力，但是此项法令应提交议会两院，并应于议会复会六周届满时失效，如果议会两院于上述期限届满以前即通过否决此法令的决议，则该法令自该议案通过二读之日起即行失效。而且此项法令可由总统随时撤销。① 这说明在一些特定的情况下，宪法赋予总统一定的立法权。

第一种情况：在议会处于闭会状态时，无法通过议会的途径来通过法律，此时总统可以发布法令。第二种情况：如果一项议案已经被一院通过，而另一院悬而未决，在两院都在运作的任何时间内，总统都可以发布与这项议案有关的法令。如果总统认为急需某项法律，而这项法律由于手续和程序的缘故不太可能很快被议会通过，此时总统可以令其中一院休会，并签署法令。第三种情况：总统认为当时的情况下他有必要立刻采取措施。在这种情况下，总统可以不必接受部长的意见。② 在这三种情况下，总统可以发布法令，其效力等同于议会通过的法律。总统的这一权力是宪法赋予的，而且总统本身也是国家立法机构的一部分，因此议会没有谴责总统发布法令的权力。总统的这一权力被频繁用于就财政事务发布法令。

对于宪法修正案，此前广泛认为总统发布法令的权力不适用于制定宪法修正案。但是最高法院在1967年的戈拉克纳特（Golaknath）诉旁遮普邦案的判决中除去了议会的立法权力和宪法权力之间的区别，认为宪法修正案只是立法权力的实践。在这次判决之后，通过总统颁布法令来修订宪法成为可能。③ 这实际上扩大了总统立法权的边界。但是1971年的宪法第二十四修正案使总统无法反对宪法修正案的提案。

对总统发布法令这一权力的限制主要有三方面。第一，每项法令必须提交给议会的两院获得批准。即，在议会复会之后还是要经过议会通过的程序才能使法令生效。第二，如果在议会召集六周之内这项法令没有得到

---

① Article 123, *Constitution of India*.

② Veena Sharma, *President in Indian Political System* (Jaipur and New Delhi: Rawat Publications), pp. 121 – 122.

③ Veena Sharma, *President in Indian Political System* (Jaipur and New Delhi: Rawat Publications), pp. 124 – 125.

批准，那么这项法令将停止实行。第三，法令不能做出任何议会在宪法规定下没有能力颁布的规定。[1] 这些内容都是印度宪法中明文规定的。

如果政府想要将一项法令的规定延长一段时间或使其永久生效，可以引入议案来替代法令，并且附上一份声明解释通过法令立刻进行立法具有必要性的情况。印度独立后有这样一种惯例，仅仅因为时间不够就发布法令。例如 1956 年发布法令，将印度人寿保险公司（Life Insurance Corporation of India）国有化，发布法令的时间距议会召开仅有四周。1969 年，总统发布了法令，将 14 家主要的印度银行国有化，议会召开只有 40 小时。[2] 这种情况似乎是对总统这一权力的滥用，并不利于议会民主的实践和良好政治惯例的形成。

的确，从宪法的规定可以看出，总统个人认为符合条件就可以采取行动，并没有什么能制约总统滥用宪法权力的机制，而且尽管议会可能在运作中，总统却能够召集两院在不同的时间开会，造成满足宪法规定的条件来由总统发布法令，这些都使总统滥用这一宪法赋予的发布法令的权力成为可能。

（四）总统的中介作用：向议会两院递交国情咨文

印度《宪法》规定，总统得为议会中未决法案或其他事项向任何一院递送咨文（message），该院对咨文中所要求考虑之事项应尽快付诸讨论。[3] 根据这一规定，无论国情咨文是否关于待定的某个或某些法案，总统都有权表达意见。在人民院没有占明显多数的政党的情况下，总统的这一权力能够发挥的作用更加明显。想要有所作为的总统就可以各种方式利用这一条款，但是关键点在于总统的行为背后是否有民意支持。[4] 这一权力也为总统实现并扩大权力提供了基础条件。

如果总统所属的政党执政，无论是支持还是反对某项措施，总统递交咨文或进行发言就不必要了。这也说明总统在给议会递交咨文时可以自行

---

[1] Article 123, *Constitution of India*.

[2] Veena Sharma, *President in Indian Political System* (Jaipur and New Delhi: Rawat Publications), p. 125.

[3] Article 86, *Constitution of India*.

[4] J. R. Siwach, The Indian Presidency, Kurukshetra 1967, pp. 106 – 107. Quoted from Veena Sharma, *President in Indian Political System* (Jaipur and New Delhi: Rawat Publications), p. 106.

判断是否必要。如果总统不同意某项法案，也完全可以直接告知总理，而不用走正式的程序来向议会递交信息。例如在尼赫鲁想要在临时议会引入《印度教法典议案》（Hindu Code Bill）时，普拉萨德（Rajendra Prasad）总统给尼赫鲁总理写信，认为这种直接影响印度人民生活和文化的议案不应在临时议会引入。① 在现实中，这不仅取决于总统与执政党的关系，在很大程度上也取决于总统与总理的关系及互动模式（详见本章第三节），宪法本身并没有给出具体执行方式的规定。

此外，印度宪法还规定总统要向两院递交相关报告以供讨论和正式通过，例如与联邦账目相关的审计报告、财政委员会（Finance Commission）的解释备忘录、联邦公务人员委员会（Union Public Service Commission）的年度报告及备忘录、表列种姓和表列部落特别官员的报告、落后阶层委员会的报告，等等。

（五）总统与邦立法

在印度，总统在邦立法中起到的重要作用主要体现在：第一，某些类型的议案必须由邦长保留（reserve）以交给总统考虑；② 第二，邦长必须获得总统的批准（sanction）才可以颁布某些类型的法令（ordinances）；③ 第三，当邦一级的行宪机构失灵时，总统直接接掌邦政府的全部职能或任何职能，行使邦长和除邦议会之外的全部机关及团体的全部权力或任何权力，④ 也包括总统为邦制定法律的权力；第四，总统在并发立法中有特殊作用。⑤

对于邦长提交的议案，总统依然有三种处理方法：同意、否决或打回重新考虑。与联邦层面不同的是，总统可以将需要打回重新考虑的议案直接递交给邦长，而不是交给邦立法机构。⑥

---

① Balmiki Chaudhari, *Diary of Rashtrapati Bhawan*, p. 249. Quoted from Veena Sharma, *President in Indian Political System* (Jaipur and New Delhi: Rawat Publications), p. 106.

② Article 213 (1), Constitution of India.

③ Article 213, Constitution of India.

④ Article 356, Constitution of India.

⑤ 印度《宪法》第254条第2款规定，邦议会就《联邦与各邦兼具职权表》所列事项制定的法律，如果包含与以往议会法律或有关该事项的现行法律发生抵触的条款，而且在送呈总统考虑后获其同意，则在该邦范围内应以邦议会法律为准。Article 254 (2), Constitution of India.

⑥ "如果该法案不属于财政法案，总统可指示邦长将该法案退还邦议会。" Article 201, Constitution of India.

根据印度宪法，在邦议会休会期间，邦长需要得到总统的认可才能发布以下三种类型的法令：第一，如果将该法令包含的条款作为法案在邦议会提出，只有经总统事先认可方能在议会动议；第二，如果将法令包含的条款作为法案在邦议会获得通过，邦长认为有必要加以保留，提交总统考虑的；第三，法令所包含的同样规定如作为邦议会法令获得通过，则必须提交总统考虑并经其同意才具有效力者。① 由于邦长是由总统任命的，很难违抗总统的意愿，因此总统事实上是可以干预邦立法过程的。

在宪法机器失灵，根据《宪法》第356条实行总统管制的时候，邦立法权就由议会执行，或者在议会的权威下执行。但此时，根据印度《宪法》，议会有权将该邦议会的立法权授予总统，并授权总统将此项立法权委托给他所制定的其他机关代为行使这一权力。②

总体来说，总统是国家立法机构不可或缺的重要部分，在立法过程中，特别是在一些特殊的时刻发挥着极其重要的作用。总统与议会互相制约：议会有弹劾总统的权力，总统也有否决议会通过的法令的权力。

二　行政权

根据印度《宪法》，印度政府的一切行政行为，均应以总统的名义进行。③ 联邦的行政权归属于总统，并由总统依照本宪法规定直接行使或通过其属下官员行使。④ 总统在行使职权时根据部长会议（Council of Ministers）的建议行事，但总统可要求部长会议重新考虑其建议，然后根据重新考虑后的建议行使其职权。⑤ 而且总理与部长对总统是否提出建议，以及提出何种建议，任何法院不得加以干预。⑥ 此外宪法也规定了对总统行政权的限制，对总统的行政权的理解不应认为任何现行法律授予邦政府或其他机关的任何职权转移于总统，宪法规定也并不阻止议会通过法律将职

---

① Article 213 (1), *Constitution of India*.
② Article 357 (1a), *Constitution of India*.
③ Article 77 (1), *Constitution of India*.
④ Article 53 (1), *Constitution of India*.
⑤ Article 74 (1), *Constitution of India*.
⑥ Article 74 (2), *Constitution of India*.

权授予总统以外的机关。①

（一）任命包括总理在内的内阁成员

宪法规定，总统任命总理，并根据总理的建议来任命部长。② 只要被提名者满足以下两个条件，总统可以提名任何人作为总理的人选。第一，被提名人能够获得人民院多数人的支持。第二，被提名人能够在六个月的时间内在议会的任何一院获得席位。③ 因此，一般来说，只要有一支政党能够在人民院拥有明显的多数，而且这一政党有一位明显的领导者，总统在提名问题上就没有太多的发言权了。有两种情况例外：第一种情况是，在议会占多数的党派并没有一位明确被承认的领导人，或者有不止一位；第二种情况是，任何一个政党在人民院都没占绝对多数。

如果总理在任上死亡或辞职，而且没有哪个政党能够获得多数支持来组建政府，总统就可以自行决定来选择即将离任的总理的继任者。在这个环节，总统如何选择，宪法并没有给出明确的规定，因此总统有较大的行动空间，但总统此时的做法不能违背宪法和其他法律的规定。

印度政治生活中逐渐形成一种惯例，即总理在任上去世，即由内阁中最资深的人作为总理人选。这种做法始于尼赫鲁去世后，当时没有人向总统建议总理的人选，于是内阁召开紧急会议，向总统提名内阁中最资深的南达（G. L. Nanda）作为总理人选。克里希南（Radha Krishnan）总统同意由南达接任总理。1966年1月，当夏斯特里在总理职位上去世时，也是由最年长的内阁成员继任。但是，当英迪拉被刺身亡后，这一业已形成的惯例被打破，本该由内阁中最年长的慕克吉作为临时总理，但是时任总统辛格（Giani Zail Singh）却在国大党的正式选举之前，就任命了既不是内阁成员也不是议员的拉吉夫。这也显示了总统在任命总理这一重大抉择上具有相当程度的自主性，以及在国家遇到突发事件的紧急关头所具有的独一无二的关键性作用。

总统的这种关键性作用还体现在悬浮议会出现时，政府在议会不能获

---

① Article 53（3），*Constitution of India*.
② Article 75（1），*Constitution of India*.
③ 印度宪法规定，总理与部长连续六个月不担任议会任何一院之议员，应于六个月届满时终止其总理或部长职务。Article 75（5），*Constitution of India*.

得多数，总统就有权让反对党的领袖来组建政府。选举后由哪个政党来组建政府是完全由总统自主决定的。例如第九届人民院选举时国大党赢得的席位不到200个，虽然获得票数最多，但不足以获得独立组建政府的资格，形成了悬浮议会。国大党所在的政党联盟国民阵线（National Front）建立于1988年8月7日，从成立时间看显然是为在大选中获胜而在选举前各党派临时结成的联盟。文卡塔拉曼（Venkataraman）总统让国民阵线的领导人辛格（V. P. Singh）来组建政府并要他在接管后的30天内在人民院寻求信任投票。辛格没能成功，仅仅维持了11个月不得不解散。此时议会中仍然没有党派能够拥有多数，将由总统来决定谁来组阁，总统的作用在此时凸显。此时有58名从前属于新人民党的议员，由谢卡尔（Chandra Shekhar）领导，被称为新人民党（社会主义派）。这一党派立刻获得了外部支持，从国大党（英迪拉派）阵营中获得了各党派的211名议员的支持。总统因此邀请谢卡尔来组建政府。但很快该党内部的分裂就开始显现。1991年3月6日，谢卡尔向总统递交辞呈，在这个问题上国大党决定抵制议会。总统接受了辞呈并要谢卡尔继续执政直到做出替代性的安排。

这一事件清楚地显示出总统在宪法或政治危机这样的事件中的重要作用。当时的评论认为，"从总统对宪法危机的处理来看，特别是解散议会的事件，文卡塔拉曼总统的行为像是一个政治家，没有被政客的压力影响，在这场危机中，关键性的决策权掌握在总统手中"。[1] 文卡塔拉曼总统征求了几位宪法专家的意见，在这一过程中一直没有表达任何倾向性意见，而且坚持要求辛格和谢卡尔在人民院证明他们能够获得多数支持，而拒绝口头承诺的政治支持或议会的支持。

（二）任命其他部长

其他部长的提名也由总统提出，但要根据总理的建议做出提名。[2] 总统是否对部长的人选有发言权依赖于总理和总统各自所属的党派的关系以及人民院的构成。内阁的规模也由总理来决定。

---

[1] Sorabjee Soli, Hindustan Times, March 27, 1991. Quoted from Veena Sharma, *President in Indian Political System* (Jaipur and New Delhi: Rawat Publications), p. 136.

[2] Article 75 (1), *Constitution of India*.

印度《宪法》规定，"总统应制定规则，以便于印度政府事务的处理和阁员对上述工作的分工"。① 这就赋予总统权力来根据自己制定的规则在各位部长之间分配政府事务，但在实践中，如果没有总理的认可，这样做是不可能实现的。

如果总统认为一个部失去了人民的支持，而不是人民院的支持，是否能够解散一个部？对此有两种观点。有学者认为总统可以根据国家的意愿来开除部长，但是也有学者认为总统认为部长失去了人民的信任的观点并不能得到证实。②

总统的其他重要任命还包括任命总检察长（Attorney General）。③ 此外，总统还有任命议员的权力，但仅限于任命12名在文学、艺术、科学和社会服务领域有特殊技能的人作为联邦院议员。④ 总体而言，总统的任命权虽然在现实中没有引发大的争议，但总统有一定的主观自由度来做出决定，还是有一定的权力运作空间的。

三　咨询权

总统的咨询权包含有以下几个方面：总理根据宪法规定，向总统提供一些信息；部长会议给总统提供建议；必要情况下总统可向最高法院征询意见。

（一）总理向总统提供必要信息

印度《宪法》规定，总理有责任向总统通报情况，将部长会议有关联邦事务管理与立法建议的一切决定通报总统，并向总统提供有关联邦事务管理与立法建议，对于已由一阁员做出决定而未经部长会议讨论之任何事项，经总统提出要求后，提交部长会议讨论。⑤ 总统被赋予这项权力主要有两个原因。第一，由于部长会议是由总理而不是总统来负责的，而总统又是行政首脑，总理有责任将部长会议所做的所有与联邦行政事务和立

---

① Article 77 (3), *Constitution of India*.
② Veena Sharma, *President in Indian Political System* (Jaipur and New Delhi: Rawat Publications), p. 140.
③ Article 76 (1) (3), *Constitution of India*.
④ Article 80 (1) (3), *Constitution of India*.
⑤ Article 78, *Constitution of India*.

法提议有关的决定告知总统。第二，联邦的行政权属于总统。这一权力的行使是通过从属于总统的官员来进行的，也包括部长。因此总统有完全的权力来从他的下属那里获得与工作和计划有关的信息。

总统与部长会议的关系有赖于总统的个性及其与内阁成员特别是总理的关系。1987年时在总统辛格和总理拉吉夫之间即有一场争论（详见第三节）。这次事件引发了对总统的权力和总理的宪法义务的争议。

（二）部长给总统的帮助和建议

印度《宪法》第74条以及1976年的第四十二修正案规定，总统在行使职权时根据部长会议的建议行事，但总统可要求部长会议重新考虑其建议，然后根据重新考虑后的建议行使其职权。① 对于部长会议的建议对总统的约束力有不同的看法。一种观点认为印度宪法采用的"辅助"和"建议"的原则是议会制国家中普遍存在的。② 第一，与英王一样，印度的总统只是名义上的元首，真正的权力由部长会议把握。第二，总统不对任何人负责，而部长会议集体向人民院负责，权力应该属于承担责任的人，因此内阁的建议对总统应有约束作用。第三，总理并不总是提出建议，他向总统交流部长会议的决定，《宪法》第78条第1款的用语"决定"（decision）显示出建议就是最终的定局。第四，在经济方面，如果没有议会的批准，也不能从统一基金（consolidated fund）中拨款。第五，印度《宪法》第61条在规定对总统的弹劾时也要求（compel）总统接受部长的建议。③ 另外，从司法的角度来说，在遇到央地关系案，也有先例，法庭认为，根据《宪法》第53条第1款，联邦的行政权属于总统，但是根据第74条，总理领导的部长会议在总统履行职责时要提供帮助并给予建议。总统由此成为形式上的或宪法意义上的行政首脑，而真正的行政权力属于部长们或是内阁。④ 也就是说，这种观点认为部长会议的建议对总统具有约束力，总统必

---

① Article 74 (1), *Constitution of India*.
② 持这种观点的代表性人物有奥斯丁（Granvile Austin）、加因（M. P. Jain）、拉奥（B. N. Rao）和塞塔尔瓦德（M. C. Setalvad）。
③ Veena Sharma, *President in Indian Political System* (Jaipur and New Delhi: Rawat Publications), p. 146.
④ Veena Sharma, *President in Indian Political System* (Jaipur and New Delhi: Rawat Publications), p. 147.

须按照建议行使权力。

另一种观点则认为总统有特殊的宪法地位，部长们给予的建议对于总统不具有约束性。[1]

其中蒙施（K. M. Munshi）认为，第一，总统代表人民，而部长们仅代表议会的多数。因此总统不仅是联邦的首脑，而且是联邦的具体象征。第二，总统宣誓中称要"忠实地"履行总统办公室的责任，并且要保护、维持并捍卫宪法。他也宣誓要推进印度人民的福祉，保护国家的统一，维持国家的完整。第三，总统有任命总理和撤掉部长职的特权。第四，部长会议只是一个行政实体，而总统的权力和职能不仅具有行政性质，还具有立法、司法性质和特权。第五，总统拥有自由裁量权力和权利。第六，根据印度《宪法》第74条，总理有责任向总统交流所有决定并提供信息。他还认为总统有四项权力是不受部长意见左右的：免去不再领导自己党派的总理，免去失去议会信任的部长，解散人民院（如果总统认为人民院已经失去了人民的信任）以及在紧急状态下部长们已经不能保卫国家的时候总统作为最高统帅行使权力。[2] 这种观点强调宪法赋予总统的至高地位和独立性，认为部长会议的建议不能限制总统的判断和行为。

在这两种鲜明的观点之外还有一种较为折中的观点，认为总统受部长会议的帮助和建议的约束，但在一些问题上应由总统自行判断。但对于重要问题的解读和划定却各有分歧。

与部长给总统建议相关的还有宪法第四十二修正案和第四十四修正案。其中宪法第四十二修正案取代了原来的第74条第1款，规定在总统行使权力时将由总理领导的部长会议为总统提供帮助和建议。支持者认为这样的动议可以确保总统毫无异议地接受部长会议建议的预防措施。反对的意见则认为，这一修正案让总统只能被动地接受部长会议给出的任何建议，而失去了自行阅读、思考、提出建议、要求重新考虑的权力，使总统的权力沦为象征性的权力。例如，1977年代理总统贾蒂（B. D. Jatti）就

---

[1] 持这种观点的主要有蒙施（K. M. Munshi）、桑塔南（K. Santhanam）、慕克吉（P. B. Mukherjee）、伊斯梅尔（M. Ismail）和拉奥（K. Subba Rao）以及像詹宁斯（Ivor Jennings）这样的外国学者。

[2] Veena Sharma, *President in Indian Political System* (Jaipur and New Delhi: Rawat Publications), pp. 147 – 148.

根据这一修正案在第六次议会选举之后被迫签署了解散九个邦议会的命令。因为这一问题的严肃性，代理总统当时并不愿签署，但是在24小时之内必须做出决定，不然会威胁到总统的权力与职务，因此总统最终还是同意了这一动议。在1980年的议会选举之后，国大党政府建议总统解散邦政府和九个邦议会。总统立即同意了这一建议。① 政治实践中这些案例的存在正印证了反对第四十二修正案的意见，第四十二修正案是对总统独立性及其权力的侵蚀。

此外还有宪法第四十四修正案。部长的建议和总统的不抵抗导致的严重后果就是1975年6月26日总统宣布紧急状态，剥夺了人民的基本权利。这个建议是由总理提议的，其他成员第二天才得知这一决定。在这一背景下，议会在1978年通过了第四十四修正案，规定总统不得签署公告，除非内阁做出决定，并且通过书面方式与总统交流之后，这样的公告才能发布。这一修订后的条款意味着总统将被部长们的建议约束，而这其实不利于总统发挥作用。

总统和部长会议以及总理之间的关系需要谨慎协调，既要发挥部长会议的建议作用，又要发挥总统的主动性，给予总统一定的自由考量权力和空间。

（三）总统向最高法院征询意见

印度《宪法》规定，总统认为出现或即将出现某一法律问题或实际问题，而该问题就性质与对公众的重要性而言，必须征询最高法院的意见时，或者联邦政府与邦政府之间、邦政府与邦政府之间发生的某些不属于最高法院单独享有的初审管辖权的争执，总统认为必须征询最高法院意见时，最高法院可于进行适当听讯之后将意见报告总统。② 自宪法生效以来，总统曾就若干重要法律和实际问题，向最高法院征询意见。但总统在哪些问题上征询意见带有很大的随意性；最高法院提供的咨询意见只是总统决策的参考，可以采纳也可以不采纳。最高法院对总统的要求可以发表

---

① Veena Sharma, *President in Indian Political System* (Jaipur and New Delhi: Rawat Publications), pp. 150–151.

② Article 143, *Constitution of India*.

意见，也可以不发表明确的看法。① 另外，根据宪法，由总统按部长会议建议任命最高法院和高等法院法官，在任命法官时总统应同他认为有必要询问的最高法院法官和邦高等法院法官磋商，首席法官以外的其他法官的任命，必须征询印度首席法官的意见，② 但这些意见对总统没有约束力。③ 在法官的任命问题上，总统的自主权力较大。

关于总统向最高法院征询意见，有两个问题在印度法学界引起了激烈的争论。一是关于宪法有关条款的必要性问题。持批评意见的人认为，这种咨询权将使最高法院法官成为宪法和法律争端的一方，而影响其立场的中立性和公正性。在美国等联邦制国家，最高法院并不拥有咨询权。支持者则认为，从英国、加拿大、缅甸和印度本身的经验证明，宪法的这条规定有积极意义。二是最高法院向总统提供的咨询意见对下级法院是否有约束力。支持者认为，最高法院的咨询意见从来没有被忽视和违反过，任何一个高等法院都没有否认其具有约束力。反对者认为，咨询意见不同于决定、命令和判决，因此从宪法和法律观点来说，不具有约束力。④

四　宪法对总统权力的限制及对总统权利的规定

（一）弹劾总统

总统职位空缺通常有三种原因：死亡、辞职或因被弹劾而离职。根据宪法规定，如总统违反宪法，议会可通过弹劾案将其罢免，这是唯一的宪法明文规定的对总统的限制。⑤

当总统因为违反宪法而被弹劾时，指控可以由议会两院的任何一院提出。包含指控的决议必须提前至少14天给出书面通知，并由至少1/4的议员签名。只有在14天到期后，这样的决议才可以在通过对总统指控的议院进行讨论。如果2/3的多数通过，则可递交到另一院。另一院可以调查指控或使这一指控得到调查。总统有权在调查中出场。在调查之后，如果建立起针对总统的指控，而且议会2/3多数通过，总统就被弹劾，并从

---

① 林良光主编：《印度政治制度研究》，北京大学出版社1995年版，第110—111页。
② Article 124（1），*Constitution of India*.
③ 林承节：《印度近二十年的发展历程》，北京大学出版社2012年版，第294页。
④ 林良光主编：《印度政治制度研究》，北京大学出版社1995年版，第111—112页。
⑤ 总统弹劾的程序问题见印度《宪法》第61条。

通过决议之日起停止履职。

总统可以再次参加选举。宪法并没有对总统可以参选的次数做出限制。然而，普拉萨德总统建立的惯例是不寻求第三个任期。如果遇到总统在任期内被弹劾离职、死亡或辞职的情况，副总统接管总统办公室，在六个月之内会进行新的总统选举。①

印度独立后至今还没有一位总统在任期内遭到弹劾。这也说明，尽管总统的权力边界在独立后近七十年的国家政治生活中不断地主动或被动地得以扩展，也引起了一定范围内和一定程度上的争议，但始终是在宪法许可的范围内进行的，并没有经法律程序认定为违反宪法。

当然这也与宪法对弹劾的规定较难实现有关。在印度的多党制的政治环境下，要为弹劾总统而获得 2/3 的议会多数非常困难，单一政党在上院或下院可能很难拥有 2/3 的多数。而且，如果总统和执政党以及总理存在政治角力，在召集议会时通常要与总理商议的总统可能不会接受总理的建议，可能六个月不再召集议会。而只有在议会召集会议时才可以形成对总统的弹劾。如果决议被提交给议会，总统可以在 14 天内解散议会。或者如果人民院在调查联邦院通过的指控，总统也可以解散人民院。人民院也可以将决议延迟六个月，这将帮助总统在公众面前挽回支持。总统还可以在程序开始之前辞职以避免弹劾的审讯。② 总之在避免最终遭弹劾的途径方面，总统有很多选择。

(二) 总统的待遇以及总统办公室的构成

宪法制定时，规定总统享有的津贴数额与宪法颁行前印度自治领的总督享有的数额相同。总统在任期内享有的特权与宪法颁行前总督享有的权利相同。总统月薪为 1 万卢比。③ 总统月薪现已涨到 50 万卢比，副总统为 40 万卢比，邦长为 35 万卢比。④ 总统还可以居住在总统官邸，免收房

---

① P. B. Rathod, *Indian Constitution, Government and Political System* (Jaipur, ABD Publishers, 2004), p. 128.

② Veena Sharma, *President in Indian Political System* (Jaipur and New Delhi: Rawat Publications), pp. 76 – 79.

③ Second Schedule, *Constitution of India*.

④ Liz Mathew, "Salaries Revised in Budget: President, Vice President, Governors & MPs Get Hike", The Indian Express, February 2, 2018, https://indianexpress.com/article/business/budget/salaries-revised-in-budget-president-vice-president-governors-mps-get-hike – 5048502/.

租。印度《宪法》规定，总统的薪俸、津贴及与其职务有关的其他费用均从印度统一基金（Consolidated Fund of India）支出。① 退休后总统还可以获得一座房子、一辆车，配备有秘书。②

总统的工作机构主要是总统办公室（Rashtrapati Bhawan），有两个办公室直接对总统负责：一是总统秘书处，协助总统行使宪法赋予的各种职能，充当总统和部长会议之间的沟通桥梁，也负责为总统收集所需要的信息，所有的公务通信都由秘书处处理；二是总统军事秘书办公室，主要负责各种行政事务，下属有四个办公室：执行工程师办公室、总统资产分部、总统保卫办公室以及总统营站及咨询处（President's camp post and enquiry office）。

总统整个班子的人员数量较多，但为总统直接提供政府相关信息的专业服务人员少，而且总统本人也并不希望交予秘书处理相关事务，特别是一些个性较强、显示出更明显的决断性的总统。

第三节　总统在宪法范围内扩展权力边界的实践

宪法规定的总统的主要权力中除任命总理外，实际上都由总理以总统名义行使。总统地位虽高，但权力空间较为有限。尽管如此，总统在宪法规定的范围内仍然可以发挥一定的作用，主要表现在以下几个方面。

第一，总统可以通过搁置立法或拒绝同意的方式制约议会的立法权。当法案被两院通过后呈送总统批准时，总统有权不予批准或提出修改意见，将法案连同其意见送回两院重新考虑。但如果该法案由两院再次通过后呈送总统批准时，不管其是否采纳了总统的修改意见，总统无权不予批准。然而，由于宪法没有规定总统批准或搁置法案的时间限制，因此总统也可以将法案长期搁置。

---

① Article 112 (3), *Constitution of India*.

② Veena Sharma, *President in Indian Political System* (Jaipur and New Delhi: Rawat Publications), p. 84.

不过第二十四修正案（1971）削弱了总统延迟法案实行的权力，使议会可以通过宪法修正案稀释基本权利，也修正了第368条款，议会有权修订宪法的任何条款。而且这一修正案使总统在接到宪法修正案议案的时候必须给予赞同。

第二，在议会中没有占多数席位的政党时，总统可以选择将组阁权交给某个政党。在关键的政治时刻，例如悬浮议会这样政治不稳定的时期，总统可以自由决定权力如何分配，因为宪法并没有提供明显的指导意见，比如邀请谁来组建政府。[1] 此时总统将发挥重要作用，在宪法语焉不详的情况下，总统对组阁权的授予具有很大的自由度。

在印度独立后的政治生活中，总统的权力边界在宪法范围内的扩展有主动和被动两种方式。主动方式是指总统本人在宪法许可的范围内在一些宪法没有明确规定细节的情况下主动寻求扩展其权力边界，或者在一些公众场合做出强势姿态，比如雷迪总统和纳拉亚南总统。在各政治力量比较均衡、各党派在议会的力量较为分散的情况下，总统主动寻求权力边界扩展的行为更有可能发生。被动方式是指总理及其领导的内阁在某些特殊情况下利用宪法赋予总统的权力使国家政局向有利于自己的趋势发展。这种情况多发生在极为强势的总理与较为软弱的总统的组合中。例如在英迪拉执政过程中与数位总统的互动都体现了这一特点。

在印度独立后的政治生活中，总统在何种情况下会表现强势姿态，甚至寻求在宪法没有明确规定的情况下扩展其权力范围，是本节重点探讨的问题。

一 国内政治环境的影响

首先，外部的政治环境为总统采取强势行为提供了可能性。一般认为，从外部环境看，在悬浮议会时期，也就是没有一个单一政党能控制印度议会人民院多数席位的时期，由于各政治力量分散，总统作为一支中立的、权威的政治力量往往能发挥无可替代的作用。这种政治力量分散的局

---

[1] Devesh Kapur, "Explaining Democratic Durability and Economic Performance: The Role of India's Institutions", in Devesh Kapur and Pratap Bhanu Mehta eds., *Public Institutions in India: Performance and Design* (New Delhi: Oxford University Press, 2005), p. 53.

面也使总统发挥宪法赋予的权力成为可能。实际上，在各党派势力旗鼓相当，都无法赢得多数进而得到组阁权时，总统有相当大的自主权来选择将组阁权交给哪一方。其次，另一种便于总统发挥作用的环境是原来具有强势地位的政党或领导人力量突然衰落，而其他政治力量还未崛起时，总统也能够发挥作用。

但现实情况往往更为复杂，1989年之后十年中悬浮议会现象最突出，但总统并没有利用当时的政治形势来扩展权力边界，至少没有因此而引发大的争议。当时主要任职的总统是文卡塔拉曼（Venkataraman）和夏尔马（Shankar Dayal Sharma）。文卡塔拉曼总统在悬浮议会时期授予组阁权的问题上的处理方式被广泛认可，尽管他在其他方面的行为引发了争议。夏尔马总统（1992—1997任职），在任职期间的最后一年内任命了三位总理：瓦杰帕伊（A. B. Vajpayee，16天任期，1996年5月16日至6月1日）、高达（H. D. Deve Gowda，324天任期，1996年6月1日至1997年4月21日）、古杰拉尔（Inder Kumar Gujral，332天任期，1997年4月21日至1998年3月19日）。但是在动荡时期他并没有寻求实现总统更大的权力，在任职期间保持了极大的克制。① 而总统试图利用各政治力量分散的局面扩大自己权力边界行为最突出的例子是1979年年中雷迪总统的行为。

（一）雷迪总统（1977—1982任职）

雷迪（Neelam Sanjiva Reddy，1913—1996）是印度共和国的第六任总统。他在印度独立运动中长期参与国大党的政治活动。印度独立后，他曾在一些关键部门任要职。他曾任安得拉邦的首任首席部长，两次任人民院议长（1964—1967，1967—1969）。1977年他作为人民党的候选人被一致同意推选为第六届人民院议长，三个月后又毫无异议地当选为总统，甚至反对党国大党也赞同他当选，当时他是印度历史上最年轻的总统，也是至今唯一一位当选时被所有政党认同的总统。

1979年7月11日，印度当时的执政党人民党（Janata Party）内部由辛格（Charan Singh）领导的一部分人分裂出来，成立了新党，这使人民党在人民院失去了多数席位。总理递交辞呈。② 这时总统最重要的任务是

---

① 维基百科印度总统词条。
② 林承节主编：《印度现代化的发展道路》，北京大学出版社2001年版，第277页。

决定谁来组阁。此时人民党内部有三位重要人物。一是刚辞职的总理德赛,他拒绝辞去人民党领导人,期待再次获得组阁机会,而且认为人民党内部分裂严重,不可能形成2/3的选票赶他下台。二是从人民党分裂出来的辛格,他有可能依靠从人民党脱离出来的那部分党员的人数成为议会的反对党领袖,有可能获得组阁的机会。三是拉姆(Jagjivan Ram),人民党内部倾向于推选他作为人民党领袖并获得组建新政府的机会。

7月18日,雷迪总统第一次授予组阁权,邀请国大党(非英迪拉派)的查万(Y. B. Chavan)组建政府。总统由此赢得了时间,在这段时间内,各种力量可能会重新结盟,人民党内部的一些问题也可以清除,这仍然是当时人民院最大的一支力量。7月26日,因为查万组阁失败,雷迪总统第二次授予组阁权,邀请辛格组建新政府。[①] 7月28日,辛格和部长们宣誓就职,拉姆也正式被认定为反对党领袖。总统的这两次选择都引起了争议,因为拉姆的呼声很高,总统却视而不见。

就职后辛格寻求巩固其在人民院得到的支持,其中一些可能摇摆得较小党派的支持就格外重要,最重要的就是在人民院拥有18个席位的泰米尔纳杜的地方政党——全印安纳德拉维达进步联盟(AIADMK)。而8月20日早晨国大党英迪拉派撤回了对辛格的支持,辛格在议会召集之前辞职,并向总统建议应解散人民院,试图避免其他人在人民院获得多数。而人民党则寻求为拉姆赢得组阁权,匆忙组织了三位重要人物去争取泰米尔纳杜的首席部长、AIADMK的领导人拉玛昌德兰(M. G. Ramachandran)。中午时,人民党集团的成员在首席部长处用电话通知总统已赢得AIADMK的支持,三人赶往机场准备回德里,而当他们到达机场时却得知全印广播电台(All India Radio)刚刚广播了新闻,总统已经解散了议会,将重新举行大选。这个决定使很多不同政党的人感到震惊,更是激怒了打算与拉姆结盟的政治力量。

当然必应强调总统解散人民院并没有违反宪法的条款,但是人们严重怀疑宪法的得体性和他决定的公正性。雷迪总统的行为主要是主观的,他

---

① 雷迪总统让德赛和辛格提供在议会的支持者的名单,对比后认为辛格的支持者更多,因而选择了给辛格组阁权。辛格要想在议会获得多数,就必须获得国大党英迪拉派的支持,但他在此前是最积极的要将英迪拉·甘地和他的儿子桑贾伊推上特别法庭的审判席的人。辛格为了获得议会多数而要与英迪拉联手,有观点认为这展现了他对权力的贪欲,被认为是印度政治史的耻辱。

的辩白无力,更让人怀疑他倾向于解散议会的决定是要阻止最有可能成功组阁的拉姆成为总理。① 如果总统希望加强自身的权力,那么他就有强烈的意愿来避免能在人民院获得多数的总理的出现,拉姆很可能成为一位强势的总理。没有多数政府,就只能出现联合政府,在这样的政府构成和运作过程中,一位积极的总统可能非正式地获得相当大的影响力。而且最终可能通过修改宪法而将这种变化正式化。雷迪总统在向全国进行的独立日广播中也表明宪法修改必须进行。这使很多人认为雷迪首先在实质上加强他在碎片化的议会之上的权力,随后为通过修订宪法使这种变化得到法律上的认可而打下基础。

四个月之后,1980 年大选意外地使英迪拉获得议会多数。这终结了雷迪总统在悬浮议会中突出自己作用的希望。② 在英迪拉任总理而雷迪任总统的两年左右的时间里,雷迪根据政府的建议同意在九个反对党执政的邦施行总统管制。

（二）拉达克里希南总统（1962—1967 任职）

拉达克里希南爵士（Sir Sarvepalli Radhakrishnan,1888—1975）是印度哲学家、政治家。他出生于泰米尔纳杜邦的婆罗门家庭,信仰传统的印度教,但在基督教教会学校接受的中学和大学教育。他是印度 20 世纪杰出的宗教比较和哲学研究者,曾在牛津大学、芝加哥大学以及印度国内的多所大学任教。他主张通过宗教的途径解决个人和社会生活的各种矛盾,著有多部学术著作。印度独立后他曾任印度在联合国教科文组织的代表、印度制宪会议成员、印度驻苏联首任大使以及印度共和国首任副总统。1962 年印度以其生日 9 月 5 日作为教师节。

拉达克里希南任总统时也有一定的自主性,这大概与他作为优秀学者

---

① 对于雷迪总统阻碍拉姆组阁,有三种解释。第一种解释流传最广,即因为总统对拉姆因种姓问题而有偏见。拉姆是表列种姓,而雷迪和辛格的种姓有更多的联系。有可能雷迪选择避免成为任命第一位表列种姓总理的国家元首。第二种解释是雷迪对拉姆在 1969 年拒绝给予他印度总统职位怀恨在心。第三种解释认为,雷迪的做法是因为他想要在政治体系中获得更大的影响力,而不是针对拉姆的怨恨。参见 James Manor, "Seeking Greater Power and Constitutional Change: India's President and the Parliamentary Crisis of 1979", in D. A. Low ed., *Constitutional Heads and Political Crises: Commonwealth Episodes, 1945–1985* (London: Macmillan, 1988), pp. 135–136。

② James Manor, "The Presidency", in Devesh Kapur and Pratap Bhanu Mehta eds., *Public Institutions in India: Performance and Design* (New Delhi: Oxford University Press, 2005), pp. 106–114.

所具有的坚持独立思考的学术素养有关。例如，旁遮普邦前首席部长凯隆从1958年就被指控有腐败行为，凯隆是尼赫鲁的忠实追随者，尼赫鲁极力予以保护，由于拉达克里希南的干预，尼赫鲁不得不任命达斯委员会予以调查。不过在印度建国之初，尼赫鲁的政治声望如日中天，在印度政坛占据极为强势的地位。因此不管普拉萨德还是拉达克里希南怎样努力争取自主行使职权，由于尼赫鲁的有力遏止，他们的自主性很有限。① 但在1962年之后由于受中印边界冲突中印方失利的影响，尼赫鲁的权威急剧下降，在印度政治中的强势地位不复存在。这种局面为总统展现强势姿态，在政治生活中发挥作用创造了条件。总统此时利用权威强迫尼赫鲁总理放弃了国防部部长梅农（Krishna Menon），而且换掉了陆军参谋长塔帕尔（Thapar）。② 这在尼赫鲁执政时期是比较少见的例子，也与尼赫鲁势力下降有关。

有趣的是，尽管一般认为在悬浮议会时期，总统更便于发挥自身作用，然而从事件中看，这一时期的几位总统却并没有因为利用当时的局势扩大自己的权力而引发争议性事件，这也说明，影响总统决策的原因是多方面因素综合作用的结果。政治环境为总统采取扩大权力边界的行动提供了可能性，但出于其他原因，在适宜的环境下，并不一定发生这样的行为。是否总统会主动采取行动，还取决于其他因素的影响。

二 总统个人性格特点及对总统作用的理解

悬浮议会的产生以及从总理、内阁以及议会的权力分散是否能完全解释总统增长的决断性（assertiveness）。已有证据显示并不是这样，还有其他起作用的因素。比如机制中关键人物的个性；③ 总统自身的性格、家庭背景、成长经历、职业生涯以及对总统在国家政治结构中所发挥作用的理解等也是影响总统行为的重要因素。

---

① 林承节主编：《印度现代化的发展道路》，北京大学出版社2001年版，第276—277页。
② Ranbir Singh and Kushal Pal, "Changing Roles of the Presidents of India", *Mainstream*, Vol. L, No. 34, August 11, 2012.
③ James Manor, "The Presidency", in Devesh Kapur and Pratap Bhanu Mehta eds., *Public Institutions in India: Performance and Design* (New Delhi: Oxford University Press, 2005), p. 114.

(一) 普拉萨德（1950—1962 任职）

普拉萨德（Rajendra Prasad, 1884—1963）是印度共和国的首任总统，也是迄今唯一获得连任的总统。他 1920 年参加不合作运动，积极宣扬民族主义。他是律师、学者，也是印度独立运动的活动家。在独立运动中他加入了国大党，并成为比哈尔地区的主要领导人。他是甘地的拥护者，曾被英国殖民者投入牢狱。印度 1947 年独立时，普拉萨德当选为印度制宪会议主席。1950 年印度共和国成立时他被制宪会议推举为印度首任总统。在 1951 年大选中，他被总统选举团选为总统。据说他的当选并不是当时的印度总理尼赫鲁的本意。[1] 作为总统，普拉萨德建立了脱离党派偏见以及官员独立性的传统，并脱离了国大党内部政治。他在任期间促进教育发展，并在若干场合向尼赫鲁政府提出建议。1957 年再次当选为总统。

普拉萨德在行使职权方面有一定自主性，这与他个人的经历不无关系。他认为总统不能单纯按部长会议建议行事，对于总理的劝告也不是言听计从。普拉萨德与尼赫鲁就总统的职权问题产生过激烈的争论，不仅停留于法律规定和制度层面，甚至一度演变成个人之间的冲突。普拉萨德认为印度总统享有一定实体性权力，并不仅仅是英国式的虚位的国家元首。为此他曾写信给制宪会议的宪法顾问拉乌（B. N. Rau），但拉乌表示，总统必须按照内阁的建议来采取行动。为此，普拉萨德再次写信给当时的总检察长，询问宪法中是否规定了在某些情形下，总统得以独立于其内阁而行动？总统作为武装力量统帅的含义，总统的任命权和惩戒权如何行使？在官员任命上，总统是否可有任何不同于内阁的声音，等等。当时的总检察长答复说："根据《宪法》第 74 条的规定，总统在行使其职权时——无论何种职权——都必须在内阁的辅助和建议之下而行为……一旦总统拒绝内阁的辅助和建议，宪法就会遭受破坏。"1950 年当宪法第一修正案在临时议会获得通过之后并送交其签署之时，普拉萨德总统对其合宪性提出质疑，并请教当时的宪法学权威艾雅尔（Alladi Krishnaswami Ayyar），询问总统是否有义务签署（宪法修正）法律案，并被告知，他必须签署该

---

[1] Ranbir Singh and Kushal Pal, "Changing Roles of the Presidents of India", Mainstream, Vol. L, No. 34, August 11, 2012.

（宪法修正）法律案。当普拉萨德总统试图搁置临时议会通过的宪法第一修正案时，尼赫鲁提出内阁总辞职迫使总统签署该法案。① 1951 年 9 月，尼赫鲁内阁力图使临时议会（制宪会议）通过《印度教法典法案》（*Hindu Code Bill*），当时临时议会的任期临近结束，总统认为，政府不应该不经过公众认可就通过这样的措施。应该通过大选征求选民意见，在新议会开幕后表决。他甚至威胁使用他的权力，向议会提交信息，表达他对此的观点。作为最后的手段，他甚至表示要使用他的否决权。尼赫鲁无法说服普拉萨德，内阁只好决定推迟表决这个法案。② 1954 年普拉萨德就中印关于西藏的友好条约向尼赫鲁提出批评，1959 年他在邦长会议上批评了这个条约。由于普拉萨德的独立性，尼赫鲁竭力限制总统自主行使职权的范围，甚至尽量避免总统在公共场合露面。③

从实践中看，普拉萨德勇于表达不同的观点，为总统这一并不掌握国家政治实权的元首实现宪法赋予的权力尽力而为，他本人也并不认为总统只是象征性的元首。但总统在国家政治中的弱势地位使他感到无力（powerless）。普拉萨德的行为坚定地在实践中确立了宪法已经写明的——尽管总统可以建议甚至警告政府，让他们重新考虑想要采取的行动，但他们不能反抗在下院占多数的政府的意愿。④ 他曾经的秘书这样表达，"在总统宫殿高高的圆顶之下没有任何实在的物质，那里什么都没有，只有空洞"。⑤ 这也从一个侧面反映出总统这一职位在政治稳定时期权力的有限性。

(二) 纳拉亚南（1997—2002 任职）

纳拉亚南（Kocheril Raman Narayanan, 1921—2005）是学者、政治

---

① Granville Austin, *Working a Democratic Constitution: A History of the Indian Experience* (New Delhi: Oxford University Press, 2007), pp. 19 - 22, 84. 转引自柳建龙《宪法修正案的合宪性审查：以印度为中心》，法律出版社 2010 年版，第 107 页。

② 林承节主编：《印度现代化的发展道路》，北京大学出版社 2001 年版，第 276—277 页；Veena Sharma, *President in Indian Political System* (Jaipur and New Delhi: Rawat Publications), pp. 215 - 216。

③ 林承节主编：《印度现代化的发展道路》，北京大学出版社 2001 年版，第 277 页。

④ James Manor, "The Presidency", in Devesh Kapur and Pratap Bhanu Mehta eds., *Public Institutions in India: Performance and Design* (New Delhi: Oxford University Press, 2005), p. 107.

⑤ James Manor, "The Presidency", in Devesh Kapur and Pratap Bhanu Mehta eds., *Public Institutions in India: Performance and Design* (New Delhi: Oxford University Press, 2005), p. 109.

家，是印度第一位出身贱民（达利特种姓）的总统。他曾在奖学金的资助下在伦敦经济学院学习政治学。1949年应尼赫鲁的要求，他在印度外事服务处（Indian Foreign Service）工作，开启了政治生涯，并曾任印度驻日、驻英、驻华和驻美大使，被尼赫鲁称为"全国最好的外交家"。他应英迪拉的要求参政，曾任内阁的国务部长（Minister of State），1992年当选为副总统，1997年当选为总统。

纳拉亚南被认为是具有独立性和决断性的总统，他任职期间为后来者树立了一些先例，并且扩大了总统的职权范围。他将自己描述为"在宪法的框架内工作的总统"，但在政治事件中利用了总统权力的主观性，超越了传统和先例，例如在悬浮议会状态下对总理的任命、解散邦政府并实行总统管制等。

纳拉亚南曾两次将内阁要求在某个邦进行总统管制的建议打回。其中一次是1997年10月22日，古杰拉尔政府寻求在北方邦解散辛格（Kalyan Singh）政府，另一次是瓦杰帕伊政府在1998年9月25日寻求在比哈尔邦解散德维（Rabri Devi）政府。在这两次，纳拉亚南都引用了最高法院1994年博迈诉印度联邦案的判决，并且使用了总统的自主权力，将提议打回重新考虑。在北方邦的案例中，内阁没有再继续提出这一建议，而在比哈尔邦的案例中，内阁几个月后再次提出这一建议，根据宪法规定，总统不能再次反对，因此1999年2月在比哈尔邦实施总统管制。纳拉亚南因为这件事赢得赞誉。总统要求政府重新考虑这一决定的做法完全在宪法规定的职权范围内。随后纳拉亚南公开表示，"我不是一个橡皮图章"。

在悬浮议会的背景下任命总理并授予其组阁权时，宪法的规定不甚具体，总统的自由度较大。纳拉亚南任总统期间，曾两次在没有人能确保获得议院信任的情况下解散人民院。1997年11月28日，国大党主席撤回了对古杰拉尔政府的支持并坚持要求组建政府，古杰拉尔建议总统解散人民院。纳拉亚南总统认为的确没人能在人民院获得多数，接受了古杰拉尔的建议。在随后的大选中，印度人民党成为单一的最大党，其领导的全国民主联盟（NDA）的领导人瓦杰帕伊要求组建政府，尽管此时他尚未获得多数。纳拉亚南要求瓦杰帕伊准备支持信来展示全国民主联盟能获得多数的能力。十天之后瓦杰帕伊获得了信任投票（vote of confidence）后被任命为总理。1999年4月14日全印安纳德拉维达进步联盟写信给总统撤回了对执政联盟的支持。纳拉亚南建议瓦杰帕伊在人民院寻求信任投票，但瓦杰帕伊未能获得。这时瓦杰帕伊和反对党领袖索尼亚·甘地（Sonia Gandhi）都要求组建政府。纳拉亚南要全国民主联盟和国大党展示其获得支持的证明。在两边都没给出证据的时候，纳拉亚南通知总理重新进行选举是唯一解决危机的办法。于是，人民院于4月26日在瓦杰帕伊的建议下解散。

在这一过程中，纳拉亚南在总理任命的问题上开了先例，如果没有哪个党派或选前联盟在议会获得多数，那么他只有说服总统自己可以在议会获得信任投票才可以被任命为总理。纳拉亚南的前任在面对悬浮议会的情况下任命总理的问题时基本上是邀请单一大党或选前联盟的领导人来建立政府，而并不调查他们获得议会信任的能力。纳拉亚南的做法是在他的职权范围内，印度宪法并没有详尽地规定在这种情况下总统应该怎样做。但他的行为还是遭到了质疑。

此外，还有一些不涉及总统权力的细节也反映了纳拉亚南的个性特别是决断性。例如他将独立日前夜的总统演说改为接受采访以避免内阁提前修改他的发言，而且在采访时表达对执政的印度人民党的印度民族主义的意识形态的不满，等等。但对于1992年巴布里清真寺被强行拆毁，他评论说，这是"自从甘地被刺杀之后印度遭遇的最大的悲剧"。这一评论也广受好评，被认为是体现了总统作为国家元首的公正。

三　总统与执政党特别是总理个人的关系

总统应该捍卫宪法地位，维护人民的利益，而超脱于党派的利益。但由于总统本人也有政治倾向，往往也有所属的党派，而且很多时候能否当选也要依赖执政党的支持。在权力结构内部，影响总统行为的一个因素是总统与执政党的关系，特别是与总理个人的关系。印度总统是间接选举产生的，因此在议会占多数席位的执政党对于最终产生的总统人选有着重要的影响作用。因获得了执政党的认可而当选的总统往往会在决策时对执政党有所倾斜。毫无异议地当选的雷迪总统在授予组阁权的问题上极富争议的行为也从反面证明了他对任何一个政党都没有这种"回报"的心理。而依赖执政党的力量当选的总统，往往在执政党有强势人物任总理的情况下就会被总理压制或是敬佩总理而对总理言听计从，也会使总统（很大可能是在总理的要求下）利用宪法赋予的特殊权力在国家政治发展的紧要关头挑战宪法规定的权力边界。

另外，总统与总理的关系不协调，可能引发总统对总理的批评，进而引发宪政危机。由于总理握有实权，对总统没有给予应有的重视和尊重，甚至没有按照宪法规定给予总统相应的交流，给其提供信息，进而引发总统的不满，形成恶性循环。这种情况的出现在很大程度上是总统和总理的性格、行事风格和工作方式偏好的差异造成的。

因此，总统与执政党以及总理个人之间的关系非常复杂。大致可分为三种类型。第一类，强势的总理会利用宪法中总统权力的相关条款操纵总统来为总理本人及其党派的利益服务。这在英迪拉执政时期尤为明显。英迪拉是印度共和国历史上至今合作总统人数最多的总理，共有六位。英迪拉认为，在总统府中有一位总理选择并信任的人很重要，也很关键，而不被看好的总统可能会选择做影响总理职位和权力的事情。而且她也一直致力于此。她在 1967 年、1969 年和 1974 年的三次总统选举中起到了重要作用，让她选定的人成为总统。[1] 第二类，总统与总理相处不睦，在这种情况下，鉴于总理握有实权，而总统的权力相对有限，能对总理产生的实质性影响较小。但鉴于总统所代表的宪法意义，总理对总统应享有的权力和权利的忽略，也会引发宪政危机。第三类情况不明显涉及总统与总理个人的关系，但总统会为了执政党的利益，而在宪法模糊不清的地方有所作为，引发争议，这突出地表现在文卡塔拉曼总统任职期间在实行总统管制以及解散邦立法机构方面的行为上。

（一）吉里总统（1969—1974 任职）

吉里总统（Varahagiri Venkata Giri, 1894—1980）是印度共和国的第四任总统。他在任副总统时由于总统去世，而成为代理总统（1969 年 5 月 3 日至 1969 年 7 月 20 日任职）。迄今他是印度共和国历史上唯一曾任代理总统的总统。他曾在爱尔兰修读法律，求学期间积极参与印度和爱尔兰的政治活动，但在 1916 年因为涉及新芬党活动而被驱逐出境。回到印度后他积极投身劳工运动，先后成为"全印度铁路工人联盟"的秘书长

---

[1] Veena Sharma, *President in Indian Political System* (Jaipur and New Delhi: Rawat Publications), p. 214.

及主席,又两次成为"全印度工会大会"的主席。1934年,他成为"帝国立法会议"的议员。1937年他在马德拉斯管辖区成立的国大党政府担任劳工及工业部长。1942年之后他重新投入劳工运动,后被英帝国投入牢狱。

1969年总统选举时,他作为独立候选人参选。1969年的总统选举是英迪拉·甘地总理和国大党辛迪加派之间的竞争。全印度国大党委员会(All India Congress Committee)不顾英迪拉的反对,决定支持雷迪(Neelam Sanjiva Reddy)作为候选人。而英迪拉总理选择支持吉里,签署了"良心投票"(vote of conscience),允许国大党的议员为吉里投票。1969年8月16日举行选举,雷迪、吉里和反对党候选人德什穆赫(C. D. Deshmukh)展开竞争。最终吉里得票数为420077张,超过了当选总统必需的418169张选票。吉里当选后,印度最高法院接到上诉称这次选举中有人贿选并在此基础上质疑选举的有效性。吉里亲自出庭,并作为证人接受法庭的询问,这对于印度在任的总统来说非常少见。最终法院驳回上诉,承认吉里当选为总统。

吉里的当选在很大程度上要归功于英迪拉的选择和支持。也正因如此,任总统期间,吉里无条件地接受了英迪拉的决定,解散北方邦的查兰·辛格(Charan Singh)政府,并建议她在1971年早些进行选举。废除印度土邦的过去统治者的王室专用金和特权的法令是由吉里公布的(promulgated),最初政府的这项修正案在上院被驳回。

1973年印度最高法院对巴拉提(Kesavananda Bharati)案做出判决,在这一判决中,最高法院各位大法官的意见存在严重分歧,最终判决与政府的意见不一。判决做出的第二天,原首席大法官斯克里(S. M. Sikri)任期届满,依照此前形成的资历选任制传统,政府应从其他最资深的法官中选择一人出任首席大法官。但政府对最高法院采取了报复措施,对首席大法官的遴选制度进行了所谓的"改革",绕过了当时资历最高的三位大法官,选任雷(A. N. Ray)替代三位比他更资深的法官作为印度首席法官。消息公布之后,三位大法官辞去了最高法院的大法官职位。这一事件引起了印度社会各界的巨大不满,并且导致了严重的宪政危机:一些高等法院甚至停庭半天或一天以示抗议,印度律师协会和法学界等则对政府展开了声势浩大的声讨,谴责政府破坏司法独立,选择雷出任大法官只因其更为亲政府。① 在任命大法官之前,吉里也曾对英迪拉对雷的任命提出劝阻意见,但英迪拉对此置之不理。

另外,吉里对英迪拉·甘地对罢工工人的处理不满,警告说镇压罢工的铁路工人只会使局势恶化,但英迪拉也对此置之不理。

总体而言,吉里被认为是完全服从总理的总统,被称为"总理的总统",一位忠诚的总统,却也是无主见的总统(rubber stamp),在他的任期内,总统办公室的独立性受损。② 他依赖总理而当选,在政治实践中也基本按照总理的意志行事,并没有充分利用宪法赋予的总统权力的自主性。

(二) 艾哈迈德总统(1974—1977年任职)

艾哈迈德(Fakhruddin Ali Ahmed, 1905—1977)出生于印度德里,父亲来自阿萨姆的穆斯林望族,也是印度东北部第一个获得医学博士学位的人。艾哈迈德1923年到剑桥大学圣凯瑟琳学院接受高等教育,并在伦敦内殿律师学院成为律师,1928年在拉合尔高等法院正式开始法律职业生涯。1925年在英格兰结识尼赫鲁,后加入了国大党。1974年,英迪拉总理选中艾哈迈德作为总统人选,同年8月20日,他成为印度共和国第二位穆斯林总统。

1975年6月,艾哈迈德总统在英迪拉·甘地总理和另一位部长的要求下匆忙签署了紧急状态法令。他本可以让总理重新考虑,这样就可以使整个内阁避免在第二天早上面对既成事实。但是艾哈迈德当选就是因为其适应性强,他的行动正符合挑选他就任总统的人的预期。③

尽管宪法规定总统有权宣布紧急状态,但实际上,"只有在联邦内阁即由总理与根据第75条规定任命的其他内阁级部长组成的部长级会议,做出可以宣布紧急状态的决定并书面通知总统后,总统才能发布第1款所说的紧急状态公告或者对该公告进行更正的公告"(《宪法》第352条)。这意味着总理和部长会议还掌握着宣布紧急状态的权力。为了防止总统权

---

① See N. A. Palkhivala ed., A Judiciary Made to Measure (Bombay: M. R. Pai, 1973). 转引自柳建龙《宪法修正案的合宪性审查:以印度为中心》,法律出版社2010年版,第23—28页。

② 维基百科 V. V. Giri 条目。

③ James Manor, "The Presidency", in Devesh Kapur and Pratap Bhanu Mehta eds., *Public Institutions in India: Performance and Design* (New Delhi: Oxford University Press, 2005), pp. 105-106.

力与总理权力产生混淆，1971年5月17日最高法院的判决称："如果没有总理和部长会议的帮助和建议，总统不能采取任何行动。"① 英迪拉·甘地实施紧急状态依据的是《宪法》第352条的授权，但宪法规定总理需要事先与部长会议（内阁）进行协商做出决定，并书面通知总统。英迪拉·甘地并未履行这样的程序，而是在取得总统签署紧急状态法令之后才通知部长会议。②

1976年第五届议会通过了具有争议性的宪法第四十二修正案。③ 第四十二修正案和第四十四修正案的主题都涉及总统与总理的关系，这个主题多年来具有极大的宪政意义上的争议。第四十二修正案改变了宪法的基本结构，而总统艾哈迈德没有提出反对意见。而且，议会是在正常任期已经结束后通过的这项修正案。由于当时正是紧急状态时期，大多数的反对党领袖都在狱中。在这种情况下，总统作为宪法的守护者，有责任至少应向总理提出不要推进这样具有争议性的修正案。④ 但艾哈迈德总统并没有这样做。

1977年2月11日，艾哈迈德总统在任内去世，是印度共和国历史上第二位在任内去世的总统。艾哈迈德总统在任期内由于听从总理的意见，没有承担宪法赋予其的责任，也一直被称为所谓的"橡皮图章"总统。

（三）辛格总统（1982—1987年任职）

辛格总统（Giani Zail Singh，1916—1994）是印度第一位锡克教徒总统，但任职期间经历了蓝星行动、英迪拉·甘地被刺事件以及1984年的反锡克运动。他曾任印度不结盟运动秘书长、联邦院议员和旁遮普邦首席部长（1972—1977）。1980年，他当选为第七届人民院议员，并且作为内务部长加入了英迪拉的内阁。

---

① Ramesh Thakur, *The Government and Politics of India* (London: Macmillan Press LTD, 1995), p. 121. 转引自包刚升《民主崩溃的政治学》，商务印书馆2014年版，第438—439页。

② 林承节：《独立后的印度史》，北京大学出版社2005年版，第381页。转引自包刚升《民主崩溃的政治学》，商务印书馆2014年版，第452页。

③ Vernon Hewitt and Shirin M. Rai, "Parliament", in Niraja Gopal Jayal and Pratap Bhanu Mehta eds., The Oxford Companion to Politics in India, Student Edition with a New Preface, Oxford University Press, p. 35.

④ Veena Sharma, *President in Indian Political System* (Jaipur and New Delhi: Rawat Publications), p. 216.

1982年参选总统时，辛格得到了一致的认可。但有媒体认为，辛格是因为对英迪拉的忠诚而不是个人能力的出众而当选。也有说法认为，英迪拉亲自挑选了他作为总统，部分原因就是认为他有可能听她差遣。他本人对英迪拉非常信服、认可。但在英迪拉第二任期内，因为"蓝星行动"，两人关系紧张。在"蓝星行动"开始前一天，辛格总统曾与英迪拉会见超过一小时，但英迪拉对这一计划只字未提。作为锡克教徒，总统并不支持这一行动，却无能为力。军事行动已经下了命令，而他是国家军事力量的指挥官，就与军队进入金庙的行动联系在一起了。但"蓝星行动"之后四个月内英迪拉被刺杀，两人之间的嫌隙没有进一步扩大。按照之前形成的惯例，英迪拉内阁成员中最资深的慕克吉（Pranab Mukherjee）应该成为临时总理，但是辛格在国大党选出拉吉夫之前就为他进行了就职宣誓仪式。实际上，他违反了所有的议会规则来回报支持他当选的尼赫鲁家族。① 总统返回新德里后，国大党（英）全国委员会秘书长穆帕拉尔立即向他报告国大党（英）中央的决定，提请任命拉吉夫为总理。此次总统在归国飞行途中已考虑好，鉴于形势危急，他要打破常规，直接任命拉吉夫为总理。这与国大党（英）中央的建议不谋而合。②

在拉吉夫执政时期，两人的配合却并不顺畅。辛格任期内任命了两届总理，都是拉吉夫。如果拉吉夫和他处理关系时敏感一些，这位总统很可能证明是完全顺从的。但是总理一直在国外接受教育、受英语国家影响比较大，认为辛格的粗糙的、现成的方式不合口味（distasteful），因此开始无视他。③ 1986年辛格总统曾使用搁置否决权拒绝批准"邮政（修订案）议案"，这一议案在1990年被辛格（V. P. Singh）政府撤回。

1987年2月议会在预算会议上考虑总统发言的时候，一些反对党批评政府。在对这场争论做出回应的时候，总理拉吉夫批评反对党将总统办公室政治化，并强烈驳回了总统没有被告知国家利益相关事务的指控。他认为，政府并没有偏离其宪政责任。拉吉夫在议会所做陈述中称他及时告

---

① Veena Sharma, *President in Indian Political System* (Jaipur and New Delhi: Rawat Publications), p. 220.
② 林承节：《印度近二十年的发展历程》，北京大学出版社2012年版，第2页。
③ 维基百科 Zail Singh 词条。

知了总统所有重要事项，并且澄清了关于总统和总理关系的某些确立已久但现在并没有得到遵从的惯例和实践。1987年3月9日辛格总统给拉吉夫总理写了一封信，在信中指责总理没有告知总统关于内政和外交的所有重要事务。总统在信中反驳了总理的陈述，说道："在你去国外出访及回国后，我并没有接到简报。你去美国访问并在莫斯科停留，你与这些超级大国的领导人进行了讨论，尽管我曾经要求你让我了解你对此的印象，你也同意了，但我并没有收到简报。我也并没有接到在班加罗尔进行的南盟会议相关的消息。事实上，关于这些我们与其有着突出的问题的南亚的近邻有关的外交问题，我并没有得到消息。"① 对于国内事务，总统也抱怨说他并没有及时得到关于阿萨姆邦、旁遮普邦和米佐拉姆邦的最终进展。"在任何阶段我都没有得到消息。另外，当我特别要求您在我结束对查谟-克什米尔的访问之后与我见面，您并没有回应，这令人感到悲伤。宪法中对向总统提供信息的规定并没有得到遵守。我的确感到如果总理与总统之间的关系与宪法的规定和精神一致，将国家利益放在至高无上的地位，那么就没有来自任何领域的评论或推测的空间。这一敏感脆弱的关系需要用互信来滋养。"② 辛格总统曾经对钱德尔（Harish Chander）③ 说，"我在1987年曾经考虑开除前总理拉吉夫，因为他腐败渎职，但考虑到更大的国家利益，克制了，并没有采取行动"。④

在随后非常公开的争议中，很明显总理实质上基本停止拜访总统，也不与他联系。之后还提出了一些指控，但都没有继续。⑤ 随着1987年辛格离任，总理与总统之争告一段落。

总体来说，影响总统行为的因素主要有三方面：国内政治局势的稳定

---

① "Letter from President Zail Singh to the Prime Minister Rajiv Gandhi", *Indian Express*, June 1987. Quoted from Veena Sharma, *President in Indian Political System* (Jaipur and New Delhi: Rawat Publications), pp. 142 – 143.

② "Letter from President Zail Singh to the Prime Minister Rajiv Gandhi", *Indian Express*, June 1987. Quoted from Veena Sharma, *President in Indian Political System* (Jaipur and New Delhi: Rawat Publications), p. 143.

③ 钱德尔曾著有 *Rajiv Gandhi: Many Facts*。

④ *Times of India*, Nov. 4, 1992. Quoted from Veena Sharma, *President in Indian Political System* (Jaipur and New Delhi: Rawat Publications), p. 140.

⑤ 维基百科 Zail Singh 词条。

程度、总统个人经历及对总统职位和权力的理解、总统和总理的关系。总统的个人行为具有较强的主观性，并不是某个单独的因素就一定会引发总统寻求扩展（在某些情况下是缩小）权力边界的行为，有时候也是多种因素共同促成的结果。

第四节　对特定地区宣布"总统管制"的权力

一　总统管制相关的宪法规定

印度宪法中紧急状态相关条款的设计初衷是在央地关系的背景下，赋予总统宣布总统管制（President's Rule）的权力，在一般不超过六个月的时间限度内解决地方出现的危机。这种法律规定的设计并不是印度独有，从古至今很多国家有类似的规定。独立前，《印度政府法案（1935）》即赋予总督（Governor General）这样的权力。这些条款对印度联邦制度和印度政治生活曾经产生了巨大的影响，有观点甚至认为，"紧急状态条款是影响印度联邦制的最大因素"。① 这足以说明，紧急状态的相关条款尽管仅在危机时刻才会启用，然而其对于现实中政治局面的稳定以及对于印度联邦制的维系有着重要的作用。

这一编的各条款被纳入宪法有其时代背景和动因，具体到关于总统管制的第356条而言，使这一条被纳入宪法的背景主要是当时联邦的各个部分的语言、种姓、宗教等差异巨大，这些都有可能危及政府的正常运转与宪法条款的实施。同时，当时反对党数量增加，共产主义的影响在增长，因此，宪法的制定者们制定第356条，希望借此保证各邦政府正常稳定地运作。② 这是对可能出现的紧急状态备好的应对措施。

印度《宪法》第18篇中涉及的紧急状态主要有三种类型。第一，战争、外部侵略或内部动乱造成的国家紧急状态（《宪法》第352条）。第二，宪政机器在邦一级运转失灵造成的邦紧急状态（《宪法》第356条）。

---

① Granville Austin, The Indian Constitution: Cornerstone of a Nation (New Delhi: Oxford University Press, 1966), p. 207. 转引自周小明《论印度联邦制中的紧急状态条款》，《净月学刊》2013年第2期，第98页。

② Veena Sharma, *President in Indian Political System* (Jaipur and New Delhi: Rawat Publications), pp. 161–162.

第三，财政危机造成的财政紧急状态（《宪法》第360条）。① 在这三种紧急状态下，都由总统来发布公告（proclamation），宣告进入紧急状态。印度宪法赋予总统这样的权力，因为总统是国家元首，有责任维护国家的统一和宪法规定的联邦架构，而且总统独立于各党派，可以作为各邦之间的协调者，最适合履行这样的责任。法院没有权力来质疑总统发布的公告的有效性。各邦的邦长只是执行联邦政府命令，也没有宣布进入紧急状态的权力。

但是实行紧急状态需要立法机构的配合，这主要体现在紧急状态的期限上。紧急状态的公告尽管由总统来发布，但最长只能有两个月的时间，在两个月之后要继续延长就需要议会的批准。如果此时人民院在休会期，就先提交给联邦院，在大选之后的一个月内必须提交给人民院。两院均批准后才可以生效。根据《宪法》第356条施行的紧急状态在满两个月之后最长可延长至三年，但每隔一年必须要经过议会批准的程序，公告才能继续生效。根据宪法的规定，议会有权撤回紧急状态公告，但目前还没有这样的实例。即使议会拒绝延续原先公告的效力，总统也有权重新签署一份新的紧急状态公告，有效期为两个月。

印度《宪法》第356条规定，总统对于邦长的报告满意与否（satisfied or otherwise）都可以发布紧急状态的公告。有学者认为，这里的隐含含义是：尽管在理论上公布紧急命令的权力属于总统，并不存在内阁的问题，但是在实践中，由于总统这个职位只具有象征性意义，宣布紧急状态的权力实际上还是把握在内阁手中。② 也正因如此，在印度独立后的历史上，第356条被使用过多次，其中有很多实例被认为是执政党滥用这一条款来打击异己、稳固统治。

根据印度《宪法》第356条第1款，只要宣布宪法机器失灵，总统就可以通过发布公告来实现以下目的：第一，由总统直接接掌邦政府的全部或任何职能，行使邦长和除邦议会之外的全部机关及团体的全部或任何

---

① 《宪法》第356条相关的紧急状态是这三种紧急状态中应用最广泛的，印度各邦中的绝大多数经历过总统管制。

② Veena Sharma, *President in Indian Political System* (Jaipur and New Delhi: Rawat Publications), p. 164.

权力；第二，宣布邦立法机构的权力将由联邦议会行使或控制；第三，制定总统认为必需的和适宜的附带条款和关联条款，包括规定完全停止或部分停止实施本宪法、有关各邦机关团体的各项条款。① 因此总统在任何时候无论接到了邦长的报告或从其他渠道获知信息（otherwise）都能够保证自己获得所有邦的邦长的全部或任何权力，使整个印度联邦转变成符合宪法规定（与邦最高法院相关的权力和规定除外）的一个整体。议会需授予总统权力来为邦制定法律，或者把这一权力委托给在这样的条件下总统认为合适的任何其他权力机构。议会或总统或总统授权的机构将有权制定法律，向联邦或官员以及机构授权或施加责任。如果在议会休会期间，议会不能批准邦的开支时，总统将进一步得到授权来批准邦的开支。

二 施行总统管制的程序

根据《宪法》第 356 条的规定，在地方施行总统管制大概需要三个步骤：邦长上报、总统判断、发布公告。

第一，邦长上报。邦长向总统提交报告，内容包括对当地情况的汇报以及应采取的措施。邦长可以独立提出根据《宪法》第 356 条施行总统管制的建议，不必一定在部长们的帮助和建议下提出，也不需回答任何法庭对此的质疑。值得注意的是，根据宪法规定，总统发布总统管制的公告并不一定需要邦长提交报告，但是，惯例如此。邦长在邦内和总统在中央的地位类似，同样是应该超越党派政治的，因此，邦长提交的报告应该是客观反映邦内当时形势的。

第二，总统判断。总统需要判断邦政府是否不能继续履行职责，符合宪法的规定。总统的判断并不是总统个人做出的，而是根据内阁会议的建议来采取行动。实际上，也只能根据内阁会议的建议才能施行总统管制。这里总统作为政治工具的意味尤其明显，总统不能做出完全主观甚至是独立的判断，但是最后的公告又要凸显总统的主观性，利用总统超脱于各党派的国家元首地位赋予总统管制以政治合法性。

如果没有邦长的报告，宪法也没有赋予总统从其他渠道获得信息做出判断的权力，那么在某些特殊情况下政府面对应该采取措施的邦却无能为

---

① Article 356（1），*Constitution of India*.

力。但在实践中，邦长会递交详尽地反映局势和舆情的报告。

第三，发布公告。总统发布公告前的程序是：总统收到邦长的报告并做出判断后，将邦长的报告提交给内阁会议，并在内阁进行讨论，或者先在内阁的政治事务委员会讨论，然后在内阁讨论。内阁会与总统交流讨论结果，总统随后签署公告。如果总统管制的时间不超过两个月，那么甚至不需要经过议会的程序。根据《宪法》第356条第4款的规定，如果议会两院都通过后，紧急状态从通过之日算起有六个月的有效期，如果在六个月到期之前，两院再次通过决议，公告可以从六个月到期的日子开始，再延长六个月有效期，除非公告被废止。这种做法不断重复，可以使公告最多维持三年的有效时间，时间起点是从批准公告生效的决议通过的日期开始算，而不是从总统签署公告的日期开始算。

在总统管制结束时，需要由邦长向总统报告，并提出结束总统管制的建议。这一报告将被提交给总理，总理召集内阁会议对此进行讨论。宪法要求内阁必须对这一报告做出正式的回应。总统根据内阁的建议取消在该邦的总统管制。

三 关于《宪法》第356条的争议

在印度独立运动中起领导作用的国大党的政治精英主导了印度宪法的制定，印度宪法集中体现了他们对国家制度的理念，即印度必须是联邦性质的国家。而印度的政治发展史以及民族、文化和宗教的多样性也使联邦制成为更适合印度的国家制度。印度独立后国大党和国内的政治精英也没有改变联邦制的想法。但是，独立后的政治形势使之前计划的松散的联邦制引发了更多的对国家稳定的担忧。尽管殖民统治结束了，但国家处于混乱之中，印巴分治带来动乱，一些土邦的领主也在重新考虑国大党邀请他们加入联邦的提议。治理较差的土邦为共产主义势力的上升创造了条件。一些土邦自己制定了新宪法。克什米尔称需要时间来决定是否加入，但又表达了独立的意愿。这种不确定性最终导致印巴因克什米尔而爆发战争。因此在制宪会议上，根据《宪法》第356条而施行紧急状态得到了足够的支持。

尽管如此，在对这一条款进行充分讨论的过程中，也有不少人提出了异议。例如有人认为这一条款会使各邦的自治被贬低为一场闹剧；有观点认为将干涉邦内的权力归属于中央既不符合联邦制，在行政上也并无益处；有人则提出了非常具体的意见，举了西孟加拉邦的例子，如果反对党在该邦当选，那么即使西孟加拉邦政府可能也感到邦内的动乱不足以暂停宪法（suspend the constitution），但中央政府的意愿和意识形态仍然会被强加于该邦；还有人担心中央政府会去干涉各邦，而这种干涉不能被证明是正当的。而由安贝德卡尔领导的制宪委员会对这一条款进行了坚决的辩护。安贝德卡尔称，不否认存在这一条款被滥用或者被用于政治目的的可能性。这样的反对意见适用于宪法中每一处赋予中央凌驾于各邦之上权力的地方。我们对于这些条款应有的期待就是它们永远不会被应用，只是形同虚设的规定。这些规定只是最后的手段。[1] 事实上，这些条款的设计初衷是未雨绸缪，是有其必要性的，但在政治实践中，也的确存在这一条款被滥用的情况。

关于总统的信息来源也存在争议。《宪法》第356条中的"otherwise"一词的意思是不以任何方式寻求限制总统得出判断的信息渠道。这一词的加入当时在制宪会议上也有争议。反对者如卡马特（H. V. Kamath）认为，允许总统在邦长的报告之外有其他信息来源渠道并基于此做出判断并采取干预措施，是犯罪。而支持者安贝德卡尔认为，这一条的规定给中央施加了责任和义务，不应限制总统的行动，也有可能邦长会不提交报告，但总统认为施加总统管制是必需并且迫切的。因此应给予总统采取行动的自由，即使邦长并没有提交报告。[2] 可以认为，为了使总统在危机时刻动用宪法赋予的特殊权力来稳定地方局势，印度宪法的设计者们认为应该放宽总统获得信息的来源，并不一定只能依赖邦长的报告，这样才能确保总统在关键时刻及时、确定地发挥作用。

四　相关条款的应用实例

总统管制条款的滥用、邦长职权的滥用和中央向邦派驻武装力量的权

---

[1] Veena Sharma, *President in Indian Political System* (Jaipur and New Delhi: Rawat Publications), pp. 169–171.

[2] CAD, Vol. IX, p. 140. Quoted from Veena Sharma, *President in Indian Political System* (Jaipur and New Delhi: Rawat Publications), p. 173.

力的滥用是印度中央与地方关系在行政领域冲突的三个主要方面。宪法对总统管制的规定条款很模糊，因此在实践中就产生了争议，到底如何判断邦政府是否不能进行工作。这种模糊就使这一条款被滥用成为可能。有观点认为，紧急状态体现了即使是议会制也可以被扭曲为允许专制统治。[1] 邦长自身的主观因素和央地执政党的党派关系使这一问题更加复杂。

（一）总统管制条款的滥用

从1950年印度宪法制定后，一直到1967年大选之前，第356条相关的总统管制应用得较少。主要是因为这一时期，国大党在印度政坛的地位稳固，牢牢地把持着执政党的地位，而其他党派不具备挑战国大党统治地位的实力。反对党可以存在，但很难掌握权力。有学者认为，在这一时期，从中央和地方的关系来分析，国大党政府要保证：第一，所有非国大党邦政府一旦卷入危机就要被清除；第二，所有的联合政府最终都要成为国大党政府，如果做不到这一点就实行总统管制；第三，所有的国大党邦政府只要服从中央政府领导就可以继续留任。[2] 这就使总统管制成为执政党清除在地方执政的反对党政府的一种工具。

从宪法制定到1963年，总统管制只实行过6次。但尼赫鲁执政时期广受批评的是1959年联邦政府以民众反对邦政府为由解散喀拉拉邦的印度共产党政府。印度共产党认为中央的国大党政府不能容忍非国大党的地方政府，中央政府则辩解说喀拉拉邦"法治和宪政"已经被破坏，为了保护民主政体必须解散邦政府，而且该决议在议会获得多数通过。[3] 这是尼赫鲁执政时期典型的一次总统管制的实施引发争议的事例。

1962年印度在与中国的冲突中的失利使尼赫鲁的权威受到了挑战和质疑，这反映在央地关系上，直接表现为中央政府干预邦内的政治能力减弱。1963年，印度议会还就对中央政府的不信任投票进行辩论，这在印度独立后是首次。在1967年大选前，国大党虽然还把持着中央政权，但已经从尼赫鲁高度集中的统治过渡到了集体领导的方式。中央领导层的关

---

[1] Raju Ramachandran, Upendra Baxi and Shashi Tharoor, "Do We Need a Presidential System?", *The Hindu*, March 24, 2017.

[2] B. D. Dua. *Presidential Rule in India*, p. 85. Quoted from Veena Sharma, *President in Indian Political System* (Jaipur and New Delhi: Rawat Publications), p. 180.

[3] 周小明：《论印度联邦制中的紧急状态条款》，《净月学刊》2013年第2期，第101页。

注重心也更倾向于国家安全,而不是国内政治。

英迪拉执政时期,第 356 条的适用情况则相当频繁。1967 年第四次大选之后,虽然国大党在联邦胜出,但地方政党数量大增,很多邦由非国大党执政,如比哈尔邦、喀拉拉邦、奥里萨邦、马德拉斯邦、旁遮普邦和西孟加拉邦等。邦政府经常是联合政府而不太稳定,联邦以邦不能及时组织政府,属于"无法依据宪法运行"而实行总统管制。1966 年至 1977 年,英迪拉·甘地的联邦政府曾经在 39 个邦实施总统管制。[1] 在这段时间,1967 年大选至 1971 年的印度政坛,各政治力量分化组合的特征突出。1967 年至 1971 年 2 月总统管制的案例共有 17 起。[2] 1971 年大选中,国大党取得了压倒性的胜利。这一时期几乎所有危机的根源都在于国大党与其他政党的政治角力。[3] 这种政治斗争造成了中央和地方关系的紧张,尤其是在非国大党执政及辛迪加占主导的各邦内。1971 年 3 月至 1974 年 3 月,共有 15 起总统管制的案例。[4] 1971 年之后,总统管制更多地被中央政府用来处理政治立场不同的邦政府,成为政党斗争和巩固中央政府权力的重要工具。1975 年印度全国实行紧急状态时,这种状况达到了顶峰,即使在 1977 年英迪拉选举失利后,继任的人民党政府也继续了这一做法。

而总统在这种情况下往往成为总理的工具,总统的权力因为决断中的主观意味强,也缺乏其他机构的监管,国家最高元首的权威被质疑,例如艾哈迈德总统因 1975 年 6 月为英迪拉签署了紧急状态法令而被诟病。1975 年 6 月 25 日到 1977 年 3 月 21 日,印度实施了为期 21 个月的紧急状态,其间,反对党执政的邦被陆续实施了联邦政府的总统管制。

文卡塔拉曼总统被认为对于德拉维达进步联盟(DMK)政府的解散负有责任。总理突然解散了民选的德拉维达进步联盟政府,泰米尔纳杜邦的议会在还有一半以上任期的情况下也被解散,总统被指责积极参与其

---

[1] 维基百科 President's Rule 词条。
[2] Veena Sharma, *President in Indian Political System* (Jaipur and New Delhi: Rawat Publications), p. 181.
[3] Veena Sharma, *President in Indian Political System* (Jaipur and New Delhi: Rawat Publications), p. 182.
[4] Veena Sharma, *President in Indian Political System* (Jaipur and New Delhi: Rawat Publications), p. 183.

中。而且比哈尔邦的邦长萨利姆（Yunus Salim）因为批评德拉维达进步联盟政府被解散而被免职，使总统再受责难。在本地治理和果阿也是这样，由于党派分裂，议会被暂停，国大党（英迪拉派）的盟友全印安德拉维达进步联盟和马哈拉施特拉果阿党（Gomantak Maharashtra Party）获得重组新政府的机会，可以不经过选举就执政。文卡塔拉曼总统因此受到责难和批评。1991年2月他在议会的演讲遭到了几乎一半议员的抵制，甚至要求他辞职。

由此可归纳出，总统在权力范围内可以根据议会与政府的配合情况来决定是否解散议会，邦议会如果使政府处于优势地位，就可以继续运转，如果不是，总统可以解散议会。如果一个邦处于动荡中，执法机构不能正常运作，社会秩序崩溃，那么解散邦政府是具有合法性的，这是在总统职权范围内的，但是如果总统要维护某个党派的利益，在职权范围内不违反宪法也有运作的空间，可以在不解散议会的情况下对一个邦施行总统管制。

不过也有内阁提出的总统管制的要求被总统驳回的案例。例如，1998年古杰拉尔总理要纳拉亚南总统同意在北方邦实行总统管制，但总统把提议返回内阁，要求他们重新考虑，随后他们选择不再跟进这件事。纳拉亚南总统因为这件事赢得赞誉，因为其行为打破了总统管制出于效忠党派的原因而被滥用这一普遍共识。总统要求政府重新考虑这一决定的做法完全在宪法规定的职权范围内。

在人民党和英迪拉执政时，滥用宪法中规定的总统管制条款成了中央执政党颠覆反对党执掌的邦政权的惯用手段。而拉吉夫在运用总统管制条款时持非常谨慎的态度。执政五年，他只实行过两次总统管制。[①]

（二）总统管制与旁遮普邦的动乱

1987年5月，阿卡利党政府被解散，对旁遮普邦再次实行总统管制。主要原因是拉吉夫屈服于党内压力，要以此为国大党在即将到来的哈里亚纳邦立法院选举取胜创造条件。对旁遮普邦实行总统管制是为了向哈里亚纳邦的印度教徒表明，联邦政府并非偏袒锡克教徒，从而为国大党（英）赢得民心。但总统管制没能保证国大党（英）在哈里亚纳邦选举中取胜，

---

① 林承节：《印度近二十年的发展历程》，北京大学出版社2012年版，第14页。

却使旁遮普邦的局势更加复杂。阿卡利党温和派对拉吉夫的举动甚为不满,极端势力又得到了指责联邦政府歧视锡克人的新口实。1987—1988年,旁遮普邦的分裂势力和恐怖主义活动一直是拉吉夫政府面临的最棘手的问题之一。1988年3月通过宪法第五十九修正案,总统管制由此可延长到三年,可根据邦内形势需要宣布在该邦实行紧急状态,并赋予军队和警察更大权力。[1]

拉奥政府上台后,在旁遮普邦的问题上,一方面严厉镇压持分裂立场的恐怖分子的活动;另一方面着手恢复民主政治。旁遮普邦当时仍处在总统管制之下,代表总统的邦长决断一切。阿卡利党已分裂为许多派系。各主要政党和舆论界都要求立即恢复民主政治,进行大选。拉奥政府决定结束旁遮普邦长达五年的总统管制。1992年2月举行邦议会选举和人民院议员选举,最终国大党取得多数,建立了以辛格为首的邦政府。到1993年旁遮普极端分子造成的暴力动乱基本消除。1997年2月再次大选,阿卡利党(巴)和人民党联合执政。[2] 至此,延续近20年的旁遮普动乱终于平息。

就央地关系而言,长期动乱的邦是少数,大多数邦的情况是中央集权过多,宪法规定的联邦与邦的职权划分未能充分体现,联邦执政党为了排除异己,经常滥用总统管制。中央和地方的矛盾在英迪拉执政时最为严重,拉吉夫执政时开始注意纠正,使紧张关系有所缓解,但根本矛盾并未解决。拉奥改革却出人意料地对解决央地根本矛盾起了重要作用。[3]

(三)1994年博迈诉印度联邦案

1994年印度最高法院对博迈诉印度联邦(S. R. Bommai vs. Union of India)案(巴布里清真寺被拆毁案并案审理)的判决一定程度地改变了紧急状态制度的历史,同时也一定程度地改变了印度联邦制度的历史。[4] 本案上诉人博迈(Somappa Rayappa Bommai)于1988年8月13日担任卡纳塔克邦首席部长,1988年9月博迈所在的新人民党(Janata Dal)一名邦立法会议员叛党,之后写信(同时附其他19名立法会人民党党员的

---

[1] 林承节:《印度近二十年的发展历程》,北京大学出版社2012年版,第75页。
[2] 林承节:《印度近二十年的发展历程》,北京大学出版社2012年版,第166—167页。
[3] 林承节:《印度近二十年的发展历程》,北京大学出版社2012年版,第170—171页。
[4] 本部分内容引自周小明《论印度联邦制中的紧急状态条款》,《净月学刊》2013年第2期,第102—103页。

信）给邦长称有多名党员已经不支持政府，1989年4月19日邦长据此向总统报告，称邦政府已经不受立法会信任，需要解散政府并对该邦实行总统管制。但4月20日，19名党员中有5人称给邦长的信件的签名系伪造，称他们5人仍支持邦政府，首席部长博迈则要求召开立法会，以投票决定邦政府是否受议会信任，但邦长不予理会。于是总统在同一天发布总统管制公告，4月21日邦长解散邦政府。首席部长不服总统和邦长的行为，将印度联邦政府起诉到卡纳塔克邦高等法院，但被驳回，上诉人不服，遂上诉到印度最高法院。

另外，1988年8月7日，印度总统根据那加兰邦邦长的报告，发布公告解散该邦立法会和政府；1991年10月11日，印度总统以梅加拉亚邦无法维持宪法秩序为由解散该邦邦立法会和政府；1992年12月15日，阿约迪亚巴布里清真寺被印度人民党外围组织国民志愿团成员拆毁，引发宗教冲突，印度总统以宪法秩序无法维持和邦政府不执行联邦政府指示为由，同时解散印度人民党组建的中央邦、拉贾斯坦邦和喜马偕尔邦的立法会和政府。上述事件的有关当事人均不服印度总统的行为，遂引发诉讼，印度最高法院将这些案件和博迈案件合并处理。

该案件的最主要争议是：第一，总统行为和部长会议对总统的建议是否可被司法审查；第二，总统宣布总统管制的权力是否为无限的；第三，法院可否命令恢复被解散的议会和暂时中止新的邦议会选举。

对于第一个问题，最高法院认为，第356条原来的第5款"总统据以发布总统管制公告的理由具有最终性和决定性，不得以任何理由被司法审查"已被1978年的第四十四修正案删除，因此法院有权对总统发布总统管制的根据①实施司法审查。对于第二个问题，最高法院认为，总统的权力不是无限的，虽然宪法规定实施总统管制的条件是"邦无法根据宪法运行"，但对该条的含义，总统无权作任意解释，必须有确实的根据。对于第三个问题，最高法院认为，法院有权发布命令恢复被解散的邦立法会，有权暂时中止新的邦议会选举。

根据上述观点，最高法院判决总统对中央邦、拉贾斯坦邦和喜马偕尔

---

① 这里是审查根据，而不是审查建议的具体内容，因此并不违反《宪法》第74条第2款的规定"总理和部长是否向总统提出建议，或提出何种建议不受法院审查"。

邦实施总统管制符合宪法，因为这些邦政府违反了宪法的基本原则之一——世俗主义，放纵甚至支持印度教极端主义分子拆毁巴布里清真寺。但最高法院判决总统对那加兰邦、卡纳塔克邦和梅加拉亚邦实施的总统管制违反宪法，因其实施总统管制缺乏明确和充足的根据。

最高法院同时说明虽然无法详尽列举"无法依据宪法运行"的标准，但是如下情况则可以推定宪法程序受到破坏：第一，存在大规模的法律与秩序遭到破坏的现象；第二，存在严重的管理不善现象；第三，腐败和滥用职权；第四，民族团结和国家安全受到威胁、煽动种族分裂、要求主权独立和推翻宪法。而如下情况不得被认为邦无法维持宪法秩序而实施总统管制：第一，获得邦立法会多数支持的政府不得以其管理不善为由实施总统管制；第二，邦部长辞职或被解除职务，因而政府失去立法会多数信任时，首先必须寻求组建邦新政府，不得直接实行总统管制；第三，邦长认为邦政府失去邦议会多数信任的时候，邦长必须给予邦政府一次信任投票的机会；第四，《宪法》第356条不得作为政治工具，联邦政府不得因邦政府不是本党组建的而利用总统管制予以解散；第五，邦政府没有按照中央政府的指示行事不得作为实施总统管制的理由。

本章小结

印度的总统不同于英国君主立宪制下的英王，不是只拥有象征意义的国家元首；也不同于美国总统制下的总统，并不是实际管理国家的最高领导人。印度总统职位的设置与英国殖民统治时期的总督不无关系。而不同之处在于英国总督代表英王，是次大陆实际上的最高领导者；而在独立后的印度，总统与总理之间并没有总督与英王那样的从属关系。印度总统的职位设置是在总理为最高领导人的核心权力体系之外的补充和"备份"。在宪政机制正常运转的情况下，总统根据宪法规定履行例行程序即可，而在宪政机制失灵或国家政治生活遇到危机时，总统则可启动宪法赋予其的权力，使国家政治生活走上正轨。也正因此，总统与总理的关系、部长会议对总统是否有约束力始终充满争议。例如，关于部长会议与总督/总统自主判断的关系，《印度政府法案（1935）》中明确规定了总督个人的决断为最终决定，而印度宪法中对于二者关系却语焉不详，持不同观点的人都可以按照自己的偏好来解读宪法规定。

印度宪法对总统权力的规定多但并不具体，因此从宪法制定过程中直至今日一直有关于总统权力以及总统定位的争议，有观点认为总统权力在实际政治生活中被低估、忽视，也有观点认为总统的权力不应被夸大，不应喧宾夺主。

总统权力被总理利用在印度政治发展史上是有先例的。宪法规定的模糊性使总理有操控总统的空间，利用宪法赋予总统的权力来影响司法、干涉司法独立，而且总理还能够控制内阁和议会，从而使权力结构失衡，向总理倾斜。在印度独立后的政治发展史上并不是没有类似的情况出现。"1971年大选后到1977年3月下台，英迪拉在内阁中具有支配一切的地位。每个决定都由她个人做出，内阁只是附和她的旨意。在做出重大决策时她根本不同部长们商量。频繁改组内阁使部长们变成驯顺的羔羊。这一时期，印度内阁制几乎成了总统制。"[①] 这也是印度政治发展史上一个非常特殊的时期，被认为是印度民主的倒退。

在当前印度人民党强势崛起以及莫迪个人威望凸显的背景下，围绕着总统的权力、作用与总统和总理的关系，同时也产生了两个问题：一是印度的议会制现在带有更多总统制的色彩，是否改制的争议重提；二是总统是否还能对总理形成制约。

在2014年和2019年的两次印度大选中，印度人民党强势获胜。2019年大选中印度人民党获得的席位数甚至超过了2014年。莫迪的执政能力和个人领导魅力无疑是印度人民党获胜的重要原因。在某种程度上，印度选民投票不是投给印度人民党，而是投给莫迪。而在权力结构内部，莫迪个人的发言权和影响力也越来越大。在印度，经历70多年实践检验的议会民主制在当前却具备了更多总统制的特点。

关于印度当前的议会制是否要改为总统制。有观点不支持改制，认为向总统制中的一个人的权威投降，对民主是危险的。"总统制将权力集中在一个人手中，而在议会制中，总理只是平等的几方中的第一人。总统制的保障是：一个强大的总统可以被强大的立法机构阻止。但是如果立法机构也被总统所属的政党控制，一位有人格魅力的总统或是一位'强势的

[①] 林承节：《印度近二十年的发展历程》，北京大学出版社2012年版，第282页。

总统'可能阻止任何立法方面的动作。"而且,在中央改制之后,在地方也会产生相应的制度变化,情况更为复杂。① 这种观点主要的担心还是出现个人专权、权力无法被制度制约的情况,因而反对在印度改行总统制。

另外,有观点认为,如果政府形式是总统制,政党无须组建政党联盟而只要在总统大选中赢得多数票,即能掌握组织政府的权力。因此,总统制下,政党和政党体制的力量在选举和竞争过程中无法得到有效的强化。这样背景下选举产生的总统很可能无法在国会获得多数的支持和信任,这就会导致总统与国会之间常见的剧烈政治冲突与对抗,进而引发宪法危机和政体危机。② 这种观点认为,总统制不仅对于政党及其体制的发展不利,而且可能会引发政治动荡。

而支持改总统制的观点则认为这是保障民主运作的最好方式。持这种观点的人认为印度的议会制度选出立法机构来建立行政机构,并没有真正的权力分立,立法机构不能真正让行政机构负责,因为政府在议会占多数。现行的制度迫使政府的注意力更多地关注选举而不是治理,需要有一个能让领导者集中于治理而不是巩固权力的政府体系。③ 这种观点认为,改行总统制可以在制度上为政府更多关注治理创造可能。

而折中的观点则认为印度当前的议会制已经经历了70年政治实践的检验,与其费很大力气彻底改变宪法的基本结构,改变国家政治架构,不如继续完善当前的制度,比如对选举过程的改革等。④ 这种观点从印度的实际情况出发,更多地考虑了可行性。

那么在现行的印度政治制度框架内,总统是否还可能对印度人民党这样在议会占据多数的政党推出的极具感召力和支持率的莫迪这样的强势领导人形成牵制呢?首先,总统的产生与议会多数党派有很大的关系。总统由联邦议会和各邦议会议员间接选举的方式使总统的最终人选与在议会占

---

① Raju Ramachandran, Upendra Baxi and Shashi Tharoor, "Do We Need a Presidential System?", *The Hindu*, March 24, 2017.

② 包刚升:《民主崩溃的政治学》,商务印书馆2014年版,第449页。

③ Raju Ramachandran, Upendra Baxi and Shashi Tharoor, "Do We Need a Presidential System?", *The Hindu*, March 24, 2017.

④ Raju Ramachandran, Upendra Baxi and Shashi Tharoor, "Do We Need a Presidential System?", *The Hindu*, March 24, 2017.

优势的党派有着密切的关系。例如，在 2017 年总统大选之前，就有媒体分析认为印人党在北方邦选举中获得的胜利不仅极大地改变了该党在议会的力量对比，还将对七月的总统选举产生影响。① 总统被认为应超越党派利益，但从选举时就与党派密不可分。依托执政党的鼎力支持才能当选的总统在任期内往往会为执政党的党派利益而牺牲总统的独立性。其次，宪法的设定需要总统在宪政机器失灵时发挥作用，而在政府、议会稳定运转的情况下尤其是印度人民党在 2019 年选举后再次扩大在议会的优势地位，总统很难有发挥作用的空间。从本章第三节的案例也可看出，国内政治局势动荡时总统才有可能发挥授予组阁权这样重大的影响政治生活的作用。再次，从总统个人的因素来看，印度近几任总统都经过执政党的精心挑选，考虑总统的资历、身份、代表性，普拉萨德这样与强势总理共事仍然坚持己见的总统很难再现，近几任总统更多地采取的是与总理及内阁协调配合的姿态。例如，2004 年大选国大党所在政党联盟胜出后，据说卡拉姆（Abdul Kalam）总统与索尼娅会面，劝说她不要出任总理。但卡拉姆总统在其第二本自传中称总统办公室甚至当时已经准备好了任命索尼娅为总理的函件，但在索尼娅提名辛格做总理之后总统办公室又重新准备了函件。辛格（Manmohan Singh）在卸任总理之后接受记者采访时对此事的回忆与卡拉姆完全相同。卡拉姆总统的秘书奈尔（P. M. Nair）2008 年在其书中的记述也与此相同。但卡拉姆这番表态遭到了包括印度人民党在内的右翼政党的批评，认为这不是事实。② 这一方面说明总统与总理之间的协调配合；另一方面也说明印度人民党对于总统可能起到的作用有了解和预

---

① Sandeep Phukan, "How BJP's UP Win Will Impact Presidential Election. Numbers Explained", NDTV, March 13, 2017. https://www.ndtv.com/india-news/how-bjps-up-win-will-impact-presidential-election-numbers-explained – 1669025.

② "Sonia as PM in 2004: Has Kalam Backtracked or is Swamy Wrong", First Post, https://www.firstpost.com/politics/sonia-as-pm-in – 2004 – has-kalam-backtracked-or-is-swamy-wrong – 362466.html; "Kalam was not against swearing in Sonia as PM: Manmohan Singh", Hindustan Times, July 29, 2015, https://www.hindustantimes.com/india/kalam-was-not-against-swearing-in-sonia-as-pm-manmohan-singh/story-uWbjBxJk23pWdaKqOPcgLL.html; "Sonia was constitutionally eligible to be PM: Kalam", Hindustan Times, July 3, 2012, https://www.hindustantimes.com/india/sonia-was-constitutionally-eligible-to-be-pm-kalam/story-UnQAMaHa52JuN2qhZDUkfN.html; "In'04, Kalam had Sonia's appointment letter ready", The Indian Express, April 21, 2008, http://archive.indianexpress.com/news/in—04 – kalam-had-sonia-s-appointment-letter-ready/299438/.

期,从而在其执政后对总统人选将谨慎选择。

尽管总统很难对总理、强势的执政党形成制约,但从印度的政治演进来看,在1998年印度人民党执政后,印度的政治体制也阻挡、延缓了印度人民党的极端印度教民族主义思想成为具体的政策设计。尽管当前在印度国内,印度人民党所倡导的印度教民族主义和印度教特性(Hindutva)也在凸显并体现在各种政策措施上。

印度人民党的极端印度教民族主义思想在面对印度的政治体制时为了能获得执政机会而不得不做出各种妥协。在议会内阁制的政府中要分享行政权,这迫使印度人民党搁置其有争议的政策措施;选举制度迫使印度人民党与其他政见并不完全一致的政党为选举而结成联盟;按语言划分成不同部分的联邦政党体系创造出了各自的公共领域,抵制住了印度教特性的同化。而且,选举委员会、最高法院以及总统也使国家的制度资本再次发挥作用,检查政党选举制度中不民主的过度行为。简言之,印度民族主义组织要逃避这些限制的欲望证明了当前的制度设置保障完备。印度的联邦政党体系的变化的连接效应,加上简单多数的选举制度和议会政府制,使得印度中立的民主政体成为抵挡好战的印度教民族主义威胁的必要堡垒,尽管还不够充分。[1] 但这充分证明了,印度当前的政治体制设计经过70多年的实践检验,是适合印度国情的、有效保证国内政治稳定的制度架构。

总统在印度现行政治制度中既是维持国内政治生活正常运转的重要一环,也是保障国内政治稳定的"定海神针"。宪法赋予总统"隐性领导者"的身份,在特定的情景下,总统的作用将被激活并对国内政治的运转发挥不可替代的作用。

印度独立以来共有14位正式任职的总统,其中有三位穆斯林总统、一位锡克教徒总统、两位出身贱民的总统、一位孟加拉人总统、一位女性总统。而就任总统之前,他们也从事过多种行业,印度历任总统中既有资深的政治家(如普拉萨德、慕克吉),也不乏律师、学者、科学家等。例如,印度现任总统科温德(Ram Nath Kovind)2017年当选。他在从政之

---

[1] Sanjay Ruparelia, "Rethinking Institutional Theories of Political Moderation: The Case of Hindu Nationalism in India, 1996 – 2004", Comparative Politics, April 2006, pp. 335 – 336.

前，曾在德里高等法院和印度最高法院任职至1993年。1994年至2006年担任联邦院议员。2015年至2017年任比哈尔邦邦长。科温德是印度共和国历史上继纳拉亚南之后的第二位贱民出身的总统，也来自达利特种姓。印度第十二届总统卡拉姆则是印度著名的导弹科学家，被誉为"印度导弹之父"。正是由于总统来自印度社会的不同行业、代表着不同的宗教和社会群体，历任总统所构建出的印度国家元首的形象本身就反映了印度社会的多元化，同时也在实践中使用宪法赋予的权力来捍卫宪法的根本原则。

第六章

政党制度

早在印度独立前,英属印度殖民地就已经出现了近代政党的雏形。1885年12月28日,印度国民大会党(国大党)在英国籍退休文官休谟(A. O. Hume)的倡议下正式成立,成为印度次大陆第一个具有现代意义的政党。进入20世纪尤其是第一次世界大战之后,民族主义兴起使印度出现了一批具有教派与地方色彩的政党。在这些形形色色的地方民族主义政党中,发端于旁遮普地区的阿卡利党和马德拉斯管区的德拉维达联盟(Dravidar Kazhagam)直到今天仍然以不同的形式影响着所在地区的政治生态。与此同时,马克思主义的传入也使20世纪20年代初的印度诞生了一批共产主义小组,并在此基础之上成立了印度共产党。1935年英国议会通过《印度政府法案(1935)》(Government of India Act, 1935),决定在英属印度实行省自治方案,并在1937年举行了首次省立法会议选举,奠定了印度政党制度基础。

随着独立后的印度走上议会民主制的道路,国大党等一批在殖民时期就已成熟的政党在独立后继续演进,主导印度的政治走向。与此同时,一批带有地域、种姓特征的新兴政党开始崛起,并最终打破国大党的主导地位,开启印度联盟政治时代。而脱胎自人民同盟的印度人民党在20世纪80年代以来的印度教民族主义高潮中不断壮大,连续在2014年和2019年两次大选中赢得人民院过半议席,改变了印度政党体系的发展方向。

第一节 与政党有关法律规定

印度独立后并未制定单项的政党法,也没有在宪法列入专门的政党条款，与政党活动相关的法律规定主要集中于1951年的《人民代表法》。随着独立后印度政党制度的不断演进，议员倒戈、政党分裂等现象对政府稳定与挑战日益凸显。为了保障主要政党的利益，维持印度选举政治的平稳运行，立法者开始不断修订完善与政党活动相关的法律条款，增加修订了《反脱党法》等针对政党碎片化现象的法律条款。

一 印度《宪法》对自由结社权的解释

印度《宪法》第19条是成立政党的主要依据。该条规定公民享有自由结社的权利，同时国家出于公共秩序或道德的需要，可对结社自由加以合理限制。[1] 1963年通过的第16宪法修正案对该条款加入新的限制，规定任何结社必须"符合印度的主权和完整"。[2]

在1975年至1977年的印度紧急状态期间，时任总理英迪拉·甘地为了进一步限制反对派的政治活动，曾经推动议会在1976年通过了第42宪法修正案，对公民结社权做出进一步限制。该修正案在宪法中引入第31D条，禁止公民和团体从事"反国家活动"。[3] 紧急状态结束后，莫拉尔吉·德赛领导的人民党政府在1977年推动议会通过了宪法第四十三修正案，废除了上述条款。[4]

二 《人民代表法》对政党登记、党章和收入来源的规定

1951年通过的《人民代表法》对政党登记和运行做出了明确的规定。其中第29A条要求政党在向选举委员会登记时必须提交以下信息：[5]

党的名称；
中央党部所在地；
通讯地址；
注册党员人数；

---

[1] Article 19, Constitution of India.
[2] Section 2, Constitution (Sixteenth Amendment) Act, 1963.
[3] Section 5, Constitution (Forty-second Amendment) Act, 1976.
[4] Section 2, Constitution (Forty-second Amendment) Act, 1977.
[5] Article 29A, Representation of the People Act, 1951.

基层组织架构；

在国会与邦议会中的议员人数；

党主席、秘书长（总书记）、司库及其他高级领导人姓名。

政党登记时还须提交一份党章副本。党章必须包含以下内容：

声明本党忠于宪法，以社会主义、世俗主义和民主原则维护印度的主权、统一和完整；

党员章程、干部选拔、组织架构、机构设置、干部的职责和权力、纪律处分条例；

党内各级组织选举周期、负责人任期；

党章的修改程序和党组织的合并与解散。

每一页需要加盖相关负责人的签章。

此外，第 29C 条还允许政党接受个人和非政府企业的捐款。司库或其他负责财务的本党领导人需每财年向选举委员提交一份捐赠声明，注明本财年内向该政党捐赠超过 2 万卢比的个人或企业名单。①

三 宪法第五十二修正案《反脱党法》

自 20 世纪 60 年代起，印度政党分裂频繁，出现大量议员临时改换党籍的情况。其中最具戏剧性的例子当属哈里亚纳邦立法会议员加亚·拉尔（Gaya Lal）。1967 年他在两周内三次改换党籍，其中两次倒戈仅间隔 9 小时。② 印度各政党都频繁遭受党内议员脱党的困扰，作为主导政党的国大党更是受害颇深。以国大党 1977 年的败选为例，除反对党团结一致之外，国大党内部议员的脱党行为也是重要原因。对执政党而言，执政期间党内议员不按照党的利益投票甚至反对党的纲领，对政党利益的影响显而易见。尤其是在执政党地位相对弱势的情况下，一定数量的党员不按照党的

---

① Article 29C, Representation of the People Act, 1951.

② "History headline: Gaya Lal, and Haryana art of defection", *Indian Express*, Aug 4, 2019, https://indianexpress.com/article/opinion/columns/gaya-lal-and-haryana-art-of-defection-5875942/.

统一纲领投票或者脱党,将直接导致执政党无法执行重大决策甚至失去执政地位。脱党的冲击影响的不仅限于大党,地区层次的脱党现象尤其严重。据不完全统计,截至法案出台印度政坛已出现 2700 多起脱党案例[①],普遍存在的脱党行为已经严重影响国家政治生活的正常运转。

早在 1973 年,宪法第三十二修正案就提议取消脱党议员的资格,但该修正案最终未能生效。1978 年,宪法第四十八修正案再度提出动议,由于当时的人民党执政联盟内部分歧严重,该草案甚至未能进入表决程序。[②] 1984 年,英迪拉遇刺事件并没有中断国大党的执政,反而使国大党获得人民院 533 席中的 404 席[③],拉吉夫·甘地在民众对甘地家族强烈的同情氛围中强势当选总理。凭借国大党在议会两院中的绝对多数地位,宪法第五十二修正案于 1985 年 1 月通过并于当年 3 月生效。该修正案通过增加宪法第 102 条第 2 款、第 191 条第 2 款和附表 10,对议员脱党行为采取制裁措施,因此又被称为《反脱党法》(Anti-Defection Law)。

修正案规定,议员如果出现以下行为将失去议员资格:[④]

  自愿放弃所在政党党籍;
  不按所在政党指示表决,表决之日起 15 天内得到所在政党赦免的情况除外;
  独立参选议员在当选后加入新的政党。

第五十二修正案原本旨在保持大党完整执政,防止内部分裂,通过加大对脱党议员的惩罚力度提升脱党成本。从这个意义来讲,修正案有利于执政党保持政权稳定,同时也为其他政党的组织完整与纲领执行提供重要保障。修正案出台后,印度议员脱党行为大幅减少,效果立竿见影。

[①] "PM Rajiv Gandhi enforces anti-defection law, brightens government's image", *India Today*, Mar 3, 2014, https://www.indiatoday.in/magazine/indiascope/story/19850215-pm-rajiv-gandhi-enforces-anti-defection-law-brightens-government-image-769788-2013-11-26.

[②] G. C. Malhotra, "Anti-Defection Law in India and Commonwealth", Published for Lok Sabha Secretariat by Metropolitan Book Co., 2005.

[③] 林承节:《独立后的印度史》,北京大学出版社 2005 年版,第 537 页。

[④] The Constitution (Fifty-second Amendment) Act, 1985.

然而，1985年第五十二修正案并未对集体脱党行为予以制裁，无法遏制大规模议员脱党造成的政党分裂。宪法附表10第3章规定，脱党议员人数超过所在政党议员总数的1/3时，仍可保留议员资格。对于在大党中地位相对边缘的政治家而言，政见观点更趋复杂多元化的大政党不再具备吸引力，另起炉灶成立忠于自己的小型政党反而能够更加灵活自由地表达自身政治诉求。因此，政党分裂的现象在《反脱党法》出台后更趋频繁。2003年，印度议会通过宪法第九十一修正案，删去了宪法附表10第3章提供的集体脱党例外条款。①

第二节　政党分类与主要政党

印度政党数量惊人，种类庞杂。根据选举委员会的报告，截至2019年3月15日印度注册政党共计2599家②。这些政党在规模、意识形态和动员选民的方式上各不相同，由此产生了各种不同维度的分类方法。例如，印度政党可被分为世俗政党、宗教政党、全方位政党（catch-all party）、种姓政党、族群政党、社会主义政党、保守政党、国家政党、地方政党等。但是，同一个政党往往能对应多个不同类型，对印度政党进行准确分类实属不易。

一　政党分类

（一）《竞选标志（保留与分配）令》对注册政党的分类

为了便于管理，尤其是解决政党名称和竞选标志的分配问题，1968年出台的《竞选标志（保留与分配）令》[Election Symbols (Reservation and Allotment) Order]（2017年修订）对政党分类做出了明确规定。所有已注册政党可按照席位情况划分为全国政党、地方政党以及未归类政党。

满足以下五个条件中的一项被定义为地方政党（state party）：③

---

① The Constitution (Ninety-first Amendment) Act, 2003.
② "List of Political Parties & Symbol MAIN Notification dated 15.03.2019", Election Commission of India, March 2019.
③ Article 6A, Election Symbols (Reservation and Allotment) Order, 2017.

在最近的邦立法会选举中获得不少于 6% 的有效选票，并且至少赢得 2 个邦立法会席位；

在最近的人民院选举中获得该邦不少于 6% 的有效选票，并至少获得该邦 1 个人民院席位；

在最近的邦立法会选举至少获得邦立法会席位数的 3% 或 3 个席位；

在最近的人民院选举中至少获得该邦人民院席位数的 4% 或 1 席；

在最近的人民院或邦立法会选举中至少获得该邦 8% 的有效选票。（2011 年加入）

满足以下三个条件中的一项即可被定义为全国政党（national party）：①

在最近的人民院或邦立法会选举中至少在 4 个邦获得不低于 6% 的有效选票，并且赢得至少 4 个人民院席位；

在最近的人民院选举中至少赢得人民院总席位数的 2%，并且获选席位至少应来自 3 个不同的邦；

至少在 4 个邦被认可为地方政党。

除全国政党和地方政党之外的已注册政党即为未归类政党（unrecognised party）。②

截至 2019 年 4 月，选举委员会确认的全国政党有 8 个、地方政党 52 个。其中 8 个全国政党分别为国大党、印度人民党、印度共产党、印度共产党（马克思主义）、大众社会党（BSP）、全印草根国大党（AITC）、民族国大党（NCP）、国家人民党（NPP）。③

需要注意的是，在国家层面，政党影响力主要取决于其在人民院中席位数，而非其在政党分类中的归属。全国政党对国家政治的影响力并不一

---

① Article 6B, Election Symbols (Reservation and Allotment) Order, 2017.
② Article 6, Election Symbols (Reservation and Allotment) Order, 2017.
③ "Amendment Notification-List of Registered Recognised Parties and Symbols & List of Registered Unrecognised Parties and Symbols after 1 April 2019". Election Commission of India. 25 September 2019.

定高于地方政党，许多全国政党甚至不具备遍布全国的基层组织。例如，2013年成立的国家人民党（National People's Party）主要活跃于印度东北部，因满足"至少在4个邦被认可为地方政党"的条件而在2019年6月被选举委员认可为"全国政党"，但该党在2019年大选产生的第17届人民院中仅有1席。① 与此同时，作为第17届人民院第三大党的德拉维达进步联盟（DMK）虽在大选中赢得23席，却因其席位集中于泰米尔纳德邦而只能被选举委员会认定为地方政党。

（二）其他分类方法

为了便于研究，政治学者从动员方式、组织特点等领域入手对政党进行分类。

拉里·戴蒙德（Larry Diamond）和理查德·冈瑟（Richard Gunther）将政党分为精英型政党（elite parties）、大众型政党（mass-based parties）、族群政党（ethnicity-based parties）、选举型政党（electoralist parties）和运动型政党（movement parties）五个大类。② 精英型政党由地方精英组成，组织基础薄弱，主要依靠知名人士的个人资源来动员支持。大众型政党组织严密，党员众多，得到工人、农民或特定宗教成员等群体的支持。族群型政党要么迎合某个狭义族群利益，要么动员更广泛的跨族群支持。选举型政党可以基于个人或群体的特定诉求，也可能是包罗万象的全方位政党，该类政党往往在组织上十分单薄，并且以选举为导向。运动型政党由社会运动演变而来，具备以问题为导向的明确政治纲领。斯里达兰（E. Sridharan）和德索萨（P. R. deSouza）按照上述分类方法对印度政党进行了归类。③ 国大党被定义为跨族群政党，但是自20世纪60年代末以来发展成全方位政党（catch-all party）性质的选举型政党。与此同时，国大党领导了印度反对英国殖民统治的独立运动，因此也符合运动型政党的

---

① "New Status for NPP: what Conditions Did it Meet?", *The Indian Express*, June 11, 2019, https://indianexpress.com/article/explained/this-word-means-national-party-new-status-for-npp-what-conditions-did-it-meet-5774157/.

② Gunther and Diamond, "Types and Functions of Parties", in L. Diamond and R. Gunther eds., *PoliticalParties and Democracy* (Baltimore: Johns Hopkins University Press, 2001), pp. 3–39.

③ Sridharan and DeSouza, "Introduction: The Evolution of Political Parties in India", in P. R. DeSouza and E. Sridharan eds., *India's Political Parties* (New Delhi: SAGE Publications, 2006), pp. 15–36.

定义。印人党被视为族群政党,但是出于选举需要,该党也在向全方位的选举型政党方向发展。印共(马)和印共属于大中型政党,但实际上更接近奉行社会主义的工农议会政党。社会党(SP)、人民党(联合派)、人民党(世俗派)等发端于人民党(Janata Party)的政党,都同时具备选举型政党和族群政党的性质。以草根国大党为代表的从国大党分裂而出的政党,则是高度依赖领导人个人魅力的选举型政党。活跃于南印度的德拉维达进步联盟、全印安纳德拉维达进步联盟和泰卢固之乡党都是典型的族群政党,具有明确的地域族群特征,但在其所在邦都是以选举型政党的方式运作。大众社会党同时具备族群政党和选举型政党的特征,该党的发展在很大程度上得益于领导人玛雅瓦蒂的个人号召力。2012年成立的新型政党平民党属于运动型政党,但同时也具备以领导人为中心的选举型政党特征。

此外,斯里达兰还按照传统的意识形态和政策主张将印度主要政党大致分为以下几类:以国大党为代表的世俗党;以印度人民党、湿婆军为代表的印度教民族主义党;以印共、印共(马)为代表的共产党;以社会党、国家人民党(RJD)为代表的农村低种姓民粹政党;以德拉维达进步联盟和全印安纳德拉维达进步联盟为代表的地区族群政党;以大众社会党、恰尔肯德解放阵线(JMM)为代表的种姓党。[①]

印度家族政治盛行,许多政党的领导职位通常由特定家族的成员担任,因此印度政党还可以被划分家族党和非家族党。国大党的最高领导层长期由尼赫鲁-甘地家族成员担任,属于典型的家族党。此外,德拉维达进步联盟、泰卢固之乡党、社会党等多数地方政党同样属于家族党。非家族党的领导层来源相对更为广泛,印人党、印共(马)、印共、平民党都是典型的非家族党。

二 主要政党简介

(一)全国政党

1. 印度国民大会党(Indian National Congress,INC)

简称国大党。作为印度历史最悠久的政党,国大党领导了印度的独立

[①] E. Sridharan, "National and State Coalitions in India: Theory and Comparison", in *Coalition Politics in India* (New Delhi: Academic Foundation, 2014), pp. 23–34.

运动,并且在独立后的大部分时间内在中央和多数地方执政,是印度第一个具有全国影响力的政党。

国大党始建于1885年12月,早年主张以温和改革的途径实现社会发展,成员多来自知识分子、地主、商人等精英阶层。20世纪初,以提拉克(Bal Gangadhar Tilak)为首的国大党激进派主张以大规模群众运动的方式实现印度自治,开始吸引印度不同的社会阶层参与。1906年国大党在年会上通过了要求自治、提倡国货、抵制英货和实行民族教育的四点纲领。1920年国大党年会上通过了圣雄甘地拟定的"非暴力不合作运动方案","非暴力不合作"由此成为国大党领导独立运动的主要纲领。1929年贾瓦哈拉尔·尼赫鲁(Jawaharlal Nehru)第一次当选国大党主席,国大党在其领导下将争取印度完全独立确定为党的奋斗目标。1937年国大党参与了英属印度首次省立法会议选举,赢得了11个省中的7个。第二次世界大战爆发后,国大党反对英国宣布印度参战,在1942年通过了甘地提出的要求英国"退出印度"的决议,遭到殖民当局镇压,包括甘地、尼赫鲁在内的多数领导人被捕入狱。1945年底,国大党在英属印度中央立法会选举中赢得102席中的59席,并在9个省组建政府,奠定了国大党在独立前后过渡时期的执政地位。1947年8月印度独立,尼赫鲁成为印度自治领总理。1950年1月26日,印度宣布为独立的共和国,国大党人拉金德拉·普拉萨德(Rajendra Prasad)当选为第一任总统。

印度独立后,国大党在1951年至1952年、1957年和1962年大选中均赢得压倒性胜利,作为国大党核心人物的尼赫鲁连任总理,直至1964年去世。在夏斯特里(Lal Bahadur Shastri)短暂担任总理(1964—1966)后,尼赫鲁的女儿英迪拉·甘地(Indira Gandhi)在1966年1月接任国大党主席兼政府总理,开启国大党"英迪拉时代"。1967年,英迪拉·甘地领导国大党再次赢得大选,但在多个邦丧失执政地位。1969年国大党内部矛盾激化,分裂为以党主席卡玛拉季为首的"组织派"(Organisation)和英迪拉·甘地为首的"执政派"(Requisitionists),后者在地方政党支持下继续执政,前者在70年代并入反对英迪拉·甘地的人民党(Janata Party)。1971年英迪拉·甘地在大选中取得压倒性的胜利,连任总理。1975年,英迪拉·甘地政府为遏制反对派活动,宣布国家进入紧急状态。1977年,英迪拉·甘地领导的国大党在紧急状态结束后的大选中惨败，仅获 153 席，不敌人民党的 295 席，自印度独立以来首次丧失执政地位。1978 年国大党再度分裂，英迪拉·甘地及其派系另组国大党（英迪拉派）。1981 年选举委员会宣布英迪拉派为国大党"正统"，但名称中的"英迪拉派"直至 1996 年才被正式去除。1980 年大选国大党卷土重来，英迪拉·甘地再次当选总理，直至 1984 年 10 月遇刺身亡，其长子拉吉夫·甘地继任总理。同年 12 月国大党在大选中取得压倒性胜利，赢得人民院 401 席。1989 年，国大党在大选中未能取得单一多数党，反对党联合迫使拉吉夫·甘地下野。1991 年 5 月拉吉夫·甘地在竞选活动中遇刺身亡，纳拉辛哈·拉奥（P. V. Narasimha Rao）接任国大党主席，并在 6 月的大选中当选总理，是第一个来自南印度的总理。拉奥在五年的总理任期内推动了印度的经济自由化改革，但国大党因各类腐败案而形象受损。1996 年大选国大党仅获 140 席，沦为人民院第二大党。凯萨里（Sitaram Kesri）接替拉奥成为国大党主席，是该党历史上第一位非婆罗门出身的党主席。为避免印人党组建政府，国大党支持联合阵线组建少数党政府，但次年撤回支持，迫使人民院在 1998 年 2 月提前举行大选。国大党在此次大选中表现不佳，拉吉夫·甘地的遗孀索尼娅·甘地（Sonia Gandhi）临危受命，接替凯萨里出任党主席。索尼娅·甘地虽未能领导国大党在 1999 年大选中实现逆转，却在 2004 年大选中意外获胜，重获执政党地位。索尼娅·甘地因出生于意大利而拒绝出任总理，转而支持前财政部长曼莫汉·辛格（Manmohan Singh），使后者成为印度第一位锡克教徒总理。此后国大党又在 2009 年大选中扩大优势，将人民院席位数从 145 席增加至 206 席，辛格成为英迪拉·甘地以来首个获得连任的印度总理。2014 年国大党因经济表现、腐败丑闻不断而在大选中惨败，仅获 44 席，创下历史最差纪录。2017 年索尼娅·甘地正式卸任，其子拉胡尔·甘地（Rahul Gandhi）接任党主席职务。尽管拉胡尔·甘地领导的国大党在 2018 年中央邦、拉贾斯坦邦和恰蒂斯加尔邦立法会选举中击败印人党，但在 2019 年大选中仅获 52 席，未能阻止国大党的衰退势头。同年 10 月拉胡尔引咎辞职，索尼娅·甘地暂时代理主席职务。

作为印度历史最悠久的全国政党，国大党曾在独立初期同时主导中央和地方邦两级政治。但是进入 21 世纪后，国大党的主要势力范围仅限于东北部和北方的几个邦，在南部和东部影响力相对薄弱。党员数量从 20

世纪 90 年代中期的 4000 万人下降至 21 世纪初的 2000 万人。[1]

党的基层组织遍布全国，来自各邦和地区的党代表参加一年一度的全国会议，选举产生党主席和全印度国大党委员会（All India Congress Committee）成员。此外，各邦还设有各自的国大党委员会（Pradesh Congress Committee），负责邦一级的政治工作。由 20 人组成的国大党工作委员会（Congress Working Committee）是党的权力核心机构，大部分成员由党主席（或本党领导人担任的政府总理）任命。此外，国大党还设有印度全国学生联合会（National Students Union of India）、印度青年大会（Indian Youth Congress）、印度全国工会大会（Indian National Trade Union Congress）、全印妇女大会（All India Mahila Congress）等社会组织。

国大党作为"全社会型"政党，意识形态较为多元，但总体而言在意识形态光谱上属于中间偏左。在经济上，国大党曾经支持混合经济框架下的社会主义经济政策。然而自 20 世纪 90 年代以来，国大党开始支持自由主义市场经济，实行私有化改革，放松经济监管。在社会政策上，国大党是世俗主义的坚定拥护者，鼓励包括低种姓、少数宗教群体在内的全体公民享有平等权利。在外交政策上，国大党倡导不结盟外交政策，在冷战时期既与西方国家也与共产主义国家建立外交关系，避免与任何一方结成军事结盟。但英迪拉·甘地在 1971 年签署了与苏联的友好条约。

2. 印度人民党（Bharatiya Janata Party，BJP）

简称印人党，始建于 1980 年 4 月（与 20 世纪 70 年代的人民党无直接联系）。自 20 世纪 90 年代以来与国大党成为印度两大全国政党，2014 年大选后成为印度最大的政党，号称党员人数过亿。该党在印度最大的社会组织——国民志愿服务团（Rashtriya Swayamsevak Sangh）的指导下建立，主张按照"印度教传统"改造印度国家。

印人党的前身可追溯至 1951 年成立的印度人民联盟（Bharatiya Jana Sangh）。后者于 1967 年大选后在北印度印地语地区建立势力范围，随后在 1977 年与其他反英迪拉·甘地的党派合并为人民党并赢得大选。1980 年人民党在大选中失利，原印度人民联盟成员在瓦杰帕伊（Atal Bihari

---

[1] "Indian National Congress-Policy and Structure", *Encyclopædia Britannica*, May 12, 2020, https://www.britannica.com/topic/Indian-National-Congress.

Vajpayee)、阿德瓦尼（Lal Krishan Advani）领导下另外成立"印度人民党"，瓦杰帕伊担任党主席。印人党主张以印度教价值观重新定义印度文化，对国大党奉行的世俗政策予以强烈批判。自1989年以来印人党在选举中迅速崛起。该党利用反穆斯林情绪，呼吁拆除位于北方邦阿约提亚（传说是印度教罗摩神出生地）的巴布里清真寺（莫卧儿皇帝巴布尔修建），并在其原址上"重建"印度教罗摩庙。1990年印人党主席阿德瓦尼发起声势浩大的"战车之旅"（Rath Yatras），利用全国范围的政治游行宣传重建罗摩庙的主张，引发大规模教派骚乱。1991年，印人党在大选中赢取人民院120席，并在四个邦执政，影响力大幅提升。1992年12月，与印人党关系密切的印度教右翼组织拆毁了巴布里清真寺，引发全印范围的暴力事件，至少造成1000多人死亡。1996年，印人党在大选中获得161席，首次击败国大党成为人民院最大党，瓦杰帕伊在总统的邀请下组建政府，后因无法在人民院545名议员中赢得过半支持而倒台。1998年印人党在大选中赢得182票，瓦杰帕伊在盟党支持下再次组建政府。同年5月，瓦杰帕伊政府下令进行核试验，引起国际社会强烈谴责。次年因盟友全印安纳德拉维达进步联盟（AIADMK）撤销支持，瓦杰帕伊在议会信任测试中以一票之差落败，在执政仅13个月后被迫解散政府。同年9月，印人党领导全国民主联盟（NDA）在大选中赢得过半的294席（其中印人党182席），瓦杰帕伊作为联盟中最大政党的领导人再次当选总理。瓦杰帕伊在总理任内积极改善印巴关系、寻求解决印巴克什米尔问题，并在经济发展上取得突出成就。2004年全国民主联盟在大选中意外不敌国大党领导的团结进步联盟（UPA），瓦杰帕伊辞去总理职务。2009年印人党在大选中再次落败，人民院席位数从137席减少至116席。2014年印人党迎来全面复苏。此前长期担任古吉拉特邦首席部长的纳伦德拉·莫迪（Narendra Modi）被选为印人党总理候选人，带领印人党在当年举行的大选中赢得人民院超过半数的282席。印人党也首次获得人民院单一多数党地位。2014年5月莫迪宣誓就任总理，政府仍以全国民主联盟的名义运作。莫迪上台后出台了一系列重大经济政策，在2017年实施了商品与服务税（GST）改革。但2016年11月以打击"黑钱"为理由废除500卢比和1000卢比纸币的措施，在短期内引发了印度的经济混乱。2018年底，印人党在地方选举中的扩张形势被逆转，丢失了中央邦、拉贾斯坦邦和恰蒂斯加尔邦等核心势力范围。尽管莫迪对经济增长的承诺未能兑现，但自2019年2月以来克什米尔地区安全与印巴关系的紧张局势，使印人党在民族主义议题上获得了广泛支持，在2019年大选中再次以压倒性胜利巩固了执政地位，将人民院议席扩大至创纪录的303席。

印人党在意识形态上属于右翼政党，奉行印度教民族主义，反对国大党的伪"世俗主义"。印人党长期将重建罗摩庙、建立统一民法，废除印控克什米尔在宪法中的特殊地位（已在2019年实现）作为本党的三大主要诉求。2019年底莫迪政府通过有争议的《公民身份法（修正案）》，被反对者视为公开违背世俗主义原则，引发全国范围内的大规模抗议。在经济上，印人党支持国内的经济自由化改革，但同时主张"司瓦德希"（Swadeshi）的经济立场，倾向贸易保护主义。在外交上，印人党长期反对国大党奉行的不结盟政策，主张以现实主义原则实现印度国家利益的最大化，美印关系在印人党执政期间取得了快速发展。

印人党成员在传统上以高等种姓为主，但近年来随着莫迪等低种姓党员在党内担任要职，印人党在低种姓群体中的影响力有所提升。印人党主要支持者来自印度北部印地语区和西部沿海地区，在南部影响力相对较弱。

在组织架构上，印人党与国民志愿服务团关系密切，党内成员多来自志愿团及其附属机构，如全印学生联合会（Akhil Bharatiya Vidyarthi Parishad）、印度农民联盟（Bharatiya Kisan Sangh）、印度劳工联盟（Bharatiya Mazdoor Sangh）等。此外，印人党也下设附属社会组织，参与妇女、青年、少数族群等社会事务。

3. 印度共产党（马克思主义）[Communist Party of India (Marxist), CPI (M)]

简称印共（马），印度最具影响力的左翼政党，1964年自印度共产党分裂形成，总部位于新德里，党员人数约为100万人（2018年）。该党在党章中将自己定义为"印度工人阶级的革命先锋队"，在宣誓忠于印度宪法以及社会主义、世俗主义和民主原则，维护印度的主权、统一和完整的前提下，以马克思列宁主义的哲学和原则为指导，通过建立无产阶级专政实现社会主义和共产主义。

印共（马）的前身可追溯至20世纪20年代成立的印度共产党（简

称印共）。受十月革命影响，1920年10月印度第一个共产主义小组在苏联塔什干（今乌兹别克斯坦首都）成立。1925年12月印度各地共产主义小组在坎普尔（位于今北方邦）举行了第一次党代表会，标志印共正式成立。该党早年被英国殖民当局宣布为非法组织，被迫转入地下，部分党员以国大党成员身份参与独立运动。1942年英国与苏联结成反法西斯同盟后，印共开始公开活动。第二次世界大战结束后印共发展迅速，在1946年的省立法会选举中赢得了8个席位。同年，印共还在南部特仑甘纳地区发动历时5年的农民武装暴动。1947年印度独立后，印共在关于议会民主和对国大党政府的态度上发生重大分歧。1948年2月印共举行第二次代表大会，支持暴力革命的左派占据上风，通过了民主革命纲领的路线。1951年10月印共召开全国代表会议，决定停止特仑甘纳地区的农民暴动，主张采取合法的议会道路取得政权，"国家民主"取代"人民民主"成为党的口号。自1952年起，印共在前三届人民院选举（1952年、1957年、1962年）中均为人民院最大反对党。1957年印共在喀拉拉邦立法会选举中取得多数席位，成立以南布迪里巴德（EMS Namboodiripad）为首席部长的邦政府，首次打破国大党对邦政府的垄断。1959年该邦政府被中央政府解散。自60年代起，印共内部在对国内政策和国际共产主义运动的看法上发生重大分歧。1964年10月至11月，以南布迪里巴德、孙达拉雅（Puchalapalli Sundarayya）为首的一派在加尔各答单独召开了党的第七次代表大会，选举孙达拉雅为总书记，标志印共的正式分裂。该派在1965年喀拉拉邦立法会选举中向选举委员会正式提交了"印度共产党（马克思主义）"的名称，并沿用至今。以时任印共主席丹吉（Shripad Amrit Dange）为首的另一派则继续沿用"印度共产党"的名称。

1967年印共（马）与印共组成选举联盟参加大选，在人民院分获19席和23席。1971年，印共（马）在大选中获得25席，成为人民院最大反对党，并超过印共的23席成为人民院最大的左翼政党。1977年，印共（马）在紧急状态结束后的1977年大选中与反英迪拉·甘地的人民党阵营合作，获得22席。支持英迪拉·甘地的印共仅获17席。自1980年大选以来，印共（马）在人民院中的席位数长期保持在30多席，成为国大党和印人党之外"第三势力"主要力量。1996年大选后，印共（马）加入"第三势力"组建的联合阵线（United Front），先后支持德维·高达和古杰拉尔出任总理。2004年印共（马）在大选中创下43席的历史最高纪录，并与印共等左翼阵线成员支持国大党提名曼莫汉·辛格组建政府。2008年左翼阵线因反对美印民用核能协议而撤回对辛格政府的支持。但辛格政府在信任投票中赢得过半支持，得以继续执政。自2014年起，印共（马）在草根国大党和印人党的挑战下，影响力大幅萎缩。2014大选后印共（马）在人民院席位数锐减至9席，跌出前五大政党之列。2019年大选，印共（马）仅在人民院获3席，创下历史最低纪录。

印共（马）是公认的全国政党，选民主要来自西孟加拉邦、喀拉拉邦和特里普拉邦。1967年，印共（马）首次在西孟加拉邦和喀拉拉邦组建联合阵线政府。同年，以查鲁·马宗达（Charu Majumdar）为首的部分印共（马）基层领导人在西孟加拉邦纳萨尔巴里发起农民暴动，中央政府以西孟加拉邦政府镇压不力为由将其解散。1969年2月以印共（马）为首的联合阵线在西孟加拉邦选举中再度获胜，后因联合阵线内部矛盾，喀拉拉邦政府和西孟加拉邦政府分别于1969年10月和1970年3月解散。1977年6月印共（马）领导的左翼阵线在西孟加拉邦立法会选举中再次获胜，并在此后连续执政长达34年，直至2011年被草根国大党终结。在特里普拉邦，左翼阵线在1978年邦立法会选举中获胜并连续执政至1988年，随后又在1993年再度取得执政地位，直至2018年在邦立法会选举中被印人党及其盟友击败。1980年，在喀拉拉邦，印共（马）领导的左翼民主阵线（LDF）取得执政地位，并自此与国大党领导的联合民主阵线（UDF）在该邦交替执政。除以上3个邦之外，截至2020年印共（马）还在拉贾斯坦、喜马偕尔、查谟-克什米尔（印控克什米尔）、奥里萨和马哈拉施特拉邦立法会占有议席。

印共（马）按照"民主集中制"的原则运作，政治局是党的最高决策机构，支部委员会是党的基层组织。每一名党员在入党前都要参加党举办的定期课程，学习马列主义经典。此外，印共（马）领导的印度工会中心（Centre of Indian Trade Unions）、全印农民协会（All India Kisan Sabha）、印度民主青年联合会（Democratic Youth Federation of India）、印度学生联合会（Students Federation of India）和全印民主妇女联合会（All India Democratic Women's Association）等社会组织在全印度范围内均有较大影响力。其中，印度学生联合会已成为印度左翼政治的主力，自2015

年起担任印共（马）总书记的亚秋里（Sitaram Yechury）及其前任卡拉特（Prakash Karat）曾担任过该组织的主席。

4. 全印草根国大党（All India Trinamool Congress，AITC 或 TMC）

简称草根国大党，主要活跃于西孟加拉邦的全国政党，总部位于加尔各答。2019 年大选后，该党以 22 席成为人民院第五大党。西孟加拉邦首席部长玛玛塔·班纳吉（Mamata Banerjee）为该党创始人兼党主席。该党主要依靠班纳吉个人魅力发展而来，民粹主义与孟加拉民族主义色彩浓厚；在意识形态上与印共（马）相对立，属于中间偏右政党。

1998 年，原国大党地方领导人玛玛塔·班纳吉在加尔各答创立草根国大党。1999 年该党加入印人党领导的全国民主联盟（NDA），在人民院大选中获得 8 席。班纳吉在瓦杰帕伊政府中担任铁道部长，直至 2001 年辞职。同年草根国大党在西孟加拉邦选中与国大党结盟，但在 2004 年全国大选期间重归印人党阵营，仅在人民院获 1 席。2009 年大选草根国大党转投国大党阵营，赢得 19 席，成为人民院第六大党。班纳吉在曼莫汉·辛格政府中再次出任铁道部长。2011 年草根国大党在西孟加拉邦立法会选举中赢得全部 294 席中的 184 席，终结了印共（马）在该邦长达 34 年的执政记录，班纳吉辞去铁道部长职务，出任西孟加拉邦首席部长。2014 年草根国大党独立参与人民院大选，赢得 34 席，成为议会第四大党。2016 年该党在西孟加拉邦立法会选举中再次赢得 211 席，班纳吉连任首席部长。2019 年草根国大党与部分地方政党结成联邦阵线（Federal Front）参加大选，仅获 22 席，但仍然保住了人民院第四大党的位置。

在 2014 年大选中，草根国大党在西孟加拉、曼尼普尔、特里普拉、恰尔肯德、阿萨姆等六个邦获得 6% 的选票。2016 年 9 月，选举委员会正式承认草根国大党为全国政党。

5. 民族国大党（Nationalist Congress Party，NCP）

由国大党分裂而成的全国政党。该党奉行全面民主、甘地世俗主义和"以联邦主义为基础的民族团结"的思想，呼吁建立追求平等和社会正义的民主世俗社会。

民族国大党成立于 1999 年 6 月，创始人为三名前国大党成员帕瓦尔（Sharad Pawar）、桑马（P. A. Sangma）和塔里克·安瓦尔（Tariq Anwar）。三人因反对意大利出生的索尼娅·甘地成为国大党领导人而被国大党除名。帕瓦尔出任民族国大党主席，桑马和安瓦尔后因党内分歧退出民族国大党。

虽然民族国大党的党部设在首都新德里，但其影响力主要集中于马哈拉施特拉邦。帕瓦尔生于该邦并曾多次出任邦首席部长。1999年民族国大党在马哈拉施特拉邦立法会选举中赢得全部288席中的58席，与国大党结盟组建联合政府，直至2014年被印人党与湿婆军组成的联盟击败。2004年该党加入国大党领导的团结进步联盟，帕瓦尔在曼莫汉·辛格的十年总理任期内一直担任农业部部长。2019年马哈拉施特拉邦选举后，民族国大党与湿婆军和国大党结成了反印人党联盟，共同推举湿婆军领导人乌塔夫·萨克雷（Uddhav Thackeray）出任首席部长。

（二）地方政党

1. 德拉维达进步联盟（Dravida Munnetra Kazhagam，DMK）

印度东南部泰米尔纳德邦的地方政党，总部位于金奈。"德拉维达"即为"达罗毗荼"，泛指南印度通行达罗毗荼语系的地区。

该党1949年成立于马德拉斯（今泰米尔纳德邦首府金奈），前身可追溯至20世纪早期马德拉斯管区由反婆罗门运动兴起的正义党（Justice Party）和德拉维达联盟（Dravidar Kazhagam）。该党成立初期支持原马德拉斯邦（Madras State）从印度联邦中分离，成为独立国家。1962中印边界冲突后，该党放弃分离主义主张，转而致力于改善全体泰米尔人的权益。

德拉维达进步联盟在独立初期发展缓慢，直至20世纪60年代因反对中央政府在泰米尔语地区推广印地语而迅速崛起。该党在1967年马德拉斯邦议会选举中击败国大党，赢得234席中的137席。该党创始人兼党主席阿纳杜赖（C. N. Annadurai）出任首席部长，并在1969年将马德拉斯邦正式更名为泰米尔纳德邦。同年2月阿纳杜赖去世，其门徒卡鲁纳尼迪（M. Karunanidhi）接任党主席和邦首席部长，并在1971年领导该党在邦议会选举中获得连任。1972年，德拉维达进步联盟发生分裂，拉玛昌德兰（Maruthur Gopala Ramachandran）领导的一派另立全印安纳德拉维达进步联盟（AIADMK），并在日后成为德拉维达进步联盟在泰米尔纳德邦的主要竞争对手。德拉维达进步联盟在1989年、1996年和2006年赢得了邦立法会选举和州政府的控制权，但在 1991 年、2001 年、2011 年和 2016 年的邦选中不敌全印安纳德拉维达进步联盟。

在国家层面，德拉维达进步联盟在 1962 年首次参加人民院选举，从马德拉斯邦赢得 7 个席位。此后该党在全国大选中的表现起伏不定，但自 1999 年以来在人民院席位数相对稳定。该党通过在国大党和印人党阵营之间摇摆，以此赢得人民院在泰米尔纳德邦的大部分议席。在 1999 年大选中，该党与印人党领导的全国民主联盟结盟，赢得泰米尔纳德邦 39 个人民院席位中的 26 席。2004 年该党通过与国大党和其他小党结盟，获得了全部 39 席。此次大选也使德拉维达进步联盟在曼莫汉·辛格政府中拥有 7 名部长。2009 年该党继续与国大党结盟，获得 27 席，在辛格政府中共有 5 人出任部长。但该党出身的通信和信息技术部长拉贾（A. Raja）因涉嫌 2G 频谱腐败丑闻而被起诉，党主席卡鲁纳尼迪的女儿因涉嫌收受回扣而被捕入狱。2014 年大选德拉维达进步联盟遭遇惨败，丢失全部人民院席位。2019 年卡鲁纳尼迪之子斯大林（M. K. Stalin）领导该党在大选中再次赢得 24 个人民院席位，成为人民院第三大党。

在外交政策上，德拉维达进步联盟长期要求印度政府维护斯里兰卡泰米尔人的权利，对印斯关系影响力较大。2013 年 3 月，该党因曼莫汉·辛格政府未能谴责斯里兰卡政府军针对泰米尔人的战争罪行而撤销对政府的支持。

2. 全印安纳德拉维达进步联盟（All India Anna Dravida Munnetra Kazhagam，AIADMK）

活跃于泰米尔纳德邦的地方政党，1972 年由资深电影演员出身的政治家拉玛昌德兰从德拉维达进步联盟中分裂创立，总部位于金奈。与德拉维达进步联盟相似，该党主张保护在印度和斯里兰卡的泰米尔人权益，并无任何特定的意识形态倾向。

该党成立之初凭借拉玛昌德兰的巨大人气发展迅速，在成立的头两个月内发展了近 100 万名支持者，并在 1973 年通过补选获得泰米尔纳德邦立法会的席位。1975 年该党为了对抗德拉维达进步联盟而与国大党结盟，成为少数几个支持英迪拉·甘地实施紧急状态的政党之一。1977 年该党在泰米尔纳德邦议会选举中赢得多数席位，拉玛昌德兰出任该邦的首席部长。此后，该党又在 1980 年和 1984 年的邦立法会选举中两次赢得执政地位。1987年底拉玛昌德兰去世，其银幕搭档、泰米尔语电影明星贾亚拉利塔（Jayalalitha Jayaram）和妻子贾娜琪（V. N. Janaki）均声称自己继承了拉玛昌德兰的政治遗产，引发该党分裂。贾娜琪在1988年初短暂担任首席部长，但很快退出政坛。贾亚拉利塔最终成为该党领导人。1991年，与国大党结盟的全印安纳德拉维达进步联盟在泰米尔纳德邦立法会选举赢得压倒性胜利，贾亚拉利塔首次出任邦首席部长。1996年该党在邦选中失利下野，主要对手德拉维达进步联盟在1996—2001年执政期间内对贾亚拉利塔发起40多项腐败指控，致使后者在1996年被被捕入狱1个月。2001年，全印安纳德拉维达进步联盟在邦立法会选举中夺回执政地位，但贾亚拉利塔因有未宣判的刑事案件在身而无法就任首席部长，潘尼尔赛尔瓦姆（O. Panneerselvam）暂代首席部长职务。2002年贾亚拉利塔被宣布无罪后重回首席部长的位置，直至2006年在邦选中失利下野。2011年该党在邦选中获胜，贾亚拉利塔第三次出任首席部长，直至2014年9月因腐败案而被设在班加罗尔特别法庭判处四年有期徒刑而被迫卸任，潘尼尔赛尔瓦姆再次担任首席部长。2015年5月卡纳塔克邦高等法院撤回对贾亚拉利塔的判决，后者出狱后并再次出任首席部长，领导该党在2016年的邦选中获得连任。2016年12月贾亚拉利塔因病去世，潘尼尔赛尔瓦姆第三次担任首席部长。

在国家层面，该党自成立以来一直在人民院中保有适当席位，并通过在国大党和印人党之间变换阵营保持对全国政治的影响力。在20世纪80年代和90年代的大部分时间内，该党都与国大党保持联盟关系。1998年该党曾加入印人党领导的全国民主联盟政府，但在次年撤回支持，并重归国大党阵营。2004年该党在大选中再次与印人党结盟，丢掉了人民院全部席位。2009年该党与左翼政党结盟，赢得9个席位。2014年该党在人民院大选中创下历史最高纪录的37席，成为人民院第三大党。2019年大选该党重回印人党阵营，仅在人民院赢得1席。

在意识形态上，全印安纳德拉维达进步联盟与竞争对手德拉维达进步联盟都有强烈的民粹色彩，善于利用福利政策争夺选民。此外，贾亚拉利塔的个人魅力为该党的发展助力颇多，赢得大量底层民众和女性选民的支持。

3. 泰卢固之乡党（Telugu Desam Party，TDP）

主要活跃于印度东南部安得拉邦的地方政党。该党致力于保护"讲泰卢固语的人民的政治、经济、社会和文化基础",并不信奉任何具体的意识形态。

1982 年 3 月由泰卢固语电影明星 N. T. R. 拉奥（N. T. Rama Rao）建立,早期成员来自国大党,成立初期主要目标是将国大党赶出该邦政府。拉奥将个人影响力与民粹政策结合,带领该党在成立后的第二年便赢得安得拉邦立法会选举。拉奥本人在 1983 年 1 月成为该邦首个非国大党的首席部长。1985 年泰卢固之乡党再次以压倒性优势赢得邦选,拉奥继续出任首席部长。1989 年国大党在邦选中获胜,迫使拉奥下野。1993 年拉奥与（第二任妻子）帕尔瓦蒂（Lakshmi Parvathi）结婚,并试图将她培养成接班人,引发党内严重分歧。尽管泰卢固之乡党在 1994 年的邦选中再次赢得执政地位,但拉奥的女婿钱德拉巴布·奈杜（Nara Chandrababu Naidu）在 1995 年 9 月发动党内政变,取代拉奥成为党主席和首席部长。1996 年 1 月拉奥因病去世。奈杜接管了泰卢固之乡党的大部分力量,并在 1999 年的邦立法会选举中获得连任。他在任上施行了一系列改革措施,使海得拉巴成为全球信息产业的重镇,在经济发展上取得了突出成就。然而受到农村发展滞后以及特仑甘纳地区单独建邦诉求的冲击,该党连续在 2004 年和 2009 年两次邦立法会选举中不敌国大党。2014 年泰卢固之乡党重新赢得执政地位,奈杜再次出任首席部长。2019 年该党在在特仑甘纳分离之后的安得拉邦立法会选举中不敌 YSR 国大党（YSR Congress Party）,丧失执政地位。

泰卢固之乡党在人民院大选中的表现与其在安得拉邦的执政地位密切相关。1984 年该党第一次参加大选就赢得 30 个人民院席位,一跃成为人民院第二大党,但在 1989 年大选后席位数锐减至 2 席。1999 年,该党再次爆发赢得 29 席,作为人民院第四大党为印人党领导的全国民主联盟提供外部支持。2004 年,该党在人民院的席位数再次锐减至 5 席。次年该党退出全国民主联盟,转而加入左翼政党组建的"第三阵线",在 2009 年大选中赢得 6 席。2014 年该党重回印人党阵营,赢得 17 席,成为全国民主联盟中的第三大党。2018 年 3 月该党以莫迪政府未能照顾安得拉邦利益为由退出全国民主联盟,并在人民院发起对莫迪政府的不信任投票。2019 年泰卢固之乡党在大选中仅获 3 个人民院席位。

4. 最高阿卡利党（Shiroomi Akali Dal, SAD）

简称阿卡利党,印度西北部旁遮普邦的地方政党,总部位于昌迪加尔。该党直接掌控锡克教机构，核心诉求是促进和保护锡克教少数族群的权利，对国家政治具有一定影响力。

阿卡利党是印度历史最悠久的地区政党之一，始建于1920年。早期成员曾积极参与甘地和国大党领导的独立运动。1937年该党参加了英属印度首次省立法会议选举。1947年印度独立后，该党要求在印度西北部建立一个以使用旁遮普语的锡克教徒为主的邦。1966年原旁遮普邦东南部成为印地语为主的哈里亚纳邦，剩余部分成为锡克教徒为主体的旁遮普邦，该党诉求得以满足。1967年该党在新建的旁遮普邦选举中仅获得不足1/4的席位，后通过广泛结盟组建排除国大党的邦政府，但很快因为内部矛盾而垮台。1969年阿卡利党在邦立法会选举中仍未赢得多数席位，与印度人民联盟组建联合政府。1971年邦政府被中央政府解散，由总统直管。此后，旁遮普邦政权由阿卡利党和国大党轮流执政，但该邦的锡克教分离主义日趋活跃。1983年旁遮普邦安全形势恶化，锡克教徒要求将昌迪加尔和邻邦的旁遮普语地区划归旁遮普邦。同年4月该党激进分子与警察发生冲突，引发骚乱。1984年印度政府以高压手段打击锡克教分离主义活动，在6月发起"蓝星行动"，派军队攻入锡克教极端分子控制的阿姆利则金庙。同年10月总理英迪拉·甘地被锡克教卫士刺杀身亡，德里爆发大规模针对锡克教徒的暴力冲突。1985年7月拉吉夫·甘地政府与阿卡利党温和派达成《旁遮普协议》，该党结束反政府抗议活动。同年9月阿卡利党在旁遮普邦立法会选举中赢得执政地位。1987年中央政府对旁遮普再次实行总统直管。1997年该党在邦选中重新赢得执政地位，但在2002年再次失利。2007年阿卡利党与印人党结盟，在邦选中赢得执政地位，并在2012年成功连任。

在国家层面，阿卡利党在人民院维持少量议席，且议席全部来自旁遮普邦。1977年该党在人民院大选中赢得8席，创下最高历史纪录。该党在很长时间内保持独立身份，在国家政治中不与任何全国政党结盟。但自1998年以来，该党加入印人党领导的全国民主联盟。2014年印人党在大选中取得压倒性胜利后，阿卡利党主席苏赫比尔·辛格·巴达尔（Sukhbir Singh Badal）的妻子哈斯姆拉特·考尔·巴达尔（Harsimrat Kaur Badal）被总理莫迪任命为食品加工工业部部长。2020年9月，最高阿卡利党因反对莫迪的农业改革法案退出全国民主联盟。

5. 阿萨姆人民联盟（Asom Gana Parishad，AGP）

印度东北部阿萨姆邦的地方政党，成立于 1985 年，总部位于阿萨姆邦古瓦哈蒂。该党主张"保护阿萨姆邦真正居民的利益，驱逐进入阿萨姆邦非法移民（主要来自孟加拉国）"。

1979 年至 1985 年，阿萨姆地区陷入持续骚乱，普拉富拉·库马尔·莫汉塔（Prafulla Kumar Mahanta）领导的全阿萨姆学生会（AASU）要求驱逐来自孟加拉国的非法移民，引发大规模抗议活动。1985 年拉吉夫·甘地政府与该邦反政府力量达成《阿萨姆协议》，承诺驱逐 1971 年之后进入阿萨姆的孟加拉国移民。同年 10 月全阿萨姆学生会与其他组织联合成立阿萨姆人民联盟，参与议会政治。同年 12 月，该党成员以独立候选人身份在阿萨姆邦立法会选举中赢得多数席位并组建政府，党主席莫汉塔成为邦首席部长。然而，由于缺乏执政经验，该党在第一个政府任期内受到腐败等问题困扰，并且未能有效遏制阿萨姆邦联合解放阵线（ULFA）等分离主义组织的反政府活动，致使该邦安全形势再度恶化。1990 年中央政府解散邦政府，对该邦实施总统直管。1991 年该党陷入分裂，前邦内政部长普坎（Bhrigu Kumar Phukan）另立新党。同年该党在邦议会选举中惨败，主要对手国大党夺回执政地位。1996 年该党在阿萨姆邦立法会选举中卷土重来，在左翼政党的帮助下组建邦政府，莫汉塔再次担任首席部长。然而该党在第二个任期内再次卷入腐败丑闻，经邦长的干预才被免予起诉。此外，邦政府涉嫌以秘密手段杀害阿萨姆邦联合解放阵线成员及家属，引发舆论强烈批评，致使阿萨姆人民联盟在 2001 年邦选中失利。莫汉塔被开除出党，2008 年重新加入，2012 年再次当选党主席。在此期间阿萨姆人民联盟在邦议会选举中表现不佳，该邦政权长期被国大党把持。2016 年该党作为印人党盟友在阿萨姆邦立法会选举中赢得 14 席，帮助印人党夺取该邦执政地位。

在国家层面，阿萨姆人民联盟在 1985 年首次参加大选，赢得 7 个人民院席位。随着该党在阿萨姆邦的影响力下降，其在人民院中的影响力逐渐边缘化，仅作为印人党在东北部对抗国大党的盟友。

6. 人民党（联合派）[Janata Dal（United），JD（U）]

正式成立于 2003 年，印度东部比哈尔邦和恰尔肯德邦的地方政党，在国家政治中具有一定影响力，总部设在新德里。该党奉行社会主义和世俗主义意识形态，主要支持者为低种姓印度教徒和部分穆斯林，属中左政党。

该党的前身可追溯至 1977 年为反对英迪拉·甘地而组建的人民党。1988 年，维·普·辛格（Vishwanath Pratap Singh）为对抗拉吉夫·甘地领导的国大党，将原人民党力量重新整合为新人民党（Janata Dal），并在 1989 年大选中组建国民阵线（National Front），击败国大党赢得执政地位。1994 年，乔治·费尔南德斯（George Fernandes）和尼蒂什·库马尔（Nitish Kumar）退出新人民党，另组平等党（Samata Party）。1999 年大选，新人民党决定加入印人党领导的全国民主联盟，再次引发分裂。由前总理德维·高达（Deve Gowda）领导的派系反对与印人党结盟，另立人民党（世俗派）［Janta Dal（Secular），JD（S）］。沙拉德·亚达夫（Sharad Yadav）领导剩下的派系组建人民党（联合派），加入全国民主联盟政府。2003 年 10 月，沙拉德·亚达夫领导的人民党（联合派）与平等党合并，仍以人民党（联合派）为名，费尔南德斯出任党主席。2005 年 2 月人民党（联合派）首次参加比哈尔邦选举，成为邦立法会第二大党，仅次于该邦另一个由新人民党分裂而出的政党——国家人民党（Rashtriya Janata Dal，RJD）。因后者无法获邦立法会过半支持组建政府，该邦在同年 10 月再次举行选举，人民党（联合派）取得了决定性的胜利，赢得 243 个席位中的 88 个，在印人党的支持下组建联合政府。尼蒂什·库马尔出任首席部长。库马尔形象清廉，担任首席部长期间大力发展基础设施建设，提升政府行政效率，改善了该邦贫穷落后的形象，在全国范围内赢得声望。2009 年人民党（联合派）在全国大选中赢得 20 席，成为人民院第五大党。2010 年该党又在邦选中将邦立法会席位数扩大至 115 席，继续与印人党组建联合政府。

人民党（联合派）自 2003 年以来就是印人党领导的全国民主联盟的重要成员，但出于世俗主义意识形态与吸引穆斯林选民的需要，该党始终与奉行的印度教民族主义的印人党保持距离。2013 年 6 月，该党因反对印人党提名莫迪为 2014 年大选的总理候选人而退出全国民主联盟。次年人民党（联合派）在大选中惨败，仅获 2 席，库马尔因此辞去首席部长职务，由党内同僚吉坦·拉姆·曼吉（Jitan Ram Manjhi）接任。2015 年曼吉被开除出党，库马尔重新出任首席部长，并在同年举行的比哈尔邦选举中与宿敌国家人民党和国大党结盟，击败了势头正盛的印人党，成功连任。但2017年7月26日库马尔辞去首席部长并宣布人民党（联合派）重归全国民主联盟，次日库马尔在印人党籍邦议员的支持下宣誓继续担任首席部长。2019年该党在大选中赢得15席，成为莫迪领导的全国民主联盟内部第二大党。

7. 大众社会党（Bahujan Samaj Party，BSP）

活跃于北印度的全国政党。该党成立于1984年，号称代表印度教社会最底层——达利特人（即"不可接触者"）的利益。该党反对种姓制度与任何种姓歧视，主张尊重和保护印度社会底层群体的权利。

1984年前公务员、达利特社会活动家坎石·拉姆（Kanshi Ram）受达利特政治领袖、印度宪法之父安贝德卡尔（Bhimrao Ramji Ambedkar）的思想启发，在1984年正式创立了大众社会党。该党在拉姆的继任者玛雅瓦蒂（Kumari Mayawati）的领导下（2003年正式接任党主席），逐渐发展成为人口第一大邦北方邦的重要政治力量。1993年大众社会党首次在北方邦执政，加入社会主义党（Samajwadi Party）领导人穆拉亚姆·亚达夫组建的联合政府。1995年大众社会党撤回对社会主义党的支持，转而与印人党结盟，玛雅瓦蒂首次出任首席部长，但在5个月后因印人党撤回支持而下野。此后，玛雅瓦蒂又分别在1997年和2002年两次短暂出任首席部长。2007年大众社会党调整竞选策略，与印度教高种姓群体结盟，在北方邦选举中取得决定性胜利，赢得邦立法会403席中的206席。玛雅瓦蒂再次出任首席部长，后因政府腐败与个人崇拜盛行而饱受指责。2012年大众社会党在北方邦选中惨败，不敌主要对手社会主义党，丧失执政地位。除北方邦外，该党在中央邦和切蒂斯格尔邦立法会也占有部分席位。

在国家层面，大众社会党较少与印人党或国大党结盟。2009年大选该党赢得人民院21席，与社会党并列成为人民院第三大党。但2014年该党在大选中颗粒无收，丢失全部席位。2019年大选，大众社会党在与社会主义党结盟的情况下未能阻止印人党横扫北方邦，仅获得10个人民院席位。

8. 社会党（Samajwadi Party，SP）

活跃于北方邦的地方政党，总部设在新德里。该党目标为"创建一个遵循平等原则的社会主义社会"，主要支持者为北方邦"其他落后阶层"（OBC）中的亚达夫（Yadav）种姓。

1992年10月，原北方邦首席部长（1989—1991）穆拉亚姆·辛格·亚达夫（Mulayam Singh Yadav）脱离新人民党（Janata Dal），在北方邦首府勒克瑙创立社会党。同年12月位于北方邦阿约提亚的巴布里清真寺被印度教右翼人士拆毁，穆拉亚姆·亚达夫公开支持穆斯林，赢得大批穆斯林选民支持。次年该党在大众社会党支持下在北方邦组建联合政府，穆拉亚姆出任首席部长。18个月后大众社会党撤回支持，邦政府倒台。此后社会党在北方邦立法会的席位数不断上升。2003年，由大众社会党和印人党组成的联合政府垮台，社会党在小政党、独立候选人和部分脱离大众社会党的邦议员支持下组建政府，直至2007年在北方邦选举中失利。2012年，社会党在穆拉亚姆·亚达夫之子阿基莱什·亚达夫（Akhilesh Yadav）的领导下完成新老更替。曾留学澳大利亚的阿基莱什招揽了大量年轻的专业人士入党，通过承诺向农民提供低息贷款、向学生提供平板电脑等政策吸引选民支持。同年社会党在邦选中击败大众社会党，时年38岁的阿基莱什成为北方邦历史上最年轻的首席部长。2017年该党在邦选中不敌印人党，再次沦为在野党。

在国家层面，社会党在1996年首次参加全国大选，赢得16席。该党加入联合阵线政府，穆拉亚姆担任国防部长至1998年。2004年社会党在全国大选中创造历史最好成绩，赢得36个人民院席位。2009年该党在人民院席位数减少至23席，为曼莫汉·辛格领导的国大党政府提供外部支持。受莫迪领导的印人党冲击，社会党在2014年和2019年大选中均只获得5席。

9. 湿婆军（Shiv Sena，SS）

马哈拉施特拉邦的地方政党，1966年由巴尔·萨克雷（Bal Thackeray）创立。该党最初由孟买的本土主义运动发展而来，早期致力于维护该邦本地族群马拉塔人的权益，后期转向支持印度教民族主义，主要支持者为马拉塔人，对宝莱坞电影业有很强的控制力。其名称"Shiv Sena"中的"Shiv"实为17世纪马拉塔英雄、马拉塔帝国缔造者希瓦吉（Shivaji），而非印度教三大主神之一的湿婆神（Shiva），该党名称的正确汉译应为"希瓦吉军"。

1966年6月，活跃于孟买的漫画家巴尔·萨克雷为宣传自己的反移民主张，成立以维护马拉塔人利益为宗旨的政治组织湿婆军。大批失业的马拉塔青年被萨克雷富有煽动性的演讲吸引，加入湿婆军中。该党早年曾组织大量针对孟买南印度人社区的暴力活动，打砸南印度餐厅，并向企业主施压要求其雇用马拉塔人。在选举政治方面，湿婆军自成立以来便开始参与孟买市政选举，并逐渐从亲马拉塔人的意识形态转为支持更广泛的印度教民族主义。自1989年以来，湿婆军与印人党结盟参与全国大选和马哈拉施特拉邦选举。1995年湿婆军在印人党支持下首次在马哈拉施特拉邦立法会选举中击败国大党，湿婆军领导人曼诺哈尔·乔希（Manohar Joshi）出任首席部长。2014年马哈拉施特拉邦选举前夕，该党与印人党在席位分配上的分歧导致联盟破裂。随后印人党在选举中大获全胜，双方经协商后再度结盟。2019年湿婆军再次退出印人党阵营。同年10月马哈拉施特拉邦立法会选举后，湿婆军转而与国大党和民族国大党联手在马哈拉施特拉邦组建政府，巴尔·萨克雷之子乌塔夫·萨克雷（Uddhav Thackeray）出任首席部长。

10. 平民党（Aam Aadmi Party，AAP）

活跃于德里的地方政党，2012年由反腐败运动发展而成的新型政党，自2015年以来成为德里地区的执政党。该党致力于打造清廉高效的政府，善于利用社交媒体进行宣传，在城市知识分子和青年群体中具有一定影响力。

2011年印度社会活动家安纳·哈扎雷（Anna Hazare）与阿尔温德·凯杰里瓦尔（Arvind Kejriwal）共同在德里发起大规模反腐败社会运动，要求议会通过反腐败法案。次年凯杰里瓦尔决定以组建政党的方式实现政治诉求，在德里创立平民党。哈扎雷以选举政治需要金钱、组建政党难以保持社会运动纯洁性为由拒绝加入。2013年平民党首次参加德里立法会选举，赢得全部70席中的28席，成为仅次于印人党的第二大党。凯杰里瓦尔在外部支持下组建少数派政府，出任德里首席部长。2014年，凯杰里瓦尔因未能在德里立法会通过反腐败提案而辞职，德里进入总统直管。2015年德里立法会重新举行选举，平民党以67席的成绩横扫立法会，凯杰里瓦尔再次出任首席部长。他在任上出台了一系列市政改革措施，以提升德里地区的交通与医疗卫生水平。2020年平民党在德里选举中再次赢得62席，获得连任。

第三节　印度政党体系的演变

印度联邦和地方的两级选举制度创造了印度的两级政党体系。在联邦层面，国大党作为独立运动的领导者，在独立后的相当长时间里在国家政治生活中处于中心地位，直至在内部分裂和外部挑战的共同作用之下逐步丧失对印度政治的主导权，使印度政坛进入政治碎片化与联盟政治的时代。在地方层面，地方政党的发展壮大瓦解了国大党的基层影响力，反过来又利用自身在地方建立的牢固影响力对国家政治施加影响，形成联邦与地方相互牵制、相互作用的复杂格局。

一　联邦层面的政党体系

（一）国大党一党主导时期（1952—1967）

独立后的印度继承了殖民时期相对成熟的政党制度，在1950年宪法生效后实现了政党政治的平稳过渡。1951年底1952年初，国大党在宪法生效后举行的首次大选中大获全胜，成为正式的执政党。作为独立运动的主要领导者，国大党在1952年、1957年和1962年的人民院大选中的得票率分别为45%、47.78%和44.72%，各赢得人民院议席总数的74.4%、75.1%和73.07%。在各邦立法会选举中，国大党分别获得议席总数的68.2%、65.7%和58.37%。除1957年印共赢得喀拉拉邦选举之外，国大党在全印所有的邦都保持一党独大的地位。国大党领导人尼赫鲁作为开国总理连续17年担任政府总理职务，直至1964年去世。

科塔里（Rajni Kothari）把这一时期称为"国大党体制"（Congress System）。① 国大党作为"共识党"（party of consensus）囊括了各种形式的意见和主要利益集团，通过自身机制的运作在利益集团间达成共识并治理国家。这一时期国大党的优势主要在于：一是国大党被视作独立运动的领导者而非通过选举获得权力的政治力量，并且具有高度包容的意识形态；二是国大党致力于实现民主平等与经济社会发展，呼应民众诉求；三

---

① RajniKothari, "The Congress 'System' in India", *Asian Survey*, vol. 4, no. 12, 1964, pp. 1161–1173.

是国大党是唯一组织覆盖全印并且具有丰富经验的政党，在尼赫鲁的强力领导下避免了派系斗争与政党分裂。[①] 在国大党内部，以莫拉尔吉·德赛（Morarji Desai）为代表的右翼保守派领导人，长期主张以自由市场代替左翼色彩浓厚的尼赫鲁计划经济政策，并且在意识形态上更倾向于民族主义而非世俗主义。但凭借党内机制运作以及尼赫鲁作为独立运动领导人的个人威望，国大党能够在这一时期妥善协调党内各派冲突并对国家实行有效治理，避免陷入大的分裂。

与此同时，其他政党只能作为压力党（parties of pressure）游走于权力边缘，通过公共舆论和议会辩论影响政策。印度独立前后从国大党分裂而出的政党，如社会党（Socialist Party，非1992年成立的社会党）、农工人民党（Kisan Mazdoor Praja Party）等，缺乏类似国大党的组织网络、社会资源，地域活动范围也较小。而具备全国组织网络的印度人民同盟和印共等政党，在选举政治上的经验有限，难以获得广泛支持。因此，1952年至1967年的印度政党制度在很大程度上是由国大党主导，几乎所有的选举也是以国大党为中心。

国大党体制是印度独立前该党成立的特定环境以及印度选举政治演变的产物。国大党凭借领导独立斗争获得的合法性、领导人的个人威望、相对温和的政策共识以及组织架构和资金来源上的优势，在独立初期成为印度政治的主导者。随着上述有利因素因时间推移而削弱，国大党的主导地位逐渐动摇，为其他政党在全国和地方层面挑战国大党创造了机会。

案例：宪法第356条总统治理

1957年印共在喀拉拉邦立法院选举中获胜，首次打破国大党对邦政府的垄断地位。印共领导人南布迪里巴德（EMS Namboodiripad）出任首席部长后在该邦推行土地关系法案和教育法案，试图在印度宪法范围内执行土地改革、加强政府对教育的管理监督，遭到该邦地主、天主教会等保守势力的强烈反对，国大党领导下的学生组织也加入反对邦政府的活动中。1959年该邦发生大规模反政府骚乱，尼赫鲁在亲赴喀拉拉邦视察后决定动用宪法第356条对邦实行总统治理，在印共仍处于邦立法会多数支

[①] Rekha Diwakar, *Party System in India* (New Delhi: Oxford University Press, 2017), pp. 45–46.

持的情况下，以"失去民心"为由强行解散邦政府。次年国大党在重新举行的邦立法会选举中夺回执政地位。该案例表明，在一党独大情况下主导政党可利用自身在联邦议会的优势干预地方政治，阻止其他政党的发展。

（二）国大党一党主导向多党竞争的过渡时期（1967—1989）

这一时期被视作印度由一党独大向多党竞争过渡的重要阶段。一方面，国大党全方位政党的先天缺陷与自身组织建设的不健全使党内矛盾难以调和，致使大量非尼赫鲁—甘地家族的元老与地方实力派另立门户，大幅削弱了国大党的执政根基；另一方面，左翼与右翼的反对党力量为推翻国大党的统治地位也在重新分化组合，并且不断整合自国大党分离出来的政治势力，形成印度独立后的第一个非国大党政府。总体而言，反对党在这一阶段发展迅速，已经具备了取代国大党执政的条件。但任何反对党均无力单独挑战国大党，国大党仍是唯一有能力主导全国政治的单一政党。

1964年尼赫鲁去世后，国大党体制面临严峻的内外挑战。在党内，尼赫鲁的去世使国大党缺少具备超越派系之争的领导人，党内各派分歧日益公开化；在党外，国大党需要应对不断恶化的经济形势，避免各类社会矛盾激化。夏斯特里在继任总理后延续了尼赫鲁的政策，使国大党政府实现平稳过渡，并妥善处理1965年第二次印巴战争。1966年1月夏斯特里在苏联塔什干与巴基斯坦签署《塔什干宣言》后因心脏病发作突然去世，英迪拉·甘地接任总理。

在党内矛盾加剧，经济形势进一步恶化的背景下，1967年大选成为印度政党体制变化的分水岭。尽管英迪拉·甘地在内外交困的情况下成功连任，但国大党在国家政党体系中的地位已经发生了重要变化。首先，国大党对中央与地方两级政治的垄断地位不复存在。国大党在中央和许多邦的支持率不断下降，全国有17个邦落入反对党手中，地方政党自此开始取代国大党成为邦议会选举的主导者。其次，与第一个阶段所不同的是，国大党内部的政治冲突开始以党际竞争而非党内派系斗争的形式表现出来。国大党陷入不断的分裂和重组，主要的政治领导人在国大党内外反复变换阵营，脱党行为变得十分普遍。与此同时，反对党开始走向联合，对国大党的执政地位构成空前挑战。

1969年国大党分裂为组织派和执政派。英迪拉·甘地领导的国大党

（执政派）大幅调整竞选策略，借贫困议题吸引底层选民，利用社会阶层之间的矛盾避免反对派合流，在1971年大选中赢得了44%的选票和68%的人民院席位，成功连任。此外，国大党还在邦级政治中通过与不同社会群体联盟的方式在地方政治中保持影响力。执政地位稳固之后，英迪拉·甘地独断专权的决策风格日趋严重，对内破坏党内民主，通过自己任命而非选举方式决定重要职务的人选，严重削弱了国大党的组织和动员能力；对外以高压手段打击反对党和反对党执政的邦，致使央地矛盾空前激化。党内不满英迪拉·甘地的行为被视作反党，党外的反国大党活动则被上升到对抗国家的高度，而非民主制度下政党之间的合法竞争。一些邦级的国大党领导人因党内渠道受阻而选择另立新党或加入已有的反对党。1975年6月，英迪拉·甘地宣布实施国家紧急状态，并一直持续到1977年3月。在此期间，新闻出版自由受到限制，反对党被取缔，主要反对派领导人和社会活动家被捕入狱，政治权力进一步集中于英迪拉·甘地个人手中。此前承担协调各方利益、缓和社会矛盾的联邦制度被紧急状态所破坏，社会矛盾激化。

在紧急状态之后举行的1977年全国大选中，国大党仅获得人民院35%的选票和28%的席位，首次在国家层面丧失执政地位。尽管国大党在1967年全国大选后开始走下坡路，但1977年大选标志着国大党垄断中央政府的时代终结。由各反对派联合组成的人民党（Janata Party）以41%的得票率赢得人民院54%的席位。人民党推举前国大党右翼领导人莫拉尔吉·德赛出任总理，组建了印度历史上第一个非国大党政府。然而人民党本身是由多个异质性较高的政党临时合并而成，其中包括右翼的印度人民联盟、反对英迪拉·甘地的前国大党成员和一些北印度农业政党，在意识形态、政策主张上存在诸多分歧。1979年7月德赛因人民党内部分裂被迫辞职，接任总理的查兰·辛格上任不久便因无法取得人民院多数支持而倒台。国大党在1980年的大选中以43%的得票率赢得近2/3的席位，英迪拉·甘地重新担任总理。1984年10月英迪拉·甘地因下令军队攻入锡克教圣地金庙而被自己的锡克教警卫刺杀身亡。同年国大党在英迪拉·甘地之子拉吉夫·甘地的领导下参加大选。在同情英迪拉·甘地的浪潮下，国大党以49%的得票率赢得近八成人民院席位。

国大党在1980年、1984年大选中接连以压倒性优势取胜，表明国大党在全国层面仍然是印度最重要的政党，但这一结果并不意味着"国大党体制"的回归。在国家层面，国大党的取胜在很大程度上得益于反对派自身的松散和脆弱，无力在全国政治层面成为国大党的替代者。而在地方层面，自1971年全国大选以来，国家层面人民院选举和邦立法会选举的脱钩，直接促进了地方政党和邦级政党体系的发展。泰米尔纳德邦、西孟加拉邦、喀拉拉邦、安得拉邦、哈里亚纳邦、卡纳塔克邦等地的政党体系已经基本独立于全国政治。1989年，由活跃于北印度的新人民党（Janata Dal）、安得拉邦的泰卢固之乡党、泰米尔纳德邦的德拉维达进步联盟、阿萨姆邦的阿萨姆人民联盟等政党组成的国民阵线（National Front）在大选中击败拉吉夫·甘地的国大党，标志着国大党统治人民院时代的彻底终结。

（三）联盟政治与印度人民党的崛起（1989— ）

这一时期印度政党体系的突出特征主要体现在两方面。一方面，联盟政治成为这一时期最为显著的特点。随着国大党体制的彻底解体和社会经济与政治利益高度分化，1989年至2009年的历次大选均未形成议席过半的多数党，中央层面的全部政府是以少数党或联盟政府的形式组建。达成联盟的关键在于起主导作用的全国性政党和参与联盟的地方中小政党之间的相互谅解。1989年之后，悬浮议会的不断出现使得地方政党的重要性上升，成为联邦政府存续的关键。受此影响，投机政客组建或加入地方政党的动机大幅提升。与此同时，一些本身已成为国大党地方领导人的政治精英也倾向于脱党组建相对较小但能灵活游走于各派之间的地方政党，以便最大限度地获得政治回报。联合政府最初在20世纪90年代促进了地区政党的崛起，这些政党的成功反过来又在21世纪的头10年使联合政府的趋势得到加强，并最终形成印人党领导的全国民主联盟（NDA）与国大党领导的团结进步阵线（UPA）两大阵营对垒的局面。另一方面，印人党自1989年以来迅速崛起，成为唯一能与国大党在国家层面相匹敌甚至大有取代趋势的政党。特别是莫迪领导的印人党在2014年和2019年两次大选中均取得人民院过半席位，使得许多政治学者开始预测印度政党体系未来是否会出现"印人党体系"，即印人党长期一党独大、取代国大党成为有能力主导全国政治的单一政党。

1989年12月，反国大党联盟国民阵线在印人党和左翼政党的外部支持下组建以新人民党领导人维·普·辛格为总理的联合政府。次年 10 月，印人党主席阿德瓦尼组织的"战车游行"活动被比哈尔邦新人民党政府制止，随即撤回对维·普·辛格政府的支持，致使后者在 11 月垮台。与维·普·辛格不和的钱德拉·谢卡尔（Chandra Shekhar）自新人民党分裂，另立社会主义人民党，在国大党支持下组建少数党政府。1991 年 3 月国大党以拉吉夫·甘地住宅受政府监视为由撤销对谢卡尔政府的支持，迫使总统宣布在当年重新举行大选。5 月，拉吉夫·甘地在泰米尔纳德邦的竞选活动上遇刺身亡，使国大党赢得部分选民的同情，在大选中赢得 244 席。尽管未能达到人民院席位的半数，但临危受命的国大党领导人纳拉辛哈·拉奥在 1991 年组建少数党政府，并成功完成了五年任期。

纳拉辛哈·拉奥在总理任期内实施经济改革，取消许可证制度，但未能阻止国大党在 1996 年大选中的溃败。国大党在此次大选中仅以 28.81% 的得票率赢得 140 席。印人党则以 20.29% 的得票率赢得 161 席，首次成为人民院第一大党。印人党领导人瓦杰帕伊在总统邀请下组建少数派政府，在不到两周的时间里因无法取得人民院过半支持而倒台。在此背景下，既不支持国大党也不支持印人党的"第三势力"成为组建政府的关键。左翼政党、新人民党和部分地方政党等 15 个党组建联合阵线，在国大党的外部支持下成立政府，推举新人民党领导人、原卡纳塔克邦首席部长德维·高达出任总理。然而国大党很快撤回对高达的支持，转而推举古杰拉尔继续担任联合阵线政府总理。1997 年 11 月，国大党撤回对古杰拉尔的支持，迫使总统宣布在 1998 年 2 月举行大选。印人党在大选中再次成为人民院第一大党，并在盟党支持下由瓦杰帕伊组建联合政府。此后不久，由于全印安纳德拉维达进步联盟退出政府，瓦杰帕伊在议会信任测试中以一票之差落败，在执政仅 13 个月后被迫解散政府。

自 1999 年大选起，印人党领导的全国民主联盟（NDA）与国大党领导的团结进步联盟（UPA）逐渐成型，印度联盟政治步入相对稳定成熟的新阶段。1999 年，印人党率先组建全国民主联盟（NDA）在全国大选中获胜，瓦杰帕伊成为印度历史上首个完成五年任期的非国大党总理。2003 年，国大党在地方政党的支持下成立团结进步联盟（UPA），并在大选中出人意料地重获人民院第一大党的位置。国大党主席索尼娅·甘地指派前财政部长曼莫汉·辛格出任团结进步联盟政府的总理。曼莫汉·辛格不仅在2008年美印民用核能协议引发的执政危机中顺利过关，并在2009年全国大选中再次击败印人党领导的全国民主联盟，并将国大党在人民院中席位数由2004年的145席扩大至206席，成为自英迪拉·甘地以来首位完成两个完整任期的总理。在索尼娅·甘地的领导下，国大党虽然凭借娴熟的联盟政治运作技巧扩大自身席位数量，却因尼赫鲁—甘地家族垄断党内事务、意识形态空心化等不利因素渐失政治影响力。自2014年以来，印人党在莫迪领导下不仅在2014年和2019年两次大选中成为人民院单一多数党，更在地方选举中扩大政治版图，改变了印度政党体系的发展方向。

二 地方邦层面的政党体系

和国家层面的人民院选举类似，印度的邦立法会（Legislative Assembly）选举同样采用了单议席单票制（FPTP）。与全国层面呈现出的政党碎片化特征所不同的是，大多数邦在独立后数十年的时间里逐步发展成为相对稳定的两党体系或两党联盟体系，形成不同政党或政党联盟竞争的"多元两极格局"。[①] 此外，北方邦、比哈尔邦、马哈拉施特拉邦、卡纳塔克邦等人口数量较多、社会结构相对复杂的大邦的政党体系相对复杂多元，未能形成相对稳定的"两极格局"。值得注意的是，在国家层面结成的政党联盟未必适用于邦级选举，在人民院中属于同一阵营的两党在某些邦选举中仍然处于竞争关系，这也使印度各政党之间竞争与合作关系变得更为复杂。

（一）两极体系

一是国大党与印人党两大全国政党之间的竞争，典型代表如中央邦、拉贾斯坦邦、古吉拉特邦、喜马偕尔邦、切蒂斯格尔邦（2000年自中央邦分离）。上述五邦长期由国大党和印人党交替执政，其他政党往往选择加入国大党或印人党阵营，难以形成有影响力的独立力量。

二是地方政党之间的竞争。如泰米尔纳德邦由两大地方政党德拉维达进步联盟（DMK）和全印安纳德拉维达进步联盟（AIADMK）交替执政，

[①] 斯里达兰、瓦尔希尼：《走向温和的多元主义：论印度的政党》，戴蒙德、冈瑟等著《政党与民主》，徐琳译，上海人民出版社2012年版，第227—228页。

国大党和印人党等全国性政党在该邦影响力甚微。2019 年邦立法会选举之后的安得拉邦同样可归为该类型。该邦曾长期处于国大党和该邦主要地方政党泰卢固之乡党的轮流执政之下，然而自 2019 年以来，由国大党分裂而出的 YSR 国大党取代了国大党在该邦的地位，使该邦政党体系呈现为两大地方政党竞争的两极格局。

三是国大党或印人党与地方政党之间的竞争。奥里萨邦自 2000 年以来由该邦地方政党胜利人民党（BJD）长期执政，国大党为其主要竞争对手。然而自 2019 年邦选以来，印人党借助自身在中央的强势地位取代国大党成为该邦最大在野党。德里在 2013 年之前曾一度处于国大党和印人党两党竞争模式之下，然而自 2013 年以来，异军突起的平民党取代国大党成为印人党在德里立法会选举中的主要对手。

四是两大执政联盟之间的竞争。旁遮普邦长期处于国大党与印人党两大阵营交替执政的状态，印人党通过支持其地方盟党阿卡利党与国大党争夺该邦执政地位。喀拉拉邦同样形成了相对稳定的两极格局，印共（马）领衔的左翼联盟与国大党及其地方盟友在该邦交替执政。西孟加拉邦在 1977 年至 2011 年曾由以印共（马）为首的左翼联盟长期执政，左翼联盟与国大党阵营构成对立的两大执政联盟。然而自 2011 年以来，由国大党分裂而出的草根国大党击败左翼联盟取得执政地位，该邦自此形成草根国大党与左翼联盟两大阵营对立的新两极体系。

（二）多极体系

北方邦人口众多，种姓结构相对复杂，自 20 世纪 60 年代后期开始逐渐形成国大党与旧人民党阵营交替执政的局面。进入 80 年代之后，随着种姓政治的凸显与印度教民族主义的崛起，该邦内部多股政治力量交织，逐渐形成以高种姓为主的印人党、以达利特为主的大众社会党和中等种姓（亚达夫）为主的社会党三方交替执政的局面。加上在该邦维持稳定影响力的国大党，北方邦形成多方竞相角逐的多极体系。

比哈尔邦自 20 世纪 90 年代以来形成印人党与新人民党分化产生的国家人民党（RJD）、人民党（联合派）多方竞相角逐的政党体系，三方不断分化组合，在该邦形成多极并存的政党体系。拉鲁·亚达夫（Lalu Prasad Yadav）及其家族领导的国家人民党曾于 90 年代在该邦长期执政。2005 年，尼蒂什·库马尔领导的人民党（联合派）与印人党联合击败国家人民党，库马尔由此开始在比哈尔邦建立长期执政的局面。2014年人民党（联合派）退出印人党领导的全国民主联盟，引发党内分裂。库马尔转而与国家人民党结盟，在2015年的邦立法会选举中击败印人党，获得连任。2017年双方盟约破裂，人民党（联合派）重回全国民主联盟，转而与印人党在该邦联合执政。

卡纳塔克邦自20世纪90年代以来形成国大党、印人党与新人民党（Janata Dal）及其后继的人民党（世俗派）三方争夺的多极体系。自2005年以来，人民党（世俗派）主要领导人改换阵营加入国大党，其影响力下降，难以独立取得执政地位，但作为独立于印人党和国大党的第三方势力在该邦维持一定影响力。2018年邦立法会选举后，人民党（世俗派）在国大党支持下赢得多数支持，组建联合政府，次年因执政联盟内部分议员倒戈而丧失执政地位。

马哈拉施特拉邦自20世纪90年代末以来长期维持国大党—民族国大党联盟对抗印人党—湿婆军联盟的两极体系。然而随着2014年莫迪执政以来印人党一党独大，湿婆军与印人党之间的矛盾日趋凸显。2019年湿婆军退出印人党主导的全国民主联盟，转而在国大党和民族国大党的支持下组建联合政府，使该邦政治体系由两大执政联盟竞争向多极竞争的方向发展。

第四节　政党碎片化与联盟政治

政党碎片化始终是印度政治研究的热点问题。自"国大党体制"瓦解后，印度既没有形成两党制，也没有进入相对稳定的多党制，而是呈现出碎片化的特点。在全国和地方两级政治体制中，有实力参与选举和获得议会席位的政党数量都在不断增加。随着地方政党在人民院获得席位总数的增加，小党在联盟政府中的内阁部长数量和影响政策议程方面拥有不成比例的权力，对联盟政府的稳定性变得至关重要（见图6.1）。

一　政党碎片化

印度历年大选有效政党数（Effective Number of Parties，ENP）的变化，在一定程度上反映了印度政党碎片化的发展趋势。在研究实践中，有

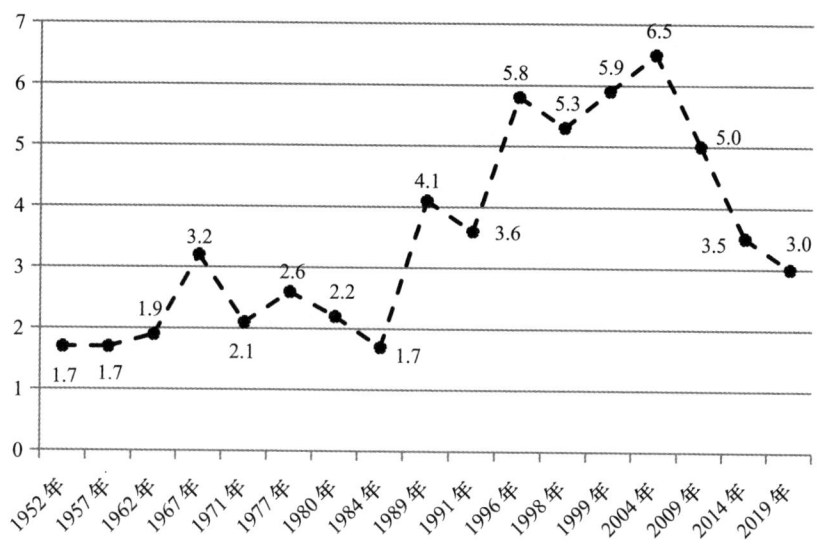

图 6.1　印度历次大选有效政党数演变趋势

效政党数量可以有效地反映政党体制，如果所有参选政党获得的选票或席位一样，那么有效政党数恰好等于实际政党数量。假如两个政党参选，每个政党都得到 50% 的选票或席位，那么有效政党数为 2.0。如果此时某个政党获得的选票或席位数较多，那么 ENP 值会下降，领先优势越大，ENP 值就越接近 1.0，即由两党制走向一党制或一党独大体制。如果存在三个或更多政党可以通过与其他政党联合的方式控制或参与政府组成，那么有效政党数大于 3.0，也就是我们说的碎片化政党竞争。

谢超依据人民院席位数对印度历年大选有效政党数的演变进行了分析。① 在"国大党体制"时期，有效政党数基本稳定在 2.0 以下，反映了国大党一党独大的优势。到了 1967 年大选，国大党的分裂和地方政党崛起使有效政党数量短暂上升到 3.2。然而随着英迪拉·甘地在国大党的领导地位得到稳固，有效政党数下降并稳定在 2.0 至 3.0，此时国大党基本保持领先地位。1977 年国大党首次在大选中失利，有效政党数出现短暂上升，但很快在国大党夺回政权后再次下降。自 1989 年以来，有效政党

---

① 谢超：《印度政党政治碎片化的成因和历程》，《国际政治科学》2015 年第 4 期，第 42—71 页。

数量始终维持在 3.0 以上，甚至在 1996 年至 2009 年突破 5.0，反映了联盟政治时期印度政党政治的高度碎片化。然而值得关注的是，自莫迪领导的印人党在 2014 年大选中取得人民院过半席位以来，印度政党碎片化趋势逆转。2019 年大选后，印度的有效政党数量从 2014 年的 3.5 跌至 3.0，趋近政党碎片化的临界点。

政治学界对印度政治碎片化的成因主要基于三种不同的视角。

第一种从印度不同地域与社会族群之间的客观差异入手，认为上述差异的政治化催生了一大批基于地域、族群或种姓的政党。马诺尔（James Manor）认为独立初期国大党对于地方政治诉求的忽视，尤其是强行推广印地语国语的运动，促成了德拉维达进步联盟、阿卡利党和阿萨姆人民联盟等地方政党的崛起。① 布拉斯（Paul Brass）② 和弗兰克尔（Francine R. Frankel）③ 等人的研究表明，绿色革命后农业种姓经济条件的改善催生了其政治意识，壮大了以查兰·辛格为首的一批北印度农业政党。这些农业政党大幅削弱了国大党在北印度的执政基础，并成为人民党（Janata Party）的重要组成部分。进入 20 世纪 90 年代，随着曼德尔委员会报告执行以及"其他落后阶层"（OBC）保留制度的确立，种姓政治化的加剧促进了印地语地区知识精英的分化。大众社会党、社会党等依赖种姓的政党发展迅速，加剧了北方邦、比哈尔等人口大邦的政治碎片化。

第二种则倾向于从政治制度入手，认为印度的联邦制度与选举模式促进了政治碎片化。奇伯（Pradeep Chhibber）认为印度国家与邦两级政治的脱钩在客观上降低了各邦地方政党间结盟的障碍，使得地方政党能在无须牺牲太多本邦利益的前提下在国会中结盟。④ 此外，印度宪法将关乎民生的事项，尤其是涉及农业、土地使用、灌溉、水电、教育、卫生等事项的决定权下放给邦议会，客观上有助于地方政党获得政治支持。更为重要

---

① James Manor, "Regional Parties in Federal Systems: India in Comparative Perspective", in Balveer Arora and Douglas Verney eds., *Multiple Identities in a Single State: Indian Federalism in Comparative Perspective*, (New Delhi: Konark Publishers, 1995), pp. 107 – 135.

② Paul Brass, "The Politicization of the Peasantry in a North Indian state: Ⅰ and Ⅱ", *Journal of Peasant Studies*, 1980, Vol. 7 (4), pp. 395 – 426 and Vol. 8 (1), pp. 3 – 36.

③ Francine R. Frankel, "Middle Classes and Castes in India's Politics: Prospects for Political Accommodation", in Atul Kohli eds., *India's Democracy* (New Delhi: Orient Longman, 1991), pp. 225 – 261.

④ Pradeep Chhibber, *Democracy without Associations*, (New Delhi: Vistaar Publications), 1999.

的是，印度选举采取的单议席单票制（FPTP）客观上更容易促成两党制，即"迪韦尔热定律"。斯里达兰认为单议席单票制至少在邦立法会选举中促成了两党制或两极对垒的格局，然而由于国家与邦两级政治间的相对割裂，国家层面两大阵营间的竞争更加复杂，致使"迪韦尔热定律"无法在印度国家层面的政党体制中发挥作用。[1]

第三种则基于政党的动员机制与组织能力。科利（Atul Kohli）认为自英迪拉·甘地开始国大党集权化严重，党内民主被严重削弱，基层组织和动员能力逐步丧失，迫使传统的国大党支持者投奔反对党阵营，尤其表现为原国大党地方政治精英纷纷另立门户。[2] 西孟加拉邦的草根国大党、马哈拉施特拉邦的民族国大党以及安得拉邦的泰卢固之乡党和YSR国大党都是原国大党地方政治精英自立门户的典型代表。

二 联盟政治的实践

（一）联合政府与最低共同纲领

为克服政治碎片化、人民院单一多数党缺失对政治稳定性的削弱，以多党联合形式组建执政联盟开始取代单一政党成为印度政治的主导力量。执政联盟的组建可分为选前结盟与选后结盟，两者之间的区别在于各政党是否在竞选期间的席位分配上开展合作。在1999年印人党领导的全国民主联盟上台之前，印度联合政府的执政稳定性并不高。由于政党结盟的主要目标是让选票发挥最大效用（获得席位）以及在政府"寻求职务"（出任部长），政策回报与意识形态的一致性并非结盟时的首要考量，多党组成的执政联盟在上台后往往因政策回报难以兑现或者具体政策上的意识形态分歧而破裂。从1989年的维·普·辛格政府到1998年的瓦杰帕伊政府，都因意识形态分歧与政策预期落差而倒台。此外，一旦联盟内核心政党（或者说拥有席位数足以打破执政平衡的政党）将联盟战略视为获得单一多数党战略的过渡阶段，或对执政联盟内部的较小政党伙伴的政治利益形成冲击，同样影响执政联盟的团结。2019年大选前夕，印人党长期

---

[1] E. Sridharan, "Duverger's Law, its Reformulations and the Evolution of the Indian Party System", IRIS India Working Paper No. 35, University of Maryland, Feb. 1997.

[2] Atul Kohli, *Democracy and Discontent* (New York: Cambridge University Press), 1991.

盟友泰卢固之乡党与湿婆军因不满莫迪政府"忽视盟党利益"而选择退出全国民主联盟。

维持执政联盟稳定性的关键在于，联盟内各党如何以可持续的方式达成并遵守联盟战略，将联盟转化成一个深思熟虑的政治选项，而非为取得执政地位的应急之策。随着政党谈判和妥协日益频繁，以及政党联盟和谈判妥协日益增多，政党之间可以达成和遵守最低共同纲领（Common Minimum Programme）以组建执政联盟，这种机制化的安排可以克服初期联合政府表现出的执政稳定性不高的缺点，在拓展执政机会的同时给各党带来稳定的政治期待。

在印度联盟政治中，最低共同纲领的雏形至少可追溯至国大党一党主导向多党竞争的过渡时期（1967—1989），在邦级立法会选举中已经出现了较为成熟的最低共同纲领。典型代表如印共（马）与印共结成的左翼阵线，其最低共同纲领在立足两党社会主义意识形态的同时化解双方在具体问题上的分歧，使左翼阵线在此后数十年的时间内保持内部的团结与稳定，得以在西孟加拉邦、喀拉拉邦、特里普拉邦等地保持长时间的执政地位。

在全国政治层面，相对成熟的跨党派、跨意识形态的最低共同纲领出现于1996年由"第三势力"组建的联合阵线。联合阵线在其最低共同纲领中明确其执政目标为"组建世俗、自由和民主的联合政府"。[①] 具体主张包括在政治、行政和经济事务上实行更大的联邦主义，发挥各邦的自主积极性，承诺联邦政府未经国会批准不得解散邦立法会；维护世俗主义原则，反对印度教民族主义，保护少数族群基本权利，支持印度《宪法》第370条赋予印控克什米尔地区的"自治地位"；继续推动经济自由化改革，放松政府管制，成立撤资委员会审查私人资本收购国有企业情况，在减少公共部门开支、降低政府财政赤字的同时提高最贫困人口的生活保障。尽管联合阵线政府因国大党撤销支持而未能完成五年任期，但其最低共同纲领在最大限度上保持了联合阵线内部的团结，对印度政治经济发展起到了积极作用。一方面，联合阵线政府尽最大努力执行了最低共同纲

[①] Sanjay Ruparelia, *Divided We Govern: Coalition Politics in Modern India* (Oxford University Press, 2015), pp. 176-177.

领，确保拉奥政府以来印度经济自由化改革进程在联合阵线政府时期得到延续，并且通过改善央地关系、释放地方政府在改善营商环境上的积极性，为这一时期印度经济的高速增长提供有利的政治环境；另一方面，不同意识形态和地域背景的政党经过协商、共同起草执政纲领并落实执行的成功实践，为此后建立稳定的多党联合政府提供了宝贵的经验。

此后，印人党在瓦杰帕伊领导下于1998年5月组建了全国民主联盟（NDA），并成为印度历史上首个完成五年任期的执政联盟。尽管全国民主联盟迄今没有明确的"最低共同纲领"，但其竞选宣言"发展、善治与和平的国家议程"（National Agenda for Development, Good Governance and Peace）被视作实际上的最低共同纲领。为了巩固和稳定联盟内非印度教民族主义意识形态的政党，印人党将重建罗摩庙、废除宪法第370条和统一民法典等本党核心诉求排除在联盟竞选宣言之外，将施政重点放在经济发展与国家治理上，避免了执政联盟因内部意识形态分歧而陷入分裂。

在全国民主联盟的压力下，国大党为取得执政地位也开始寻求与其他政党组建稳定的政治联盟。2004年，国大党在索尼娅·甘地的领导下创立了团结进步联盟（UPA）。针对印人党的印度教民族主义意识形态和瓦杰帕伊执政期间社会贫富差距扩大的情况，团结进步联盟在最低共同纲领中提出了六项基本原则，即维护社会和谐，反对原教旨主义；确保经济高速增长，保障家庭就业；保障工人、农民特别是非正规部门劳动者的福利；充分赋予女性在政治、教育、经济和法律上的权利；为表列种姓、表列部落、其他落后阶层和宗教少数群体提供教育和就业上的平等机会；激发企业家、科学家、工程师等专业人士在社会生产中的创造力。① 在不被看好的情况下，团结进步联盟在2004年的大选中意外获胜，并于2009年获得连任，使有百年历史的国大党重回印度政治舞台的核心。

除此之外，直到2014年莫迪执政之前，印度政党的去意识形态化趋势也提升了联合政府的稳定性。去意识形态化是指为了执政或参与联合政府，政党可以在短时间内调整纲领和重新定位政党路线，或者跨意识形态与其他政党结盟。除了印人党作为联盟的核心政党主动搁置自身印度教民族主义主张之外，其他政党在意识形态上的模糊处理也为其协商妥协提供

---

① "UPA, Left parties release CMP", *the Hindu*, May 28, 2004.

了充足空间。进入联合政府时代以来，全国民主联盟和团结进步联盟内的主要成员进出和更换阵营的情况屡见不鲜，地方政党更换门庭时也没有遇到太多意识形态障碍。据统计，在大选层面，至少有五个地方政党成功地更换了联盟阵营，连续在不同执政联盟下获得内阁部长席位，例如德拉维达进步联盟先后加入过联合阵线（1996—1998）、印人党领导的全国民主联盟（1999—2003）和国大党领导的团结进步联盟（2004—2013）。在邦级政治中同样出现类似情况。例如，社会党（SP）最初的目标是要在北方邦建立一个国大党和印人党之外的第三阵线，但是1993年社会党与大众社会党（BSP）结盟，1998年又与国大党结盟；在泰米尔纳德邦，德拉维达进步联盟和全印安纳德拉维达进步联盟在国大党和印人党之间摇摆；安得拉邦的泰卢固之乡党先是与印人党结盟（1998—2003），后来又与左翼阵线结盟。政党之间的标签变得模糊，政党主张之间的差异非但没有扩大，反而出现同化和合流的趋势，这也使政党达成最低共同执政的可能性进一步上升，有利于政党联盟的执政稳定性。

（二）中小政党与大党之间的博弈

印度在教派、种姓、语言、文化和地域上的多元性为中小地方政党留下了政治空间，而联盟政治的环境中又为地方政党获取国家层面的权力提供了路径。对于小党或地方政党来说，联合执政机制带来的最大好处是通过参与联盟获得角逐最高权力的机会，获胜后可以参与到国家权力分配和决策过程，获得稳定的政治回报。在联盟政治中，中小政党参与或退出执政联盟、影响投票结果的能力，比他们在议会中的席位数更具威力。正因为如此，中小政党可在与全国性大党的博弈中，获得与自身席位数与代表性不相称的权力。

1989年至2009年在中央组成的联合政府中，大量中小政党在联邦政府获得部长甚至内阁部长的职务，为本党换取更多政治或经济利益。例如，草根国大党领导人班纳吉分别于1999年至2001年和2009年至2011年在全国民主联盟和团结进步联盟政府担任铁道部长。她在任职期间大幅增加本党大本营——西孟加拉邦的车次数量，重点发展该邦大吉岭铁路旅游项目，并将铁路预算用于加尔各答地铁，借国家资源提升本党在该邦的政治影响力，为赢取西孟加拉邦地方选举助力。德拉维达进步联盟出身的拉贾（Andimuthu Raja）2007年至2010年在曼莫汉·辛格政府担任通信和信息技术部长期间，涉嫌违规以低于市场的价格向企业出售2G电信频谱经营权，至少给政府带来1.77万亿卢比的经济损失。印度中央调查局（CBI）估计拉贾从中收受的贿赂高达300亿卢比。[1] 2004年，曼莫汉·辛格政府中小政党人民院席位数与部长人数如表6.1所示。

表6.1　　　　　中小政党人民院席位数与部长人数
（2004年曼莫汉·辛格政府）[2]　　　　单位：人；%

政党名称	人民院席位数		部长		内阁部长	
	席位数	占比	人数	占比	人数	占比
国家人民党	24	4.4	8	11.9	2	7.1
德拉维达进步联盟	16	2.9	7	10.4	3	10.7
民族国大党	9	1.7	3	4.5	1	3.6
劳动人民党	6	1.1	2	3.0	1	3.6
人民力量党（LJP）	4	0.7	1	1.5	1	3.6
总计	59	10.8	21	31.3	8	28.6

尽管小党成员的"利己行为"可能对政府形象产生负面影响，但结盟为大党带来的政治收益同样十分可观。对于全国政党来说，与中小政党结盟不仅有助于自身以相对较少的票数获取执政地位，更可借合作扩展自身政治地盘、打击竞争对手，以较低的成本和较短的时间将政治影响力发展到自身组织力量相对薄弱的地区。受历史因素影响，意识形态色彩强烈的印人党在印度教民族主义薄弱的南部和东部地区支持率较低。为迅速扩大自身影响力、打击主要对手，印人党自20世纪90年代以来通过支持泰卢固之乡党、胜利人民党（BJD）等印度南部、东部地方政党，挤压国大党在上述地区的政治影响力。反之，国大党亦通过与国家人民党（RJD）、社会党（SP）的合作瓦解印人党在比哈尔邦、北方邦印地语核心地带的票仓。即便印人党在2014年大选中以绝对多数地位执政，也并未抛弃全国民主联盟，而是继续通过结盟扩大自身影响力。在党主席阿米特·沙阿

---

[1]　"A Raja made Rs 3,000cr in bribes", *Times of India*, Feb 11, 2011.
[2]　"Manmohan Singh, 67 ministers sworn in", *Rediff*, May 22, 2004, https://www.rediff.com/election/2004/may/22man.htm.

(Amit Shah)的领导下，印人党借中央政府资源笼络东北部地方小党，不仅终结了国大党在东北部诸邦的长期统治，更在短时间内使印人党成为东北部地区的主导政治力量。

案例：2008 年人民院信任投票

2006 年 3 月，美国总统布什访印，与时任印度总理曼莫汉·辛格签署民用核能合作协议。根据该协议，美国将向尚未签署《不扩散核武器条约》的印度提供民用核能技术和核燃料，条件是印度将其民用核项目与军用核项目分离。以印共（马）为首的左翼阵线认为该协议导致印度丧失在核能利用上的自主权，严重危害印度主权。2008 年 7 月 9 日，在人民院占有 59 席的左翼阵线撤回对曼莫汉·辛格政府的支持，致使支持政府的议员数量降至 268 人，低于执政所需的 272 席。[①] 7 月 12 日人民院进行政府信任投票，曼莫汉·辛格政府通过拉拢其他中小政党议员，以 275 票支持、256 票反对的微弱优势通过信任投票[②]，避免了政府倒台。此次涉险过关后，国大党在次年举行的选举中扩大了团结进步联盟的席位数，政府稳定性得到大幅提升。与此同时，印共（马）自 2009 年大选以来人民院席位数大幅减少，在联盟政治中的影响力急剧萎缩。

（三）印人党对联盟政治的挑战

印人党自 1980 年成立以来，取得了飞速发展。在不到二十年的时间里，印人党在人民院中的席位数从 1984 年的 2 席上升到 1996 年的 161 席，一跃成为人民院第一大党。此后，该党又在 1998 年和 1999 年的两次全国选举中都赢得了 182 个席位，领导全国民主联盟政府完成了首个五年任期。尽管全国民主联盟在 2004 年和 2009 年的全国选举中输给了国大党领导的团结进步联盟，并且印人党的席位和得票率都有所下降，但 2014 年印人党在莫迪领导下成为自 1989 年以来首个人民院单一多数党，重新赢得执政地位。当政治学者还在为印人党是否终结印度联盟政治而争论不休时，莫迪又在 2019 年大选中将印人党一党独大的优势大幅提升。印人党不仅重现 2014 年横扫印地语区的情形，更在地方政党势力根深蒂固的

[①] "Small parties, independents in great demand", *The Hindu*, July 12, 2008.
[②] "Indian Government Survives Confidence Vote", *The New York Times*, July 23, 2008.

西孟加拉邦、奥里萨邦大幅扩展席位数量，势力范围自西向东大幅扩展。在人民院席位数突破三百大关的同时，印人党的得票率从 2014 年的 31.3% 提升到 37.4%，在席位数量和分布上均有大幅扩张。

就 2014 年和 2019 年两次大选的表现来看，印人党已经对自 1989 年以来产生的联盟政治构成强有力的挑战。部分学者认为印人党已经成为印度下一个政党体制的主导者。① 相比于联盟政治时代去中心化的特征，自 2014 年以来以莫迪为一切政治议题中心的现象标志着印度政治风向标的改变。在 2014 年以后的全国大选和地方选举中，印人党及其竞争对手都将自己定位为莫迪的支持者或反对者。尤其是在 2019 年大选中，尽管反对党既没能创建全国性的反印人党联盟，也没有推举各方认可的反对党总理候选人，却将反莫迪反印人党作为主要的宣传口号，使莫迪本人成为 2019 年大选的核心，堪比 20 世纪 70 年代的英迪拉·甘地。

在意识形态领域，印人党将印度教民族主义打造成为印度的主流意识形态，并在外交、安全、经济等议题上垄断了话语权。2019 年大选前夕，印人党继续围绕莫迪个人影响力做文章，突出莫迪对外维护印度安全、实践大国梦想，对内心系劳苦大众、励精图治谋发展的"印度守护者"形象。一方面，莫迪政府以报复印控克什米尔地区发生的恐怖袭击为由对巴基斯坦发动跨境"空中外科手术打击"，借"国家安全""反恐"等议题凸显莫迪维护印度国家安全的强人形象，将国家安全与印人党奉行的印度教民族主义意识形态捆绑，在赢得更多选民支持的同时转移舆论对失业议题的关注；另一方面，印人党在经济上着力宣传向穷人免费提供天然气、住房、为穷人修建厕所等落实情况较好的福利政策，通过接地气、民众切实可见的政绩掩盖宏观经济表现不佳的事实。此外，莫迪政府频繁以"总理"或"莫迪"为中央政府出台的医保、住房保障计划冠名，将国家福利政策同莫迪个人捆绑，进一步树立莫迪心系穷人、关注民生的形象。

在决定政党硬实力的财力和动员能力上，印人党也大大超出了其他所

---

① Milan Vaishnav and Jamie Hintson, "The Dawn of India's Fourth Party System" (Carnegie Endowment for International Peace, Washington, Sep. 5, 2019), https：//carnegieendowment.org/files/201909 - VaishnavHintson.pdf.

有政党之和。据新德里非营利机构"传媒研究中心"估计，2019年印度大选耗资约5000亿印度卢比，相比2014年增长了40%。面对急速攀升的选举成本，选举资金成为印度政党实力的重要指标。印度非营利机构"民主改革协会"报告称2017—2018财年印度前七大政党总收入约为139.79亿卢比，其中印人党一党收入便高达102.73亿卢比，占七党总额的73.5%。仅在"选举债券"的筹资渠道上，2018年印人党便获得2.1亿卢比的资助，占当年全部"选举债券"的95%。[1] 充足的资金使印人党能够轻松地在印度的"选举产业"中占据垄断地位。据印度《经济时报》报道，印人党在选举期间共租用了20架直升机和12架公务机，而主要对手国大党仅有10架直升机与4架公务机。国大党甚至向媒体抱怨印人党包下了全国所有的直升机与公务机业务，令国大党"无机可用"。[2] 在广告投入规模上，印人党与其他反对党也不在一个数量水平。选举期间印人党在"脸书"和"谷歌"上分别投入4230万卢比和1.7亿卢比用于竞选广告，远高于第二名国大党的1460万卢比和2710万卢比。[3] 在组织动员方面，印人党母体组织国民支援服务团（RSS）继2014年大选后再次为印人党提供全面支持。印人党可利用数量庞大的团志愿者和遍布全国的基层组织，在微观层面将政治动员"落实到人"，确保将宣传材料挨家挨户送到每一个选民手中。据印媒报道，2018年8月至2019年3月印人党在北方邦投入了约300万名基层工作者，负责与该邦近1.3亿选民建立起一对一联系。在部分地区印人党工作人员与选民的比例甚至高达1∶30。[4] 除了投入密集的人力外，印人党还在宣传资源的分配中实现

---

[1] "In 2019, Is BJP Riding a Modi Wave or a Money Wave?", *The Wire*, May 6, 2019, https://thewire.in/politics/bjp-modi-political-funding-money.

[2] "Plane truth：BJP ahead in 2019's campaign airpower", *Economic Times*, Apr 3, 2019, https://m.economictimes.com/industry/transportation/airlines-/-aviation/plane-truth-bjp-ahead-in-2019s-campaign-airpower/articleshow/68697231.cms.

[3] "BJP top spender on political ads on digital platforms", *Economic Times*, May 16, 2019, https://m.economictimes.com/news/elections/lok-sabha/india/bjp-top-spender-on-political-ads-on-digital-platforms/articleshow/69351792.cms.

[4] "BJP leaves no stone unturned to ensure big win for Modi in Varanasi", *Economic Times*, May 03, 2019, https://economictimes.indiatimes.com/news/elections/lok-sabha/uttar-pradesh/bjp-leaves-no-stone-unturned-to-ensure-big-win-for-modi-in-varanasi/articleshow/69154566.cms.

"精准动员"。相比之下，反对党无论是在基层组织的广度还是动员能力的深度上都无法与印人党匹敌。

本章小结

　　印度号称"世界上最大的民主国家"，每年都有数以亿计的选民涌向投票站为自己支持的政党投票，政党和选举在任何时候都是印度媒体和舆论关注的焦点。依照本书惯例，本章从政党相关的法律制度入手，简要介绍了印度政党和政党体系的演变，梳理政治学界对政党碎片化和联盟政治这一热点问题的研究。

　　第一部分汇总了与政党相关的法律规定。印度现代政党诞生的时间远远早于宪法，宪法的制定者为保证政党权益不受制约，并没有对政党活动加以过多约束。尽管英迪拉·甘地试图通过修宪增加结社限制打击反对派活动，但这一尝试很快就被德赛政府废除。总体而言，印度宪法对政党行为的限制相对较少，大大降低了成立新政党的门槛，为印度政党数量的迅速膨胀和政治碎片化提供了条件。另外，各类社会运动能通过成立政党建立相对长期的政治影响力，议会政治的参与度和包容性得到了大幅提升。而《反脱党法》的制定主要针对议员的个人行为而非政党，反映出印度宪法对于政党利益的保护。尽管《反脱党法》的初衷是遏制成员的脱党行为，但实际执行效果有限，相关诉讼难以及时得到处理，议员集体倒戈行为仍然时有发生。

　　第二部分介绍政党分类方法与主要政党概况。与西方国家政党所不同的是，多数印度政党在意识形态上的特征并不突出，甚至缺乏明确的政策主张，沦为纯粹的选举党。此外，领导人个人魅力对于政党的发展至关重要，由此带来的家族政治也在印度政党中十分普及，给政党机制建设与组织发展带来了许多负面影响。许多依赖个人或家族的政党往往在领导人更新换代时陷入大的分裂，甚至土崩瓦解。相比而言，印人党和国大党组织结构相对完善、政策目标明确，因而更具备长期可持续的政治生命力。

　　第三部分介绍印度政党体系的演变。在全国层面，印度政党体系经历了印人党一党独大向多党竞争的逐渐过渡，在一定程度上反映了印度社会不同阶层的高度分化。与此同时，印人党试图以印度教民族主义的意识形态动员统合占人口多数的印度教徒,与不同族群相互排斥的分化力量同时影响着印度政党体系未来走向。在地方层面,除部分情况相对复杂的大邦之外,多数邦形成了相对稳定的两大对立政治集团,基本符合迪韦尔热定律。从某种程度上来说,全国政党体系更像是各邦政党体系的叠加,这也为理解印度政治碎片化提供了新的思考路径。

最后一部分介绍印度政党碎片化与联盟政治的实践。印度作为一个人口众多、族群与地域差异巨大的国家,具备政治碎片化的天然土壤。与此同时,联邦制的设计、央地不同的权力分配也从制度上加剧了政党碎片化的趋势。为降低政党碎片化对执政稳定性的冲击,印度政党在经过多次的协商与博弈后发展出一套相对成熟的联盟政治体制,为印度近二十年来的经济快速增长提供了保障。与此同时,印人党在 2014 年和 2019 年两次大选中连续获得人民院过半席位,大有终结政党碎片化、开启"印人党体制"的势头。

就 2019 年大选后的形势而言,印度"联盟政治"已经在印人党的冲击之下逐渐褪色。虽然莫迪政府仍以全国民主联盟的形式运作,但执政联盟的作用与 2014 年之前相比已大相径庭。一方面,执政联盟内中小政党的地位大幅下降,主导政党无须对盟党做出过多妥协。莫迪在 2014 年和 2019 年两次大选后仅任命了 3 名非印人党籍的内阁部长,远低于同为全国民主联盟政府的瓦杰帕伊内阁,反映出盟党在执政联盟内的弱势地位。与此同时,执政联盟内影响力相对较大的盟党则因自身利益诉求难获满足而选择退出政府。时为全国民主联盟内第二大党的泰卢固之乡党和湿婆军先后在 2018 年和 2019 年退出执政联盟。另一方面,印人党和国大党之外的"第三势力"政党在全国政治中的议价空间也在大幅缩小。北方邦两大地方政党社会党与大众社会党在 2017 年邦立法会选举和 2019 年全国大选中先后惨败于印人党,在全国和地方邦两级政治中的影响力均大幅减弱。西孟加拉邦的草根国大党(TMC)与奥里萨邦的胜利人民党(BJD)虽仍在各自的邦议会中掌握执政地位,但人民院席位数在印人党的挑战之下均在 2019 年大选之后大幅减少。尽管在可预见的未来,印人党无法复制独立初期的国大党在联邦与地方两级政治所享有的垄断地位,但至少在联邦层面仍然能在缺少竞争对手的前提下保持主导地位。

更重要的是,印人党对印度政治生态的冲击在于逆转了联盟政治时代政党"去意识形态"的趋势。在莫迪领导的印人党看来，凝聚政治共识的关键在于以印度教民族主义意识形态动员占人口多数的印度教徒。尽管印人党暂时无法在字面上删去印度宪法中的"世俗"原则，但在实际施政中以印度教徒的多数主义取代世俗的多元主义传统。在首个总理任期内，莫迪任命有争议的印度教神庙住持、印度教激进组织领导人阿迪提亚纳特（Yogi Adityanath）出任北方邦首席部长，并在治下各邦陆续出台"禁牛""禁酒"等印度教色彩浓厚的经济政策，对牛肉加工屠宰、酿酒以及酒店服务等相关行业形成冲击。部分地区甚至出现以"护牛"为名义针对穆斯林和达利特（"不可接触者"）群体的暴力行为，造成人员伤亡。2019年连任后，莫迪政府更在不到半年的时间内，陆续完成修宪废除印控克什米尔"特殊地位"、推动"重建"阿约提亚罗摩庙、通过《公民身份法（修正案）》等多项重大举措，以法律形式逐渐确立印度教民族主义的政治价值观。

与以往不同，莫迪将右翼意识形态与国家安全、经济发展等重大议题绑定，以印度教民族主义话语体系整合国家发展战略，大幅提升了印度教民族主义的接受度。在安全领域，莫迪政府为报复印控克什米尔地区发生的恐怖袭击，对巴基斯坦发动多次"跨境打击"，将舆论的民族主义狂热转化为民众对克什米尔高压政策的理解支持。此外，莫迪政府还将《公民身份法（修正案）》与长期困扰东北部地区的穆斯林非法移民问题挂钩，将该法案歧视特定宗教的"原则问题"隐藏在"国家安全"诉求之下。在关乎民生的经济领域，莫迪政府将自身意识形态贯穿于"印度制造""自力更生"等倡议之中，用印度教民族主义的话语体系阐释经济治理思路，将民众对"新印度"的期待潜移默化地引导到自身意识形态上。在右翼价值观与国家发展方向绑定的同时，印人党将印度教民族主义等同于"爱国主义"，将保留印控克什米尔"特殊地位"、反对《公民身份法（修正案）》等观点视作"反国家"，把自身意识形态塑造成为新的"政治正确"。

印人党通过印度教徒多数主义路径获取巨额政治红利，也动摇了其他政党的政治立场。作为印人党主要对手的国大党尽管仍在原则上坚持世俗主义，但在政治实践中开始向印度教民族主义靠拢。拉胡尔·甘地多次在选举期间借助亲印度教行为和言论讨好印度教选民，被媒体贴上"软性印度教民族主义"的标签。2018年国大党从印人党手中夺取中央邦后甚至继承了印人党的"护牛"政策，承诺继续建设牛收容所、发展牛尿和牛粪产业。除印共（马）等左翼政党之外的其他政党，同样为避免刺激各自印度教支持者，而对印度教民族主义狂热采取默许态度。自2019年以来废除印控克什米尔"特殊地位"、"重建"阿约提亚罗摩庙、《公民身份法（修正案）》等一系列敏感议题在印度国会上下两院的顺利通过，在一定程度上也反映了印度政坛世俗主义式微、印度教民族主义成为"政治正确"的新气候。

　　自独立以来，印度政党制度经受了社会剧烈动荡的考验，通过吸纳印度多元社会下不同族群的政治诉求，以和平选举形式保证了印度国家政权的完整与联邦制度的正常运行。但是，政治碎片化使多数政党沦为短视的选举机器，难以为经济与社会可持续发展创造良好环境。展望未来，即将来临（毋宁说已经来临）的"印人党体制"似乎遏止了政治碎片化进程，在大幅提升政治稳定性的同时实现国家整合，为政府政策的持续性创造了条件。然而不能忽视的是，民粹主义、民族主义在政党政治中的盛行加剧了社会动荡风险，对印度引以为傲的多元民主构成严峻挑战。

第 七 章

央地关系

通常来看，一个国家央地间的互动模式根本上受制于该国的政治体制。同样地，印度联邦中央与地方省邦之间的互动始终处于印度宪法所设定的联邦制的大框架下。因此，观察印度的央地关系本质上是认识印度的联邦体制，或者说联邦制这一基本制度设定是全面认识印度央地互动的基础。本章将集中探讨印度的联邦制，包括其思想溯源，宪法中牵涉联邦体制的条款条例，以及在印度政治实践中的具体表现。

第一节 印度联邦制的确立

由于印度独立前长期处于大英帝国的殖民统治之下，且英殖民政府在印度次大陆所践行的一系列制度实践对独立后印度的政治制度又产生了深远的影响。因此，我们对印度联邦制度的考察需要先从殖民时期的历史渊源中找到起点，并以此为基础才能更好地探究和理解当今印度联邦制度的表现。

一 殖民时期联邦制的构想与发展

印度联邦体制的构想最早可以追溯到殖民时期。尽管整个殖民时期印度内部存在多个类似当今省邦的单元，包括受大英帝国直接统治的英属省以及受间接统治的土邦王国，但是这些单元仅作为方便英殖民政府对地方统治的行政单元，而不是一个个相对独立且拥有自主性的政治单元。尽管从1773年《政府管理法案》出台直到1947年印度独立，印度次大陆整体上从中央到地方遵循的是一体化的政治制度，但这并不意味着联邦体制的构想并未在印度萌芽。自英国1858年出台《印度政府法案（1858）》并正式殖民印度的整个殖民时期，印度次大陆就一直共存有两种权力实践或统治模式。一方面，英国政府的印度事务大臣、印度总督、地方官员构成了权力集中的单一行政管理结构；另一方面，印度次大陆的土邦国君主享有相对自主性，英国对其实行间接统治。

正式殖民印度20年后，英殖民政府在印度次大陆的权力逐渐稳固，为更好应对来自印度内部的权利诉求，开始尝试在政治上进行分权。例如，1874年阿萨姆从孟加拉省分离出来，形成另一个统治单元。不过需要再次指出的是，政治上的分权并不是英殖民政府主动尝试的行为，而是随着1885年印度国民大会党的建立，英国殖民政府面对民族主义者对自治（Self-Rule）、自决（Self-Determination）不断扩大的诉求，被动地分阶段引入联邦制的理念和实践。1909年的《印度政府法案（1909）》，即莫莱—明托改革（Morley-Minto Reforms）在印度政府首次尝试引入代表性元素，并通过给予穆斯林群体单独的代表权进一步实施"分而治之"策略。1918年的"蒙塔古—切尔姆斯福德报告"（Montague-Chelmsford Report）与1929年的"西蒙委员会报告"（Simon Commission Report）[1]针对当时印度次大陆的情境，先后提出了宪法改革和权力下放的政策建议，前者为《印度政府法案（1919）》的蓝本，后者为遏制印度不断增长的民族主义情绪，提出"印度最终宪法构成必须是联邦的，因为各（英属）省、各土邦之间巨大的差异性只有在一个联邦构成下才有可能共存，且同时又保持内部相对自主性"。[2] 不过，报告中自主性的应用对象只是针对各印度土邦，这种自主性的许诺当然也是名义上的。但是，作为推动《印度政府法案（1935）》出台的"西蒙委员会报告"，在联邦思想、央地财政安排，以及央地权力划分上有了初步尝试。

早在第一次世界大战后，在英殖民地印度设立联邦制度的声音就开始出现，直到20世纪30年代关于联邦体制的争论才进一步获得广泛的关注。[3] 对联邦制的关注和思考主要是解决印度未来可能出现的"挑战"，

---

[1] 又名：The Indian Statutory Commission.

[2] M. Govinda Rao and Nirvikar Singh, *The Political Economy of Federalism in India* (New Delhi: Oxford University Press, 2005), p. 58.

[3] Robert L. Hardgrave Jr. and Stanley A. Kochanek, *India: Government and Politics in a Developing Nation* (Boston: Thomson Wadsworth, 2008), p. 143.

即如何在保证国土统一的前提下处理土邦及穆斯林联盟的利益诉求。① 英殖民时期的印度实际存在两种政治实体,或者说印度次大陆当时被分割为两种类型:一种被称为英属省邦(Provinces),受英国宗主国的直接统治;另一种则是地方土邦(Princely States),受当地印度王公的统治,享有相对独立性,但无国防和外交的权力。据统计,这些土邦当时控制着印度约2/5的国土,管理着超过六千万的人口。② 这些长期受间接统治且享有相对更多权力的土邦是否会成为印度次大陆的不稳定因素,甚至是否会出现国家主权的诉求,这是其中一大"挑战"。

另一个所谓的"挑战"来自印度大量穆斯林群体及其诉求。更进一步,该"挑战"的根本内容是如何平衡印度教徒和穆斯林群体的关系。若从宗教类型来看,印度教和伊斯兰教为印度两个主要的宗教群体,其中印度穆斯林群体约占印巴分治前总人口的24%,分散在印度次大陆的多个地区。作为宗教上的少数群体,因担心被比例占优的印度教群体所"吞噬",穆斯林联盟多次要求英殖民地政府能通过制度设定的形式来保护他们的切身利益。20世纪30年代,英殖民政府举行了三次圆桌会议。印度本土领导人和英国政府代表充分表达了各自的诉求和考量之后,1935年英殖民政府通过了《印度政府法案(1935)》。该改革法案在一定程度上结束了英属印度高度集权的单一政治管理体制,给了英属各省以及那些愿意加入大英帝国的印度土邦更多的自主管辖权。但值得注意的是,此时的联邦框架下的权力分配仍是高度倾向于英殖民政府的。此外,总督仍然享有诸多的特别权力,确保对英属印度各省的有效管辖。

1935年政府改革法案的意义与其说是对印度民族主义领导人诉求的一种回应,在一定程度上缓解了各个群体的焦虑,不如说是给印度独立领导人们提供了一个对未来印度政治体制更可行的构想——尤其当面对印度教、全印穆斯林联盟、500多个土邦诸多不同的政治诉求,如何调解这些诉求并且将它们纳入一个整体的政治框架下?因此,

---

① S. P. Aiyar and Usha Mehta eds. , Essays on Indian Federalism (Bombay: Allied Publishers, 1965), pp. 1 – 33.

② Robert L. Hardgrave Jr. and Stanley A. Kochanek, *India: Government and Politics in a Developing Nation* (Boston: Thomson Wadsworth, 2008), p. 144.

《印度政府法案（1935）》也被认为是英殖民政府第一次在法律上对联邦制度作出了相关阐释，尤其是大致描绘了联邦制度设计的相关原则。而这些基本原则和思想也对追求独立的印度领导人们产生了深远的影响，在某种程度上也为他们提供了一个未来治理印度较为切合实际的制度框架。

如果说英殖民政府为印度勾勒出了联邦治理的一幅模糊图景，那么独立后的印度开国之父们则将这幅图画增添了鲜明的色彩。回顾历史，印度联邦制的确立仍然经历了制宪会议的激烈辩论，而最终写进宪法的联邦制度安排则充分体现了开国之父们的考量，也为印度未来的统一与稳定奠定了坚实的基础。

二 独立后制宪会议的讨论

印巴分治后的惨痛记忆及混乱景象直接改变了印度宪法早前关于地方治理的基本设想——社群自决、地方自治等，整个宪法制定的基调逐渐朝着中央集权的方向改变。但是与此同时，独立后的印度也无法完全摒弃联邦制的构想。面对500多个大大小小的土邦，不同语言文化的族群，地区间经济发展程度差异极大等现实境况，对刚独立的印度来说联邦体制似乎是确保所谓"多样统一性"（Unity in Diversity）的唯一选择。如何设计这一联邦框架，即一方面确保中央有足够的能力维护印度的统一，避免印巴分治的惨剧再次发生；另一方面充分尊重印度的内部多样性，使得不同语言、文化、宗教的人能最终产生国家认同感？这一重担落在了建国之父们的肩上，体现在制宪会议的具体讨论中。

制宪会议经历3年多（1947—1949），会议召开时间共165天，共300多名成员参加。印度国大党在制宪会议中拥有共203个绝对多数的席位（除去穆斯林等少数裔群体的保留席位，一般性席位共212个），国大党这种支配性的地位和影响力显然是其他任何党派"无法抗拒"的。[①] 由国大党成员所主导的制宪会议基本上达成一个共识，即独立后的印度无法采取单一制的政治体制，而只有联邦制度框架才是切实可行的。这一共识

---

① Granville Austin, *Indian Constitution: Corner Stone of a Nation* (Oxford: Oxford University Press, 2012), pp. 120-122.

贯穿了整个制宪会议中关于未来印度政治体制的讨论，但是分歧主要体现在什么样的联邦体制适合印度？进一步说，央地权力如何分配才最符合印度作为一个统一国家的长远利益？

(一) 权力倾向中央的必要性

制宪会议在1947年7月前后发布了关于阐述联邦权力的报告，名为"Report of the Union Powers Committee"。尼赫鲁也在其大会演讲中引述了报告内容，进一步解释了联邦中央所拥有权力的必要性和合理性："弱小的联邦中央对国家的利益来说是有害的，也没有能力确保和平（安全），无法协调多方所共同关心的重大事项，而在国际舞台上也不能有效地代表整个国家发声。"①

而后"联邦权力委员会"（Union Powers Committee）向制宪会议提交的第二份报告也指出，"由于分治已是既定事实，我们一直认为一个相对脆弱的中央无法捍卫国家的利益，即无法有效地维护和平，无法协调（各个群体）共同关切的重大事件，无法在国际舞台上代表印度有效发声"。② 安贝德卡尔针对报告内容也明确表示要创造一个"比《印度政府法案（1935）》指导下更加强大的中央政府"③。因此联邦宪法委员会（Union Constitution Committee）决定：首先，印度宪法的核心应该是设定有一个强有力中央的联邦框架；其次，针对中央和地方宪法都应有清晰的权力界定，至于剩余权力或暂时无法界定的立法权都应掌握在中央手中。④ 此外，安贝德卡尔在制宪会议的讨论中将印度的联邦制与加拿大、美国等国家的联邦制进行比较，并进一步指出，印度的宪法在一定程度上更容易被修改，因此在国家面临危机的情况下，印度可以转变为一个单一制的国家。⑤ 按照他的表述，印度联邦制所拥有的一个特点为"战争以及其他灾难性境遇下（转为）单一制，而正常情况下为联邦制"。⑥

---

① Second Report of the Union Powers Committee, Constituent Assembly Debates of India, Vol. V, 20 August 1947.
② Constituent Assembly Debate, India, Ⅳ, p. 60ff.
③ Constituent Assembly Debates of India, Vol. 7, No. 48, Nov. 4, 1948.
④ Ibid., Ⅶ, pp. 33 – 34.
⑤ Constituent Assembly Debates of India, Vol. 7, No. 48, Nov. 4, 1948, p. 211.
⑥ Constituent Assembly Debates of India, Vol. 7, No. 48, Nov. 4, 1948, p. 211.

中央集权式联邦制也意味着联邦政府对国家经济发展拥有整体把控的权力。联邦政府通过财政委员会、计划委员会、公务员体系等宪法或宪法外机构引导地方经济的发展，并通过税收分配、财政拨款等方式使地方省邦在很大程度上依附于中央。而这种中央集权式的联邦主义制度框架将多元化的地方绑在一起，既保证了国家整体上统一，同时赋予中央相对更多的权力以保证国家能够在经济发展上拥有主动性，因此，对于当时坚信社会民主制度的尼赫鲁来说，这种中央集权式的联邦制拥有十足的吸引力。

（二）清晰的权力界定及互相依赖的基调

宪法起草委员会（Drafting Committee of Constitution）的重要成员戈帕拉斯瓦米·阿杨加尔（Gopalaswami Ayyangar）针对联邦宪法的根本性原则时就曾指出，最重要的一点在于明晰联邦政府和地方政府在行政职权上的权力范围以及联邦议会和地方议会的立法权范围。但与此同时，阿杨加尔反对印度采用"正统"的联邦主义定义，即"一种主权或政治权力分配于中央政府和地方政府手中，以使得二者在各自权力领域相互独立"。阿杨加尔认为这样的对联邦制度的"正统"理解并不符合印度当时的国情，尤其是当面对英殖民时期管辖下种类不尽相同的政治单元。[①] 换句话说，印度所设计的联邦制度需要依赖，哪怕不是相互依赖，也至少在一定程度上满足单方依赖的特点。

许多学者对印度独立后制宪委员会所确立的联邦制度有不同的理解或批评。因其联邦中央权力相对集中，被不同的学者称为"准联邦制"（quasi-federalism）或"合作联邦制"（cooperative federalism）。[②] 而后合作联邦主义这一概念及其阐释在1977年"拉贾斯坦邦诉印度联邦"一案中也曾被提及和引用。

三 央地概念界定及地方政府含义

在本章节中，为尊重中文的表达习惯，央地关系中的"央"指中央

[①] Dharmendra Chatur, "Indian Constituent Assembly Debates and Federalism", King & Partridge, 2009. p. 3. https://works.bepress.com/dchatur/.

[②] Granville Austin, *The Indian Constitution: Cornerstone of a Nation* (London: Oxford University Press, 1966).

联邦一级，而"地"则是指宽泛意义上的省邦层级。因此，本章节中凡是谈到央地互动时，明确指的是联邦政府与地方省邦间的互动，对应的英文为"Center-State Interaction"。

但是为了减少概念指称上可能出现的误解，本章节有必要对地方政府的狭义理解进行简要的介绍。印度地方政府（Local Government）狭义上指邦层级以下的政府。由于"地方"概念自身就存在指涉范围极广的问题，因此，区域的大小、常驻人口数量往往是进一步区分地方政府层级的指标。需要指出的是，学者们常常将"Local Self-government"（地方自治政府）与"Local Government"（地方政府）混用，其实这两个概念在内涵上有着明显的区别，即关于殖民时期的历史印记。正如上文提到，一直到英殖民末期，除了间接统治的地方土邦外，大英帝国对印度实施的是一种自上而下的集权式统治，因此"地方自治政府"或"地方自治"恰恰是民族独立运动的领导人们长期的政治诉求。1882年，时任印度总督里彭侯爵（George Robinson, 1st Marquess of Ripon）提交了著名的《印度地方政府报告》，在报告中以殖民者的姿态对印度次大陆第一次使用了"地方自治政府"（Local Self-Government）的概念。后来在国大党等印度本土政党的不断努力下，英殖民政府最终在《印度政府法案（1935）》里正式赋予英属省更多的自主性，其省内开始正式设立"地方自治政府"，该词也被用来指代地方自治等机构。[①] 因此，"地方自治政府"含有浓烈的殖民主义色彩，而印度独立后就应直接使用"地方政府"的说法。

印度是传统农业大国，直至今日约8亿人仍然生活在农村地区，但在殖民时期的各个英属省内部已逐步发展出多个大型城市形态。因此，印度独立后邦层级以下的地方政府设置同时包括农村地方政府和城市地方政府。

（一）农村地方政府

农村地方政府主要包括专区（Division）、县（District）和村（Vil-

[①] 参考：Hugh Tinker, *The Foundations of Local Government in India, Pakistan and Burma* (New York: Fredrick A. Prager, 1950), pp. 40 – 43; Sajid Mahmood Awan and Nemat-e-Uzma, "Nature and Functioning of Local Government in the British India (1680 – 1947)", *Pakistan Annual Research Journal*, Vol. 50, 2014, pp. 63 – 87.

lage）三个层级。专区处于邦政府层级与县政府层级之间，设有专区专员（Division Commissioner），一般由全印公务员系统下的高级公务人员担任，核心职能是统筹协调专区内所属各县的一切与行政相关的工作。印度并非所有的邦都设有专区，17 个设有专区的省邦中绝大多数分布在印度东北部地区，专区数量一般在 10 个以内，而人口大邦北方邦拥有 18 个专区。①

专区在地方政府层级来讲由于仅仅低于邦政府，与生活在农村地区的百姓仍有一定的"距离"，而最贴近农村民众的政府层级则是县和村。这一点也能从政府机构的数量上得到很好的印证。截至 2017 年的数据统计，印度共有约 26.7 万个地方政府机构，其中农村地方政府机构占比高达 98.3%，② 县级政府是现代印度最基础的行政层级。英殖民时期县作为最核心的行政单位，县长的核心任务是按时进行税收上缴，并传达和实施指令，拥有较大的权力。但随着印度独立后潘查亚特制度的相继完善，农村自治的诉求与实践得到有效推广，县长的许多权力逐步过渡到邦政府手中。当今印度各邦内县长的正式称谓不尽相同，如"县行政官"（District Magistrate）、"县税务官"（District Collector）或"副专员"（Deputy Commissioner）等。截至 2020 年，印度全国一共有约 739 个县（District, or Zilla），县长为该地区的行政长官，由该邦邦长任命全印行政公务员（IAS）成员担任，负责县内一切行政相关的协调工作。村一级地方政府就是以潘查亚特制度为核心的地方自治组织。各个邦村级潘查亚特的设立形式以及运转模式有着较大的差异，对于这部分内容可以详见本书第八章"基层治理"部分。

（二）城市地方政府

印度独立后，随着城镇化、工业化进程的加快，印度城市总人口数从独立之初的 5000 万增长到 20 世纪末的近 3.5 亿，③ 而作为治理主体的城

---

① 未设立有专区的省邦包括古吉拉特邦、喀拉拉邦、泰米尔纳德邦、特伦甘纳邦、安德拉邦、锡金邦、曼尼普尔邦、特里普拉邦、米佐拉姆邦；中央直辖区设立有专区的包括达曼第乌、达德拉—纳加尔哈维利、本地治里和拉克沙群岛。
② "The Local Government System in India", Country Profile, 2019, pp. 86-92. See: http://www.clgf.org.uk/default/assets/File/Country_profiles/India.pdf.
③ Pardeep Sachdeva. *Local Government in India* (New Delhi: Pearson, 2011), p.4.

市地方政府面临对其治理模式和结构越发严格的要求。城市地方政府不仅需要保障城市居民水、电、气、排污、交通、医疗健康、教育等一系列社会基础服务，还需要落实联邦和省邦政府的具体发展目标。从印度第一个"五年计划"起，城市地方政府的角色和责任不断凸显，因为城市地方政府治理水平的高低直接关系到省邦乃至整个国家的社会经济发展水平。关于城市地方治理的讨论非常丰富，本小节只是简要介绍城市地方政府的基本结构。

与村潘查亚特类似，城市地方政府在不同省邦的称谓、数量及选举和运行模式都大不相同。简单来说，城市地方政府机构一般根据城市常驻人口的数量来设立。例如，市政委员会（Municipal Corporations）是针对10万人以上的中、大型城市，市政当局（Municipality）主要设立在2.5万至10万人口的中小城市，而城市潘查亚特（Nagar Panchayats）则对1.1万至2.5万人口的小城市进行管理。当然这是一般性的情况，不同的省邦对人口的划分标准有一定的出入。除此之外，印度在不同地区设立有一定数量的兵站委员会（Cantonment Boards），对当地驻军人员日常生活进行管理。以上所提及的这些城市地方机构领导人同样需要经历一系列的选举，拥有对辖区内事务的总协调和治理的权力。

（三）央地互动下的省邦政府

正如上文指出，省邦政府是广义上地方政府的最高层级，也是央地互动下代表地方政府的核心行为体。与联邦政府相同，省邦政府同样来自议会并向议会负责，也就是说在历届省邦选举中获得相对过半数席位的政党组阁政府。因此，从议会与政府的基本运行原理和运行机制上看，省邦与联邦大体相同，只是在具体的立法权限和行政结构上有一定差异。

印度联邦体制下的央地关系主要包含两个内容，即立法关系和行政关系。因此，谈及央地关系时，本章所指的地方政府就是指省邦政府，这不仅是对分析单元的简单化处理，而是在实际运转下，相比城市和农村地方政府，省邦政府拥有宪法赋予的更多权力。以下简要探讨邦立法与行政的主要结构。

在联邦制的基本设定下，邦与联邦都拥有各自的立法机构。印度绝大多数邦的立法会是一院制，其中只有6个邦为两院制，设上、下两院。①印度《宪法》第245条至第255条为针对联邦与省邦立法关系的内容。②总体来看，省邦在不违背联邦法律以及立法精神的情况下，可以根据对全邦或邦内的任何地区制定法律，而立法范围和事项则明确列举在第七附表的"省邦列表"中。本章节之后会对央地互动下涉及的具体立法权限和内容进行探讨。依照宪法规定，各邦因人口数量、面积大小的差异所设置的立法会席位数量也不尽相同，③各邦需定期举行立法会选举，而邦政府由获得席位数过半的政党或政党联盟组阁政府。

《宪法》第256—263条给联邦与省邦间的行政关系设定了基本框架。总的来说，邦政府行使政权时不得妨碍或违背联邦政府行政工作或指示；当然，联邦政府在行使政权时也应向各邦政府下达必要的指示，从而避免因行政沟通不当带来的负面影响。省邦政府的基本结构设置与联邦也有极大的相似之处。组阁政府执政一邦的执政党或政党联盟将决定一位候选人成为首席部长（Chief Minister），而此人同时也必须是邦立法会议员。首席部长是该邦实际的最高行政长官，而邦长（Governor）则是由总统任命，代表联邦中央指导、监督省邦工作，一邦情况下并无实际权力，但在某些特殊时刻却可扮演极为关键的角色。④如果做一个粗略类比，首席部长之于省邦相当于总理之于联邦，而邦长的角色更像是国家的总统，具有宪法赋予的崇高地位，但在一般情况下不会过多干预总理或首席部长的行政工作。

至此，可以明确的是，狭义上的印度地方政府包含城市地方政府与农村地方政府，二者各自拥有垂直上细分层级；而本章节探讨央地关系，"地"则指代省邦层级，因为在印度央地互动的联邦制框架下，地方邦是构成联邦制的基本单位。至于更低层级的地方政府也根本受制于邦政府的管辖，因此，为讨论的简洁与清晰，后文凡是出现地方政府都是特指省邦政府。

---

① 上院（Legislative Council），下院（Legislative Assembly），两院议员选举过程和机制与联邦议会类似。两院制的邦有：安德拉邦、比哈尔邦、卡纳塔克邦、马哈拉施特拉邦、特伦甘纳邦和北方邦。
② Article 245–255, The Constitution of India.
③ 具体可参考本书"印度议会"章节。
④ 详见本章节讨论邦长在央地关系中的角色。

第二节 印度联邦制度的特点

上文提到，印度 1947 年经历了惨痛的印巴分治后，开国之父们对于地方多样性、高度自治、语言分邦等词语和实际诉求变得十分敏感。保证国家统一，避免任何形式的分裂，是印度开国之父们的根本目标。因此，在制宪会议的讨论中，他们从现实考量出发，就印度采取联邦制的制度设定达成了共识。但与此同时，为保证独立后印度能有效地推进国家建设、经济发展与社会改革，印度的联邦制不同于美国各州"走到一起"的联邦成立逻辑，而是呈现"绑在一起"的中央集权的特点。

一 印度宪法针对联邦制的制度安排

印度《宪法》第 1 条明确指出，"印度应是一个省邦联合体"（联邦国家；Union of States），[1] 而没有直接使用联邦主义这一术语。印度宪法之父安贝德卡尔在提交宪法草案时就指出，用《Union》一词来代替 Federalism 并不意味着印度宪法中的联邦主义指导思想有何不同，但起草委员会特意选择用"Union of States"则意味着，"印度的联邦政体并不是各地区省邦选择加入联邦的结果，印度的联邦制也并非基于这样一种共识，即已加入的省邦可以分裂出（联邦），印度联邦政体是一个联合统一体（Union），因为它是不可被摧毁的"。[2] 印度宪法印地语版本的翻译中，将"Republic"翻译为"गणराजय"Ganarajya，"Union of States"中的 Union 翻译为"संघ"（Sangha）。印度历史学家罗米拉·塔帕（Romila Thapar）在研究古印度基于血统的社会和政治形态时，从一些佛教经典的用法中发现 गणसंघ（Ganasangha）一词用于古印度部落首领之间的联盟或联合。[3] 现代印地语的使用中，把与 Union 含义相似的 Federation 也翻译为"Sangha"，而对应的 Federalism 翻译为"Sanghavaad"。因此，从相关概念的翻

---

[1] Article I, Constitution of India.
[2] Constituent Assembly of India Debates (Proceedings), Vol. Ⅶ, p. 41.
[3] Romila Thapar, *From Lineage to State: Social Formations in the Mid-First Millennium B. C. in the Ganga Valley* (Mumbai: Oxford University Press, 1984).

译角度，我们从一定程度上可以看出印度对联邦或邦联的理解更加偏向联结性与整体性。

印度确立联邦体系的基本条款集中在宪法第十一部分"联邦和邦的关系"。其中确立联邦和邦基本立法权的条款为第246条"联邦议会与邦议会有权立法的事项"，该条所包含的四个子条款围绕着第七附表（Seventh Schedule，下文中详细讨论）中的三个列表进行阐述，限定了联邦和省邦的立法权限。① 此外，印度《宪法》第285条和第289条分别阐述了联邦财产和地方财产所享有的免税原则和条件。"强中央，弱省邦"的制宪思路还体现在成文后的《宪法》第249条、第250条以及第354条等条款条例的内容中。例如《宪法》第249条赋予议会联邦院在非常时期扩大立法范围的权力，当联邦院认为出现关乎国家利益的必要时刻且拥有在场2/3议员支持的情况下，联邦议会有权从地方省邦手中暂时夺走本应属于邦议会的立法管辖事项，并对具体的事项进行立法。又如，《宪法》第250条规定，联邦议会有权对第七附表联邦列表中的相关事项进行立法。

印度历届政府领导人都倾向使用中央（Center）一词来指代联邦政府，而官方出具的相关报告用语也反映出这一倾向。例如，1988年萨尔卡利亚委员会发布的关于联邦政府与省邦政府关系的报告，"Sarkaria Commission on Center-State Relations"以及2002年文卡塔查里亚委员会所发布的报告中都同样用"Union-State Relations"来代替联邦主义（Federalism）一词。② 这样的用意显然是希冀呈现一个强大中央政府的印象，至于印度联邦制下联邦（中央）政府权力相对集中的特点会在下文重点讨论。

尽管说法不同，但印度仍是标准意义上的联邦体制。判断一个政治系统是否为联邦制大体需要满足五个条件：（1）中央和地方存在两个层级的政府；（2）拥有成文宪法且宪法中明确规定联邦政府和地方政府的权力界限以及剩余权力的归属；（3）宪法至上；（4）除了宪法中"基本框架"的内容外，宪法的修改要求严格，至少需要求得绝大多数联邦成员的同意；（5）最高法院拥有对宪法解释的权威性。从以上这些条件和标

---

① Article 246, The Constitution of India.
② Mahendra P. Singh and Douglas V. Verney, "Challenges to India's Centralized Parliamentary Federalism", *Publius: The Journal of Federalism*, Vol. 33, No. 4, 2003, p. 3.

准来看，印度称得上标准的联邦体制。此外，印度为确保这一制度设计能够在各层级上实现有效运转，印度宪法及多项联邦行政法案都设置了相应配套的机构和运行机制。需要说明的是，除宪法所明确规定的机构外，在具体的政治实践中，印度联邦政府还设立有相当数量的宪法外机构（Extra-Constitutional），同样服务于联邦制度的实际运行，同时这些多样的宪法外机构也进一步体现了印度央地互动的特点。以下所简要列举和讨论的都是印度独立以来，为确保联邦体制平稳运行或对印度联邦体制产生实际影响的制度设计或实体机构。

1. 全印公务员体系（All Indian Services）

印度独立后，全印公务员系统的建立过程并非一帆风顺。最早提交给制宪会议讨论的宪法草案中只字未提公务员系统或文职队伍，包括尼赫鲁和安贝德卡尔在内的大多数领导人都不愿给予公务员体系以宪法地位。尽管他们未明确坦露缘由，但是不难理解，印度独立之初所保留的公务员队伍几乎都是英殖民时期留下的，无论从制度安排还是运行机理都是殖民时期的产物。

最早东印度公司公务员系统（HEICCS）主要分为三个部分，合约公务员、非合约公务员以及特殊公务员。其中合约公务员主要由东印度公司的非印度籍人员组成且占据高职；非合约公务人员队伍则吸纳了本土印度人，负责基础的日常性工作且职位较低；而特殊公务人员队伍构成了特殊的几个部门，包括森林部门、印度警察部门以及印度政治部门等，职位等级可高可低。1958 年之后，英政府废除早前的 HEICCS，建立了新的印度公务员体系（ICS），该体系一直运行到 1947 年印巴分治。随着印度和巴基斯坦成为两个独立的民族国家，原先殖民时期的文职体系也相应分裂，留在印度的原 ICS 部分被更名为"Indian Administrative Service"，而巴基斯坦命名为"Pakistan Administrative Service"。

面对宪法草案中文官体系条例的空白，国大党重要领袖萨达尔·帕特尔（Sardar Vallabhbhai Patel）立即给尼赫鲁写信并明确提出，印度拥有一个对国家忠诚、专业素养高的公务员队伍是极其重要的。帕特尔在之后的制宪会议辩论中甚至以辞职做要挟，再次阐明他的立场，"如果印度没有一个出色的全印公务员体系，且该体系中的人员有表达自己看法的独立性，以及工作上随时待命所带来的安全感，那么我们将不会拥有一个团结统一的印度……如果废除他们，我将只能看到国家处于一片混乱的局面"。① 而后尼赫鲁等人退让，于 1948 年 4 月 30 日的会议讨论中在宪法添加第十四部分"联邦和各邦公务员"，即《宪法》第 308 条至第 323 条对联邦与省邦公务员的职责和相关权利进行了界定。

在宪法的指导思想下，印度议会于 1951 年进一步通过了《全印公务员法案》(*All India Service Act*, *1951*)，成立全印行政公务员（IAS）与全印警察公务员（IPS）两支队伍，并于 1966 年成立全印林业公务员队伍（IFS）。此外，地方省邦可通过邦立法会自行立法并确立邦一级的公务员制度，以确保省邦及以下各层级政府行政的有效运转。中央与地方公务员系统的建设保证了整个国家的正常运转，至于印度公务员队伍的人员数量，办公效率，政治倾向等内容，② 由于篇幅限制本部分不展开详细讨论。

2. 省邦间委员会（Inter-state Council）

印度《宪法》第 263 条明确指出，总统可在任何时候成立一个省邦间委员会来更好服务于公共利益。该机构的主要职责是针对邦与邦之间出现的纷争展开调查并给予建议，探索发现省邦与联邦政府共同关切的议题并给出建议。此外，该机构更应就任何可能影响到省邦的事项给出建议，尤其是针对具体政策的实施起到协调作用。③ 在 1988 年萨卡里亚委员会（R. S. Sarkaria）给出的针对央地关系的报告建议下，印度联邦政府最终于 1990 年成立了省邦间委员会（Inter-state Council），主要功能为讨论关乎央地的政策内容并消解出现的争端。但是由于该组织设立在印度联邦政府内政部下，其从设立之初就无法在央地之间做到相对的中立和客观，因此该机构多年来在实际处理央地关系的过程中并不活跃。据统计，从其成立截止到今天的近 30 年里，省邦间委员会一共只召开过 11 次会议。

---

① Constituent Assembly of India Debates (Proceedings), Vol. X, http://164.100.47.194/Loksabha/Debates/cadebatefiles/C10101949.html.

② 参考 Devesh Kapur and Pratap Bhanu Mehta. *Public Institutions in India*: *Performance and Design* (New Delhi: Oxford University Press, 2007); S. K. Das. *The Civil Services in India*: *Oxford India Short Introductions* (Oxford: Oxford University Press, 2013).

③ Article 263, Constitution of India.

3. 国家发展委员会（National Development Council）

国家发展委员会成立于1952年，由联邦政府内阁会议根据第一个"五年计划"成立的宪法外机构。印度总理任该机构主席，成员包括计划委员会成员，联邦政府各部门部长，各地方省邦首席部长以及中央直辖区代表等。此外，该委员会还设立了常任委员会负责日常事务。值得一提的是，按规定计划委员会隶属于该国家发展委员会并接受其指导，但实际上国家发展委员会的设立更侧重合法性及道义上的考量，涵盖了地方各省邦的首席部长及中央直辖区的代表，但实际上该机构的运行和相关决定的权力都在总理一人手中。

4. 计划委员会（Planning Commission）

作为由联邦政府内阁成立的宪法外机构，计划委员会于1950年3月15日经联邦政府内阁委员会会后决定成立。对于内阁的该最终决定，时任财政部部长、内阁成员之一的马泰（John Mathai）持明确反对立场，并最终辞职。包括马泰在内的许多反对者认为，计划委员会的成立及其成员设定实际上超越了宪法所赋予财政委员会的宪法地位，而联邦政府对财政权力进一步收拢，也极大可能危害央地间的关系。而正是由于总理依职权当然地称为委员会主席，一些内阁成员也加入委员会，不难看出，该机构规划与评估的责任牢牢地和政府官员及政客捆绑在一起。因此，从其成立之初起，计划委员会就在制定印度整体发展计划上发挥着相当重要的作用，对印度财政联邦主义也有着深远的影响。直到2014年莫迪政府内阁成立印度国家转型委员会（NITI Aayog），计划委员会该形式才最终退出了历史舞台。尽管计划委员会在央地关系中发挥了一定功能性的角色，但是不可否认的是，计划委员会这一制度设定本质上成为联邦中央对地方政治和财政控制的一个有效且便捷的渠道，[1] 尤其在20世纪60年代后期随着国大党式微，党内机制不足以影响地方政治时，计划委员会的工具效应就曾一度变得十分显著。

5. 印度国家转型委员会（Niti Aayog）

2015年1月1日召开的联邦政府内阁会议决定成立印度国家转型委

---

[1] M. Govinda Rao and Nirvikar Singh, *The Political Economy of Federalism in India* (New Delhi: Oxford University Press, 2005), p. 70.

员会,替换早先的计划委员会。此外内阁决议还明确规定了转型委员会的职能,包含13个部分。转型委员会同样设立有理事会,与早前的计划委员会下的发展委员会(NDC)类似,但不同的是前者只是一个政策建议机构,而不像后者在具体的资源分配中拥有一定的话语权。

6. 国民融合委员会(National Integration Council)

国民融合委员会是由联邦政府主导成立的一个包含政治家及社会公众人物的旨在针对社会中团结、包容等议题展开讨论和制定统一对策及实践的非宪法机构。第一届国民融合委员会会议由尼赫鲁于1961年9月召开,针对印穆群体的冲突问题、种姓冲突的问题以及语言等相关的可能威胁到印度团结统一的话题展开讨论。截至2014年印度人民党执政前一共召开了16次会议。

二 权力的分配——中央集权

许多学者对印度独立后制宪委员会所确立的联邦制度有不同的理解甚至提出批评。因印度联邦中央权力相对集中,被不同的学者称为"准联邦制"(quasi-federalism)、"合作联邦制"(cooperative federalism)或"单一联邦制"(Unitary Federalism)。[①] 而后合作联邦主义这一概念及其阐释在1977年"拉贾斯坦邦诉印度联邦"一案中也曾被提及和引用。对印度联邦主义的阐释或批评的核心是联邦中央权力过大,而这一点又反映在印度宪法第七表列的具体条款中。印度宪法第七附表(Seventh Schedule of the Constitution)划定了联邦中央与省邦单元所享有的相应权力及其边界,具体列举在三个列表中:联邦列表(The Union List)、省邦列表(State List)以及并行列表(Concurrent List)。其中联邦列表列举了97项联邦政府享有的权力,包括外交、国防、货币制造、税收等;省邦列表列举了66项联邦单元所享有的宪法权力,包括公共秩序、地方警察、公共卫生、医疗、教育、土地财政、农业等领域;而并行列表列举了47项联邦中央与省邦单元所"共享"的权力,包括民事判定及过程,刑事过程,经济

---

① 参考 Granville Austin, *The Indian Constitution: Cornerstone of a Nation* (London: Oxford University Press, 1966);李霞:《印度联邦制:特征与进路》,《亚洲法论坛》,中国人民公安大学出版社2006年版。

和社会发展相关计划等。当然，值得注意的是，联邦中央权力的相对集中不仅体现在这三个列表中，还因联邦议会所享有的宪法权力而扩大，包括议会所享有的划定省邦边界，建立新的省邦，甚至通过一般立法过程消除现有省邦等权力。[1]

印度宪法附表（四）中列举了各个省邦单元在议会联邦院（Rajya Sabha）中所拥有的代表席位数额，[2] 所依据的是各个省邦之间的相对人口数量。例如曼尼普尔邦、锡金邦、米佐拉姆邦和梅加拉亚邦都只在联邦院拥有一个席位，而北方邦则拥有31个席位数。当然，这一数额的分配并不是自宪法颁布以来就一成不变的，而是随着时间的推移、邦内人口数量的变化有所增减。但值得注意的是，该规定不同于其他一些联邦主义国家要求上院席位数平均分配的做法，也无法有效保护小邦在某些特定议题上受到人口大邦利益的支配。

针对印度独立后联邦制倾向于中央集权特点的解释，大致来看有以下五点。第一，最直接可见的因素为英殖民时期模式的影响，即英殖民时期在殖民印度时高度集中的权力模式和制度设计对印度领导人的权力认知和行为决策都有着深远的影响。第二，印巴分治的残酷现实。一方面，印度领导人在早期对未来印度的设想讨论中，地方省邦的权利议题从未占主导地位，而印穆的宗教及社群主义议题才是关注的核心所在；另一方面，印巴分治的残酷现实使扩大地方自主权的话题变得十分敏感，对于印度领导集体来说，统一和稳定才真正关乎印度的未来。第三，英殖民时期的省邦版图并不是按照语言、文化或族群来划分的，英属省邦更多扮演行政单元的作用，因此独立初期这些行政单元很难立刻展现出地方的身份性与凝聚力。第四，独立初期整个国家内外部都呈现出混乱的局势，印巴分治、印巴战争、内部宗教冲突、地方土邦的归属问题等，都使制宪会议成员更愿意相信一个强大的、集权的中央至少能够实现印度作为一个现代民族国家生存的可能性。第五，英国的议会制系统使得权力集中在总理和内阁手中，而这种权力的获得与体现需要依赖强大的全国性政党，但独立之初国家（State）的力量尚且薄弱，地方性政党力量更是微不足道，因此，当

---

[1] Seventh Schedule; Article 3, Part I, Constitution of India.
[2] Fourth Schedule, *The Constitution of India*. pp. 286–295.

时一党独大的国大党领导人自然有更大的理由和动力去推动一个集权的联邦中央体制。当然，除此之外，独立之初尼赫鲁等领导人还有着一项基本共识，即仿照苏联快速实现工业化，以及独立后印度经济的重建与振兴需要一个强有力的中央政府来进行宏观调控。①

三 对称性与非对称性联邦主义

2019年8月5日（周一）上午，印度内政部长阿米特·沙阿在联邦院（上议院）提交了一份议案，将印控查谟－克什米尔地区（下文简称克什米尔地区）一分为二，变为克什米尔中央直辖区与拉达克中央直辖区，后者不设立直属区议会。与此同时他表示，总统拉姆·纳特·科温德根据《宪法》第370条第1款行使其总统权力，通过发布"总统法令2019（克什米尔地区）"结束了70多年来该地区所享有的特殊宪法地位。印度政府的这一举动是否在一定程度上终结了关于印度对称性及非对称性联邦主义的争论？不过，至少在此之前，央地关系的视角下，印度联邦主义的另一大特点正是在于地方省邦之间所享有的宪法权利并不是对称一致的，个别省邦享有特殊的宪法权利。学界的争论主要在于印度是不是一个对称性的联邦国家（Symmetrical Federal State），以及印度应该选择对称性还是非对称性的联邦制度。

非对称性联邦制（Asymmetrical Federalism）概念的学术讨论最早可以追溯到1952年威廉·利文斯顿（William Livingston）的文章，但当时他并未对"非对称"的含义做出清晰的界定；查尔斯·塔尔顿（Charles Tarlton）于1965年围绕对称、非对称的概念做了进一步阐释，塔尔顿将"对称性"（symmetry）阐释为一种共通性、一致性的程度，即存在于系统中每个独立的政治单元与整个系统和其他组成单元之间的关系中。换句话说，"对称性"关注的是多种关系下双方的一致性程度。而对称性联邦

---

① 参考 Robert L. Hardgrave Jr. and Stanley A. Kochanek, *India: Government and Politics in a Developing Nation* (Boston: Thomson Wadsworth, 2008), pp. 145-146; Mahendra P. Singh and Douglas V. Verney, "Challenges to India's centralized parliamentary federalism". *Publius: The Journal of Federalism*, Vol. 33, No. 4, 2003, pp. 4-5; Amaresh Bagchi, "Rethinking federalism: changing power relations between the center and the states". *Publius: The Journal of Federalism*, Vol. 33, No. 4, 2003, pp. 23-24.

主义的核心体现在一种和谐的模式，即"各省邦单元所具有的该联邦国家的一般性特征"。① 非对称性指的是联邦组成单位并不享有对于整个联邦系统所共有的条件和关切，二者之间缺乏广泛的一致性和共通性。因此，非对称性的联邦系统"就由那些与社会中不同利益、特征和构成相呼应的省邦单元所组成"。② 整体上，塔尔顿对非对称性联邦制持否定态度，其反对在文化多元、联邦次单元利益高度不同的联邦制国家进行宪法非对称性的设计，因为这很有可能增加这些次单元的分离倾向。③ 直到1970年伊沃·杜恰切克（Ivo Duchacek）在其《比较联邦主义：政治的地域维度》一书中首次详细讨论了非对称性联邦制的内涵与外延。杜恰切克认为联邦单元之间存在一种所谓的"权力成分"，一旦该联邦单元间的地域边界与其语言、种族、宗教差异恰巧一致，或者相互重合，但这种差异并未在联邦制中得以体现，那么这种"权力成分"非常容易被政治化，从而在联邦体制内形成政治张力。④ 20世纪70年代后，非对称性联邦制越发受到学界的关注和讨论。⑤

  非对称性联邦制的形成存在两种不同的机理。第一种是基于规则、制度化的非对称安排，规则的变化目的是保证联邦政体的平稳运行。这种非对称性安排基于一种前提假定，即联邦制是组成单元之间相互讨价还价的产物。此种情况下，联邦组成单元之间各自所拥有的"议价能力"（Bargaining Power）就是对称性特征的来源之一。当绝大多数的联邦单元拥有相似的诉求时，表现为更强的集体议价能力，更容易出现分权式联邦制（Decentralization）；而当一些关键性的议题只适用于某几个特定单元，且它们客观上拥有更强的议价优势时，最终更容易出现非对称性的制度安排。第二种是一

---

① C. D. Tarlton, "Symmetry and Asymmetry as Elements of Federalism: A Theoretical Speculation", *Journal of Politics*, Vol. 27, 1965, pp. 861 – 874.

② C. D. Tarlton, "Symmetry and Asymmetry as Elements of Federalism: A Theoretical Speculation", *Journal of Politics*, Vol. 27, 1965, p. 867.

③ Charles D. Tarlton, "Symmetry and Asymmetry as Elements of Federalism: A Theoretical Speculation", *The Journal of Politics* Vol. 27, No. 4, 1965, pp. 861 – 874.

④ Michael Burgess, *Comparative Federalism: Theory and Practice* (London: Routledge, 2006), p. 210.

⑤ Michael Burgess, *Comparative Federalism: Theory and Practice* (London: Routledge, 2006), p. 210. 例如：R. Michael Stenvens, Max Frenkel, Daniel Elazar 等学者。

种不透明的,基于行政权力、政治权力以及当下的利益算计。[1] 前一种也更多被认为是法律意义上的形成机理(De Jure),而后一种更多是政客们在实际操作中的权衡和方法(De facto)。

然而印度政体中的非对称性安排在印度独立之初就已存在。上文提到,由于印度民族独立意识的觉醒,而英殖民后期大英帝国为了更好地控制印度,在出台的多项对印法案中逐步引入诸多联邦制度设计的元素,但这些"联邦"组成单位之间所享受的权利是不对等的。直接受制于大英帝国管辖的英属省邦(Provinces)与享有一定自主性的印度土邦(Princely States)之间的不对等,以及土邦与土邦之间的不同优势和议价能力,使得印度1947年独立时仍面临着把享有不同权利的单元纳入新联邦框架的挑战。当穆斯林同盟分裂出去建立巴基斯坦后,国大党引领的联邦中央认为客观上再无挑战,主观上也没必要建立一个分权式的弱中央政权,而是应该加强联邦政府的权力,确保印度领土上的统一和不可分割。因此,才会出现例如中央政府于1948年强行军事进入海德拉巴土邦国并将其纳入印度联盟(Indian Union),史称"警察行动"(Police Action)的事件。但即便如此,有两大区域在当时的国大党政府看来仍需谨慎且特殊对待,即印控克什米尔山谷地区以及印度东北部区域。印控克区的特殊性体现在两个方面,其一是该地区紧邻新独立建国的巴基斯坦,属于位于国界的高风险区域;其二是生活在该地区的绝大多数民众为穆斯林,与领国巴基斯坦在宗教信仰上更加贴近,分离主义势力明显。东北部区域(包含阿萨姆、曼尼普尔、梅加拉亚、米佐拉姆、那加兰和特里普拉)的特殊性表现在该地区由不同文化认同的部落群体组成,这些部落有着自己传统的习俗、语言和生活方式,且同样处于印度边界区域。国大党政府为了最大限度避免国家再次分裂的风险,基于现实利益的考量,在国家宪法中为该两大区域写下专门条款(Special Provisions)——《宪法》第370条与第371条。

《宪法》第370条是一个"暂时性"条款,[2] 赋予查谟-克什米尔地

---

[1] M. Govinda Rao, Nirvikar Singh, "Asymmetric Federalism in India". UC Santa Cruz International Economics Working Paper, 04–08, 2004, pp. 4–5.

[2] Article 370 (Temporary Provisions with respect to the State of Jammu and Kashmir), Constitution of India.

区特殊的自治权力。根据条款内容，除了国防、外交事务、财政和通信领域，任何联邦议会通过的立法事项在该邦实施前都需征得该邦的认可。换句话说，查谟-克什米尔地区有着一套法律体系，包括涉及财产权、公民权、基本权利等法律都由该地区单独认定和实施。联邦中央无法对该邦宣布任何形式的财政紧急状态，而只有在该邦受到外部安全威胁和内部大范围动乱时，联邦中央在省邦政府的认可下才有权宣布紧急状态。这些特殊性条款决定了该地区与印度其他省邦享有非对称的自主权。宪法第371（a）条、第371（b）条、第371（c）条、第371（f）条以及第371（g）条针对的是印度东北部区域的特殊性条款，概括来说该地区的省邦在传统习惯法、宗教习俗、土地交易保护、外来移民限制等内容上享有与其他联邦单元不同的权利，且地方邦政府在针对以上内容的立法权上有更多的自主性。①

《宪法》第370条与第371条的内容也是许多学者将印度的联邦制度划分为非对称性联邦制的依据所在。不过另一些学者例如路易斯·迪琳（Luis Tillin）认为印度宪法中所谓的不对称性条款对于印度来说，首先，在维护国家团结和统一的过程中并不像很多人所设想的那样重要；其次，这种非对称性并没有对文化少数群体提供特殊的保护。《宪法》第370条针对克什米尔地区的条款不应被理解或等同于魁北克民族主义者所享有的特殊条款，因为印度《宪法》第370条的设立并不基于克什米尔地区族群或宗教的特殊性，从而获得比其他印度地方省邦更自主的权力；《宪法》第370条只是一个权宜之计，本质上是在该地区军事冲突以及不稳定因素解决前，服务于维护克什米尔与印度联邦中央关系的一个工具而已。② 非对称联邦制本质上是一种承认政治或肯认政治的体现（Politics of Recognition），即承认联邦组成单元的差异性和不同特征，并赋予相应的特殊权力。世界上并不存在绝对完美的对称性与非对称联邦制，相反，最好将非对称联邦制视作一种"工具性手段"，③ 用来调节、适应业已存在

---

① Article 371（a），371（b），371（c），371（f），371（g），Constitution of India.
② Louise Tillin, "United in Diversity? Asymmetry in Indian Federalism", *Publius*, Vol. 37, No. 1, 2007, pp. 45–67.
③ Michael Burgess, *Comparative Federalism: Theory and Practice* (London: Routledge, 2006), p. 222.

的巨大差异，以求维持政治上整体的稳定。

无论从印控克什米尔地区被取消宪法特殊地位的例子来看，还是现实中联邦政府以各种形式逐步侵占宪法所赋予部分省邦的特别权利，印度集权式的联邦制度使非对称性联邦制中的"不对等性"逐渐弱化，抑或说根据联邦政府执政党的政治利益考量来不断调节这种"非对称性"。

第三节 央地财政权分配

印度联邦制度下的财政联邦体制受到学界的广泛关注。正如上文所提到，联邦制度的核心是关于权力的分配，而财政权力与责任的分配则是央地互动中最为重要的内容。印度现行的财政联邦体系可以追溯到英殖民时期多次的制度性改革，尽管当时英殖民政府的主要目的是服务于殖民统治，但是对该阶段财政体系历史的梳理有助于我们更好地理解当下印度的财政联邦制。

一 殖民时期的财政联邦主义

英属印度财政联邦主义的发展贯穿在整个殖民时期。17世纪初，东印度公司获大英帝国伊丽莎白女王授权，在《公司章程》的指导下与印度展开贸易，继而也逐步开启殖民印度的大门。起初东印度公司在印度几个重要地区设立了贸易中心和工厂，包括最早的孟买、马德拉斯和加尔各答，并逐渐将这些地区变为英属管辖区。1768年前后，由于对美国茶类销售量骤减，东印度公司在之后几年多次出现资金困难的局面。在这样的背景下，英国议会于1773年通过了旨在调查、规范并助力于东印度公司贸易表现的《管理法案，1773》（Regulating Act of 1773）。根据法案，沃伦·哈斯丁（Warren Hastings）成为英属孟加拉管辖区总督，并成立4人组执行委员会辅佐总督一同管理马德拉斯辖区与孟买辖区的一切事务，基本形成了一个以孟加拉总督为中心的中央统一治理体系。[①] 60年后，1833年《印度政府法案》正式赋予东印度公司权力，设计成立了统一的财政

---

① Regulating Act of 1773 (An Act for establishing certain Regulations for the better Management of the Affairs of the East India Company, as well in India as in Europe).

管理机构，而英属印度管辖区的财政权和决定权基本掌握在总督一人手中。

1858年印度正式成为英国的殖民地，而针对印度殖民地1860年到1861年的首个财政预算则划分为英属省和可分割的两个大类。1904年英国政府进一步规定，分拨给英属省的资金逐渐固定，并且一般情况下中央政府不得随意改动金额；1919年蒙塔古—切姆斯福德（Montague-Chelmsford）推出一系列的行政改革，财政收入仍然是中央政府与英属省所共享；1927年，西蒙委员会（Simmon Commission）提出将印度土邦命名为"邦"（States），英属管辖区命名为"省"（Provinces）。1931年皮尔子爵（Lord Viscount Peel）专家委员会评估了英属印度的央地财政情况，认为现行的税收体系不合理，建议应设计一套简洁有力的税收与分配系统：收入税在中央与省政府间共享，而地方省的所占比应该固定，且该比例每5年进行一次重新评估；中央有权对任何税收取附加费；中央财政的拨款标准依据当地人口规模。

直到1935年的《印度政府法案（1935）》才基本勾勒出印度联邦主义的框架，在一定程度上确立了在该联邦框架下央地财政分配的基本原则，而这些指导央地财政的基本制度安排正是当今印度财政联邦制的雏形。简单来说，英属印度由联邦中央、英属省以及各土邦构成，由于各土邦享有除外交、国防以外的高度自治，他们可自行选择是否签订"加入书"（Instrument of Accession）来加入联邦政府。该法案明确划定了联邦中央与地方省所享有的立法范围，列举在联邦列表（Federal List）、英属省列表（Provincial List）以及并行列表（Concurrent List）中。此外，针对征税范围以及央地税收共享的原则，法案中也有明确规定。

印度独立后，央地财政关系整体上表现为，中央拥有相对更多的财政税收，而地方不仅税收较少，支出则相对更多。据粗略估计，地方省邦总支出占到政府总支出的60%以上，而其财政收入只占不到40%。[1] 除了中央与地方间所存在的支出责任与税收收入不对等外，地方省邦间的财政收入也存在很大的差异。这一点较易理解，主要在各个地方省邦的经济表

---

[1] Y. V. Reddy and G. R. Reddy, *Indian Fiscal Federalism* (New Delhi: Oxford University Press, 2019), p. XVIII.

现上，直接体现在省邦内生产总值（Gross State Domestic Product, GSDP）。而一系列税收共享及税收转移的机制正是针对地方邦之间的差异性。因此不难看出，印度财政联邦主义的特点反映在这两对张力上，中央与地方之间的财政张力，以及中央与相互竞争的地方省邦之间的财政张力。印度财政联邦制呈现出一幅相互竞争的省邦—同面对中央的景象。当然，这些现象背后的制度性因素主要体现在宪法条款及相关修正案中。

二 宪法对央地税收权的界定

宪法附表（七）第一列表和第二列表分别列举出了联邦议会和省邦议会在税收权力上的立法范围。例如省邦议会有权针对域内农业所得立法征税，① 联邦议会则有权立法征收非农业所得的税款；② 省邦议会可以针对域内农业土地立法征收相应的遗产税，③ 而联邦议会则对省邦内非农业用地立法征收相应的遗产税。④ 剩余立法收税权掌握在联邦议会手中，且不存在联邦与省邦对税收立法的并行权力（concurrent power）。

不难发现这样的税收与责任存在两种不平衡：垂直层面上的以及水平层面上的财政不平衡。为了解决这一不平衡因素，印度自独立以来在不同时期尝试了多种办法，包括宪法框架下的制度性解决方案以及超宪法的更为灵活的机制创新。针对垂直层面上财政权与责任义务出现的不平衡，宪法框架下的制度安排主要指的是直接的税收转移，包含三个方面的税收，一是由联邦要求征收，但是由省邦实际收取和利用；二是由联邦征收和收取，但移交给省邦；三是由联邦收取但是与地方省邦共享。

印度联邦向地方有两种形式的财政转移，基于财政委员会报告建议的正式财政转移，以及通过联邦政府对省邦地区的公营企业进行投资，税收减免，出口优惠抑或对当地工业政策优惠等形式的较为隐性的财政转移。此外，在正式的财政转移范围内，《宪法》第282条还同时赋予了联邦中央和地方省邦可针对任何公共目的进行拨款救济。⑤ 直到1969年，因宪

---

① Entry 46, List II, Seventh Schedule, The Constitution of India.
② Ibid., Entry 82, List I, p. 320.
③ Ibid., Entry 48, List II, p. 324.
④ Ibid., Entry 87, List I, p. 321.
⑤ Article 282, Constitution of India.

法的这一表述给予了联邦政府极大的自主性，对地方的额外救助拨款或借款都主要依据具体的公共项目。而后在地方政府的抗议下，计划委员会副主席加德吉尔（D. R. Gadgil）最早提出了"加德吉尔公式"，用来评估地方各省邦并据此作为参考，从而决定最终的拨款。根据该公式，那些归于特殊类别、亟须得到中央扶持的省邦共占整个拨款的30%，其中无偿补助占拨款额的90%，贷款形式的金额占不到10%；但是针对其他地方省邦，这一比例则是3∶7，即无偿补助占30%，贷款金额占70%。[1] 而后该公式又经历过时任计划委员会副主席的普拉纳布·慕克吉（Pranab Mukherjee）的完善和修改，最终国家发展委员会（NDC）于1990年采取了这一被称为"Gadgil-Mukherjee"公式的评估方式，而该评估方式大体上一直持续到2015年计划委员会被废除为止。

（一）央地财政联系的制度化表现——财政委员会

印度财政委员会（Finance Commission）对央地关系有着实际且深远的影响。根据印度《宪法》第280条第1款，"总统应在本宪法实施两年内以及每个五年阶段结束时，或总统认为有必要可相应提前，来命令设立财政委员会；该委员会由一名主席和四名委员组成且都由总统直接任命。"[2] 在针对该《宪法》第280条的修正案出台之前，前十届财政委员的主要职责和工作都围绕着为央地税收净收入的分配确立比例，以及"印度统一基金"（Consolidated Fund of India）为各省邦提供税收拨款补助的原则。

而《宪法》第八十修正案的出台直接导致了第十一届财政委员会的委任职责被进一步扩大，包括为地方潘查亚特机构和市政机构的税收补充提供评估方式的建议，而由于这些资金几乎全部来自各省邦的统一基金，因此相应的，省邦的财政委员会的职责也做相应的调整。

此外，根据《宪法》第280条第3款第3项，财政委员会还具有一项弹性职责，即总统为健全财政向委员会提交的其他事项安排。换句话说，总统可以根据实际需要向财政委员会安排其他的工作事项。例如第一届财

---

[1] Y. V. Reddy and G. R. Reddy. *Indian Fiscal Federalism*（New Delhi：Oxford University Press, 2018），p. 15.

[2] Article 280, Part XII, *Constitution of India*.

政委员会被要求针对阿萨姆邦、比哈尔邦、奥里萨邦以及西孟加拉邦的援助拨款数额提供建议,用来代替早前规定的与这些省邦所共享的黄麻及黄麻产品的出口税收入;第二届财政委员会被要求对三种类型的税收分配原则提供政策建议,包括遗产税净收入、火车票税收,以及对棉织品、糖与烟草征收的特别商品附加税(ADE);第六届财政委员首次被授权检查、审核省邦由于自然灾害等原因进行的财政支出,以及设立全国基金(National Fund)的可行性;第九届财政委员会首次被授权考察合并现有的对特别商品附加税的可行性,从而替代含基本税的销售税;第十一届财政委员会被要求起草一份旨在减少省邦财政赤字的可监控的财政改革计划,同时也要求在该计划中提出一种评估模式,将省邦实施联邦项目的行政表现与其所能获得的来自联邦的非计划内财政拨款相挂钩;第十二届财政委员会的授权事项中首次纳入了对某些非税收收入是否与地方共享的讨论;第十四届财政委员会针对2014年新成立的特伦甘纳邦以及其母邦安得拉邦的税收源以及央地税收关系进行制度安排;第十五届财政委员会被要求评估当前央地的财政状况,并提出相应的进一步健全财政管理,进行财政整顿的路线图。①

不难看出,财政委员会的责任事项不断增多,总统及联邦政府在央地财政关系中的主动性及权力也通过增加财政委员会的职责得以体现。尽管地方省邦曾多次针对总统法令施加于财政委员会的约束力与影响力表达不满,但是从实际发展来看,中央在央地财政关系中占据着主动,且这种约束力和影响力在不断增强。

(二)央地财政联系的非制度化体现

除了制度层面上通过财政委员会实现中央对地方拨款、税收调节、征税权下放等措施,中央还可以通过一系列的非制度性渠道实现对地方省邦的财政补助。例如,中央可以通过公共基础设施投资,调控价格,引荐外国直接投资(FDI),地方省邦出口退税,出口利息补助等措施。② 也就是

---

① Y. V. Reddy and G. R. Reddy, *Indian Fiscal Federalism* (New Delhi: Oxford University Press, 2019), pp. 34-35.
② M. Govinda Rao, "Invisible Transfers in Indian Federalism", *Public Finance/Finances Publiques*, Vol. 52, No. 3-4, pp. 429-448.

说，中央既可以遵循一般原则，也可以秉持特殊理由或特殊目的对地方进行财政拨款。更进一步，正是由于多种非制度性财政转移的途径存在，中央和地方执政党的一致性与否，在很大程度上决定了地方能获得的财政支持和财政支出的灵活度。

正式财政转移的形式主要根据财政委员会的报告进行税收转移，根据报告建议进行拨款救济（Grants-in-aid）以及针对具体省邦的项目进行中央专项拨款。专项拨款项目（Centrally Sponsored Schemes）相比税收转移和拨款救济更具灵活性，当然也更具有争议性。截至1966年第三个"五年计划"结束，印度在15年时间里共有92个中央专项拨款项目，而这些项目在地方的具体实施形式以及人员结构都由联邦政府的相关部门进行设计，这不仅在一定程度上"入侵"了省邦政府对接部门的操作空间，由于款项金额的逐渐扩大还在一定程度上弱化了财政委员会的税收转移形式的重要性。因此，在第三个"五年计划"结束后，国家发展委员会决定，中央的项目拨款补助需要与项目所在省邦的税收贡献相匹配，且不能超过在 Gadgil-Mukherjee 公式下财政转移的 1/6。但是国家发展委员会的这一规定并没有实际约束或改变专项拨款项目的数量和规模，相反，这些项目不断"改头换面"和"重组合并"，继续成为央地财政关系的重要组成部分。2013年与2016年先后有两次专款项目重组，不过有所改变的是，各个地方省邦在这些项目中扮演的角色越来越重要，其所获份额也不断增多，当然其所承担的责任也随之增强。

三　经济自由化改革后的财政分权

印度在20世纪90年代初经历了支付危机后实行一系列的市场化经济改革，除了推出针对具体行业的改革政策，联邦中央所推动的财政改革对此后的央地关系也产生了深远影响。简单来说，财政改革的基本目标十分明确，即通过支出管理和资源动员将财政赤字缩减至可持续发展的水平，扩大税基以优化央地财政关系。1991年中央政府成立了税收改革委员会（Tax Reforms Committee），由拉贾·切利亚（Raja J. Chelliah）领导，对印度当时的税收结构进行再审视和评估，并提出相应的政策改革建议。1993年切利亚委员会提交报告针对当前的税收结构提出政策建议，改革目标应集中在如何优化当前的税收体系，从征税效率的角度来使该体系更加有效运转。①

自拉吉夫·甘地执政后期逐步开始经济改革，到1991年拉奥政府推行系列的经济自由化政策以来，央地视角下的财政关系的内容发生了相应的变化，关于财政分权（Fiscal Decentralization）的讨论日益激烈。中央计划下的财政转移以及基于市场的资源配置增强了地方省邦政府在社会建设以及经济发展中角色的重要性，不过也有相关研究发现，地区间财政分配不均的问题也在经济自由化后相应变得越发显著。②

引起央地财政关系变化的，除了基于市场的政策性因素外，还有行为主体的结构性变化。宪法第七十三、第七十四修正案的出台正式确立了三层级的联邦财政框架，联邦中央、省邦政府和地方政府（包括市政以及各层级的潘查亚特）。而此前只限于联邦中央和省邦政府之间的财政关系讨论，则进一步扩展至中央、省邦以及地方政府之间的三层次的财政关系。根据第七十三和第七十四宪法修正案，最基层的地方政府不具有立法权，其所拥有的权利由上一级省邦政府来立法授予。相应地，宪法第11和第12表列进一步列出了省邦政府向基层政府转移的职责类别和范围。自1995年的第十届财政委员会起，历届委员会都规定了从中央政府一直到第三层级地方政府的直接财政转移。但是由于宪法规定所有中央法定的财政转移的接收方只能是下一层级的政府，即省邦政府，因此第三层级的地方政府最终所得到的法定财政转移取决于省邦政府的决定。③ 第十三届财政委员会针对基层地方政府的财政补助提出了"双流并进"④的模式。一种为基本补助，没有任何的使用条件限制以求资金流动的顺畅；另一种

---

① 详细报告参考 "Tax Reforms Committee: Final Report", Dept. of Revenue, Ministry of Finance, Govt. of India, 1992.

② 参考 M. Govinda Rao, Richard T. Shand, and Kali P. Kalirajan. "Convergence of incomes across Indian states: A divergent view". *Economic and Political Weekly*, Vol. 34, No. 13, 1999, pp. 769 – 778; M. Govinda and Tapas K. Sen, *Fiscal Federalism in India-Theory and Practice* (New Delhi: Macmillan India, 1996).

③ Chanchal Kumar Sharma and Wilfried Swenden ed., *Understanding Contemporary Indian Federalism: Competing Perspectives, New Challenges and Future Directions* (London: Routledge, 2018), p. 163.

④ Chanchal Kumar Sharma and Wilfried Swenden ed., *Understanding Contemporary Indian Federalism: Competing Perspectives, New Challenges and Future Directions* (London: Routledge, 2018), p. 164.

为绩效补助，条件是针对管理基层政府的省邦级政府框架进行必要的改革和发展。①

四　GST法案对印度财政联邦主义的影响

2016年印度议会正式通过了宪法第一百零一修正案，规定从2017年7月1日起在全国范围内实施统一的商品与服务税（Goods and Services Tax，GST），结束了长久以来中央与地方针对不同商品与服务所实施的复杂多样的税率。GST法案对印度财政联邦主义有怎样深远的影响？统一化的税率设置对中央与地方省邦在实际财政收入上与之前有何差异？

针对统一商品与服务的税改实际是印度间接税改革的一部分。联邦中央层面早在1986年就推出了"变通增值税"（MODVAT）改革，后在20世纪90年代初根据切利亚委员会的政策报告建议，逐渐开始转向使用对商品及服务征收增值税的模式，在2000年又由"中央增值税"（CENVAT）的具体实践所替代；省邦层面的增值税改革意向最早出现在1995年由联邦财政部长面向省邦首席部长召开的讨论会上，随后在讨论会基础上政府于2000年成立了旨在设计并推动联邦增值税改革的专项权责委员会（Empowered Committee，EC）。2005年前后一些省邦也逐渐转向增值税的征收模式并且截至2008年年末，印度所有省邦都接受了这一税收模式。

GST法案正式颁布之后，相应成立的GST委员会则全权负责实践中的监督、管理以及改善，这一法定机构在新的间接税税法以及财政联邦制下扮演着极为重要的角色。首先，从人员组成结构上来看，该机构一定程度上体现了印度联邦主义中的合作性要素。根据GST法案，该委员会主席由联邦财政部长担任，而分管财政、金融、税收等领域的职位可以由各省邦推荐的部长担任，从制度设置中的代表性考量来看，GST委员会愿意充分听取省邦在具体事务中的意见。其次，从机构的职责与功能的角度来看，GST委员会需要针对联邦中央、省邦以及基层政府在课税范围、税率以及税收转移等方面提出相应的建议，而最终决定由GST委员会投票进

---

① 详细请参阅 The Report of Thirteenth Finance Commission (2010–2015), Government of India, pp. 173–175.

行表决。最后，GST 委员会的权力分配仍然符合印度联邦制权力偏向中央的特点，体现在表决投票中联邦政府针对任何决议的投票比重占 1/3，而其余所有省邦加起来拥有 2/3 的权重。此外，根据法案条例，要想改变 GST 相关的任何政策内容，在所有 29 个省邦代表全部投票的情况下，至少需要中央政府和另外 19 个省邦的共同投票，换言之，中央政府实际上拥有对任何决议的一票否决权。①

尽管 GST 法案的推出引发了诸多争论，但长远来看，对于统一印度市场，优化纳税效率以及促进财政联邦制的实际发展都具有深远的影响。印度国内不少人在法案推出伊始，批评其具体实施的速度过快，以致一大批纳税人缺乏足够的时间学习、适应新的报税方式和途径，造成了一定程度上的混乱局面。此外，从央地视角来看，GST 法案推出以后地方省邦对于其课税范围内的增值税税率失去了自主调整的权力；而诸多丰厚、稳定的财税源处于 GST 法案之外。例如，个人与公司所得税、关税，石油及相关产品、烟草等税收都统一由中央政府征收。但是长远来看，GST 委员会的设立以及有效运行，会不断完善印度商品与服务的间接税税收体系，并且 GST 委员会本身的活跃度以及社会对其关注度，恰恰极大地助推了央地间垂直维度、地方间水平维度的相互交织，而 GST 委员会也逐渐成为印度联邦制度设计下真正有效运行的法定机构之一，也有望切实促进合作联邦制度的发展。

财政分权是央地共同关切的核心议题，同样也是央地互动的一个重要纽带。但经济利益上的诉求或纷争只能部分地或间接地作用于央地关系，从中央和地方两个不同的视角看待央地互动却能进一步探究央地互动的活力所在。同样，不同视角下各自对于彼此的定位以及权利的边界也有着不一样的理解。

第四节　不同视角下的央地关系

基于以上三节对印度联邦制基本设定与主要特点的阐述，本节将分别

---

① Y. V. Reddy and G. R. Reddy. *Indian Fiscal Federalism* (New Delhi: Oxford University Press, 2018), p. 169.

从中央（联邦政府）与地方（邦政府）两个不同的视角来审视印度的央地关系，力求更加切实展现印度央地之间互动的过程全貌，目的仍是进一步全面认识印度联邦制度。

一　中央视角：联邦政府的绝对主导

（一）特殊条款下的特别权力

在中央视角下，为了保证面临任何特殊情况时印度联邦始终能保持完整统一，宪法赋予了中央特别的权力。总结起来，中央所拥有的特殊宪法权包含三个方面：非常时期（紧急状态下）的宪法权、联邦中央的特殊行政权以及特殊立法权。

非常时期的宪法权（Emergency Powers）主要体现在宪法第352条、第356条以及第360条中。根据《宪法》第352条第1款，"当印度整体受到安全威胁或印度境内领土受到威胁，无论是表现以战争、外部侵略、武装袭击等形式时，总统在总理及联邦政府内阁成员的建议下，可以发布正式公告"，[1] 从而宣布进入紧急状态。《宪法》第356条针对的是总统对地方省邦实行紧急状态的特殊权力，而《宪法》第360条针对的是国家金融稳定性出现动荡时，中央所拥有的宣布紧急状态的特殊宪法权力。

这些非常时期的宪法权赋予了联邦中央在面临特殊状况时拥有足够的主动权，将印度联邦体制暂时地转变成统一、单向治理的政治体系，保证国家团结一致的同时采取高效、迅速、一致的系列措施渡过危机。在紧急状态下，中央行政和立法机构可以全部取代所有的地方的相应机构，自上而下地实施具体政策，变成实际上的单一制国家体系。

即便在非紧急状态下，宪法仍赋予了中央一些特殊的行政权力。根据《宪法》第256条和第257条的规定，"地方省邦行使行政权时应遵守联邦议会所制定的、针对地方省邦的各项法律法规"；"地方省邦所行使的行政权力不得阻碍或藐视中央的行政管理权；此外，如若印度政府认为必要，中央行政权应扩大且指导地方省邦的行政原则"。[2] 换句话讲，印度联邦中央对地方省邦的行政权有着极大程度的管控，地方邦行政权的行使

---

[1] Article 352, The Constitution of India.
[2] Article 256、257, The Constitution of India.

范围受到联邦议会各项法律以及中央行政原则的指导,一旦出现任何形式的冲突,地方邦都必须遵守和服从中央的原则。从该角度来讲,作为联邦单元的地方邦,即使在非特殊紧急状况下,其行政自主性也相对受限。

除了以上所提到的印度宪法赋予联邦中央特殊的行政权外,《宪法》第249条还赋予了中央特殊的立法权。这一特殊性体现在,立法针对的事项或议题原本属于宪法附表(七)中地方条例(State List)中的内容。根据《宪法》第249条,"如果联邦院(Rajya Sabha)到场的不少于三分之二的议员投票认为,因考虑到国家利益,联邦议会有必要针对地方条例中任何事项进行特殊立法时,议会则可以合法地针对整个印度或者特定地区推出相关决议案,且该决议在一定时间限度内维持法律效力"。① 该《宪法》第249条在一定程度上等同于收回宪法赋予地方省邦单元在联邦框架下所单独享有的行政和立法权力,只要中央联邦院认为在某些特殊时刻或者十分必要,则可以通过决议一定程度"剥夺"地方所享有的宪法权。

(二) 总统权力在央地关系中的体现

议会联邦制下,总统虽是名义上国家的元首和印度武装力量的总指挥,但是根据《宪法》第53条,除非在特殊情况下,总统拥有的所有行政权力都需要在总理和联邦院的建议下行使。所以从表面上看,印度总统扮演的更多的是象征性的角色,代表国家颁布重要法令,其自身象征着至上的荣誉并代表着国家的尊严。但是倘若梳理印度共和国成立70多年总统的表现,不难发现,总统权力和重要性发生了巨大变化,尤其是对央地关系产生了诸多实质性的影响,而这些变化得以出现则归因于印度宪法对总统角色较为独特的设计。

根据印度宪法所赋予总统的权力,每次大选(人民院)结束后,总统会邀请人民院中占绝对多数的党派组阁,成立新一届联邦政府;而当没有任何党能获得绝对多数时,总统则有权邀请相对多数的党派证明其是否能获得其他党派过半的多数支持,从而建立联合政府。在后者所谓的悬浮议会的情况下,总统往往具有更多的主动权来行使自身所拥有的宪法权力。这样的情况在1989年后多次出现,总统的重要性也不断提升。在1989年、1991年、1996年和1998年的四次人民院大选中,都出现了悬

---

① Article 249, The Constitution of India.

浮议会的情况，总统则扮演了"游戏裁判"的角色，他可以决定是否邀请多数党派建立联合政府，也可以在之后决定是否采纳总理关于解散议会重新选举的建议。①

如果说第一部分反映了印度总统权力和角色的变化过程，且针对的主要是联邦政府，那么《宪法》第 356 条，以及第 357 条、第 358 条则赋予了总统直接影响央地关系的独特权力。根据《宪法》第 356 条第 1 款，"在收到来自某个地方邦邦长的书面报告或者其他情况下，如果总统认为该地方邦政府无法继续按照印度宪法依法履行职责，那么总统有权通过发布公告"，② 宣布该邦进入紧急状态，从而总统亲自接管该地方省邦政府所有的权力；也可以同时宣布该地方邦邦议会处于联邦议会的领导之下。

针对总统制以及总统在印度联邦制的详细讨论详见本书第五章"总统"。

（三）邦长权力在央地关系中的体现

联邦主义的制度框架下，邦长的设置颇具特点。不仅是因为这一角色在地方上体现了中央政府的权威，作为宪法所设置的一个职位，它更应成为央地关系的桥梁并起到润滑剂的作用。然而邦长这一角色在印度实际政治实践中则更多充当着中央在地方的"眼线"和"耳目"，其在特殊时刻所行使的权力与做法也常常引发争议。

宪法第 18 章为紧急状态下的相关条款，其中第 356 条第 1 款的内容则赋予了邦长足够大的宪法权。《宪法》第 356 条第 1 款规定，总统在收到某个地方省邦邦长的报告，或因其他原因认为该邦政府无法依照印度宪法各项规定开展工作的情况时，有权宣布一系列指示。③ 简单来说，总统可以实行直接统治和管理该省邦，任何重大决定或立法都有联邦议会来掌控，而该紧急状态时期最少维持 6 个月，最多可以维持 3 年。1978 年宪法第四十四修正案缩短了每次紧急状态的最长年限，限定为一年，但是在满足规定的情况下可以延长。④

虽然《宪法》第 74 条第 1 款明确规定，总统需要在联邦政府部长委员

---

① James Manor, "Presidency", in Devesh Kapur and Pratap Bhanu Mehta, ed., *Public Institutions in India: Performance and Design* (New Delhi: Oxford University Press, 2005), p. 106.
② Article 356, The Constitution of India.
③ Article 356, Constitution of India.
④ 详见 Fourty Fourth Constitution Amendment Act, 1978.

会（Union Council of Ministers）的建议下做出决定，但是《宪法》第 356 条赋予总统在紧急状态下的权力，尤其是悬浮议会下产生的联合政府执政时，总统对地方省邦的决定则显得至关重要，在很大程度上甚至影响到邦立法会或联邦议会的选举结果。同样，《宪法》第 174 条第 2 款赋予邦长召开会议以及解散邦立法会的相关权力，同时也规定邦长需要在省邦部长委员会的建议下行使权力。不过，因为省邦部长委员会主席为首席部长，因此实际上指的是邦长需要在首席部长的建议下行使权力。① 综合来看，这里在央地之间就出现了一种中央可操作的微妙空间，即当邦长向总统提出该邦无法依宪法开展工作的报告时，总统有权接管一切行政事务，而邦长也可以绕过省邦部长委员会来进一步解散邦立法会。同时，即使在非紧急状态下，如果该省邦立法会出现了悬浮议会的情况即首席部长所在政党及其盟友失去了在立法会的过半数席位且不愿意召开会议，则此时邦长的态度和选择就十分关键，因为其可以依据宪法决定是否召开立法会会议来进行信任投票（floor test）。

　　简单来说，总统及邦长在紧急状态下的权力体现直接来自《宪法》第 356 条，因此有必要回顾该条款的历史背景，以及印度独立后依据此条款所实际发生的案例。

　　制宪会议中不少成员表达了对以后可能误用、滥用《宪法》第 356 条的担忧，而之所以说可能出现误用的情况主要由于条例的两处表达："出现了省邦政府无法依照宪法规定展开各种工作的情况"② 以及 "其他情况下"（or otherwise）。卡玛特（H. V. Kamath）就针对第一处表达表示不解与担忧，认为"这能使得中央政府在没有出现任何威胁和平与秩序的情况下，仅仅凭借'无法依照宪法规定开展工作'（的借口）干预地方政府"，并且他认为甚至仅仅凭"其他情况"的理由干预省邦的立法是一种宪法式的犯罪。③ 阿赫迈德（Naziruddin Ahmed）同样表达了类似的担忧，认为在第 356 条下，中央完全可以以"微不足道"的理由干预省邦，也可能在极其严重的情况下对省邦"袖手旁观"。④

---

① 详见 Article 174, Constitution of India.
② 原文为："a situation has arisen in which the government of the State cannot be carried on in accordance with the provisions of the Constitution."
③ *Constituent Aseembly Debate*, Vol. IX, pp. 140 – 142.
④ *Constituent Assembly Debate*, Vol. IX, p. 162.

面对这些质疑与担忧，安贝德卡尔认为第一处内容指的是在省邦政府出现"机械故障"而不能正常运转的情况。对于"机械故障的定义"，早在《印度政府法案（1935）》中就有清晰的界定，无论从原则上还是实际意义上都很明确，没有必要赘述；针对第356条后一处内容"其他情况下"，安贝德卡尔认为即便邦长没有出具相关报告，总统也应具有判断的自由度，且该条款更多限定用在紧急状态下，对其使用应该倍加严肃和小心。① 但是对于如何限定该法案的使用场景并且如何防止该法案的误用和滥用，安贝德卡尔并没有做出清晰的回答和行动。

《宪法》第164条规定，一个邦的首席部长由邦长任命，而邦长任命首席部长的原则是邀请在邦立法会选举中获多数席位的政党领导人来组阁政府。而微妙之处就在于，当没有任何一个政党在议会中占绝对多数时，邦长该如何任命首席部长？在印度独立后的政治实践中出现有不同的情况。

案例一：1952年普拉卡萨任命拉贾戈巴拉查理为首席部长争议案

1952年时任马德拉斯邦长普拉卡萨（Sri Prakasa）任命查克拉瓦尔蒂·拉贾戈巴拉查理（C. Rajagopalachari）为首席部长是第一起邦长权力产生争议的案例。1952年马德拉斯邦立法会选举中，国大党获152个席位（总共375个），成为获得相对多数席位的政党，但仍然没有单独过半。前首席部长、印度独立后马德拉斯邦首位首席部长古玛尔斯瓦米·拉贾（Kumarswami Raja）提出了辞职但继续管理过渡时期政府工作。在这样的情况下，前英属马德拉斯省首席部长，1953年马德拉斯分邦之后成为新安得拉邦第一个首席部长的唐古土里·普拉卡萨姆（Tanguturi Prakasam）在过渡时期成立了一个新的政党——联合民主阵线，并宣称赢得了已选出的共167位议员的支持，且要求邦长普拉卡萨邀请自己组阁。但是邦长以该政党成立于选举之后为由拒绝了请求，随后任命此前并不在邦议会中的拉贾戈巴拉查理进入立法委员会（上院），而后者在当天晚上

---

① *Constituent Aseembly Debate*, Vol. Ⅸ, pp. 140–142.

当选为国大党领导人并被邀请组阁政府。①

而该案例的争议点在于,虽然《宪法》第 171 条、第 172 条规定了邦议会上院成员的产生办法,并且邦长有权力提名在特殊领域拥有杰出才能的人员进入议会,但是像邦长普拉卡萨直接提名拉贾戈巴拉查理进入并相信他能获得党派支持并组阁政府的做法属于比较罕见和片面。争议的另一点在于,早期英属马德拉斯省时期拉贾戈巴拉查理为该省总督,而普拉卡萨任阿萨姆省总督,两位老友在国大党内享有较高声誉。②

《宪法》第 164 条规定,首席部长由邦长任命,并且在邦长满意的情况下进行执政。"满意"(pleasure)指的是,邦政府必须得到邦立法会的信任,即需要获得立法会的多数支持,这也就意味着任何时候一旦邦长根据相关迹象显示,认为邦政府失去立法会多数支持时(即"不满意"时),则有权立即召开立法会议进行信任投票,并根据投票结果维持或解散现邦政府。在印度的政治实践中,邦长解散政府的时机、理由或方式都不尽相同,也引起了诸多争议。

案例二:1959 年喀拉拉邦长布尔古拉·拉奥(Burgula Ramakrishna Rao)解散邦政府案

1957 年印度共产党在喀拉拉邦立法会选举中击败国大党等党派,成功组阁邦政府。执政两年后的 1959 年,当时喀拉拉邦包括国大党和人民社会党在内的反对党组织了反对政府政策的一系列抗议活动,造成了喀拉拉邦内局面一度混乱,而抗议者的唯一诉求正是解散当时在任的印度共产党政府。邦长拉奥并未选择相信共产党政府有能力处理混乱局面,而是选择了向总统提交报告,并建议依照《宪法》第 356 条实行总统直接管制。

邦长的做法引发了极大争议,因为当时印度共产党政府仍然在立法会中享有绝对多数的支持,而喀拉拉邦也未受到极端状态下的威胁,但是邦长在这种情况下利用了《宪法》第 356 条中"其他情况"下的操作空间,

---

① 参阅 S. H. Patil, *The Constitution, Government, and Politics in India* (Noida: Vikas Publishing House, 2016), pp. 275 - 282; Hamid Hussain, *Indian Federalism: Emerging Trends* (New Delhi: Manak Publications, 2010), pp. 60 - 61.

② Hamid Hussain, *Indian Federalism: Emerging Trends* (New Delhi: Manak Publications, 2010), p. 62.

认为喀拉拉邦政府没有办法依照宪法正常运转。①

案例三

1967年11月，早先属于西孟加拉邦执政党联合阵线（United Front）的多位成员脱党并加入孟加拉国大党，从而使得执政党失去了多数支持。在这样的背景下西孟加拉邦邦长维尔（Dharam Vir）建议首席部长穆克吉（Ajoy Mukherjee）提前召开邦立法会会议确认执政党有资格继续执政，但是遭到首席部长拒绝。随后，邦长解散了邦政府并重新任命脱党成员之一的高希（P. C. Ghosh）为首席部长，因此在首席部长高希的建议下，会议提前按照邦长的意愿提前召开。但之后议会议长并未同意高希及其所在政党进行信任投票，后者不得不请辞，该邦随后按照《宪法》第356条进入总统直接统治的状态。②

当然这些案例的一个共通点是邦长在关键时刻的决定所实际参考的并不是与邦政府部长委员会的商讨，更多是满足联邦政府的政治倾向及政治目的，在一定程度上确保联邦执政党在地方有更多的执政机会或竞选空间。因此，邦长这一看似中央在地方的宪法代表，实则却在央地关系中扮演着及其重要的角色。

二　省邦视角：地方自主性与权利诉求

尽管在制度设计上印度宪法赋予了联邦中央相对更多的权力，但在央地关系下双方针对实际权力的"较劲"始终是一个动态的过程。本部分将着重探讨印度联邦体制下，从地方视角来审视央地关系以及地方省邦在独立后70多年的时间里为争取更多自主性所做出的努力。学界在探讨央地关系下地方省邦的政治追求时，往往将其纳入省邦政治（state politics，或译为地方政治）的大框架下。学界对印度地方政治的系统性研究起步较晚，印度共和国成立后，学术界的主流讨论仍围绕着主权、宪法、外交

---

① 参阅 T. J. Nossiter, *Communism in Kerala: A Study in Political Adaptation* (Berkeley: University of California Press, 1982), pp. 140 – 150; Hamid Hussain, *Indian Federalism: Emerging Trends* (New Delhi: Manak Publications, 2010), pp. 73 – 75.

② S. H. Patil, *The Constitution, Government, and Politics in India* (Noida: Vikas Publishing House, 2016), p. 287.

等国家政治领域，对地方政治的研究主要服务于选举目的。直到20世纪70年代，随着族群政治、地方政党在全国范围的兴起，学术界的研究重点从"全国性"政治，逐渐变为聚焦"区域性"或"地方性"政治，而省邦或省邦政治也逐渐成为一个在印度政治系统下的独立空间。[①]

作为央地关系中的另一方，地方省邦的政治诉求、政治活动直接对央地关系的发展变化产生着深远影响。受限于篇幅和研究重点，本章节不会深入研究省邦政治的各个发展过程，而是站在制度表现的视角，透过各项最终出台的法案法规和政府决议来反观印度地方政治的发展。

（一）语言文化分邦

印度因其极其丰富的文化、宗教和族群多样性的同时能始终保持一个统一的民主国家屹立于世界而自豪不已。我们在赞许印度独立以来作为一个国家整体保持较为稳定发展的同时，也不能忽视其内部中央与地方关于最本质问题的争议——领地主权。值得一提的是，这里的领地主权（territorial sovereignty）具有更广泛的含义，并不是狭隘地指涉国家所拥有的领土主权。在联邦制的基本思想下，虽然各个联邦单元主动或被动让渡了部分主权给联邦中央（如外交权、军事权等），但是对各自管辖范围的领地拥有者宪法赋予的主权。各个联邦单元主权拥有的直接表现就是省邦边界的划分，而这也是印度省邦政治发展过程中最重要的一部分。

1. 邦界划分的标准

从当前印度的省邦划分情况来看，大多数的省邦有相对独特的语言和文化，而语言似乎是印度省邦划分的标准，但实际情况是，这一标准的确立经历了漫长曲折的过程。

印度独立后一直存在省邦边界划分的央地两种视角。从中央政府视角来看，邦边界的划分必须遵循两个标准：经济上的可行性与行政管理上的便捷性，即所新划分出的省邦要保证财政收入和经济发展上能够自立，不能成为国家的负担；新的联邦版图要符合行政管理的规律和效率要求，过多或过少的邦数量无法满足行政便捷性的要求。从独立后地方新兴团体的角度来看，倘若一个较大的群体能自发形成归属感并且拥有相对一致的身

[①] Sudha Pai, "Towards a Theoretical Framework for the Study of State Politics in India: Some Observations". *The Indian Journal of Political Science* (1989), Vol. 50, No. 1, pp. 94 – 109.

份认同,那么就应该单独成为一个构成联邦的基本单元。这两种观点都有广泛的支持群体,并且印度国大党早在1921年英属印度时期就向当时的殖民政府提出依照语言种类划分行政区域的要求,这一要求被认为是最大限度上谋求印度人民利益且反抗英国殖民者的强有力的工具。但是颇具讽刺意味的是,当印度获得独立后,国大党对于根据语言文化标准分邦的诉求则十分犹豫。[1]

虽然尼赫鲁的态度在一定程度上被认为"出尔反尔",但他的这种犹豫和担忧也不无道理。刚获得独立的印度经历了印巴分治的惨痛,任何以宗教、语言或族群文化为标准的划分都会对印度国家的统一性产生巨大的挑战,而尼赫鲁当前的首要任务则是维护印度的团结并致力于发展,而前者正是后者的前提与基础。但是曾经对印度人民身份认同的承诺又早已深入人心,所以二者之间形成了强大的张力,分邦议题也一直贯穿在独立后印度的政治发展进程中。

1948年6月17日,制宪会议主席拉金德拉·普拉萨德(Rajendra Prasad)正式任命来自阿拉哈巴德高等法院的达尔法官(S. K. Dhar)领导成立"达尔委员会"(Dar Commission),就以语言标准重组省邦的可行性进行调查研究并发布相应的政策报告。历经近4个月的调查研究后,达尔委员会于同年12月10日提交了最终报告,报告第14条与第15条高度总结了目前关于语言分邦的两种对立的论调:

> 支持立即进行语言分邦的论调为,因为国大党(早前)的承诺已经深入印度民众心中,承诺的推迟兑现正在带来痛楚、焦虑和失望,直到承诺得以兑现前,国家很难稳定地进行建设性的工作,而宪法若未能将语言省邦的划分纳入其相关列表,那宪法的颁布将会是一个错的开始。
>
> 支持推迟(语言标准分邦)的论调包括,国家目前仍面临着外部威胁,深陷经济发展的困境,印度的土邦还未能完全融入印度联邦,政府忙于更多亟待解决的问题,目前国家无法承担语言分邦所带来的财政和行政压力,以及当下不具有科学、合理进行省邦规划的环

---

[1] Marshall Windmiller, "The Politics of States Reorganization in India: The Case of Bombay", American Institute of Pacific Relations, Vol. 25, No. 9, p. 129.

境条件。①

在进行了长达56页的论述后,达尔委员会更倾向于第15条所呈现的观点,认为"完全或主要基于语言考量的省邦划分不符合国家的整体利益,(因此)不应该着手进行",②并进一步提出省邦的重组应该依据四个标准,即地理上毗邻,财政上自立,行政上可行,以及对国家的整体发展有潜在的正向帮助。

但是达尔委员会的报告一经发布,立即引起了国内民众和地方政治团体的强烈不满,引发诸多声势浩大的抗议。面对这一情形,在报告发布不到1个月,国大党即成立包括尼赫鲁(Jawaharlal Nehru)、帕特尔(Vallahbhai Patel)以及西达拉马亚(Pattabhi Sitaramayya)在内的"JVP委员会"(JVP Committee),针对达尔委员会的报告及建议进行评估,并进一步针对语言分邦的可行性提出意见。包含国大党主要领导人在内的委员会于1949年的报告中同样表达了与达尔委员会相一致的建议,"我们认为当下组建语言省邦并不是一个合适的时机"。③因此,直到宪法正式颁布,语言分邦的诉求也未实现,转而出现在宪法中的是独立后印度A、B、C三种类型联邦单元的划分。印度1950年颁布的第一版宪法的第一附表中(First Schedule),将印度的联邦单元划分为三种类别,其中A类别包含9个原英属省,④B类别包含9个原英殖民地时期享有一定自主性的土邦王国,⑤C类别包含10个原英殖民时期中、小层次的属区。⑥显然,1950年宪法对印度联邦单元的划分并未按照语言或文化的标准,这些省邦几乎都

---

① Section 14 and 15, in Report of The Linguistic Provinces Commission (New Delhi: Government of India Press, 1948), pp. 2 – 3.

② Section 152 (1), in Report of The Linguistic Provinces Commission (New Delhi: Government of India Press, 1948), p. 34.

③ Granville Austin, *The Indian Constitution: Cornerstone of a Nation* (New Delhi: Oxford University Press 1999), p. 242.

④ A 类别下的邦:Assam, Bihar, Bombay, Madhya Pradesh, Madras, Orrisa, Punjab, The United Provinces, West Bengal.

⑤ B 类别下的邦:Hyderabad, Jammu and Kashmir, Madhya Bharat, Mysore, Patiala and East Punjab States Union, Rajasthan, Saurashtra, Travancore-Cochin, Vindhya Pradesh.

⑥ C 类别下的邦:Ajemr, Bhopal, Bilaspur, Cooch-Behar, Coorg, Delhi, Himachal Pradesh, Kutch, Manipur, Tripura.

为多语言、多文化的复合组成单元。

2.《邦重组法案，1956》

进入20世纪50年代，达尔委员会以及JVP委员会的报告建议未能平息地方政党和民众对语言分邦的热忱。南方泰卢固语地区的领导人婆提·斯里拉姆路（Potti Sreeramulu）从1952年10月19日开始以绝食至死的形式进行抗议，要求联邦政府兑现给予泰卢固语地区人民脱离马德拉斯邦并独立建邦的承诺。斯里拉姆路于12月15日晚间逝世，这也直接引发了该地区更大范围的抗议。面对这一情形，尼赫鲁政府最终于1953年同意成立安德拉邦。安德拉邦的成立则点燃了地方团体以语言分邦的希望，"潘多拉魔盒"的开启使得尼赫鲁于同年成立了由法兹勒·阿里（Fazl Ali）领导的邦重组委员会（State Reorganisation Commission，也称Fazl Ali Commission），再次研究语言分邦的可行性，以及具体的分邦建议。

阿里委员会于1955年9月30日发布的共267页的报告中包含了关于语言政策、省邦划分方式等诸多内容。报告中针对语言在重组省邦的考量中所扮演的角色，认为"基于单一的语言或文化来重组省邦既不可能也没有必要，但是从服务于国家统一的利益角度，（采取）一个相对平衡的方法来解决整个问题是十分必要的"，① 换句话说，语言会纳入分邦的考量，但绝对不是唯一的考量标准。从整个报告的论述中不难发现，所谓的一个"相对平衡"的方法还包含四个标准：语言文化的同质性，保护和加强国家的统一和安全，财政、地理、行政上的考量以及每个省邦人民的福祉。而后，联邦政府几乎接受了阿里委员会的建议，做了些许修改后议会最终于1956年通过了《邦重组法案，1956》（*State Reorganization Act, 1956*）。

根据法案的规定，印度将取缔先前A、B、C三种联邦单元类别的划分方式，而是将现有单元重新整合并划分为14个邦和6个中央直辖区。②

---

① Section 162, in Report of the States Reorganisation Commission 1955, Government of India, p. 45.

② 根据1956年《邦重组法案》，印度的14个省邦为：Andhra Pradesh, Assam, Bihar, Bombay, Jammu and Kashmir, Kerala, Madhya Pradesh, Madras, Mysore, Orissa, Punjab, Rajasthan, Uttar Pradesh and West Bengal. 6个中央直辖区为：Andaman and Nicobar Islands, Delhi, Himachal Pradesh, Laccadive, Minicoy and Amindivi Islands, Manipur and Tripura. 参阅 The States Reorganization Act, 1956, Government of India.

该法案在划分的过程中虽然部分考虑了地方的诉求,但实际上仍然是中央政府综合多方因素考量后"自上而下"地进行邦的划分和重组,有意或无意地忽视地方更多的内在真实诉求。当下印度共有 27 个邦,这也意味着从 1956 年法案的推出,不断有新省邦的成立以及省邦边界之间的重新调整,中央与地方之间在边界划分、新的联邦单元的建立等议题上进行着频繁的互动。

(二) 内部分裂与地区主义——建邦诉求

如果说 1956 年推出的《邦重组法案》标志着语言文化分邦可能性的实现,从地方区域的视角,这更意味着在央地博弈下地方有更多的可能性争取更大的自主性。印度《宪法》第 3 条给予联邦议会关于建立、合并或重新划定邦与邦边界的专断权,由总统来发起相关的提议并与目标省邦商讨,[①] 而《邦重组法案,1956》更是这种自上而下邦边界划分的典型例子。而自 2000 年以来,印度内部分裂(Internal Secession)并成立了四个新的省邦(北阿坎德邦、恰尔坎德榜、恰蒂斯格尔邦和特伦甘纳邦),通过了针对这些新邦成立的《宪法第八十四修正案》与《安德拉邦重组法案,2014》。之所以称该四邦为内部分裂,原因在于这四个邦都是从其之前的"母邦"中分离出来单独建邦,而这些"母邦"也都是 1956 年省邦重组后的产物。尽管各个邦的基本情况不尽相同,但四个地区都在独立建邦的过程中经历了一系列社会运动及不同程度的挣扎,最终推动联邦议会及总统的认可,呈现出"自下而上"的建邦模式。

分析这四个新成立的联邦单元能更好地帮助我们理解印度央地关系的动态过程及其张力,也能更好地认识印度自独立以来联邦体制这一制度发展的过程。依据达斯、弗雷斯特等学者从区域/次区域主义的理论,这些新邦早前都属于母邦的"次区域",即某个地区或族群聚集区中更小的区域,但由于这些小区域因经济、地理、历史等因素拥有明显不同于所属大区域的身份,[②] 因而这些拥有独特身份的次区域期许能够成为联邦单元从

[①] Article 3, Part Ⅰ, The Constitution of India.

[②] 参阅 Samir Kumar Das, "Whither Regionalism in India's Northeast?", *India Review*, Vol. 13, No. 4, 2014, pp. 399 – 416; Duncan B. Forrester, "Subregionalism in India: The Case of Telangana", *Pacific Affairs*, Vol. 43, No. 1, 1970, pp. 5 – 21.

而拥有更多的自主权,并能直接和联邦中央进行互动。安东尼·吉利兰(Anthony Gilliland)则将这种分邦形式放在联邦制的框架下,对"向内分裂"进行了规范意义上的论证,认为联邦制框架下某区域从原属母邦分裂并成为一个新的省邦单元经历了三个阶段。(1)诉求提出阶段,即一个特定的团体或族群通过集体行动或社会运动充分展示其所在区域人民的身份认同,且进一步向其所属的联邦单元提出获得更多自主性的要求;如果该联邦单元忽视或拒绝所提要求,那么团体或族群则进一步力争寻求将其所在区域变为新的联邦单元。(2)回应和互动阶段,即当谋求分离的诉求渐渐成型并且逐渐获得更大范围的社会影响力,那么其原所属的联邦单元、联邦政府、国家性和地区性的政党都会逐渐开始回应并加入这个多方博弈的互动过程当中,针对分裂的可能性,如何分裂以及分裂后的制度安排等分别作出自己的判断。(3)法令的正式颁布阶段,即联邦中央最后通过正式颁布法令来承认新的省邦单元的建立并正式赋予其相关宪法权利。[1] 当然,三个阶段并不是静止的,整个过程中还牵涉母邦单元与联邦的博弈,次单元与母邦执政党、在野党之间的利益交换,也恰恰反映出央地关系在联邦体制下的互动性。

北阿坎德邦、恰尔肯德邦、恰蒂斯格尔邦以及特伦甘纳邦四个新的省邦建立是截至目前在印度联邦框架下,成功实现从原属母邦分离并上升为享有更大自主权的省邦单位的例子。笔者曾通过借鉴内部分裂、身份政治等理论建立一个身份叠加的分析框架,用以解释这四个案例的分邦过程机理。简单来说,印度分邦的实现首先要保证某次区域的诉求为向内分裂、扩大自主性——上升为新的省邦单元,而不是谋求独立成国;而后,复合型的文化身份认同、基于被剥夺感的物质性身份认同以及地方政党在政治上形成选举合力,层层身份叠加的整个过程是基础力量,最后当全国性政党相互博弈中出现"机会之窗"的情况下才更有机会实现最终的分邦目标。[2] 印度多个次地区单元的分邦诉求仍继续活跃在印度联邦制下的政治

---

[1] Anthony C. Gilliland, *Federalism and the Creation of New States: Justifying Internal Secession* (2013), Barcelona University, Ph. D. Thesis, pp. 61–94.

[2] 雷定坤:《印度分邦诉求与过程机理探究》,《南亚研究季刊》2020年第1期,第61—71页。

舞台上，与联邦中央的博弈过程同样也彰显出印度央地政治的活力。

本章小结

央地关系从严格意义上来说只是一个观察视角，透过该视角所关注的核心是这个国家政体处理中央政府和地方政府关系时所实行的制度形式和具体实践。因此印度独立后央地关系的发展变化，其实质是印度联邦制度的发展变化。印度联邦制的发展变化受到很多因素的影响，例如政党、财政、社会力量等，反过来，制度的变化又进一步影响了民主的稳固与质量，以及制度完善后很长时期印度政治的发展。因此，对印度联邦制的深入探究是理解印度央地关系动态变化的核心所在。

既然央地关系是动态变化的，那么这些变化体现在制度上，就是相关法案的通过与修订。印度宪法具有至高无上的权威，其对印度联邦制的制度设计分散在不同的条款中，这些条款以及而后的修正案共同影响了央地关系的发展变化。引发修订这些条款的因素众多，但是为了整体上有一个对过程变化的清晰认识框架，我们可以加上时间的维度，大致划分印度联邦制发展的几个阶段，从而观察印度央地关系的动态变化过程。

在国大党一党独大时期（1947—1977），其同时掌控中央和绝大多数地方政府，在这种情况下，央地关系实际上变成了党内成员的"讨价还价"。科哈内克（Kochanek）称这种情况下的央地关系为"家庭争吵"，而后迈伦·韦纳（Myron Weiner）与阿图尔·科霍利（Atul Kohli）前后相隔20年就20多个行政区划进行实地考证，二者的研究成果也反映了20多年间这一国大党内部"家庭争吵"式央地关系的变化。[①] 家庭争吵式带来的是外部威胁的减少，央地关系的互动表现为一种相对单一化的政策传导，一方面政策实施效率较高，但是另一方面地方缺乏发展活力，经济发展在极大程度上依赖联邦政府的支持与指导。尽管20世纪60年代国大党内部响应所谓的"卡马拉杰计划"（Kamaraj Plan），多位部长、邦长

---

① 参见 Myron Weiner, *Party Building in a New Nation: The Indian National Congress* (Chicago: University of Chicago Press, 1967). Atul Kohli, *Democracy and Discontent: India's Growing Crisis of Governability* (Cambridge: Cambridge University Press, 1990).

辞职并重新投身国大党建设和党内组织工作，寻求焕发党内活力，但是这种尝试并未实际改变国大党内部等级排序与党外一党独大下的政府岗位相对应的事实。印度独立20年后国大党在联邦和地方的统治以及与联邦基本思想的背离下的潜在危机，最终随着魅力型领袖尼赫鲁的去世开始逐渐显露。

当国大党逐渐失去了在地方省邦中的统治性地位，曾经以国大党家庭内部式争吵的央地关系逐渐变为通过官方成立的，相对公开的一系列机制来进行央地间的讨价还价。例如首席部长会议（Conference of Chief Ministers）、国家发展委员会（National Development Council）、省邦间委员会（Inter-state Council）等，这一时期也见证了地方政党力量的迅速崛起（1977—1991）。这些不同的机制在功能上虽然侧重点不同，但实际运行中仍然有许多功能上重叠的部分。因此，在理论上也就可能出现某个或几个机制完全占主导地位，而其他的机制则处于"瘫痪"状态。而这些处理央地关系的主导机制往往是超宪法的机制，因为宪法中规定的类似机制在操作的灵活程度上相对较低。经济自由化改革后，财政联邦主义的具体内容发生了相应改变，而该时期央地关系的一大特点是相互依赖性增强。这种依赖表现在，地方领导人需要中央的支持（包括发展导向的拨款等）以最大限度稳固和扩大票仓继续执政，而同时中央政府也需要地方政府的支持，以贯彻落实中央所制定的全国性政策。

央地关系实际是一个绝佳的观察视角，透过这个视角关注的是印度的民主稳固与质量以及印度作为一个大国的运行机理。而联邦制的政治制度恰恰是央地视角的抓手，印度联邦制的设计、特点以及具体表现决定了印度的民主形态，也在很大程度上反映出印度政治发展的历史进程。印度是一个有着众多人口、多元的族群、丰富的宗教、厚重历史的国家，从1947年独立至今，尽管教派冲突不断，族群的自主性诉求日益增强，经济发展相对落后，但整体上印度仍保证了国家的统一，民主形式的稳固。

如果说印度中央与地方关系是动态的，那么展现这种动态过程的就是央地的政党形态。对于一个联邦政体，中央政府必须拥有对至少一项具体职能进行独有决定的权力，即不受制于地方省邦政府的干扰或影响。因此，根据对职能拥有排他性权力的多少，中央联邦政府拥有越多的排他性职权就意味着该联邦制形态越倾向于中央集权；反之，倘若中央政府在许多职能上都受到地方政府的影响，那么联邦制形态越倾向于分权或"边缘式的"。这种排他性的专断权体现在联邦制的制度设计中，但在议会制下政府来自议会，执政党的权力与影响力的大小又会反过来改变制度的设定，从而进一步影响央地相对权力的变化。因而联邦政府与省邦政府执政党的异同以及全国性政党的实力变化反映出，在联邦制框架下中央与地方诉求张力以及相对权力的变化；反过来伴随这种诉求张力的政治过程又进一步影响中央与地方的互动模式。同时，央地的动态关系始终限定在联邦制的大框架下，因此政党形态（或政党系统）与联邦制之间的关系就表现为，如果政党的形态是高度中心化的（某政党同时在联邦和地方省邦执政），那么联邦制也同样是中央集权式的；反之，如果政党体系是碎片化的（中央或地方都表现为政党联合执政），那么相应的联邦制也呈现出弱中央集权式的态势。

　　印度似乎也同样遵循该联邦制与政党形态关系的一般性规律。独立后印度国大党在联邦中央和地方省邦都占据着统治性的地位，联邦政府统一制定在经济、民生等各个方面的政策，而省邦政府更多只是充当中央政策的具体执行者，对于其域内的具体事务只拥有极其有限的自主性，而此时印度的联邦制也呈现出中央高度集权的特点。进入20世纪80年代，地方政党凭借身份认同的强大动员能力快速崛起，执政地方邦的同时也不断向中央索取更多的自主权，印度中央也从1996年到2014经历了诸多小党共同执政的联合政府时期，而印度的联邦制也呈现出去中心化的政治实践。尽管2014年莫迪政府结束了联合政府的趋势，但是其获胜仍基于选取与地方政党联合的策略，包括席位分配和选区竞选策略。

　　但是从正式制度的角度来看，印度政党体系的多元化并没有直接改变印度中央集权式联邦制的基本设定，而只是出现了更多的分权式的政治实践。例如，相比国大党一党独大时期，20世纪90年代以后的联盟政府使用总统管制的频率大大降低，一些地方首席部长对半独立外交的主张，抑或在所有的地方拨款中依据中央意愿和倾向的款项占比降低。但显然这些政治实践出现在特定的政党形态下，而并非基于正式的制度保证，因此，一旦联邦政府的政党构成发生变化，这些分权式或去中心化的趋势会随之被逆转。2014年、2019年莫迪引领的印度人民党政府连续在联邦政府单独执政后的政治实践也印证了分权式趋势被逆转的判断。由政党形态所体现出的央地互动关系只是表象，因此，要理解这种互动现象和规律，本质上还是要回到宪法中关于印度联邦制的制度设定以及相关的法律法规，通过制度内容、制度表现以及制度的改变从根本上认识印度央地关系的实质。

因此，从印度央地权力分配的角度，联邦中央享有更多的主动权。而财政权的分配是央地关系中极为重要的内容，本章通过梳理宪法机构以及宪法外等正式制度设定，展示了央地财政关系中的复杂性。例如，宪法第280条所规定成立的印度财政委员会（Finance Commission），联邦政府设立的计划委员会（Planning Commission）以及2014年后替代该委员会的印度国家转型委员会通过正式和非正式的制度形式对央地的财政分配产生了深远的影响。宪法第七十三、第七十四修正案的出台正式确立了三层级的联邦财政框架，联邦中央、省邦政府和地方政府（包括市政以及各层级的潘查亚特），将先前联邦中央和省邦之间的财政关系扩展为中央、省邦以及地方政府之间的三层次的财政关系。2016年印度议会正式通过的统一商品与服务税（Goods and Services Tax，GST）以及全国范围内的迅速实施，针对央地在商品与服务税收权限以及财税转移规则上进行了制度设定。简单来说，印度央地的财政关系仍然大体上呈现出地方依赖中央，地方省邦职责与税收权不匹配，以及中央财政拨款方式多样及灵活度大的特点，当然也契合印度中央集权式联邦制度的整体特征。

除了从印度宪法以及其他法律中对联邦制的正式阐释的角度出发，独立后印度央地关系还可以通过中央和地方的具体政治实践和互动过程得以全面展现。本章分别从联邦中央和地方省邦各自的视角来审视彼此的关系。在中央的视角下，为了保证印度联邦在任何情况下的完整与统一，中央拥有《宪法》第352条、第356条以及第360条的非常时期或紧急状态下的宪法权力（Emergency Powers）。此外，对地方省邦的总统管制（President's Rule），以及邦长在《宪法》第356条应用过程中的关键性作用，都使得联邦中央对地方的有效管制拥有强有力的制度保障。从地方省邦的角度来看，印度联邦制的基本设定同样意味着地方邦的自主性诉求的合理性，且印度各地文化、族群、宗教极其丰富，身份认同促使地方政党的崛起，从而作为地方利益的代言人向联邦中央不断索要更大的自主性。这一过程体现自《邦重组法案，1956》的颁布，到2000年恰蒂斯格尔邦、恰尔肯德邦以及北阿肯德邦的成立，再到2014年特伦甘纳邦的成立，一直持续到当下许多地区尚未分邦成功的诉求与社会运动。

印度央地关系是一个动态的相互作用的过程，而这种互动性虽然无法跳出印度中央集权式联邦制的基本框架，但恰恰又因为联邦制的制度理念与基本设定给予了彼此一定的空间，或许这种空间与灵活度恰恰是印度政治活力的源泉。

第 八 章

基层治理

　　作为中国的邻国，印度传统上一直是以农业为主的发展中国家。虽然近年来它的经济结构发生了很大变化，农业产值占国内生产总值的比重逐年下降，但以农业为生的人口总量却始终居高不下。根据2018年的统计数据，印度13.53亿人中有8.92亿属农村人口，这意味着印度目前仍有约2/3的人直接或间接以农业维生。因此，要搞懂它的基层治理是如何运作的，首先就得弄清楚在它的广大农村存在哪些有效的治理组织和治理机制。潘查亚特制度是印度传统的基层治理形式，也是其悠久的村社自治传统的组成部分，虽历经多次演变，但至今仍对印度基层经济、政治、文化、社会的发展起着至关重要的作用。特别是随着1992年印度宪法第七十三修正案的通过，印度各邦已陆续建立三级潘查亚特。[①] 这是印度近年来在建立地方自治政府组织、推进地方民主方面最重要的举措。因此，本

---

　　① 印度在通过关于潘查亚特制度的宪法第七十三修正案的同时，也通过了第七十四修正案，对其城市地区的市政当局（Municipalities）进行改革，以希冀实现城市权力的下放，推动市民参与城市治理。目前，这些市政当局大致可分为三类：（1）在人口最少、属于农村向城市过渡的地区，包括原来的镇（Town area）和通告区（Notified area），设立那加尔潘查亚特（Nagar Panchayat）；（2）在中小城市，设立市政委员会（Municipal council）；（3）在人口100万以上的城市，设立市政公会（Municipal Corporation）。相比于潘查亚特，这些市政当局享有的自主权更少，且既没有充足资金支持也缺乏规划城市管理能力。它们的实际运作在很多方面需要依赖邦立法机关的法律、受邦政府的直接控制，而城市规划等重要职能也仍大多数由邦政府承担。虽然本章主要侧重从潘查亚特制度的角度介绍印度的基层治理，但无论是哪一种类型的市政当局，其产生、任期、席位保留制度、权力和职责等事实上都与潘查亚特类似。例如，与后面将介绍到的潘查亚特一样，市政当局被委托的权力和职责也是"制定经济发展和社会正义规划"及"执行被委托的经济发展和社会正义规划"——宪法专门用附件十二列出了赋予它们的城市规划、道路和桥梁、用水供给、环境保护、贫民窟改造和消除城市贫困等18项职能。不过，印度不同城市的治理模式千差万别，其自治的性质很模糊，还存在人数不断激增的贫民窟等特有的问题。

章将以潘查亚特制度为中心，考察其在印度基层治理中发挥的实际作用以及面临的挑战。

第一节　村社与潘查亚特制度的历史演变

一　印度村社制和潘查亚特制度的起源

潘查亚特[①]的名称来自梵文"panch"和"ayat"，前者意为"五"而后者意为"会议"。在古代，潘查亚特通常由五个或更多个属于高级种姓、受村民尊重的村社长者组成，拥有行政、立法、司法权，控制着村社生活的各个方面。因此，潘查亚特传统上又被称为"五老会"，是一种自治性组织和冲突解决机制。而在今天，潘查亚特的概念具有多种含义，既是指地方政府单位，又是指邦政府实施政府职能和执行地方发展计划的机构，同时也是实现乡村参与式民主的手段等。[②] 相比于古代，今天的潘查亚特因其引入了选举程序并被赋予了广泛职权而在民主政治和有效治理方面具有了更为重要的意义。

以潘查亚特为核心的潘查亚特制度（Panchayat Raj Institution，其中"Raj"意为统治）曾广泛实行于南亚次大陆，包括今天的印度、巴基斯坦、孟加拉、斯里兰卡、尼泊尔等国，但是不同地方的潘查亚特在组成、职责等方面都有不同。以印度为例，当时其南部和北部所实行的潘查亚特制度就有相当大的差异。历史上的潘查亚特多种多样，其中属种姓潘查亚特（Caste Panchayat）和一般会议潘查亚特（General Meeting Panchayat）最为重要。"种姓潘查亚特是以种姓为基础的乡村治理制度，大多数种姓都设有正规的种姓会议"，它们"不仅处理本种姓成员的纠纷，还有权处理地位比自己低下的种姓集团的案件"，同时"在另一些村落里，有势力的种姓集团不止一个，或者'统辖种姓'与被统辖种姓的界限不甚明显，在这种情况下，则由一般会议潘查亚特管理村落公共事务。这类潘查亚特

[①] 除"潘查亚特"外，国内也有音译为"潘查雅特""潘查耶特""潘彻亚特""盘查亚特"的，也有意译为"评议会"等的，本书取使用比较广泛的"潘查亚特"。

[②] Dr. Elangbam Girani Singh, *The Panchayati Raj and Rural Development in Manipur: A Case Study of Thoubal District*, Summarg Publishers & Distributors, 2013, p. 18.

的组成人员，通常是由几个有势力的种姓推举出来的，低种姓的代表只担任一些不重要的职务"。① 其他类型的潘查亚特虽然存在，但实行的地方较少，也不太具有重要的意义。

印度的潘查亚特制度与其独特的村社制度存在着紧密的联系，且村社的性质、结构等对潘查亚特的实际运作有很大影响。村社在原始氏族公社解体后即已出现，之后长期存在，也不断发生着变化，包括剥削关系的产生和发展。村社是自营生产、相对封闭的社会，其规模大小不一，大的村社达数千户，而小的村社仅数十户。生活在村社里的村民基本上都从事农业和手工业，依靠村社公有共用的土地、牧场、森林，过着男耕女织的生活。他们能够生产自己所需要的大部分消费品，很少与外界接触、交流。"村社的日常管理工作一般由村社头人负责。村社头人通常是刹帝利或婆罗门，在潘查亚特指导下开展具体工作。"② 由于自给自足的自然经济在村社占据绝对主导地位，因此绝大多数村民的注意力只放在自己所属的家族和村社上，对外部世界的一切事物漠不关心。马克思和恩格斯曾评论说印度的这种与外界相隔绝的独立村社是东方专制制度的牢固基础，这无疑是正确的。

虽然印度的村社表现出的形态各异，但在其中都生活着以世袭职业分工为基础的不同种姓集团，因此它们都是通过种姓这个纽带结合在一起的。正如有学者指出的，"印度的特点即在于通过种姓结构把低种姓的家族和贱民束缚在村社上，使其处于依附地位，——实际上也就是束缚在土地上，因为他们事实上多数人要为高种姓耕种土地，受高种姓的剥削"。③ 当然，根据传统上沿袭下来的所谓贾吉曼尼制度（Jajmani System），高种姓者也被认为有义务向为其服务的低种姓者提供约定俗成的各种帮助，以使其日常生活有相对稳定的保障。这种形式的依附关系甚至到今天也没有完全消除，尽管世袭职业分工的模式已经因为城市化、工业化的进程而受到了极大的挑战。

---

① 尚会鹏：《印度"潘查雅特"制度初论》，《南亚研究》1989 年第 1 期，第 43—44 页。
② 陈王龙诗：《古代印度村社司法中的潘查亚特及其现代影响》，何勤华主编《外国法制史研究》（第 21 卷），法律出版社 2019 年版，第 112—113 页。
③ 赵卫邦：《印度的村社制度——它的基本形态、内部结构和剥削关系》，《四川大学学报》（哲学社会科学版）1980 年第 4 期，第 106 页。

印度的村社具有悠久的自治传统。在印度的中古时期，大一统的中央集权国家存在时间很短，分裂倒是常态。众多区域王国的存在和中央政府权力软弱，使村社的自治权得以长久维持，而且即使在中央政权相对强大的时候，印度的专制统治者只要能够征收到预期的赋税，也倾向于对村社采取不多加干预的态度。"据记载，早在公元前1200年前，乡村实现自治的主体叫作'sabhas'，随着时间的推移，这种形式逐渐变成潘查亚特。"[1] 之后，到大约公元前600年，潘查亚特已经成为许多村社通行的自治制度，尽管还不能断定它流行于整个印度。[2]

潘查亚特兼有家长制和种姓制的因素，其成员都由高种姓的代表（通常为各家的家主）担任，而妇女和低种姓者尤其贱民是不可能成为其成员的。潘查亚特的运作非常依赖世代口口相传的习惯和宗教教义，它们通过高种姓长者间的协商和共识来作决定，而不采用投票的做法。作为村社自治的重要组织形式，潘查亚特的职责主要包括维持村社的治安，调解村民之间的纠纷，照料贫病者，建造和维护水井、庙宇、道路，协助税收机关征税，等等。在相当长的一段时间里，印度基层村社的事务都是由潘查亚特来妥善处理的。这些潘查亚特拥有很高的权威，可以对村民施加经济制裁和社会制裁，对于确保村社的社会秩序和村民生活的稳定起到了极大的作用。

二 莫卧儿王朝时期潘查亚特制度受到的冲击

印度在公元7世纪初就遭到过阿拉伯人的入侵，当时信德和木尔坦（今属巴基斯坦）被占领，成为阿拉伯帝国的一个省，而伊斯兰教也因此得以传入印度，尽管影响很小。从公元11世纪初起，突厥人开始持续入侵印度，并于1206年建立了穆斯林统治的国家，史称德里苏丹国。不过，在三个世纪的统治时间里，德里苏丹国内有藩属国尤其是南部藩属国的反叛，外有蒙古人频繁的大兵压境，始终难以有效掌控印度全境。建立德里

---

[1] 施远涛、刘筱红：《印度村社制传统的变迁与乡村治理转型研究》，《中国农村研究》2017年第1期，第180页。

[2] ［孟］凯末尔·斯迪克：《南亚地方政府比较研究》，王振耀等译，中国社会出版社1994年版，第13页。

苏丹各王朝的穆斯林统治者来自不同地方,且都受到了波斯文化的影响。虽然在这些王朝政权里,穆斯林垄断着县以上的所有官职,但"县以下结构除增加税区一级外,基本未动,人员也基本上是印度教徒为主的原班人马","农民对份地的世袭占有和使用权没有因占有者的更换而受到影响。穆斯林统治者一般不干预村社事务"。① 因此,在这段时期,潘查亚特作为村社的自治组织形式未受到大的冲击。不过,随着1526年莫卧儿帝国的建立,这种状况发生了改变。

与德里苏丹国不同,莫卧儿帝国前期国力较盛,统治也较为稳固,因此以帝国第三代皇帝阿克巴(Akbar)为代表的几任君主采取了各种举措,有效防范了大臣的专权和地方的分离主义倾向。与此同时,莫卧儿帝国的统治者既拉拢高种姓者,又注意团结印度教徒,还认可了之前就已出现的柴明达尔(Zamindar,意为土地持有者)对其土地的占有权利,后来更授予他们其他一些特殊的权力。这些柴明达尔名称各异,分布在全国各地,既包括印度教王公和土著部落酋长,也包括一般的国家赋税征收者。他们作为政府和农民之间的中间人向村社或农民征收赋税,且被允许从税收总量中获得一定份额,因而实际起着包税人的作用,逐渐成为一个特殊的封建主阶层。通过这些举措,莫卧儿帝国加强了中央集权,获得了充足和稳定的税收,很好地促进了经济、社会的发展。同时,"在一些地方,中央政府接管了治安责任从而限制了潘查亚特维护法律与社会秩序的职能",之后"在18世纪莫卧儿帝国制度开始衰落的时候,特别是北印度的许多村庄落到了柴明达尔控制之中",而"他们甚至接管了象司法权之类属于潘查亚特最传统的职责"。② 结果就是,原来的以潘查亚特组织为中心的村社自治也受到了很大的冲击。

尽管莫卧儿时期的印度村社自治整体看处在衰落中,但帝国各地的潘查亚特依然在竭力捍卫自己的自治权,尤其是南部。由于阿克巴等君主实行开明的宗教宽容政策,且种姓仍牢牢嵌入在村社之中,因此印度教的传统和风俗得到尊重和维护,而村社各类事务的管理也主要还是由潘查亚特

---

① 林承节:《印度史》,人民出版社2014年版,第118、121页。
② [孟]凯末尔·斯迪克:《南亚地方政府比较研究》,王振耀等译,中国社会出版社1994年版,第16页。

负责，也就是说以种姓制度为内核的潘查亚特制度大体上还是能持续发挥作用。

三 英国统治时期潘查亚特制度的逐渐瓦解

从17世纪下半叶开始，莫卧儿帝国统治者加大了对民众特别是农民的榨取，原本奉行的宗教宽容政策被废除，印度教徒开始转而受到歧视和迫害，各地的起义接连爆发，偏远省份又先后独立，导致帝国的统治范围不断收缩。莫卧儿帝国日益的衰败给西方尤其是英法两国的殖民主义者提供了机遇，而英国人最终实现了对印度全境的统治。

以1858年为界，英国对印度的统治可粗略地划分为东印度公司统治时期和英王直接统治时期。在前一时期，印度事务的管理由东印度公司具体负责，政府官员也从公司职员中任命，但英国议会和政府可对此进行监督和指导。在后一时期，英国政府为应对频发的农民暴动、巩固统治而加强了中央权威，改进了行政体制：驻加尔各答的印度总督统管印度事务，下设各行政部门；而总督之下为省长，管理所属行政区域的地方官员。另外，为最大限度征收土地税，英属印度政府开始实施税制改革，于19世纪末推行固定柴明达尔制，即固定赋额制，规定"土地归柴明达尔（包税地主）所有，村社农民悉为佃农""柴明达尔把土地租给农民，每年向东印度公司缴纳相当于1790年税额9/10的土地税""土地面积扩大或地租提高以后的所得，归柴明达尔自己所有"。[①] 这一制度加重了柴明达尔及其代理人对农民的压榨，使本就处在水深火热之中的他们处境更加艰难，而传统的村社也因此逐渐处在解体边缘。在柴明达尔制之外，英国统治者也实行了其他田赋征收制，如马哈尔瓦里制（Mahalwari System）。这种制度承认土地为村社农户所共有，由政府与村社头人直接订约，确定田赋总额，然后由头人或潘查亚特将田赋分摊给各户，因而它能够使原有的村社更好地延续下来，但实行这种制度的地方很少。

总的来看，在英国统治印度时期，伴随着英国人对殖民地政权建设的日益重视——特别是地方法院和警察组织的出现，加上税制改革对村社组织结构的破坏，以及外来观念对种姓制度的颠覆性影响，潘查亚特基本上

[①] 刘建等：《印度文明》，中国大百科全书出版社2017年版，第368页。

已有名无实，仅在少数土邦仍存留和起作用。不过，后期由于印度民族解放运动的愈演愈烈，英属印度政府也开始对其统治方式做出调整，如建立地方自治机关，吸纳更多的印度人参与。甚至在1918年，英属印度政府还通过相关法案，宣布要复兴潘查亚特，而以选举为其基础的要求也同时被提出。尽管如此，"除了少数例外，市政自治会和潘查亚特的功能只被局限于'维护村庄道路、购买少量油灯以及雇佣一些清道工'"。①

四 印度独立后潘查亚特制度的重建和再度衰落

早在1909年，圣雄甘地就写过一本名为《印度自治》的书，较系统地阐发了其村社自治的思想。甘地相信村社是自给自足、自我管理的共和国，认为不管地区层面或国家层面发生什么，如帝国或其他统治制度的更替，村社的日常生活都会不受干扰地进行下去，还指出"自治意味着不断努力地独立于政府控制之外，无论是外国政府还是本国政府"。② 这种村社自治的思想构成了所谓"甘地主义"的一部分，对甘地的追随者们有深远的影响。

1947年，印度独立建国，制定一部新宪法的任务很快被提上日程，而在当时围绕着是否要把建立潘查亚特和实行村社自治的内容写入宪法中，曾引起很大争议。一些甘地主义者提出应把潘查亚特作为建立其他治理层级的基础，但有不少人反对。作为贱民运动的领袖和宪法的主要起草者，安贝德卡尔对潘查亚特制度的批评最为激烈，认为村潘查亚特"是地方主义的藏污纳垢之所，无知、狭隘和村社主义的巢穴"，而尼赫鲁也曾认为它"过时了，不适合现代议会制精神"。③ 结果，宪法只有一条规定村级潘查亚特的组织，即"国家应采取措施组建村级潘查亚特并赋予其发挥其作为自治机构的作用所必需的权力和权威"。由于它被列在第四编"国家政策指导原则"下，因此不具强制约束力。不过，随着1951年

---

① ［孟］凯末尔·斯迪克：《南亚地方政府比较研究》，王振耀等译，中国社会出版社1994年版，第21页。

② Michael Tharakan, "Gandhian and Marxist Approaches to Decentralised Governance in India: Points of Similarity", *Social Scientist*, Vol. 40, No. 9/10, 2012, p. 50.

③ Michael Tharakan, "Gandhian and Marxist Approaches to Decentralised Governance in India: Points of Similarity", *Social Scientist*, Vol. 40, No. 9/10, 2012, p. 52.

印度第一个五年计划的实施，人们很快认识到，自上而下的引领需要与广泛的民主参与相结合，以便把农村群众尤其是弱势群体充分调动起来，而尼赫鲁对乡村发展规划的重视也使他逐渐认识到，需要一个有活力的乡村自治机构来协助推进乡村的各项事业。尽管如此，1956年印度联邦政府组织的一个专门调查委员会的调查结果表明，全国仅有1/3的村潘查亚特委员会对当地居民的饮水、照明用电提供了实际帮助，除此之外，没有一个村潘查亚特委员会对农村经济发展作出过像样的贡献。[①] 毫无疑问，新组建的或者说经过改造的潘查亚特还没能发挥太大的作用。

1957年1月，印度政府任命了巴万特伊·梅塔（Balwantrai Mehta）研究小组，以评估当时的乡村发展工作。这个小组认为，乡村发展只有在乡村认识到其责任和能够行使权力的情况下才能取得进展，故此它建议成立由民选代表组成的三级潘查亚特，即村、区（乡）和县潘查亚特，以实现民主分权和地方参与的目标。梅塔小组的建议受到重视，被广泛接受，而且在同年4月6日，尼赫鲁还在一个会议上发言说："这个国家有成百上千的潘查亚特。它们构成了我们民主的真正基础……真正的民主不能在最高层，它只能在最底层；在印度，这不是什么陌生的东西；对这片土地来说这是很自然的事情。"[②] 随着对潘查亚特作为民主根基的认同成为共识，三级潘查亚特体制陆续建立。"拉贾斯坦和安得拉是第一批采纳这种体制的邦。到1959年，大多数邦都有了潘查亚特法，而到1960年，潘查亚特制度在全国所有部分都建立起来了。"[③] 尽管这一时期成立的潘查亚特数量相当多，但是它们的作用发挥仍受到很大的限制，因为它们更多地被看作协助上级政府执行乡村发展计划的工具，而不是自治的单元。故此，"自60年代中期以来，潘查亚特制度不引人注目。作为地方政府的一种形式，它在所有地方都失宠了，甚至是在它相对成功的马哈拉施特拉

---

① 许崇德主编：《各国地方制度》，中国检察出版社1993年版，第234—235页。
② Subhash G. Kashyap, *Our Political System*, National Book Trust, 2008, p. 235.
③ S. P. Hain & Wim Polman, *A Handbook for Trainers on Participatory local Development: the Panchayati Raj Model in India*, Food and Agriculture Organization of the United Nations Regional Office for Asia and the Pacific, 2003, p. 7.

邦和古吉拉特邦"。① 简言之，重新建立的潘查亚特制度正面临着再度衰落的困境。

1977年，印度政府又任命了阿索卡·梅塔（Asoka Mehta）研究小组，对三级潘查亚特建立以来扮演的实际角色进行评估和考察。该小组既对其成效给予了肯定，也指出了存在的问题，并提出了不少改进建议，包括："（1）改变潘查亚特的组织结构；（2）组织县计划专业队伍；（3）加强'较弱部分'的若干建议和措施；（4）增加对县一级潘查亚特组织齐拉帕里沙德的财政支持；（5）增加对人力资源的投资，培养训练工作人员；（6）调整同合作社等机构的关系。"② 不过，第二个梅塔小组的这些建议，包括改三级潘查亚特为二级潘查亚特的建议，没有得到普遍认可，因此收效甚微。同时，虽然后来的一些专家小组仍多次提出过要复兴潘查亚特，但它们也都承认，现实生活中的潘查亚特既缺乏充分的授权，也缺乏对人民的责任。很明显，在各邦政府无意向潘查亚特下放资源和权力而官僚们又不愿意让潘查亚特实际参与发展计划的情况下，它们的衰落几乎是必然的。尽管如此，一些进展仍值得一提，比如从70年代末开始，"大多数邦的村潘查亚特主任、乡（区）潘查亚特委员会主席、县议会主席由原来的间接选举改为直接选举产生"，③ 而这必定会加强民主问责制。

第二节 现行宪法对潘查亚特制度的相关规定

如前所述，印度建国后的宪法只有一条规定村级潘查亚特的组织，而且不具强制约束力，因此长期以来潘查亚特的法律地位事实上得不到保障，实践中也不存在统一的模式。为改变这种状况，1989年拉吉夫·甘地政府致力于推动所谓"潘查亚特法案"的出台，以赋予潘查亚特更多的权力。"最初的潘查亚特法案（1989年）不仅是一项权力下放的倡议，也是一项在政治上给予社会较贫困阶层权利的倡议，例如表列种姓、表列

---

① S. R. Maheshwari, *Indian Administration*, Six Edition, Orient Blackswan Private Limited, 2009, p. 625.
② 黄思骏：《印度农村潘查亚特制度的演变》，《史学月刊》1990年第6期，第96页。
③ 刘晓红：《论印度独立之后的潘查亚特制度的特点》，《史志学刊》2013年第5期，第79页。

部落和妇女，而他们构成了无地劳动者和工匠的一大部分。"① 但是，因为部分邦的反对，这个法案在人民院获得通过后遭到联邦院否决。直到1992年，拉奥政府在这方面做出的积极努力才最终取得成功，而宪法的第七十三修正案也由此得以被写进宪法，成为其中的第九编"潘查亚特"。该修正案的正式生效时间是1993年4月24日，而4月24日也由此成为印度的"国家潘查亚特日"。修订后的宪法不仅正式确立了潘查亚特的法律地位，也对其产生、构成、职能等做出了较为详细的规定。② 这无疑是一次意义重大的变革，难怪很多印度学者会说，"这实际上是将原有的中央与邦两级政府体制改变为中央—邦—潘查亚特三级政府体制"。③ 与中央政府和邦政府一样，新组建的这种潘查亚特也由选举产生，因而同样建立在民主原则基础上。

一　潘查亚特的设立和层级

按照修订后的宪法，印度所有的邦（包括联邦直辖领，下同），除人口不超过200万的邦不得设立中级潘查亚特外，其他各邦均应设立村级、中级和县级（village level, block level, district level）潘查亚特。目前的现状是：果阿邦、曼尼普尔邦、锡金邦以及达曼第乌、拉克沙群岛、达德拉—纳加尔哈维利和本地治理等联邦直辖领因人口不多而只设有两级潘查亚特，其余的邦和联邦直辖区（除首都德里外）都已根据要求设立了三级潘查亚特，且全印度潘查亚特的总数已超过27万个（见表8.1）。需要特别说明的是，那加兰邦、梅加拉亚邦、米佐拉姆邦之前曾长期沿用传统理事会制度，且宪法中明确说明它们可以不适用潘查亚特的规定，④ 不过21世纪之后这三个邦也都先后建立了潘查亚特制度。根据宪法，这里的中级指"介于邦长为本编的目的以公告明确规定的介于村和邦的县之间

---

① Dr. Preeti Singh & Dr. T. K. Mohanty, *Panchayati Raj Institutions and Rural Development*, Axis Publications, 2010, p. 24.

② 本节的写作主要依据修订过的《印度共和国宪法》第243条第1—15款，参见张文镝、吕增奎《世界主要政党规章制度文献：印度》，中央编译出版社2016年版，第99—105页。

③ 王红生：《90年代以来印度的潘查亚特制度建设与政治改革》，《南亚研究》2009年第2期。

④ 不过宪法同时提到，如果这三个邦中有任何邦的立法会以其2/3以上议员出席并表决，且以其全部议员的多数通过决议，则该邦立法机关可以通过法律规定将相关条款适用于该邦。

的级别"。不过,关于中级潘查亚特的名称,各邦并不相同,如有的称发展区(development block),有的称曼达尔(mandal),有的称塔鲁克(taluk)。

表 8.1　　　　　　　印度的潘查亚特概况　　　　　　单位:个

序号	邦或联邦直辖区	村级潘查亚特	中级潘查亚特	县级潘查亚特
1	安达曼和尼克巴群岛	264	7	2
2	安得拉邦	13371	660	13
3	"阿鲁纳恰尔邦"①	1785	177	25
4	阿萨姆邦	2706	190	29
5	比哈尔邦	8387	534	38
6	恰蒂斯加尔邦	10984	146	27
7	达德拉—纳加尔哈维利	20	0	1
8	达曼第乌	18	0	1
9	果阿邦	191	0	2
10	古吉拉特邦	14292	248	33
11	哈里亚纳邦	6197	126	21
12	喜马偕尔邦	3226	78	12
13	"查谟-克什米尔"②	1219	—	—
14	贾坎德邦	4353	263	24
15	卡纳塔克邦	6021	226	30
16	喀拉拉邦	941	152	14
17	"拉达克"③	192	31	2

---

① 在印方的相关统计资料中,包含了中印东段边境传统习惯线以北和非法"麦克马洪线"以南传统上一直由中国西藏地方政府管辖、但被印度渐进侵占中国之领土(中国媒体和社会舆论普遍称之为"藏南")的所谓"阿鲁纳恰尔邦"。

② 克什米尔是印度和巴基斯坦的领土争端地区,而中国一直希望印巴双方能以和平方式解决此争议。2019 年 8 月初,印度取消此前宪法赋予印控克什米尔地区的"特殊地位",将印控克什米尔重组为"查谟-克什米尔联邦直辖区",使印巴紧张局势进一步升级。

③ 拉达克是藏族的传统居住区,历史上是中国西藏的一部分,位于克什米尔东南部,现绝大部分由印度实际控制。2019 年 8 月初,印度政府单方面宣布成立"拉达克中央直辖区",继续损害中方的领土主权,这一做法不可接受,也不会产生任何效力。

续表

序号	邦或联邦直辖区	村级潘查亚特	中级潘查亚特	县级潘查亚特
18	拉克沙群岛	10	0	1
19	中央邦	22812	313	51
20	马哈拉施特拉邦	27872	351	34
21	曼尼普尔邦	3811	0	12
22	梅加拉亚邦	6846	46	11
23	米佐拉姆邦	805	—	—
24	那加兰邦	1275	—	—
25	奥里萨邦	6798	314	30
26	本地治理	108	—	—
27	旁遮普邦	13264	150	22
28	拉贾斯坦邦	9892	295	32
29	锡金邦	185	0	4
30	泰米尔纳德邦	12524	385	31
31	特伦甘纳邦	12769	540	32
32	特里普拉邦	1178	75	9
33	北阿坎德邦	7791	95	13
34	北方邦	58762	822	75
35	西孟加拉邦	3340	334	21
总数		264209	6558	652

资料来源：参见 https：//gpdp.nic.in/gpFacilitatorReport.html，其中表内中级和县级潘查亚特的数量是笔者根据各邦或联邦直辖区下的分项数据整理而成，少数邦的数据不全，访问日期为 2020 年 8 月 18 日。

二　潘查亚特的组成和任期

（一）潘查亚特的组成

根据宪法规定，在每个邦，各级潘查亚特疆域的人口应与该级要选出的潘查亚特席位的比例大致相同，且潘查亚特的席位均由潘查亚特选区以直接选举产生的人担任。为此目的，每个潘查亚特区都会被分成若干选区。其中，一个村级潘查亚特可能包括一个或数个自然村，一个中级潘查亚特通常包括数个至数十个村级潘查亚特，而一个县级潘查亚特区也由数个至十数个中级潘查亚特组成。现实中，在印度不同邦和联邦直辖区，其县级、中级、村级潘查亚特的数量相差很大。举例来说，虽然一个县级潘查亚特下设的中级潘查亚特数量很少超过 20 个——这种情况不到总数的 8%，但安得拉邦所有 13 个县下设的中级潘查亚特都超过 30 个。又如，虽然一个中级潘查亚特下设的村级潘查亚特数量很少过百，但梅加拉亚邦西卡西山（West Khasi Hills）县有个中级潘查亚特却包含了 316 个村级潘查亚特。此外，虽然有的联邦直辖区因人口少而只设 1 个县级潘查亚特，但人口达 2 亿多的北方邦有 75 个县级潘查亚特。

村级潘查亚特（Gram Panchayat）的成员人数差异较大，少时只有 5 人，多时达 30 人。它的主席萨潘奇（Sarpanch，也有些地方称村长；普拉丹，Pradhan）[1] 和成员潘奇（Panch）均由村民大会（Gram Sabha）直接选举产生，而本村级潘查亚特疆域内年满 18 周岁以上的人都可以参加村民大会，通常一年召开 2—4 次。此外，还有一个邦政府任命的秘书（Secretary），领导其他政府公务员具体协助村级潘查亚特开展收税、办执照等工作。"村级潘查亚特不同行动者（委员会成员、萨潘奇、非选举的秘书）之间的权力平衡会根据这些行动者各自的背景而有变化。当萨潘奇被感觉到是软弱的、没经验的或未受教育时，委员会成员和非选举的秘书就可充分行使他们的影响。作为结果，决策往往是集体做出的。相反，在很多村庄，萨潘奇因为年龄、教育和/或种姓而被认为是合法的，则他或她就在决策制定方面行使着更大的权威。"[2] 当然，除了内部权威分配的这种不均衡外，某些非正式的权威也可能对潘查亚特的运作产生一定的影响。

中级潘查亚特也被称为潘查亚特萨米蒂（Panchayati Samiti，其中 Samiti 为"协会"之意），由所有从中级潘查亚特疆域内各个选区直接选出的代表组成，大约 20 人，其主席一般由其成员从成员中选出。村级潘查亚特主席可参加中级潘查亚特（如果只两级则参加县级潘查亚特）的

---

[1] 作为潘查亚特的主席，萨潘奇、村长（普拉丹）、普拉姆齐（Pramukhs）、阿迪雅克沙（Adhyaksha）等称呼事实上可能被用于多个层级，且因地而异，如拉贾斯坦称村长（普拉丹），古吉拉特和马哈拉施特拉称普拉姆齐，卡纳塔克称阿迪雅克沙。

[2] Simon Chauchard, "Can Descriptive Representation Change Beliefs about a Stigmatized Group? Evidence from Rural India", *The American Political Science Review*, Vol. 108, No. 2, 2014, pp. 405, 406.

会议并发言，同时其选区全部或部分属于该中级潘查亚特疆域的邦立法会成员和议会下院议员也有资格出席该中级潘查亚特的会议并发言，但无表决权。

县级潘查亚特也被称为齐拉帕里沙德（Zilla Parishad，其中 Parishad 为"委员会"之意），由所有从全县各选区直接选出的代表组成，人数通常会比村级和中级潘查亚特更多，不过其主席一般也由其成员从成员中选出。中级潘查亚特主席可参加县级潘查亚特的会议并发言，同时其选区全部或部分属于该县的邦立法会成员和议会下院议员也有资格出席该县级潘查亚特的会议并发言，但无表决权。

（二）潘查亚特的任期

宪法规定，所有潘查亚特的任期除依据当时有效的法律而被解散外，均为五年。如果潘查亚特在任期届满前被解散，则新组建的潘查亚特的任期为前者剩余的任期，但如果剩余任期少于 6 个月，则无须另选旨在完成该剩余任期的潘查亚特。同时，根据宪法，潘查亚特的选举应在其常规任期届满之前或自其解散之日起的 6 个月期限届满前完成。

三　潘查亚特中的席位保留

在印度当前所实施的潘查亚特制度中，有关席位保留的各种复杂规定是最具特色的，而这些规定大体上包括如下三个方面。

第一，各级潘查亚特应为表列种姓和表列部落保留一定席位，其比例应尽可能与该潘查亚特区内表列种姓或表列部落人口占该区人口的比例相同，同时这些保留席位应轮流分配给该潘查亚特区中的不同选区，而且其中又应有不少于 1/3 专门保留给表列种姓或表列部落的妇女。

第二，在各级潘查亚特由直选产生的全部席位中，应有不少于 1/3 保留给妇女（包括保留给表列种姓或表列部落妇女的），且该保留席位应轮流分配给该潘查亚特区内的不同选区。"据统计，过去妇女占总的潘查亚特代表的比例只有 2%—3%，1992 年以后至少达到了 30%—32%，1995 年，卡纳塔克邦、马哈拉施特拉邦和喀拉拉邦妇女代表占村级潘查亚特代表的占比分别达到了37%、38%、38.2%。"① 因此，给妇女代表保留席位的规定并不是停留在书面上，而是确实得到了贯彻。

第三，村级或者其他级别的潘查亚特的主席职位应依法律规定的方式保留给表列种姓、表列部落或妇女，但法律规定的保留给表列种姓、表列部落的主席职位比例，应与表列种姓、表列部落人口占总人口数的比例相同，而且这些保留的潘查亚特主席职位也应随机或轮流分配给各级的、不同的潘查亚特。如果某个潘查亚特的主席已被官方预先保留给表列种姓、表列部落或妇女，则只有属于表列种姓、表列部落或妇女的人能够参选该职位。表8.2说明了在拉贾斯坦邦贾洛尔县，选举官员如何将一个中级潘查亚特内的萨潘奇——村级潘查亚特主席——职位轮流分配给不同的村级潘查亚特。

表8.2　　在贾洛尔中级潘查亚特中保留给表列种姓的萨潘奇席位（贾洛尔县）

村级潘查亚特	表列种姓人口的百分比*（%，由大到小排列）	1995年保留（第一次村级潘查亚特选举）	2000年保留	2005年保留	2010年保留	尚未保留（可能在2015年保留）
1. 巴卡拉路（Bakra Road）	29.96	1				
2. 丘拉（Chura）	28.28	1				
3. 内瓦特（Revat）	25.46	1				
4. 西瓦那（Sivana）	25.13	1				
5. 巴格利—辛德兰（Bhagli Sindhlan）	24.95	1				
6. 马德冈（Madgaon）	24.75			1		
7. 梅达—乌佩拉（Meda Uperla）	23.94			1		

---

①　冯立冰：《第73次宪法修正案与印度基层妇女参政的新进展》，《中华女子学院学报》2010年第3期，第106页。

续表

村级潘查亚特	表列种姓人口的百分比*（%，由大到小排列）	1995年保留（第一次村级潘查亚特选举）	2000年保留	2005年保留	2010年保留	尚未保留（可能在2015年保留）
8. 檀香（Chandan）	23.88		1			
9. 悠楠（Unan）	23.75		1			
10. 比巴尔萨尔（Bibalsar）	23.73		1			
11. 巴丹瓦迪（Badanvadi）	23.43			1		
12. 西雅那（Siyana）	21.7			1		
13. 杜兹（Dudsi）	20.29			1		
14. 纳纳瓦斯（Narnavas）	20.07			1		
15. 巴格拉（Bagra）	18.77				1	
16. 德巴瓦斯（Debavas）	18.07			1		
17. 德楚（Dechu）	17.49				1	
18. 戈丹（Godan）	17.26				1	
19. 桑克纳（Sankrna）	17.15				1	
20. 努恩（Noon）	16.79				1	
21. 桑丘（Santhu）	16.69				1	
22. 迪冈（Digaon）	15.46					1
23. 桑提普拉（Samtipura）	15.24					1
24. 萨穆贾（Samuja）	14.97					1
25. 阿科利（Akoli）	14.86					1
26. 莱塔（Leta）	14.36					1
27. 奥德瓦达（Odvada）	13.41					1
28. 德夫基（Devki）	13.27					1

* 基于2001年印度人口调查数据。

注：由于表列种姓成员在贾洛尔中级潘查亚特中所占比例不到20%，因此每个选举期间会有5.5（即5或6）个村级潘查亚特萨潘奇保留名额。保留席位的分配依次从表列种姓人口占比最高的村级潘查亚特到人口占比最低的村级潘查亚特降序展开。

资料来源：Simon Chauchard, Can Descriptive Representation Change Beliefs about a Stigmatized Group? Evidence from Rural India, *The American Political Science Review*, Vol. 108, No. 2, May 2014, p. 410.

上述规定中，分配给表列种姓、部落的保留席位会在宪法生效70年后取消，同时宪法还强调这些规定"不得阻止邦立法机关制定有利于公民中弱势群体的潘查亚特席位保留或者各级潘查亚特主席职位保留的规定"。这就意味着，一些邦可以通过制定的法律，把各级潘查亚特的席位进一步向弱势群体倾斜。例如，"比哈尔邦在印度普遍被认为是最为落后的一个邦，它成为革新并将妇女在政府职位中的份额比例提到50%的先锋"。[①] 其他邦，如安得拉邦、喜马偕尔邦、喀拉拉邦、中央邦、马哈拉施特拉邦、奥里萨邦、拉贾斯坦邦、特里普拉邦、北阿坎德邦等也曾一度提高女性席位预留比例至50%。[②] 近年来，这种加大妇女代表保留比例的做法似乎还有扩展的趋势。

四 潘查亚特的权力、权威和职责

根据宪法，潘查亚特应发挥其作为自治机关的功能。为此宪法要求邦立法机关以法律赋予其履行其功能所必要的权力和权威，并具体规定该法律应将两方面的权力和职责授予各级潘查亚特，即制定经济发展和社会正义的规划，以及执行被委托由其执行的经济发展和社会正义计划。对于哪些事项的计划应委托其执行，修订后的宪法专门增加了附件十一，其中列出的事项共有29个，且都与村民日常生活息息相关（亦可见表8.3）。

表8.3 宪法第七十三修正案授权潘查亚特执行的与下列事项相关的规划

1. 生产活动计划：农业，灌溉，畜牧业管理，燃料和饲料，家禽，渔业，包括食品加工和家庭手工业的小规模工业
2. 地方发展计划：土地改革，土壤保持，小灌溉，水管理和流域发展，洼地发展，社会林业和牧场
3. 教育和文化活动：初等学校、成人教育、技术教育和图书馆
4. 社会福利：妇女和儿童发展，家庭福利，对残疾和智障者的照顾

---

① 黄玉琴等：《当代中国和印度社会比较研究》，四川大学出版社2018年版，第215页。
② 蒋茂霞：《印度女性问题的历史沿革与现代演进》，中国社会科学出版社2017年版，第110页。

续表

5. 公共设施的提供：饮用水，乡村电力，非传统的能源资源，乡村道路、桥梁、阴沟、水道、卫生设备，乡村住宅和健康
6. 扶贫及促进弱势群体社会和经济发展的联合方案
7. 社区资产维护和公共分配制度
8. 乡村市场及村庄事务的组织和控制

资料来源：P. Hain & Wim Polman, *A Handbook for Trainers on Participatory local Development: the Panchayati Raj Model in India*, Food and Agriculture Organization of the United Nations Regional Office for Asia and the Pacific, 2003, p. 9.

实践中，各级潘查亚特在推动本地经济发展和维护社会正义上扮演的角色会有不同，且各邦之间也有差异。一般来说，村级潘查亚特需要更为具体地制定和执行区域内有关土地改革、农业发展、公共设施、资源使用、卫生服务等事项的计划，因而也有相应的对房产、村庄所售产品等征税及收取水费、池塘租赁费等的权力，而中级潘查亚特和县级潘查亚特更依赖中央政府和邦政府的拨款和补助。中级潘查亚特协调其管辖范围内的各种乡村发展活动，将村级潘查亚特的计划合并成中级潘查亚特的计划，也给村级潘查亚特提供各种技术支持和指导。县级潘查亚特组织数据收集工作，对中级潘查亚特提出建议和整合中级潘查亚特的计划，也给予村级、中级潘查亚特指导以使其更好地履行其所负有的职责。与更为活跃的村级潘查亚特相比，"在大多数邦中，中级潘查亚特和县级潘查亚特被赋予了监督职能或者主要充当邦政府的执行机构"。[1] 因此，村级潘查亚特会因其更直接面对基层民众而具有更为鲜明的自治政府的性质。各邦潘查亚特权力类型如表 8.4 所示。

---

[1] 希哈·贾：《印度潘查亚特制：职能、事权和资源》，丁开杰译，《经济社会体制比较》2006 年第 1 期，第 115 页；原文中用的是"街道潘查亚特"和"区潘查亚特"。

表8.4　　　　　　　　各邦潘查亚特权力类型

邦名	中级潘查亚特 行政权	中级潘查亚特 监督权	县级潘查亚特 行政权	县级潘查亚特 监督权
安得拉邦	+	-	+	+
古吉拉特邦	+	-	-	+
比哈尔邦	+	-	+	+
阿萨姆邦	+	+	+	+
中央邦	+	-	-	+
马哈拉施特拉邦	-	+	+	+
迈索尔邦	+	+	-	+
奥里萨邦	+	-	-	+
旁遮普邦	+	-	+	+
拉贾斯坦邦	+	-	-	+
泰米尔纳德邦	+	-	-	+
北方邦	+	-	+	+
西孟加拉邦	+	-	+	+

说明：1. +有行政或监督权，-无行政或监督权；2. 表内的中级和县级潘查亚特在原文中分别为潘查亚特委员会和区委员会；3. "迈索尔邦"是卡纳塔克邦的旧称。

资料来源：B. S. Bhargave, *Panchayat Raj System and Political Parties*, p.130；转引自尚会鹏《种姓与印度教社会》（修订本），北京大学出版社2016年版，第94页。

与对潘查亚特权力、权威和职责的说明相比，宪法对于各级潘查亚特及其成员应负责任的说明不多，仅规定邦长应设立财政委员会以审查潘查亚特的财政状况，并就相关事项向邦长提供建议。

五　潘查亚特的选举

为确保潘查亚特的选举过程公正，新修订的宪法赋予了邦选举委员会对此选举中选民登记筹备工作进行监督、管理及控制的权力，以及举行选举的权力。邦选举委员会由邦长任命的委员组成，其任职条件和任期由总统以条例作出规定。宪法还规定，非以免除高等法院法官职务之相同方式和理由，不得免除邦选举委员会委员的职务，且在其任职后也不得对其作为任职条件作出不利的变更。不过，如果有潘查亚特成员当选，但依照相关法律又丧失当选潘查亚特成员的资格,则其成员资格亦丧失。

在修宪之前,"潘查亚特组织任期一般为三年,但实际上有相当一部分潘查亚特不能如期选举,大部分邦的潘查亚特任期超过规定期限。有的邦的选举已中断了 10 多年甚至 20 年,这使潘查亚特组织实际上名存实亡"。[①] 修宪之后,印度所有邦的村级、中级和县级潘查亚特任期都统一为五年。宪法的这一要求可以确保作为地方自治单位的潘查亚特享有充分的独立性,使其权责尽可能地不受邦政府党派色彩的影响,尽管正如下节将会看到的那样,要完全避免此类影响很困难。表 8.5 列出了曼尼普尔邦从 1964 年到 2002 年村级潘查亚特选举的情况,其中前六次都有明显的超期现象,仅最后一次是依据修宪后制定的《曼尼普尔邦潘查亚特法》按期举行换届选举的。之所以说按期换届选举是必要的,是因为选民根据潘查亚特表现来挑选代表的民主权利需要得到尊重,而且各级潘查亚特也需要通过这种周期性的选举来接受"民主授权",以更新其合法性。

表 8.5　　曼尼普尔邦 1964—2002 年村级潘查亚特的选举　　　　单位:人

选举次数	年份	潘查亚特主席	潘查亚特成员
1	1964	—	237
2	1970	55	549
3	1978	29	182
4	1985	41	222
5	1991	42	230
6	1997	42	483
7	2002	41	483

资料来源:根据 E. G. 辛格博士书中的数据绘制而成,参见 Dr. Elangbam Girani Singh, *The Panchayati Raj and Rural Development in Manipur: A Case Study of Thoubal District*, Summarg Publishers & Distributors, 2013, pp. 36, 37.

除了上述五个方面的规定外,宪法的第九编还就潘查亚特基金、潘查亚特账户的审计、潘查亚特对联邦直辖领的适用、潘查亚特不适用的特定

[①] 尚会鹏:《种姓与印度教社会》(修订本),北京大学出版社 2016 年版,第 99 页。

地区、既有法律和潘查亚特的存续等问题做出了规定。

总的来看，与传统的潘查亚特制度相比，根据修订后的宪法建立起来的潘查亚特制度的确是面貌一新的。对于新潘查亚特与传统潘查亚特这两者究竟有何不同，印度学者 S.O. 杜伯教授指出了下述三点：（1）旧潘查亚特是按世袭原则构成的，起决定作用的是人的种姓出身和血缘关系，新制度则允许具有获得性身份的人参加，这是由世袭制向选举制的转化。（2）旧潘查亚特同外界联系少，与国家政权的联系脆弱，而新潘查亚特与外界接触的机会增多了。（3）旧的组织在做出决定时，一般是采用"全体一致"的方式，不允许不同意见存在。新潘查亚特则采取投票方式，这就为不同意见的发表以及不同派别的抗争开辟了道路。① 当然，这两者的区别不只限此三点，要对此有更全面的理解，就得考察新潘查亚特制度的实际运作。这种考察非常必要，毕竟宪法中有关潘查亚特的条文与其在实践中呈现出的东西有可能不一致，特别是当政党政治卷入其中之时。

第三节　潘查亚特制度的实际运作及其与政党政治的关系

一　1992 年后新潘查亚特制度的实施概况

在潘查亚特制度的发展过程中，1992 年是一个重要的分水岭，因为这一年新写入宪法的第七十三修正案赋予了潘查亚特以广泛的权力和职责，也使它重新焕发了活力。为适应对潘查亚特制度的新要求，宪法修订后几乎所有邦都在所要求的 1994 年 4 月 23 日前完成了专门的立法工作，其中多达 11 个邦更是在 72 小时内就推动通过了新的立法。② 根据宪法第七十三修正案的规定，除人口不到 200 万的邦等特殊情况外，各邦均应分别建立三个层级的潘查亚特，而如表 8.1 所示，这种三级结构业已普遍确立，且开始发挥作用。为推动全国范围内的潘查亚特在更高水平上运作，

---

① 尚会鹏：《种姓与印度教社会》（修订本），北京大学出版社 2016 年版，第 98 页。
② M. P. Singh & Himanshu Roy, eds., *Indian Political System*, Manak Publications Pvt. Ltd., 2005, p. 303.

印度政府甚至还设置了专门的潘查亚特部。① 与传统潘查亚特制度以种姓为核心要素不同，新潘查亚特制度是建立在选举合法性基础上的。因为每隔五年举行换届选举的要求是强制性的，所以在绝大多数邦，潘查亚特的选举都能按期进行，而由潘查亚特主席召集的潘查亚特会议和村民大会也能定期举行，尽管不时也有潘查亚特建筑被侵占、当选的妇女和贱民代表难以真正融入会议的报道。

另外，潘查亚特席位的保留制度已在印度的大多数邦里经过了多次选举的检验，取得了应有的效果。通过划出一定数量的保留席位选区和把当选权利限制在特定的候选人，这种保留制度保证了众多属于表列种姓、表列部落和妇女的潘查亚特成员当选。这里可以曼尼普尔邦1997年的潘查亚特选举为例，当时"在61个当选的县潘查亚特成员中，22个席位由妇女拥有。2个席位由表列部落拥有，2个席位由表列种姓拥有。在165个主席职位中，52个由妇女拥有，4个由表列部落拥有，2个由表列种姓拥有。在1542个村潘查亚特成员中，546个席位由妇女拥有。10个席位由表列部落妇女拥有，25个席位由表列种部落拥有。15个席位由表列种姓妇女拥有，24个席位由表列种姓拥有。"② 虽然负责分配保留席位的各邦选举委员会的工作有好有坏，但是宪法所规定的保留比例无疑都不折不扣地得到了执行。

宪法的附件十一规定，有29项职能应逐步移交给潘查亚特，但大多数邦在这方面的进展缓慢。例如，曼尼普尔邦政府早在1993年9月就发布公报通知将22项职能移交给潘查亚特，但由于有关部门未能发出必要的命令，这种移交仅停留在书面上，直到2005年邦内阁决定将一些权力和职能移交给潘查亚特后，才有15个部门发布命令，移交了主要与农村发展计划和项目有关的一些特定职能。③ 学者希哈·贾也指出，"只有在卡纳塔克邦和喀拉拉邦，所有的29个任务都被下放到了潘查亚特。而在马哈拉施特拉邦，与18个任务相关的资金、职能和职员转移给了潘查亚

---

① 此部门的名称可能会发生改变，目前的信息可参见 https://www.panchayat.gov.in/.
② Dr. Elangbam Girani Singh, *The Panchayati Raj and Rural Development in Manipur: A Case Study of Thoubal District*, Summarg Publishers & Distributors, 2013, p. 47.
③ Dr. Elangbam Girani Singh, *The Panchayati Raj and Rural Development in Manipur: A Case Study of Thoubal District*, Summarg Publishers & Distributors, 2013, p. 130.

特；孟加拉有 12 个任务、中央邦和恰蒂斯加尔邦有 10 个任务转移给了潘查亚特"。① 除此之外，有些职能虽然下放给了潘查亚特，却是与邦政府共同行使的，而邦政府仍然牢牢掌控着话语权。这方面进展缓慢的原因很多，但最主要的邦政府缺乏下放权力的意愿，而地方自治机构本身又不具备承担此类职能所必要的一些条件，如资金、人员、信息等。

对于新潘查亚特制度实施以来的成效，存在不同的判断。一些学者认为，由于各邦政府既无意于让潘查亚特拥有更多的自主权，也不相信潘查亚特能够切实承担好交付给它的职能，因此它在很大程度上仍具有执行机构的性质。换言之，虽然新制度的设计旨在改变潘查亚特作为执行中央政府和邦政府各类计划、方案工具的形象，但现实中的各种制约使它很难扮演好自治机构的角色，以有效回应民众的利益诉求。结果就是，"直到今天，潘查亚特仍被视为执行国家一级决定的方案的辅助工具，在追求效率和良好管理的过程中，潘查亚特往往被视为官僚战略的障碍"。② 另一些学者则持更乐观的态度，例如根据对泰米尔纳德邦三个村庄的分析，撒哈斯拉纳曼（Sahasranaman）认为，"今天许多村潘查亚特能够为自己提供大量资金，并建立自给自足、独立和对公民负责的文化，减少它们对权力下放的依赖"。③ 这些学者相信，虽然当前的潘查亚特制度仍存在诸多不完善之处，但潘查亚特对中央、邦的依赖正在减弱，且正在朝着真正的基层自治机构方向发展，而它在基层治理中发挥的作用也必将越来越大。

二 潘查亚特在基层治理中扮演的角色

1992 年新修订的宪法鼓励各邦通过赋予潘查亚特更大的权责来推进权力下放，以更及时、更有针对性和更加有效地回应基层民众的利益需求。这样做的出发点是解决之前中央政府和邦政府在管理地方发展计划上存在的种种问题，如粮食补贴常常没有给到最需要的人手里，小额贷款常

---

① 希哈·贾：《印度潘查亚特制：职能、事权和资源》，丁开杰译，《经济社会体制比较》2006 年第 1 期，第 115 页，原引文中的"孟加拉"当指"西孟加拉"。

② Kuldeep Mathur, Oxford India Short Introduction: Panchayati Raj, Oxford University Press, 2013, p. 15.

③ Anana Sahasranaman, "Panchayat Finances and the Need for Devolutions from the State Governments", *Economic and Political Weekly*, Vol. 47, No. 4, 2012, p. 73.

常被用于消费而不是投资，等等。作为宪法所明确规定和认可的"自治机构"，潘查亚特由民选的一定数量的成员构成。他们需要认真听取本地民众的意愿和诉求，制定适当的生产活动计划和地方发展计划，并围绕文化教育、公共设施维护、扶贫济困等事项开展工作。① 不过，相较而言，中级和县级潘查亚特更多地承担监督和协调职能，而村民日常生活所必需的大量公共物品的供应都更依赖村级潘查亚特。

从新潘查亚特制度实施 20 多年的情况来看，这些潘查亚特在响应民意、进行合理规划、推动乡村发展、实现社会正义上发挥着重要作用，因此它们的确有助于改进公共服务质量，推动乡村各项事业的发展。对此，已有很多成功的范例可作证明，尤其是在与基层民众最直接相关的供水保障和安全、道路铺设和维护等方面。比如，辛格博士和莫汉蒂博士在其著作中介绍过一个正在进行中的连接三个村庄并最终连接孟买—纳西克的邦级高速公路项目的实施情况。该项目最初是由村民在村民大会上提出的，被认为会有良好的收益，因为它将使村庄里的水果、花卉运往市场和甘蔗运往工厂的距离大大缩短，也使周边村民去专科医院、朝圣地和上大学更加方便。一个非政府组织的技术小组对道路项目进行了初步的可行性研究，之后又实际测量了建议的道路长度、准备技术细节，算出项目成本。在村级潘查亚特会议和村民大会上，支持这一项目的决议最终获得通过，而且村民还为其捐款。虽然中级潘查亚特不能够资助这个项目，但村民们寻找到的一些资助机构的初步反应令人鼓舞。② 另一位学者则讲述了喀拉拉邦佩鲁马蒂村潘查亚特如何阻止水污染的故事。2000 年 3 月，该潘查亚特曾向可口可乐公司颁发许可证，允许它建立装瓶厂。但两年后，工厂旁边的村民因饮用水严重短缺和环境污染而提出了许多投诉。结果，潘查亚特于 2003 年 5 月取消了许可证。在可口可乐公司对这一决定提出质疑后，邦政府搁置了取消的决定，并指示潘查亚特成立一个专家委员会，对土壤和地下水进行检验，以确定投诉的真实性。对此不满的潘查亚特向法

---

① 潘查亚特可以根据需要组建不同的常设委员会，如生产委员会、工作委员会、财政委员会、教育和社会福利委员会等，一般每个委员会拥有 3—5 名成员。

② Dr. Preeti Singh & Dr. T. K. Mohanty, *Panchayati Raj Institutions and Rural Development*, Axis Publications, 2010, pp. 35–37.

院提起了诉讼，虽然几经周折后它仍被要求延长之前颁发的许可证，但它也设置了一些限制，以致工厂长期闲置。[1] 在这两个案例中，村民都主动表达了自己的意愿和诉求，而潘查亚特也都及时地回应和做出了决定。第一个案例还表明，加强非政府组织与潘查亚特这一民选自治机构的合作非常必要，毕竟善治的基础是多元共治，基层治理亦复如是。

由于新潘查亚特制度实行对妇女、表列种姓和表列部落的席位保留制度，因此属于这类群体的当选代表可以把他们所关注的特定议题加进潘查亚特会议的日程中去，如种姓歧视、自然资源管理、家庭暴力等，以促进对它们的解决。例如，对于卫生保健、儿童保障、产妇福利等长期得不到足够重视的部分事项，一些潘查亚特的女主席、成员就通过她们的积极努力而使其有了很大的改进。在这方面，有不少值得称道的事迹：西孟加拉邦的一个女性村长因挖了10口井用于饮用和灌溉以及在综合农村发展方案下启动就业计划，受到了表彰；马哈拉施特拉邦一个村潘查亚特的女性成员受够了丈夫们的饮酒习惯和酒后暴行，成功关闭了村子里生意兴隆的酒类商店；拉贾斯坦邦的一个女性萨潘奇致力于保护女童，使当地糟糕的儿童性别比和女童辍学率有了很大好转。[2] 另一项研究运用了涵盖24个邦、2304个村、36542个家庭的调查数据，也发现"与无保留制度的村级潘查亚特相比，有保留制度的潘查亚特的妇女领导提供了更多的公共物品（饮用水、道路等），以及高质量的基础设施"，而且"在这些有保留制度的潘查亚特中，人们更不可能腐败"。[3] 因此，总的来看，席位保留制度的实施对于更好地发挥潘查亚特在地方治理的积极作用是有帮助的。

当然，前述佩鲁马蒂村潘查亚特的故事也表明，实践中潘查亚特的自治权力会受到各种复杂因素的干扰，而且不可能完全摆脱邦政府的控制。公然违背社会正义的腐败现象仍不时发生，如一些潘查亚特主席和成员自

---

[1] Kuldeep Mathur, *Oxford India Short Introduction：Panchayati Raj*, Oxford University Press, 2013, pp. 106 – 108.

[2] Kuldeep Mathur, *Oxford India Short Introduction：Panchayati Raj*, Oxford University Press, 2013, pp. 88 – 89.

[3] Narayana Billava & Nayanatara S. Nayak, "Empowerment of Women Representatives in Panchayat Raj Institutions：A Thematic Review", *Journal of Politics & Governance*, Vol. 5, No. 4, December 2016, p. 8.

己作为承包商并投标成功,而另一些潘查亚特主席则持续地把可分配的利益向自己的亲戚及朋友倾斜。关于潘查亚特所提供的公共物品和服务的公平性,有一项调查询问了 2013 名村民,结果发现:在学校、卫生设施、饮用水和交通方面,85% 以上的受访者认为是公平的;在农业推广、信贷和金融、司法和冲突解决、安全、联系高级官员方面,超过 1/4 但不到 1/2 的受访者认为被排除在外;而在贷款和补贴计划、住房援助、工作培训和就业机会方面,有多达 50% 到 80% 的受访者认为被排除在外。① 这些数据表明,潘查亚特在基层治理中扮演的角色仍有很大的改进空间。

三 潘查亚特对民主参与的促进作用

作为宪法确立的基层自治机构,潘查亚特的设立,其目的既在于通过更大程度的分权来实现地方层面的有效治理,又在于促进基层民众的政治参与,以实现更高程度的民主。虽然印度独立后潘查亚特的地位几经反复才最终确立,而且围绕它所展开的各种斗争都是由精英主导的,但它的普遍设立仍赋予了普通民众以极大的政治力量,让他们能够更经常和更有效地运用自己的民主权利。

首先,民选的潘查亚特能够更好地回应基层民众的需求,使公共物品的供应更加高效,同时保障民众的知情权。潘查亚特离民众最近,是最直接面对和接触民众的自治机构,它能够及时收集民众的需求和意见,并结合本地特点选取可行的发展计划和执行方案。相反,中央政府制定的某些政策方案和发展项目往往体现不出基层民众的偏好,因为中央政府可能距离太远,而印度又是一个面积广阔、不同地区差异极大的国家。鉴于先前的教训,有学者甚至强调,"必须认识到,具有部门指定用途的集中规划和具有国家指导方针的各种中央赞助计划,给通过自治选举机构进行分散规划造成了巨大障碍"。② 由于潘查亚特的运作相对透明,因此基层民众能够随时和较充分地掌握它的工作情况。特别是伴随着各邦相关立法的完

---

① Dr. Preeti Singh & Dr. T. K. Mohanty, *Panchayati Raj Institutions and Rural Development*, Axis Publications, 2010, p. 77.

② S. N. Jha and P. C. Mathur (eds.), *Decentralization and Local Politics: Readings in Indian Government and Politics – 2*, Sage Publications, 1999, p. 143.

成，村民大会和潘查亚特会议已逐步走向常态化，村民们有机会更加充分地发表自己的看法，而他们的意愿也不可能再被无视。同时，村民们在供水、交通等遇到问题时，也开始更多地找潘查亚特主席及其成员寻求帮助，希望他们能够代为联系相关政府职能部门的公务员，以协调解决问题。

其次，潘查亚特的责任追究机制保证了基层民众对潘查亚特成员的控制，并使后者形成对人民负责的意识。除定期改选外，各邦通过的潘查亚特法律还提供了其他一些机制，以确保当选的潘查亚特代表为其行动承担责任。比如，在中央邦和拉贾斯坦邦，村民可以通过三种机制追究其村级潘查亚特代表的责任：村民大会、罢免权和诉诸更高的权威。一是看村民大会，它可以评估潘查亚特过去的工作，审查潘查亚特的支出，并决定哪些新活动可能在批准的预算范围内。二是看罢免权，根据1999年4月的一项法案，中央邦成为该国第一个赋予村民大会的民众罢免民选代表权力的邦。罢免权只能在潘查亚特成员任期过半后行使，并要求全体选民的50%投票支持罢免代表。在拉贾斯坦邦，罢免权不属于选民，而属于当选代表。要使其有效，不信任动议只需要得到1/3代表的支持。三是在这两个邦，县法官有权罢免或暂停被评估为不符合该职位资格的当选代表的职务。[①] 此外，一些邦还设有监察专员、监督委员会等机构，而新闻媒体的监督在确保潘查亚特始终处于民主控制之下方面也非常重要。

再次，席位保留制度增强了政治体系的代表性，提高了落后种姓、部落和妇女的参与意识，增强了其政治效能感。与新潘查亚特制度相伴的席位保留制度充分体现了印度人对潘查亚特代表性原则的重视，以及试图通过赋权于弱势者来改善其境况的设想。虽然这一制度自始至终都备受争议，但其实施以来成效明显。目前在绝大多数邦，表列种姓、表列部落和妇女在各级潘查亚特主席、成员中的应有比例都已经达到。仅以妇女为例，"在新架构下所举行的第一次选举中（1993年），有70万妇女当选。在所有这三个层级上，大多数邦都达到了且有几个邦超过了33%的妇女

---

① Dr. Preeti Singh & Dr. T. K. Mohanty, *Panchayati Raj Institutions and Rural Development*, Axis Publications, 2010, pp. 53, 54.

保留比例"。① 尽管通过保留席位当选的很多低种姓者和妇女是首次涉足政治,且可能只任职一届,但他们中绝大多数认真对待自己的权利,也通过履职增加了自己的政治知识。由于有了更加广泛的主体的参与,地方发展计划将不再由官僚机构包揽,随着自下而上的活力被激发出来,这些计划将变得更加合理和更加具有民主性质。同时,潘查亚特中贱民和妇女代表的增加还确保了地方的各项事业会在优先考虑最贫困者和被边缘化者利益的前提下推进,而这也有助于更好地体现社会正义。

最后,具有广泛包容性的潘查亚特使表列种姓、部落和妇女群体的成员可与高种姓和男子聚在一起理性讨论问题,推动了协商民主。与高种姓、男子把持的旧潘查亚特不同,新潘查亚特的保留席位设计使贱民、妇女的代表也能够参与地方决策过程,决策的合法性、合理性也因此而增强。虽然由于历史、文化的原因,当选的妇女代表和贱民代表不被尊重、遭受歧视的现象仍然不少,有的甚至还遭受过身体暴力,但随着妇女代表和贱民代表参与潘查亚特议事的新"惯例"慢慢形成,情况正一点一点好转。事实上,为了保障当选妇女代表对潘查亚特会议的参与权利,一些邦还专门对会议的法定人数做了特别规定,以确保其不缺席。当潘查亚特主席本身即为妇女和低种姓者时,潘查亚特中不同种姓和不同性别成员之间的对话会受到更多的鼓励,理性的协商能够更为深入。正如有学者指出的,"来自大多数邦的证据表明,潘查亚特成员之间的关系是以种姓为基础的和不平等的。达利特人在这一点上遭受了严重痛苦;然而,只要萨潘奇也属于保留的类别,这种关系就更好"。② 由于潘查亚特主席需要参加政府部门组织的各种会议,而地方官员、邦立法会议员等出于工作需要和谋取政治支持的原因又不得不与其交往,因此贱民和妇女主席的出现也赋予了这些群体更多发声和被倾听的机会。不仅如此,给低种姓者的保留席位还有助于打破村社不同种姓之间的物理区隔,使民众根深蒂固的种姓不平等观逐渐松动。正如有学者指出的,"萨潘奇的保留席位似乎在村庄的

---

① Mark Kesselman, et al. (eds.), *Introduction to Comparative Politics*, Fifth Edition, Wadsworth, 2010, p. 292.

② Kuldeep Mathur, *Oxford India Short Introduction: Panchayati Raj*, Oxford University Press, 2013, p. 98.

表列种姓共同体与各种正式、非正式机构之间创建了一种新的沟通渠道"。① 很显然，当高种姓的人需要不断地找低种姓的潘查亚特主席、成员去盖章、办事时，高种姓不与低种姓交往的那种不合理的旧式准则很难再得到严格遵守。

四　潘查亚特制度与政党政治的紧密联系

虽然潘查亚特被界定为基层自治机构，且受传统习俗、宗教、种姓等因素的影响很深，但政党政治自始至终都渗透在其实际运行过程中。事实上，早在20世纪50年代末潘查亚特复兴时期，国大党就已开始把潘查亚特的建立与完善其基层组织联系起来。1977年阿索卡·梅塔研究小组的报告也建议政党参与潘查亚特，因为这样做"有助于与更高层次的政治进程建立更健康的联系"，也"有助于为邦一级的反对党提供建设性的发泄途径，让它们可以在县一级记录它们的成就"。② 随着宪法第七十三修正案的通过，潘查亚特在地方经济社会发展中的地位变得更为重要，而它与政党政治的联系也越来越紧密，具体表现在如下几个方面。

第一，政党日益重视潘查亚特的作用，因为参与潘查亚特的选举可以加强政党的基层动员能力，夯实政党的选民基础。政党参与选举的形式多种多样，包括提名候选人和开展选举宣传等，其中选举宣传又有这样一些方式："首先是党的工作者开始在公共场所、房屋外墙贴海报、刷标语；候选人和党的工作者挨家挨户拜访，发候选人宣传单，做选举动员，这样的入户拜访一般有两三轮；顶上架着音箱的宣传车流动宣传竞选纲领，以及本阵线的成就（如果是执政党）或对方阵线的失败（如果是在野党）。"③ 虽然一些潘查亚特的候选人在参选时不属于任何一个政党，但他们仍有可能成功争取到某个政党的支持和帮助，并可能在当选后加入该政党。由于大多数村庄是分派系的，故此当某个候选人

---

① Simon Chauchard, "Can Descriptive Representation Change Beliefs about a Stigmatized Group? Evidence from Rural India", *The American Political Science Review*, Vol. 108, No. 2, 2014, p. 407.
② M. P. Singh & Himanshu Roy, eds., *Indian Political System*, Manak Publications Pvt. Ltd., 2005, p. 297.
③ 吴晓黎：《社群、组织与大众民主——印度喀拉拉邦社会政治的民族志》，北京大学出版社2009年版，第332页。

谋求与某个政党合作时,与他相竞争的候选人就会选择去与其他政党结盟。"因为对政党沿其意识形态信念进行动员支持没有任何限制,现在定期举行的潘查亚特选举已被视为衡量其地方支持基础的实力的重要方法。"[1] 不过,政党的邦级领导人通常会选择以更为间接的方式去影响潘查亚特的选举,而不是直接表态支持某个候选人,以避免得罪一些村民,给自己今后参选邦立法会议员带来麻烦。

　　第二,各邦对潘查亚特下放权力的意愿和程度,往往取决于邦一级执政党的政治动机及其对自身政治利益的考虑。如果邦一级执政党只能够支配邦级政治,而无法掌控地方层面的潘查亚特,则它对下放权力的热情就不可能很高,因为在这种情况下多移交权力只会有损其利益。相反,如果邦一级执政党的实力比较雄厚,不仅长期把持邦级政权,而且拥有强大的基层组织,则它对下放权力就会持更加支持的态度。特别是当这个邦级执政党又无望染指联邦政权时,则它可能会更热衷于对自治的潘查亚特放权,以减少来自联邦层面的政治干涉。例如,由印度共产党(马克思主义)长期执政的喀拉拉邦在权力下放方面就走在了很多邦的前面,"在1994年的喀拉拉潘查亚特自治法案所确立的框架之内,1996年上台的左翼阵线史无前例地下放35%—40%的计划资金给地方自治政府,以确实实行去集中化的发展计划"[2]。又如,西孟加拉邦和安得拉邦之前非国大党政府的权力下放行动也是基于政治动机的,因为"掌权的政党试图建立和扩大它们的支持和势力范围。在来自中央的不断威胁下,它们认为对抗此威胁的方法之一就是加强地方层面的机构"[3]。在这种情况下,潘查亚特实际上已沦为各政党之间博弈和角力的阵地。

　　第三,政党通过对潘查亚特主席和成员职位的控制,可以在资源分配上拥有更大主导权,以犒赏本党的支持者。例如,有学者指出,由于地方委员会有责任编制贫困线以下的家庭名单,而邦政府会据此发放文件以使

---

[1] Kuldeep Mathur, *Oxford India Short Introduction*: *Panchayati Raj*, Oxford University Press, 2013, p. 51.

[2] 吴晓黎:《社群、组织与大众民主——印度喀拉拉邦社会政治的民族志》,北京大学出版社2009年版,第331页。

[3] Kuldeep Mathur, *Oxford India Short Introduction*: *Panchayati Raj*, Oxford University Press, 2013, p. 29.

他们有资格享受福利项目,因此"意识到委员会中有全面竞争的地方政党领袖会向属于他们政党的民选委员施压,以给本党支持者以好处。将一些家庭列入贫困名单,从而使他们有资格享受福利,这是一种党派策略,用来赢得新选民。在这些村庄的实地观察还显示,当地的政党工作人员经常识别一些家庭,并向当选委员推荐将他们列入贫困名单"。① 鉴于潘查亚特主席拥有比普通成员大得多的影响力,各政党会更积极地围绕其人选展开争夺,亦即会通过提供资源、进行说服和施加威胁等方式,来确保当选者是本党的拥护者,或至少不是本党所讨厌的人。例如,对比哈尔邦的一项研究就发现,巴特纳县全国人民党(比哈尔邦当时的执政党)的2个立法会议员努力让阿肖克·库马成功当选为齐拉帕里沙德的主席,而主要的反对党印度人民党的立法会议员则竭力阻止了一位女士当选,且全国人民党阵营在阿肖克·库马胜选后还举行了庆祝活动。② 总之,作为民选代表的潘查亚特主席和成员在确定各种发展项目的受益对象上具有很大的自由裁量权,这使各政党很难完全置身事外。

第四,党争常常会造成不同层级潘查亚特以及邦政府与潘查亚特之间的冲突,妨碍地方发展计划的有效性。由于每个政党都试图支配地方政治,因此地方层面的所有投资活动、福利项目、发展计划等都被政治化了。照理说,潘查亚特应当从满足村民基本需求的角度发展公共事业,按照有利于全体村民经济前景的原则进行规划,但实践中其成员很难完全摆脱政党的影响。有些政党明确要求自己当选的代表严格遵守本党的政策和指示,而部分潘查亚特主席和成员参加会议前还习惯性地征询当地政党领导人的意见。由于党派力量的介入,下级潘查亚特的计划有可能得不到上级潘查亚特的指导和帮助,或者得不到邦政府的资金扶持。最近有对印度各地农村发展官员的研究就发现,一些政府项目之所以执行不力,是因为地方官僚负担过重且缺乏资源,而投入不足的根源又在于政党政治,例如当某个农村发展区(development block)在地方一级和邦一级由不同的政

---

① Anoop Sadanandan, "Patronage and Decentralization: The Politics of Poverty in India", *Comparative Politics*, Vol. 44, No. 2, 2012, p. 221.

② Ravindra Kuman Verma, "Linkages Between Political Parties and Panchayati Raj Institutions in Bihar", *The Indian Journal of Political Science*, Vol. 71, No. 1, 2010, p. 227.

党代表时，选民就无法清楚地将项目执行情况的改善归因于单一的政党，于是政客们也就不会有动机去投入太多的资源给这样的发展区。[1] 不仅如此，协助潘查亚特具体执行计划的政府公务员还可能因为没有让政党领导人得到好处就被"穿小鞋"，甚至被调离。于是，政府公务员的士气和工作精神会因此受损，而其结果就是乡村发展所需要的专业、技术支持被政治考量所取代，正如有人指出的，"以党派别为基础的冲突无助于发展进程，在这种情况下行政人员根本不可能扮演有效角色"。[2]

尽管如此，仍然有不少人相信，现代政党政治会使潘查亚特摆脱种姓等历史包袱，朝着更加有利于民主的方向发展。在这些人看来，"在潘查亚特选举中引入政党，将使我们的人民更具政治意识，在政治上更加成熟，能动员穷人，并确保当选代表承担更大的责任，而这在基层传统的和地方的政治领导中通常有所缺失"。[3] 况且，既然中央和邦层面的民主政治是依靠政党运作才得到维持和巩固的，那又有什么理由去怀疑潘查亚特与政党政治相结合会具有的积极意义呢？

第四节　潘查亚特制度在实践中遇到的问题

一　潘查亚特可支配的资金非常有限

作为自治机构，潘查亚特需要有充足的资金，以便在充分协商的基础上确定本地的经济社会发展计划，同时回应本地民众的需求，提供基本服务，改善本地的公共设施。然而在实践中，囿于种种主客观条件，潘查亚特拥有的财政收入并不丰裕，远不足以使它担负起应有的职责，不辜负村民对它的期望。

首先，从村级潘查亚特自有的财源来看，存在税率和费用低、征收困

---

[1] Aditya Dasgupta & Devesh Kapur, "The Political Economy of Bureaucratic Overload: Evidence from Rural Development Officials in India", *American Political Science Review*, Vol. 114, No. 4, 2020, pp. 1316-1334.

[2] Dr. Elangbam Girani Singh, *The Panchayati Raj and Rural Development in Manipur: A Case Study of Thoubal District*, Summarg Publishers & Distributors, 2013, p. 138.

[3] Ravindra Kuman Verma, "Linkages Between Political Parties and Panchayati Raj Institutions in Bihar", *The Indian Journal of Political Science*, Vol. 71, No. 1, 2010, p. 228.

难的问题。虽然宪法和各邦相关法律赋予了村级潘查亚特在特定范围内征收部分税费的权力，如房屋税、职业税、广告税以及水费、执照费、池塘租赁费等，但税率和费用的设定过低且长期无增长，致使这方面的收入所得极其有限。更重要的是，因为村级潘查亚特离村民太近，所以面对自己的邻居进行强制征收可能要冒得罪选民的政治风险，更何况这些税费的征收往往也是成本高昂的。一方面，村民可能只是说无钱可交就让征收者下次再来；另一方面，潘查亚特又并不拥有诸如断水等强硬手段以迫使村民及时缴清必要的税费。结果就是，村级潘查亚特实际征收的税费金额往往与应当征收的税费金额严重不匹配。正如一项研究指出的，根据登记在册的房产数量粗略计算的房产税有时要比报表中报告的收入高得多，表明部分家庭实际上没有被征收（见表8.6）。国家农村发展研究所（National Institute of Rural Development）的研究也表明，"除了喀拉拉邦外，所有邦潘查亚特的税收努力都很差"，安得拉邦的纳拉姆汗委员会（Narasimhan Committee）还报告说，"有些潘查亚特不是去收税，而是通过账面记录显示，税收已经被征收并用于发展工程"。[1] 因此，潘查亚特的征税不足和"造假账"行为其实存在于印度的很多地方。

表8.6　　　　　　　　　房屋税的不充分征收　　　　　　　　　单位：卢比

村庄	帕拉瓦普拉姆	潘迪雅普拉姆
已征得税收	34010	46310
计算的税收	52206	81158
征收不足率（%）	35	43

资料来源：Anana Sahasranaman, Panchayat Finances and the Need for Devolutions from the State Governments, *Economic and Political Weekly*, Vol. 47, No. 4, 2012, p. 75.

其次，中央和邦政府下拨的资金大多已指定好用途，是潘查亚特无法自由支配的。在印度，中央政府资助的计划有很多，像全国农村就业保障计划、儿童发展综合服务项目、落后区域补助基金等，但它们都得按规定

---

[1] S. N. Jha and P. C. Mathur（eds.）, *Decentralization and Local Politics: Readings in Indian Government and Politics -2*, Sage Publications, 1999, p. 145.

的预算执行，只需潘查亚特配合。邦政府给潘查亚特的资金则包括两部分，一是属于潘查亚特但由邦政府代收的娱乐税、印花税等，二是根据国家财政委员会建议提供给潘查亚特的拨款。这些资金的发放可能不及时，或者对其使用方式附有各种约束性条件，因此潘查亚特的主动权同样有限。例如，在卡纳塔克邦，"对农村地方政府实施的 30 个主要计划的支出进行的分类分析表明，它们在确定分配优先次序方面几乎没有任何回旋余地或自主权。在总支出中，58%指定用于工资，11%只是作为被助金转到各机构，10%必须用于向人员的转移支付。另有 16%指定用于特定计划。这使得潘查亚特只对 5%的经费有绝对的决定权。至于另外 16%的支出，它们的自主权有限"。① 这样一来，潘查亚特事实上无法根据村民的最紧迫需要去自主确定公共产品和服务的优先事项，也很难从谋求长远发展的角度去考虑规划。

最后，潘查亚特虽然可以贷款，但成功的很少，因为没有机构愿意提供信贷给它。对于一些收效慢的投资项目，如大型基础设施工程等，潘查亚特已有的收入显然不足以支撑其建设。然而，这些投资项目又具有很大的风险，出于对潘查亚特可能拖欠还债或无法还债的担忧，有资质的信贷机构一般更愿意借款给其他主体，而潘查亚特也更倾向于向上争取资金补助。

二 邦政府推进权力下放的动力不足

如前所述，宪法附件十一虽然明确规定了应移交给潘查亚特的 29 项职能，但何时移交、怎样移交是由各邦自行决定的，而大多数邦对此的态度颇为消极。尽管很多邦一直呼吁联邦给其更大的权力，但它们不愿意过多地赋权给潘查亚特。长期以来，各邦政府已养成了干预和决定地方事务的习惯，因此它们并不愿意让潘查亚特真正拥有自治的权力。总的来看，邦政府仍然为自己保留了各种控制手段，而一些职能即使移交了也仅仅是形式上的。

首先，潘查亚特目前的收入有相当大比重来自邦政府。"尽管有其他

---

① Dr. Preeti Singh & Dr. T. K. Mohanty, *Panchayati Raj Institutions and Rural Development*, Axis Publications, 2010, p. 108.

几种收入来源，但邦政府的拨款——令人困惑的各种法定和非法定的类别——碰巧是潘查亚特单一的主要收入来源。这在潘查亚特萨米蒂和齐拉帕里沙德的情况下更为明显。最突出的补助是既定补助、激励补助、匹配补助和均等补助。"① 此外，一些邦政府还把各种财产授予潘查亚特以增加它们的自有财源，以及提供有息贷款来帮助它们解决发展项目所紧缺的经费。因此，潘查亚特可支配的资金有多少，能否及时获得它们，在很大程度上都依赖于邦政府。

其次，邦政府可以对潘查亚特的工作进行监督。除了通过潘查亚特的秘书随时了解其工作情况外，"所有邦政府都在它们的潘查亚特法中规定了必要的立法条款，授权县税务官（district collectors）监督潘查亚特的不当行为和滥用权力行为。这些措施从暂停潘查亚特的工作到暂停当选主席的职务不等"。② 相比于村级潘查亚特，中级、县级潘查亚特所受到的监督和控制会更严。

最后，潘查亚特计划的执行需依靠公务员，而他们主要对邦政府负责。由于潘查亚特全部由民选代表构成，因此在"制定经济发展和社会正义的规划以及执行被委托由其执行的经济发展和社会正义计划"时，需要依靠各政府部门官员的协助开展工作。这些官员属于邦政府的行政系统，他们虽然由潘查亚特协调和管理，却主要向其部门领导汇报工作。他们并不认为自己需要对潘查亚特负责，而潘查亚特也明白无法有效控制他们。结果就如有学者指出的，"正在出现的总体情况是，潘查亚特对那些负责在分配给它们的主题范围内执行潘查亚特制定的计划的官员没有或几乎没有控制权。它们也在一个强大的行政结构框架内运作，这一结构在县一级占据主导地位，并得到邦政府的信任。换句话说，潘查亚特仍然没有任何行政自主权"。③ 虽然有少数邦试图对此进行改革，加大潘查亚特相对于行政官员的话语权，但到目前为止进展缓慢。

---

① S. N. Jha and P. C. Mathur (eds.), *Decentralization and Local Politics: Readings in Indian Government and Politics - 2*, Sage Publications, 1999, p. 146.

② Kuldeep Mathur, *Oxford India Short Introduction: Panchayati Raj*, Oxford University Press, 2013, p. 119.

③ Kuldeep Mathur, *Oxford India Short Introduction: Panchayati Raj*, Oxford University Press, 2013, p. 121.

除了上述这些，邦政府还有其他一些可直接、间接施加影响的手段，因此当前对潘查亚特下放的权力可能只是最低限度的，更为实质性的控制权仍然属于邦政府。

三　潘查亚特成员的素质和参与意愿不高

新潘查亚特制度为基层民众行使自治权利提供了渠道和机会，但被选为其成员的很多人素质不高，表现在他们对潘查亚特职责、权力的认知有限，不具备最基础的科学文化知识。还有些成员本就是在家庭、政党的压力下才参选的，他们即使当选也缺乏积极履职的意愿和效能感。

自建国时起，文盲比重过高就一直是困扰印度社会的大问题。为此，印度联邦政府和各邦政府多年来推出了一系列政策，大力发展基础教育尤其是农村教育事业，取得了明显的成效。尽管如此，该国目前仍有约 1/4 的人不识字，而且在贫困山区、偏远农村，文盲率可能达到一半甚至更高。在这些地区，村民们很难选出足够多受过良好教育且乐意奉献的代表，因为有时整个村庄里识字的人都不多。当潘查亚特成员普遍素质不高时，其议事效率和质量就无法得到保证，而作为自治机构的潘查亚特也将难以发挥应有作用。同时，虽然对表列种姓和表列部落的席位保留制度使一些属于表列种姓和表列部落的人能够在竞争不激烈的情况下相对容易当选，但是受教育程度不高的他们议政能力受到极大限制，在很多事项上只能听从其他见多识广的代表的安排，而后者基本是高种姓者和大地主。于是，如下悖论就出现了：靠着特殊身份当选的表列种姓和表列部落代表最终却可能无法有效维护其所属群体的利益。

对于潘查亚特中的女性成员而言，素质不高的问题同样存在，而每个潘查亚特中至少有 1/3 的成员是女性。在印度，由于传统上严重的重男轻女陋习，女童辍学率远高于男童，成年女性的文盲率也远高于成年男子，而且对大多数女性来说，家庭就是她生活的全部世界。在这种情况下，不少新被选入潘查亚特的妇女都显示出了对自身代表工作的不适应。她们对外部政治世界的认知有限，一项对奥里萨邦的研究发现很多女性代表不知道谁是印度总理、哪个政党在统治这个国家，而另一项对哈里亚纳邦的研究发现很多女性代表对国家和邦的潘查亚特法、在本村活动的政党以及潘查亚特中的妇女保留制度的政治认知很低。[①] 这种政治认知上的局限无疑会使妇女代表在潘查亚特中的工作受到影响。

除此之外，绝大多数贱民和妇女是靠着席位保留制度才当选代表的，他们对基本的政治程序不了解，也缺乏政治经验。在潘查亚特的会议中，仍有一些高种姓者和男子无视他们的发言，而一些政府公务员也看不起他们，不愿意为他们讲解发展项目所涉及的具体技术知识。甚至于"在印度的一些地方，表列种姓、表列部落的代表被拒绝进入潘查亚特办公室，当他们赢得选举时，他们被拒绝接管办公室或坐在自己的座位上"。[②] 面对这种情况，一些深感自己人微言轻的贱民和妇女代表连参与会议的积极性都不高——有时甚至没人通知他们开会。同时，很多妇女还承担着繁重的家务，如果家庭不能提供必要支持的话，她们很难从家事中脱身，而这也可能使她们对履职的兴趣减退。

所幸的是，印度联邦政府和各邦政府已经意识到了这个问题，开展了专门针对潘查亚特代表的各种培训，内容涉及潘查亚特法、政府计划、自然资源管理等，相信今后潘查亚特成员的知识水平和履职能力会有大的提高。

四　保留席位的实践有诸多弊端

在印度传统的潘查亚特中，贱民和妇女不可能成为其成员。1992年宪法第七十三修正案通过后，给表列种姓、表列部落和妇女保留席位的规定成为新潘查亚特制度的一大亮点。如今除在极少数地方外，宪法所要求的潘查亚特的保留席位比例均已达到，而且如前所述这种保留席位制度有助于推动妇女和低种姓者权利意识的觉醒、促进基层民主。不过，在落实这一制度的过程中，有些弊病也同时显露出来。

首先，很多通过保留席位当选的妇女仅为名义上的代表。实践中，很多潘查亚特的女性成员完全是借助其丈夫或兄弟的支持才当选的，而后者

---

① Dr. Preeti Singh & Dr. T. K. Mohanty, *Panchayati Raj Institutions and Rural Development*, Axis Publications, 2010, pp. 226, 238.

② Narayana Billava & Nayanatara S. Nayak, "Empowerment of Women Representatives in Panchayat Raj Institutions: A Thematic Review", *Journal of Politics & Governance*, Vol. 5, No. 4, 2016, p. 11.

怂恿她们参选纯粹是为了想捞点好处。与此同时，一些村民之所以选某个女性代表，也是因为觉得她的丈夫能力很强，可从背后出主意，或者是因为她丈夫所在的家族很有实力。于是，女性代表就成了变相的"傀儡"，她们常常要依赖丈夫、公公、兄弟等男性成员给她们提供信息和指导，有的甚至不敢在丈夫意见给出前单独做决定，而男亲属陪同女代表出席潘查亚特会议的现象也屡见不鲜。为避免缺乏经验的女性代表被潘查亚特的秘书操纵，一些邦还通过立法认可了男亲属陪同出席的做法，但这显然不利于激发女性代表的独立意志。一项调查发现，在 21 个女潘查亚特领导人中，有 15 个遇到过丈夫在潘查亚特事务上强迫她们按其意愿签署文件或执行公务的情况，而且也照做了。① 在这种情况下，规定的比例不太具有实际意义，因为它在很多时候是被"制造"出来的。

其次，一些表列部落和表列种姓的当选代表只具点缀作用。相比传统时期，让低种姓代表进入潘查亚特无疑是巨大的进步，但在目前的大多数潘查亚特中，属于高种姓和大地主的代表仍然占据主导地位。他们拒绝接受贱民代表作为决策的平等伙伴，不愿倾听他们有价值的观点，而贱民代表遭受歧视、辱骂甚至身体暴力的事件也屡有报道。因此，一些表列部落和表列种姓的代表虽然借助保留席位当选——有的代表甚至连能够当选都是因为其被认为便于操控，但经济上处于依附地位的他们不敢表达自己的意志，而只能遵从高种姓者和大地主的意志。正如一个表列部落的潘奇所说的，他没有权力，他和其他的潘奇必须服从帕蒂达人在潘查亚特中的决定，因为他们中的许多人也依赖帕蒂达人就业，而村庄在政治上和经济上都由后者所统治。②

最后，保留席位制度有可能催生狭隘的代表意识。宪法中对表列种姓、部落的席位保留制度本意在使经济境况和社会地位不利者有机会维护自己的合法权益，但这种制度也强化了这样的意识，即通过这种方式当选的潘查亚特成员就是其所属种姓、部落的代表而不是全体村民的代表，因

---

① Dr. Preeti Singh & Dr. T. K. Mohanty, *Panchayati Raj Institutions and Rural Development*, Axis Publications, 2010, p. 223.

② Dr. Preeti Singh & Dr. T. K. Mohanty, *Panchayati Raj Institutions and Rural Development*, Axis Publications, 2010, p. 57.

此他们在公共资源的分配上必然朝本种姓、部落的人倾斜——也存在要求他们这样做的压力，从而可能导致逆向的歧视和不公平，造成恩庇主义的地方政治。同时，因为保留席位会在不同选区轮换，很多通过保留制度当选的表列种姓、部落代表将无法再在下次选举中继续当选，所以他们不会有谋求再次当选的动力，而这也鼓励了机会主义的政治行为。正如一项对卡纳塔克邦的研究所发现的，那些预期会因保留席位的变化而无法连任的现任潘查亚特主席会减少有利于少数群体的支出，但不会减少针对其本族群的支出。① 在缺乏连任机会的情况下，表列种姓、部落的代表还需要有其他激励，以使他们能够主动摒弃上述狭隘的代表意识。

除此之外，还有学者指出，针对妇女的性别配额制度可能会导致更多高种姓的妇女被选出，却以其他落后种姓成员的代表性下降作为代价。②因此，给妇女的席位保留和给低种姓者的席位保留之间可能存在一定的紧张关系，这就要求对保留制度进行更进一步的完善。

本章小结

2020年4月24日亦即印度的国家潘查亚特日，莫迪总理与全国的潘查亚特主席进行了线上互动，并推出一个门户网站"e-Gram Swaraj"（亦即"电子村庄自治"），以促进村级潘查亚特的数字化。同时，正像莫迪自己所表明的，其政府近年来一直在持续不断地努力改善潘查亚特的运作，如2014年他上台前印度只有100个村级潘查亚特有宽带接入，而目前已有超过12.5万个村级潘查亚特接入网络。在印度这样一个人口众多、各地差异极大的国家，推进治理现代化的关键在于基层治理的现代化，而要想实现有效的基层治理，就必须把散布在广阔国土上的基层民众的内生动力激活。很显然，在这方面潘查亚特非常重要，有助于印度朝着可治理的民主国家方向迈进。

---

① Ramya Parthasarathy, "Ethnic Quotas as Term-Limits: Caste and Distributive Politics in South India", *Comparative Political Studies*, Vol. 50, No. 13, 2017, pp. 1735–1767.

② Varun Karekurve-Ramachandra & Alexander Lee, Do Gender Quotas Hurt Less Privileged Groups? Evidence from India, *American Journal of Political Science*, Vol. 64, Issue 4, 2020, pp. 757–772.

作为印度遥远过去留下来的一种遗产，历史上潘查亚特的实践因为种姓制度的嵌入而显然有其值得诟病的地方，但客观上它也尽力地保持着村社的稳定和有序、维护了传统时期大多数人所理解的"正义"。在国家能力长期羸弱的印度，以潘查亚特为中心的村社自治是其社会"形散神不散"的关键之一，没有它就不会有民众日常生活的安定，尽管这种安定是以高种姓者对低种姓者的剥削和压迫作为代价的。印度独立后，关于潘查亚特在新共和国中的地位问题，引发过广泛的争议。虽然最初的宪法为其存在的合理性提供了一定依据，且20世纪五六十年代陆续实施的农村发展规划也证明离不开它的作用发挥，但由于宪法中对它的规定是指导性的而不是强制性的，加之权责不对应，因此建国后它仍然经历了从短暂恢复到逐渐衰落的转变。

1992年第七十三修正案被写入印度宪法，标志着潘查亚特制度被赋予了新的活力。这样的权力下放符合普遍的发展趋势，毕竟"民主分权是我们时代的时尚之一"，且"自20世纪70年代末以来，世界上已有60多个国家的政府进行了民主分权的试验"。[1] 近年来，作为被宪法赋予真正权力和必要职能的地方自治政府，潘查亚特在印度的基层治理中扮演着越来越积极的角色。它极大地提高了基层政策制定和执行的透明性、回应性，从而有利于促进善治的实现——虽然也应当承认它在不同地方的实施效果仍然参差不齐。此外，通过引入选举、实行对弱势者的保留制度，潘查亚特也将持续推动包括妇女、低种姓者在内的社会不同群体的参与，增强他们的主人翁意识，培育平等合作的习性及对民主价值的热爱，从而将有助于这个多元社会的民主的巩固。

印度的经验表明，发展中国家的基层治理现代化不能寄望于对发达国家的制度移植，而必须充分发掘自身传统的治理机制、资源。这些传统的机制和资源固然带有历史的局限性，但并不全是糟粕，它蕴含着本国民众过往的一部分生活智慧，通过对其加以改造和重塑，可以实现与现代民主、自由等价值相融合，而且近年来一些学者的研究业已表明：即使是传

---

[1] Niraja Gopal Jayal and Pratap Bhanu Mehta, eds., *The Oxford Companion to Politics in India*, Oxford University Press, 2011, p. 62.

统政治制度也可以与民主兼容，甚至对公民负责。① 当然，要实现对传统治理机制、资源的现代化改造和重塑，并非易事。以潘查亚特为例，要使它的运行摆脱种姓等不良因素的束缚，教育改革的深入和文化观念的革新势在必行。与此同时，现代民族国家对于这样的改造和重塑能否取得成功至关重要，因为国家在很大程度上决定着改造和重塑的方向是什么，以及根据什么样的理念去改造和重塑。在这方面，印度宪法第七十三修正案中蕴含的自治、参与、民主、正义等精神是应当给予充分肯定的。

总体上看，新潘查亚特制度自实施以来在改进基层治理、促进民主参与上成效卓著，尽管也面临不少挑战。更重要的是，印度的普通民众已经逐渐接受和认同潘查亚特，开始把它当成捍卫自身权益的阵地和平台。因此，印度基层治理的未来发展肯定会继续围绕潘查亚特制度的完善展开，而应对其挑战的"药方"不外乎如下。

其一，对潘查亚特的职责和功能下放应该辅之以财政权和自主权的充分移交，使其能真正作为自治机构发挥作用。既然宪法授权潘查亚特可根据地方需要自行制订适当的发展计划，就应该让其有充足的可支配收入，而不是都依赖自上而下、已被指定好使用方式的拨款。同时，各邦政府对潘查亚特过严的控制应适度放松，仅保留最低限制的监督职能，尤其是要避免把它当成完成邦政府任务的执行机关。虽然有些地方的潘查亚特因其成员素质不高而可能会有不合理的决策，但邦政府在提供必要指导的同时，仍应适度地给予其犯错的机会、让其有成长的空间。当然，"村民们可能会集体决定，使用修正案创造的工具来获得对当地资源的更大控制权，并可能最终站出来反对更高一级的政府机构"，例如他们可能联合起来抵制邦政府为跨国公司利益而攫取村庄土地的企图。② 对于地方自治政府表现出的这种日益增多的"不驯服"，邦政府应当正确地看待，尊重其宪法赋予的权力，引导其朝着基层民主和有效治理的方向迈进。

其二，在发挥政党组织动员优势、提高潘查亚特运转效率的同时，应

---

① Kate Baldwin and Katharina Holzinger, Traditional Political Institutions and Democracy: Reassessing Their Compatibility and Accountability, *Comparative Political Studies*, Vol. 52, No. 12, 2019, pp. 1747 – 1774.

② Manoranjan Mohanty, et al, eds., *Grass-roots Democracy in India and China: The Right to Participate*, Sage Publications Inc., 2007, pp. 177 – 178.

加强对政党活动的规范化,以减少党争危害。在当前阶段,政党政治对潘查亚特的渗透不可能消除。政党会支持特定的候选人,并通过有效的宣传和积极的呼吁,帮助选民更清楚地认识自己的利益是什么,以及应该为此努力做些什么,而且通过政党介入也可打破不合理的传统因素对潘查亚特的干扰。因此,潘查亚特可以且应当利用政党、非政府团体、专业人士等各种社会力量,来为自己制定、执行本区域内的经济发展和社会正义规划服务。但与此同时,应把政党活动纳入法制化管理,并充分发挥邦选举委员会的作用,确保政党之间的竞争有序且合法,避免使潘查亚特沦为依附于政党的由政客建立、经纪人加以协调的恩庇主义网络的一部分。归根结底,潘查亚特是基层一定数量民众所选出的代表和维护他们利益的自治机构,而这种利益显然是超越党派之争的。在健康的民主下,民众应当能够通过投票撤换那些不为民众办事、只依循党派狭隘政治利益行事的"党棍",而只有那些关心民众诉求的政治家——无论其属于哪个政党——才会当选和连任。在潘查亚特制度的运作过程中,政党本身不是一种"必然的恶",但实践表明,对党争的危害仍然需要时时刻刻保持警惕与谨慎之心。

其三,以"保留席位"来对弱势者政治赋权的做法必须与经济上、社会生活上、文化教育上的一系列改革措施相配套。作为地方自治机构,潘查亚特要同时追寻两个目标:对妇女和低种姓者赋权,实现民主价值;选出更熟悉本地情况能力也更高的人,促进基层善治。然而,这两者之间可能存在一定张力,体现在靠保留席位当选的很多妇女代表和低种姓代表仍不具备议政的能力,而以这种方式当选后受到锻炼、有意愿和能力继续为基层民众服务的女性代表和低种姓代表又常常无法连任。因此,正如很多学者所指出的,现有的席位保留制度需要进行一些改革,以激发这些弱势群体代表的政治热情和参与积极性。另外,对潘查亚特制度的进一步完善不能够只限于其本身,因为要确保一项好制度取得应有的成效,还离不开对其实施有利的环境。仅仅给这些弱势者以代表资格是不够的,还得让他们能够运用必要的知识和判断力去作决定,而要实现这一点,就必须先确保他们在经济上自立、受到足够多的教育、不被社会歧视。在这方面,印度还有很长的路要走。

第 九 章

当代印度政治发展的主要议题

在2017年印度独立70周年纪念活动前夕，印度主流英文杂志《今日印度》进行了一次民意调查。调查采访了印度19个主要的邦内97个人民院选区中的12178名选民，请受访者说出印度令人感到自豪和愤怒的现象。调查显示，在"什么是印度最令人感到骄傲的方面"这一问题上，排在首位的是印度是"世界上最大的民主国家"。而在"印度最令人感到愤怒"这一问题的调查中，排名首位的是"政治和公共生活的腐败"。[①]这一结果多少显示了印度政治发展所面临的悖论。印度被称作世界上最大的民主国家，宪法所规定的政治制度稳定而且巩固，但同时也长期存在政治腐败、行政效率低下的问题。政府还同时面临着社会贫穷落后并且存在广泛不公正的严峻挑战。用印度学者的话来说，民主是一场不可能成功的战斗，印度到目前为止打赢了一半。[②]

印度在建立并巩固富有活力的西式民主制度方面所取得的成功在第三世界国家中是公认的。立法、行政和司法的三权分立制度自宪法制定以来就一直稳定的运行，选举和政党制度的发展使得民主的进程不断深化，民主权利已经扩展到了过去那些被压迫和歧视的社会阶层。之前处于边缘状态的群体大量进入政治体系中，促使印度立法机构、代议模式和政府权力平衡模式发生转变。掌握权力的政治家们不再仅仅来自传统的高种姓阶层，尽管他们仍然在公共机构中占有极大比例，在政策制定过程中更有影

[①] Jit Kumar Jha, Communalism, corruption pulling world's largest democracy down, reveals Mood of the Nation poll, *India Today*, August 17, 2017.

[②] Ashutaosh Varshney, *Battles Half Won: India's Improbable Democracy* (New Delhi: Penguin, 2013).

响力。印度政治制度也具有较高的包容性和适应性。印度是在多语言和多宗教的社会中成功应对了多元化的挑战并建立起稳定民主制度的少数国家之一。

但是，相对自由和公正的竞争性选举制度、三权分立的权力结构，独立的司法体系、活跃的公民社会等这些在西方发达民主国家被认为是实现廉洁政治的制度因素都未能遏制印度政治中无处不在的腐败，并且严重制约了印度政治制度的绩效。处于政治执行过程中的官僚机构和行政部门的腐败问题在国内外饱受诟病，而这一问题又由于严格的官僚结构、封闭性的决策过程、集权的中央政府、薪水过低的公务员队伍以及内部缺乏有效的制约机制而变得更加突出。种姓和教派主义没有随着现代化的发展而在政治中消失，反而嵌入政治动员的过程中。黑钱和暴力在选举和政党政治中变得更加重要，越来越多具有犯罪背景的候选人进入议会，降低了代议机构的质量。司法制度由于其内部的资源不足和效率低下，降低了其保障公平和正义的能力。近年来围绕最高法院不断政治化的一些争议似乎也削弱了其在公众中的地位和信任度。印度的政治制度成功地适应了印度独立后面临的复杂社会背景，但又同时处于各种挑战之中。

第一节　印度政治制度发展的成就

印度宪法中所规定的政治制度在相当程度上继承了 1935 年英国殖民政府《印度政府法案》（the Government of India Act，1935）的基本原则，同时考虑到了在印度这样有着古老传统和落后经济的社会中进行国家建设和民主实践的挑战。印度政治制度的内涵包含两个主要的方面：议会民主制和联邦制。前者规定了国家与公民之间的关系以及横向层面立法、行政和司法三权的分立与制衡；后者则规定了中央与地方之间的关系以及纵向层面的权力结构。从世界范围来看，印度的政治制度不是最有效率的，然而它具有非常强大的内在稳定性和弹性。这种稳定性和弹性使印度这样一个多民族的、多宗教、多语言和多种姓的高度分裂社会统一在印度这个国家范围内，同时还回应了社会不断扩大的参与要求。自独立以来，印度政治制度发展至少在如下几个方面取得了巨大的成就。

一 民族国家建设基本完成，政治制度稳定

1888年，英属印度总督委员会的委员约翰·斯特莱希（John Strachey）写道："印度并不存在，在历史上也不存在一个叫印度的国家。"[①] 在约翰·斯特莱希看来，印度和欧洲一样，是一个文明概念，而不是一个国家。正如欧洲有很多国家一样，印度的各个部分也可能成为国家，但印度不可能成为一个单一国家。将作为文明和地理概念的印度转变为统一的民族国家概念的印度，是印度独立运动的目标之一。独立后，印度面临着发展中国家政治发展中最常见的国家整合问题，涉及国家认同、领土控制、制定处理公共冲突的规范、在政府官员与被统治者之间建立联系、形成最低限度的共同的价值观等方面。[②] 这一过程是由宪法所规定的制度框架及其实践来完成的。

宪法的制定者尊重历史上印度各部分的独立传统，通过联邦制的结构将英属印度各省和600多个大大小小的土邦统一起来；同时他们又充分意识到一个强大的中央政府对于国家现代化的需要，建立了具有明显中央集权特征的联邦制。宪法之父安贝德卡尔在制宪会议上为联邦制的条款进行辩护时表现出了极大的谨慎。在他看来，印度的联邦制适应了印度"多样性"国情的需要。但是这种多样性一旦超出了一定的界限，就会走向混乱。宪法制定的目的是维持印度的统一。在制度安排上，三个方面的制度设计确保了联邦制下的统一：单一的司法体系；基本法律制度（包括民法和刑法）的统一[③]；统一的文官制度。与此同时，宪法在表达印度作为联邦制国家时，宁可用"Union of States"而不用"Federation of States"也明确表示联邦制原则不是各邦协议的结果，从而进一步强调了联邦制的国家统一功能。用阿尔弗雷德·斯特潘（Alfred Stepan）的话来说，印度的联邦制是"保持在一起"（Holding-Together）的，而非美国式"汇聚在一起"（Coming-To-

---

[①] Ramachandra Guha, India after Gandhi: The History of the World's Largest Democracy, Harper Collins, 2007, p. 3.

[②] Myron Weiner, Political Integration and Political Development. The Annals of the American Academy of Political and Social Science, Vol. 358, New Nations: The Problem of Political Development (Mar., 1965), pp. 52–64.

[③] 宪法制定时曾将统一的民法典作为立法的目标，但历届政府在此问题上未有进展。

gether）的。① 为了避免联邦各成员之间的分歧，宪法详细规定了联邦和邦在立法、行政和财政等方面的权力划分，明确规定凡是宪法没有明确规定的剩余权力归联邦政府所有。通过创造性地引入"总统治理"条款，印度宪法授予联邦政府在法律和秩序失灵时接管邦政权，从而进一步确立了联邦维护国家统一的权力。

在独立时，印度的国家统一问题面临着三个方面的挑战：宗教冲突、语言分裂和暴力叛乱。随着巴基斯坦的成立，地域和宗教之间的对应关系被打破。宪法明确规定政教分离，尽管宗教从来没有真正从政治中分离出去，但是印度的宪法制定者拒绝将宗教作为国家建设的基础。这就基本消除了宗教冲突导致国家分裂的制度根源。在克什米尔地区，国大党领导人创造性的通过特殊的宪政安排（主要是通过宪法第370条和第A35款的规定），使克什米尔在成为印度一部分的同时保留了相当程度的自治权，包括制定本邦的宪法，限定联邦法律在克什米尔的适用范围，在公民权、土地财产权和就业等方面都作出了特殊安排。在旁遮普地区，锡克教徒发起了短暂的独立建国运动，这场分离运动最后以军事对抗和大规模的宗教冲突收场，并直接导致了时任总理英迪拉·甘地被刺身亡，但从此也彻底解决了锡克教徒的独立运动。2019年8月5日，印度政府对宪法第370条重新解释，对克什米尔和查谟邦进行重组，将该邦划分为两个中央直辖区，加强了联邦政府对该地区的控制。这一方案被外界认为是印度消除克什米尔特殊宪法地位、实现国家统一和整合的重大举措，尽管其手段和方式受到广泛批评。②

---

① Alfred Stepan, Federalism and democracy: Beyond the U. S. model. *Journal of Democracy*, Oct 1999, Vol. 10 (4), pp. 19 – 34.

② Sarjan Shah, "Consider the Larger Picture: Abrogation of Articles 370, 35A Will Help Integrate the Valley", August 12, 2019; Ram Madhav, "Correcting a Historic Blunder", August 6, 2019; Pratap Bhanu Mehta, "The Story of Indian Democracy Written in Blood and Betrayal", August 6, 2019; Christophe Jaffrelot "Current Paradigm Shift in J&K is in Tune with the Steady Centralisation of the State Since 2014", August 7, 2019; Editoral article, "Rupture in History, Stitching a Future", August 6, 2019; C. Raja Mohan, "By Re-organising Kashmir's Political Status, Modi Govt is Addressing a Colonial Mess", August 13, 2019; Tavleen Singh, "Manner of 370 Abrogation was Wrong, but if It Brings Back Kashmir's Magic, It will Be Worthwhile", August 11, 2019; Faizan Mustafa, Jagteshwar Singh Sohi, "India Has a Constitution but Centre's Move on Kashmir Poses Questions About Constitutionalism", August 14, 2019; Akhilesh Mishr, "With Removal of Special Status, Kashmir Has Finally Become One with India", August 13, 2019. 上述报道均见于《印度快报》评论文章。

在第二次世界大战后的许多第三世界国家，语言是民族国家分裂的重要原因。在印度，语言是和基于地域的身份认同联系在一起的。在独立运动时期，国大党的领导人曾将按语言划分行政区作为追求的目标之一。独立后，国大党考虑到印巴分治的影响，担心立即调整地区边界和按语言划分行政区会增加地区分裂主义势力，导致地区间的领土争夺，希望暂缓按语言建邦。但是这个决定引起了一些地区的不满，许多语言族群很快发起大规模的群众性运动。在20世纪50年代和60年代，语言问题始终是印度政治动员和暴力冲突的主要议题，以致一些人认为语言问题会导致印度的分裂。但是，印度的政治制度包容了语言冲突及其诉求，并成为多语言族群国家处理民族冲突的典范。1956年，议会在邦改组委员会建议的基础上，通过了邦改组法。全国按主要语言分布重新划分为14个邦，6个直辖区，各邦均以该邦主要语言为官方语言。到20世纪60年代，印度的行政区划总体上根据语言重组了。直到21世纪，印度政府还通过行政区划的调整来解决语言族群的特殊权利要求。承认语言多样性并将其政治化和国家化是印度民族国家构建方略的重要组成部分。语言邦的建立保障了各语言族群的自治权和独特性。按语言划分行政区成为印度地方行政区划的基本原则。它与联邦制度相结合，是多元社会维护国家统一的重要组成部分。

此外，印度自独立以来还深受武装叛乱的困扰。印度的东北部地区在历史上就和次大陆之间的联系非常薄弱。在米佐拉姆和那加兰地区的武装叛乱势力一直是威胁印度作为一个统一国家的因素。这一问题又因为多年来印度政府在该地区相对糟糕的治理而变得难以解决。随着时间的推移，印度政府先后通过调整行政区划、签订分权协议等方式与该地区部分主要政治势力达成和解，平息了分离主义的运动。在土地严重分配不公和极端贫困的农村地区，由左翼极端主义领导的纳萨尔运动从西孟加拉邦蔓延到比哈尔邦、查蒂斯蒂尔邦等落后地区的山区和丛林中。印度政府虽然未能彻底消灭纳萨尔主义者，但成功地降低了农民暴力运动的势力范围和伤亡规模。总之，印度社会仍然充满了低烈度的暴力冲突，但以分裂为目标的政治势力总体上失去了生存的空间。

经过70多年的国家建设，印度基本完成了国家的政治整合问题，维持了作为一个统一的印度国家的存在。这是一系列政治制度安排的结果，包括普遍、统一的国民身份制度、基于大众参与的代议民主制度、维护多元统一的联邦制度和维持联邦制度运作的司法、文官和警察制度等。印度不再仅仅是一个文明或地理单位,而主要是作为一个独立的主权国家存在于世界体系中。一个印度人可以同时具有宗教信仰、种姓、地域和语言群体等多重身份,但他最重要的身份无疑是其作为印度公民的身份。

二　民主制度不断巩固,政治参与扩大

比较政治学的传统理论认为,民主制度的存在有一定的前提条件:单一的民族、工业化的经济、高水平的教育、参与型的公民文化——这些在20世纪50年代的印度都不存在。在一个极其贫穷落后的宗教大国,举行自由选举,广泛动员民主参与,实现决策和政权更迭民主化,这首先来自印度国大党对民主价值的坚持。尼赫鲁本人非常认真的把议会和民主制度移植于印度本土,他本人也努力使平等、自由和投票等重要的价值理念为国人所接受。尼赫鲁的权力观及对民主制度的忠实信念为新生的民主政权在印度确立奠定了基础。英迪拉·甘地执政时期,国大党的个人集权发展到了顶峰。在反对党由分散行动到逐渐集结、由协调策略到建立联合组织并发动从中央到地方的反对运动时,英迪拉·甘地采用宪法允许范围内最强硬的手段——宣布全国处于紧急状态。从1975年6月26日到1977年3月21日,紧急状态持续了21个月。当权力再次回到法律的轨道时,印度人用投票的方式结束了英迪拉·甘地的政权。[①] 此后,印度的民主制度从未中断过。

作为权力下放和民主制度扩张的一部分,印度宪法第七十三、第七十四修正案明确规定,除人口不超过200万的邦(包括联邦直辖区,下同),各邦均应设立村级、中级和县级潘查亚特。潘查亚特任期五年,其成员由各选区选民直接选举产生,主席则由潘查亚特成员选举产生。各级

[①] 1977年第六届人民院大选中,登记的选民有3.21亿人,参加投票的有1.94亿人,投票率为60.43%。参加大选的全国性政党有4个,即国大党(执政派)、人民党、印度共产党、印共(马)。此外,还有14个邦级政党和一大批地方小党。选举结果,新成立的反对党——人民党共获得总票数的41.3%,在人民院542个席位中获得270个,占49.8%。与人民党密切合作、不久加入人民党的民主国大党获得1.7%的选票,28个席位,占5.1%。两者合计共得43%的选票,298个席位,占54.9%。国大党(执政派)只获得总票数的34.5%,154个席位,占人民院席位的28.4%,遭到惨败。参见林承节《独立后的印度史》,北京大学出版社2005年版,第395—396页。

潘查亚特中应为表列种姓、表列部落和妇女保留席位。宪法赋予潘查亚特发挥自治机关的功能，因而各邦立法机构有义务立法赋予其履行功能所必要的权力和权威。宪法还规定各级潘查亚特拥有制定经济发展和社会正义的规划以及执行被委托由其执行的经济发展和社会正义规划这两方面的权力和职责。潘查亚特的设立，通过更大程度的分权改善了基层的有效治理，又促进了地方的政治参与，是印度民主制度发展不断深入的表现。

　　印度民主制度的巩固还表现在参与的不断扩大。到目前为止，印度共进行了17次议会大选和不计其数的邦议会选举。联邦议会大选和邦议会的投票率逐步增长。2019年的第17次大选中，具有投票资格的选民人数比欧洲总人口数（7.28亿）还多。大约有8000名候选人参与竞争人民院543个席位，投票率高达67%。考虑到印度极低的经济发展水平和极高的文盲比例，而且在选举中实行的自愿投票制，印度选举中比美国和欧洲发达国家还要高的投票率就是非常值得研究的现象了。印度历次大选投票率如表9.1所示。

表9.1　　　　　　　　印度历次大选投票率　　　　　　　　单位：%

大选年份	男性投票率	女性投票率	平均投票率
1952	—	—	61.20
1957	—	—	62.20
1962	63.31	46.63	55.42
1967	66.73	55.48	61.33
1971	60.90	49.11	55.29
1977	65.63	54.91	60.49
1980	62.16	51.22	56.92
1984	68.18	58.60	63.56
1989	66.13	57.32	61.95
1991	61.58	51.35	56.93
1996	62.06	53.41	57.94
1998	65.72	57.88	61.97

续表

大选年份	男性投票率	女性投票率	平均投票率
1999	63.97	55.64	59.99
2004	61.66	53.30	57.65
2009	60.34	55.81	58.19
2014	67.09	65.63	66.44
2019	67.09	67.18	67.01

资料来源：印度选举委员会网站。

政治参与的不断扩大使国家权力扩张到了过去处于边缘地位的群体中。传统上被限制在家庭中的女性开始活跃在公共空间并参与到政治过程中。印度女性在基层政治参与中非常积极，她们在选举中的投票率在过去几十年中稳步提高，逐渐接近甚至超过了男性选民。在最近的一次大选中，印度男女选民的投票率分别是67.01%和67.18%。在某些邦或邦以下的立法会选举中，女性选民的投票率也要高于男性选民。印度女性还是许多大规模的社会运动重要的领导者和参与者。与此同时，自20世纪80年代开始，达利特种姓（也称表列种姓或贱民种姓）有组织的政治参与开始形成，并建立了自己的政党并上台执政。随着曼达尔方案①的实施，其他落后种姓和阶级逐渐成为具有明确身份意识和利益诉求的政治群体。低种姓在政治上的积极参与改变了印度议会的权力结构。越来越多过去被排斥在政治之外的沉默的大多数开始进入议会和政府部门。1952—1998年历次大选印地语核心地区人民院议员种姓结构构成如表9.2所示。

---

① 1978年，M. 德赛（Morarji Desai）领导的人民党政府成立以B. P. 曼达尔（Bindheshwari Prasad Mandal）领导的委员会调查其他落后阶级（Other Backward Classes，OBCs）在印度社会中的地位。该委员会的报告将种姓认定为社会经济地位落后的标准，并建议印度政府为其提供在公共部门27%的保留比例。1990年，新成立的人民党政府正式宣布根据曼达尔报告中的方案将原本限于表列种姓和表列部落的保留政策扩大至其他落后阶级。该方案被称为曼达尔方案。

表 9.2　　　1952—1998 年历次大选印地语核心地区人民院议员
种姓结构构成　　　　　　　　　　单位:%

大选年份	高种姓	中间种姓	其他落后阶级	表列种姓	表列部落	其他	样本数
1952	64.0	1.00	4.45	15.76	5.42	9.37	203
1957	58.60	1.43	5.24	18.10	6.90	9.73	210
1962	54.90	1.88	7.98	19.72	7.04	8.48	213
1967	55.50	2.75	9.64	18.35	7.80	5.96	218
1971	53.90	4.11	10.10	18.26	7.31	6.32	219
1977	48.20	6.64	13.30	17.70	7.08	7.08	226
1980	40.88	5.33	13.74	17.78	7.56	14.71	225
1984	46.90	5.31	11.10	17.26	7.52	11.91	226
1989	38.20	8.00	20.87	17.78	7.56	7.59	225
1991	37.11	5.43	22.60	18.10	8.14	8.62	221
1996	35.30	7.53	24.80	18.14	7.52	6.71	226
1998	34.67	8.00	23.56	18.22	7.56	7.99	225

资料来源：Christophe Jaffrelot, The Rise of the Other Backward Classes in the Hindi Belt. The Journal of Asian Studies, Vol. 59, No. 1 (Feb., 2000), pp. 86 – 108.

与欧洲和美国等西方发达国家，在政治参与方面，印度的穷人比富人和中产阶级的投票率要高；低种姓选民比上层种姓的投票率高；农村地区比城市地区的投票率高。在选举日，经常可以看到许多穷人步行很长时间在投票站前排着长队等待投票。研究发现，富人投票通常是出于利益或责任。他们要么认为有可能通过投票认识候选人和当选议员，从而获得政治上的收益；要么认为投票是公民的责任。与中产阶级或富人相比，印度穷人的处境非常糟糕，他们的利益经常被国家及其机构所忽视。但这并没有使他们远离国家机器，成为政治上的冷漠者。相反，大多数穷人则把投票看作一种权利。这是因为一方面在国家及其统治者的眼中，投票行为确认了穷人作为公民的身份；另一方面，投票行为通过让穷人决定政治家的命运从而使他们获得与统治者瞬间的平等地位。研究者认为，印度穷人和富人的投票动机的差异来自他们各自与国家之间关系的不同。富人有更多机会接触国家，他们与国家打交道的经历相对于穷人要好得多；此外，当他们对国家提供的公共产品和服务不满意时,他们有退出转而从市场中得到满足的机会。相反,除了在选举日外,穷人很少有机会接触"国家"。在日常政治生活中,他们接触到的国家及其代理人要么高高在上,要么经常忽略他们的存在和关切的问题,要么对他们施以不公。但是在选举活动中,所有人都是平等的,国家及其代理人竭力采取各种措施以确保穷人行使投票权。在选举过程中,国家费尽心思履行对公民的责任,官员们则上门示好。穷人在选举过程中受到尊重和重视,获得了平等,这与他们在日常政治生活中接触国家的体验完全不同。[①] 无论如何,印度的穷人在政治参与方面,显然要远比城市的中产阶级更加积极。

三 政治制度具有韧性,不断调整以适应社会发展

印度是在贫穷、落后和四分五裂的基础上开始民主制度建设的。从一开始,国家就面临着内部分裂和大规模社会运动的冲击。但是,印度的政治制度保持了足够的韧性和弹性,始终是在宪政框架内通过制度的调整解决政治危机。首先,国家机构之间的分权与制衡确保了制度在演进与稳定之间保持了平衡。印度继承了英国殖民政府的议会制政体,同时又赋予司法机构尤其是最高法院违宪审查权。重大的公共政策的出台,往往同时意味着宪法和法律的出台。其结果虽然导致印度法律体系烦琐,政策叠床架屋、效率缓慢而且难以改革,但同时也确保了制度具有很强的惯性,政府难以偏离宪政轨道。而当立法和行政部门在权力的边界上走得太远,司法部门的独立性就能发挥其制衡作用。最高法院确保了议会有权修改宪法,但不能改变或修改"宪法的基本结构",包括民主的共和国政体、联邦制结构、世俗主义、分权制衡、主权统一等原则。在许多有重大争议的、议会和政府难以解决的政治问题上,最高法院的司法能动主义发挥了积极的作用,将政治问题诉诸司法的形式解决重大社会分歧。自20世纪90年代以来,国大党一党独大体制走向多党竞争和联合执政,尼赫鲁式的社会主义道路被经济自由化改革所取代,政教分离时的世俗主义原则受到印度教民族主义崛起的挑战,以弱势群体为对象的保留政策在不断扩大,印度政

---

① Amit Ahuja & Pradeep Chhibber, Why the Poor Vote in India: "If I Don't Vote, I Am Dead to the State", *Studies in Comparative International Development* (2012) 47: 389–410.

治、经济和社会发展的政策经历了重大变革。这些变革对印度的国家身份、国家发展道路、基本政治制度的影响是深远的，同时又是渐进的、和平的，是宪政框架下静悄悄的革命。

其次，非对称性的联邦制国家权力结构允许中央和地方之间在行政区划和权力分配方面，通过博弈维持国家统一和地方多样性的诉求。制宪会议在建立强大的联邦方面存在共识，这是因为强大的中央政府不仅是维护独立后印度法律和秩序的保障，也是贯彻国家政策指导原则实现工业化和大规模社会改造的必要条件。通过创造性的在宪法中赋予总统在特定状态下接管各邦政府的权力，中央政府可以解散不受约束或陷入危机中的邦政府，维持法律和秩序。尽管这一做法常常被批评为党派斗争的工具，但它也为国家解决严重动乱和严重政治危机提供了宪法上的依据。在应对国内民族冲突问题上，印度通过认可民族群体的身份认同，调整行政区划，回应了身份群体对其特殊性的诉求。面对各语言族群要求根据语言建邦的压力，印度政府通过调整领土划分，根据语言分布成立新的行政区划，成功地解决了国内的语言族群冲突及其诉求，成为多语言族群国家处理民族冲突的典范。直到2013年，印度还从安德拉邦中分割部分区域成立了特伦甘纳邦，以解决地区特伦甘纳人的不满。

最后，选举和政党制度的开放提供了制度化的参与渠道，为大众参与和权力结构的改变提供了秩序。在独立初期，印度的政治是高度精英化的。权力主要掌握在上层种姓手中。随着时间的推移，过去处于权力结构之外的边缘群体开始利用手中的选票，甚至成立了自己的政党，将过去属于落后种姓和低级种姓的议员送进议会。印度的立法机构在过去几十年经历了巨大的结构变化，其成员变得更加多样化。高级种姓在议会中的比例持续下降，落后种姓的成员稳步增加。大众参与的扩大消解了国家在经济和社会领域面临的不平等压力。同时，政治权力结构的改变并没有带来印度立法、行政和司法之间的平衡关系被打破。宪法规定的政治制度具有足够的韧性。印度政党的数量之巨在世界范围内也是绝无仅有的。许多政党只在地方上活跃，这些小党为多元分裂结构下无数利益主体参与政治提供了渠道，因而大众对于国家政权的参与要求在地方一级就得到了实现。在地方政党的活跃和地方政党制度的稳定也是国家秩序的来源。印度独立后持续20年的政治稳定，固然与它拥有一个强大的政党是分不开的。但是国大党一党独大体制的崩溃并没有带来整个政治体系的瓦解。这部分是因为印度各邦存在一套与中央政府并行不悖的地方政党制度。在国大党一党独大地位衰落和多党政治形成的过程中，地方政党制度减少了中央政府内阁频繁倒台带来的不稳定。地方政党发挥了一种中央和地方利益协调机制的作用，为政党制度变迁过程中政治秩序的稳定提供了资源，也为合作联邦主义的实践提供了可能。

第二节　印度政治中的腐败及其改革

尽管印度的民主制度已经稳定运行了近70年，但其政治的腐败程度之严重不仅在国际上广受批评，在印度国内也饱受诟病。各种在发达民主国家被认为是实现廉洁政治的制度因素，未能遏制印度无处不在的腐败现象。2019年，印度在透明国际的清廉指数中的排名，在180个国家中列第80位。在印度，腐败已经成为日常民众对于政府和政治的普遍认知。腐败严重降低了印度国家治理的绩效。

一　官僚机构的腐败

处于政治执行过程中的官僚机构和行政部门的腐败是印度最常见的腐败形式。正是在这一领域，公众与政府官员往往需要直接接触，从而增加了腐败的机会和可能性。腐败涉及的领域包括政府采购、许可证、公共分配系统、医院、学校、电力、供水、警察、土地/住房、银行、海关和税务等几乎所有公共服务部门。如果要从基层政府部门那里获得服务——获取出生证明、死亡证明、结婚证、驾驶证——人们几乎都会主动向基层办事人员行贿以求顺利。印度媒体研究中心2017年的报告指出，警察是民众认为最为腐败的部门。在过去一年中与警察部门打交道的家庭中，约有1/3的家庭表示曾向警察行贿。在有过向警察行贿经历的家庭中，有36%的受访者表示行贿的理由是希望自己的投诉或案情得到受理；23%的受访者是希望警察能够将自己的名字从被指控者名单上去除；25%的受访者表示是避免收到交通违法的罚单。公共分配系统是仅次于警察以外被受访者认为最腐败的领域。在医院、教育机构、电力、供水、土地、银行和司法服务、税务部门，受访者被迫行贿的原因包括在医院获得床位、获得入学资格、尽快安装自来水、电力设备、获得银行服务，等等。在与土地、住房相关的公共服务部门打过交道的家庭中，约有1/4的家庭曾向相关官员行贿。① 文官队伍内的裙带关系、公共服务部门不受约束的行政权力等导致腐败蔓延在日常政治生活的各个领域。

  印度腐败现象的根源可以追溯到计划经济时代政府对于经济发展的高度干预。从历史上看，印度腐败的根源在于许可制度的扩张。② 自尼赫鲁时代形成的计划经济体制创造了庞大的公共部门，国有计划经济体制导致政府在私人生活和私营企业发展领域、公共事业部门发展中干预太多，这种体制被称作"许可证经济"。在许可证经济体制下，官僚机构获得了巨大的行政和政治权力，增强了他们在经济中的作用，并给了他们更多机会以获得自我利益。这使印度政治制度的发展受到印度经济社会结构的影响。1991年经济改革以后，许可证制度被废除，但政府的干预和自由裁量权的滥用依然存在，官僚机构插手经济领域、随意干预经济的现象并没有完全消除。随着市场经济的发展，经济自由化创造了新的经济领域和财富，政府腐败的范围进一步扩大。在土地经济（土地或地上资源）、地下经济（石油煤炭矿产天然气等）和虚拟经济（通信资源分配）等各种类型的经济活动都存在着普遍的寻租现象。③ 与利润共享型制度（profit-sharing system）下政府对增长和创造财富感兴趣相比，印度更像是寻租型的腐败（rent-creating corruption），政府关心的是为权贵创造垄断。④ 在基础设施和房地产、金属和采矿、航空和国防、电力和公共事业设施等发展落后的经济领域，腐败现象最为严重。

  腐败在印度的行政体制中无处不在，大量的被用于公共利益、救助和社会福利的公共财政被挪用，同时也增加了市场的交易成本，严重妨碍了

---

① CMS-India Corruption Study 2017: Perception and Experience with Public Services & Snapshot View for 2005–2017.

② http://www.cfr.org/corruption-and-bribery/governance-india-corruption/p31823.

③ Arvind Subramanian, "What is India's Real Growth Potential?", Business Standard, May 23, 2012.

④ Jagdish N. Bhagwati, Crony Capitalism: Rent-creating versus Profit-sharing Corruption. https://academiccommons.columbia.edu/doi/10.7916/D8P84JJ9.

印度的经济增长和发展。① 为遏制腐败的蔓延,印度政府建立了一套系统的反腐败制度。在立法方面,1988 年《预防腐败法》(Prevention of Corruption Act, 1988),2002 年的《反洗钱法案》(Prevention of Money Laundering Act, 2002,该法案在 2005 年、2009 年、2012 年有过修订),2005 年的《信息权利法案》(Right to Information Act, 2005)以及适用于规范公务员行为的《中央文官行为准则》和《全印文官行为准则》等共同构成了反腐败的法律体系。在机构设置上,中央监察委员会(the Central Vigilance Commission, CVC)、中央调查局(the Central Bureau of Investigation, CBI)、总主计审计长公署(the Controller & Auditor General, C&AG)和中央信息委员会(the Chief Information Commission, CIC)以及邦一级的反腐败局等机构共同构成了反腐败的制度框架。此外,一些法律和机构的设立也有利于反腐败工作。例如 1993 年的《人权保护法案》通过后,国家成立全国人权委员会,为从人权的角度来应对腐败问题提供了制度框架。

但是,到目前为止,印度反腐败的法律和制度在遏制日常政治生活的腐败方面没有起到明显的作用。这部分与法律本身的规定有关。在涉及对"公职人员"犯罪的指控时,殖民地时代起官僚阶层所享受到的豁免和特权在独立后仍然存在。② 1973 年的刑事诉讼法(the Code of Criminal Procedure, 1973)第 197 条对起诉政府公职人员设置了障碍。1988 年的预防腐败法案第 19 条中,也规定对公职人员腐败行为的认定前需得到有关机构的批准。这些职位保障的条款使得公务员的任命机构而非独立的调查机关拥有是否对某一公务员进行调查的决定权。已经有研究证明,几十年来这种事前的批准制度"为无数的警察、监狱官和腐败的政客、官僚提供了保护伞"。③ 此外,总统和各邦的邦长还能够以国家安全的名义制止任何调查。尽管这些条款最初是为了保护公务员免予干扰,但现在已经演变成

---

① 参见 N. Vittal, *Corruption in India: The Roadblock to National Prosperity* (2003) (New Delhi: Academic Foundation).

② C. Raj Kumar, *Corruption and Human Rights in India: Comparative Perspectives on Transparency and Good Governance*. Oxford University Press, 2011, p. 20.

③ Tarunabh Khaitan, "Parties Should Be Asked to Repeal Impunity Provisions", *The Hindu*, 23 March 2009, available at http://www.hindu.com/2009/03/23/stories/2009032351230900.htm.

了妨碍独立调查的因素。在有些情况下，应该被调查的公职人员的任命机关不同意进行调查，或者即使同意调查，也拖得太晚或极不配合。缺少足够的政治意愿，执行反腐败措施的不力，使印度在反腐败问题上仍然面临巨大的挑战。

二 选举政治的腐败

近年来，蔓延在政党及选举政治中的腐败逐渐引起人们的关注。印度的选举几乎是世界上竞争最为激烈的选举之一。在2019年的大选中，共有8026个候选人竞争议会542个席位。竞争的加剧刺激了候选人在选举中投入更多的竞选资金。此外，印度的政党普遍存在组织弱化的现象，这也导致候选人更多地依赖个人而非政党提供竞选经费。选举中的买票、受贿等现象也使得政治过程中腐败丛生。

印度选举政治中的金钱政治问题与独立后的政治经济密切相关。独立初期，国大党主要靠党员的党费开展党的活动，1951年的人民代表法案对候选人在选举中的开支有严格的限制。但国大党很快就转向依靠企业的捐款弥补党费资金的不足，党的垄断地位和受管制的计划经济使政商之间这种相互依赖关系变得容易。在英迪拉·甘地执政时期，为阻止大企业向右翼资产阶级政党捐款，政府出台一系列法案禁止企业向政党捐款。由于国家没有同时为政党筹集资金提供其他合法渠道，政党不得不转而通过地下渠道，黑钱和政治的关系不断巩固。到20世纪90年代以前，印度政府在企业向政党捐款、政党所得收入的税收政策方面进行了调整，但没有在政党资金透明度方面采取有力措施。市场经济改革以后，最高法院的司法命令和一系列的立法活动对政党资金管理方面进行了改革，同时引入允许政党使用国营电台和广播进行宣传的制度，但总体上政党资金透明化的改革进展不大。2003年以后，由于民间组织的极力推动，选举委员会通过法律，要求政党在选举中公开候选人个人家庭及财产信息，公开2万元以上现金捐款的来源。近年来，印度政府在政党获得的现金捐赠、企业捐款、所得税等方面进行了一系列改革，但在政党资金透明化方面仍然面临着巨大的挑战。直到2016年，印度才将政党无须提供捐款人/机构信息的现金捐款上限从20000卢比调整到2000卢比。位于斯德哥尔摩的国际民主与选举援助研究所的报告称"印度是……10%的允许政党或候选人接受匿名捐款的国家之一"。即使在南亚地区,尼泊尔、不丹等国政党资金的透明度也远高于印度。根据位于新德里的民间研究机构民主改革协会(The Association for Democratic Reforms, ADR)的研究报告,2004—2005年到2011—2012年,印度六个全国性政党的总收入为489.596亿卢比,其中约有8.9%的资金能准确知道其捐款来源(政党向选举委员会提交了捐款人的信息),16.05%的资金来自其他可知来源(包括资产买卖、党费、银行利息、印刷品销售等),此外有75.05%以上的资金来源不明(未知来源)。许多国际组织也在其报告中称黑钱在印度的选举政治中广泛存在。政党资金来源不明、竞选资金不受限制,缺少第三方的监督,都是导致印度选举政治中腐败盛行的原因。

在黑金政治外,政党政治的犯罪化现象也日益引起人们的关注。在被普遍认为选举自由而公正的印度,许多具有犯罪背景甚至是暴力犯罪背景的候选人频频当选已成为印度选举政治中的公认事实。[①] 根据"民主改革协会"的研究报告,2009年大选后人民院521名当选议员的背景分析显示,分别有158名(30%)和77名(15%)当选议员面临过犯罪指控和严重犯罪指控。[②] 在两个大党印度国大党和印度人民党中,国大党的205名议员中约有15%的议员面临过各种刑事指控,印度人民党的116名议员中有16%面临过各种刑事指控。[③] 2014年人民院大选后543名当选议员(其中来自贾坎德邦的一位BJP议员由于提供的信息资料扫描不清晰而未能分析)中有185名议员(34%)面临过犯罪指控。其中有过严重犯罪指控的议员有112名(21%),其罪行包括谋杀、试图谋杀、种族冲突、

[①] Dutta, B., & Gupta, P. (2012). How do Indian voters respond to candidates with criminal charges: Evidence from the 2009 Lok Sabha Elections. Munich, Germany: University Library of Munich. Golden, M., & Tiwari, D. (2009). Criminality and malfeasance among national legislators in contemporary India. Working paper, University of California, Los Angeles.

[②] 民主改革协会列举了严重犯罪的八个标准:(1)将判处5年及以上刑期的罪行;(2)不可保释的罪行;(3)与选举相关的罪行(如贿赂等);(4)与盗用公款有关的罪行;(5)与袭击、谋杀、绑架或强奸相关的罪行;(6)《人民代表法》第8款中提到的罪行;(7)《预防腐败法》中列举的罪行;(8)针对女性的犯罪。

[③] Sanchez, Andrew (2012) India: the next superpower? corruption in India. IDEAS reports-special reports, Kitchen, Nicholas (ed.) SR010. LSE IDEAS, London School of Economics and Political Science, London, UK.

绑架、针对女性的犯罪等。民主改革协会对 2014 年大选中全部候选人的背景分析还显示，有犯罪指控记录的候选人当选的比例是 13%，而背景清白的候选人当选的比例仅有 5%。在印度人民党的 282 名当选议员中，有犯罪指控记录的候选人当选的概率是 70%，而背景清白的候选人当选的概率是 64%。国大党的这一比例分别为 6% 和 11%（国大党的比例之低主要原因在于当选议员的数量仅有 44 名）。其中有犯罪背景的议员在全部当选议员中所占比例最高的几个邦分别为马哈拉施特拉邦（有犯罪指控和严重犯罪指控的当选议员分别为 32 人和 19 人，该邦人民院席位总数为 48 席），北方邦（有犯罪指控和严重犯罪指控的当选议员分别为 28 人和 22 人，该邦人民院席位总数为 80 席），比哈尔邦（有犯罪指控和严重犯罪指控的当选议员分别为 28 人和 18 人，该邦人民院席位总数为 40 席）和安得拉邦（有犯罪指控和严重犯罪指控的当选议员分别为 20 人和 13 人，该邦人民院席位总数为 25 席）。[①] 在邦一级议会选举中，情况也基本类似。如表 9.3 和表 9.4 所示，为印度第 16 届和第 17 届人民院中各政党议员犯罪背景。

表 9.3　　　　　　　　第 16 届人民院中各政党议员犯罪背景

政党	议员数（人）	面临过犯罪指控的议员数量（人）	面临过犯罪指控的议员比例（%）	面临过严重犯罪指控的议员数量（人）	面临过严重犯罪指控的议员比例（%）
印度人民党	282	97	34	61	21.6
印度国大党	44	8	18	3	7
全印安纳德拉维达进步联盟	37	6	16	3	8
湿婆军	18	15	83	8	44
基层国大党	34	7	21	4	12
其他政党	128	52	41	33	36
总计	543	185	34	112	21

资料来源：民主改革协会。

---

① http：//adrindia.org/research-and-report/election-watch/lok-sabha/2014/lok-sabha-2014-winners-analysis-criminal-and-finan.

表9.4　　　　　第17届人民院中各政党议员犯罪背景①

政党	议员数（人）	面临过犯罪指控的议员数量（人）	面临过犯罪指控的议员比例（%）	面临过严重犯罪指控的议员数量（人）	面临过严重犯罪指控的议员比例（%）
印度人民党	301	116	39	87	29
印度国大党	51	29	57	19	37
德拉维达进步联盟	23	10	43	6	26
基层国大党	22	9	41	4	18
青年、劳工和农民大会党	22	9	41	4	18
其他政党	120	60	50	39	32
总计	539	233	43	159	29

资料来源：民主改革协会。

这些大量具有犯罪背景的候选人是如何被选入议会的呢？一种解释是，在族群政治中，选民通常根据候选人或其政党的族群身份而非候选人的能力或其当政时的绩效来投票。② 强烈的宗教种姓认同使得印度选民在选举中愿意选择与他们具有相同种姓或宗教背景的政党或候选人，即使这些人的背景不清白。③ 另一种更可能的解释则是，这些具有犯罪背景的候选人通常都是"日常政治中的能人"，他们能够帮助地方上的民众解决某些具体的问题，从而与选民形成了某种特殊的支持和交换关系。从历史上看，政治犯罪化的出现与20世纪70年代中央政府的政治暴力和紧急状态实施有密切的关系。英迪拉·甘地执政时期，国大党民主机制严重削弱，新的政治强人出现，政治暴力开始受到重视。从地方上看，种族—地方主义运动兴起，一些候选人为了选区的利益不惜玷污双手的行为得到纵容。在紧急状态实施期间，国大党采取了暴力的方式来平息反对派的声音，部分有犯罪背景的人成为国家生活许多领域政治控制中的一部分，他们随后

---

① https://adrindia.org/content/lok-sabha-elections-2019-analysis-criminal-background-financial-education-gender-and-other.

② Horowitz, D. L. (1985). Ethnic groups in conflict. Berkeley: University of California Press.

③ Banerjee, A., & Pande, R. (2009). Parochial politics: Ethnic preferences and politician corruption. Unpublished manuscript, Harvard University.

又利用政府关系和不断增长的经济权力来巩固其地位。其中最成功的则在积累了足够的权力和影响力后把自身送进议会，成为政治系统中的一员。在法律和秩序混乱的地方，那些具有犯罪背景的候选人，往往在现实政治生活中被视作能解决问题的"政治能人"。他们与所在选区的特定群体之间构成了庇护与被庇护关系。当法律和秩序越容易受到威胁，拥有暴力和权力网络背景的政治能人就更加重要。与此同时，议会能够巩固个人权力的能力，也增加了政治生涯对于罪犯的诱惑力。

选举中的暴力、金钱、政党政治的犯罪化现象严重削弱了印度政党的公信力，也使得政党政治成为腐败集中的领域。德里发展中社会研究中心先后于 2005 年和 2011 年发起两次"南亚民主现状调查"（The State of Democracy in South Asia，SDSA）评估南亚五个国家——孟加拉国、印度、尼泊尔、巴基斯坦和斯里兰卡——民主及其运行、制度偏好和治理问题。作为沟通政府和民众桥梁的政党，印度的政党与其他公共机构相比，所获得的民众信任度最低。在两次调查中，受访者表示信任政党的比例分别为 36% 和 37%。[①] 透明国际的"全球腐败晴雨表 2013 年"（Global Corruption Barometer 2013）的研究报告，有 86% 的受访者认为印度的政党非常腐败；65% 的受访者认为议会以及邦一级的议会非常腐败。

三 政党政治的改革

多年来，印度民间社会一直呼吁在选举和政党政治中引入更多透明化的改革，并通过公益诉讼的方式推动政府采取行动。最高法院顺应了民间社会的呼声，与选举委员会在推动信息公开化方面共同做出了重要努力。2003 年，印度最高法院下令，要求候选人在选举前披露包括家庭财产在内的所有个人信息。如今，候选人信息公开已经成为一项正式的制度。2013 年，在民间反腐败社会运动的推动下，议会通过了《公民监察法》（Lokpal and Lokayuktas Act, 2013），在全国和各邦建立起一个相对强大而健全的监察机构，与中央监察委员会以及中央调查局一起共同构成完整的反腐败机构。《公民监察法》与《信息权利法案》和《预防腐败法》互相呼应，组成一套比较完善的反腐败法律体系。同年，印度最高法院裁

---

① State of Democracy in South Asia: Report Ⅱ. 2017. Lokniti, CSDS. New Delhi.

决,印度联邦议会及各邦议会议员,一旦被法院定罪并被判处两年及以上的监禁,将立即丧失其议员资格,并宣布人民代表法案中允许被判处有罪的议员在上诉期间保留其议院资格的条款违宪。修订后的人民代表法案规定,被判处两年监禁以上刑罚的议员将立即被剥夺议员资格,并在刑满后六年内不得参选。

针对政党资金不透明、黑金政治严重的现象,印度政坛也就政党资金法案改革进行过讨论,例如借鉴欧洲国家的经验,实行竞选资金国家化等,但到目前为止改革远远没有达成共识。民间社会多次呼吁应将政党纳入信息权利法案监督范围。2013年7月3日中央信息委员会发布命令,要求政党必须受信息权利法案的监管。根据信息委员会的命令,政党"虽然不是由宪法或议会通过的法律所成立的机构,也不受任何政府部门所有或控制",但是"首先作为政党而存在,其次由选举委员会认定为全国性政党,因而享受诸多好处,其中之一就是接受来自个人或私营企业的捐款,同时政党所得收入免税;此外的好处还包括由选举委员会认定的党的标志,候选人可以在竞选中使用这些标志"。因而,六个全国性政党应同样被视作"公共机构"而受信息权利法案的监管。根据信息权利法案,任何人都有权获得政府或公共机构的决策,包括开支及其相关文件。这一改革措施遭到主要政党的反对,尤以国大党和印度人民党两个大党为代表。反对理由是,第一,政党不是宪法或法律设立的结构,不受国家财政资助,政党是人们自愿联合的组织;第二,将政党置于信息权利法案监管之下,有可能会干扰政党内部运转,同时政党内部信息有可能被对手用于不当目的。由于遭到政党的集体抵制,中央信息委员会的命令也沦为一纸空文。

腐败在印度的治理体系中无孔不入,影响到各个决策层和国家资源的分配,也削弱了所有治理机构的有效性,已经成为对实现法治和公正有着重大影响的问题。政党政治和选举政治中的腐败严重削弱了民主制度的合法性和公众对于公共机构的信任。尽管腐败的社会、经济和政治后果对印度而言是巨大的,但是在采取什么样的措施取得反腐败的重大进展上印度并没有达成共识。实际上,政党和政客们被看作腐败问题的主要责任人,现行反腐败法律体系的努力总是遭到各种激烈的反抗。与此同时,在中下层官僚机构和日常政治中的腐败方面,法律所起的作用有限。它与文化心理、政治体系的运作过程和运作模式联系更为密切，而这远不是法律和社会运动在短期内能改变的。从这个意义上讲，印度的反腐败改革是一项长期的任务。

第三节　种姓与政治

西方学者将印度称作"世界上最大的民主国家"，同时也创造了"有缺陷的民主"（flawed-democracy）、"竞争性民粹主义"（competitive populism）或"裙带主义民主"（patronage democracy）等词来形容印度的民主政治。① 这部分原因可以归结为印度民主制度中身份政治的盛行。印度从未像中国或其他第三世界国家一样，经历了革命的洗礼，因而其传统的社会结构和等级秩序也在独立后得以完整保持下来。种姓结构在现代化进行中不仅没有消失，反而成为一种新的政治动员形式，嵌入现代政治过程中。

一　种姓与种姓政治的形成

种姓（caste）是印度教社会特有的现象。权威的百科全书将种姓定义为"拥有某种特定阶级的人类群体，其划分方式大体上按照血统、婚姻和职业而定"。② 印度学者将种姓定义为"一个世袭的、内婚制的、通常又是地方性的集团。这些集团同世袭的职业相联系，在地方种姓等级体制中占据特定的地位"。③

种姓制度在理论上把人划分为四个等级，即婆罗门（Brahmin，神职人员和知识分子）、刹帝利（Kshatriya，武士和国家管理者）、吠舍

---

① 参见经济学人智库（Economist Intelligence Unit）民主指数年度报告"Democracy Index 2019"; Kanchan Chandra, Why voters in patronage democracies split their tickets: Strategic voting for ethnic parties, Electoral Studies, Volume 28, Issue 1, March 2009, pp. 21–32; Rina Agarwala, Informal Labor, Formal Politics, and Dignified Discontent in India. New York: Cambridge University Press, 2013.

② 《简明大不列颠百科全书》第3卷，中国大百科全书出版社1999年中文版，第487页，"caste"条。

③ M. N. Srinivas, Caste in Modern India, and Other Essays, Bombay: Asia Publishing House, 1962, p. 3.

(Vaishya，工商业者)、首陀罗 (Shudra 或 Sudra，工匠和奴隶)。前三个等级为再生族，地位较高。在种姓体制之外，还存在"贱民"种姓阶层，称作不可接触者 (untouchable)。印度社会学家 R. 德赛有言："印度社会典型的社会集团是种姓。不仔细研究种姓的各个方面，就无法了解印度社会的实质。在印度，种姓在很大程度上决定了一个人的职务、地位和上升的机会和障碍。在农村，种姓差别甚至还决定了家庭和社会生活的模式、居住和文化的类型。土地的占有通常也是依种姓而定。由于各方面的原因，行政职务也是按种姓担任的，在农村尤其如此。种姓还决定了人们宗教和世俗文化生活的模式，规定了各个社会集团的心理特征，并发展了社会隔离和高低关系细微的等级制金字塔 (hierarchic pyramid)。这个金字塔以大量的不可接触者为底层，以几乎是同样不可接近的婆罗门为顶端。印度教社会就是一个由几百个自治的种姓世界所组成的。"[①]

在独立初期，尼赫鲁为首的国大党人曾认为随着现代化的发展，种姓的地位将逐渐下降，种姓这种传统的社会等级结构将逐渐让位于阶级。宪法明确宣布废除不可接触制度，对表列种姓[②]实行保留政策，规定政府应在经济、政治、社会和文化各方面为改变贱民的地位做出必要的安排。处于上层婆罗门、刹帝利和底层表列种姓之间的落后种姓[③] (主要是传统种姓结构中的首陀罗种姓)，独立后主要由印度农村地区处于中等地位的农民和手工业者种姓构成，在法律上被称作"其他落后阶级" (Other Back-

---

[①] A. R. Desai, Rural Sociology in India, Bombay: Popular Prakashan, Fifth Edition, 1978, p. 38.

[②] 1935 年英国殖民当局曾把印度的一些落后种姓和部落列表统计，称为表列种姓和表列部落，印度独立后予以保留，写入印度宪法。表列种姓俗称"贱民""不可接触者"，位于落后种姓的底层。表列部落主要是落后的部落民。为表列种姓和表列部落的利益，印度宪法在选举、公职职位、教育等方面都对这两大群体采取了保留措施，保留比例分别为 15% 和 7.5%。宪法原规定议会席位保留制的期限是 10 年，期满后又通过宪法修正案把期限延长 10 年，后来的政府都采取到期延续的办法，目前仍在沿用。

[③] 尼赫鲁最初将这个集团称为其他落后阶级 (Other Backward Classes)，旨在避免采用种姓的视角。宪法对这个集团的法律表述是"社会和教育方面的落后阶级" (socially and educationally backward classes)。宪法第 340 条规定总统有权任命一个委员会识别"社会和教育方面的落后阶级"并采取措施改善他们的处境。1953 年印度政府成立首届落后阶级委员会，提出了社会落后性的四个标准，但基本上是以种姓为考虑指标。1978 年第二届其他落后阶级委员会的报告中，仍然将种姓作为落后阶级的主要评价标准。

ward Classes，OBCs）较少受到关注。随着 20 世纪 50 年代农村土地革命和 60 年代绿色革命的开展，落后种姓中的许多人从佃农成为土地所有者，利用化肥和更加先进的灌溉技术，在经济上富裕起来。[1] 随着他们在经济领域地位的提高，这个阶层开始逐渐成为一种重要的政治势力，要求在政治上有更大的权力。他们不仅在选举参与中更加积极，而且组建了自己的政党。依靠农村中等农民和手工业者支持的社会主义政党也极力呼吁要关注这些落后种姓的利益。1959 年印度社会党（Socialist Party）在党的第三届全国代表大会上提议为其他落后阶级在行政部门内提供 60% 的保留比例，同时在 1961 年党的三届五次会议上重申了此观点。[2] 此时距 1962 年的第三次大选只相隔几个月。1966 年，另一个新成立的社会主义政党——统一社会党（Samyukta Socialist Party）在其首届全国代表大会上也提出要为落后种姓（包含表列种姓、表列部落、其他落后阶级和妇女）提供 60% 的保留比例，适用范围不限于行政部门，还应扩大到教育机构和立法机构。[3] 为推进这一目标，统一社会党在北方邦和比哈尔邦的议会选举中提名了大量来自其他落后阶级的候选人。在整个 60 年代，社会主义政党对其他落后阶级的政治动员带来了积极的效果。种姓逐渐转变为一种利益集团。这意味着低种姓集团不可能像国大党全盛时期那样融入到权力的垂直等级结构中。[4] 同时这也意味着种姓成为印度政党新的政治动员形式，种姓政治开始形成。自 1967 年起，其他落后阶级对地方政党的支持导致国大党开始在邦一级失去政权。在 1977 年的大选中，其他落后阶级也是新成立的人民党政府的重要支持者。

其他落后阶级获得了经济权力和政治权力，渴望获得在行政系统中有

---

[1] Christophe Jaffrelot, The Rise of the Other Backward Classes, The Journal of Asian Studies-Vol. 59, No. 1 (Feb., 2000), pp. 86-108.

[2] Rammanohar Lohia, The Caste System, Hyderabad: Rammanohar Lohia Samata Vidyalaya. 1979. Cited from Christophe Jaffrelot, Religion, Castes and Politics in India, Delhi: Avantika Printers Pvt. Ltd., 2010, p. 463.

[3] Rammanohar Lohia, The Caste System, Hyderabad: Rammanohar Lohia Samata Vidyalaya. 1979. Cited from Christophe Jaffrelot, Religion, Castes and Politics in India, Delhi: Avantika Printers Pvt. Ltd., 2010, p. 463.

[4] Christophe Jaffrelot, The Rise of the Other Backward Classes, The Journal of Asian Studies-Vol. 59, No. 1 (Feb., 2000), pp. 86-108.

更大的代表性。① 在人民党执政的北方邦和比哈尔邦，人民党政府最先开始为其他落后阶级实行保留政策。1978 年，人民党中央政府成立了曼达尔委员会，调查其他落后阶级在印度社会的地位。根据该委员会的报告，种姓是判断是否落后的标准，被认定属于其他落后阶级的社会集团共包括 3743 种亚种姓。尽管他们在印度总人口中的比例约占 52%，但在行政系统中的代表性非常低，在文官系统中仅占 12.5%，尤其是在官僚机构的上层。为矫正这种不平衡关系，曼达尔委员会提出在中央政府为其他落后阶级保留 27% 的就业岗位的方案。为证明这一方案的合理性，该委员会在报告中称：

> 我们必须认识到，与社会落后处境做斗争的重要组成部分就是在处于落后处境的人民心中的斗争。在印度，政府部门一直被看作声望和权力的象征。通过增加其他落后阶级在政府部门的代表性，我们就能立即赋予他们在治理国家过程中的参与感。当一名落后阶级的成员成为税务员或警务人员，他在其职务中所得的好处仅限于他的家人。但是这一现象的心理效应是巨大的；他所在的整个社区都会感到地位上升了。即使这不会给整个社区带来实际的好处，但是这种在政府里头有了自己人的感觉也会极大的鼓舞士气。②

由于人民党政府很快下台，曼达尔方案未能付诸实施。1990 年，新成立的人民党政府正式宣布实行将针对表列种姓的保留政策扩大到其他落后阶级的曼达尔方案，使得公共部门中的保留比例达到 49.5%。曼达尔方案在北印度地区遭到高种姓印度教徒的激烈反抗。来自高种姓但在经济上处于中下阶级的学生尤其担心曼达尔方案会进一步压缩他们在教育和行政机构中的位置。他们要求废除一切保留政策，包括针对表列种姓的保留政策。高种姓和低种姓之间的分裂由于前者对保留政策的集体敌视及其导致的暴力对抗进一步强化了。这种对抗强化了其他落后阶级的身份意识和集体认同。其他落后阶级（OBCs）从一个原本仅具有相似经济地位内部、

---

① 其他落后种姓在政治系统中地位的上升可参见本章表 9.2。
② 参见曼达尔委员会报告 Report of Backward Classes Commission 1980（1∶57）。

联系松散、包含数量庞大的种姓集团成为一个具有共同身份和政治诉求的利益团体。其他落后阶级从宪法文本中一个不具有任何政治含义、草率命名的官僚术语,成为一个充满活力和经验丰富的政治团体,是边缘群体非常规并意外使用竞争性政治的手段为自己谋求政治权力的鲜活案例。①

对像印度这样公共资源稀缺的国家来说,保留政策无疑具有重要的社会、经济和政治意义。曼达尔方案的实施推动了种姓政治的进一步加剧。在印地语核心地区,其他落后种姓阶级的掌权过程与低种姓在选举政治中参与水平的上升形成了"印度民主的第二次浪潮"②。这同时也使印地语核心地区民主政治的发展呈现出明显的种姓政治色彩。在印度的选举政治中,穆斯林往往被视作单独的群体,穆斯林以外的选民则根据种姓认同被划分为高种姓、其他落后阶级、表列种姓、表列部落四大种姓集团。每一种姓集团都和特定的政党联合在一起,种姓成为影响当今印度选举最重要因素。每个政党都努力在地方上占优势的种姓中发展党员,在大选前必须仔细研究各地区的种姓势力,提名在当地优势种姓有威望的党员为候选人。印度学者称,90%以上的印度选民在选举时会根据候选人的种姓特征而不是个人的资质来投票。③ 2013年11月,印度下议院议长在剑桥大学的演讲中称,在印度,种姓决定着选民的抉择。④

二 种姓政治与民主

种姓政治的形成深刻地改变了印度民主制度的运行,尤其是在北部印地语地区。首先,种姓政治改变了印度政党竞争的模式。一部分受益于保留政策而在政治上觉醒的表列种姓精英,在1984年成立了大众社会党。根据党的领导人K.拉姆的观点,达利特必须打破旧的政权结构,建立一种新的政治秩序——被压迫民众参与政府和公共行政管理的秩序。大众社

---

① Yogendra Yadav, Reconfiguration in Indian Politics: State Assembly Elections, 1993 – 1995. Vol. 31, Issue No. 2 – 3, 13 Jan, 1996, p. 102.

② Yogendra Yadav, Understanding the Second Democratic Upsurge: trends of bahujan participation in electoral politics in the 1990s. Transforming India: Social and Political Dynamics of Democracy. New York, NY: Oxford University Press, 2002.

③ 90 percent of people vote on caste lines: Katju, *times of India*, Jan. 21, 2013.

④ Caste decides a voter's choice in India: Meira Kumar, *times of India*, Oct. 11, 2013.

会党自称其意识形态是"社会转型和经济解放",只有"一点纲领",即"夺取政权";一个口号,即"通过选举制度,占据总理和首席部长职位!通过保留制度,占据区长和警察总监的职位!"大众社会党活跃在北方邦,其支持者主要来自表列种姓和穆斯林。推动曼达尔方案出台的人民党分裂成社会党、全国人民党、人民党(联合派)等若干个派别,各自依靠其他落后阶级中不同种姓团体的支持也在北方邦、比哈尔邦轮流执政。国大党在穆斯林、表列种姓和其他落后阶级中的地盘逐渐被种姓政党蚕食,成为北方邦和比哈尔邦的边缘小党。高种姓印度教徒则支持印度人民党。北印地语地区的政党竞争呈现出高度多元化的特征。

随着种姓政党的发展,传统政党的内部权力结构也发生变化。国大党依靠高种姓在地方的传统庇护网络的策略逐渐失效,开始引入更多的低种姓领导人进入党内。20世纪80年代末,国大党工作委员会中一半的领导人仍然来自高种姓。到90年代以后,这一比例就降至1/3。在曼达尔方案通过后,国大党也希望将自己打造成其他落后阶级利益的代表,但是未能奏效。印度人民党最初是以所谓高种姓印度教徒的形象出现的,在1993年的北方邦和中央邦议会选举中失败,印度人民党开始关注其他落后阶级问题,吸收来自其他落后阶级和表列种姓的领导人担任党内职务。1995年,瓦杰帕伊建议印度人民党的议员要吸收妇女、表列种姓和其他落后阶级的成员加入。在印度人民党的高层,领导人的代际更替也呈现出种姓结构多元化的趋势。莫迪本人就出身低种姓家庭。事实上,印度人民党正是依靠扩大在其他落后阶级中的支持,从一个主要局限于北印地语地区的高种姓政党,逐渐转变成了一个势力范围覆盖到除南印度少数地区以外全国范围的印度教民族主义政党。

其次,种姓政治的形成也改变了印度民主政治的权力结构。随着越来越多的政党开始回应不同种姓集团的诉求,议会中的种姓结构发生了巨大改变。越来越多来自表列种姓和其他落后阶级的成员被提名为候选人。低种姓阶层也开始意识到自己的利益,投给来自本种姓集团的候选人。高种姓在议会中的支配地位被打破,来自其他落后阶级的议员比例大幅度上升。在南部和西部印度地区,类似的权力转移早在殖民统治时期就已经开始了。而在北部印地语地区,包括北方邦、比哈尔邦、中央邦、拉贾斯坦邦、喜马偕尔邦、德里和昌迪加尔地区,直到20世纪80年代,政治权力主要还是由高种姓所垄断,此后就见证了其他落后阶级在权力结构中地位的上升。从联邦来看,在 1952 年到 1998 年,北印地语地区人民院议员构成中,高种姓的比例从 64% 降至 34.7%,而其他落后阶级的比例则从 4.5% 上升至 23.6%。[1] 从邦一级来看,以比哈尔邦为例,1952 年到 2015 年,邦议会中高级种姓议员的比例从 46% 降至 20%,而其他落后阶级议员的比例则从 19.3% 上升至 46%。在 2015 年邦议会选举后,243 名邦议会议员中,来自上层种姓的议员为 49 人,其中包括 10 名婆罗门,而来自其他落后阶级的议员有 112 人,其中势力最大的雅达夫种姓议员就高达 61 人(见表 9.5)。

表 9.5　　　　1952—2015 年比哈尔邦新议会种姓构成[2]　　　　单位:%

	1952年	1957年	1962年	1967年	1969年	1972年	1977年	1980年	1985年	1990年	1995年	2000年	2005年	2010年	2015年
上层种姓	46.00	45.90	46.20	44.80	42	42.80	40.80	36.50	38.50	34.50	21.80	23.10	30.00	32.30	20.00
其他落后阶级	19.30	18.80	23.60	26.00	27.90	24.90	27.70	29.00	25.30	34.20	43.60	35.20	34.50	36.30	46.00
极端落后阶级	1.20	0.60	0.90	0.60	0.90	0.90	0.90	1.50	1.80	0.80	3.10	5.20	5.30	7.00	—
表列种姓	13.90	14.70	13.20	13.50	14.10	13.80	13.80	14.50	14.80	14.80	15.10	14.80	16.90	15.70	15.60
表列部落	10.90	11.20	9	8.20	8.80	8.90	8.50	8.60	8.90	9.20	8.20	8.90	—	0.80	0.80

最后,种姓政治及其所带来的权力结构的改变对政府的公共政策有重要影响。建立在种姓基础上的政治动员、支持和交换关系刺激了政党实行有差别的公共政策进一步巩固这种权力关系网络。在北方邦,依靠表列种姓支持的大众社会党和依靠其他落后阶级中雅达夫种姓支持的社会党联合起来于 1994 年通过了北方邦公务员(针对表列种姓、表列部落和其他落后阶级的保留制度)的法案,该法案规定在政府公务员构成中,为表列种姓、表列部落和其他落后阶级分别提供 21%、2% 和 27% 的保留比例。

---

[1] Christophe Jaffrelot, The Rise of the Other Backward Classes in the Hindi Belt. The Journal of Asian Studies, Vol. 59, No. 1 (Feb., 2000), pp. 86 – 108.

[2] https://timesofindia.indiatimes.com/elections/bihar-elections-2015/news/Bihar-election-results-2015-1-in-every-4-new-members-a-Yadav/articleshow/49730275.cms.

在大众社会党执政时，政府系统的实行针对达利特种姓的倾向性政策，努力提高达利特种姓的政治、经济和社会地位。① 其政治策略包含相互影响的两个方面，一是通过象征性的行动塑造有关达利特种姓的政治话语，增加达利特种姓的身份认同，例如大量兴建达利特领袖人物安贝德卡尔和其他英雄人物的塑像、公园、图书馆等纪念性场所，并以他们的名字来重新命名北方邦的医院、教育机构、体育馆等公共设施。二是通过改变或影响现政府政策的执行而不是制定新的法律来改变资源分配，例如将达利特出身的政府雇员调换到政府关键性岗位上，来改变官僚机构的构成；降低考试的录用标准，将更多的达利特种姓引入警察、教育和卫生机构等②；为那些具有更多达利特人口的乡村提供基础社会发展基金等。在社会党执政时，邦政府的政策就开始偏向雅达夫种姓，其方式也是通过大规模的行政任命和岗位调换将政府中的重要岗位分配给雅达夫种姓。2012年到2017年社会党执政时期，北方邦的警察队伍被媒体指责为"雅达夫化"了。警察系统的主要领导岗位和核心部门领导大多撤换改由雅达夫种姓成员担任。该邦的主要城市，尤其是在党的领袖人家族直接控制的地区，60%以上的警察局局长由雅达夫种姓成员担任。在首府勒克瑙，一半以上的警察局长是雅达夫种姓。另一个大城市坎普尔地区，36个警察局中有25个局的局长是雅达夫种姓。③

每一次的政府轮换，都意味着官僚队伍的大规模调整，也意味着政府公共政策的转变。而当民众从政府任命的公立学校的校长、新录用的教师、公立医院的医生、警察名单中轻易识别出他们的种姓身份时，也就不难知道在下次的选举中该如何投票。不同种姓团体及其政治联盟的影响随时间发展而变化，这些变化影响了公共资源的分配。处于边缘地位的社会群体中，那些被高度动员起来的集团在政治上比其他人获得了更多的利益。④ 从追求身份和权利的社会运动中诞生的种姓政党，从一开始就缺少

---

① Hasan, Zoya. 2001. "Transfer of Power? Politics of Mass Mobilisation in UP", *Economic and Political Weekly*, November 24, 1377–1398.

② 例如，在1997年，大众社会党政府将其他落后阶级、表列种姓和表列部落参加医学研究生和毕业考试的及格标准从排名35%以上降到排名20%以上。

③ Yadavization of UP cops behind anarchy, Times of India, Jun 7, 2014.

④ Abhijit Banerjee, Rohini Somanathan, The political economy of public goods: Some evidence from India. Journal of Development Economics 82 (2007) 287–314.

一套系统和稳定的有关社会变革的意识形态。他们的直接目标就是通过具体的公共政策来提高所属种姓集团在资源分配中的地位。随着时间的推移，他们追求平等和公正的理念逐渐消失，社会正义的叙事日渐衰微，成为被压迫种姓中一小部分既得利益者的代言人。在种姓政治中，政治家为了选举的需要，忽略了那些有利于更大规模公众的无差别的、长远的利益，并影响了官僚机构的构成和公共政策的制定，使印度的民主政治带有鲜明的庇护主义色彩。

三　种姓政治的争议及走向

种姓政治建立在以种姓为基础的政治动员和政治竞争基础上。它的出现和基于种姓的肯定性行动（affirmative action）密切相关。早在独立之前，英国殖民政府就曾引入针对不可接触种姓的保留政策。制宪会议沿用了这一传统，主要原因是它没有冲击到国大党精英阶层（主要是婆罗门种姓）的政治地位。保留政策的措施不会威胁精英阶层的支配地位，保留给表列种姓的高级职位常常由于缺少合格人选而空缺。印度的宪法制定者拒绝将种姓作为阶级划分的依据，同时拒绝将保留政策覆盖到落后种姓。针对当时南部一些邦对表列种姓以外的落后种姓实行的保留政策，国大党政府的总体态度是不鼓励，认为这种积极的歧视政策有其缺陷，是对那些真正有才能的合适人选的惩罚，有损官僚机构和商业机构的效率。[①]1963 年，印度最高法院在著名的"巴拉诉迈索尔邦"（M. R. Balaji v. State of Mysor）一案中[②]，裁定迈索尔邦政府保留政策违宪。其依据是：第一，根据种姓作为判断"其他落后阶级"的标准违宪；第二，超过 50% 的保留比例是对个人能力的惩罚，违背宪法的精神。[③]

独立后印度社会的发展没有消除传统的种姓结构，种姓仍然嵌入社会

[①] Jawaharlal Nehru, Letters to the Chiefs Ministers, 1947 - 1964, Vol. 5, Delhi: Oxford University Press, 1989.

[②] 迈索尔邦是根据 1956 年的《邦重组法案》设立的。该邦在土邦王公统治时期的 20 世纪 20 年代就实行了针对低种姓的肯定性行动政策。1959 年，迈索尔邦政府成立落后阶级委员会，根据委员会的建议，为基于种姓标准的落后阶级保留 50% 的政府职位。加上宪法规定的为表列种姓和表列部落保留的比例，该邦文官系统中有 2/3 的席位属于保留份额。高级种姓为此将邦政府诉至最高法院。1973 年，迈索尔邦改名为卡纳塔克邦。

[③] M. R. Balaji and Others vs State of Mysore on 28 September, 1962.

分层中。随着落后种姓在政治上的崛起和曼达尔方案的实施，宪法及巴拉诉迈索尔邦一案的判决精神不断受到挑战。首先，种姓成为阶级的基本划分依据。曼达尔方案对其他落后阶级的认定基本以种姓为标准。1992年12月印度最高法院在"因德拉·索维尼诉印度联邦案"（Indra Sawhney v. Union of India）判决中维持了辛格政府宣布实施曼达尔方案的政策，肯定了基于种姓划分社会阶级依据的合理性，禁止印度政府以种姓以外的标准（社会、教育背景或经济）实行肯定性行动。[①] 最高法院裁决拉奥政府1991年宣布在文官系统中为"经济落后"阶级保留10%就业比例的政策违宪，理由是经济落后的标准不够充分。其次，最高法院逐渐放弃了保留比例不得超过50%这一原则。许多邦在增加保留的份额，安抚一些种姓集团的政治诉求。在泰米尔纳杜邦，文官系统中的保留比例最高，几乎80%的政府职位受配额限制。保留政策的扩大和种姓政治的形成，使高种姓印度教徒的态度发生改变。一部分受过良好教育的高种姓受益于市场经济和全球化带来的机会，不再寻求在政府部门的职位，其社会和经济地位几乎不受影响。而那些在教育和经济上处于落后状态的高种姓则加入了要求政府扩大肯定性行动的行列，要求政府将其覆盖到保留政策的范围。拉贾斯坦邦的古尔加人（Gurjar）、古吉拉特邦的帕特尔人（Patel）、马哈拉施特拉邦的帕特尔人、马拉塔人（Marathas）、哈里亚纳邦的贾特人（Jat）等传统高种姓，都发起过规模巨大的社会运动，要求政府将其纳入其他落后阶级的范畴享受保留政策或单独设置保留比例。[②]

最初，印度政府实行针对表列种姓的保留政策主要是为了提高那些被排斥在社会权力结构之外的被压迫阶层的社会经济地位。但是随着时间的

---

① 曼达尔方案中为"其他落后阶级"提供27%的保留比例与该群体的人口比例无关。曼达尔委员会的报告中指出该群体占人口总数52%，一些学者称实际规模为44%。由于在"巴拉诉迈索尔邦案"中最高法院裁决保留比例超过50%违宪，宪法规定的表列种姓和表列部落的保留比例分别为15%和7.5%，因而曼达尔委员会报告中提出的为"其他落后阶级"的保留比例为27%。

② 2019年1月，印度通过第103条宪法修正案，允许政府为经济落后的高种姓（法律上称为economically weaker sections）在教育和政府部门的就业领域提供10%的保留比例。"经济落后"的标准涉及家庭年收入、耕地面积、住宅面积和居住面积。任何年收入低于80万卢比、耕地面积低于5英亩、住宅面积低于1000平方英尺、在通告市政地区（notified municipality，指因人口等原因没有达到足够条件成立市议会的市）居住面积低于100码、非通告市政地区（non-notified municipality，通告市以外的市为非通告市）居住面积低于200码的家庭将被认定为经济落后人群。

发展，保留政策成为社会团体与权力的关系纽带，成为政治动员和政治竞争的主要领域。在民主政治的发展过程中，印度政府回应了不同社会群体要求提高政治代表性的诉求，通过实行有区别的保留政策，使其成为世界上肯定性行动范围最为广泛的国家。然而，这种肯定性行动面临着前所未有的悖论。一方面，如此广泛的保留政策极大地损害了官僚机构和公共部门中的素质和效率；另一方面，保留政策除改善了各种姓集团内部少数群体的社会经济和政治地位外，并没有从根本上改变建立在等级秩序上的种姓结构。因而其效果和影响主要是政治的。与此同时，建立在种姓认同基础上的政治动员和政治竞争，甚至进一步强化了种姓的存在和差异。过去三十年里，保留政策范围不断扩大，越来越出于选举的需要。[1] 这一政策成为各政党的一张王牌。他们用它来竞选，以获得越来越多的支持。每一次在种姓保留政策问题上的让步，每一次的标准放宽，每一个新种姓被列入保留名单，都是政党在向那些种姓发出"正确信号"以图建立票仓。种姓政治在许多方面阻碍了印度国家的增长、发展和能力。改革建立在种姓基础上的保留政策的声音一直不断。但在选举政治的压力下，没有任何政党能够对抗这种社会公正的政治话语。

近年来，种姓政治话题重新引起人们的兴趣。一些人认为，最近的两次选举显示，在印度的政党政治中，种姓的重要性相较于1989年至2014年联合政府时期已经明显下降了。这也是为什么在种姓政治最为盛行的北方邦，种姓政党在连续几次选举中严重衰落。事实是，推动种姓政党发展起来的其他落后阶级和表列种姓内部也经历了分化。那些被种姓政党边缘化的群体，在其他政党中找到了代言人。这些政党也在努力精心打造一个由种姓政党的非核心种姓所构成的联盟。种姓依然在选举中发挥着重要作用，但经济议题和治理绩效在选举中的重要性在上升。[2]

---

[1] Yogender Yadav A to Z of OBC Resevation. http：//www.indianexpress.com/sunday/story/5704._.html.

[2] Gupta, Poonam Panagariya, Arvind, *Growth and Election Outcomes in A Developing Country*. New Delhi：National Inst. of Public Finance and Policy, 2011；Milan Vaishnav, *Understanding Indian Voter*, http：//carnegieendowment.org/2015/06/23/understanding-indian-voter/ib1n.

第四节　印度教民族主义与印度的"世俗"国家

第二次世界大战以后，宗教维度在现代政治中的重要性普遍下降。在欧洲，历史上国家与宗教的关系自宗教改革运动以来已经变得缓和。随着世俗主义的发展，绝大多数国家都将政教分离作为处理国家与宗教关系的基本原则，历史上天主教人口和新教人口的敌对关系在很大程度上已经消失，甚至出现了两大教派在政治上联合起来的趋向。首先，在印度，新独立的国家在制定宪法时，借鉴了欧洲将宗教与国家分离的原则，尝试建立一个世俗化的民主共和国，但它在一开始时所面临和欧洲国家完全不同的处境。作为印巴分治的结果，新独立的印度联邦是印度教徒占多数的英属印度各省和土邦组成的。其次，印度的民族主义者无论是在谋求独立的过程中还是在独立之后，从未放弃过通过诉诸宗教信仰来建设现代印度国家。宪法中的世俗主义原则也从未意味着宗教和政治的彻底分离。这使印度的世俗国家一开始就与宗教纠缠在一起。

一　宪法中的国家与宗教关系及其悖论

独立后，印度把世俗化作为国家的基本原则之一。宪法第 25（1）条、第 26（a）条、第 28 条等都规定了公民的宗教自由权利，国家承认无差别的公民身份，其成员被视作构成国家的独立公民而非宗教团体的成员，受到平等对待；国家和宗教分离，任何宗教团体不得在教育、选举、税收等公共部门和政治过程中享有特权。

然而，在现实政治中，印度的世俗主义和西欧国家的经历有很大的不同。首先，印度的世俗国家从一开始就高度介入宗教领域中。需要指出的是，直到 1976 年印度通过宪法第四十二修正案之前，印度宪法中从未正式的出现过"世俗主义"（secularism）一词。[①] 制宪会议成员、深受社会主义影响的经济学家沙阿（Khushal Talaksi Shah）教授曾两次在不同场合

[①] 1976 年通过的宪法第四十二修正案正式将"世俗主义"路线写入国家宪法。在"主权的""民主的"定语之外，又把"社会主义的""世俗的"定语列为印度国家的属性。宪法序言中说："我们，印度人民决心建立一个主权的、社会主义的、世俗的和民主的共和国。"

提出要在宪法中引入世俗主义一词。他认为，考虑到宗教冲突的悲惨后果，印度宪法应该以最明确的字眼来强调印度国家的世俗性。但是沙阿的提议没有得到制宪会议的支持。[①] 尽管规定印度为世俗国家的意图受到欢迎，但在宪法中引入"世俗主义"一词会直接导致与宪法的第25（2）条直接冲突。该条款授权印度政府制定法律，规范任何"与宗教活动有关"的"世俗"活动。1951年宪法第一修正案通过后，政府获得权力范围更广，包括"为公共秩序的利益需要"调节宗教纷争。这些条款保证了印度政府进行大范围的社会改革，废除了印度教的许多传统陋习如寡妇殉葬、一夫多妻、不可接触制、寺庙妓女，并强制要求印度教寺庙向贱民种姓开放、规范印度教寺庙资产管理。同时，国家通过对印度教社会的婚姻、家庭、继承、收养等问题进行立法获得了宗教对社会控制的权力。

其次，独立后印度的世俗主义政策同时包含了尼赫鲁式的政教分离和甘地式的宗教宽容两种不同的实践路径。世俗的民族主义者从不同的立场出发主张印度建立世俗国家的必要性。以尼赫鲁为代表的国大党社会主义左翼认为印度的世俗国家源于现代化的普遍规律。基于西欧国家的经验，随着工业化带来的经济发展，种族和宗教认同将被阶级认同所取代。政教分离运动是国家民主化进程不可逆转的一部分。尼赫鲁坚信，一旦像印度这样的传统社会把自身的发展进程建立在科学技术的基础之上，世俗化就能成为政治的规则。[②] 在这种世俗主义的原则下，宗教应该严格限定在私人领域，远离政治，国家与宗教分离。相反，国大党的右翼倾向于甘地的宗教宽容和平等思想，认为印度的世俗国家源于印度的宗教和哲学。如印度教的信仰中有许多神一样，印度的吠檀多哲学也认为绝对真理可以通过多种表现表现出来。其内在逻辑就是，既然所有的宗教都是真实的，那么国家就必须保障所有的宗教都能自由的运作；国家赋予某一种宗教特殊的地位要么没有意义要么没有合法性。在这种世俗主义的原则下，世俗主义意味着国家要确保所有宗教都得到同等的尊重，享有同等的机会，确保宗教宽容、和平共处。因而，印度的世俗国家一方面宣布与宗教分离，拒绝

[①] Donald Eugene Smith, *India as A Secular State*. New Jersey: Princeton University Press. 1963. p. 102.

[②] 尼赫鲁：《印度的发现》，第一章，齐文译，世界知识出版社1956年版。

在议会中赋予宗教少数派单独的选举权和保留席位，禁止教派主义参与政治；另一方面国家不是和所有宗教保持同等距离，而是保持一种"原则上的距离"。[①] 政府在对待不同宗教团体上经常有不同的态度和标准。大规模的社会改革限制在印度教社会，允许穆斯林保留其宗教法律在婚姻、家庭、继承、收养等民事行为中的作用。宪法的"国家政策指导原则"中把制定一部统一的民法典作为最终目标，但其实现似乎有赖于穆斯林社会的主动改革。

总之，独立后印度的世俗国家集中了历史上的宗教多元、近代的宗教冲突以及现代化改革目标的多重面孔。其国家与宗教关系与欧洲国家不同，把西欧国家的世俗国家范式套用到印度是不恰当的。[②] 国家并没有如宪法所意图的那样和宗教相互分开并且保持距离，相反，国家和宗教几乎是一开始就纠缠在一起。[③] 制宪会议未能在宪法正式文本中写入"世俗主义"一词，说明制宪者们为了建立一个世俗主义的国家，宁可舍弃"世俗主义"这一术语。"世俗主义"作为宪法制定的基本原则之一经由最高法院的一系列重要判决得到确认。1973年，最高法院在凯萨瓦南达·巴蒂诉喀拉拉邦政府案（Kesavananda Bharati v. State of Kerala）[④] 的历史性判决中，裁决议会有权修改宪法，但不能改变或修改"宪法的基本结构"。最高法院的判决虽然没有对宪法的基本结构明确定义，但列举了其中的部分，包括民主的共和国政体、联邦制结构、世俗主义、分权制衡、主权统一等原则。1976年，印度议会通过第四十二修正案，修改后的宪法序言中对印度的描述由"主权的、民主共和国"转变为"主权的、社会主义的、世俗的、民主共和国"。作为宪法重要组成部分的世俗主义精神正式被写入宪法。

[①] Rajeev Bhargava, "What Is Secularism for?" in Rajeev Bhargava, ed., *Secularism and Its Critics*. New Delhi: Oxford University Press, 1988.

[②] Donald Eugene Smith, *India as a Secular State*. New Jersey: Princeton University Press. 1963. viii.

[③] Ved Prakash Luthera, *The Concept of the Secular State and India*, Calcutta: Oxford University Press. 1964. p. 149.

[④] 1970年2月，喀拉拉邦一座印度教寺庙的负责人斯瓦米·凯萨瓦南达·巴蒂，根据宪法第26条公民宗教信仰自由权利的规定，起诉喀拉拉邦政府试图根据两项土地改革法案对寺庙财产管理施加限制的做法。

二 印度教民族主义的"世俗"国家

在印度的政治发展中,民族主义的意识形态与政治上统一的印度联邦相结合是近代以后的事。在早期的历史中,印度的统一是基于泛印度的文化认同和共同的文明价值而非一种政治意识形态,而这种文明的主要组成部分就是印度教。① 从独立运动开始,印度就存在三种不同的"印度"观念,分别是地域的、文化的和宗教的印度观。在政治话语中,地理概念上的印度强调国家的统一和整合;文化概念上的印度强调政治多元主义,而宗教概念上的印度则强调政治的印度教特性。② 这三种印度观产生了两种相对的民族主义观念,即印度民族主义(Indian Nationalism)和印度教民族主义(Hindu Nationalism)。前者包含了领土和文化的概念,后者包含了领土和宗教的概念。③ 前者的支持者在观念上是世俗的和实用主义的。用赫马斯(Heimsath)的话说,就是以"反传统的、自由民主的、世俗化和政治倾向的国家概念为基础",这样意识形态"能够恰当的包容所有的印度文化和宗教。"④ 后者则是传统的、诉诸宗教认同的。

一种诉诸宗教的意识形态究竟是教派主义还是民族主义有时候并不容易区别开来。尤其是在民族独立运动中,与本土的民族相联系的宗教信仰常常被用来唤起共同的情感认同、动员对抗外来统治者的政治行动。尤其是当这种宗教被大多数人所信仰时,诉诸宗教的动员往往也被认为是民族主义的。这也是印度教教派主义者在印度所处的地位,他们有时候又被称作印度教民族主义者。在国家与宗教的关系上,印度教民族主义者的核心观点表现在两个方面。第一,印度教是印度国家身份的来源。印度的本质特征在于其印度教的传统和文明。国家的观念根植于印度教的宗教和文化传统中,必须在印度教社会的统一中寻求国家的形成。政治、法律和制度

---

① Yogendra K. Mailik and V. B. Singh, Hindu Nationalists in India: The Rise of the Bharatiya Janata Party, Westview Press, 1994, p. 2.

② Ashutosh Varshney, Battles Half Won: India's Improbable Democracy, New Delhi: Penguin., pp. 108 – 109.

③ Ashutosh Varshney, Battles Half Won: India's Improbable Democracy, New Delhi: Penguin., p. 109.

④ Charles H. Heimsath, Indian Nationalism and Hindu Social Reform (Princeton, NJ, 1980), pp. 57 – 58.

不能塑造国家，情感和忠诚才可以。法律能被政治操纵，一部明显偏向于少数宗教群体的法律并不能建设一个具有凝聚力的国家。印度教既然是印度文化的源泉，就应该将政治立足于印度教，而非法律和制度。印度教民族主义者的精神导师萨瓦卡尔最早提出"印度教国家"（Hindu Rashtra, Hindu nation）的概念。他虽然认为有必要培养一种印度教徒、穆斯林、基督教徒等所有印度人都认为自己是印度人的共同情感，但是这种民族意识必须建立在多数人团结的基础上。第二，国家采取积极的宗教同化政策。目标是建设一个统一的印度，同时实现对政治和国家的印度教化。在宗教问题上，拼盘沙拉不能产生凝聚力，熔炉才行。其他宗教团体可以融入印度，但必须建立在同化的前提下，即接受印度教在印度政治和文化中的中心地位。在印度教民族主义者看来，锡克教、耆那教和佛教都诞生于印度，犹太教和拜火教已经被同化成印度的一部分。随着英国殖民者的离开，基督教失去了外部的支持，只要基督教徒不追求传教和改变印度教徒的信仰，就不存在和印度教民族主义之间的冲突。穆斯林要成为印度教国家的一部分就必须接受以下几点：（1）承认印度教在印度文明中的中心地位；（2）承认罗摩等印度教人物是印度教文明的英雄而不仅仅是印度教中的宗教角色；（3）承认穆斯林在印度的统治（公元1000年至1857年）摧毁了印度教文明的支柱，尤其是对印度教寺庙的大规模破坏；（4）不要求得到特殊对待，如保留穆斯林单独的宗教属人法和为其教育机构提供特别的政府拨款。通过同化，穆斯林可以证明他们对印度国家的忠诚，从而成为印度国家的一部分。①

独立初期，印度教民族主义者在当时的制宪会议中几乎没有代表性，世俗主义在有关国家如何处理与宗教关系问题上占了绝对上风。但是，在许多涉及国家与宗教关系的问题上，国大党政府内倾向于尼赫鲁式政教分离的世俗主义者和倾向于甘地式宗教宽容的世俗主义者存在明显的分歧。后者常常和印度教的教派主义者很难完全区别开。国大党内许多热心的世俗主义者也对印度教教派主义的议题如立法禁止宰牛、修建印度教寺庙抱有热情。出于选举的需要，国大党与地方上仅代表少数宗教团体的教派主

---

① V. D Savarkar, *Hindutva*. Bombay：Veer Savarkar Prakashan, 1989. M. S. Golwalkar, *Rashtra (The Nation)*, Delhi：Suruchi Parakshan, 1992.

义政党合作；在日常政治中卷入教派活动，宗教信仰和种姓常常成为决定某个选区候选人的关键因素。到20世纪80年代，国大党公然迎合一个又一个宗教团体，谋取政治上的利益，这种机会主义的政治策略侵蚀了印度的世俗主义传统，打开了印度教民族主义获得广泛传播的方便之门。

作为一个脱胎于印度教教派主义组织的政党，印度人民党高举"印度教特性"的旗帜，不仅改写了印度政党政治的版图，还重建了一套印度教民族主义的世俗话语体系。印度人民党承诺效忠印度的世俗主义。印度人民党的章程称"党将忠诚于宪法和社会主义、世俗主义和民主的原则，维护印度的主权、统一和完整"。[1] 党员身份向全社会开放，尽管其最初的主要成员几乎全部来自印度教徒。但是，印度人民党认为，印度的世俗国家是基于印度传统的历史和文化而非西方的经验。多样性中的统一和以各种形式表达统一一直是印度文化的核心思想。尼赫鲁和国大党不仅忽略了这种传统和文明，而且试图否认它，最终目标是"把印度变成和西方一个样"。[2] 尼赫鲁的世俗主义路线是西方的产物，所谓世俗的民族主义意识形态不过是对印度民族精神的批判和颠覆的一种委婉说法。[3] 建立在国大党世俗主义意识形态基础上的世俗印度国家不能用来解决印度所面临的问题，同时也缺少道德上的合法性。为回应对其代表教派主义的批评，印度人民党用"伪世俗主义"（Pseudo-secularism）来污名化国大党和其他政党的世俗化政策，认为"世俗主义"不过是对穆斯林实行的"绥靖政策"（politics of appeasement）的一种"选票政治"（vote-bank politics），是"虚伪的世俗主义"。这种虚伪的世俗主义仅仅将穆斯林看作选举中的票仓，实质上对穆斯林社会的发展无所作为。与此同时，印度人民党对"世俗主义"重新定义，提出"积极的世俗主义"（Positive Secularism）概念，其含义为"所有宗教平等发展"（Sarva Dharma Samabhav）。正如其社会主义原则被改造成甘地式的社会主义一样，印度人民党也对世俗主义进行了改造。根据印度人民党的理解，印度宪法中的世俗主

---

[1] 印度人民党章程。Charter of Bharatiya Janata Party.

[2] Girilal Jain, "A Turning Point in History", *Manthan*, Vol. 13, No. 1–2 (May-June 1991), p. 20.

[3] Girilal Jain, "A Turning Point in History", *Manthan*, Vol. 13, No. 1–2 (May-June 1991), pp. 21–23.

义意味着没有人应该由于其宗教信仰而受到歧视。所谓"积极的世俗主义",一方面意味着国家和宗教关系建立在多元宗教宽容和共存的基础上。国家并不是和宗教完全分离,而是要遵循印度古代哲学和文化中的宗教宽容传统,确保不同宗教和平共处。另一方面它意味着不承认基于宗教信仰的多数派或少数派,否认穆斯林在印度的特殊性和少数派的特殊地位。国家应该与所有宗教保持同等距离,所有公民无论其宗教信仰如何都应该享有平等的权利和机会,任何在政府机构职务中给予穆斯林代表性的讨论都被视作违反国家统一和完整性的分裂行为。"积极的世俗主义"意味着印度必须取消赋予克什米尔地区特殊地位的宪法条款、制定一部统一的民法典、反对实行针对穆斯林的保留政策等。

不仅如此,印度人民党还试图将其极具争议色彩的"印度教特性"与"世俗主义"融合起来。2010年,阿德瓦尼在解释"印度教特性"时说,在印度,印度教特性和世俗主义就是同一回事。① 印度教特性就是一种世俗主义的生活方式。印度人民党曾担任马哈拉施特拉邦首席部长的领导人德文德拉·法德纳维斯(Devendra Fadnavis)还提出了"世俗的印度教特性"(Secular Hindutva)的概念。虽然这种将"印度教特性"与"世俗主义"相提并论的说法没有得到社会的普遍接受,但不可否认的是,印度人民党已经重新定义了宪法中的"世俗主义",否定了尼赫鲁为代表的国大党政府的世俗主义路线,重建了世俗主义的理论来源和思想内涵,将世俗主义的话语纳入印度教民族主义的意识形态体系中。

三 当前印度国家与宗教关系的发展

当印度教民族主义政党通过诉诸一种宗教共同体的观念使自己有了立足之地时,其他政党很难对这种意识形态视而不见,即使是国大党这样的世俗政党。20世纪80年代,国大党在教派主义议题上的机会主义做法削弱了世俗主义的传统,为印度教民族主义的兴起提供了机会。随后国大党又在这种多数主义的压力下被迫向教派主义屈服。1989年,拉吉夫·甘地在国大党竞选活动时承诺将带领印度实现"罗摩之治"(Ram Rajya)。

---

① https://timesofindia.indiatimes.com/india/Hindutva-and-secularism-are-the-same-Advani/articleshow/5785835.cms. 访问时间:2020年7月31日。

1999年1月16日，当印度人民党正领导着全国民主同盟的联合政府执政时，印度国大党的最高决策机构国大党工作委员正式通过决议，承认"印度教是印度世俗主义最有效的保障"是"基本事实"。[1] 2004年到2014年，国大党政府虽然在教育、反宗教冲突和暴力活动等方面遏制了教派主义的势头，但总体上被认为"浪费了恢复尼赫鲁的世俗主义传统的历史机会"。[2] 国大党领导的团结进步同盟政府主张将保留制度扩大到穆斯林的政策思路，将印度政教关系的政治框架推向"宗教多元主义"，"世俗化"（secularism）的政治承诺被"教派化"（communalism）所取代。国大党试图将穆斯林作为社会和教育落后、无差别的宗教少数派，意味着国家可以合法地扶持甚至帮助某一宗教团体的集体行为，国家的成员不是作为独立的公民而是宗教团体的成员而存在。[3] 国大党已经放弃了尼赫鲁的世俗主义路线。

印度的左翼共产主义政党曾经是世俗主义的坚定捍卫者。进入21世纪以来，共产主义政党在政坛上日益式微，成为联邦政治中的边缘政党。活跃在地方上的形形色色的种姓政党、种族民族主义政党在世俗的话语和不那么世俗的实践之间摇摆不定。从20世纪90年代开始，许多政党先后在邦一级与印度人民党联合执政，后来又加入了印度人民党组建的全国民主同盟。当发生大规模的针对穆斯林的暴力冲突后，一些政党结束了与印度人民党的同盟关系。但是在政治上合适的时候，这些政党又开始与印度人民党合作。

在2014年大选后，高涨的印度教民族主义让国大党和世俗主义退居次席。尤其是2017年北方邦议会选举后，国大党的领导层开始模仿印度人民党在印度教教派主义上的做法。党的地方组织走得更远，开始在选举中提出印度人民党过去提倡的一些竞选主题。大选和邦议会选举中的节节

---

[1] Congress Working Committee Resolution, 1999. https://www.outlookindia.com/magazine/story/born-again-hinduism/206895. 访问时间：2020年7月31日。

[2] D. L. Seth, "Minority Politics: The Shifting Terms of Policy Discourse", Seminar, 602: 15 – 19. 2009. 转引自 Lawrence Sáez and Gurharpal Singh, *New Dimensions of Politics in India: The United Progressive Alliance in Power*. New York: Routledge. p. 65.

[3] D. L. Seth, "Political Communalization of Religions and The Crisis of Secularism", in G. Mahajan and S. S. Jodhka (eds) *Religion, Communities and Development: Changing Contours of Politics and Policy in India*, New Delhi: Routledge. 2010.

败退，使得国大党领导人越来越采用迎合印度教多数派的政治策略。国大党的世俗主义被批评为"软"印度教特性。① 国大党虽然仍然高举世俗主义的旗帜，但其世俗主义的内涵变得摇摆、空洞和无力。印度人民党高举印度教民族主义和发展主义两面旗帜，在短短的几年时间里出台了一系列强化印度教身份认同的政策。查谟和克什米尔邦的宪法特殊自治地位被废除、以宗教作为公民身份识别标准的《公民身份法案》的出台、最高法院支持印度教徒在阿约迪亚重建罗摩庙的司法判决，都标志着印度教民族主义者多年来追求的核心政策目标正在成为现实。印度人民党虽然宣称为所有人的发展，但是在选举中毫不掩饰对穆斯林选民的不在乎。2017年，印度人民党在印度人口最多、宗教冲突历史最为复杂的北方邦议会选举中获得了绝对多数地位，当选的325名议员中（北方邦议会共有403个席位），没有一名穆斯林。印度人民党政府在莫迪的领导下建立了一种种族——宗教的和民粹主义相结合的统治风格。② 印度教民族主义者所希望打造的印度教多数主义正在成为事实。印度教民族主义的意识形态不仅经由政府的公共政策渗透到国家机器和正式制度中，而且通过印度教民族主义的活跃分子与民间组织、文化团体的联系和沟通逐渐控制了公民社会。这种多数主义意识形态渗透到媒体和公共话语中，影响到舆论、教育和文化机构，这些领域正在越来越多地被印度教民族主义者占据。

独立70年后，印度的世俗国家未能满足不同宗教团体对于国家中立性的要求，因而同时遭到来自宗教多数派和少数派的批评。印度的穆斯林对国家不满，认为从20世纪80年代开始印度的世俗化国家就具有强大的印度教教派主义色彩。穆斯林在公共政治话语中的声音日渐萎缩，他们在公共政策过程中也日渐边缘化，既不能形成一个全国性的组织，也缺少政治上的代言人。印度教民族主义者同样也对国家不满，认为自独立以来的世俗主义政策就是为宗教少数团体提供了一套特殊的制度安排。但是当印度教民族主义者将国家建立在印度教基础上时，他们经常在两种不同的印

---

① Steve Wilkinson, The UPA and Muslims. In Lawrence Sáez and Gurharpal Singh, *New Dimensions of Politics in India: The United Progressive Alliance in Power*. New York: Routledge. p. 65.

② Angana P. Chatterji, Thomas Blom Hansen and Christophe Jaffrelot, *Majoritarian State: How Hindu Nationalism is Changing India*. New Delhi: C Hurst & Co Publishers Ltd., 2019.

度教（作为文化的印度教和作为宗教的印度教）之间反复。他们有时候宣称印度教不仅仅是一种宗教信仰的名称而且是一种生活方式，印度教代表着国家的生命。但是，当印度教民族主义者为在阿约迪亚重建罗摩庙进行广泛的政治动员时，他们的言论和行为又是明显在宗教意义上解释印度教的。[1]

随着印度人民党独大地位的形成，印度教教派主义势力开始尝试在宪法框架内改写"世俗主义"。印度人民党的盟友湿婆军呼吁修改宪法，取消宪法序言中"社会主义"和"世俗主义"的字眼。印度人民党虽然没有积极响应，但党的一些重要领导人公开为湿婆军提供道义支持，称印度政府需要发动一次全国性的讨论，是否应该在宪法中保留"社会主义"和"世俗主义"。同盟家族内也不断有各种势力向最高法院提出诉讼，要求最高法院判决宪法序言中印度国家"社会主义"和"世俗主义"的性质违宪。印度是否会修改宪法，成为一个由宪法所保障的"印度教国家"还取决于很多因素：印度人民党是否能够突破种姓分裂维持印度教社会的统一；国大党是否能够实现组织革新；地方主义能够在多大程度上分散权力等。但可以肯定的是，宪法中的国家与宗教关系正在发生改变，一个建立在宗教政治基础上的世俗国家已经形成。

本章小结

印度的政治制度是在英式民主的基础上，融合了传统的社会秩序和未来发展的目标而建立起来的。印度的宪法深刻的体现了当时以尼赫鲁为代表的国大党对于新生国家所规划的现代化蓝图。宪法为印度国内复杂的族群、宗教和语言群体实现政治上的整合提供了基本的制度框架。宪法有关三权分立体制、联邦制度、公民权利与义务的规定提供了现代印度国家的政治制度框架，同时通过一套国家政策指导原则和完整的社会改造方案为这套政治制度赖以运转的经济社会提供发展目标。宪法所遵循的渐进主义精神是克服新生民主政体脆弱性和在重大分歧问题上寻求妥协的保障，同

---

[1] Ashutosh Varshney, Battles Half Won: India's Improbable Democracy, New Delhi: Penguin. p. 115.

时又是印度政治制度发展中存在不确定性的根源。

印度的议会民主制度无论在设计还是在实践上，都试图在纵向的中央和地方关系上和横向的立法、行政和司法之间维持一种微妙的平衡。从纵向权力关系来看，这种平衡由经根据语言划分的地方行政区划制度、非对称型的联邦制国家结构、总统治理（president's rule）等制度等得以实现。在印度政治制度中，总统并非仅仅具有象征意义的国家元首。在议会不能正常运转或发生严重政治危机时，总统的个人立场、总统主动寻求扩展权力边界的行为都会影响到联邦和各邦政治发展的走向。此外，印度也将其古老的地方自治制度融入现代民主政治，其特有的潘查亚特制度为权力的向下延伸也提供了制度安排。从横向权力关系来看，司法系统尤其是最高法院的司法能动主义不仅仅是重大政治问题的最终裁决者，而且日益介入到具体的国家治理领域中。议会制度经历了社会等级结构松动、政治参与扩大的冲击，其内部权力结构变得更加平等、包容和分散。议会作为国家权力的中枢和最高立法机构支撑了印度民主政治的正常运转，但同时也面临着公共伦理道德下降的风险。行政部门的机构和权力随着时间的推移不断扩张，当议会存在多数党时，总理作为政府首脑和多数党领袖事实上控制着政府和议会。公务员系统是政治决策的执行者，对政治制度的运转发挥着重要作用，但官僚体系内的腐败严重削弱了政府公共政策的效力。在政治过程中，政党既是沟通国家和社会的桥梁，也是组成政府和维持政治制度运转的机制。政党制度在过去70年里发生了巨大的转变，对印度政党政府的质量、对印度民主的、社会主义的、世俗国家身份也产生了深刻的影响。这些影响还将在未来决定着印度政治制度的发展和演变。

政治法律制度、组织常常是经济社会基础的产物，同时也塑造着经济和社会的发展。多年来，印度在独立之初所建立的以英式民主为基础、多党自由竞争、三权分立的政治制度在经济和社会的不断变革过程中逐渐被巩固下来，这使印度被西方学者誉为"世界上最大的民主国家"。然而，这种民主与独立时印度人所期望建立的民主国家仍然存在非常大的差距。印度宪法之父安贝德卡尔曾经把民主分为政治民主、经济民主和社会民主三个层次，政治民主意味着全面和平等的投票权，自由和公正的选举；社会民主意味着一种承认自由、平等和博爱的生活方式；而经济民主则意味着人们的经济需求能够得到满足。安贝德卡尔坚信，缺少社会民主和经济民主，政治民主就不可能成功。尼赫鲁希望在政治上实行西方民主、在经济上实行混合经济体制的设想也为新兴的民主国家赋予改造传统社会结构、实现现代化的伟大使命。显然，印度在社会民主和经济民主方面的落后削弱了其政治民主取得的成就。建立在西方民主政治制度上的印度国家未能在经济和社会发展领域取得令人满意的成就，因而大大削弱了这套政治制度的整体绩效。

当代印度政治制度面临的主要挑战在于，从贫困的普遍、腐败的严重程度到糟糕的公共服务再到行政和司法系统的低效，人们普遍对印度的实际治理水平不满。首先，经济改革三十多年来，印度虽然摆脱了经济缓慢增长的局面，但其发展速度仍远不能与东亚、东南亚国家相比，贫困依然广泛存在。这使得印度始终面临着外界对其民主与发展关系的质疑。其次，民主参与虽然在深入，但是存在许多缺陷。从文官队伍到议会及其政治权力部门，问责机制非常脆弱；政治家为了短期的选举效应而忽略长远目标，公共政策制定过程中普遍盛行庇护主义；官僚队伍自上而下的服从和政策执行非常糟糕，腐败现象严重，降低了政府公共政策的绩效；议会没有发挥其作为代议机构的辩论、审议功能，议会委员会的监督非常有限；司法机构的资源不足和效率低下削弱了其维护公平和正义的能力；政治的犯罪化和选举政治中种姓、宗教因素的不断强化以及围绕身份政治而产生的斗争既是印度政治的不稳定因素，也严重削弱了国家治理的能力。

从外部来看，东亚国家尤其是中国在 21 世纪以来的发展成就和在国际舞台上的迅速崛起，对印度产生了巨大的冲击力。印度虽然有一个多党竞争自由选举产生的代议政府，但政府似乎缺少对社会的回应。印度的政治制度在面临来自不同社会群体的压力时极具韧性，政治权力的结构在外部参与的压力下更加开放和多元化，却在转化为经济和社会的发展动力方面效率较低。在各种国际治理指数的排名中，印度在政治民主方面堪称发达国家，但在经济和社会指标方面属于典型的发展中国家。在增长、就业、基础设施建设、扩大可自由行动能力的人类社会发展等方面，印度政府要么缺少积极的公共政策，要么这些公共政策难以转化为预期的政策效果。

正是在这些内外部环境的影响下，印度国内围绕政治制度的思考逐渐从周期性的选举转向了负责任的政府。制度的设计如何创造机会对决策者负责？问责的动机和机制是什么？印度政治中的大部分机构和制度，包括代议机构、法院、官僚机构、警察等都充斥着不合理的激励机制，行政改革增加了更多的机构来监管，却没有从根本上解决加强机构问责制的问题。在政治制度的发展中，政治家和民众都逐渐意识到，要提高政府的问责体制，印度有必要在制度层面引入更多的提高透明度和治理绩效的改革。在选举层面，通过对竞选资金、政党民主的规范，减少政治中的金钱和暴力的影响。议会要引入更多理性和审慎的政治辩论，提高立法的质量和效率。行政部门应改革计划经济时代遗留下来的机构和职能，减少腐败并提高官僚机构的效率。最高法院在维护宪法和推动社会进步方面扮演了积极的角色，但整个司法系统在审理案件、实现公正方面还需要引入更多提高效率的改革。而且，只有当地方政府和中央真正实践合作联邦主义，印度的民主政治制度才能真正运转起来。印度要真正推动这一类型的改革，显然还需要更加漫长的时间。

另外，政府、民众也越来越意识到，正式制度以外的公共行动也塑造着组织的行为。在印度，各种各样建立在宗教、种姓、种族等身份基础上的庇护关系网络而非公共政策，构成了连接国家与民众的纽带。选民对于政治家在公共服务或公共政策上的失败的关注度，远远要比政治家在宗教、种姓、族群等议题上的某些争议性的言论要低得多。公众对官员的期待常常鼓励政府更关注那些短期的具有庇护特征的策略，而忽略了具有长期影响的公共政策。只有当中产阶级在政治上更加积极地参与政治变革，而穷人能够准确评估政府绩效问题，才能迫使政治家和政党改变其行动策略，建立更负责任的政府。在当下印度，随着国家政治经济的"中心—边缘"关系的淡化，有着更好经济发展和社会治理绩效的邦将产生更多示范效应，改变传统由各种庇护关系链接起来的国家与社会关系，将经济和社会议题引入政府的主要议程，而这正是当前印度政治发展的目标。

附　　录

附录1　人名中英文对照

A. N. Ray 雷

Ajit Kumar Doval 阿吉特·库玛尔·多瓦尔

Anna Hazare 安纳·哈扎雷

Akhilesh Yadav 阿基莱什·亚达夫

Amit Shah 阿米特·沙阿

Andimuthu Raja 拉贾

Arvind Kejriwal 阿尔温德·凯杰里瓦尔

Atal Behari Vajpayee 阿塔尔·比哈里·瓦杰帕伊

B. G. Deshmukh 德什穆赫

Bahadur Shastri 巴哈杜尔·夏斯特里

Bhimrao Ramji Ambedkar 比姆拉奥·拉姆吉·安贝德卡尔

Bal G. Tilak 巴尔·提拉克

Bal Thackeray 巴尔·塔克雷

Brajesh Mishra 布拉耶什·米什拉

C. N. Annadurai 阿纳杜赖

Chandra Kudad 钱德拉·库德

Chandra Shekhar 钱德拉·谢卡尔

Chanty Busan 尚蒂·布桑

Charu Majumdar 查鲁·马宗达

Deve Gowda 德维·高达

DharamViral 达拉姆·维拉
EMS Namboodiripad 南布迪里巴德
E. V. Ramaswami Naicker 纳伊科
George Fernandes 乔治·费尔南德斯
Gopalaswami Ayyangar 戈帕拉斯瓦米·艾扬格尔
Gopal Subramanium 戈帕尔·苏布拉曼乌姆
Gorak Turner 果拉克·特纳
Herbert Morrison 赫伯特·莫里森
Indira Gandhi 英迪拉·甘地
Jawaharlal Nehru 贾瓦哈拉尔·尼赫鲁
K. M. Munshi 希利·芒什
Kanshi Ram 坎石·拉姆
Krishna Menon 克里希纳·梅农
Kumari Mayawati 玛雅瓦蒂
Kuttyil Kurien Matthew 马修
L. K. Jha 杰哈
L. S. Amery 艾默里
Lal Bahadur Shastri 拉尔·巴哈杜尔·夏斯特里
Lal Krishan Advani 拉尔·阿德瓦尼
Lalu Prasad Yadav 拉鲁·亚达夫
Liaquat Ali Khan 利雅卡特·阿里·汗
M. Karunanidhi 卡鲁纳尼迪
Mamata Banerjee 玛玛塔·班纳吉
Manmohan Singh 曼莫汉·辛格
Manohar Joshi 曼诺哈尔·乔希
Maruthur Gopala Ramachandran 拉玛昌德兰
Morarji Ranchhodji Desai 莫拉尔吉·乔兰吉·德赛
Mukesh Ambani 穆科什·阿巴尼
Mulayam Singh Yadav 穆拉亚姆·辛格·亚达夫
Nara Chandrababu Naidu 钱德拉巴布·奈杜
Narasimha Rao 纳拉辛哈·拉奥

Narendra Modi 纳伦德拉·莫迪

Naziruddin Ahmad 阿赫迈德

Nirmala Sitharaman 西塔拉曼

Nitish Kumar 尼蒂什·库马尔

P. A. Sangma 桑马

P. N. Bhagwati 巴格瓦蒂

P. N. Dhar 达哈

P. N. Haksar 哈克斯

Piyush Goyal 戈亚尔

Prakash Karat 卡拉特

Puchalapalli Sundarayya 孙达拉雅

Rahul Gandhi 拉胡尔·甘地

Raj Nath Singh 拉吉纳特·辛格

Ramesh Chand 钱德

Rajendra Prasad 拉金德拉·普拉萨德

Rajiv Gandhi 拉吉夫·甘地

Rajiv Kumar 拉吉夫·库马尔

Sardar Patel 萨达尔·帕特尔

Sharad Pawar 帕瓦尔

Shripad Amrit Dange 丹吉

Shivraj Patil 帕蒂尔

Shiv Shankar Menon 梅农

Singh Tomar 托马尔

Sitaram Yechury 亚秋里

Sitaram Kesri 凯萨里

Sonia Gandhi 索尼娅·甘地

Subash Kashyap 苏巴什·卡西亚普

Syama Prasad Mukherjee 穆克吉

Tariq Anwar 塔里克·安瓦尔

Uddhav Thackeray 乌塔夫·萨克雷

V. K. Paul 保罗

Vishwanath Pratap Singh 维·普·辛格
Zail Singh 宰尔·辛格
Zilla Parishad 齐拉帕里沙德

附录2　印度政党协会中英文对照

Aam Aadmi Party，AAP 平民党
Akhil Bhārat Hindū Mahāsabhā 印度教大斋会
Akhil Bharatiya Vidyarthi Parishad，ABVP 全印学生联合会
All India Anna Dravida Munnetra Kazhagam，AIADMK 全印安纳德拉维达进步联盟
All India Democratic Women's Association 全印民主妇女联合会
All India Kisan Sabha 全印农民协会
All India Mahila Congress 全印妇女大会
All India Trinamool Congress，AITC 或 TMC 全印草根国大党
Asom Gana Parishad，AGP 阿萨姆人民联盟
Bahujan Samaj Party，BSP 大众社会党
Bharatiya Jana Sangh 印度人民联盟
Bharatiya Janata Party，BJP 印度人民党 印人党
Bharatiya Kisan Sangh 印度农民联盟
Bharatiya Mazdoor Sangh 印度劳工联盟
Biju Janata Dal，BJD 胜利人民党
Centre of Indian Trade Unions 印度工会中心
Communist Party of India（Marxist），CPI（M）印度共产党（马克思主义）
Congress Working Committee 国大党工作委员会
Democratic Youth Federation of India 印度民主青年联合会
Dravidar Kazhagam 德拉维达联盟
Dravida Munnetra Kazhagam，DMK 德拉维达进步联盟
Indian National Congress，INC 印度国民大会党 国大党
Indian National Trade Union Congress 印度全国工会大会

Indian Youth Congress 印度青年大会

Janata Dal 新人民党

Janta Dal（Secular），JD（S）人民党（世俗派）

Janata Dal（United），JD（U）人民党（联合派）

Janata Party 人民党

JMM 恰尔肯德解放阵线

Justice Party 正义党

Kisan Mazdoor Praja Party 农工人民党

Lok Janshakti Party，LJP 人民力量党

Muslim League 穆斯林联盟

Nationalist Congress Party，NCP 民族国大党

National Democratic Alliance，NDA 全国民主联盟

National Front 国民阵线

National People's Party 国家人民党

National Students Union of India 印度全国学生联合会

Rashtriya Janata Dal，RJD 国家人民党

Rashtriya Swayamsevak Sangh 国民志愿服务团

Samajwadi Party，SP 社会主义党

Samata Party 平等党

Sangh Parivar 同盟家族

Shiv Sena，SS 湿婆军

Shiroomi Akali Dal，SAD 最高阿卡利党

Socialist Party 社会党

Students Federation of India 印度学生联合会

Telugu Desam Party，TDP 泰卢固之乡党

United Front 联合阵线

United Progressive Alliance，UPA 团结进步联盟

YSR Congress Party YSR 国大党

附录3　其他专有名词中英文对照

Acting President 代理总统

Additional Secretary 辅助秘书

Ad hoc Committees 特别委员会

All Indian Judicial Service 全印司法公务员

All India Service Act, 1951《全印公务员法案（1951）》

All India Service（AIS）全印公务员

Anandabazar Patrika《欢喜市场报》

Anti-defection law 反脱党法

Anti-secession Bill 反分裂法

Appropriation Bill 拨款法案

Attorney General 总检察长

Auditor General 审计总长

Backward Classes Commission 落后阶层委员会

Basic Structure 基本结构

bench 合议庭制度

Cabinet Ministers 内阁部长

Chief election commissioner 首席选举委员

civil disobedience 公民不服从

Committee on Estimate 评估委员会

Committee on the Welfare of Other Backward Classes 贫困阶层福利委员会

Committee on the Welfare of Scheduled Castes and Scheduled Tribes 表列种姓及表列部落福利委员会

Committee on Empowerment of Women 女权委员会

Committee on Violation of Protocol 违约委员会

Committee on Subordinate Legislation 议会附属法律法规委员会

Committee on Assurances 政府承诺委员会

Common Minimum Programme 最低共同纲领

Comptroller 审计官

Concurrent List 央地共享管辖权属清单

Confidence motion 信任动议

Constitutionalism 立宪制度

Constitutional morality 宪法道德

Consolidated Fund of India 印度统一基金

Cooperative Federalism 合作联邦制

Contextual Secularism 具体情境下的世俗主义

Council of Ministers 部长会议

Deccan Herald《德干先驱报》

Departmentally Related Standing Committees，DRSCs 政府部门对应事务委员会

Deputy Ministers 副部长

Deputy Secretary 副秘书

discretionary power 自由裁量权

District collectors 县税务官

District Magistrate 县行政官

Drafting Committee of Constitution 宪法起草委员会

Eclecticism 折中主义

Election commissioners 选举委员

Election Symbols（Reservation and Allotment）Order《竞选标志（保留与分配）令》

en banc 全体法官共同审理

Grants-in-aid 拨款救济

Goods and Services Tax（GST）商品与服务税

Gram Sabha 村民大会

Hindu Code Bill 印度教法典议案

Hyderabad 海德拉巴

Indian Administrative Service（IAS）印度行政公务员

Indian Forest Service 印度林业公务员

Indian Police Service（IPS）印度警察公务员

Indian Foreign Service (IFS) 印度外交公务员

Inter-state Council 省邦间委员会

J&K 查谟－克什米尔

Jajmani System 贾吉曼尼制度

Joint Committee of the two Houses 议会两院联合委员会

Joint Jurisdiction 共同管辖权

Joint Secretary 联合秘书

Judiciary Primacy 司法至上

judicialisation 司法化

Junagarh 朱纳加尔

Kamaraj Plan 卡马拉杰计划

Life Insurance Corporation of India 印度人寿保险公司

Lok Sabha 人民院

Mahalwari system 马哈瓦尔里制

Ministers of State 国务部长

Montague-Chelmsford Report 蒙塔古—切尔姆斯福德报告

Morley-Minto Reforms 莫莱—明托改革

Municipal Corporations 市政委员会

Nagaland 那加兰邦

Nandyal 南迪亚尔

Narasimhan Committee 纳拉姆汗委员会

National Development Council 国家发展委员会

National Institute of Rural Development 国家农村发展研究所

National Integration Committee 国家统一委员会

negative rights 消极权利

Niti Aayog 印度国家转型委员会

non-cooperation 不合作

Official Language Commission 官方语言委员会

One Man, One Vote 一人一票

One Man, One Value 同一个人、同一价值

Officer of Special Duty (OSD) 特殊职责官员

panch 潘奇

Parliamentary Sovereignty 议会主权

Panchayat 潘查亚特（五老会）

  Caste Panchayat 种姓潘查亚特

  General Meeting Panchayat 一般会议潘查亚特

Gram Panchayat 村级潘查亚特

  Panchayati Samiti 潘查亚特委员会

  panchayat secretary 潘查亚特秘书

paramountcy 最高管辖权

Parliamentary Party Groups 议会党团

party whip 党鞭

Patiala and East Punjab States Union 伯蒂亚拉和东旁遮普土邦联盟

Personal Law 属人法

Pitt's India Act, 1874《皮特印度政府法，1874》

Political Secularism 政治世俗主义

Popular Sovereignty 人民主权

positive rights 积极权利

Pradhan 村长（普拉丹）

Private Member's Bills 普通议案

Public Accounts Committee 公共账目委员会

President's Rule 总统治理、总统管制

Prime Minister Office（PMO）总理办公室

quasi-federalism 准联邦制

Railway Convention Committee 铁路委员会

Rajya Sabha 联邦院

Rath Yatra 乘车节

Representation of People Act, 1951《人民代表法，1951》

Reservation 保留制度

Returning officer 选举监察官

Revolution by Consent 别人许可的革命

Sarpanch（潘查亚特）头人，音译为萨潘奇

Satisfaction of President 总统判断（指总统根据第一款和第三款规定考虑是否具备总统管制之条件）

satyagraha 非暴力的消极抵抗和不合作主义

Shri V. K. Saraswat 萨拉斯瓦特

Simon Commission Report 西蒙委员会报告

single transferable vote 单记名可转让投票法

Standing Committees 常设委员会

stare decisis 遵循先例

State Public Service 邦公务员

Strong-form Judiciary Review 强势司法审查权

suzerainty 宗主权

system of proportional representation 比例代表制

taluk 塔鲁克

The Advisory Committee on Fundamental Rights 基本权利顾问委员会

The East India Company Act，1773《东印度公司管理法（1773）》

Charter Act，1833《东印度公司特许法，1833》

the Directive Principles of State Policy《国家政策指导原则》

the Essential Commodities Act，1955《基础商品法（1955）》

the Government of India Act，1935《印度政府法案（1935）》

The Indian Independence Act，1947《印度独立法（1947）》

the Newsprint Control Order，1962《新闻纸控制令（1962）》

the Objective Resolution《关于制宪目标的决议》

Tort Law 侵权行为法

Two Nations Theory 两个民族论

Union Constitution Committee 联邦宪法委员会

Union Council of Ministers 联邦政府部长委员会

Union Powers Committee 联邦权力委员会

Union Public Service 中央公务员

Union Public Service Commission 联邦公共事务委员会

unlimited talkativeness 无限制的饶舌

Under Secretary 下秘书

Undertakings 议会公共项目委员会

Unlawful Activities（Prevention）Act，UAPA，*1967*《非法活动（预防）法，1967》

Union List 联邦管辖权属清单

Untouchability 贱民制

Weimer Constitution of 1919《魏玛宪法，1919》

Westminster System 威斯敏斯特制

Zamindar system 柴明达尔制

附录4　印度独立至今历任总统

届数	姓名	此前职务	任期	所属党派	备注
1	普拉萨德（Rajendra Prasad）	印度制宪委员会主席	1950.1.26—1962.5.13	国大党	
2	拉达克里希南（Sarvepalli Radhakrishnan）	副总统	1962.5.13—1967.5.13	独立候选人	
3	侯赛因（Zakir Husain）	副总统	1967.5.13—1969.5.3	独立候选人	印度第一位穆斯林总统，第一位任内离世的总统
—	吉里（Varahagiri Venkata Giri）	副总统	1969.5.3—1969.7.20		代理总统
—	希达亚图拉（Mohammad Hidayatullah）	首席法官（Chief Justice）	1969.7.20—1969.8.24		代理总统
4	吉里（Varahagiri Venkata Giri）	代理总统	1969.8.24—1974.8.24	独立候选人	
5	艾哈迈德（Fakhruddin Ali Ahmed）	粮食和农业部部长	1974.8.24—1977.2.11	国大党	印度第二位穆斯林总统，第二位任内离世的总统

续表

届数	姓名	此前职务	任期	所属党派	备注
—	贾蒂（Basappa Danappa Jatii）	副总统	1977.2.11—1977.7.25		代理总统
6	雷迪（Neelam Sanjiva Reddy）	人民院议长	1977.7.25—1982.7.25	人民党	
7	辛格（Giani Zail Singh）	印度内政部部长	1982.7.25—1987.7.25	国大党	印度第一位锡克教徒总统
8	文卡塔拉曼（Ramaswamy Venkataraman）	副总统	1987.7.25—1992.7.25	国大党	
9	夏尔马（Shankar Dayal Sharma）	副总统	1992.7.25—1997.7.25	国大党	
10	纳拉亚南（Kocheril Raman Narayanan）	副总统	1997.7.25—2002.7.25	独立候选人	印度第一位出身贱民的总统（达利特种姓）
11	卡拉姆（Avul Pakir Jainulabdeen Abdul Kalam）	总理的首席科学顾问	2002.7.25—2007.7.25	独立候选人	印度第三位穆斯林总统
12	帕蒂尔（Pratibha Patil）	拉贾斯坦邦邦长	2007.7.25—2012.7.25	国大党	印度第一位女性总统
13	慕克吉（Pranab Mukherjee）	印度财政部部长	2012.7.25—2017.7.25	国大党	印度第一位孟加拉人总统
14	科温德（Ram Nath Kovind）	比哈尔邦邦长	2017.7.25—在任（任期截至2022.7.25）	印度人民党	印度第二位出身贱民的总统（达利特种姓），第一位来自印度人民党的总统

附录5 印度独立至今历任总理

届数	姓名	任职时间	所属党派	备注
1	尼赫鲁（Jawaharlal Nehru）	1947年8月15日—1964年5月27日	国大党	连任4次，在位时间最长
—	古尔扎里·拉尔·南达（Gulzari lal Nanda）	1964年5月27日—1964年6月9日	国大党	代理总理
2	夏斯特里（Lal Bahadur Shastri）	1964年6月9日—1966年1月11日	国大党	
—	古尔扎里·拉尔·南达（Gulzari lal Nanda）	1966年1月11日—1966年2月24日	国大党	代理总理
3	英迪拉·甘地（Indira Gandhi）	1966年1月24日—1977年3月24日	国大党	印度第一任女总理
4	德赛（Morarji Ranchhodji Desai）	1977年3月24日—1979年7月28日	人民党	吉尼斯认定的世界上当选时年龄最大的总理（81岁）
5	查兰·辛格（Chaudhury Charan Singh）	1979年7月28日—1980年1月24日	人民党	
6	英迪拉·甘地（Indira Gandhi）	1980年1月14日—1984年10月31日	国大党	
7	拉吉夫·甘地（Rajiv Gandhi）	1984年10月31日—1989年12月2日	国大党	宣誓就职时是印度最年轻的总理
8	维·普·辛格（Vishwanath Pratap Singh）	1989年12月2日—1990年11月10日	人民联盟	
9	钱德拉·谢卡尔（Chandra Shekhar）	1990年11月10日—1991年6月21日	社会人民党（原人民联盟派系）	
10	拉奥（P. V. Narasimha Rao）	1991年6月21日—1996年5月16日	国大党	
11	瓦杰帕伊（Atal Behari Vajpayee）	1996年5月16日—1996年6月1日	印度人民党	

续表

届数	姓名	任职时间	所属党派	备注
12	高达（Deve Gowda）	1996年6月1日—1997年4月21日	联合阵线	
13	古杰拉尔（Inder Kumar Gujral）	1997年4月21日—1998年3月19日	联合阵线	
14	瓦杰帕伊（Atal Behari Vajpayee）	1998年3月19日—2004年5月22日	印度人民党	
15	曼莫汉·辛格（Manmohan Singh）	2004年5月22日—2014年5月26日	国大党	印度第一位锡克教徒总理
16	莫迪（Narendra Modi）	2014年5月26日—	印度人民党	第一位在印度共和国建国后出生的总理